China Urban Rail Transit Almanac

中国城市轨道交通年鉴

2023

中国城市轨道交通协会年鉴编纂委员会

上海书店 出版社
SHANGHAI BOOKSTORE PUBLISHING HOUSE

《中国城市轨道交通年鉴（2023）》
编纂委员会

顾　　问　　包叙定　　施仲衡　　俞光耀

主　　任　　周晓勤

编　　委　　（以姓氏笔画排名）

丁建隆	丁树奎	于松伟	马云双	马朝信	王　飚	王云涛
王文格	王汉军	王先进	王　伟	王昊明	王洪锐	王晓东
王晓辉	王　猛	王　超	王雁平	王　智	王燕凯	方如胜
方珺辉	孔令斌	孔根生	巴　放	邓红元	左　超	申伟强
付德莹	乐　梅	冯世川	冯旭杰	毕湘利	朱　军	朱少杰
朱明勇	朱建峰	仲建华	任　健	任启伟	刘加华	刘纯洁
刘宝龙	刘追明	刘魁刚	江　明	安小芬	许　振	孙文凯
苏立勇	杜　哲	李元胜	李成新	李国勇	李学峰	李　政
李　峰	李富才	杨　丹	杨广武	杨降祥	杨　蔚	吴　天
何轶鸥	佘才高	辛　杰	汪小勇	宋　扬	宋晓云	宋敏华
迟建平	张　琦	张永林	张　壮	张　军	张建军	张　辉
张燕友	陈　浩	陈　强	武卫华	苟护生	林岩松	尚　敬
罗国强	金　铭	周小华	周立成	周健君	郎艳梅	孟凡贵
赵　茵	赵　斌	赵　鹏	赵一新	赵定国	赵晓东	郜春海
侯秀芳	施　政	姚世峰	秦国栋	贾敬东	倪　真	徐安雄
徐洪春	栾志刚	高树金	黄永健	黄建伟	黄钟晖	黄新卫
曹国利	阎志强	彭　伟	蒋建武	韩宝明	韩建良	詹惠敏
缪正祥	黎国清	潘秀明	燕汉民	上官白阳	欧阳省	

《中国城市轨道交通年鉴（2023）》
编辑部

编辑说明

一、《中国城市轨道交通年鉴（2023）》（总第七卷）（下简称"本年鉴"）是系统记述2022年中国城市轨道交通行业发展的资料工具书和史料文献，旨在客观反映中国城市轨道交通年度发展中的大事、要事、新事、特事，全面展示中国城市轨道交通行业发展的面貌和年度特色。本年鉴由中国城市轨道交通协会年鉴编纂委员会主持编纂，协会年鉴编辑部（设在上海申通地铁集团有限公司）具体负责编辑和出版工作。

二、本年鉴所载内容涉及城市轨道交通规划、建设、运营、经营等，其核心资料由中国城市轨道交通协会秘书处、专家和学术委员会、各专业委员会、各分会等办事机构、分支机构和实体机构以及中国城市轨道交通协会会员单位编写。

三、本年鉴记述时限为2022年1月1日至12月31日，为保存资料和保障信息的完整性、系统性和连续性，部分内容、数据涉及时限除外。

四、本年鉴卷首有"速览2022"，卷中的栏目以中文序号标示；其中"专文""大事记""综述""统计资料"采用"文章式"编写体例；"科技创新""标准规范""规划发展""工程建设""运营服务""资源经营"采用编写体例为栏目—分目—条目三级结构层次，记述形式为条目，体裁有述、记、图、表、录等；"行业文选""企业概况"采用"文章式"编写体例，卷尾索引。全书收录表格254张，图片183幅。

五、本年鉴在各栏目之首，设概述性内容（除"大事记"），反映各篇章总体情况、记述基本要素，保持各年度相关资料的延续性。

六、本年鉴"规划发展"栏目中，仅列出记述时限内新一期建设规划或建设规划调整的城市（新参编的城市除外）；"工程建设"栏目中，仅列出记述时限内新开工项目、建成项目内容（新参编的城市除外）；其他城市的建设规划和续建项目请参见2017年创刊起逐年连续出版的《中国城市轨道交通年鉴》。

七、本年鉴中城市的排列顺序，依据《中华人民共和国行政区划代码》（GB/T2260-2007）的排序规则；各企业依据其所在城市排序，同城企业排序依据本年鉴"企业概况"中"中国城市轨道交通协会常务理事及以上会员单位名录"。

八、本年鉴中使用的"中国""全国""国家"等描述内容及相关数据、资料，暂未包含中国香港、中国澳门、中国台湾地区。

九、本年鉴使用的党和国家领导机关、部委办等机构的称谓均采用其在颁布法规、文件等时使用的简称。

十、本年鉴"统计资料"栏目由中国城市轨道交通协会提供。正文中的数据由中国城市轨道交通协会部分会员单位提供。由于统计口径不尽一致，数值也不尽相同。

十一、本年鉴中符号使用说明：各表中的"空格"表示该项统计指标数据不详或无该项数据。

十二、本年鉴索引按主题分析索引法，按主题词首字汉语拼音字母顺序排列。自2017年创刊后，历年出版《中国城市轨道交通年鉴》在中国城市轨道交通协会网站（http://www.camet.org.cn/）发行。

速览2022年

规划发展

实施城市轨道交通建设规划城市数　50个

实施建设规划线路长度　6675.57公里（不含已开通运营线路）

工程建设

在建线路总长度　6350.55公里

在建线路数　243条（段）

在建线路车站数　3860座（按线路累计计算）

运营服务

开通城市轨道交通城市数　　新增 5个，累计 55个

运营线路数　　　　　　　　新增 25条，累计 308条

运营里程　　　　　　　　　新增 1080.63公里，累计 10287.45公里

年客运量　193.02亿人次

年进站量　116.56亿人次

年客运周转量　1584.37亿人次公里

资源经营

年收入总额　641.33亿元（即非票务收入）

年收益总额　132.76亿元

重庆 李德玉 行在城市之巅

关于简称：

当同一城市轨道交通由一家以上公司运营/经营管理时，正文各表格/图片中，表头/图注（）中简称表述为：

简称	运营管理公司	简称	运营管理公司
北京京投	北京市基础设施投资有限公司	武汉地铁	武汉地铁运营有限公司
北京地铁	北京市地铁运营有限公司	武汉光谷	武汉光谷交通建设有限公司
北京运管	北京市轨道交通运营管理有限公司	长沙轨道	长沙市轨道交通集团有限公司
京港地铁	北京京港地铁有限公司	湖南磁浮	湖南磁浮交通发展股份有限公司
北京公交	北京公交有轨电车有限公司	深圳地铁	深圳市地铁集团有限公司
沈阳地铁	沈阳地铁集团有限公司	港铁深圳	港铁轨道交通（深圳）有限公司
沈阳浑南	沈阳浑南现代有轨电车运营有限公司	深圳有轨	深圳市现代有轨电车有限公司
上海申通	上海申通地铁集团有限公司	佛山地铁	佛山市地铁集团有限公司
上海申凯	上海申凯公共交通运营管理有限公司	佛山南海	佛山市南海区铁路投资有限公司
苏州轨道	苏州市轨道交通集团有限公司	重庆轨道	重庆市轨道交通（集团）有限公司
苏州高新	苏州高新有轨电车集团有限公司	重庆铁路	重庆市铁路（集团）有限公司
青岛地铁	青岛地铁集团有限公司	西安轨道	西安市轨道交通集团有限公司
青岛公交	青岛公交集团轨道巴士有限公司	西咸新区	西咸新区轨道交通投资建设有限公司

2022年公司更名：

太原轨道交通发展有限公司	更名为	太原轨道交通集团有限公司
呼和浩特市城市轨道交通建设管理有限责任公司	更名为	呼和浩特城市交通投资建设集团有限公司
大连地铁集团有限公司	更名为	大连公共交通建设投资集团有限公司
厦门轨道交通集团有限公司	更名为	厦门轨道建设发展集团有限公司
青岛公交集团轨道巴士有限公司	更名为	青岛城运控股集团轨道巴士有限公司
佛山市铁路投资建设集团有限公司	更名为	佛山市地铁集团有限公司
贵阳市城市轨道交通集团有限公司	更名为	贵阳市公共交通投资运营集团有限公司

目录

八 工程建设

九 运营服务

十 资源经营

Contents

VIII Engineering Construction

IX Operation Service

X Resource Management

XI Industrial Literature

XII Company Profile

一 专文

《中国城市轨道交通绿色城轨发展行动方案》专栏

"双碳"政策已经成为中国经济得以持续发展的重大战略决策。城轨交通作为城市骨干交通方式，实现"双碳"目标更是事关城轨交通可持续、高质量发展的大局；《中国城市轨道交通绿色城轨发展行动方案》的发布，助推中国城轨交通可持续高质量发展，成为实现交通强国的动力。

本篇章主要包括《中国城市轨道交通绿色城轨发展行动方案》的全文、解读和发布词，系统、完整地介绍了中国城轨行业在实施绿色低碳战略、践行城轨责任担当所作的努力，为中国城市轨道交通高质量发展提供行动方案。

1 《中国城市轨道交通绿色城轨发展行动方案》全文

中国城市轨道交通协会

（2022年8月）

引 言

2030年前实现碳达峰、2060年前实现碳中和目标，是以习近平同志为核心的党中央统筹国内国际两个大局做出的重大战略决策。城轨交通是大容量公共交通基础设施，是城市引导承载绿色低碳出行的骨干交通方式。绿色低碳发展是城轨交通行业面临的历史性任务，是城轨交通发展的重大战略，更是城市交通领域实现"双碳"目标的重要举措。碳达峰碳中和（"双碳"）以及绿色发展事关城轨交通可持续、高质量发展的大局，国家发展改革委、生态环境部、住房城乡建设部、交通运输部、工业和信息化部等行业主管部门和地方相继出台了碳达峰碳中和绿色发展的指导意见、行动方案或规划，有力指导城轨企业的"双碳"工作。城轨交通行业的建设运营和装备制造等企业纷纷开展"双碳"的研究、策划和节能减排活动，有了良好的开端，但总体上处于起步阶段，亟需行业的顶层设计。为贯彻落实中共中央、国务院《关于完整准确全面贯彻新发展理念做好碳达峰碳中和工作的意见》，国务院《2030年前碳达峰行动方案》和中央部委的相关部署，中国城市轨道交通协会在充分调研的基础上，结合行业特点和发展态势，统筹碳达峰碳中和行动和绿色城轨发展，制订本行动方案，指导城轨交通行业绿色转型工作。

《绿色城轨发展行动方案》出台后，将成为正在实施中的《智慧城轨发展纲要》的姐妹篇，共同指导构建既智慧化又绿色化的新时代中国特色城市轨道交通。

一、总体要求

（一）指导思想

以习近平新时代中国特色社会主义思想为指导，深入贯彻习近平生态文明思想，落实党中央、国务院有关碳达峰碳中和工作的指导意见和行动方案等战略部署，以绿色转型为主线，清洁能源为方向，节能降碳为重点，智慧赋能，创新驱动，开展六大绿色城轨行动，实现碳达峰碳中和目标，建成绿色城轨，促进城轨交通可持续高质量发展，助推交通强国和美丽中国的建设。

（二）内涵标志

1. 绿色城轨

城轨交通全产业链各个环节和全生命周期各个阶段，最大限度地降低能耗，减少二氧化碳排放；最大幅度地提升能效和资源利用率，提高运输效率效益；最大可能地采用清洁能源，推动用能结构转换；最大程度地促进与城市协调发展，优化绿色出行，环环相扣，绿色转型，构建低碳排、高

效能、大运量的新时代中国式绿色化城市轨道交通。

2. 城轨交通碳达峰碳中和

全行业碳达峰目标年（2030年）前后，城轨交通建设尚处于高位增长回落的区间，碳达峰后碳排放强度持续下降，碳排放总量由波动而后陆续下降，故碳达峰平台期年限略长。平台期内各城市所处发展阶段相差悬殊，超大网络城市已由建设期转入运营维护期，平台期内碳排放量稳步下降；尚处城轨建设期的城市，碳排放量仍将呈现一定的上升趋势，各城轨城市的碳达峰平台期年限因地而异。

全行业实现碳中和时（2060年），得益于国家清洁电能为主导的电力供应和行业内节能减排、清洁能源开发、绿色出行、碳交易等绿色转型成效，城轨交通将实现"近零排放"。

3. 绿色城轨与碳达峰碳中和

绿色城轨与碳达峰碳中和是本行动方案设定要完成的两大任务，两者均具有通过绿色转型实现低碳排放的内涵本质，具有绿色低碳的价值取向。两项任务，既存在差异又相互融合，碳达峰碳中和侧重减碳达标，绿色城轨要求低碳排放同时还追求近零排放、更高运输效率效益、更低能源资源消耗、更高质量的绿色出行。

实现碳达峰碳中和既是绿色城轨的内在要求，也是绿色城轨的重要标志；建设绿色城轨，既是城轨交通实现碳达峰碳中和的重要基石，也是实现碳达峰碳中和的必由之路。城轨行业要把做好碳达峰碳中和工作和建设绿色城轨融入城轨发展全局、全产业链、全生命周期，在建设绿色城轨中实现碳达峰碳中和，在实现碳达峰碳中和中建设绿色城轨。

4. 绿色城轨与绿色转型

城轨交通绿色转型是绿色城轨建设的主线。研究城轨交通全行业的绿色发展规律，聚焦牵引能耗、车站能耗、综合能耗、碳排放量等重点强度指标，围绕节能降碳、吸引客流、清洁能源等关键构成要素，通过绿色规划、绿色设计、绿色建造、绿色运营、绿色维保等全生命周期持续实施，通过绿色行动策划、绿色装备研发制造、绿色建筑建造、绿色建材和材料研发利用、绿色技术创新、绿色标准推广、绿色评价引领等全产业链全面推进，在城轨交通行业广泛深入地开展绿色发展行动，强力推进全行业绿色转型，最终建成绿色城轨。

5. 绿色城轨与绿色建筑（绿色线路、绿色车站、绿色场段、绿色TOD）

绿色建筑是指在全生命期内节约资源、保护环境、减

少污染，为人们提供健康、适用、高效的使用空间，最大限度地实现人与自然和谐共生，实现建筑全生命周期的绿色低碳发展。

城市轨道交通领域绿色建筑还包括绿色线路、绿色车站、绿色场段、绿色TOD；要求按照绿色建筑标准和绿色城轨发展目标，与住建部的绿色建筑创建行动相结合，打造绿色线路、绿色车站、绿色场段和绿色TOD。

创建绿色建筑、绿色线路、绿色车站、绿色场段、绿色TOD是建设绿色城轨的重要单元和形象展现，其创建行动是绿色城轨建设的主要载体；绿色城轨是绿色建筑、绿色线路、绿色车站、绿色场段、绿色TOD价值的综合体现和总体形象。

6. 绿色城轨与智慧城轨

智慧赋能绿色城轨，是建设绿色城轨的主要技术手段和科学基础，以智能化技术装备为基础，有效支撑城轨行业绿色低碳发展，智慧城轨建设为绿色城轨提供强大创新动力。

绿色低碳拓展智慧城轨内涵，是建设智慧城轨的重要内容和重要场景，绿色城轨建设为智慧城轨提供更大发展空间。

《绿色城轨发展行动方案》和《智慧城轨发展纲要》结伴施行，绿智融合，从不同维度共同创建新时代中国特色绿色化智慧型的城市轨道交通。

（三）工作原则

建设绿色城轨，实现碳达峰碳中和，要坚持"统筹规划、因地制宜，节约优先、创新驱动，多链协同、整体推进，智慧赋能、绿智融合，示范引领、有序达标"五大工作原则。

1. 统筹规划、因地制宜

坚持全行业"一盘棋"思想。以满足人民群众绿色低碳出行需求，实现城轨交通绿色可持续发展目标，全面推进国家碳达峰碳中和战略实施。统筹谋划、顶层设计，做好行业的"双碳"和绿色城轨发展目标制定、战略指向、技术引领、政策扶持等战略部署。城轨企业认真落实行业和本地政府的节能降碳行动部署，因企制宜，分类施策，制定企业的碳达峰碳中和目标和绿色城轨发展实施方案。

2. 节约优先、创新驱动

坚持能源节约优先的行动原则。全面实施节能降碳战略，深入挖掘节能潜力，持续降低能源消耗和二氧化碳排放。坚持自主创新的技术路线，强化绿色低碳理念创新、技术创新、管理创新和制度创新，研发技术先进、经济适用、节能环保的技术装备，攻克绿色低碳关键核心技术，建成绿色节能、安全高效的绿色低碳技术体系、管理体系和产业链。

3. 多链协同、整体推进

坚持全产业链协同的行动原则。推动行业设计建造链、运营维护链、装备制造供应链多链协同，加强上下游政策的

系统性、协同性，统筹行业资源，围绕绿色低碳目标、节能降碳、吸引客流和清洁能源，兼顾需求与产品、技术与应用、生产与装备的降碳与创新，注重技术与投入、成本与效益、发展与环境的相互协调，推广行业先进绿色低碳技术和经验，共同推进"双碳"和绿色城轨发展目标的实现。

4. 智慧赋能、绿智融合

坚持智能智慧和绿色低碳协同的发展路线。大力推进"云、数、网、安、智"等新一代信息技术与绿色低碳业务深度融合，夯实数字底座，以推进城轨信息化，发展智能系统，建设智慧城轨为载体，以智慧赋能节能降碳关键核心技术攻关，助力城轨交通绿色低碳、高质量发展。

5. 示范引领、有序达标

坚持示范引领和鼓励率先达标的策略。在全行业推进绿色低碳战略实施的进程中，积极稳妥有序推动重点项目、重点企业、重点领域、重点地区率先实施，抓好试点先行和示范创建，探索推广有益模式和成功经验，提升示范效果。鼓励有条件的企业率先达峰，在示范引领的基础上，有序推进行业绿色转型，努力打造具有中国特色、基于中国标准、达到国际先进水平的绿色低碳城轨交通体系。

二、总体目标

（一）发展蓝图

以"绿色转型为主线，清洁能源为方向，节能降碳为重点，智慧赋能，创新驱动，开展六大绿色城轨行动，实现碳达峰碳中和，建设绿色城轨"为总体思路，在建设绿色城轨过程中实现碳达峰碳中和、在实现碳达峰碳中和过程中建设绿色城轨，统筹铺画设计"1-6-6-1-N"的绿色城轨发展的"一张蓝图"（如图1-1-1）；重点实施"绿色规划先行行动、节能降碳增效行动、出行占比提升行动、绿色能源替代行动、绿色装备制造行动、全面绿色转型行动"的六大绿色城轨行动；制定实施"提高思想站位、创新体制机制、压实

图1-1-1　绿色城轨发展蓝图

各方责任、引导试点示范、多策并举发力、建立标准评价体系"的六项保障措施；精心打造一批绿色城轨示范工程，引导企业编制实施"N个企业绿色城轨发展实施方案"，确保如期实现碳达峰碳中和目标，建成绿色城轨。

（二）主要目标

力争通过"三步走"发展战略，实现城轨交通碳达峰碳中和目标，建成绿色城轨。

第一步：2025年，城轨交通绿色转型初见成效，初步建立绿色低碳发展体系，成为全国绿色交通先行官。

总体目标：绿色低碳关键技术、设备研发和推广应用取得新进展，能源利用效率普遍提升，能源利用效率和二氧化碳减排达到同期国际水平。综合能耗强度比2020年（因疫情造成城轨交通2020年度的非正常运营情况，实际以2019年为基数，下同）下降10%以上，牵引能耗强度较2020年下降10%以上。新建建筑中绿色建筑面积占比达到70%以上，星级绿色建筑占比达到15%以上。新增工程建设和运营维保工程车实现清洁能源化。供应链主要产品二氧化碳排放量较2020年下降20%以上，供应链绿色工厂比例达到50%以上，全产业链逐步取消燃烧化石燃料。城轨交通在公共交通的出行占比较2020年提升15%以上，在城市机动化出行占比提升5%以上，为城轨行业碳达峰碳中和奠定坚实基础。

第二步：2030年，城轨交通绿色转型取得显著成效，

基本建成绿色低碳发展体系，碳排放强度值持续下降，碳排放总量经平台期稳中有降，绿色城轨初步建成，跻身世界先进行列。

总体目标：鼓励城轨企业率先达峰，绿色低碳发展模式形成并推广，绿色低碳关键技术、设备研发应用取得突破，能源利用效率大幅提高，能源利用效率和二氧化碳降排幅度赶超同期国际先进水平。综合能耗强度比2020年下降15%以上，牵引能耗强度较2020年下降15%以上，二氧化碳排放总量得到合理控制，二氧化碳排放由平台期步入下降期。新建建筑中绿色建筑面积占比达到100%，星级绿色建筑占比达到40%以上。供应链大部分产品二氧化碳排放量较2020年下降30%，绿色循环发展体系初步形成。城轨交通在公共交通中的出行占比达到50%以上，在城市机动化出行占比提升10%。城轨交通行业率先实现绿色低碳发展。

第三步：2060年，全面完成城轨交通绿色转型，全面建成绿色低碳发展体系，全行业实现碳中和，高水平建成近零排放的绿色城轨，成为全球绿色交通引领者。

（三）具体目标

为确保总体目标的实现，围绕"双碳"和绿色城轨发展目标，制定强度控制类的能耗、碳排放强度量化指标和结构优化类的出行占比提升、绿色建筑创建、绿色能源利用、绿色装备制造等量化指标。

绿色城轨发展量化指标表 表 1-1-1

分类		编号	具体指标	单位	2025 年	2030 年	指标属性
总量	能耗	1	行业总电耗	亿千瓦时	360 左右	490 左右	预期性
强度控制类	能耗强度	2	综合能耗强度下降比例	%	10% 以上	15% 以上	约束性
		3	牵引能耗强度下降比例	%	10% 以上	15% 以上	引导性
	碳排放强度	4	供应链主要产品二氧化碳排放量下降率	%	20% 以上	30% 以上	引导性
	出行占比提升	5	城轨在城市机动化出行占比	%	提升 5% 以上	提升 10% 以上	引导性
		6	城轨公共交通中的出行占比	%	提升 15% 以上	超大城市 50% 以上	引导性
		7	轨道站点 800 米半径覆盖通勤比例	%	超大城市 ≥ 30%、特大城市 ≥ 20%，大城市 ≥ 10%		引导性
	绿色建筑创建	8	新建建筑中绿色建筑面积占比	%	70% 以上	100%	引导性
		9	新增建筑星级绿色建筑占比	%	15%	40%	引导性
	绿色能源利用	10	新增具备可开发条件的屋顶和场地的光伏发电覆盖率	%	100%	100%	引导性
		11	既有的具备可开发条件的屋顶和场地的光伏发电覆盖率	%	35% 以上	90% 以上	引导性
		12	新建车辆基地的地（气、水）源热泵应用率	%	40%	60%	引导性
		13	外购绿色电力的比重相比 2025 年的提升率	%		25%	引导性
	绿色制造	14	装备制造碳排放总量下降率	%	20% 以上	35% 以上	引导性
		15	供应链主要企业获得绿色工厂星级标定的比例	%	50% 以上	100%	引导性

三、重点任务和行动路径

将"双碳"与绿色城轨发展目标贯穿于城轨交通行业全产业链、全生命周期的各个方面，重点实施"绿色规划先行行动、节能降碳增效行动、出行占比提升行动、绿色能源替代行动、绿色装备制造行动、全面绿色转型行动"等绿色城轨发展六大行动。

（一）绿色规划先行行动

理念是行动的指南，规划是行动的龙头。以绿色低碳发展理念为引领，将绿色转型全面融入城轨交通的线网规划、建设规划和企业发展规划中，融入城轨交通创新发展和绿色创建工作中，融入城轨企业的绿色实施方案中，构建绿色城轨规划体系，开展以绿色规划为引领的先行行动。

2025 年目标：一是城轨企业普遍制定绿色城轨发展规划或实施方案；二是城轨企业初步构建包括节能减排规划、绿色能源规划、绿色创新示范规划、线网规划和建设规划以及既有线改造规划中增编绿色发展专篇等的绿色规划体系；三是一批绿色城轨创新示范工程陆续开始建设，绿色城轨发展行动方案初见成效。

2030 年目标：一是城轨企业形成完整的绿色规划体系和实施机制；二是绿色城轨与智慧城轨有机结合、协同创新，形成常态化绿智融合的创新规划机制；三是一批绿色城轨创新示范工程建成并普遍推广，绿色城轨发展行动方案取得显著成效。

1. 以绿色发展为导向，编制绿色行动方案

各城轨企业以 2025 年和 2030 年绿色城轨建设目标为节点，编制企业绿色城轨发展规划或实施方案。遵照各级政府有关"双碳"任务的部署，在本行动方案指导下，结合企业实际，一企一案，科学合理地制定"双碳"和绿色城轨发展目标，系统筹划本企业绿色低碳实施行动。与此同时，要落实国家部委有关创建绿色建筑、绿色工厂、绿色交通的要求，积极参加行业绿色线路、绿色车站、绿色场段、绿色 TOD 和绿色工厂的创建竞赛活动，确保实施方案落地见效。

2. 以绿色转型为导向，编制绿色发展规划

倡导城轨企业积极落实国家"双碳"目标部署和绿色城轨交通发展要求，在编制线网规划、建设规划、既有线改造规划和工程设计时，同时编制绿色发展专篇。线网规划要合理定位城轨交通功能，突出城轨出行占比提升在城市交通低碳发展中的关键作用。建设规划要开展"双碳"和绿色城轨专项论证，突出节约和高效利用资源能源、加强网络资源的优化共享和系统规划清洁能源结构；既有线改造规划要优先安排高能耗线路和设备设施的升级改造项目。为指导绿色发展规划设计的编制工作，行业协会应及早开展城轨交通绿色规划设计导则的团体标准制修订工作。

3. 以持续减碳为导向，编制节能减排规划

各城轨企业以五年为周期编制企业节能减排规划，贯彻节约优先达标排放方针，以高能耗高排放设备和环节为重点，系统规划企业的节能减排目标、指标体系、技术体系、管理体系和资金投入等。

4. 以低碳排放为导向，编制绿色能源规划

各城轨企业以 2030 年为年限，编制以低碳排放为导向的线网级、企业级能源规划，并展望 2060 年碳中和目标年近零排放的发展设想。以场站屋顶和轨旁保护区空地开发光伏发电、工程建设和维护保养以及办公场所使用清洁能源、电力供应寻求增供绿色电力等为方向，梳理既有资源，匹配线网或企业各期规划，分解各阶段"双碳"和绿色城轨发展目标，最大可能地采用清洁能源，形成各期能源规划。

5. 以绿智融合为导向，编制创新示范规划

由行业协会牵头各企业参加，以五年为周期，编制城轨行业绿色创新示范规划，并结合绿色低碳重要场景和绿色发展需求，聚焦新一代技术和装备，布局一批绿色低碳攻关项目和示范工程。编制绿色创新示范规划和布局绿色低碳攻关项目中，要与智慧城轨融合发展、协同推进，将智能智慧化作为绿色创新活动的重要手段，营造智能智慧助力绿色城轨发展、绿色低碳推动智慧城轨发展的新局面。

6. 以绿色低碳为导向，审批绿色城轨规划

建议政府相关部门按照国家"双碳"政策要求，在审批线网规划、建设规划、既有线改造规划工作中，探索开展绿色审批的相关工作；在审批可行性研究和初步设计工作中建立绿色审批制度，开展绿色审批工作，对绿色专篇进行评估，并加强全过程监管和动态监测分析，适时开展中期评估和建设项目后评估，督促指导规划落实。

（二）节能降碳增效行动

全面落实节约优先方针，以"双碳"和绿色城轨发展目标为引领，将节能降碳作为城轨"双碳"工作和应对气候变化工作的根本任务，在城轨交通全产业链和全生命周期中采用绿色节能标准和绿色关键技术，创新运营和管理模式，建设绿色节能标杆示范项目，开展节能降碳增效行动。

2025 年目标：一是全产业链节能标准体系初步建立；二是成熟节能技术和装备逐步推广应用，新一代绿色节能技术和装备攻关研发；三是运营企业和装备企业推行节能运营模式和管理模式，普遍实现创新优化，节能降碳效果显著，能效利用率明显提高；四是一批绿色节能技术和装备，以及绿色车站、场段、线路、工厂等示范工程（项目）逐步建设，绿色标杆引领作用初步显现；五是城轨综合能耗强度较 2020 年下降 10% 以上，牵引能耗强度较 2020 年下降 10% 以上。

2030 年目标：一是新一代节能技术和装备研发和应用取得显著成效；二是城轨综合能耗强度较 2020 年下降

15% 以上，牵引能耗强度较 2020 年下降 15% 以上。

1. 制定节能标准，应用绿色标准节能

制定城轨节能行业标准。以节能降碳为目标，系统梳理现行城轨节能相关标准，总结行业节能成功经验，制修订贯穿规划、设计、建设、运营和维保全生命周期的城轨行业节能标准。重点研究牵引、通风空调等高能耗系统及装备技术规范和设备标准的制定。研究制定车辆、供电、环控等装备的能效能耗限值，扩大能耗限额标准覆盖范围。完善行业和企业能耗监测、评价标准，完善线路、车站、场段、车辆等重点设备层级的能耗监测和评价标准。

2. 推广节能技术，应用绿色技术节能

以推广应用成熟技术和推进研发试用新一代节能关键技术为手段，开创应用技术推进节能的新途径，实现城轨交通全行业节能降耗增效。

全面推广成熟节能技术应用。一是供能侧，车站及场段利用地、气、水源热泵及光伏发电等绿色新能源技术，采用网络化双向变流牵引供电技术以及专用轨回流技术，工程维修机械和调车机车采用清洁能源。二是用能侧，车辆采用永磁同步牵引技术、高频辅助逆变技术、客室智能照明技术、变频空调、轻量化技术等，重点车站通风空调采用直膨式机组、变频技术，场段及区间照明采用直流集中供电、智能 LED、光导管等技术，自动扶梯采用智能启停以及变频运行技术，数据中心采用低 PUE 值的高密度 IT 设备集成及高效制冷系统。三是管理侧，构建基于云平台、大数据的能源管理系统，实现线网供能侧、用能侧的信息共享、高效融合，提升城轨交通能源智能化、精细化管理水平。

强力推进新一代节能技术研发试用。推进工程、维修机械和轨道列车的氢能源替代；采用节能型变压器；推进车辆采用新型碳化硅辅助逆变器、钛酸锂蓄电池试用；推进车站通风空调智能控制模式，实现根据公共区、设备用房及管理用房的使用特点、负荷特性及二氧化碳浓度、PM2.5 浓度、温湿度，设置分区实时调控；研发智能能源运控方案，实现车—路—网的客流、车流、能量流和信息流深度融合，提高能源利用效率。

3. 创新运营模式，应用绿色模式节能

研究推广节能运营模式。研究城轨交通乘客出行规律，重点研究高峰期和平峰期客流的时间、空间分布规律，以安全运行、高效运营和优质服务为前提，实施网络化运能运量的精准匹配，降低列车的空驶率，提高列车的满载率和乘客便捷舒适体验。采用多交路运营组织技术，优化列车行车组织方式。采取重联编组、虚拟编组或混合编组等灵活编组方式以及夜间利用正线停车。推进运营设备系统的节能运行模式，平峰时段启动自动扶梯智能和变频节能模式。通风空调系统在车站、列车及办公区实行分区分时合理调温。照明系统在车站、区间和设备用房限时限区智能控制照明等。

4. 创新管理模式，应用绿色管理节能

完善节能降耗管理体系。加强节能计划管理，制定企业的节能五年规划和年度节能计划。加强节能降耗管理模式创新，在企业设立降碳工作专职机构。针对城轨交通发展阶段、网络规模、线路环境、系统制式和设备能耗等差异，建设、运营和维保单位建立节能降碳监督考核体系、节能考评奖惩制度，建立车辆等重大装备检修规程优化与节能降碳关联机制。建立 PDCA 循环常态化推进机制，因地制宜，持续推进节能降碳增效行动。

构建智能能源管理平台。基于城轨云构建线网级智能能源管理系统，建立能源管控中心，采集城轨交通多种能源的分类信息，进行线网、线路、车站、场段和车辆等多层级的能耗指标统计分析，开展重点能耗设备能效管理，碳资产管理，碳排放监测等智能管理及节能评估。提升能源智能决策水平，实现能源全面感知、节能数据驱动的目标。

5. 树立标杆项目，应用绿色示范节能

城轨交通建设公司、运营公司和装备企业，选择可独立进行能耗计量的建设工地、运营车站（场段）或制造工厂，设立节能降碳标杆指标，因地制宜开展节能竞赛活动。协会制定评价和竞赛规则，组织全行业开展年度节能竞赛，公示节能标杆项目，以示范引导和鼓励开展行业节能行动。

（三）出行占比提升行动

积极响应并参加各城市绿色出行创建行动，培育城轨交通绿色出行文化，贯彻科学有效的轨道交通管理制度，完善城轨交通绿色出行服务体系，最大程度地吸引更多乘客选择城轨交通出行，充分发挥城轨交通在城市公共交通中的骨干作用，系统提升城市轨道交通网络客流水平，增加城轨交通乘客出行量和轨道覆盖通勤出行的比例。以"绿色出行、城轨担当"的使命感，以科学合理的线网布局、站城融合的发展理念、多交相接的规划思路、便捷高效的客流组织、系统优化的提效措施、智能智慧化的赋能、碳普惠政策的激励，开展出行占比提升行动。

2025 年目标：一是城轨交通在公共交通的出行占比较 2020 年提升 15% 以上，城轨交通在城市机动化出行占比提升 5% 以上；二是轨道站点 800 米半径覆盖通勤比例，超大城市 ≥ 30%，特大城市 ≥ 20%，大城市 ≥ 10%；三是形成一批城轨交通出行高占比的规划案例和示范线网。

2030 年目标：一是城轨交通在公共交通中的出行占比达到 50% 以上，城轨交通在城市机动化出行占比提升 10% 以上；二是建成一批城轨交通出行高占比网络，打造一批站城一体化的"轨道交通生态圈"。

1. 以科学合理的线网布局，覆盖乘客城轨出行

贯彻落实国家发展改革委《城市轨道交通规划建设实施方案》和《"十四五"全国城市基础设施建设规划》，

科学确定城轨交通的功能定位，提高规划编制质量。优化超大、特大城市轨道交通功能层次，合理布局城市轨道交通快线，统筹建设市域（郊）铁路，中心城区网络适度加密，布局重点都市圈中心城市与周边城市（镇）一体化轨道交通网络，提高网络覆盖水平。其中超大城市以完善整体网络、提高线网覆盖程度为重点，特大城市以推进中心城区网络建设为重点。Ⅰ型大城市应结合实际推进轨道交通主骨架网络建设，并研究利用中低运量轨道交通系统适度加强网络覆盖，尽快形成网络化运营效益；符合条件的Ⅱ型大城市结合城市交通需求，因地制宜推动中低运量轨道交通系统规划建设。积极开展运营线路的客流现状评估，根据专题评估意见，优化线网规划和建设规划。

2. 以站城融合的发展理念，汇聚乘客城轨出行

通过推广 TOD 发展模式，打造站城融合综合体、综合开发利用轨道交通地上地下空间，汇聚城市出行人群。按照一体规划、联动供应、立体开发、统筹建设、融合发展的理念，促进轨道交通车站与城市空间紧密融合，将交通功能与城市公共服务功能有机衔接，形成轨道交通建设与城市发展联动效应。建设"轨道＋物业"、"轨道＋社区"，培育"城市微中心"多功能社区，优化城市空间形态，以轨道交通为中心推进城市线性空间一体化发展，提升城市消费能级，实现生产、生活、生态高度和谐统一，打造站城一体化的"城轨交通生态圈"。

3. 以多交相接的规划思路，方便乘客城轨出行

贯彻城市交通一体化规划理念，强化城轨交通与多种交通方式的无缝衔接、互联互通，方便乘客城轨出行。加强地铁、轻轨、市域快轨、中低运量轨交等不同制式的城轨交通无缝衔接；加强城轨交通与公共交通的统筹规划，优化城轨交通与公交汽车、城市轮渡、共享单车等公共交通布局，促进城轨交通与公共交通的站点衔接，提升接驳便利程度和服务水平，解决乘客出行"最后一公里"问题，鼓励有条件的城轨业主与城市公交汽车业主联合重组，从体制上促进两交融合工作；加强 P+R 停车场的规划和建设力度，完善充电桩等配套设施建设，吸引私家车乘客城轨交通出行；强化轨道交通四网融合，加强市内市外城轨交通与城际铁路、高铁的对接互联，提高中心城市与周边城市（镇）之间交通的连通性便利性；优化综合交通枢纽功能，完善枢纽布局立体换乘接驳设施，打造一体化综合客运枢纽系统；加强轨道交通与步行、自行车等慢行交通的接驳，提高绿色出行比例。

4. 以便捷高效的客流组织，畅通乘客城轨出行

持续优化城轨交通的客流组织，提升乘客城轨出行体验。按照"零距离"换乘、一体化服务和快速集散要求，实现基础设施、标识信息、运营服务等方面的资源共享，创造条件实现从"人换乘"到"车换线"的互联互通，推

行网络化运营组织多模式，提高客流直达性；实现安检互信、票制互通，提升出行便捷性。

5. 以系统优化的提效措施，引导乘客城轨出行

以便捷乘客出行行为出发点，着力提高旅行速度，缩短乘客出行时间。快线建设与既有线网提速改造相结合，快线建设增加越行线等措施；既有线网优化提升改造，要针对运力不足拥堵线段，增复线、建支线、扩编组、缩间隔、疏堵点，提高瓶颈线路能力；组织开行快速列车，构建一小时快速通勤网。

6. 以智慧化的乘客服务，赋能乘客城轨出行

提高乘客出行的便捷化、舒适化、智能化水平，构建面向全出行链的智慧乘客服务体系。为乘客提供智慧的信息及票务服务，及时发布乘客诱导信息，提供车站及车辆全场景信息，实时显示列车到发时刻、车厢拥挤度、前方换乘站客流等动态信息和周边服务等信息；构建出行即服务（MaaS）系统，打造以城轨出行为核心的一体化绿色交通服务体系。

7. 以碳普惠的政策激励，吸引乘客城轨出行

构建"分布计算、集中管理、共享普惠、技术支撑"的城轨碳普惠服务体系，以信息化、数字化赋能城轨碳普惠管理。围绕低碳出行生态，通过 MaaS 平台实现碳减排量汇集和向乘客的激励返还，对城轨出行给予经济和荣誉激励，倡导乘坐城轨出行的生活方式，构建"以人为本"的城轨出行场景与生态，提高乘客首选城轨出行的意愿。

城轨企业通过市场合作，联动出行生态圈的商业资源，提供绿色低碳消费体系，探索建立更加完善丰富的碳减排普惠权益生态，让乘客享受到"绿色福利"。

（四）绿色能源替代行动

城轨交通行业是用能大户，优化能源结构是碳达峰碳中和的关键因素。要以"双碳"和绿色城轨发展目标为引领，实施线网或企业的绿色能源规划；发展光伏发电、替代化石能源、增用绿色电力，最大可能地采用清洁能源，推动结构性减排，开展绿色能源替代行动。

2025 年目标：一是新增具备可开发条件的屋顶和场地的光伏发电覆盖率达到 100%；二是根据城轨所在区域气候特点在新建车辆基地的地、气、水源热泵应用率达到40%；三是新增工程建设和运营维保机械（车辆）全面电气化，既有已运营线路的运营维保机械（车辆）到更新改造周期后逐步被清洁能源运营维保机械（车辆）替代；四是建成应用氢能源城轨交通示范线；五是全产业链逐步取代燃烧化石燃料。

2030 年目标：一是既有具备可开发条件的屋顶和场地的光伏发电覆盖率达到 90%；二是热泵技术适用地区新建车辆基地的地、气、水源热泵系统应用率达到 60%；三是建成一批氢能源城轨交通线路；四是从 2025 年起，纳

入碳排放控制的重点企业，外购绿色电力的比重，每年增加5%以上。

1. 发展光伏发电，开发太阳能资源

开展无闲置屋顶行动。实施太阳能光伏（光热）项目专项规划。系统梳理城轨所在区域太阳能资源，梳理新建线和既有线场地资源，对地上线（高架线）沿线保护区、地上车站建筑屋顶，未做上盖开发的车辆基地建筑屋顶、建筑立面、声屏障等可安装光伏发电设施的场地资源，充分运用国家及地方政府支持政策"可装尽装，可用尽用"。推广光伏发电与建筑一体化同步设计，用光伏器件替代部分建筑材料。

坚持城轨光伏自发自用导向。以照明等非动力用光伏能源为重点，采用直流供电、分布式储能、"光伏＋储能"等模式，建设集光伏发电、储能、直流配电、柔性用电于一体的"光－储－直－柔"系统。建设光伏发电与城轨供电网相结合的稳定供电系统，增强自身的消纳能力。积极争取管理部门对城轨光伏项目、自发自用电量的计量和余电上网消纳等方面的支持。

2. 替代化石能源，扩大新能源范围

推广清洁能源的利用。研究氢燃料或电动车的运营车辆，替代化石能源的工程作业轨道车、维护作业车等。从全生命周期碳排放角度分析研究胶轮系统和氢燃料或电池供电方式的中低运量系统。推进建设工地和建筑用能电气化，实施气改电工程，普及建筑采暖、生活热水、炊事电气化；根据城轨所在区域气候特点因地制宜利用附近热网、电能、太阳能、地热能相结合实现清洁供暖。

扩大地、气、水源热泵系统试点应用。根据区域特点，车辆基地因地制宜推广应用各类地、气、水源热泵系统。

3. 增用绿色电力，加快碳中和步伐

扩大绿色电力比重。紧跟国家能源结构转型的步伐，直接采购绿色电力和运用采购绿证等方式加大城轨的绿电消费；在国家能源转型持续增加绿电供应同时，自主探索绿电增供源头，开辟绿色电力供应渠道；加强可再生能源投资，做好绿电储备；通过自发自用和参与电力市场交易相结合，不断提升城轨用电的绿色电力的比重。

（五）绿色装备制造行动

技术装备是绿色城轨发展的基础，装备制造环节的降碳减碳是城轨行业碳达峰碳中和的重要组成部分。要按照绿色制造的要求，基于全生命周期理念，综合考虑资源效率和环境影响，使城轨装备产品从设计、制造、包装、运输、使用到报废处理的全生命周期中，对环境的影响（副作用）最小，资源利用率最高，并使企业经济效益和社会效益协调优化。通过推行绿色设计、创建绿色工厂、推动绿色创新，构建绿色供应链，实施绿色再制造，开展绿色产品认证，大力开展绿色装备制造行动。

2025年目标：一是装备企业绿色设计、绿色制造、绿色产品、绿色供应链、绿色再制造及绿色工厂评价标准等体系初步建立。二是装备制造碳排放强度比2020年下降20%以上。三是供应链绿色工厂比例达到50%以上。四是新一代绿色智能装备示范工程投入运营。

2030年目标：一是全面建成装备企业绿色低碳管理体系，城轨装备全部实现绿色化。二是装备制造碳排放总量比2020年降低35%以上。三是供应链绿色工厂比例达到100%。四是新一代绿色智能装备得到全面推广应用。

1. 构建绿色低碳体系，创建绿色工厂

制定并实施装备生产绿色低碳体系。建立生产过程的碳足迹核算标准、二氧化碳排放核算标准、低碳装备评价标准、低碳生产规范等绿色工厂评价标准，在城轨装备生产过程中，全面贯彻精益生产理念，构建绿色低碳装备制造体系。

实施生产方式的绿色化变革。大力推进工业节能降碳，加快清洁生产改造，开发或使用低碳新技术，优化降碳新工艺，大力推动生产环节的节能制造行动。

绿色工厂创建与智慧城轨建设相融合。深化生产制造过程的数字化转型，建立数字工艺流程，建设数字能源管理平台，构建数字智慧物流体系，全面提高生产效率、能源效率和资源利用率。

开展绿色工厂级别评定。以城轨交通装备企业为单位，编制年度绿色低碳技术装备发展和绿色工厂创建报告，不断提高绿色装备制造水平。

2. 建立优胜劣汰机制，推动绿色创新

绿色低碳与智能智慧相融合。绿色城轨场景和智慧城轨场景相结合，绿色低碳转型与数字化转型相融合，充分利用好现有创新成果，持续推动自主化技术装备研制和应用。瞄准先进、绿色和智能技术部署一批前沿的新一代绿色智能技术装备研发项目和示范工程，强化科技创新对绿色城轨发展的支撑。

推动绿色装备自主创新。研发并应用拥有自主知识产权的绿色城轨技术产品，形成具有市场竞争力的民族品牌和中国标准，建立完善自主可控、安全高效、主导发展的绿色城轨技术链和产业链，为绿色城轨建设奠定坚实基础。依托绿色城轨建设，搭建自主创新重要平台，开创自主创新发展新局面。

推进新一代绿色智能技术装备的研发与应用。聚焦节能降耗潜力大、能效利用率高的新一代自主化绿色智能技术装备，如灵活编组运行的新一代列车运行控制系统、新一代智能列车、永磁牵引系统、网络化控制双向变流的新一代牵引供电设备、空调通风一体化的新一代大空间空调设备、高中压绿色环保开关柜等，加大研发力度，尽快取得突破，批量推广应用，在绿色城轨发展和"双碳"工作中发挥引领作用。

建立并定期发布高能耗高排放装备淘汰清单和绿色建材、绿色装备推广清单。梳理城轨建设、运营、维护所需要的各类机械、机电装备及系统、大宗材料等，有的放矢，将产品的能效水平对标国际先进水平或行业能耗限额先进值，建立绿色产品推广清单和落后低效产品淘汰清单。两个清单每两年更新一版，以能效和碳排放为导向，完善绿色产品推广机制和落后低效产品退出机制，用两个清单引导装备制造企业开展装备产品的绿色设计，积极采用先进绿色技术，加快淘汰高能耗、高排放落后技术和设备。

3. 强化绿色制造导向，推行绿色设计

以绿色化为导向、智慧化为手段，推动系统重构、功能融合和信息交互，实现装备间能量流、控制流、数据流的深度融合与协同联动，构建绿色低碳设计新业态。

遵循节能型轻量化设计思想，全面采用低碳原材料，推广应用节能低耗新技术，探索创新绿色低碳新工艺，推行设计工艺一体化的绿色正向设计新流程。

构建绿色设计平台，强化产品绿色设计和工程绿色设计的协同；引导装备企业采取自我声明和自愿认证的方式，开展绿色设计评价；面向能效影响大、产品涉及面广、关联度高的装备制造企业创建绿色设计示范企业，全面实施绿色设计。

4. 串联产业链上下游，构建绿色供应链

构建轨道交通行业资源循环型供应链，广泛使用低碳产品、服务和可循环材料，将碳排放作为城轨产品行业认证准入、评价分级、淘汰出局的重要因素，引导供应链产品和服务低碳升级。完善数字化智慧物流网络，加强产业链数据管理，搭建数据平台，建立评价考核机制。优化物资流转路径和仓储配送设施智能化升级，实现智能管控和动态优化，营造业务连续、需求驱动、动态平衡、协同共赢的城轨交通装备绿色低碳供应链。

5. 发展绿色循环经济，实施绿色再制造

全力开展城轨装备的再制造活动，助推智能维保绿色化。

一是建立并完善再制造标准体系，统一规范和系统引导再制造工艺技术、产品质量、生产管理、产品标准等技术管理工作；二是建立并完善再制造技术体系，重点研究再制造拆解工艺与技术、高效清洗技术、无损检测和寿命评估技术、修复成形与加工技术，形成完整的技术链；三是建立并完善再制造旧件逆向物流体系，建设多维回收系统，优化逆向物流网络，形成新品分销正向物流与旧件回收逆向物流相结合的物流体系。搭建轨道交通绿色循环经济交易平台，提供闲废资源处置和再制造产品交易通道；四是建立并完善再制造体系，梳理产品再制造运用需求，分析再制造实施内容，提炼归纳典型需求，形成城轨装备再制造方案。

6. 开展绿色产品认证，助力装备绿色提质

一是结合国家对绿色产品、绿色工厂、绿色供应链的评价要求和行业标准要求，培育和推动一批城轨行业第三方评价认证机构和检验检测机构，开展相关评价、认证、检验、检测工作；二是依据《国务院办公厅关于建立统一的绿色产品标准、认证、标识体系的意见》（国办发〔2016〕86 号），推动将符合要求的城轨产品纳入国家绿色产品认证目录；三是建议国家相关主管部门将城轨行业的绿色产品认证与 CURC 认证（城市轨道交通装备产品国推自愿性认证）深度结合，使部分产品实现一次认证发双证。

（六）全面绿色转型行动

绿色城轨建设是系统工程，涉及规划、建设、运营、维护和装备制造全产业链。城轨的绿色转型紧扣"双碳"和绿色城轨发展目标，与数字化转型协同，以"绿色创建行动"为载体，落实资源循环利用、节能减排、绿色环保等国家标准，推广应用国家发展改革委和行业协会示范工程成果，从理念、标准、规划、设计、建造、运营、装备供应、企业管理和人才培养等方面，全面开展绿色转型行动。

2025 年目标：一是新建建筑中绿色建筑面积占比达到 70% 以上，星级绿色建筑占比达到 15% 以上；二是供应链主要产品二氧化碳排放量比 2020 年下降 20% 以上，城轨全产业链逐步取消燃烧化石燃料；三是城轨行业绿色创建行动取得进展。

2030 年目标：一是新建建筑中绿色建筑面积占比达到 100%，星级绿色建筑占比达到 40% 以上；二是供应链大部分产品二氧化碳排放量比 2020 年下降 30%，绿色循环发展体系初步形成；三是城轨行业绿色创建行动形成规模。

1. 以绿色成果，推动标准体系绿色转型

构建绿色城轨标准体系。行业协会组织制定绿色城轨标准化工作方案，不断总结行业绿色发展的成果和标准化需求，推动绿色城轨标准编制和既有标准修订时的绿色转型。优先编制城轨绿色规划设计导则、绿色施工导则、绿色节能、绿色线路、绿色车站、绿色车辆基地、绿色TOD 等标准，研究编制绿色运营、绿色装备产品和绿色工厂等评价标准。

2. 以绿色标准，推动设计体系绿色转型

建立绿色工程设计体系。设计文件中设置绿色设计专册、专篇，开展新建和提升改造工程的节能降耗绿色设计。合理确定线路敷设方式，加强减振降噪等环保技术研发应用，在满足环保要求条件下，鼓励城轨线路高架敷设，城市规划和沿线用地规划做好高架敷设条件的预留和控制。新建工程的可行性研究和初步设计应包含能耗、可再生能源利用及碳排放分析；施工图设计应明确节能降耗等绿色措施。既有线改造应先进行节能降耗诊断，明确指标及检测验收方法。开展设计阶段绿色项目评估，应用全生命周

期集成设计、数字化设计、协同设计等提高绿色低碳设计的系统性、整体性。

贯彻落实绿色标准，强化专项绿色设计方案论证。设计方案落实能耗指标、节能率和碳排放强度等要求。将提高碳减排水平，提升绿色性能，减轻设备设施体量等作为重点。合理确定车站规模，优化车站功能布局，力求紧凑。在智能、智慧以及自动化技术应用基础上，优化运营定员等条件下，优化管理用房面积。遵从经济适用原则，合理确定相关标准，保障基本运营需求和安全要求，适当简化机电设备配置；降低车站的装修标准，减少装饰材料使用。推广装配式建造技术、地上钢结构车站，优先选用获得绿色标识的建材。

3. 以绿智融合，推动建造体系绿色转型

推进施工机械电动化。分类分步推广施工机械电动化。渣土、商品混凝土和建材等运输车辆推行清洁能源车，实现城轨建造全范围施工机械用能清洁化。

推进建造工业化。推进装配式建造技术应用和中间产品的工厂制造。建立健全城轨装配式建造标准、技术和产品等体系。加强装配式建造一体化集成设计，统筹部品部件生产、施工安装、装修装饰等环节的装配式建造。

推进建造现场工厂化。推行施工精细化管理，采用精益化施工组织方式，统筹管理施工相关要素和环节。实行高能耗设备监控和同类设备群控管理。合理布置施工现场和临时用地，减少地面硬化，利用再生材料或可周转材料硬化临时场地。

推进施工现场环保化。加强施工现场建筑垃圾减量，实现建筑垃圾源头管理、过程控制和循环利用；通过信息化手段管控施工现场扬尘、噪声、光、污水、有害气体和固体废弃物等各类污染。

推进施工管理信息化。积极探索和推进 BIM+GIS、5G、物联网、人工智能和建筑机器人等新技术在建造领域的创新应用，采用智慧工地等信息化管理系统，实现绿色建造与新一代信息技术融合。

4. 以节能增效，推动运管体系绿色转型

加强运营企业各层级能耗及碳排放监测、评价，建立完善节能管理制度及设备系统节能运行操作规程，将节能增效与日常生产管理紧密结合，以管理优化为主，推进技术改造，加快既有运营线路的设备设施绿色化提升改造进程，淘汰落后低效设备。完善企业节能增效组织模式，建立绿色低碳管理架构，构建企业智能能源管理平台，建立结果导向的考核激励机制，推动企业运营体系绿色转型。

5. 以绿色采购，推动供应链绿色转型

推进供应商绿色承诺和绿色标识。构建供应链上下游协同的绿色共同体，围绕绿色产品、绿色服务、绿色物流和绿色工厂，制定城轨装备产品的绿色承诺和绿色标识评价标准。推行绿色标识评价，鼓励将绿色承诺和绿色标识纳入招标用户需求。

加快推进绿色采购。将绿色采购作为构建绿色供应链的重要抓手。产品和服务等用户需求书要贯彻全生命周期绿色低碳要求。聚焦钢材、水泥、车辆、牵引供电、通风空调及自动扶梯等重点产品，将绿色要求扩展到产品的设计、制造、运输、废弃处理、循环利用等全过程。设定线路、项目的绿色低碳产品采购比例，优先采购绿色低碳产品。

6. 以绿色金融，推动融资体系绿色转型

积极利用和创新绿色低碳金融产品。充分利用国家碳达峰碳中和等绿色金融政策，拓宽绿色城轨资金渠道，扩大绿色债券、绿色信贷等绿色金融产品规模，为城轨行业提供稳定的绿色金融支持。争取国家绿色发展基金等资金支持，降低企业融资成本，鼓励将采用绿色产品节省能源的费用冲抵增加的成本。利用好政府推出的财政贴息、税收减免、奖励补偿等碳减排相关税收优惠政策，充分利用政策红利，进一步提高效益。

积极参与碳排放权市场交易。建立健全碳排放报告和信息披露制度，加强碳配额、碳信用等碳资产的管理，积极与碳交易主管部门对接，提出碳配额计算方法和碳交易配额分配方案的合理化建议。积极申请自愿减排项目备案，鼓励未纳入碳排放权交易的企业参与基于自愿减排项目的交易平台。做好碳排放信息核证及自愿减排量核证工作，通过碳交易市场获取收益，促进城轨企业进一步开展低碳技术革新和低碳转型。

积极引入市场化机制。积极运用市场化节能减排机制，鼓励引入市场化节能方式，推进合同能源管理模式，拓宽节能改造资金来源渠道，调动社会资本参与节能改造和运行维护，支持城轨企业绿色低碳转型。

7. 以绿色创建，推动管理体系绿色转型

落实住建部绿色建筑创建行动方案要求。结合城轨行业实际，在线路、车站、场段的新建项目、改扩建项目、既有线路改造中开展绿色创建行动。

积极参加国家和地方政府的星级绿色建筑标识评定。组织行业的线路、车站、及场站的绿色标识评定，不断提高新建项目获得星级标识的比例。推动建设、运营和维护企业管理体系的绿色转型。

8. 以绿色理念，推动人才培养绿色转型

加强绿色专业科技创新人才培养。打造绿色发展的科技攻关队伍，培养具有绿色低碳专业知识和科技创新精神的人才，围绕"绿色、节能、低碳、近零排放"的目标，在节能、储能、用能和管理等专业，开展技术创新和产品研发，形成以创新型人才带领绿色发展，以科技成果带动绿色发展的新局面。

加强职工队伍绿色发展知识教育。实行全员推进绿色发展战略，将新能源利用和节能环保作为绿色发展的基础工作，纳入职工教育课程，普及新能源和节能环保知识，增强全体职工绿色发展的自觉性、主动性，提高节能降耗、降本增效和新能源利用的技能，奠定全员推进绿色低碳发展的良好基础。

加强领导干部绿色专业知识培训。造就推进绿色发展的领军队伍，将"双碳"目标和绿色专业相关内容列入领导干部培训计划，深化领导干部对"双碳"工作重要性、紧迫性、科学性、系统性的认识。提升领导干部的绿色专业素养和业务能力，增强领导和推动绿色低碳发展的本领，组建由"内行领导"组织推进绿色低碳发展的强大队伍。

加强绿色专业人才培养和储备。建立行业协会、城轨企业和高等院校、培训机构的沟通联系机制，反映绿色专业人才需求，加大新能源、储能、碳减排、碳汇、碳交易等绿色专业人才教育和培养的力度，形成不同年龄结构、不同知识层次、不同专业技能的梯次专业人才队伍，为城轨行业绿色转型提供坚实的人才支撑。

四、保障措施

（一）提高思想站位，凝聚高度共识

碳达峰碳中和目标，是以习近平同志为核心的党中央作出的重大战略决策，是中国向世界作出的负责任大国担当的庄严承诺。建设绿色城轨是习近平同志关于"要继续大力发展轨道交通，构建综合、绿色、安全、智能的立体化、现代化城市轨道交通系统"指示的重要内容，也是推动中国城市轨道交通高质量发展的内在要求。

实现碳达峰碳中和目标，建设绿色城轨，与智慧城轨建设一样，也是庞大而艰巨的系统工程。同样需要全行业共同发力，立足城轨新发展阶段，以"交通强国，城轨担当"使命感、责任感和紧迫感，认真落实党中央、国务院碳达峰碳中和的决策部署，坚定不移贯彻新发展理念，提高站位，凝聚共识，统筹规划，协力推进，把绿色城轨建设和碳达峰碳中和融入城轨交通高质量发展的全局，加快形成全行业齐抓共干的良好局面。

（二）创新体制机制，夯实绿色基础

实现碳达峰碳中和目标、建设绿色城轨实现 2030 年目标，时间紧、任务重、且实现 2060 年目标时间跨度近 40 年，取得成效必须以有效高效持续的体制机制为基础。

企业与协会要创新完善推进工作需要的体制机制。包括短期、中期及长期相结合持续 40 年的目标管理机制，实现强制性目标的约束管控机制，实现引导性目标的激励竞赛机制，平衡又有力度的资金投入机制，产学研用深度融合协同的新技术攻关机制，研发示范推广衔接顺畅的新技术新装备创新推广机制，企业自评、第三方评价、政府及协会评价相结合的透明公开的评价机制等。

（三）压实各方责任，践行城轨担当

实现碳达峰碳中和目标、建设绿色城轨是全行业各个主体共同的任务，要充分发挥国家部委政策指引，城轨城市主管领导，城轨企业主体担当，业主单位牵头主导，城轨协会协调指导等各方面的作用，共同推进绿色城轨发展行动。

压实城轨建设运营企业、装备制造企业、规划设计单位等各方在绿色城轨发展中的主体责任。明确目标任务，将绿色低碳发展目标和行动方案的任务纳入行业各层级 KPI 考核评价体系。充分调动行业全员减碳、绿色转型的积极性，积极开展绿色城轨发展行动，落实本企业实施方案。加强组织领导，企业主要责任人亲自推动，确保责任到位、措施到位、成效到位。城轨运营企业编制碳排放年度报告，有条件企业创造条件提前碳达峰。

鉴于城轨交通行业管理的独特性，行业协会要承担"双碳"工作的社会责任，发布全国城轨交通行业碳排放统计分析报告，交流分享各企业"双碳"工作经验和成果，引导城轨交通行业自觉在碳达峰碳中和行动和绿色城轨转型中，以多种方式推动城市轨道交通绿色发展，践行城轨担当。

（四）引导试点示范，率先有序达标

在"六大绿色城轨行动"中，积极组织试点示范。积极组织开展示范工程申报，推动绿色能源替代等一系列项目的示范工程建设，示范工程（项目）（见附件1）。有序组织推进城轨企业绿色建筑、绿色车站、绿色场段、绿色 TOD、绿色线路、绿色产品、绿色工厂等绿色标杆的创建。探索有效模式和有益经验，打造绿色样板，充分发挥示范引领作用，力求取得良好示范效应，支持有条件的企业率先实现碳达峰碳中和目标。

（五）多策并举发力，营造良好环境

研究运用好政府各项绿色政策。积极与政府协调，设置城轨交通碳达峰碳中和专项财政基金，对"双碳"和绿色城轨项目进行补贴、奖励、贴息等。鼓励城轨企业设立绿色低碳发展的专项基金，支持绿色低碳技术的研发和技术创新，支持绿色低碳工作考核需要的补贴与奖励。探索城轨企业参与碳市场交易新模式，通过绿色金融、绿色债券，增加融资渠道，为企业绿色低碳发展提供资金支持。积极参与国家"双碳"政策、规则、标准制定，为城轨绿色低碳发展建言献策。争取政府税收政策、绿色金融产品和服务、绿色低碳及节能改造项目等方面的支持，为城轨绿色低碳发展创造良好的政策环境。

（六）建立标准评价体系，督促激励达标

在制定中国绿色城轨标准体系（见附件2）的同时，构建行业与企业的绿色评价体系，推进城轨交通能耗管理平台建设。协会组织建立行业的能耗指标、碳排放监测、

评价和监督考核等体系。城轨企业加强项目建设阶段、运营阶段和本企业的评价监督体系。建立城轨交通节能评价认证中心和第三方碳盘查机构等监督考核、认证评估机制。鼓励制造企业开展绿色产品认证，同时鼓励应用单位采信通过绿色认证的产品，对在绿色城轨发展行动中成效突出的企业给予表彰奖励，系统激励促进碳达峰碳中和与绿色城轨目标如期实现。

五、附件

附件1：示范工程（项目）

示范工程（项目）包括但不限于下列内容，原则上在2025年前完成示范：

（一）绿色规划先行示范

1. 绿色能源规划示范

以低碳排放为导向，最大可能地采用清洁能源，推动结构性减排，编制线网/企业绿色能源规划。

主要任务：

（1）研究线网/企业光伏发电发展规划；

（2）研究线网/企业化石能源替代规划；

（3）研究线网/企业绿色电力增供规划。

2. 节能减排规划示范

贯彻节约优先达标排放方针，以高能耗高排放环节为重点，编制企业节能减排规划。

主要任务：

（1）研究企业节能减排目标；

（2）研究企业节能减排指标体系；

（3）研究企业节能减排技术体系；

（4）研究企业节能减排管理体系；

（5）研究企业节能减排保障体系。

（二）节能降碳增效示范

3. 运营管理模式创新示范

加强运营企业各层级能耗及碳排放监测、评价，建立完善的节能运行模式，完善企业节能降耗管理体系。

主要任务：

（1）研究优化列车行车组织模式节能运行模式；

（2）研究优化设备系统的节能控制模式；

（3）研究创新企业节能降耗管理体系。

4. 智能能源管理平台示范

构建城轨智能能源体系，健全城轨行业能源监测管理体系，系统精准管理城轨能效和碳排放。

主要任务：

（1）研究并建立城轨能耗统计监测和计量体系；

（2）研究城轨"网络级、线路级、站车级"三级能耗指标及管控体系；

（3）研究基于城轨云和能源大数据技术的城轨企业线网级智能能源管理平台。

（三）出行占比提升示范

5. 绿色TOD创建示范

按照一体规划、联动供应、立体开发、统筹建设的原则，细化完善土地综合开发实施方案，推进TOD站城融合一体化，形成可复制、可推广的典型做法和开发模式。

主要任务：

（1）研究城市公共服务功能与车站环境融合机制，在规划设计阶段预留空间；

（2）研究资源统筹开发模式，充分开发沿线区间的地上地下空间资源；

（3）研究以最集约方式进行空间规划，统筹多层次网络共用通道的规划策略，形成多种公共交通模式的高效衔接和换乘，促进融合发展；

（4）研究因地制宜综合利用开发既有段场用地。

6. 城轨MaaS平台出行碳普惠示范

研究城轨个人出行碳普惠服务和管理体系，为城轨出行场景提供统一个人碳普惠技术基座，提高民众乘坐城轨绿色出行的积极性。

主要任务：

（1）研究并构建城轨碳普惠服务体系和绿色出行信用体系；

（2）研究并构建城轨个人出行碳普惠平台及应用，实现低碳行为数据接入、碳账户管理、跨地域城轨碳排放量提供多元分配计算等；

（3）研究建立乘客个人碳普惠账户，形成城轨的减碳生态圈。

（四）绿色能源替代示范

7. 光伏发电示范

探索分布光伏发电、高效储能、直流配电、柔性用电于一体的"光—储—直—柔"模式，提高可再生能源利用的可持续性，增强自身的消纳能力，优化用能结构。

主要任务：

（1）推广光伏发电系统在城轨中的应用；

（2）研究光伏发电与目前已有储能装置结合技术；

（3）研究光伏+储能+直流配电+柔性用电示范应用。

8. 氢能源车辆示范

氢能源结合燃料电池构成动力系统应用于轨道交通车辆，替代传统燃油车辆，具有无污染、低碳排放、环境友好等优势。

主要任务：

（1）推广氢能源运营车辆、工程车辆、维护作业车在城市交通运输领域应用，减少燃油等化石能源消耗使用；

（2）试点氢能源在城轨工程机械领域应用；

（3）建立健全氢能源城市轨道交通应用的"制、储、输、用"技术体系。

9．工程和维保机械电气化示范

分类分步推广工程和维保机械电动化，替代传统燃油车辆。不再增购新购化石燃料设备，已有化石燃料设备到寿命后逐步由清洁能源设备替代，实现无污染、低碳排放和环境友好。

主要任务：

（1）推进渣土、商品混凝土和建材等运输车辆推行清洁能源车，实现城轨建造全范围施工机械清洁能源化；

（2）推进建设阶段施工大型装备的电气化；

（3）推进运维养护阶段工务装备的电气化。

（五）绿色装备应用示范

10．基于灵活编组的列车运行控制示范

应用和推广列车灵活编组技术，提高运营效率，节能降耗。

主要任务：

（1）应用和推广灵活编组的全自动运行系统；

（2）采用车车通信、前方障碍物主动感知技术，实现新一代全自动运行系统；

（3）研究基于故障-安全运行原理的列车自动和自主运行融合，可灵活编组的列车全自动运行体系；

（4）研究基于客流全息感知，实现列车运行图自动编制、运行计划动态调整的智能行车调度系统。

11．基于永磁同步和网络化双向变流的新一代牵引能耗控制技术示范

示范运用永磁牵引技术和基于网络化双向变流的新一代牵引供电技术，提高列车牵引效率、降低列车牵引能耗，实现全线直流牵引网潮流可控，提高系统供电能力和运力，间接控制钢轨电位，提升再生制动能量利用率，节约牵引能耗25%以上。

主要任务：

（1）研究、优化永磁同步牵引系统牵引控制技术、电机设计技术与控制技术，测试、计算和统计永磁牵引系统节能效果；

（2）完善永磁牵引技术设备配套及全生命周期维护；

（3）完善新一代直流牵引供电系统双向变流器的控制技术，实现对于全线双向变流器的协同控制和多目标实现；

（4）完善大容量双向变流器装备研制、控制保护技术，实现技术性能和经济性能的综合优化；

（5）完善新一代直流牵引供电系统配套运行方式和系统保护方案，实现供电系统安全可靠运行。

12．基于自主SiC功率器件的城轨交通牵引系统和辅助变流系统示范

研制基于自主SiC功率器件的城市轨道交通牵引系统和辅助变流系统。提升变流器开关频率3倍以上，提高效率与输出品质，降低电机谐波损耗，减少装备体积、重量。

提升功率密度10%，降低能耗5%，减少系统重量10%。

主要任务：

（1）针对SiC功率器件高开关频率、高du/dt的技术特点，研发性能稳定可靠、抗干扰能力强的控制及驱动电路；

（2）针对轨道交通领域应用的高频化变流器特定工作环境，研究SiC功率器件的电磁干扰抑制技术、控制装置电子电路的优化设计及高频变流装置的工程化防护设计；

（3）研究与SiC功率器件驱动和保护电路相匹配的智能诊断技术，完成控制精度高、动态响应速度快、效率高的高频变流器装置控制系统；

（4）开展基于SiC功率器件的主牵引变流器及高频隔离DC-DC辅助变流器电路拓扑选型、关键部件参数计算及仿真研究，开展多参数匹配下的变流器参数设计；

（5）研制一套基于3300V电压等级SiC功率器件的轨道交通变流器装置并实现示范应用，构建完整的SiC功率器件应用平台，并形成知识产权体系。

13．空调通风一体化的磁悬浮直膨机组等高能效新一代大空间空调设备示范

结合车站的规模及形式，研究磁悬浮机组等高能效的新一代通风空调一体化技术，降低空调的系统运行能耗，减少土建规模，降低通风空调系统的运营维护成本。

主要任务：

（1）推广适合城轨的新一代通风空调一体化设备；

（2）建立新一代通风空调一体化设备应用设计标准及评估体系；

（3）健全新一代通风空调一体化技术在轨道交通中应用的建设及运营标准；

（4）研究新一代通风空调一体化技术模块化方案，高效制冷机房方案，推广其在轨道交通中的应用。

14．直流照明系统示范

照明系统采用直流集中供电，按建筑使用条件和天然采光状况进行单灯或分区、分组控制等。

主要任务：

（1）应用直流集中配电系统，将传统的照明配电箱用直流配电柜代替，直流配电柜内设置整流模块，整流后输出平滑稳定的直流电源；

（2）选择适用于直流配电系统的LED照明灯具；

（3）完善智能直流照明系统的运行方式及电气安全保护方案。

15．轨道交通绿色低碳认证检测基地示范

推进建设低碳建筑及材料检测认证平台、绿色低碳仿真环境系统、排放检测实验中心、车辆及核心系统绿色低碳试验验证线路等。

主要任务：

（1）研究并制定城轨绿色材料、绿色技术、绿色能源、

绿色产品认证检测标准；

（2）研究城轨绿色线路、绿色车站、绿色场段、绿色 TOD、绿色工厂、绿色供应链等评价标准和方法；

（3）开展第三方评价、认证、检验、检测示范。

（六）全面绿色转型示范

16．绿色工厂创建示范

绿色工厂是引领制造业走向更高舞台的关键方向。创建绿色工厂，是实施绿色制造工程的重点任务，对于促进行业结构优化、提质增效具有引领作用和重要意义。

主要任务：

（1）研究高能效清洁能源服务系统；

（2）研究智能化绿色生产系统；

（3）研究智能化监控技术应用实现对生产全过程监控，系统实现能耗监测、分析和优化；

（4）建立健全高效、清洁、低碳、循环的绿色制造体系。

17．绿色车站创建示范

绿色车站创建主要是结合节能降耗措施的应用及绿色技术装备的应用，采用管改并举的措施实现绿色车站的创建。

主要任务：

（1）研究并制定节能模式下客运服务质量标准；

（2）研发应用基于群组站管理模式的智能装备和系统；

（3）研究既有车站节能改造体系及管理措施优化；

（4）研究应用车站绿色设计、施工技术体系；

（5）研究并应用适合于城市轨道交通建设的智慧工地标准，实现数字化施工管理；

（6）研究轨道交通车站装配式建造，建立健全城轨装配式建筑标准体系、技术体系和产品体系；

（7）研究高架、地下车站绿色创建标准体系。

18．绿色场段创建示范

绿色场段创建应遵循因地制宜的原则，结合场段所在地域的气候、环境、资源、经济和文化等特点，对场段建筑全生命期内的安全耐久、健康舒适、生活便利、资源节约、环境宜居等性能进行综合规划设计施工。

主要任务：

（1）建设高品质星级绿色建筑；

（2）建立健全城轨装配式建筑标准体系、技术体系和产品体系；

（3）场段建筑装配式设计施工；

（4）"光—储—直—柔"一体化建筑；

（5）场段地源热泵等综合能源应用。

19．绿色数据中心创建示范

推进城轨数据中心集约化、高密化，促进新建数据中心全部达到绿色数据中心要求，推动存量"老旧"数据中心升级改造，创建城轨特色绿色数据中心。

重点任务：

（1）研究城轨数据中心高密度集成等高效 IT 设备应用。

（2）研究城轨数据中心液冷等高效制冷系统应用。

（3）研究城轨数据中心能源及资源的回收利用。

20．绿色线路创建示范

绿色线路创建主要是结合节能降耗措施的应用及绿色技术装备的应用，采用管改并举的措施实现绿色线路的创建。

主要任务：

（1）研究并制定节能模式下客运服务质量标准；

（2）研究线路绿色创建及评价的标准体系。

附件 2：中国绿色城轨标准体系

围绕绿色城轨的建设目标，研究制定中国绿色城轨标准化体系。根据需求引领，研究绿色城轨整体的标准化体系分类方法，根据分类的原则和方法，围绕绿色低碳，以科技创新为驱动，目标为导向，编制绿色城轨相关标准，建立中国绿色城轨标准体系。

（一）绿色规划先行行动标准规范

围绕城轨绿色低碳发展理念，制定城轨行业及企业绿色规划标准，指导城轨行业及城轨企业编制绿色规划。

主要任务：

（1）编制城轨行业绿色规划设计导则；

（2）编制城轨行业绿色能源规划设计导则；

（3）编制城轨企业节能环保减排规划设计导则。

（二）节能降碳增效行动标准规范

围绕城轨节能降碳目标，制修订贯穿规划、建设、运营、维保、供应的全生命周期、全产业链应用绿色节能标准。

主要任务：

（1）编制城轨行业规划、设计、建设、运营和维保全生命周期各阶段节能技术规范；

（2）编制城轨交通绿色节能运营管理技术规范；

（3）编制城轨线路、车站、场段的各层级车辆、变压器、变流器、通风空调、水泵、电扶梯、照明等重点设备能耗监测、计量及评价标准；

（4）编制城轨车辆、变压器、变流器、通风空调、水泵、电扶梯、照明等装备的能效能耗限额技术标准；

（5）编制城轨企业智能能源管理系统设计、施工、验收及运营维护技术规范；

（6）编制城轨网络化双向变流牵引供电、永磁牵引及智能列车、灵活编组运行的新一代列车运行控制系统、空调通风一体化的新一代大空间空调设备、直流照明系统等节能装备及系统的设计、施工及验收技术规范。

（三）出行占比提升行动标准规范

为科学合理的线网布局、制定高效客流组织、推进碳普惠政策激励、吸引乘客选择城轨出行制定出行占比提升行动标准。

主要任务：

（1）编制城轨交通四网融合规划设计导则；

（2）编制城轨交通站城融合规划设计导则；

（3）编制城轨交通碳普惠平台建设及运营管理技术规范。

（四）绿色能源替代行动标准规范

以"双碳"和绿色城轨发展目标为引领，编制线网或企业的绿色能源替代相关标准。

主要任务：

（1）编制城轨交通清洁能源应用设计指南；

（2）编制城轨交通光伏发电与建筑一体化设计、施工及验收技术规范；

（3）编制城轨交通"光-储-直-柔"一体化系统设计、施工、验收及运营维保技术规范；

（4）编制城轨交通地、气、热泵系统设计、施工、验收及运营维保技术规范；

（5）编制轨道交通氢能源应用技术规范。

（五）绿色装备制造行动标准规范

技术装备是绿色城轨发展的基础，编制装备制造相关标准规范。

主要任务：

（1）编制城轨重点装备绿色工厂建设标准；

（2）编制城轨装备生产过程的温室气体监测、碳足迹核算标准、二氧化碳排放核算标准、低碳装备评价标准、低碳生产环节节能制造等绿色工厂评价标准；

（3）编制城轨装备企业数字能源管理平台应用技术标准；

（4）编制城轨装备企业绿色数字智慧物流应用技术标准；

（5）编制城轨车辆、变压器、变流器、通风空调、水泵、电扶梯、照明等重点耗能装备绿色准入、评价分级技术标准；

（6）编制新一代智能列车、网络化控制双向变流的新一代牵引供电系统、灵活编组运行的新一代列车运行控制系统、空调通风一体化的新一代大空间空调设备等新一代装备产品技术标准；

（7）编制城轨车辆、变压器、变流器、通风空调、水泵、电扶梯、照明等重点耗能装备再制造技术标准。

（六）全面绿色转型行动标准规范

城轨的绿色转型紧扣"双碳"和绿色城轨发展目标，与数字化转型协同，以"绿色创建"为载体，编制绿色转型相关标准规范。

主要任务：

（1）编制城轨企业绿色城轨建设实施指南；

（2）编制城轨企业温室气体排放核算及碳排放综合评价技术标准；

（3）编制城轨绿色建筑设计、施工、验收及评价标准；

（4）编制城轨绿色线路、绿色车站、绿色场段、绿色 TOD 评价标识标准。

2 《中国城市轨道交通绿色城轨发展行动方案》解读

——践行"双碳"战略、建设绿色城轨、谱写城轨交通高质量发展新篇章

中国城市轨道交通协会创始会长、课题组长 包叙定

（2022年8月18日 北京）

2022 年 8 月 18 日，在全国上下以优异成绩迎接中国共产党第二十次全国代表大会召开前夕，疫情防控和经济社会发展取得显著成效之际，中国城市轨道交通协会第三次会员大会召开之时，《中国城市轨道交通绿色城轨发展行动方案》（以下简称：《行动方案》）正式颁布实施了。这是中国城轨交通行业颁发的又一个紧跟党中央、国务院战略部署的指导性文件，是城轨交通发展史上又一件具有深远意义的大事。

2021 年 6 月 10 日，宁波地铁杨蔚董事长一行到协会交流宁波地铁构建"节能环保、绿色低碳"城轨交通的实践和设想，受此启发，协会决定开展"双碳"研究工作。

7 月 19 日，京投公司张燕友董事长一行到协会介绍他们开展低碳发展的工作思路，进一步受到推动，促使我们对"双碳"工作进行认真学习和思考，我也逐渐形成了四点认识：碳达峰碳中和是中国经济社会发展中全局性、基础性的重大战略部署；绿色低碳是城轨交通行业的历史性任务；碳达峰碳中和关系到城轨交通持续健康发展；绿色低碳化是城轨交通的重大发展战略。城轨交通"双碳"工作必须急起直追，抓紧开展工作。

据此我即提议协会开展《城轨交通绿色低碳发展战略

研究》，经协会同意，很快就成立了课题组，以我为组长，副会长兼秘书长宋敏华为副组长，挂靠在协会专家学术委，由仲建华、丁树奎牵头组织具体工作，北京、上海、广州、重庆、深圳、南京、宁波、中车等单位代表共同参加。

经一年多时间奋战，《行动方案》终于面世了，这个集体创作的方案中无不闪耀着行业领导和专家学者的智慧、体现着广大会员单位的期盼、蕴含着政府部门的要求。谨借此机会，我将编制《行动方案》的实践过程和关键内容与大家共享。

一、关于名称

开始叫《城轨交通绿色低碳发展战略研究》，后来"战略研究"改为"行动方案"，再后来"城轨交通绿色低碳"改为"绿色城轨"，中间还说过搞"发展纲要""指导意见"等，最后定名为《绿色城轨发展行动方案》，几经变更。

叫"行动方案"，是在学习中央"双碳"文件后改的，是想尽量靠近国家的指南要求。

叫"绿色城轨"，为的是响亮地提出"绿色城轨"这个理念。同"智慧城轨"一样，是我提出后大家赞同的。当时我有三方面考虑：一是马克思主义认识论认为，未被人们认识的世界哲学上称为"必然王国"，已被人们认识的世界哲学上称为"自由王国"。人们始终走在由"必然王国"向"自由王国"发展的路上，不断探索新世界、发现新大陆、发明新概念、创造新名词。创新是应该鼓励的。二是中央提出"双碳"政策后，强调"经济社会发展要全面绿色转型"，所以经济社会方方面面提绿色走向符合发展方向，那么，研究城轨行业"双碳"工作顶层设计的这个时候，"绿色城轨"不就呼之欲出了嘛。三是提出绿色城轨，与正在施行中的智慧城轨，相互呼应、结伴同行，《行动方案》可成为《中国城市轨道交通智慧城轨发展纲要》的姐妹篇。智能智慧化的智慧城轨、绿色低碳化的绿色城轨、国产自主化的中华城轨，共同构成中国城轨交通的本色。

二、关于两大任务

实现碳达峰碳中和、建成绿色城轨，是《行动方案》最终要完成的两大任务、要实现的两大目标。

两者均具有绿色转型的内在动力，均具有绿色低碳的价值取向。两者之间，既有差异又相互融合，"双碳"侧重减碳达标，绿色城轨要求低碳排放同时还追求更高运输效率效益、更高质量和绿色出行。实现"双碳"目标是绿色城轨的内在要求，建设绿色城轨是碳达峰碳中和的必由之路，在建设绿色城轨中实现碳达峰碳中和，在实现碳达峰碳中和中建成绿色城轨。两大任务是相辅相成的。

三、关于总体思路

我们议论道，工作先要定调，《行动方案》也要先理出一条红线贯穿始终，就是要确定总体工作思路。围绕两大任务，构思了八句话的总体思路："以绿色转型为主线，清洁能源为方向，节能降碳为重点，智慧赋能，创新驱动，开展六大行动，实现碳达峰碳中和、建成绿色城轨。"这个总体思路，明确了工作的主线、方向、重点、动力、任务和目标，既清晰又完整。把握它，就掌握了《行动方案》精髓。

这个总体思路，在文本中出现了两次，一处是成为"指导思想"的重要内容，一处是"发展蓝图"的开头语。

四、关于绿色城轨定义

什么是"绿色城轨"，内涵标志是什么？需要明确定义。

经反复琢磨，我们首先认识到绿色城轨具有三个本质特征：一是低碳排放乃至最终实现近零排放；二是高运输效率效益从而实现低能耗低物耗；三是最大程度地满足乘客出行需求，从而吸引更多出行人群成为城市绿色出行担当者。根据这"低碳排放""高效低耗""绿色出行"三个维度，集思广益，众志成城，不断修改，不断精炼，最后构思了现在这个定义。

这段话（参见本书第2页左栏最后一段——编者注），虽多达136个字，但句中只有顿号、逗号、分号，直到最后才出现句号。所以，虽是一段话，但也仅是一句话，一句长句。核心是"四个最大"，在城轨交通全领域，最大限度地节能降碳、最大幅度地提效降耗、最大可能地采用清洁能源、最大程度地优化出行，最后建成"低碳排""高效能""大运量"三个维度的绿色城轨。

五、关于城轨交通碳达峰碳中和特点

我们分析，城轨交通碳达峰目标年2030年前后，全行业尚处于高位增长回落区间。协会统计部测算，2021—2025年增加运营里程5500公里左右，2026—2030年增加4500公里左右。据此，2030年达峰后，碳排放强度值是不断下降的，碳排放总量值可能在低增长后再出现下降趋势。鉴此情况，我们借用"双碳"工作"碳达峰平台期"这个术语，就是在若干年的平台期内碳排放总量值升升降降处于波动状态，以此描述了城轨交通"双碳"工作的三个特点：一是"城轨行业碳达峰平台期略长"；二是"各城轨城市碳达峰平台期因地而异""鼓励城轨企业率先达峰"；三是"城轨行业碳中和时（2060年），得益于国家清洁电能为主导的电力供应和行业内节能减排、清洁能源开发、绿色出行、碳交易等绿色转型成效，城轨交通将实现近零排放"。

六、关于绿色城轨"关系群"

在研究分析过程中，我们陆续遇到绿色城轨与碳达峰碳中和、绿色城轨与绿色转型、绿色城轨与绿色建筑、绿色城轨与智慧城轨等几组关系，这构成了绿色城轨的"关系群"。

绿色城轨与碳达峰碳中和。前文"两大任务"中已有阐述。

绿色城轨与绿色转型。《行动方案》明确城轨交通绿色转型是绿色城轨建设的主线，阐述了城轨交通绿色转型的四个方面，为绿色转型指明了方向和重点：一是重点指标，包括牵引能耗、车站能耗、综合能耗、碳排放量等；二是关键要素，包括节能降耗、吸引客流、清洁能源等；三是全生命周期各个阶段，包括绿色规划、绿色设计、绿色建造、绿色运营、绿色维保等；四是全产业链各个环节，包括绿色行动策划、绿色装备研发制造、绿色建筑建造、绿色建材和材料研发利用、绿色技术创新、绿色标准推广、绿色评价引领等。因此，绿色转型是绿色城轨建设的主线，是城轨交通一次全面而深入的发展方式转变，将影响行业发展全局。

绿色城轨与绿色建筑。《行动方案》首先描述了绿色建筑的定义，接着提出了城轨交通领域的绿色建筑，包括绿色线路、绿色车站、绿色场段、绿色 TOD。在此基础上指出了二者关系：创建绿色建筑是建设绿色城轨的重要单元、形象展示和主要载体；绿色城轨是绿色建筑的综合体现和总体形象。

绿色城轨与智慧城轨。协会《城市轨道交通发展战略与"十四五"发展思路》提出了城轨交通发展的十二个战略指向，其中国产自主化、智能智慧化、绿色低碳化是基础性、全局性的重大战略。国产自主化是城轨交通强国建设的立足点，离开了国产自主化，强国建设无从谈起；智能智慧化是城轨交通技术发展的主方向，不搞智能智慧化，将错失重要机遇期，难以摆脱落后被动的困境；绿色低碳化是城轨交通可持续发展的基本盘，是解决城轨交通可持续发展问题的基础性工作。忽视绿色低碳化，抓得晚了，抓得慢了，势将对可持续发展造成根本性的影响。

这部分内容则从三方面重点分析了智能智慧化与绿色低碳化之间的关系，一是智能智慧赋能绿色城轨；二是绿色低碳是智慧城轨建设的重要内容和重要场景；三是《绿色城轨发展行动方案》和《智慧城轨发展纲要》是姐妹篇，结伴施行，相互促进，共同构成绿色、智慧的中国城轨的鲜明特征。

七、关于六大行动

在我们研究编制的前期阶段，经多次研究，是按照优化运营管理、构建绿色设计施工体系等环节，重点任务确定为八大任务。

直到去年11月上旬，我们学习中央刚刚颁发的两个"双碳"文件，一是感受到行动方案见行动有一种强烈的行动感，二是每个行动都有路线图，每个路线图下还有施工图，从而彰显工作路数清晰可见。

受此启发，经对八大任务分析重构，我草拟了绿色城轨六大行动的学习笔记：就是节能降耗增效行动、绿色能源替代行动、出行占比提升行动、绿色规划引领行动、绿色装备制造行动和全面绿色转型行动。

接着召开第四次课题组会议，我讲了我的想法，大家认真研究后接受了这个提议，将八大任务改为六大行动。会后，集中力量研究每个行动的行动路径及其工作路数，经不断调整优化后形成了现在的文本内容：六大行动，每个行动有 3—8 个不等的行动路径即路线图，六大行动共 35 个路径；每个行动路径中都有清晰可见的"攻城方略"即施工图。

这个六大行动，是《行动方案》见行动，打赢这场战役的主战场。

八、关于供应链碳排放的计算问题

全生命周期城轨的能耗，各城市城轨公司都有统计并推算出碳排放量。

全产业链城轨中的装备、钢轨等制造环节的能耗和碳排放量，怎么计算？我们借用两个数据做了估算：一是借用近邻行业乘用汽车全产业链类比估算，2020 年全国乘用车全产业链碳排放总量 6.7 亿吨，其中 26% 来自上游车辆制造环节。二是中车集团的"双碳"工作方案中，他们测算出车辆制造环节碳排放总量占城轨交通碳排放总量的 8.2%。借此两个数据，我们暂定城轨交通上游供应链碳排放量占 15% 左右。

九、关于目标设定

《行动方案》在目标设定上不仅涵盖了城轨交通建设期、运行期、维保期在内的全过程，而且统筹考虑了装备制造等产业链上下游；在指标设置上不仅提出了能耗强度、碳排放强度等指标，也提出了绿色建筑创建、绿色能源利用、绿色制造等各个方面的具体指标；六大行动中也都设置了各自的具体目标。可以说《行动方案》形成了完备的城轨交通"双碳"工作目标体系，将有效引领六大绿色行动，有力促进城轨交通全面绿色转型。

我们根据国家"双碳"工作总体部署的要求，综合考虑城轨交通发展实际，在总体目标中提出了"争当绿色交通先行官"的号召；在具体目标中提出了 2025 年综合能耗强度下降 10% 以上，2030 年下降 15% 以上的目标。这些指标的确定，有的是从企业调研计算得来的，有的是引用上位文件确定的，还有的是从行业引导角度提出的。总之，指标的确定，体现了城轨行业完成"双碳"目标的决心和绿色发展的担当。

十、关于发展蓝图

基于绿色低碳发展是城轨交通行业面临的历史性任务，是城轨交通发展的重大战略，建设绿色城轨的战略指向是：以满足人民群众绿色低碳出行需求，实现城轨交通绿色可持续发展目标，全面推进国家碳达峰碳中和战略实施。

在建设绿色城轨过程中实现碳达峰碳中和，在实现碳达峰碳中和过程中建设绿色城轨，统筹铺画设计"1-6-6-1-N"的绿色城轨发展的"一张蓝图"；重点实施六大绿色城轨行动；制定实施"提高思想站位、创新体制机制、压实各方责任、引导试点示范、多策并举发力、建立标准评价体系"的六项保障措施；精心打造一批绿色城轨示范工程，引导企业编制实施"N个企业绿色城轨发展实施方案"，确保如期实现碳达峰碳中和目标，建成绿色城轨。

十一、关于"三步走"实施策略

鉴于绿色城轨建设是覆盖范围广、建设体量大、技术难度高、实施周期长的系统性工程，《行动方案》提出在统筹谋划、顶层设计的基础上，将绿色城轨建设细化为"三步走（2025年、2030年和2060年）"的实施目标。三步走目标中既设置了碳排放量指标要求，这体现了实现碳达峰碳中和的要求；同时又将"绿色转型程度"和"绿色低碳发展体系建设进展程度"作为"三步走"战略的重要衡量维度，这体现了建设绿色城轨的要求。三个阶段之间口径统一、相互呼应、逻辑顺畅，并以双目标贯穿始终，比较符合城轨交通现状和发展趋势，目标定义明确，落地实施有序。

十二、关于绿色城轨建设

把控全局，确立指导原则。一是统筹规划，因地制宜；二是节约优先，创新驱动；三是多链协同，整体推进；四是智慧赋能，绿智融合；五是示范引领，有序达标。努力打造具有中国特色、基于中国标准的绿色城轨交通体系。

围绕主线，制定实施路径。一是以绿色低碳发展理念为引领，将绿色转型全面融入城轨交通的线网规划、建设规划和企业发展规划中，构建绿色城轨规划体系，开展以绿色规划为引领的先行行动；二是全面落实节约优先方针，以"双碳"和绿色城轨发展目标为引领，在城轨交通全产业链和全生命周期中采用绿色节能标准和绿色关键技术，创新运营和管理模式，开展节能降碳增效行动；三是最大程度地吸引更多乘客选择城轨交通出行，充分发挥城轨交通在城市公共交通中的骨干作用，增加城轨交通乘客出行量，开展出行占比提升行动；四是以"双碳"和绿色城轨发展目标为引领，发展光伏发电、替代化石能源、增用绿色电力，开展绿色能源替代行动；五是推行绿色设计、创建绿色工厂、推动绿色创新，构建绿色供应链，实施绿色再制造，大力开展绿色装备制造行动；六是从理念、标准、规划、设计、建造、运营、装备供应、企业管理和人才培养等各个方面，全面开展绿色转型行动。

聚众合力，安排保障措施。绿色城轨建设是庞大而艰巨的系统工程，需要全行业共同发力，创新"政、产、学、研、用、协"一体的工作机制，凝心聚力，共同推进。一是提高思想站位，凝聚高度共识；二是创新体制机制，夯实绿色基础；三是压实各方责任，践行城轨担当；四是引导试点示范，率先有序达标；五是多策并举发力，营造良好环境；六是建立标准评价体系，督促激励达标。为绿色城轨建设创造良好的生态环境，促进城轨行业高质量发展。

十三、关于课题调研

《行动方案》在研编过程中注重汇聚行业智慧，听取各方面意见。我们问计于业内近百名专家权威，江亿院士等专家学者在研编过程中深度参与，还贡献了大量文稿，参加了多次研讨、统稿、评审会议。我们广泛征询于会员单位，轮值会长单位、副会长单位以及先行城市的城轨单位、后发城市的城轨单位，都为课题研究提供了颇具价值的建议。专家和会员单位为《行动方案》提出了很多好的意见：比如量化指标的设计、新技术研发应用的建议、六大行动中的技术业务措施、附件中的示范工程和标准体系等内容，都是在充分听取会员单位和专家意见后安排的，总体上反映了城轨交通"双碳"工作的技术现状和发展需求。

为做好研编工作，编制组还依托京投公司开展了深入而全面的调研工作，收集了大量第一手的数据和资料。在城轨企业调研方面以先行城市和近两年投运的城轨业主单位为主，也适当兼顾了地域分布。政策调研全方位调研了国际政策、国家政策、部委政策、行业政策、地方政策。此外还调研了城轨交通装备制造和设计科研单位。最终形成了11万字的调研报告，对《行动方案》的成稿发挥了重要作用。

十四、关于征求国家部委指导意见

我们首先想到国家碳达峰碳中和工作领导小组办公室的国家发展改革委环资司和生态环境部气候司，我通过中国应对气候变化事务特使解振华主任联系上了两位司长。他们认真审阅《行动方案》（征求意见稿），都给了回复。一方面高度评价，充分肯定，环资司认为"《行动方案》内容全面，研究透彻，是一份高质量的报告"；气候司认为"方案体系科学、目标明确、任务清晰、操作性强、可作为指导城轨交通低碳发展和绿色转型的纲领性文件和行动指南"。另一方面两个司都提出了重要的指导性意见。

接着又报送国家发展改革委基础司和产业司听取指导意见，他们也是一方面认可《行动方案》（征求意见稿），基础司表示"总体同意《行动方案》提出的关于绿色城轨发展的意见"，"下一步我们继续支持协会做好城轨'双碳'工作"；产业司认为"《行动方案》主题鲜明、内容全面、措施有力，有利于推动城轨行业绿色发展"。另一方面也都提出了一系列指导性意见。

课题组在学习领会四个司指导意见精神的基础上，认真修改了文本。"出行占比提升行动"7个工作路径中的2个路径和"绿色装备制造行动"6个工作路径中的1个路径，都是根据指导精神增写的；"绿色规划先行行动"中的第六个工作路径"以绿色低碳为导向，审批绿色城轨规划"，核心内容是按照基础司指导意见改写的；城轨交通在公共交通中的出行占比指标，是根据环资司和气候司的指导精神增列的；"节能降耗"改为"节能降碳"，以突出"双碳"工作，是按气候司要求改的。还有遍及全文的零星修改，现在《行动方案》2.6万字中有2000多字是根据四个司的指导意见增加的。

十五、结语

《行动方案》从行业层面对城轨交通碳达峰碳中和、绿色城轨建设进行了统筹规划和顶层设计，可作为今后一个时期城轨行业"双碳"工作的指导性文件。发布《行动方案》仅仅是城轨交通"双碳"工作的起步，我们期盼业界同仁以《行动方案》发布为契机，凝心聚力，同舟共济，以"咬定青山不放松"的韧劲、"不破楼兰终不还"的拼劲，因地制宜、开拓创新、大胆探索、勇于实践，积极主动组织《行动方案》的贯彻落实，扎实推进碳达峰碳中和，矢志建设绿色城轨，共同谱写城轨交通高质量发展新篇章。

3 《中国城市轨道交通绿色城轨发展行动方案》发布词
——实施绿色低碳战略、践行城轨责任担当

中国城市轨道交通协会 常务副会长 周晓勤
（2022年8月18日）

各位会员代表：

《中国城市轨道交通绿色城轨发展行动方案》（简称：《行动方案》）已于2022年8月12日在中国城市轨道交通协会会长常务办公会审议通过，并以中城轨（2022）56号文件正式发布实施，这将开启中国城市轨道交通行业绿色城轨建设的新征程，成为正在实施中的《中国城市轨道交通智慧城轨发展纲要》的姐妹篇，共同指导构建既智慧化又绿色化的新时代中国特色城市轨道交通。

2021年6月，中国城市轨道交通协会为深入贯彻习近平新时代中国特色社会主义思想，贯彻落实中共中央、国务院《关于完整准确全面贯彻新发展理念做好碳达峰碳中和工作的意见》、国务院《2030年前碳达峰行动方案》和中央部委的相关部署，经包叙定创始会长提议，协会决定开展城轨交通行业的"双碳"工作。随后组建了研究编制组，以包叙定为组长，宋敏华为副组长，挂靠协会专家学术委，仲建华、丁树奎牵头组织具体工作，北京、上海、广州、重庆、深圳、南京、宁波、中车等单位代表参加。一年多以来，研编组深入研究、精心编撰大纲，广泛调研国际国内"双碳"政策和行业"双碳"发展现状，立足顶层设计，描绘发展蓝图，编写行动方案。研编过程中广泛听取轮值会长、常务理事等会员单位和业界专家的意见建议，先后组织江亿院士等近百位业界专家参加的研讨、统

稿、评审工作，后反复修改，多易其稿。包会长谋定研编方向、构建方案框架、字斟句酌统稿。经轮值会长单位的强力支持、业内院士专家的深度指导、会员单位的积极参与、课题组团队的成百上千次地优化完善，形成了这个集全行业领导和专家集体智慧结晶的《行动方案》。

《行动方案》成稿后，分别上报国家发展改革委基础司、产业司、环资司和生态环境部气候司，均获得高度评价，认为《行动方案》体系科学、目标明确、任务清晰、操作性强，在中国城市轨道交通发展过程进一步落实绿色发展理念十分必要，可作为指导城轨低碳发展和绿色转型的纲领性文件和行动指南。

《行动方案》以习近平新时代中国特色社会主义思想和生态文明思想为指导，将绿色城轨建设作为城轨行业面临的历史性任务和重大战略，作为城市交通领域实现"双碳"目标的重要举措。2020年9月22日，国家主席习近平在第七十五届联合国大会一般性辩论上发表重要讲话，提出：中国将提高国家自主贡献力度，采取更加有力的政策和措施，二氧化碳排放力争于2030年前达到峰值，努力争取2060年前实现碳中和。2030年前实现碳达峰、2060年前实现碳中和目标，是以习近平同志为核心的党中央统筹国内国际两个大局做出的重大战略决策，是建设绿色城轨交通的根本遵循，也是城轨交通高质量发展的重

大机遇。作为交通强国重要支撑的城轨行业，理应准确把握绿色城轨和城轨碳达峰碳中和的深刻内涵，要把做好碳达峰碳中和工作和建设绿色城轨融入城轨发展全局、全产业链、全生命周期，在建设绿色城轨中实现碳达峰碳中和，在实现碳达峰碳中和中建设绿色城轨，凝聚共识，汇力推进。一是始终坚持以习近平新时代中国特色社会主义思想为指导，谋划城轨行业助推城市交通"双碳"目标实现的发展战略；二是始终坚持以人民为中心的宗旨，把乘客的安全、便捷、舒适、绿色出行放在城轨行业创新发展的首位；三是始终坚持以党中央、国务院、中央部委的碳达峰、碳中和决策部署，作为城轨行业助推交通强国和美丽中国建设的总目标；四是始终坚持瞄准世界交通强国，制定城轨行业赶超的目标；五是始终坚持把绿色城轨作为"交通强国"和"绿色城市"建设的抓手，统筹规划系统推进；六是始终坚持"统筹规划、因地制宜，节约优先、创新驱动，多链协同、整体推进，智慧赋能、绿智融合，示范引领，有序达标"，有序推进绿色城轨建设；七是始终坚持把绿色低碳关键核心技术作为绿色城轨建设的战略高地，予以重点突破；八是始终坚持汇聚全行业磅礴之力，共筑交通绿色梦。

《行动方案》深刻把握时代背景，奉行"实施绿色低碳战略，践行城轨责任担当"使命感，推进绿色城轨建设。准确把握绿色城轨建设的时代背景，将绿色城轨建设作为落实习近平同志重要指示的行动实践，作为城轨交通行业面临的历史性任务，作为城轨交通高质量发展的重大战略。以"绿色低碳 城轨担当"强烈的使命感、责任感和紧迫感，以绿色转型为主线，清洁能源为方向，节能降碳为重点，智慧赋能，创新驱动，开展六大绿色城轨行动，实现碳达峰碳中和，建设绿色城轨，促进城轨交通可持续高质量发展。

《行动方案》由4章正文和2个附件组成。提出了绿色城轨建设的指导思想，阐述了绿色城轨的内涵标志，描绘了绿色城轨发展蓝图，明确了"三步走"发展战略和14个具体目标，重点实施"绿色规划先行行动、节能降碳增效行动、出行占比提升行动、绿色能源替代行动、绿色装备制造行动、全面绿色转型行动"的六大绿色城轨行动，制定实施"提高思想站位、创新体制机制、压实各方责任、引导试点示范、多策并举发力、建立标准评价体系"的六项保障措施；精心打造一批（20项）绿色城轨示范工程，研究制定六大类中国绿色城轨标准化体系，引导城轨企业编制实施"企业绿色城轨发展实施方案"，确保如期实现碳达峰碳中和目标，建成绿色城轨。《行动方案》作为城轨行业绿色城轨建设的顶层设计，是中国城轨交通行业落实"双碳"工作、建设绿色城轨的行动纲领。以期实现统筹科学谋划、精心合理部署、指导有序推进的预期目的。

《行动方案》以习近平新时代中国特色社会主义思想为指导，深入贯彻习近平生态文明思想，落实党中央、国务院有关碳达峰碳中和工作的指导意见和行动方案等战略部署，作为城轨行业实现"双碳"目标的重要举措，发展方向正确、重点任务清晰、保障措施精准，主题鲜明、立意高远、内涵丰富，是今后一个时期引领中国城轨行业绿色城轨建设，指导城轨交通行业绿色转型的意义深远的指导性文件。可作为城轨行业制订绿色城轨发展实施方案的重要依据，指导各城市因地制宜有序推进绿色城轨建设。

"实施绿色低碳战略、践行城轨责任担当"的使命催人奋进，宏伟目标的实现任重道远。作为新时代城轨行业的会员单位和志士仁人，要紧抓难得的历史发展机遇，不忘初心、牢记使命、聚心汇力、励精图治，为实现城轨绿色转型的宏伟目标砥砺前行，在城轨行业全面启动绿色城轨建设，助推国家"双碳"目标早日实现。

二 大事记

有轨电车

中国城市轨道交通行业大事记

1月

1日 福建南平武夷新区旅游观光轨道交通项目开通运营。武夷新区旅游观光轨道交通项目线路全长26.2公里，设计时速70公里，单程运行约40分钟。起于合福高铁南平市站，终于武夷山景区公馆大桥南侧，沿线设10座车站，经过闽越王城遗址、葫芦山遗址等景点。初期运营开通4座车站，依次为南平市站、仙店站、东山埔站、南源岭站。南平成为全国第五十一座运营城市轨道交通的城市。

13日 南京地铁6号线、9号线一期、10号线二期工程车辆采购项目合同暨时速80公里B型中国标准地铁列车研制及试验项目合作协议签约仪式在南京举行。这是南京地铁和中国中车共同践行交通强国战略和推动行业创新发展的重要举措。

23日 中国REITs论坛在北京举行2021年终工作会议。论坛召集人向与会的各位嘉宾介绍下阶段工作构想，他指出，REITs工作已被列入国家十四五发展规划，发展空间广阔；论坛在新的一年里开展工作，拓展发展空间。中国城市轨道交通协会常务副会长作为城市轨道交通REITs发展的代表，会上回顾在过去一年中，中国城市轨道交通协会在REITs方面组织开展的工作情况，表达城轨行业REITs发展的愿景与期望，同时希望REITs行业专家能够共同参与到城轨REITs发展路径探索的研究中来。

2月

18日 由中国城市轨道交通协会资源经营专业委员会主办、宁波市轨道交通集团有限公司承办的城市轨道交通资源经营2021年年会在宁波市举办。会议采取"线上＋线下"的方式进行。来自所属成员单位的分管领导和资源经营负责人参加会议。该届年会的主题是"地铁经营：高质量可持续发展"。

21日 上海市闵行区人民政府、上海电气、上海申通地铁集团签约仪式暨上海申电通轨道交通科技有限公司揭牌和海联智谷科创园二期项目启动仪式在上海市莘庄工业区海联智谷科创园举行。上海申电通轨道交通科技有限公司主要从事城市轨道交通多专业综合和智能维保业务，以及与之相配套的综合智能运维技术开发、设备设施更新、改造、备品备件销售和服务等，覆盖地铁、市域（城际）铁路、中运量轨道交通等多种制式，是闵行中运量轨道交通建设项目的实施主体。

3月

1日 人力资源社会保障部办公厅印发《专业技术人才知识更新工程2022年高级研修项目计划的通知》（人社厅发〔2022〕6号）。11月4-21日，由人力资源社会保障部批准、中国城市轨道交通协会主办的专业技术人才知识更新工程2022年高级研修项目——城市轨道交通TOD综合开发高级研修班召开。高研班以线上＋线下相结合，来自全国各地城轨交通不同专业领域从事和参与TOD综合开发的相关单位、部门的21个城市、55家单位的90名学员参加。

5日 重庆市郊铁路（轨道交通延长线）跳磴至江津线江津区外接触网一次性送电成功，标志着双流制式轨道线路实现全线"电通"，为下一步江跳线全线热滑、联调联试奠定坚实基础。

11日 由佛山地铁运营事业总部主办的氢能源有轨电车应用成果发布会在高明有轨电车智湖停车场举办，发布会邀请佛山市氢能源专家、同行单位、维保单位、社会团体等代表参加。高明有轨电车经过两年多的不断探索，逐步形成氢能源有轨电车应用的运营技术及管理体系，并研究制订《氢能源有轨电车运营管理规范》《氢能源有轨电车运营概论》等氢能源有轨电车理论指导与实践运用的相关论述与规范。

14日 四川省住房和城乡建设厅关于发布《四川省密拼钢筋桁架叠合板应用技术规程》等8项四川省工程建设地方标准的通知（川建标发〔2022〕38号），由中铁二院工程集团有限责任公司、四川发展磁浮科技有限公司主编的《内嵌式磁浮交通系统设计标准》（DBJ51/T191-2022）同步获批发布。

15日 国家发展改革委印发《长江中游城市群发展"十四五"实施方案》，到2025年，长江中游城市群一体化发展格局基本形成，其中综合立体交通网进一步完善，铁路总里程达到1.4万公里，基本实现城市群内主要城市间2小时通达。

17日 交通运输部印发《交通强国建设评价指标体系》，贯彻落实《交通强国建设纲要》《国家综合立体交通网规划纲要》，提出三级指标体系设置、20项国家综合指标，科学引导各地区、各行业加快建设交通强国。

20日 中国地铁北斗定位系统在北京地铁首都机场线开工建设，这是中国规模较大的室内空间导航定位系统，是国家重点研发计划"超大城市轨道交通系统高效运输与安全服务关键技术"项目的重要配套示范工程。

21日 国家发展改革委发布关于同意西安都市圈发展规划的复函，原则同意《西安都市圈发展规划》（以下简称《规划》）。复函称，《规划》实施要以习近平新时代中国特色社会主义思想为指导，深入贯彻党的十九大和十九届历次全会精神，坚持稳中求进工作总基调，立足新发展阶段，完整、准确、全面贯彻新发展理念，服务和融入新发展格局，统筹发展和安全，推动高质量发展、创造高品质生活、实现高效能治理，发挥西安辐射带动周边城镇联动发展作用，加快西安—咸阳一体化发展。

同日　国家发展改革委、国家能源局联合印发《"十四五"新型储能发展实施方案》（以下简称《实施方案》），《实施方案》指出新型储能发展目标，到2025年，新型储能由商业化初期步入规模化发展阶段，具备大规模商业化应用条件。电化学储能技术性能进一步提升，系统成本降低30%以上。到2030年，新型储能全面市场化发展。

29日　成都市城轨交通产业协会团体标准《内嵌式磁浮交通车辆通用技术条件》（T/CRT 0001-2022）在全国团体标准信息平台发布。该标准由四川发展磁浮科技有限公司、西南交通大学、同济大学、中铁二院工程集团有限责任公司组成编制组。《内嵌式磁浮交通车辆通用技术条件》的发布，填补了国内内嵌式磁浮交通车辆规范和标准的空白，将进一步指导和规范四川省内嵌式磁浮交通车辆的研究、设计、制造和运行，促进内嵌式磁浮交通系统的市场化应用。

31日　由长沙市轨道交通集团牵头研制的中低速磁浮侧向过岔时速45公里的道岔，在铁建重工车间建造完成；同时，作为长沙磁浮东延线接入T3航站楼工程的控制性工程之一的区间开岔施工，已完成道岔梁浇筑。道岔下线和道岔梁的浇筑完成，为磁浮东延线后续开岔施工奠定基础。

同日　甘肃省第十三届人大常委会第三十次会议批准《兰州市轨道交通条例》（以下简称《条例》），该《条例》将于2022年5月1日起施行。

4月

26日　中央财经委员会第十一次会议召开，研究全面加强基础设施建设问题，研究党的十九大以来中央财经委员会会议决策部署落实情况。会议指出，要加强城市基础设施建设，打造高品质生活空间，推进城市群交通一体化，建设便捷高效的城际铁路网，发展市域（郊）铁路和城市轨道交通，推动建设城市综合道路交通体系，有序推进地下综合管廊建设，加强城市防洪排涝、污水和垃圾收集处理体系建设，加强防灾减灾基础设施建设，加强公共卫生应急设施建设，加强智能道路、智能电源、智能公交等智慧基础设施建设。

5月

1日　湖南省凤凰磁浮观光快线正式开始试营业，线路全长9.1公里，设车站4座。凤凰磁浮观光快线列车设计时速为100公里／小时，全程运行时间大约30分钟。该项目在国内采用"磁浮＋文化＋旅游"模式，打造集"磁浮交通、旅游休闲、文化展演、科普研学"四位一体的综合性旅游品牌，将进一步完善凤凰景观轴线、生态走廊和文化长廊。7月30日，凤凰磁浮观光快线正式开业。

6日　中车唐山公司与阿根廷胡胡伊省通过"云签约"方式共同签订新能源轻轨列车项目。该新能源轻轨列车采用六轴铰接形式，2辆编组，最高运行速度60公里／小时，两端均设有驾驶室，可双向驾驶，可两列重联运行，最大载客量72人。列车将采用锂电池驱动技术，充分利用阿根廷胡胡伊省丰富的太阳能发电为车辆提供动力来源，满足胡胡伊省的观光旅游需求。

11日　在2022亚太轨道展期间，华为技术有限公司在泰国曼谷举办以"助力轨道数字化，共创行业新价值"为主题的2022华为全球轨道峰会，与全球轨道企业代表、行业专家共谋轨道新发展、新未来，探讨创新ICT（信息与通信技术）如何激发数字化转型的活力，并分享智慧化方案促进行业发展的实践经验，助力轨道交通行业数字化转型。

19日　随着隧道内最后一段道床浇筑完毕，大连地铁5号线火梭区间跨海隧道工程铺轨全部完成。大连地铁5号线火梭区间海域岩溶地层大直径盾构隧道工程全长2882米，其中海域段全长2310米。隧道采用直径12.26米泥水平衡盾构机进行穿海施工，大盾构穿越岩溶强烈发育区、环境高敏感区，施工难度极大，安全风险极高，具有"险、长、高、大"的特点。该工程于2021年9月9日开始铺轨施工，克服机铺地面场地小、交叉施工、线路坡道大、隧道内水汽大等困难，采用机铺与散铺相结合方式双线同步作业，提前实现区间隧道双线轨道贯通。

27日　交通运输部办公厅印发《城市轨道交通自动售检票系统运营技术规范（试行）》（以下简称《技术规范》）。《技术规范》共10章，包括总则、术语、总体要求、系统性能、系统功能、运营安全、运营服务、质量控制、互联网票务、附则等章节。

29日　随着国产大直径盾构机"江城先锋号"从长江北岸掘进，武汉地铁12号线工程正式开启"越江之旅"。武汉地铁12号线全长59.9公里，连通武汉三镇，串联江汉、武昌、汉阳等7个行政区域。线路两次下穿长江，一次下穿汉江，并穿越沙湖和墨水湖两座湖泊。此次开启的"越江"工程位于国博中心南站至凌吴村站区间，由中铁隧道局集团承建。承担区间掘进施工的"江城先锋号"盾构机，采用中国技术、中国标准，由中铁隧道局集团有限公司与中铁工程装备集团有限公司共同研发制造。

30日　国务院办公厅转发国家发展改革委、国家能源局《关于促进新时代新能源高质量发展实施方案》的通知。《实施方案》提出，要加快构建清洁低碳、安全高效的能源体系，实现到2030年风电、太阳能发电总装机容量达到12亿千瓦以上的目标。

7月

5日　北京地铁3号线电动客车项目所用列车在河北京车智能制造基地下线。作为国内实现全自动联挂、灵活编组的全自动驾驶地铁车辆，北京地铁 3 号线采用 4+4 重联全自动无人驾驶技术，最高运行时速 80 公里，最大载客量 3456 人。在实现车辆灵活编组的前提下，可实现与 12 号线跨线路的互联互通。

11 日　中国城市轨道交通协会智慧城轨建设领导小组办公室组织召开智慧城轨建设重点体系深化研究项目《基于云边端协同架构的多专业智能运维研究》结题验收会。会议采取"线上""线下"结合方式，项目顺利通过结题验收。该项目针对城市轨道交通运维工作量大、安全与质量要求高等特点，对城市轨道交通机电、供电、通号、车辆等核心系统的智能运维的专业应用进行探索，研究并提出基于云边端协同架构的多专业智能运维应用方案，深入研究云边端协同架构和边缘控制云节点技术以及多专业运维管理融合的建设模式，为提高安全服务水平和管理效率、降低劳动强度和运维成本提供有效的解决方案。

12 日　国家发展改革委发布关于印发《"十四五"新型城镇化实施方案》（以下简称《实施方案》）的通知。《实施方案》指出，到 2025 年，"两横三纵"城镇化战略格局全面形成，城市群承载人口和经济的能力明显增强，重点都市圈建设取得明显进展，轨道上的京津冀、长三角、粤港澳大湾区基本建成。超大特大城市中心城区非核心功能有序疏解，大中城市功能品质进一步提升，小城市发展活力不断增强，以县城为重要载体的城镇化建设取得重要进展。

15 日　住房和城乡建设部发布《城市轨道交通工程项目规范》（GB 55033-2022），自 2023 年 3 月 1 日起实施。

17 日　中国城市轨道交通协会技术装备专业委员会在江苏经纬轨道交通设备有限公司组织召开苏州地铁 3 号线 B 型车高效混合磁阻电机牵引系统项目载客运营考核评审会。会议邀请来自深圳、北京、南京、广州、青岛、宁波、南通的 9 位专家组成专家评审组。专家组一致认为：江苏经纬轨道自主研发的高效混合磁阻电机牵引系统已完成防失磁试验和型式试验，装车后完成电机短路和故障保护试验、牵引性能试验、列车故障救援试验等，试验结果满足系统设计要求；高效混合磁阻电机牵引系统已经在苏州市轨道交通 3 号线 0345 车完成载客运营考核，考核里程达到 17.1 万公里。在载客运营过程中，该系统各项指标满足运营要求，运行安全可靠、故障率低、节能效果显著。

23 日　由北京城建设计发展集团联合清华大学、北京交通大学、同济大学、西南交通大学、深圳大学共同主办的第三届中国城市轨道交通科技创新创业大赛全国总决赛在京举行。该届大赛设置基础研究类、推广应用类、业主命题类三个竞赛组别，千余个参赛报名项目经过层层筛选，共计 64 个项目晋级全国总决赛。该届大赛是中国城市轨道交通领域参与范围广、参与人数多、技术品牌高的全国性公益大赛，赛事创新融入"城市轨道交通产业+"

理念，以"创新融合、绿色发展"为主题，形成覆盖"政产学研用"全国性大赛组织联盟。

同日　国家知识产权局发布关于第二十三届中国专利奖授奖的决定，该届中国专利奖共评选 958 项，其中涉及轨道交通领域 42 项。

25 日　中国城市轨道交通协会发布《城市轨道交通车辆和机电设备采购情况调研报告》，数据源自 33 个城市的 131 条线路，包括线路总投资额、设备投资额、设备投资额与总投资额占比、设备采购单价、各系统采购金额占比的平均值与中位数，是行业首次发布相关数据。

29 日　住房和城乡建设部、国家发展改革委发布关于印发《"十四五"全国城市基础设施建设规划》（以下简称《规划》）的通知。《规划》提出"十四五"时期城市基础设施建设的规划目标、重点任务、重大行动和保障措施，以指导各地城市基础设施健康有序发展。

8 月

4 日　为贯彻落实国家重大技术装备自主创新工作要求，维护城市轨道交通产业链供应链安全稳定，应广大业主等单位要求，中国城市轨道交通协会发布《城市轨道交通第一批自主化装备推荐清单》，向行业推荐应用。

6 日　双流制市域（郊）铁路——重庆市郊铁路跳磴至江津线（以下简称"江跳线"）正式开通运营，重庆江津区至中心城区实现 30 分钟可达。江跳线起于重庆轨道交通 5 号线跳磴站，止于江津区圣泉寺站，全长约 28.2 公里，全线设 7 座车站，设计时速 120 公里。

18 日　中国城市轨道交通协会第三次会员大会顺利召开。会员大会采用"主会场+分会场+腾讯会议"线上线下结合的方式进行，主会场设在北京会议中心，深圳、上海、广州、重庆、南京等地设立分会场。因疫情防控等原因未能出席主会场、分会场的会员单位以腾讯视频会议方式参加大会。受协会委托，常务副会长发布《中国城市轨道交通绿色城轨发展行动方案》。

30 日　住房和城乡建设部发布公告，批准《跨座式单轨交通设计标准》为国家标准，编号为 GB/T50458-2022，自 2022 年 12 月 1 日起实施。原国家标准《跨座式单轨交通设计规范》（GB50458-2008）同时废止。

同日　金义东市域轨道交通金华—义乌段（金义段）通车运营，金义段总长 58.4 公里，设站 17 座。起于高铁金华站，经由八一南街、万达广场、大堰河街、铁路金华南站、塘雅、综合保税区、金义都市新区、东华街、义亭、官塘下、环城南路、绣湖、义乌主城区秦塘。从金华市区到义乌城区最快 36 分钟到达。金华成为全国第五十二座运营城市轨道交通的城市。

9 月

2—3 日　2022 第八届中国（福州）智慧轨道交通与

创新发展大会在福州举行，来自中国各城市地铁设计研究院专家、高校资深学者和行业优质企业代表济济一堂，共探智慧轨道交通创新发展的新话题。大会围绕"交通强国"和"数字中国"战略，聚焦轨道交通建设与运营的数字化、智能化、智慧化等行业热点，共同研讨新技术在轨道交通领域的应用。

9日　国家市场监督管理总局发布修订后的《国家标准管理办法》，于2023年3月1日正式实施。修订主要包括以下四个方面：一是为落实国家标准体系建设，在新修订的《标准化法》基础上，结合国家标准化工作实践，调整国家标准的具体范围；二是为规范国家标准的制定和管理，进一步明确国家标准制定程序和各阶段的工作要求；三是为满足不断增长的标准需求和提高标准国际化水平，明确国家标准在制修订程序、组织管理、实施监督等方面的新要求；四是为促进国家标准的有效实施，进一步完善从实施到制定的反馈机制和标准更新机制。

13日　国际咨询工程师联合会（中文音译为"菲迪克"）全球基础设施大会评选出2022年度"菲迪克工程项目奖"，获奖项目包括来自全球的9项高质量建筑和基础设施项目。中国共有3项工程获此殊荣，其中重庆轨道交通环线获得年度杰出项目奖。

27日　人力资源社会保障部、市场监管总局、统计局颁布《中华人民共和国职业分类大典（2022年版）》（以下简称《大典》）。新颁布的《大典》，共标识134个绿色职业，涉及城市轨道交通行业职业20个。

10月

9日　国内地铁行业旅游口袋书——《乘着地铁游苏州·她的名字很江南》的首发仪式在苏州新闻大厦举行。该口袋书以站名文化为切入点，为市民游客提供一套全面且富有深度的苏州地铁文化、江南文化旅游指南。

13日　由中国中车研制的出口欧洲的城轨列车在天津港装船，将由MORNING Lisa号货轮运往葡萄牙波尔图，翻开中国轨道交通装备走向世界服务欧洲高端市场新的一页。葡萄牙波尔图地铁装备及维保项目是中国在欧盟国家城轨车辆高端市场获得的一个重要项目订单，由中车唐山公司为波尔图地铁公司生产18列共计72辆（每列4辆编组）地铁列车，并提供为期5年的维保服务。

21日　经湖南省人大常委会批准，《长沙市轨道交通条例》将于2023年5月1日起施行。

24日　交通运输部、国家铁路局、中国民用航空局、国家邮政局联合发布《关于加快建设国家综合立体交通网主骨架的意见》（以下简称《意见》）。《意见》表示，经过多年建设，国内综合立体交通网主骨架空间格局已基本形成。截至2021年底，国家综合立体交通网主骨架已建成25.1万公里，约占规划里程的86%，有效缩短区域间、

城市群间、省际的时空距离，促进国土空间开发保护，支撑经济社会发展。同时，《意见》明确十项重点任务，包括完善网络布局、加快主轴建设、加强走廊建设、推进通道建设、提升枢纽能级、完善多式联运、提升管养效能、加快智慧升级、推进绿色转型、提升安全水平。

31日　国家市场监管总局、国家发展改革委、工业和信息化部、自然资源部、生态环境部、住房城乡建设部、交通运输部、中国气象局、国家林草局等九部门联合发布《建立健全碳达峰碳中和标准计量体系实施方案》（以下简称《实施方案》）。《实施方案》作为国家碳达峰碳中和"1+N"政策体系的保障方案之一，明确中国碳达峰碳中和标准计量体系工作总体部署，为相关行业、领域、地方和企业开展碳达峰碳中和标准计量体系建设工作起到指导作用。《实施方案》提出，到2025年，碳达峰碳中和标准计量体系基本建立。到2030年，碳达峰碳中和标准计量体系更加健全。到2060年，技术水平更加先进、管理效能更加突出、服务能力更加高效、引领国际的碳中和标准计量体系全面建成，服务经济社会发展全面绿色转型，有力支撑碳中和目标实现。

同日　城市轨道交通装备测试联盟成立大会在常州召开。工信部科技司副司长、国家市场监管总局认可检测司一级巡视员通过视频参会并指导相关工作，中国城市轨道交通协会副会长、副秘书长以及100余名联盟成员代表现场参会。会议由协会认证委秘书长主持。城市轨道交通装备测试联盟由中国城市轨道交通协会依据工信部2022年产业技术基础公共服务平台的相关项目要求发起成立。

11月

2日　深铁集团联合创新实验中心在深圳国资国企产业创新中心正式揭牌。深圳市国资委和深港科创公司、深铁集团、深圳移动、华为、尺素科技以及7家"科改示范企业"相关负责人出席活动并参观新落成的实验中心。该实验中心将借助深圳国资国企创新成果孵化平台，整合深铁集团轨道交通产业链和生态圈资源，着力搭建ICT技术试验平台、编制行业技术应用标准，为新科技与城轨产业适配的可行性研究提供技术支撑，赋能智慧城轨，打造行业科创高地。

5日，北京市郊铁路城市副中心线整体提升工程（北京西至良乡段）可行性研究报告获批。该项目是国铁集团与北京市政府按照"联合编规划、联合审方案、联合批项目"的方式批复的首个市郊铁路项目，计划于2023年底前实现城市副中心线西段按期实现"三站四点"全面开工建设。

10日　江苏南通轨道交通1号线正式开通运营，南通轨道交通1号线一期工程起于平潮站，途经通州区、崇

川区、南通创新区、南通开发区等板块，止于振兴路站，共设车站 28 座，总长 39.2 公里。南通成为全国第五十三座运营城市轨道交通的城市。

18 日　中国城市轨道交通协会运营管理专业委员会召开了 2022 年年会暨第三届第一次委员全体会议，交通运输部运输服务司、中国城市轨道交通协会相关领导及第三届委员代表、行业内专家等 200 余人出席会议。会议围绕城市轨道交通工程新线运营验收与接管、运营成本管控与精益管理、智慧客服系统的研究与实践、工程设计运营需求规范、特种作业持证上岗实施细则、车站导向标志等进行专题技术交流。

同日　由中国城市轨道交通协会资源经营专业委员会主办、上海申通地铁集团有限公司承办的城市轨道交通资源经营 2022 年年会在上海市举办。年会采取线上线下相结合方式进行。会上，资源经营专委会发布《城市轨道交通场站及沿线土地综合开发利用政策文件汇编（2022 版）》和《中国 TOD 城轨指数报告（2022）》。

11 月　以"筑梦高质量 通向新生活"为主题的上海地铁质量管理"1+4"系列丛书出版，在全国发行，是国内轨道交通行业内首次在质量管理方面进行系统性的一次总结和凝练。

12 月

7 日　《武汉都市圈发展规划》（以下简称《规划》）获国家发展改革委正式批复，成为继南京、福州、成都、长株潭、西安、重庆都市圈后，第 7 个获批的国家级都市圈发展规划。根据批复，《规划》实施将积极推动武汉辐射带动周边城镇共同发展，加快推进基础设施互联互通、产业专业化分工协作、公共服务共建共享、安全风险联防联控，建立健全同城化发展体制机制，建设现代化都市圈，为长江中游城市群一体化发展提供坚强支撑，更好助推中部地区高质量发展，更好服务长江经济带发展。

同日　交通运输部印发《客运场站和交通运输工具新冠肺炎疫情防控工作指南（第十版）》（以下简称《指南》），《指南》就客运场站和交通运输工具疫情常态化疫情防控要求和风险区内疫情防控要求进行整合优化，实行"一业一表"，主要修订内容：结合高风险区划定新要求，取消暂停高风险区内的客运场站运营及出入高风险区的客运服务等要求；删除对跨区域出行人员查验核酸检测阴性证明、健康码和"落地检"有关要求；取消道路客运乘客信息登记要求；取消控制低风险区客运场站聚集度和交通运输工具载客率有关要求，明确具备条件的情况下引导乘客分散候车、分散就座；优化应对突发疫情的应急预案、应急处置有关要求；优化城市轨道交通消毒清洁频次要求；细化防疫宣传有关内容。

同日　2022 年第八届国际隧道协会（ITA）大奖公布获奖名单，由深铁集团组织申报的"深圳市黄木岗交通枢纽 V 柱空间"获"ITA 地下空间创新贡献奖"。黄木岗枢纽围绕"站城一体化"理念，在建筑空间、结构优化、景观方案等方面进行诸多创新设计。在竖向空间上形成七个层次，内部空间上打造"采光天窗 + 鱼腹形下穿车道 +V 型柱中庭 + 景观绿植 +V 字造型"景观，枢纽工程空间设计上具创新性和独特性。

20 日　"未来号"沉井式竖井掘进机在广州东至花都天贵城际铁路京溪路至白云东平区间 2 号盾构井施工现场成功试掘进，标志着垂直机械法竖井这一新技术在国内轨道交通建设领域实现实践运用。

21 日　由中国土木工程集团有限公司承建的尼日利亚西南部拉各斯轻轨蓝线项目一期工程举行竣工仪式。拉各斯轻轨蓝线项目一期于 2010 年 7 月开工，全长 13 公里，设 5 个车站。

28 日　台州市域铁路 S1 线正式开通运营。作为台州城市轨道交通力量的"先行者"，市域铁路 S1 线一期工程是采用 PPP 模式落地的市域铁路项目，被财政部列入第四批全国 PPP 合作示范项目。工程全长约 52.4 公里，总投资约 228.19 亿元，设计最高运行速度为 140 千米每小时。途经椒江、路桥、温岭三地，共设站 15 座，其中地下站 7 座，高架站 8 座，初期运营计划投运车辆 31 列，采用 2 动 2 拖 4 辆编组，高峰行车间隔 6 分 40 秒，平峰行车间隔 10 分钟，单列最大载客量 1084 人。台州是全国第五十四座运营城市轨道交通的城市。

同日　湖北省黄石市现代有轨电车正式开通初期运营。黄石现代有轨电车一期轨道项目线路全长 26.9 公里，北起黄石港区的黄石大道站，向南经百花隧道，至市民之家，全线共设站 30 座，其中高架站 2 座，其余均为地面站。黄石是全国第五十五座运营城市轨道交通的城市。

同日　中车长客股份公司联合成都轨道集团共同研制的具有自主知识产权的氢能源市域列车在位于成都新津的成都中车长客生产基地下线。氢能源市域列车采用"复兴号"关键核心技术，四辆编组，最高时速 160 公里／小时，内置"氢能动力"系统，为车辆运用提供强劲持久的动力源，可实现 600 公里超长续航。

30 日　广州地铁 3 号线东延段新车 03143144 车完成正线载客试运营工作，列车运行状况良好，各项指标正常，标志着 3 号线东延段新车已具备正线载客运营能力。新列车采用变频空调、中高频辅逆等最前沿的绿色低碳节能技术，还搭载双层顶板、主动降噪座椅、空调压力波保护装置、空气净化装置、客室灯色温调节等多项技术，全面提升隔声降噪和空气净化能力，为司乘提供安静舒适的乘车环境。

（中国城市轨道交通协会）
附表：2022 年全国城市轨道交通开通初期运营线路（表 2-1-1）

2022年全国城市轨道交通开通初期运营线路   表2-1-1

开通日期	线路名	系统制式	运营区段	运营里程（公里）	开通车站（座）	开通状态	开工建设时间
1月1日	南平武夷山有轨电车	有轨电车	南平市高铁站至武夷山站	26.17	6	全线	2015年12月
1月15日	嘉兴有轨电车	有轨电车	纺工路滨河路站（不含）至嘉兴火车站	0.61	1	一期后通段	2019年12月
1月25日	重庆轨道交通9号线	地铁	新桥站至兴科大道站	32.30	24	一期	2016年9月
2月21日	杭州地铁3号线	地铁	星桥站至潮王路站	21.00	13	首通段	2018年4月
2月21日	杭州地铁4号线	地铁	彭埠站（不含）至池华街站	26.00	15	二期	2017年12月
2月21日	杭州地铁10号线	地铁	逸盛路站至翠柏路站	12.00	9	首通段	2018年9月
3月31日	广州地铁22号线	市域快轨	番禺广场站至陈头岗站	18.20	4	首通段	2017年10月
4月1日	杭州地铁9号线	地铁	九睦路站至观音塘站	12.00	10	一期南段	2017年12月
4月1日	杭州地铁7号线	地铁	观音塘站至吴山广场站	6.00	4	后通段	2017年12月
4月29日	福州轨道交通5号线	地铁	荆溪厚屿站至螺洲古镇站	22.40	17	一期首通段	2017年10月
4月29日	绍兴地铁1号线	地铁	明珠广场站至芳泉站	26.80	17	主线	2017年7月
5月1日	广州地铁7号线	地铁	美的大道至广州南站（不含）	13.45	8	一期顺德段	2018年10月
6月10日	杭州地铁3号线	地铁	潮王路站（不含）至文一西路站、西溪湿地南站至石马站	31.00	21	一期后通段	2018年4月
6月18日	重庆轨道交通4号线	地铁	唐家沱站（不含）至黄岭站	32.80	15	二期	2019年1月
6月20日	郑州轨道交通城郊线	地铁	新郑机场站（不含）至郑州航空港站	8.98	3	二期	2017年6月
6月25日	嘉兴有轨电车	有轨电车	嘉兴火车站（不含）至中山东路安乐路站	2.60	4	一期后通段	2019年12月
6月28日	长沙地铁6号线	地铁	谢家桥站至黄花机场T1T2站	48.11	34	全线	2016年12月
6月29日	昆明地铁5号线	地铁	世博园站至宝丰站	26.45	22	一期	2016年6月
8月6日	重庆江跳线	市域快轨	跳磴站至圣泉寺站	28.22	7	全线	2015年6月
8月28日	福州地铁6号线	地铁	潘墩站至万寿站	31.30	16	一期	2016年11月
8月30日	金义东市域轨道交通金义段	市域快轨	金华站至秦塘站	58.40	17	全段	2017年7月
9月22日	杭州地铁19号线	地铁	苕溪站（不含）至永盛路站	59.14	13	全线	2019年3月
9月22日	杭州地铁3号线	地铁	龙舟北路站至吴山前村站	5.00	4	北延段	2018年4月
9月22日	杭州地铁10号线	地铁	学院路站（不含）至黄龙体育中心站	2.30	1	一期后通段	2018年9月
9月30日	大连地铁2号线	地铁	辛寨子站（不含）至大连北站站	11.56	8	二期北段	2013年11月
9月30日	南京S8号线	市域快轨	毛纺厂路站至长江大桥北站	2.07	2	南延线	2018年11月
9月30日	郑州地铁6号线	地铁	贾峪站至常庄站	17.00	9	一期首通段	2017年10月
10月28日	深圳地铁14号线	地铁	岗厦北至沙田站	50.34	18	一期	2018年1月
10月28日	深圳地铁11号线	地铁	福田站（不含）至岗厦北站	1.60	1	一站一区间	2020年8月
11月1日	西安西户铁路线	市域快轨	阿房宫南站至户县站	26.30	5	全线	2022年7月
11月10日	南通轨道交通1号线	地铁	平潮站至振兴路站	39.18	28	一期	2017年12月
11月18日	天津地铁10号线	地铁	于台站至屿东城站	21.22	21	一期	2016年1月

2022年全国城市轨道交通开通初期运营线路（续前表）   表2-1-1

开通日期	线路名	系统制式	运营区段	运营里程（公里）	开通车站（座）	开通状态	开工建设时间
11 月 28 日	深圳地铁 12 号线	地铁	左炮台东站至海上田园东站	40.54	33	一期	2018 年 1 月
11 月 28 日	深圳地铁 6 号线支线	地铁	深理工站至光明站	6.13	4	一期	2018 年 1 月
11 月 29 日	佛山南海有轨电车 1 号线	有轨电车	文翰湖公园站（季华实验室）至林岳东站	4.90	5	后通段	2014 年 1 月
12 月 1 日	宁波轨道交通 2 号线	地铁	聪园路站（不含）至红联站	2.90	2	二期北段	2015 年 10 月
12 月 26 日	合肥轨道交通 5 号线	地铁	汲桥路站至望湖城西站（不含）	15.50	13	北延段	2017 年 1 月
12 月 26 日	青岛地铁 4 号线	地铁	人民会堂站至大河东站	30.70	24	全线	2017 年 6 月
12 月 28 日	金义东市域轨道交通义东线	市域快轨	凌云站至体育馆站	26.80	11	首通段	2017 年 7 月
12 月 28 日	台州市域 S1 线	市域快轨	台州火车站站至城南站	52.40	15	一期	2016 年 11 月
12 月 28 日	深圳地铁 16 号线	地铁	大运站至田心站	29.20	24	一期	2018 年 1 月
12 月 28 日	佛山地铁 3 号线	地铁	顺德学院站至镇安站	40.72	22	首通段	2016 年 11 月
12 月 28 日	南京地铁 1 号线	地铁	迈皋桥站（不含）至八卦洲大桥南站	6.52	5	北延线	2017 年 5 月
12 月 28 日	南京地铁 7 号线	地铁	幕府西路站至仙新路站	13.84	10	北段	2017 年 11 月
12 月 28 日	深圳坪山云巴 1 号线	导轨式胶轮系统	坪山高铁站至比亚迪北站	8.50	11	一期	2020 年 12 月
12 月 28 日	黄石现代有轨电车	有轨电车	黄石大道站至市民之家站	26.88	30	一期	2020 年 9 月
12 月 29 日	西安地铁 6 号线	地铁	纺织城站至西北工业大学站（不含）	19.50	17	二期	2017 年 1 月
12 月 30 日	武汉地铁 16 号线	地铁	周家河站（不含）至通航机场站	4.22	2	二期	2021 年 12 月
12 月 30 日	武汉前川线	地铁	横店站至园博园北站（不含）	21.12	7	一期	2020 年 5 月
12 月 31 日	北京地铁 16 号线	地铁	玉渊潭东门站（不含）至榆树庄站	14.30	10	南段	2013 年 12 月

三

综述

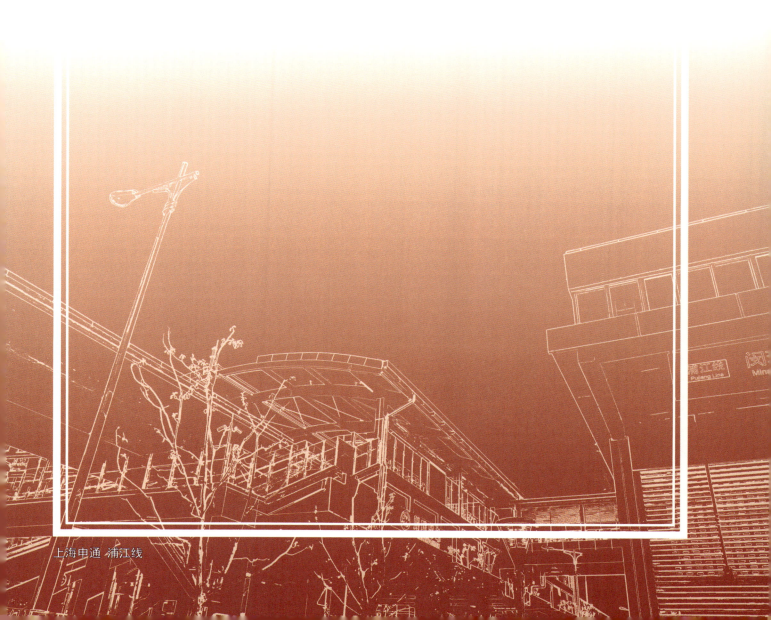

上海申通 浦江线

中国城市轨道交通行业综合情况

2022年，党的二十大胜利召开，擘画全面建设社会主义现代化国家、以中国式现代化全面推进中华民族伟大复兴的宏伟蓝图，吹响奋进新征程的时代号角。

2022年，全国城轨交通新投运线路超1000公里，总规模首次超过1万公里，新增南平、金华等运营城市轨道交通的城市达到55个。城轨交通全年累计完成客运量193亿人次，占公共交通客运总量的分担比率持续提升。

2022年，国家对城轨交通发展提出新要求。中央财经委第十一次会议提出：推进城市群交通一体化，建设便捷高效的城际铁路网，发展市域（郊）铁路和城市轨道交通，指引城轨交通发展方向。《"十四五"全国城市基础设施建设规划》《"十四五"新型城镇化实施方案》等重磅文件出台，对城轨交通发展提出新要求。

2022年，全国城轨交通智能智慧化、绿色低碳化、国产自主化的高质量发展实践持续走向深入。中国城市轨道交通协会印发《中国城市轨道交通绿色城轨发展行动方案》，开启中国城市轨道交通行业绿色城轨建设的新征程。重庆、北京、南京等城市的城轨交通在互联互通、智能调度、智能列车、5G应用等智能智慧技术上取得突破。

2022年，长株潭、西安、重庆、武汉4个国家级都市圈发展规划获批，轨道上的都市圈建设进一步提速。各地在推动国家干线铁路、城际铁路、市域铁路和城市轨道交通"四网融合"上主动出击，加速在管理体制改革方面积极创新，为打造轨道上的城市群和都市圈奠定基础。

第一部分 行业发展情况

一、线网概况

（一）线网规模突破1万公里

截至2022年底，全国共有55个城市开通城轨交通运营线路308条，运营线路总长度突破1万公里，达10287.45公里。

从城市看，共计26个城市的线网规模达到100公里及以上。其中，上海936.17公里，北京868.37公里，两市已逐步形成超大规模线网；成都、广州、深圳、杭州、武汉5市运营线路长度均超过500公里；重庆、南京均超过400公里；青岛超过300公里；西安、天津、郑州、苏州、大连、沈阳、长沙7市均超过200公里。宁波、合肥、昆明、南昌、南宁、长春、佛山、无锡、福州9市均超过100公里。

从城市群看，长三角城市群开通运营城市和运营线网分布最为密集，17个城市开通运营线路87条，线路长度3160.90公里，占全国线网总长度的30.73%；京津冀城市群3城开通运营线路39条，线路长度1235.81公里，占12.01%；珠三角5城开通运营线路40条，线路长度1350.75公里，占13.13%；成渝城市群3城开通运营线路27条，线路长度1148.03公里，占有率11.16%。

从系统制式看，城轨交通运营线路包含9种制式。其中，地铁8008.17公里，占比77.84%；轻轨219.75公里，占比2.14%；跨座式单轨144.65公里，占比1.41%；市域快轨1223.46公里，占比11.89%；有轨电车564.77公里，占比5.49%；磁浮交通57.86公里，占比0.56%；自导向轨道系统10.19公里，占比0.10%；电子导向胶轮系统34.70公里，占比0.34%；导轨式胶轮系统23.90公里，占比0.23%。全国暂无无悬挂式单轨投运。

从运输能力看，大运能系统（地铁）8008.17公里，占比77.84%；中运能系统（含轻轨、跨座式单轨、市域快轨、磁浮交通、自导向轨道系统）1655.91公里，占比16.10%；低运能系统（含有轨电车、电子导向胶轮系统、导轨式胶轮系统）623.37公里，占比6.06%。

从敷设方式看，地下线7129.96公里，占比69.31%；地面线1144.21公里，占比11.12%；高架线1986.48公里，占比19.31%。

（二）新增线路超过1000公里

2022年，全国共新增城轨交通运营线路1080.63公里，新增运营线路25条，新开既有线路的延伸段、后通段25段，保持新增线路长度在1000公里以上。20个城市有新线或新段开通运营，其中，杭州新增174公里，居全国首位，其次是深圳136.11公里。重庆、福州、金华、台州新增超过50公里。绍兴增长率超过100%，达132.02%。

2022年，全国新增南平、金华、南通、台州、黄石5个城市开通城轨交通运营线路，其中南通为地铁运营城市；金华、台州为市域快轨运营城市，南平、黄石为有轨电车运营城市。

（三）中低运能系统加快发展

2022年，全国新增的1080.63公里运营线路中，新增地铁798.49公里，占比73.89%；新增市域快轨212.42公里，占比19.66%；新增有轨电车61.22公里，占比5.66%；新增导轨式胶轮系统8.50公里，占比0.79%。与上年相比，市域快轨、有轨电车、导轨式胶轮系统占比有所提升。

近5年，市域快轨线路长度持续增加，制式占比呈现波动上升趋势。市域快轨线路长度由2018年656.50公里增长到2022年1223.46公里，五年间翻了一番，市域快轨系统在城轨交通系统中的制式占比也由2018年的11.39%提高到2022年的11.89%。

拥有2种及以上制式投运的城市有21个，占已开通城轨交通运营城市的38.18%。其中，上海有5种制式在运营；北京、重庆、广州、大连4市各有4种制式在运营；天津、深圳、南京、长春、成都、青岛6市各有3种制式在运营；武汉、沈阳、西安、苏州、郑州、佛山、长沙、兰州、宁波、嘉兴10市各有2种制式在运营。

（四）网络化发展较快

从换乘车站看，2022年全国累计投运城轨交通车站5875座，同比增长9.96%，其中换乘车站655座，同比增长14.91%。拥有换乘站的城市37个，占已开通城轨交通城市的67.27%。

从运营线路数量看，拥有4条及以上运营线路，且换乘站3座及以上的城市共计26个，占已开通城轨交通运营城市总数的47.27%。

从在建车站情况看，全国在建线路车站总数共计3860座，其中换乘站1307座，换乘站计算占比为33.86%，同比略有增加。近年来在建项目的换乘站占比持续上升，从一定程度上也反映出城轨交通网络化程度的持续提升。

从在实施规划的车站看，截至2022年底，在实施规划车站总计3284座，其中换乘站1089座，换乘站计算占比约为33.16%，同比增加2.67个百分点，换乘站占比持续增长。

（五）全自动运行稳步发展

截至2022年底，全国有北京、上海、天津、重庆、广州、深圳、武汉、南京、成都、苏州、宁波、南宁、济南、太原、芜湖等15市开通全自动运行系统线路30条，线路长度共计716.83公里。2022年新开通全自动运行线路162.46公里，其中深圳开通最多达4条线，线路长度126.20公里。

二、客运服务

（一）客运分担比例逐年提高

2022年城轨交通客运量占公共交通客运总量分担比率达到45.82%，比上年提升2.45个百分点，其中上海、深圳、广州、杭州、成都、南京、南宁、南昌、北京、武汉10市城轨交通客运量占公共交通分担比率超过50%。上海分担率最高，达到70%，南昌、武汉首次达到50%。近年随着城轨交通运营线路长度的快速增长，线网的织密，城轨交通分担公共交通客流比例逐年提高，2020年-2023年三年城轨交通客运量占全国公共交通客运总量的分担比率分别为38.72%、43.37%和45.82%。

（二）客运量仍在恢复

从客运总量看，2022年全国城轨交通完成客运量193.02亿人次，同比减少43.93亿人次，下降18.54%。2022年继续受新冠疫情影响，客运量介于2020年和2021年之间。2022年，客运量排名前5的城市为：广州、上海、北京、深圳和成都。广州全年完成客运量23.61亿人次，同比下降16.78%；上海完成客运量22.88亿人次，同比下降36.11%；北京完成客运量22.63亿人次，同比下降26.23%；深圳完成客运量17.50亿人次，同比下降19.98%；成都完成客运量15.72亿人次，同比下降12.77%。广州、上海、北京、深圳、成都5市客运量同比均呈现下降趋势，占2022年全国总客运量的比重为53.02%，同比下降3.85个百分点。

从日均客运量看，2022年全国城轨交通日均客运总量5505.72万人次，同比减少1205.59万人次，下降17.96%。

日均客运总量排名领先的分别是上海736.35万人次，同比下降27.07%；广州647.74万人次，同比下降17.27%；北京620.08万人次，同比下降26.89%；深圳518.74万人次，同比下降13.46%；成都430.62万人次，同比下降12.77%；杭州、重庆、武汉、南京、西安5市日均客运量超过200万人次，长沙日均客运量超过150万人次。

从进站量看，2022年全国城轨交通完成客运进站量116.56亿人次，比上年减少29.79亿人次，同比下降20.35%。广州进站量13.16亿人次，居全国首位，同比下降16.55%；上海完成进站量12.63亿人次，同比下降37.08%；北京完成进站量12.44亿人次，同比下降24.57%；深圳完成进站量10.58亿人次，同比下降21.76%；成都完成进站量8.90亿人次，同比下降13.55%。2022年进站量排名前十的其他城市中，与2021年相比，仅杭州为正增长，增幅为1.42%；重庆等4城市均呈现下降趋势，重庆降幅为18.15%，武汉降幅14.49%，西安降幅25.85%，南京降幅16.27%。

从客运周转量看，2022年城轨交通完成客运周转量1584.37亿人次公里，同比下降20.05%。北京、上海、广州、深圳、成都5市完成客运周转量887.11亿人次公里，5市合计同比下降23.98%；5市完成客运周转量占总量的比重为55.99%，下降2.89个百分点。

从客运强度看，2022年全国城轨交通平均客运强度为0.38万人次/公里日，客运强度同比减少0.1万人次/公里日，降幅20.07%。2022年全制式综合线网平均客运强度排名前五的城市为：广州1.04万人次/公里日、深圳0.95万人次/公里日、上海0.85万人次/公里日、西安0.83万人次/公里日、长沙0.82万人次/公里日。广州是唯一一座全制式综合线网平均客运强度超过1万人次/公里日的城市。

（三）服务和安全水平不断提升

运营里程和日均开行列次都有增加。2022年全国城轨交通完成运营里程61.34亿车公里，比上年增长7.41%。其中，北京运营里程6.87亿车公里，同比增长3.71%；上海6.35亿车公里，同比下降10.73%；广州4.73亿车公里，同比增长4.43%；成都4.68亿车公里，同比下降0.91%；深圳4.39亿车公里，同比增长0.92%；5市合计占全国运营总里程的比重为44.05%。杭州、武汉、重庆、南京、西安5市运营里程均超过2亿车公里，天津、苏州、宁波、长沙、青岛、合肥、郑州7市运营里程均超过1亿车公里。

2022年全国城轨交通日均计划开行列次总计为94171列次，日均实际开行列次总计为94287列次，实际开行列次比上年增加1084列次，增长1.16%。昆明、杭州、佛山、长沙、青岛、福州等城市由于新线的开通，实际开行列次增幅较大。2022年共有42个城市的计划兑现率均达到或超过100%。

平均旅行速度稳步提高。2022年，全国城轨交通平均旅行速度36.48公里/小时，同比增长0.37%，与2021年基本持平。其中单条线路平均旅行速度以成都18号线96.42

公里/小时、广州18号线94.50公里/小时、南京市域快轨S9线87.40公里/小时、嘉兴杭海线68.59公里/小时、广州14号线68.26公里/小时位列前5位。

地铁的平均旅行速度36.47公里/小时，其中，东莞53.25公里/小时、成都44.62公里/小时、佛山44.20公里/小时、广州44.07公里/小时和济南41.91公里/小时，分列城市地铁平均旅行速度的前5位。

高峰小时最小发车间隔进一步缩短。2022年全国城轨交通高峰小时最小发车间隔平均为269秒，同比缩短1.09%。进入120秒及以内的线路共有17条。其中，北京地铁9条、上海地铁4条、深圳地铁1条、成都地铁1条、南京地铁1条、苏州地铁1条。北京、上海、深圳、南京、成都、苏州、广州、西安、杭州、青岛、重庆、武汉、郑州、厦门、天津15市的67条城轨交通线路高峰小时最小发车间隔进入180秒以内，占总线路条数的21.75%。

线网运营服务时长进一步优化。2022年全国城轨交通平均运营服务时长17小时/日，与上年持平。城市平均运营服务时长以北京18.7小时/日为最长。城市平均运营服务时长达到18小时/日的有6市，分别为北京、上海、重庆、西安、苏州、贵阳。从线路看，据不完全统计，共有北京、上海、天津、重庆、广州、深圳、南京、沈阳、成都、西安、苏州、郑州、杭州、佛山、长沙、青岛、贵阳、嘉兴18市的113条城轨交通线路运营服务时长达到18个小时，其中，北京23条、上海16条、深圳14条、杭州10条、重庆9条、广州6条、成都6条、西安6条、苏州6条。北京地铁4号线线路运营服务时间达到20个小时、北京地铁14号线达到20个小时、上海地铁1号线达到20个小时。

运营安全保持高水平。2022年据不完全统计，全国城轨交通发生5分钟及以上延误事件共计717次，平均5分钟及以上延误率0.12次/百万车公里，同比减少40.33%。列车退出正线运营故障次数共计5526次，平均退出正线运营故障率0.009次/万车公里，同比下降23.50%。

（四）运营经济压力增大

据不完全统计，2022年全国平均运营收支比为53.38%，同比下降15.56个百分点。总收入同比减少16.78%，其中票款收入同比减少17.54%。

从收入看，2022年全国城轨交通平均每车公里运营收入11.24元，同比减少3.07元；平均每人次公里运营收入0.73元，与上年持平。每车公里运营收入和每人次公里运营收入均超过全国平均水平的有深圳、宁波、南昌、青岛、东莞、南宁、贵阳、温州8市，均为资源经营收入占比较高的城市。平均单位票款收入0.26元/人次公里，同比增加0.01元。长沙、兰州、贵阳、乌鲁木齐、呼和浩特、太原6市单位票款收入超过0.3元/人次公里。

从成本看，2022年全国城轨交通平均每车公里运营成本23.49元，同比下降1.61元。平均每人次公里运营成本1.49元，同比增加0.21元。总成本中人工成本占比53.45%，同比上升1.01个百分点；电费占比10.59%，同比

上升0.71个百分点。

（五）总能耗不断增长

据不完全统计，2022年全国城轨交通总电能耗227.92亿千瓦时，同比增长6.89%。其中，牵引能耗113.15亿千瓦时，同比增长6.39%。牵引能耗占总电能耗的比为49.65%。总电能耗和牵引能耗均达历史最高。

2022年，全国平均每人次公里总电能耗0.144千瓦时，同比上升34.02%。各城市城轨交通平均每人次公里牵引能耗0.072千瓦时，同比上升33.39%。

2022年，城轨交通平均每车公里总电能耗3.72千瓦时，同比下降0.48%。平均每车公里牵引能耗1.84千瓦时，同比下降0.95%。

从线网来看，每人次公里牵引能耗下降最为显著的是洛阳，洛阳在2021年3月和12月分别开通运营轨道交通1号线和轨道交通2号线，两条线路可在解放路站进行换乘，客运周转量从2021年的9069.19万人次公里提升到2022年的18715.58万人次公里，客运周转量同比提升106.36%，而牵引能耗同比提升81.77%，从而导致每人次公里牵引能耗同比下降11.92%。

三、建设情况

（一）在建规模稳中有升，中心城市持续发力

截至2022年底，全国共有51个城市有城轨交通项目在建，在建线路总规模6350.55公里。从在建线路的条数来看，2022年在建城轨交通线路共计243条。共有29个城市在建线路为3条及以上，其中，在建线路5条及以上的城市22个，在建线路10条及以上的城市7个。

从在建线路的规模来看，共有25个城市的在建线路长度超过100公里。其中，深圳超过400公里；郑州、青岛两市超过300公里；成都、广州、北京、宁波、南京、重庆、天津、杭州、佛山、合肥10个城市的在建线路均在200公里以上；在建规模在150-200公里之间的有厦门、武汉、福州、沈阳、苏州、西安、济南7市，超过100公里的还有上海、贵阳、石家庄、长春、无锡5个城市。

（二）5种系统制式在建，市域快轨增长明显

从在建线路的系统制式来看，在6350.55公里的在建线路中，共涉及5种制式。其中，地铁5050.07公里，占比79.52%，同比下降4.02个百分点；轻轨7.18公里，占比0.11%，同比增加0.02个百分点；市域快轨984.17公里，占比15.50%，同比增加5.38个百分点；有轨电车298.63公里，占比4.70%，同比下降0.77个百分点；悬挂式单轨10.5公里，占比0.17%。

几大都市圈、城市群多层级交通规划的落地实施，市域（郊）线路建设陆续启动，在建线路中市域快轨占比在2021年稳中略升的基础上，2022年占比增加明显。《长江三角洲地区多层次轨道交通规划》持续推进，上海、南京、宁波、嘉兴等城市的市域快轨项目陆续开工建设；《成渝地区双城经济圈综合交通运输发展规划》全面启动实施，重庆、成都两市及周边经济圈的城际线路、市域线

路也进入建设期。未来几年，随着几大都市圈、城市群多层级交通规划的全面实施，市域快轨系统将迎来稳中有升的持续发展阶段。

2022年，随着武汉光谷空轨专线项目的建设，承担公共交通职能的悬挂式单轨系统首次进入城轨交通在建行列。低运能城轨交通系统的在建制式得以进一步丰富。

（三）全年完成建设投资超5400亿元，同比略有下降

据不完全统计，截至2022年底全国在建城轨交通线路可研批复投资累计46208.39亿元，初设批复投资累计39669.35亿元。2022当年共完成城轨交通建设投资5443.97亿元，同比下降7.10%，年度完成建设投资额连续两年回落。2022年当年完成建设投资约占可研批复总投资的11.78%，占初设批复投资额的13.72%。

2022年共有11个城市全年完成建设投资超过200亿元，11市完成建设投资合计3215.95亿元，占全国完成建设投资总额的59.07%。其中，深圳、成都两市全年完成建设投资均超过400亿元，两市合计完成建设投资额占全国完成建设投资总额的16.70%；武汉、杭州两市全年完成建设投资均超过300亿元；广州、北京、西安、南京、重庆、郑州、苏州7市全年完成建设投资均超过200亿元。另有青岛、福州、上海、宁波、合肥、天津、厦门、长沙、沈阳、贵阳、长春11市全年完成建设投资均超过100亿元。

2022年城轨交通车辆购置共计518列，完成车辆购置投资共251.17亿元，同比下降11.28%。2022年完成车辆购置投资额约占年度完成建设投资总额的4.61%。车辆投资额在年度总建设投资额中的占比同比下降0.22个百分点。

四、规划情况

（一）5市建设规划获批，新增总投资额近2600亿元

2022年当年，石家庄、杭州2市的新一轮城市轨道交通建设规划；苏州、东莞、广州3市的城市轨道交通建设规划调整方案获国家发展改革委批复。5市城轨交通建设规划（或调整方案）共新增建设规划线路长度近330公里，新增项目的系统制式全部为地铁，新增项目计划总投资额近2600亿元。新获批建设规划线路的长度和计划投资额相比2021年略有增加。

（二）在实施规划稳中略降，部分城市规划项目已全部建成

截至2022年底，扣除统计期末已建成投运的城轨交通建设规划线路以及已调整的项目后，2022年底仍有城轨交通建设规划项目并在实施的城市共计50个。在实施的建设规划线路总长6675.57公里，与2021年末相比略有下降。杭州、呼和浩特、洛阳、常州、芜湖等城市2022年前已获批的建设规划项目已全部建成投运。

从在实施规划线路的规模来看，27个城市建设规划在实施规模超100公里。重庆市市域快轨项目连续启动，在实施规划线路长度达到779.54公里；上海、广州、深圳3市在实施规划线路长度均超300公里；宁波、北京、成都、天津、武汉、南京、青岛7市实施规划线路长度均超200公里；济南、合肥、厦门、郑州、沈阳、苏州、西安、佛山、无锡9市在实施规划线路长度均超150公里；另有东莞、长春、福州、温州、南通、贵阳7市在实施规划线路长度均超100公里。

（三）地铁制式占比下降，市域快轨持续增长

从在实施规划线路的系统制式来看，6675.57公里的在实施规划线路包含地铁、轻轨、市域快轨、有轨电车、导轨式胶轮系统、悬挂式单轨6种制式。其中，地铁4407.20公里，占比66.02%，同比下降4.62个百分点；轻轨7.18公里，占比0.11%，同比上升0.03个百分点；市域快轨1892.22公里，占比28.35%，同比上升8.72个百分点；有轨电车325.97公里，占比4.88%，同比下降4.76个百分点；导轨式胶轮系统32.5公里，占比0.49%；悬挂式单轨10.5公里，占比0.16%。

市域快轨规划线路长度和占比近5年来持续增加，尤其是近3年来增速明显加快，2022年达到了28.35%。从单个城市来看，扣除已建成投运的线路，温州市在实施规划线路共计104.60公里，全部为市域快轨系统制式；南通市在实施规划线路总长度101.40公里，其中市域快轨线路81公里，占比79.88%；重庆在实施规划线路总长度779.54公里，其中市域快轨线路526.78公里，占比67.58%；深圳在实施规划线路总长度303.60公里，其中市域快轨线路202.44公里，占比66.68%；无锡、福州两市在实施规划线路中市域快轨系统占比也均超过50%，分别达到59.86%和53.92%；另有宁波、上海两市在实施规划线路中市域快轨线路的占比也分别达到48.79%和43.15%。

此外，南宁市新规划两条导轨式胶轮系统线路，悬挂式单轨系统在武汉光谷空轨专线项目中落地实施。多制式的城轨交通系统为不同的城市公共交通定位提供多样性的选择。

（四）可研批复总投资同比持平，一线城市投资仍处高位

截至2022年底，国家发展改革委共批复44个城市城轨交通建设规划，呼和浩特、杭州、常州、洛阳、芜湖5市2022年前已获批城轨交通建设规划项目全部建成投运，其余39个城市可统计的城轨交通建设规划在实施项目的可研批复总投资额合计约为41688.79亿元。

从可研批复总投资规模来看，18个城市的建设规划在实施项目的可研批复总投资均超过1000亿元，其中，广州、上海2市可研批复总投资均超过3000亿元，2市总投资合计超6000亿元，占全国可研批复总投资额的14.97%；深圳、北京2市可研批复总投资均在2000亿元以上，2市总投资合计超5000亿元，占全国可研批复总投资额的12.44%；北上广深4市可研批复总投资额占全国可研批复总投资额的近3成。

青岛、南京、宁波、成都、天津、重庆6市可研批复总投资超过1500亿元；武汉、济南、郑州、沈阳、西安、苏州、厦门、合肥8市可研批复总投资超过1000亿元；福州、长春、佛山、无锡、贵阳、徐州、石家庄、乌鲁木齐8市可研批复总投资超过500亿元。

第二部分 行业工作情况

一、国家对城轨交通发展提出新要求

4月，中央财经委第十一次会议重点研究全面加强基础设施建设问题。会议强调"基础设施是经济社会发展的重要支撑"的定位，提出了"统筹发展和安全，优化基础设施布局、结构、功能和发展模式，构建现代化基础设施体系"的总要求。要求推进城市群交通一体化，建设便捷高效的城际铁路网，发展市域（郊）铁路和城市轨道交通。

7月，国家发展改革委、住房城乡建设部印发《"十四五"全国城市基础设施建设规划》。《规划》提出，强化重点区域轨道交通建设与多网衔接。分类推进城市轨道交通建设。加强轨道交通与城市功能协同布局建设。提升轨道交通换乘衔接效率。国家发展改革委印发《"十四五"新型城镇化实施方案》。《方案》提出：提高都市圈交通运输连通性便利性，统筹利用既有线与新线因地制宜发展城际铁路和市域（郊）铁路，有序发展城市轨道交通，推动市内市外交通有效衔接和轨道交通"四网融合"。到2025年新增城际铁路和市域（郊）铁路运营里程3000公里，基本实现主要城市间2小时通达。推广以公共交通为导向的开发（TOD）模式，打造站城融合综合体，鼓励轨道交通地上地下空间综合开发利用。

12月，中共中央国务院印发《扩大内需战略规划纲要（2022—2035年）》，国家发展改革委印发《"十四五"扩大内需战略实施方案》。《纲要》提出，支持重点城市群率先建成城际铁路网，推进重点都市圈市域（郊）铁路和城市轨道交通发展，并与干线铁路融合发展。《实施方案》提出，提高超大大城市中心城区轨道交通密度。

二、市域快轨发展进入快车道

2022年，中央财经委第十一次会议提出，推进城市群交通一体化，建设便捷高效的城际铁路网，发展市域（郊）铁路和城市轨道交通。《"十四五"全国城市基础设施建设规划》提出，强化重点区域轨道交通建设与多网衔接。《"十四五"新型城镇化实施方案》提出，提高都市圈交通运输连通性便利性，统筹利用既有线与新线因地制宜发展城际铁路和市域（郊）铁路。《扩大内需战略规划纲要（2022—2035年）》提出，支持重点城市群率先建成城际铁路网，推进重点都市圈市域（郊）铁路和城市轨道交通发展。

2022年，继南京、福州、成都3个国家级都市圈发展规划获得批复以后，国家发展改革委于2022年先后批复长株潭、西安、重庆、武汉4个国家级都市圈发展规划，国家级都市圈再度扩容。已获批的7个都市圈规划中，科学规划多层次轨道交通，对城际铁路和轨道交通网的完善，都被视为优化城市空间布局，促进产业链的延伸，拉近都市圈城市间的时空距离的基础。

2022年，各地在推动国家干线铁路、城际铁路、市域铁路和城市轨道交通"四网融合"上主动出击，加速在管理体制改革方面积极创新，为打造轨道上的城市群和都市

圈奠定基础。

重庆轨道跳磴至江津线正式通车，这是国内首次将双流制车辆应用到实际线路，解决铁路与地铁贯通运营难题，填补国内多项双流制核心技术空白。西安市轨道交通集团与陕西省铁路集团合并组建陕西轨道交通集团，实现省级铁路集团与市级地铁集团的合并。

北京市域铁路融合发展集团正式成立，是全国首个由省级人民政府与国铁集团合作组建的以市域（郊）铁路为主营业务的企业。该公司的成立是路市双方共同推进市郊铁路建设改革创新的全新实践，是路市合作迈向更高水平、更广领域和更深层次的重要里程碑。

广东珠三角城际轨道交通有限公司完成股权变更，广州地铁集团全面接管珠三角公司后，将构建粤港澳大湾区"一张网、一张票、一串城"，实现城际轨道交通公交化运营。

上海、广州、深圳、宁波等城市相继成立市域市郊轨道交通的建设运营主体。

三、绿色城轨建设开启新征程

8月18日，中国城市轨道交通协会印发《中国城市轨道交通绿色城轨发展行动方案》，开启城市轨道交通行业绿色城轨建设的新征程。《行动方案》结合城轨行业特点和发展态势，统筹碳达峰碳中和行动和绿色城轨发展，以指导城轨交通行业绿色转型工作，是正在实施中的《智慧城轨发展纲要》的姐妹篇，共同指导构建既智慧化又绿色化的新时代中国特色城市轨道交通。

《行动方案》提出了绿色城轨建设的指导思想，阐述了绿色城轨的内涵标志，描绘了绿色城轨的发展蓝图，明确"三步走"的发展战略，提出重点实施"绿色规划先行行动、节能降碳增效行动、出行占比提升行动、绿色能源替代行动、绿色装备制造行动、全面绿色转型行动"六大绿色城轨行动，制定了六项保障措施，并同时提出建设绿色城轨示范工程和绿色城轨标准化体系，旨在引导城轨企业因地制宜编制实施"企业绿色城轨发展实施方案"，确保如期实现碳达峰碳中和目标，建成绿色城轨。

《行动方案》发布后，各城轨企业积极落实，因地制宜编制实施"企业绿色城轨发展实施方案"，北京、上海、重庆、深圳、南京、青岛、宁波、哈尔滨等城市都编制完成了各自的《绿色城轨发展实施方案》并陆续发布实施。

四、智慧城轨建设初见成效

《中国城市轨道交通智慧城轨发展纲要》发布以来，行业上下呈现出同心协力推进智慧城轨建设的良好局面，2022年成效初显。

智能智慧技术不断突破。重庆城轨三线互联互通取得关键技术从0到1的突破；北京"新一代网络化智能调度和智能列车运控系统"在试验线上成功运行，成果先进；南京都市圈智慧市域快轨示范工程在探索5G公网专用等方面取得突破，成效显著；30多个城市建设的600多个智慧车站系统，大幅提升旅客出行服务水平，经济效益明显。

重点体系深化研究储备雄厚技术力量。经过全行业近

一年努力，在135个申报的深化研究项目中优选的首批50个项目全部通过结题验收，其中44个项目（占比88%）获得A类研究成果，为智慧城轨建设储备了技术力量、奠定了技术基础，超过了预期目标。

先行先试工程成效初显。广州、重庆、宁波、郑州等城市实施的先行先试工程在智能运输组织、智能能源系统、智能技术装备、智能基础设施的方面取得丰富成果。"郑州轨道交通BIM全生命周期管理""重庆双流制市域（郊）铁路与城市地铁贯通运营成套技术"和宁波地铁"基于云平台的智能能源系统节能示范工程"等示范工程全面启动。

城轨云数平台建设，夯实"智慧底座"。城轨云和大数据平台以其新一代新兴信息技术的典范落地实施，构建智慧城轨发展的数据底座。呼和浩特、太原、北京、武汉、深圳、西安等20余城市建立城轨云平台，覆盖《纲要》10个重点体系应用系统。

五、行业基础工作不断完善

中国城市轨道交通协会顺利完成换届。经中央国家机关工委批准并报民政部同意，中国城市轨道交通协会于2022年8月召开会员大会，选举产生新一届协会领导机构，审议通过新的章程，增补更新会员单位，为协会在下一个5年的发展奠定了基础。协会专家和学术委员会、分支机构同步完成换届。

人才培养工作。《中华人民共和国职业分类大典（2022年版）》颁布，共标识134个绿色职业，涉及城轨交通行业职业20个。《城轨交通"十四五"人才培养规划》行业影响不断扩大，逐步落地实施。城轨交通职称评审工作实现质的飞跃，申报人数增加至千人，涵盖40个城市的114家企业。在原有高级职称的基础上，增加初级、中级职称评审。城轨交通通信检修工、土建维修工、站台门检修工、行车调度员、车辆段调度员、电力环控调度员等6个工种的职业技能标准、培训标准、鉴定标准以及《城轨交通列车司机心理素质测试规范》完成编制和发布。"城市轨道交通人才培养工作平台"成功上线。

行业统计工作。《城市轨道交通2022年度统计和分析报告》等行业统计信息顺利发布，《运营企业运营数据报告》方便城轨运营企业对标交流。出版《城市轨道交通年鉴》，展示行业发展面貌和年度特色。整理编制《数读城轨交通"十三五"》口袋书，受到行业内外的欢迎和好评。首次发布城轨交通《车辆和机电设备采购情况调研报告》。相关数据城轨交通效能评价分析平台、运营数据分析系统和年鉴管理平台三大信息采集系统开展数字化二次开发，提升数据的结构化、模块化程度以及在线分析功能。

标准化工作。2022年，城市轨道交通领域批准发布《城市轨道交通自动售检票系统运营技术规范（试行）》《跨座式单轨交通设计标准》等14项国家标准。交通运输部、工业和信息化部、住房城乡建设部、国家铁路局等部委发布《城市轨道交通接驳设施技术要求》等54项行业标

准。中国城市轨道交通协会发布团体标准12项，并围绕智慧城轨、市域轨道、中小运能系统制式、试点示范工程项目等8个重点方向开展标准开展立项工作，有效满足市场需求。

认证采信工作。中国城市轨道交通协会发布《关于上传城市轨道交通装备产品认证（CURC）采信信息的通知》，正式启动采信信息上传工作。上海、南京、天津、北京、太原、成都、昆明、兰州、徐州、福州、哈尔滨等多家业主完成上传，覆盖牵引传动系统、制动系统、信号系统、车门、车钩等。

六、自主创新取得新成绩

城轨交通科技创新再获佳绩。2022年，城市轨道交通行业获地方科学技术奖二等奖以上项目8项，其中一等奖3项、二等奖5项，增补2021年度奖项一等4项、二等奖12项；获中国专利奖共42项。重庆轨道交通环线获国际咨询工程师联合会2022年度"菲迪克工程项目奖"年度杰出项目奖。"深圳市黄木岗交通枢纽V柱空间"获"ITA地下空间创新贡献奖"。武汉8号线二、三期工程和苏州4号线支线溪霞路站配套地下空间获评2022年国家优质工程奖。"轨道交通自主IGBT关键技术研究及应用"获城轨交通科技进步奖特等奖。

第一批自主化装备推荐清单顺利发布。为贯彻落实国家重大技术装备自主创新工作要求，维护城轨交通产业链供应链安全稳定，应广大业主单位要求，中国城市轨道交通协会发布《城市轨道交通第一批自主化装备推荐清单》，向行业推荐应用。

城轨交通创新网络实现更好发展。城轨交通6家国家工程研究中心在车站预制装配化建造技术、国产图形引擎BIM软件、综合检测车、行车相关系统主动运维等技术攻关、产品研发及测试、转化方面取得丰富成果。创新网络推动广州地铁作为牵头单位，协同铁科院、中铁设依托的工程研究中心，成功申报国家重点研发计划"城市轨道交通运营重大风险防控关键技术装备研发及示范应用"项目。

七、城轨公交联合重组加速

2022年，全国多个城市将城轨企业与公交集团重组合并，进一步提升运营效率和经营效益，不断推动城轨企业做大做强，促进城轨交通可持续发展，促进轨道公交融合发展。

大连地铁与大连公交重组整合为大连公共交通建设投资集团；贵阳轨道集团与贵阳公交集团重组为贵阳市公共交通投资运营集团；洛阳推动轨道集团和公交集团整合，打造公共交通客运为主的公益性平台；南宁将南宁公共交通集团无偿划转至南宁轨道交通集团。

八、城轨"走出去"再创佳绩

2022年，中国城市轨道交通企业在海外市场亮点频现，表现突出。

深圳地铁提供运营服务的越南河内轻轨吉灵—河东线项目全面开通商业运行。该项目是越南开通运营的首条城

市轻轨，也是两国共建"一带一路"基础设施领域合作的标志性项目。深圳地铁参与合作建设和运维筹备的埃及斋月十日城铁路项目实现通车试运行。

中国中车株洲所自主研制的智轨电车中标马来西亚沙捞越州古晋市拟建设的两条城市轨道交通线路。中车唐山公司为葡萄牙波尔图地铁公司生产18列共计72辆地铁列车在天津港装船，翻开中国轨道交通装备服务欧洲高端市场新的一页。

中国土木工程集团承建的尼日利亚西南部拉各斯轻轨蓝线项目一期工程竣工，这是西非地区第一条电气化轻轨，也是该州有史以来投资规模最大的基础设施工程。

第三部　分思考与建议

一、稳步推进绿色城轨建设

为贯彻落实国家双碳发展战略，2022年8月中国城市轨道交通协会发布《中国城市轨道交通绿色城轨发展行动方案》，翻开绿色城轨建设新篇章。要落实好《行动方案》，完成好双碳任务，如期建成绿色城轨，还需埋头苦干，扎实推进。

遵循原则稳妥推进。要遵循"统筹规划，因地制宜；节约优先，创新驱动；多链协同，整体推进；智慧赋能，绿智融合；示范引领，有序达标"的原则，积极稳妥推进具有中国特色、基于中国标准的绿色城轨交通体系建设。

围绕主线扎实推进。一是以绿色低碳发展理念为引领，开展以绿色规划为引领的先行行动；二是全面落实节约优先方针，开展节能降碳增效行动；三是最大程度地吸引更多乘客选择城轨交通出行，开展出行占比提升行动；四是以双碳和绿色城轨发展目标为引领，开展绿色能源替代行动；五是推行绿色设计、创建绿色工厂、推动绿色创新，构建绿色供应链，实施绿色再制造，大力开展绿色装备制造行动；六是从理念、标准、规划、设计、建造、运营、装备供应、企业管理和人才培养等各个方面，全面开展绿色转型行动。

服务大局久久为功。绿色城轨建设要按照国家双碳战略要求，通过"三步走"实现城轨交通碳达峰碳中和目标，建成绿色城轨。2025年，城轨交通绿色转型初见成效，初步建立绿色低碳发展体系，成为全国绿色交通先行官。2030年，城轨交通绿色转型取得显著成效，基本建成绿色低碳发展体系，碳排放强度值持续下降，碳排放总量经平台期稳中有降，绿色城轨初步建成，跻身世界先进行列。2060年，全面完成城轨交通绿色转型，全面建成绿色低碳发展体系，全行业实现碳中和，高水平建成近零排放的绿色城轨，成为全球绿色交通引领者。

聚众合力保障落地。绿色城轨建设是庞大而艰巨的系统工程，需要全行业共同发力，要创新"政、产、学、研、用、协"一体的工作机制，凝心聚力，共同推进。一是提高思想站位，凝聚高度共识；二是创新体制机制，夯实绿色基础；三是压实各方责任，践行城轨担当；四是引

导试点示范，率先有序达标；五是多策并举发力，营造良好环境；六是建立标准评价体系，督促激励达标。

二、促进更高水平智慧城轨建设

2020年3月《中国城市轨道交通智慧城轨发展纲要》发布以来，在两年多的时间里，《发展纲要》提出的创新理念、技术路径不断地落地见效，生根发芽。要在已有工作成果基础上，不断善于创新、主动创新、积极创新，推动智慧城轨建设迈向更高水平。

一是强力推进示范工程建设，积蓄扎实的经验和工程实践；全面推广智慧城轨建设项目，实现预期的目标和建设成果。

二是继续深化智慧城轨体系研究，奠定科学的理论和技术基础，开展第二批智慧城轨重点体系深化研究项目的研究工作。

三是继续建立智慧城轨评价指标体系，并跟踪分析和督促指导。

四是继续推进智慧城轨标准体系建设，完成中国智慧城轨技术标准体系建设研究报告。建立智能运输组织体系——四网融合系列标准体系。

三、推动中低运能系统制式更好发展

2022年，拉萨、合肥、广州、郑州、南宁先后公布了城市中低运能轨道交通线网规划。智轨系统已在株洲、宜宾等国内城市开通运营，海外获得阿联酋、马来西亚两个项目订单。深圳坪山云巴一号线、重庆璧山云巴开通运营，天津、济南等城市正在探索推动云巴项目。截至2022年底，我国开通中低运能城轨交通运营线路2279.28公里，占城轨交通总运营线路里程22.16%；2022年度新增中低运量线路282.14公里，占年度新增总运营里程的26.10%。中低运能系统目前仍处于规模相对较小、年增运营里程较少的发展阶段。展望未来，中低运能城轨交通或会迎来较快发展。

一是要合理选择城轨制式。根据不同需求，依据各自条件合理选择城轨交通制式。Ⅰ型大城市应结合实际推进轨道交通主骨架网络建设，并研究利用中低运能轨道交通系统适度加强网络覆盖，尽快形成网络化运营效益；Ⅱ型大城市要结合城市交通需求，因地制宜推动中低运能轨道交通系统为骨干网络的规划建设。

二是要加强前期工作深度。根据人口规模、城市财力、客流水平等，科学分析项目建设必要性，合理确定功能定位；做好与地铁公交汽车的协同和融合，优选建设路线；开展全生命周期研究，做好制式比选，突出中低运能投资小的特点，有效降低建设运营成本，保障财务可持续。

三是要促进技术装备健康发展。支持具有自主知识产权的中低运能技术装备研发和应用，开展产品标准化统型，有效降低装备成本。维护市场竞争秩序，避免"以产业换市场"，防止重复投资。

（中国城市轨道交通协会秘书处）

附表：城市轨道交通相关政策文件（表3-1-1～表3-1-3）

附表1：国务院文件目录 表3-1-1

序号	文件名称	发文文号	发文部门	发布日期
1	"十四五"现代综合交通运输体系发展规划		国务院	2021.12
2	关于进一步释放消费潜力促进消费持续恢复的意见	国办发〔2022〕9号	国务院办公厅	2022.04.20
3	关于进一步盘活存量资产扩大有效投资的意见	国办发〔2022〕19号	国务院办公厅	2022.05.19
4	关于推进以县城为重要载体的城镇化建设的意见		中共中央办公厅 国务院办公厅	2022.05
5	中华人民共和国噪声污染防治法	第十三届全国人民代表大会常务委员会第三十二次会议	全国人大常委会	2022.02

附表2：部委文件目录 表3-1-2

序号	文件名称	发文文号	发文部门	发布日期
1	关于印发长江中游城市群发展"十四五"实施方案的通知	发改规划〔2022〕266号	国家发展改革委	2022.02.15
2	关于修订印发《国家发展改革委投资咨询评估管理办法》的通知	发改投资规〔2022〕632号	国家发展改革委	2022.04.16
3	关于做好盘活存量资产扩大有效投资有关工作的通知	发改办投资〔2022〕561号	国家发展改革委	2022.06.19
4	关于印发"十四五"新型城镇化实施方案的通知	发改规划〔2022〕960号	国家发展改革委	2022.06.21
5	关于严格执行招标投标法规制度进一步规范招标投标主体行为的若干意见	发改法规规〔2022〕1117号	国家发展改革委 工业和信息化部 公安部 住房和城乡建设部 交通运输部等13部门	2022.07.18
6	关于进一步完善政策环境加大力度支持民间投资发展的意见	发改投资〔2022〕1652号	国家发展改革委	2022.10.28
7	关于印发"十四五"全国城市基础设施建设规划的通知	建城〔2022〕57号	住房和城乡建设部 国家发展改革委	2022.07.07
8	关于进一步加强交通运输安全生产体系建设的意见	交安监发〔2022〕4号	交通运输部	2022.01.11
9	城市轨道交通信号系统运营技术规范（试行）	交办运〔2022〕1号	交通运输部	2022.01.14
10	关于印发《交通强国建设评价指标体系》的通知	交规划发〔2022〕7号	交通运输部	2022.01.16
11	公共交通企业信息公开规定	交通运输部令2022年第11号	交通运输部	2022.02.19
12	关于印发扎实推动"十四五"规划交通运输重大工程项目实施工作方案的通知	交办规划〔2022〕21号	交通运输部办公厅	2022.03.30
13	关于印发《交通运输安全生产强化年实施方案》的通知	交安监发〔2022〕43号	交通运输部	2022.04.02
14	关于强化城市公共交通运营安全工作的通知	交办运函〔2022〕557号	交通运输部办公厅	2022.04.08
15	关于更新完善交通运输各专业标准体系的通知	交办科技函〔2022〕689号	交通运输部办公厅	2022.05.06
16	关于印发《交通运输部促进科技成果转化办法》的通知	交科技发〔2022〕67号	交通运输部	2022.05.24
17	城市轨道交通自动售检票系统运营技术规范（试行）	交办运〔2022〕27号	交通运输部	2022.05.27
18	关于切实做好城市轨道交通防汛防涝工作的通知	交运明电〔2022〕182号	交通运输部	2022.06.21
19	关于修订《城市轨道交通初期运营前安全评估管理暂行办法》的通知	交运规〔2022〕4号	交通运输部	2022.07.01
20	关于修订《城市轨道交通服务质量评价管理办法》的通知	交运规〔2022〕5号	交通运输部	2022.07.01
21	关于印发《绿色交通标准体系（2022年）》的通知	交办科技〔2022〕36号	交通运输部办公厅	2022.08.10

附表2：部委文件目录（续前表）　　　　　　　　　　　表3-1-2

序号	文件名称	发文文号	发文部门	发布日期
22	关于印发《综合交通运输标准体系（2022年）》的通知	交办科技〔2022〕52号	交通运输部办公厅	2022.09.21
23	关于印发《交通强国建设试点工作管理办法（试行）》的通知	交办规划〔2022〕61号	交通运输部办公厅	2022.09.27
24	城市客运企业主要负责人和安全生产管理人员安全考核管理办法	交运规〔2022〕9号	交通运输部	2022.10.31
25	城市客运企业主要负责人和安全生产管理人员安全考核基础题库	交办运函〔2022〕1688号	交通运输部	2022.11.20
26	关于公布2022年度交通运输重大科技创新成果库入库成果的通知	交办科技函〔2022〕1793号	交通运输部办公厅	2022.12.19
27	关于印发《交通运输安全应急标准体系（2022年）》的通知	交办科技〔2022〕82号	交通运输部办公厅	2022.12.30
28	地铁车辆运营技术规范（试行）	交办运〔2022〕84号	交通运输部	2022.12.30
29	工业和信息化领域数据安全管理办法（试行）	工信部网安〔2022〕166号	工业和信息化部	2022.12.08
30	关于加强用地审批前期工作积极推进基础设施项目建设的通知	自然资发〔2022〕130号	自然资源部 国家发展改革委 交通运输部 水利部 国家能源局 国家铁路局 中国民用航空局	2022.08.03
31	关于进一步加强国土空间规划编制和实施管理的通知	自然资发〔2022〕186号	自然资源部	2022.10.18
32	关于进一步推动政府和社会资本合作（PPP）规范发展、阳光运行的通知	财金〔2022〕119号	财政部	2022.11.11
33	关于促进团体标准规范优质发展的意见	国标委联〔2022〕6号	国家标准化管理委员会等17个部委联合发布	2022.01.25
34	2022年全国标准化工作要点	国标委发〔2022〕8号	国家标准化管理委员会	2022.02.15
35	关于加强国家标准验证点建设的指导意见	国标委发〔2022〕11号	国家标准化管理委员会	2022.02.18
36	市场监管总局关于发布《2022年度实施企业标准"领跑者"重点领域》的公告	2022年第14号	市场监管总局	2022.05.27
37	贯彻实施《国家标准化发展纲要》行动计划		国家标准化管理委员会	2022.07.07
38	关于开展国家标准化创新发展试点率先实现"四个转变"的指导意见	国标委发〔2022〕29号	国家标准化管理委员会	2022.08.22
39	国家标准管理办法	国家市场监督管理总局令 第59号	国家市场监督管理总局	2022.09.09

附表3：中城轨文件目录　　　　　　　　　　　表3-1-3

序号	文件名称	发文文号	发文部门	发布日期
1	关于公布第一批智慧城轨建设重点体系深化研究项目的通知	中城轨〔2022〕1号	中国城市轨道交通协会	2022.01.04
2	关于同意《双流制市域（郊）铁路与城市地铁贯通运营成套技术》为协会示范工程的批复	中城轨〔2022〕5号	中国城市轨道交通协会	2022.01.11
3	关于同意《基于云平台的智能能源系统节能示范工程》为协会示范工程的批复	中城轨〔2022〕26号	中国城市轨道交通协会	2022.03.31
4	关于2021年度"中国城市轨道交通协会科技进步奖"获奖项目公告	中城轨〔2022〕44号	中国城市轨道交通协会	2022.07.15
5	关于发布《低运量轨道交通工程建设程序指南》的通知	中城轨〔2022〕48号	中国城市轨道交通协会	2022.07.29
6	关于发布《城市轨道交通第一批自主化装备推荐清单》的通知	中城轨〔2022〕50号	中国城市轨道交通协会	2022.08.04
7	关于印发《中国城市轨道交通绿色城轨发展行动发方案》的通知	中城轨〔2022〕56号	中国城市轨道交通协会	2022.08.18
8	关于印发《中国城市轨道交通协会团体标准外文版制修订管理实施细则（试行）》的通知	中城轨〔2022〕91号	中国城市轨道交通协会	2022.12.06

四

统计资料

本篇章内容由中国城市轨道交通协会提供、经国家统计局批准发布的行业各项数据的统计，是政府相关部门制定政策和规划、行业相关单位和专业技术人员进行分析研究的重要参考资料。主要包括城市轨道交通规划年度统计资料、城市轨道交通建设年度统计资料、城市轨道交通运营年度统计资料和城市轨道交通年度统计数据资料。

上海申通 13号线世博大道站出口

1 城市轨道交通行业年度发展情况概述

截至2022年底，中国城市轨道交通（以下简称城轨交通）线网建设规划在实施的城市共计50个，在实施的建设规划线路总长6675.57公里（不含统计期末已开通运营线路）；可统计的在实施建设规划项目可研批复总投资额合计为41688.79亿元。2022年，共有两个城市新一轮城轨交通建设规划和3个城市的城市轨道交通建设规划调整方案获国家发展改革委批复，获批项目中涉及新增线路长度约330公里，新增计划投资额约2600亿元。

2022年共完成建设投资5443.97亿元，年度完成建设投资额比上年略有下降，在建项目的可研批复投资累计46208.39亿元，在建线路总长6350.55公里，其中市域快轨线路占比明显增加。

截至2022年底，共有55个城市开通城市轨道交通运营线路308条，运营线路总长度10287.45公里。其中，地铁运营线路8008.17公里，占比77.84%；其他制式城轨交通运营线路2279.28公里，占比22.16%。当年新增运营线路长度1080.63公里。

拥有4条及以上运营线路，且换乘站3座及以上的城市26个，占已开通城轨交通运营城市总数的47.27%。2022年累计完成客运量193.02亿人次，比上年下降18.54%；总进站量为116.56亿人次，比上年下降20.35%；总客运周转量为1584.37亿人次公里，比上年下降20.05%；与上年同期相比全年客运水平整体下降。

2022年，城轨交通客运量占公共交通客运总量的分担比率为45.82%，比上年提升2.45个百分点，其中上海、深圳、广州、杭州、成都、南京、南宁、南昌、北京、武汉10个城市城轨交通客运量占公共交通的分担比率均超过50%。

2022年，中国内地城轨交通运营线路规模迈进10000公里大关，运营城市达到55个，城市轨道交通规模持续扩大。已投运城轨交通线路系统制式达到9种，其中，地铁占比略有下降，市域快轨增长较快，中运能城轨交通系统稳步发展，新型低运能城轨交通系统研制成功并开工建设，城轨交通多制式协调发展。

预计"十四五"后三年城轨交通仍处于比较稳定的快速发展期，根据现有数据推算，"十四五"期末城轨交通运营线路规模将接近13000公里，运营城市有望超过60座，城市轨道交通运营规模持续扩大，在公共交通中发挥的骨干作用更加明显。

（中国城市轨道交通协会统计部）

2 城市轨道交通规划情况年度统计资料

一、在实施规划稳中略降，部分城市规划项目已全部建成

截至2022年底，扣除统计期末已建成投运的城轨交通建设规划线路以及已调整的项目后，2022年底仍有城轨交通建设规划项目并在实施的城市共计50个。在实施的建设规划线路总长6675.57公里，与2021年末相比略有下降。部分城市2022年前已获批的建设规划项目全部建成投运，如杭州、呼和浩特、洛阳、常州、芜湖等城市。个别城市原有规划调整，如渭南、泸州等城市。统计期末各城市城轨交通在实施建设规划情况具体见表4-2-1。

从在实施规划线路的条数来看，扣除统计期末已开通运营的线路，32个城市有3条及以上的线路建设规划在实施，其中，24个城市有5条及以上的线路建设规划在实施，8个城市有10条及以上线路建设规划在实施。

从在实施规划线路的规模来看，27个城市建设规划在实施规模超100公里。其中，重庆市由于市域快轨项目的连续启动，在实施规划线路长度达到779.54公里；上海、广州、深圳3市在实施规划线路长度均超300公里；宁波、北京、成都、天津、武汉、南京、青岛7市实施规划线路长度均超200公里；济南、合肥、厦门、郑州、沈阳、苏州、西安、佛山、无锡9市在实施规划线路长度均超150公里；东莞、长春、福州、温州、南宁、南通、贵阳7市在实施规划线路长度均超100公里。

从在实施规划的车站数量来看，据不完全统计，截至2022年底，在实施规划车站总计3284座（按线路累计计算），其中，换乘站1089座（按线路累计计算），换乘站计算占比约为33.16%，比上年增加2.67个百分点，换乘站占比持续增长。

从在实施规划线路的敷设方式来看，地下线占比78.48%，地面线占比7.5%，高架线占比14.02%。随着市域快轨线路的增多，城轨交通总体敷设方式上地下线占比下降，地面线和高架线占比均有上升。

二、地铁制式占比下降，市域快轨持续增长

从在实施规划线路的系统制式来看，6675.57公里的在实施规划线路包含地铁、轻轨、市域快轨、有轨电车、导轨式胶轮系统、悬挂式单轨6种制式。其中，地铁4407.20公里，占比66.02%，比上年下降4.62个百分点；轻轨7.18公里，占比0.11%，比上年上升0.03个百分点；市域快轨1892.22公里，占比28.35%，比上年上升8.72个百分点；有轨电车325.97公里，占比4.88%，比上年下降4.76个百分点；导轨式胶轮系统32.5公里，占比0.49%；悬挂式单轨10.5公里，占比0.16%。

市域快轨系统总体占比增长明显，2022年达到28.35%。从单个城市来看，扣除统计期末已建成投运的线路，温州市在实施规划线路共计104.60公里，全部为市域快轨系统制式；南通市在实施规划线路总长度101.40公里，其中市域快轨线路81公里，占比79.88%；重庆在实施规划线路总长度779.54公里，其中市域快轨线路526.78公里，占比67.58%；深圳在实施规划线路总长度303.60公里，其中市域快轨线路202.44公里，占比66.68%；无锡、福州两市在实施规划线路中市域快轨系统占比也均超过50%，分别达到59.86%和53.92%；宁波、上海两市在实施规划线路中市域快轨线路的占比也分别达到48.79%和43.15%。

近5年来市域快轨在实施规划线路的长度和制式占比持续增加，尤其是近3年来增速明显加快。新型低运能城轨交通系统也开始发展，南宁市新规划两条导轨式胶轮系统线路，悬挂式单轨系统在武汉光谷空轨专线项目中落地实施。多制式的城轨交通系统为不同的城市公共交通定位提供多样性的选择。

三、可研批复总投资比上年持平，一线城市投资仍处高位

截至2022年底，国家发展改革委共批复44个城市城轨交通建设规划，呼和浩特、杭州、常州、洛阳、芜湖5市2022年前已获批城轨交通建设规划项目全部建成投运，其余39个城市可统计的城轨交通建设规划在实施项目的可研批复总投资额合计约为41688.79亿元。

从可研批复总投资规模来看，18个城市的建设规划在实施项目的可研批复总投资均超过1000亿元。其中，广州、上海两市建设规划在实施项目的可研批复总投资均超过3000亿元，两市总投资合计超6000亿元，占全国建设规划在实施项目可研批复总投资额的14.97%；深圳、北京两市建设规划在实施项目的可研批复总投资均在2000亿元以上，两市总投资合计超5000亿元，占全国建设规划在实施项目可研批复总投资额的12.44%；北上广深4市可研批复总投资额占全国建设规划在实施项目可研批复总投资额的近3成。一线城市的城轨交通投资计划仍处于高位。

青岛、南京、宁波、成都、天津、重庆6市建设规划在实施项目的可研批复总投资均超过1500亿元；武汉、济南、郑州、沈阳、西安、苏州、厦门、合肥8市建设规划在实施项目的可研批复总投资均超过1000亿元；另有福州、长春、佛山、无锡、贵阳、徐州、石家庄、乌鲁木齐8市建设规划在实施项目的可研批复总投资均超过500亿元。中心城市的城轨交通投资计划持续发力。

四、5市建设规划获批，新增总投资额近2600亿元

2022年，石家庄、杭州两市的新一轮城市轨道交通建设规划获国家发展改革委批复；苏州、东莞、广州3市的城市轨道交通建设规划调整方案获国家发展改革委批复。5市城轨交通建设规划（或调整方案）中共涉及新增建设规划线路长度近330公里，新获批建设规划所涉及新增项目的系统制式全部为地铁。新增项目计划总投资额近2600亿元。新获批建设规划线路的长度和计划投资额相比2021年略有增加。

（中国城市轨道交通协会统计部）

2022 年各城市城轨交通规划线路规模统计汇总表　　　　　　表 4-2-1

序号	城市	线路长度（公里）	各系统制式线路长度（公里）						车站数（座）	
			地铁	轻轨	市域快轨	有轨电车	导轨式胶轮系统	悬挂式单轨	车站	其中：换乘站
1	北京	285.90	203.80		82.10				132	78
2	上海	358.71	203.91		154.80				155	51
3	天津	241.50	241.50						143	13
4	重庆	779.54	252.76		526.78				147	66
5	广州	338.58	277.28		61.30				166	
6	深圳	303.60	101.16		202.44				101	52

2022 年各城市城轨交通规划线路规模统计汇总表（续前表）

表 4-2-1

序号	城市	线路长度（公里）	各系统制式线路长度（公里）						车站数（座）	
			地铁	轻轨	市域快轨	有轨电车	导轨式胶轮系统	悬挂式单轨	车站	其中：换乘站
7	武汉	234.09	171.39		52.20			10.50	60	29
8	南京	233.90	178.30		55.60				148	67
9	沈阳	163.43	163.43						99	38
10	长春	125.34	90.16	7.18	28.00				86	28
11	大连	84.40	84.40						35	13
12	成都	272.24	176.87		95.37				135	80
13	西安	155.79	155.79						103	36
14	哈尔滨	13.46	13.46						7	
15	苏州	163.26	161.38			1.88			127	44
16	郑州	167.10	133.67		33.43				107	51
17	昆明	17.10	17.10						17	6
18	佛山	154.32	144.49			9.83			89	38
19	长沙	72.59	72.59						50	15
20	宁波	297.20	152.20		145.00				126	46
21	无锡	153.70	61.70		92.00				61	18
22	合肥	168.31	168.31						89	25
23	南昌	31.50	31.50						19	4
24	青岛	218.94	154.34		64.60				132	51
25	福州	107.57	49.57		58.00				55	25
26	南宁	102.80	70.30				32.50		21	11
27	石家庄	63.10	63.10						52	14
28	济南	194.90	159.90			35.00			134	49
29	太原	24.10	24.10						24	7
30	兰州	9.40	9.40						9	5
31	贵阳	101.30	101.30						59	17
32	乌鲁木齐	63.20	63.20						51	14
33	厦门	167.45	167.45						57	23
34	徐州	79.70	79.70						61	24
35	东莞	127.10	127.10						50	19
36	南通	101.40	20.40		81.00				17	5
37	温州	104.60			104.60				31	4
38	包头	42.10	42.10						32	1
39	绍兴	18.10	18.10						14	
40	嘉兴	76.90			55.00	21.90			22	4
41	黄石	26.88				26.88			30	
42	红河州	62.27				62.27			83	18
43	文山州	17.20				17.20			18	

序号	城市	线路长度（公里）	各系统制式线路长度（公里）						车站数（座）	
			地铁	轻轨	市域快轨	有轨电车	导轨式胶轮系统	悬挂式单轨	车站	其中：换乘站
44	德令哈	14.80				14.80			20	
45	天水	21.60				21.60			19	
46	黔南州	22.00				22.00			18	
47	德宏州	35.50				35.50			39	
48	保山	21.00				21.00			23	
49	张掖	15.60				15.60			6	
50	丽江	20.50				20.50			5	
	总计	6675.57	4407.20	7.18	1892.22	325.97	32.50	10.50	3284	1089

注：1. 表中 1-40 项中地铁、轻轨、市域快轨线路为国家发展改革委批复项目，1-40 项中的有轨电车线路和 40 项以后项目均为地方政府批复项目。国家发展改革委审批项目总计 6306.60 公里，占比 94.47%，地方政府审批项目总计 368.97 公里，占比 5.53%；

2. 表中车站总数及换乘站数量均按照线路累计计入；

3. 截至统计期末，已开通运营的线路不再计入此统计表内；

4. 截至统计期末，获批情况未公示的项目未计入此统计表内；

5. 景区内旅游线路、工业园区内仅供员工使用的通勤线路、科研项目或试验线等不承担城市公共交通职能的线路不计入在内；

6. 截至 2022 年末无跨座式单轨、磁浮交通、自导向轨道系统、电子导向胶轮系统 4 种制式建设规划在实施。

3　城市轨道交通建设情况年度统计资料

一、在建规模稳中有升，中心城市持续发力

截至 2022 年底，中国共有 51 个城市（个别由地方政府批复项目未纳入统计）有城轨交通项目在建，在建线路总规模 6350.55 公里（含个别 2022 年仍有建设进展和投资发生的已运营项目和 2022 年建成投运项目）。2022 年各城市城轨交通在建线路规模情况见表 4-3-1。

从在建线路的条数来看，2022 年在建城轨交通线路共计 243 条。共有 29 个城市在建线路为 3 条及以上，其中，在建线路 5 条及以上的城市 22 个，在建线路 10 条及以上的城市 7 个。

从在建线路的规模来看，共有 25 个城市的在建城轨交通线路长度超过 100 公里。其中，深圳市建设规模超过 400 公里；郑州、青岛两市建设规模超过 300 公里；成都、广州、北京、宁波、南京、重庆、天津、杭州、佛山、合肥 10 个城市建设规模均在 200 公里以上；建设规模在 150 公里～200 公里之间的有厦门、武汉、福州、沈阳、苏州、西安、济南 7 市；建设规模超过 100 公里的还有上海、贵阳、石家庄、长春、无锡 5 个城市。中心城市的城轨交通建设持续发力。

从在建线路的敷设方式来看，在 6350.55 公里的在建城轨交通线路中，地下线 5326.88 公里，占比 83.88%，比上年增加 2.33 个百分点；地面线 377.67 公里，占比 5.95%，比上年下降 2.90 个百分点；高架线 646 公里，占比 10.17%，比上年增加 0.57 个百分点。比上年来看，地下线和高架线占比略有增加。

从在建线路的车站规模来看，据不完全统计，全国在建线路车站总数共计 3860 座（按线路累计计算），其中换乘站 1307 座（按线路累计计算），换乘站计算占比为 33.86%，比上年略有增加。近年来在建项目的换乘站占比持续上升，从一定程度上反映出城轨交通总体网络化程度的持续提升。

二、5 种系统制式在建，市域快轨增长明显

从在建线路的系统制式来看，在 6350.55 公里的在建线路中，共涉及 5 种制式。其中，地铁 5050.07 公里，占比 79.52%，比上年下降 4.02 个百分点；轻轨 7.18 公里，占比 0.11%，比上年增加 0.02 个百分点；市域快轨 984.17 公里，占比 15.50%，比上年增加 5.38 个百分点；有轨电车 298.63 公里，占比 4.70%，比上年下降 0.77 个百分点；悬挂式单轨 10.5 公里，占比 0.17%。

得益于几大都市圈、城市群多层级交通规划的落地

实施，市郊（域）线路的建设陆续启动，在建线路中市域快轨占比在2021年稳中略升的基础上，2022年占比增加明显。如随着《长江三角洲地区多层次轨道交通规划》的推进，上海、南京、宁波、嘉兴等城市的市域快轨项目陆续开工建设；《成渝地区双城经济圈综合交通运输发展规划》的全面启动实施，重庆、成都两市及周边经济圈的城际线路、市域线路也进入建设期。未来几年，随着几大都市圈、城市群多层级交通规划的全面实施，市域快轨系统将迎来稳中有升的持续发展阶段。

2022年，随着武汉光谷空轨专线项目的建设，承担公共交通职能的悬挂式单轨系统首次进入城轨交通在建行列。低运能城轨交通系统的在建制式得以进一步丰富。

三、全年完成建设投资超5400亿元，比上年略有下降

据不完全统计（不含部分地方政府批复项目和个别数据填报不完整的项目资金情况），截至2022年底，中国在建城轨交通线路可研批复投资累计46208.39亿元，初设批复投资累计39669.35亿元。2022年共完成城轨交通建设投资5443.97亿元，比上年下降7.10%，年度完成建设投资额连续两年回落。2022年完成建设投资约占可研批复总投资的11.78%，占初设批复投资额的13.72%。

2022年，城轨交通车辆购置共计518列（不完全统计），完成车辆购置投资共251.17亿元，比上年下降11.28%。2022年完成车辆购置投资额约占年度完成建设投资总额的4.61%。车辆投资额在年度总建设投资额中的占比比上年下降0.22个百分点。

2022年，共有11个城市全年完成建设投资超过200亿元，11市完成建设投资合计3215.95亿元，占全国完成建设投资总额的59.07%。其中，深圳、成都两市全年完成建设投资均超过400亿元，两市合计完成建设投资额占全国完成建设投资总额的16.70%；武汉、杭州两市全年完成建设投资均超过300亿元；广州、北京、西安、南京、重庆、郑州、苏州7市全年完成建设投资均超过200亿元。青岛、福州、上海、宁波、合肥、天津、厦门、长沙、沈阳、贵阳、长春11市全年完成建设投资均超过100亿元。

另据可统计的40个城市下一年计划完成投资数据预计，2023年40个可统计城市的计划完成投资额合计约为4358亿元，其中，预计车辆购置投资合计约190亿元，下一年车辆购置计划投资额约占年度计划完成建设投资总额的4.36%。

（中国城市轨道交通协会统计部）

2022年各城市城轨交通在建线路规模统计汇总表　　　　　表 4-3-1

序号	城市	线路长度（公里）	各系统制式线路长度（公里）					各敷设方式线路长度（公里）			车站（座）	
			地铁	轻轨	市域快轨	有轨电车	悬挂式单轨	地下线	地面线	高架线	车站	其中：换乘站
1	北京	289.59	288.39			1.20		260.89	1.20	27.50	145	82
2	上海	149.18	106.88		42.30			142.59		6.59	74	23
3	天津	232.11	232.11					195.39	4.27	32.45	162	60
4	重庆	233.31	233.31					216.80		16.51	140	65
5	广州	293.98	218.28		61.30	14.40		279.58	14.40		160	
6	深圳	431.60	228.54		203.06			428.62	0.51	2.47	176	88
7	武汉	177.86	133.16		34.20		10.50	149.56		28.30	86	41
8	南京	239.80	186.90		52.90			205.10	4.18	30.52	154	68
9	沈阳	166.87	166.87					150.37		16.50	120	48
10	长春	125.34	90.16	7.18	28.00			107.11	12.93	5.30	86	28
11	大连	47.49	47.49					47.49			35	13
12	成都	296.55	178.24		98.02	20.30		191.00	71.86	33.70	271	96
13	西安	155.72	155.72					133.52		22.20	103	25
14	哈尔滨	32.18	32.18					32.18			30	8

表 4-3-1

2022 年各城市城轨交通在建线路规模统计汇总表（续前表）

序号	城市	线路长度（公里）	各系统制式线路长度（公里）					各敷设方式线路长度（公里）			车站（座）	
			地铁	轻轨	市域快轨	有轨电车	悬挂式单轨	地下线	地面线	高架线	车站	其中：换乘站
15	苏州	164.04	162.16			1.88		162.16	1.88		127	44
16	郑州	332.64	299.21		33.43			324.56	0.32	7.76	224	102
17	昆明	48.36	48.36					48.36			40	14
18	杭州	220.24	220.24					208.19		12.05	103	53
19	佛山	208.63	195.00			13.63		173.89	10.86	23.88	124	46
20	长沙	88.78	88.78					84.57	0.21	4.00	66	22
21	宁波	278.92	153.47		125.45			176.67		102.25	125	46
22	无锡	114.78	58.24		56.54			83.93	0.20	30.65	61	16
23	南昌	31.75	31.75					28.30		3.45	19	3
24	兰州	9.06	9.06					9.06			9	2
25	青岛	308.19	185.25		122.94			262.52	0.53	45.14	220	79
26	福州	169.95	107.55		62.40			145.64	1.27	23.04	88	28
27	东莞	75.29	75.29					52.29	2.48	20.52	30	9
28	南宁	79.00	79.00					79.00			62	22
29	合肥	200.83	200.83					169.01	0.31	31.51	122	36
30	石家庄	138.29	138.29					138.29				
31	济南	153.91	118.91			35.00		99.03	35.00	19.88	102	35
32	太原	28.58	28.58					28.58			24	7
33	贵阳	149.06	149.06					130.75		18.31	99	24
34	乌鲁木齐	19.35	19.35					19.35			16	4
35	厦门	180.49	180.49					150.80	2.13	27.56	106	37
36	徐州	55.61	55.61					55.61			22	8
37	温州	63.63			63.63			9.51	1.51	52.61	20	2
38	洛阳	42.46	42.46					40.78	0.31	1.36	34	2
39	南通	60.03	60.03						60.03		45	12
40	绍兴	44.90	44.90					44.90			32	5
41	嘉兴	13.80				13.80		0.90	12.90		21	4
42	红河州	13.30				13.30			13.30		15	
43	文山州	7.14				7.14			7.14		7	
44	德宏州	35.50				35.50			35.50		39	
45	德令哈	15.00				15.00			15.00		20	
46	天水	21.60				21.60			21.60		19	

2022 年各城市城轨交通在建线路规模统计汇总表（续前表）　　　　表 4-3-1

序号	城市	线路长度（公里）	各系统制式线路长度（公里）					各敷设方式线路长度（公里）			车站（座）	
			地铁	轻轨	市域快轨	有轨电车	悬挂式单轨	地下线	地面线	高架线	车站	其中：换乘站
47	黔南州	22.00				22.00			22.00		18	
48	保山	20.90				20.90			20.90		19	
49	张掖	15.60				15.60			15.60		6	
50	黄石	26.88				26.88			26.88		29	
51	丽江	20.50				20.50			20.50		5	
	合计	6350.55	5050.07	7.18	984.17	298.63	10.50	5326.88	377.67	646.00	3860	1307

注：1. 表中 1-40 项中的地铁、轻轨、市域快轨项目为国家发展改革委审批项目，1-40 项中的有轨电车、悬挂式单轨线路和 41 项及以后均为地方政府审批项目。经国家发展改革委审批的在建项目规模总计 6041.41 公里，占比 95.13%，由地方政府审批的在建项目规模总计 309.13 公里，占比 4.87%；

2. 表中含部分 2022 年仍有建设进展和投资发生的当年新投运项目和既有运营项目；

3. 表中车站总数及换乘站数量均按照线路累计计入；

4. 景区内旅游观光线、工业园区内仅供员工使用的通勤线、科研试验线等不承担城市公共交通职能的线路不计入；

5. 所有建设规划项目均在 2022 年前已完成的城市如呼和浩特、常州、芜湖、三亚等城市不再列入；2022 年工程暂停无进展的项目不计入；

6. 2022 年无跨座式单轨、磁浮交通、自导向轨道系统、导轨式胶轮系统、电子导向胶轮系统 5 种制式在建。

4 城市轨道交通运营情况年度统计资料

一、运营规模

（一）运营线路

截至 2022 年底，共有 55 个城市开通城轨交通运营线路 308 条，运营线路总长度达 10287.45 公里。新增南平、金华、南通、台州、黄石 5 市，其中，南通为地铁运营城市；金华、台州为市域快轨运营城市，南平、黄石为有轨电车运营城市。

2022 年共计新增城轨交通运营线路长度 1080.63 公里。新增运营线路 25 条，新开既有线路的延伸段、后通段 25 段，当年新增运营线路长度与上年相比有所下降，但仍保持新增线路长度在 1000 公里以上。北京、天津等 20 个城市有新线或新段开通运营，其中，杭州新增 174 公里，居全国首位，其次是深圳 136.11 公里，运营线路规模增量居前。重庆、福州、金华、台州增量超过 50 公里，增长率超过 100% 的城市则是绍兴，增长率 132.02%。

从 2022 年累计运营线网规模看，共计 26 个城市的线网规模达到 100 公里及以上。其中，上海 936.17 公里，北京 868.37 公里，两市运营规模在全国遥遥领先，已逐步形成超大线网规模；成都、广州、深圳、杭州、武汉 5 市运营线路长度均超过 500 公里；重庆、南京均超过 400 公里；青岛超过 300 公里；西安、天津、郑州、苏州、大连、沈阳、长沙 7 市均超过 200 公里；宁波、合肥、昆明、南昌、南宁、长春、佛山、无锡、福州 9 市均超过 100 公里。

据不完全统计（敷设方式线路长度缺少金义东市域轨道交通义东线首通段数据），2022 年累计按线路敷设方式来分，地下线 7129.96 公里，占比 69.31%；地面线 1144.21 公里，占比 11.12%；高架线 1986.48 公里，占比 19.31%。各城市运营线路基础数据见表 4-4-1。

从城市群拥有城轨交通运营线网规模在全国总运营线网规模中的占有率看，长三角城市群 17 城开通运营线路 87 条，运营线路长度 3160.90 公里，全线网总长度占有率 30.73%，长三角城市群开通运营城市和运营线网分布最为密集；京津冀城市群 3 城开通运营线路 39 条，运营线路长度 1235.81 公里，占有率 12.01%；珠三角 5 城开通运营线路40条，运营线路长度1350.75公里，占有率13.13%；成渝城市群3城开通运营线路27条，运营线路长度1148.03公里，占有率11.16%。随着城市群、都市圈经济的快速发展，高铁、城际、市域、地铁四网融合正逐步推进。

（二）运营站场

截至2022年底，全国城轨交通累计投运车站总计5875座（线网车站每个车站只计一次，换乘站不重复计算），比上年增长9.96%，其中换乘车站655座，比上年增长14.91%。拥有换乘站的城市达到37个，占已开通城轨交通城市的67.27%。据不完全统计，累计投运车辆段和停车场共计489座。

拥有4条及以上运营线路，且换乘站3座及以上的城市共计26个，占已开通城轨交通运营城市总数的47.27%。

（三）运营线路制式结构

截至2022年底，城轨交通运营线路包含9种制式。其中，地铁8008.17公里，占比77.84%；轻轨219.75公里，占比2.14%；跨座式单轨144.65公里，占比1.41%；市域快轨1223.46公里，占比11.89%；有轨电车564.77公里，占比5.49%；磁浮交通57.86公里，占比0.56%；自导向轨道系统10.19公里，占比0.10%；电子导向胶轮系统34.70公里，占比0.34%；导轨式胶轮系统23.90公里，占比0.23%；无悬挂式单轨。

2022年新增运营线路1080.63公里，其中新增地铁798.49公里，占比73.89%；新增市域快轨212.42公里，占比19.66%；新增有轨电车61.22公里，占比5.66%；新增导轨式胶轮系统8.50公里，占比0.79%。与上年同期相比，市域快轨、有轨电车、导轨式胶轮系统占比有所提升。其中，新开通的市域快轨主要有重庆江跳线、广州22号线、南京S8线南延线、西安西户铁路线、金义东市域轨道交通金义段、金义东市域轨道交通义东线首通段、台州市域S1线，新开通的有轨电车主要有佛山南海有轨电车1号线后通段、嘉兴有轨电车一期工程示范段后通段、武夷山有轨电车、黄石有轨电车，新开通的导轨式胶轮系统为深圳坪山云巴1号线。

近5年，市域快轨线路长度持续增加，制式占比呈现波动上升趋势。市域快轨线路长度由2018年656.50公里增长到2022年1223.46公里，累计新增566.96公里；市域快轨系统在城轨交通系统中的制式占比也由2018年11.39%提高到2022年11.89%。

拥有2种及以上制式投运的城市有21个，占已开通城轨交通运营城市的38.18%。其中，上海有5种制式在运营；北京、重庆、广州、大连4市有4种制式在运营；天津、深圳、南京、长春、成都、青岛6市各有3种制式在运营；武汉、沈阳、西安、苏州、郑州、佛山、长沙、兰州、宁波、嘉兴10市各有2种制式在运营。

2022年各城市城轨交通运营线路制式规模统计汇总表　　　　　　表4-4-1

序号	城市	运营里程（公里）	各系统制式运营里程（公里）									各敷设方式运营里程（公里）			场站（座）		
			地铁	轻轨	跨座式单轨	市域快轨	有轨电车	磁浮交通	自导向轨道系统	电子导向胶轮系统	导轨式胶轮系统	地下线	地面线	高架线	车站数	其中：换乘站数	车辆段或停车场数
1	北京	868.37	722.08			115.33	20.76	10.20				557.18	149.79	161.40	401	73	39
2	上海	936.17	795.37			56.00	49.40	29.11	6.29			550.39	121.79	263.99	486	85	43
3	天津	293.14	233.03	52.25			7.86					215.58	16.04	61.52	196	23	15
4	重庆	478.29	336.22		98.45	28.22					15.40	275.00	2.83	200.46	245	31	22
5	广州	621.58	519.08			76.50	22.10		3.90			506.70	25.80	89.08	307	37	25
6	深圳	567.11	546.89				11.72				8.50	465.03	14.85	87.23	330	66	30
7	武汉	509.98	460.84				49.14					349.17	42.66	118.15	283	34	29
8	南京	465.77	202.56			246.50	16.71					241.07	30.43	194.27	214	18	20
9	沈阳	216.68	114.07				102.61					114.07	102.61		161	13	7
10	长春	124.25	43.04	63.70			17.51					50.29	54.20	19.76	126	7	7
11	大连	235.99	65.64	103.80		43.15	23.40					75.67	75.99	84.33	129	6	8
12	成都	652.04	518.54			94.20	39.30					455.48	138.47	58.09	327	46	27
13	西安	298.42	272.12			26.30						227.73	28.50	42.19	180	16	16

2022 年各城市城轨交通运营线路制式规模统计汇总表（续前表）　　　　　　表 4-4-1

序号	城市	运营里程（公里）	各系统制式运营里程（公里）									各敷设方式运营里程（公里）			场站（座）		
			地铁	轻轨	跨座式单轨	市域快轨	有轨电车	磁浮交通	自导向轨道系统	电子导向胶轮系统	导轨式胶轮系统	地下线	地面线	高架线	车站数	其中：换乘站数	车辆段或停车场数
14	哈尔滨	78.08	78.08									78.08			62	4	4
15	苏州	254.20	209.98				44.22					204.65	35.90	13.65	171	16	11
16	郑州	275.49	232.49			43.00						212.55	46.91	16.03	148	18	14
17	昆明	165.85	165.85									143.90	0.03	21.92	103	10	11
18	杭州	516.00	516.00									482.00		34.00	254	43	20
19	佛山	115.47	94.62				20.85					55.43	9.12	50.92	75	5	7
20	长沙	209.66	191.11					18.55				190.11	1.10	18.45	123	18	9
21	宁波	185.14	163.61			21.53						114.32		70.82	116	12	11
22	无锡	110.77	110.77									96.57	0.30	13.90	80	7	8
23	南昌	128.45	128.45									122.96		5.49	94	9	7
24	兰州	86.53	25.53			61.00						25.53	61.00		26		3
25	青岛	323.77	140.70			174.30	8.77					208.70	10.87	104.20	160	13	14
26	淮安	20.07					20.07						20.07		23		1
27	福州	110.68	110.68									103.92		6.76	74	4	8
28	东莞	37.79	37.79									33.73	0.42	3.64	15		1
29	南宁	124.96	124.96									124.96			93	11	7
30	合肥	170.95	170.95									166.72		4.23	133	10	8
31	石家庄	74.28	74.28									74.28			60	3	5
32	贵阳	74.37	74.37									66.69	1.82	5.86	55	2	4
33	厦门	98.40	98.40									93.12	2.16	3.12	68	5	6
34	珠海	8.80					8.80						8.80		14		1
35	乌鲁木齐	26.80	26.80									26.80			21		2
36	温州	53.51				53.51						11.37	3.03	39.11	18		1
37	济南	84.10	84.10									66.10	0.20	17.80	41	2	5
38	常州	54.03	54.03									49.87	0.74	3.42	43	1	5
39	徐州	64.09	64.09									63.44	0.09	0.56	51	3	5
40	呼和浩特	49.03	49.03									45.84	0.34	2.85	43	1	4
41	天水	12.93					12.93						12.93		11		
42	三亚	8.37					8.37						8.37		15		1
43	太原	23.28	23.28									23.28			22		1
44	株洲	17.00									17.00		17.00		19		
45	宜宾	17.70									17.70		17.70		19		
46	洛阳	42.46	42.46									40.78	0.31	1.37	33	1	3

2022 年各城市城轨交通运营线路制式规模统计汇总表（续前表）　　　表 4-4-1

序号	城市	运营里程（公里）	各系统制式运营里程（公里）										各敷设方式运营里程（公里）			场站（座）		
			地铁	轻轨	跨座式单轨	市域快轨	有轨电车	磁浮交通	自导向轨道系统	电子导向胶轮系统	导轨式胶轮系统	地下线	地面线	高架线	车站数	其中：换乘站数	车辆段或停车场数
47	嘉兴	60.12				46.32	13.80					12.53	14.18	33.41	28	1	2
48	绍兴	47.10	47.10									36.67	3.09	7.34	27		2
49	文山州	13.40					13.40							13.40	11		
50	芜湖	46.20			46.20							1.41		44.79	35	1	3
51	南平	26.17					26.17						18.49	7.68	6		
52	金华	85.20				85.20						13.28	2.82	42.30	28		4
53	南通	39.18	39.18									39.18			28		2
54	台州	52.40				52.40						17.83	5.35	29.22	15		2
55	黄石	26.88					26.88						23.71	3.17	29		1
	总计	10287.45	8008.17	219.75	144.65	1223.46	564.77	57.86	10.19	34.70	23.90	7129.96	1144.21	1986.48	5875	655	489

注：1. 表中经国家发展改革委审批的线路 9218.74 公里，占比 89.61%；地方政府审批的线路 737.51 公里，占比 7.17%；原铁道部审批的线路总规模 331.20 公里，占比 3.22%；

2. 所有线网车站数量含换乘站，每车站只计数一次；

3. 按地理区域划分，广佛线在佛山境内线路 21.50 公里，车站 15 座计入佛山市；

4. 有轨电车运营长度含上海松江、沈阳浑南、武汉光谷和长春有轨电车 4 市共计 50.10 公里共线运营线路长度；

5. 杭海城际线按市域快轨制式统计全线计入嘉兴市，杭海城际线由浙江省轨道交通集团运营；

6. 南京轨道交通宁句线计入南京市；

7. 由于各敷设方式线路长度统计缺少金义东市域轨道交通义东线首通段数据，各敷设方式线路长度总和小于各城市线路长度总和。

（四）全自动运行线路

截至 2022 年底，中国共计有北京、上海、天津、重庆、广州、深圳、武汉、南京、成都、苏州、宁波、南宁、济南、太原、芜湖 15 市开通全自动运行系统线路，线路共计 30 条，已形成 716.83 公里的全自动运行线路规模。2022 年开通全自动运行线路 162.46 公里，其中深圳开通最多达 4 条线，线路长度 126.20 公里。具体见表 4-4-2。

2022 年新增全自动运行城轨交通线路　　　表 4-4-2

序号	城市	系统制式	线路名称	新增线路长度（公里）	开通时间
1	广州	市域快轨	22 号线首通段	18.20	2022/03/31
2	深圳	地铁	14 号线	50.33	2022/10/28
3	深圳	地铁	6 号线支线一期	6.13	2022/11/28
4	深圳	地铁	12 号线一期	40.54	2022/11/28
5	深圳	地铁	16 号线	29.20	2022/12/28
6	南京	地铁	7 号线北段	13.84	2022/12/28
7	武汉	地铁	16 号线二期	4.22	2022/12/30
		总计		162.46	

二、客运量

（一）客运量、进站量和客运周转量

近年随着城轨交通运营线路长度的快速增长，线网的织密，城轨交通客运量占全国公共交通客运总量的分担比率分别为2020年38.72%、2021年43.37%和2022年45.82%，城轨交通分担公共交通客流比例逐年提高。

2022年，城轨交通客运量占公共交通客运总量分担比率45.82%，比上年提升2.45个百分点，其中上海、深圳、广州、杭州、成都、南京、南宁、南昌、北京、武汉10市城轨交通客运量占公共交通分担比率超过50%。上海分担率最高达到70%，南昌、武汉新晋跨入50%行列。对比2020—2022年全国中心城市城轨交通月度客运量数据可以看出，2022年全年城轨交通客运量低于2021年，略高于2020年。与2021年相比，第一季度与第三季度客运量比上年差异较小，第二季度与第四季度受疫情影响，客运量比上年减少超过30%。

2022年，城轨交通完成客运量193.02亿人次，比上年减少43.93亿人次，下降18.54%。2022年继续受新冠疫情影响，客运量介于2020年和2021年之间。2022年部分城市实现客运量正增长，客运量增长的主要原因有：（1）当年有新线路开通；（2）前一年线路客运量未完全统计，如：前一年非年初开通的线路、存在停运情况的线路等。2022年客运量增幅较大的城市有佛山、芜湖、绍兴和洛阳，这些城市的客运量增幅均超过100%。2022年客运量比上年降幅变化较大的城市，如上海、天津、长春、郑州、兰州、乌鲁木齐、呼和浩特、天水等客运量降幅超过30%；北京、沈阳、西安、东莞、三亚、太原等客运量降幅超过20%。（表4-4-3）

2022年，客运量排名前五的城市为：广州、上海、北京、深圳和成都。广州全年完成客运量23.61亿人次，比上年下降16.78%；上海完成客运量22.88亿人次，比上年下降36.11%；北京完成客运量22.63亿人次，比上年下降26.23%；深圳完成客运量17.50亿人次，比上年下降19.98%；成都完成客运量15.72亿人次，比上年下降12.77%。广州、上海、北京、深圳、成都5市客运量比上年均呈现下降趋势，占2022年全国总客运量的比重为53.02%，比上年下降3.85个百分点。

2022年，全国城市日均客运总量达到5505.72万人次，比上年减少1205.59万人次，下降17.96%。

日均客运总量排名领先的分别是上海736.35万人次，比上年下降27.07%；广州647.74万人次，比上年下降17.27%；北京620.08万人次，比上年下降26.89%；深圳518.74万人次，比上年下降13.46%；成都430.62万人次，比上年下降12.77%；杭州、重庆、武汉、南京、西安5市日均客运量超过200万人次，长沙日均客运量超过150万人次。

2022年，城轨交通完成客运进站量116.56亿人次，

比上年减少29.79亿人次，下降20.35%。

广州进站量13.16亿人次，居全国首位，比上年下降16.55%；上海完成进站量12.63亿人次，比上年下降37.08%；北京完成进站量12.44亿人次，比上年下降24.57%；深圳完成进站量10.58亿人次，比上年下降21.76%；成都完成进站量8.90亿人次，比上年下降13.55%。2022年进站量排名前十的其他城市中，与2021年相比，仅杭州为正增长，增幅为1.42%；重庆、武汉、西安、南京均呈现下降趋势，降幅分别为18.15%、14.49%、25.85%、16.27%。

2022年，城轨交通完成客运周转量1584.37亿人次公里，比上年同期下降20.05%。北京、上海、广州、深圳、成都5市完成客运周转量887.11亿人次公里，5市合计比上年下降23.98%；5市完成客运周转量占总量的比重为55.99%，下降2.89个百分点。

（二）客运强度

2022年，全国城轨交通平均客运强度为0.38万人次／公里日，客运强度比上年减少0.1万人次／公里日，降幅20.07%。客运强度下降的主要原因：一是受疫情影响，北京、上海、广州、深圳、成都等城市的日均客运量仍呈现下降趋势；二是新线路投运多，且新线路投运初期日均客运量较少，导致新线路客运强度低于平均水平，从而拉低整体客运强度水平。

从系统制式来看，2022年地铁客运强度0.49万人次／公里日，市域快轨客运强度0.066万人次／公里日，有轨电车客运强度0.049万人次／公里日。（表4-4-4）

从线网来看，2022年全制式综合线网平均客运强度排名前五的城市为：广州1.04万人次／公里日、深圳0.95万人次／公里日、上海0.85万人次／公里日、西安0.83万人次／公里日、长沙0.82万人次／公里日。广州是唯一一座全制式综合线网平均客运强度超过1万人次／公里日的城市。

从单线来看，2022年线路客运强度最高的是广州地铁1号线3.41万人次／公里日，其后依次是广州地铁2号线2.50万人次／公里日、广州地铁5号线2.47万人次／公里日、西安地铁2号线2.08万人次／公里日、广州地铁3号线及支线2.07万人次／公里日、上海地铁1号线1.94万人次／公里日、广州地铁8号线1.87万人次／公里日、深圳地铁1号线1.80万人次／公里日、北京地铁5号线1.80万人次／公里日和深圳地铁5号线1.76万人次／公里日。2022年客运强度超过0.7万人次／公里日的线路76条，占总线路条数的24.68%。

（三）线路高峰小时最高断面客流量

与上一年相比，高峰小时最高断面客流仍有增长的城市有：深圳、南京、重庆、武汉、成都、苏州、杭州、哈尔滨、长沙、昆明、青岛、福州、东莞、贵阳、厦门、乌

鲁木齐、兰州、太原等。

从线路来看，高峰小时断面客流最高的10条线路依次是：北京地铁6号线6.10万人次、上海地铁9号线5.68万人次、深圳地铁1号线5.62万人次、北京地铁4号线5.48万人次、成都地铁1号线5.40万人次、上海地铁1号线5.16万人次、上海地铁11号线5.08万人次、北京地铁10号线4.99万人次、深圳地铁5号线4.93万人次、广州地铁3号线及支线4.54万人次。同上年比，基本维持为热门线路，峰值略有降低。

2022年各城市城轨交通客运情况统计汇总表　　　　　　　　　　　　表 4-4-3

序号	城市	客运量（万人次）	日均客运量（万人次）	进站量（万人次）	客运周转量（万人次公里）	客运强度（万人次/公里日）	线路最高日客运量（万人次）	车站最高日乘降量		
								最高日乘降量（万人次）	发生车站	发生日期
1	北京	226298.22	620.08	124396.55	2167756.87	0.80	158.47	29.95	西直门	2022/01/07
2	上海	228791.77	736.35	126333.03	2075076.81	0.85	135.86	55.76	世纪大道	2022/02/25
3	天津	31936.73	88.67	19964.17	229795.31	0.30	35.24	14.71	营口道	2022/01/07
4	重庆	91083.46	250.28	60013.32	787903.64	0.60	91.07	24.61	红旗河沟	2022/03/04
5	广州	236137.15	647.74	131595.24	1890738.55	1.04	223.67	68.25	体育西路	2022/09/30
6	深圳	174959.54	518.74	105830.17	1469605.71	0.95	122.52	46.79	深圳北站	2022/06/02
7	武汉	89401.37	244.94	57491.42	709925.52	0.52	93.49	30.57	江汉路	2022/01/01
8	南京	76680.85	212.20	42240.61	642622.01	0.48	92.86	41.33	新街口	2022/09/30
9	沈阳	29345.21	86.25	19932.04	201129.04	0.43	44.45	17.27	青年大街	2022/02/25
10	长春	11392.95	36.52	8079.37	68779.87	0.34	22.15	2.53	长春站北	2022/02/27
11	大连	13653.96	38.80	10811.21	148159.92	0.19	23.91	13.92	西安路	2022/08/04
12	成都	157175.68	430.62	89011.42	1267932.10	0.66	95.27	37.77	春熙路	2022/01/01
13	西安	76881.18	210.63	48963.02	582587.90	0.83	92.01	34.16	小寨	2022/05/01
14	哈尔滨	13358.97	38.06	8975.21	84439.73	0.49	28.57	15.80	博物馆	2022/08/04
15	苏州	33852.00	92.75	21273.37	241786.04	0.36	49.71	15.20	东方之门	2021/12/31
16	郑州	29770.46	82.93	18908.22	225095.69	0.36	45.46	16.45	紫荆山	2022/10/01
17	昆明	18571.19	53.55	13775.87	171678.26	0.32	40.86	11.80	东风广场	2022/08/04
18	杭州	96364.89	272.99	59438.26	818490.76	0.55	90.08	27.90	龙翔桥	2022/09/10
19	佛山	2644.55	13.83	2119.75	20351.58	0.15	13.63	8.01	魁奇路	2022/01/01
20	长沙	57782.54	172.83	31905.53	343497.60	0.82	77.71	44.95	五一广场	2022/01/01
21	宁波	25656.28	70.29	14639.17	152856.69	0.39	33.85	12.29	鼓楼	2022/02/14
22	无锡	11954.87	33.68	8223.43	76013.47	0.30	23.87	12.94	三阳广场	2022/01/01
23	南昌	23908.94	65.50	14166.02	139425.83	0.51	57.92	19.89	八一广场	2022/10/01
24	兰州	3557.59	9.75	3557.59	33188.85	0.38	26.81	7.71	西关	2022/05/01
25	青岛	28289.52	81.62	20273.29	289252.97	0.26	37.83	17.76	五四广场	2022/08/04
26	淮安	564.30	1.55	564.30	5643.00	0.08	3.40	0.39	古末口	2022/02/04
27	福州	12101.44	35.91	9691.55	85242.76	0.32	29.93	14.97	南门兜	2022/10/01
28	东莞	3239.68	8.97	3239.68	39244.89	0.24	16.39	6.97	鸿福路	2022/10/01
29	南宁	27335.25	74.89	16389.55	162619.71	0.60	58.14	31.76	朝阳广场	2022/04/30
30	合肥	26557.53	72.76	18092.96	185959.64	0.47	36.88	19.53	大东门	2022/01/01
31	石家庄	8687.67	24.34	6376.33	37734.52	0.33	24.40	11.89	新百广场	2022/02/14

2022 年各城市城轨交通客运情况统计汇总表（续前表）　　　　　　表 4-4-3

序号	城市	客运量（万人次）	日均客运量（万人次）	进站量（万人次）	客运周转量（万人次公里）	客运强度（万人次/公里日）	线路最高日客运量（万人次）	车站最高日乘降量		
								最高日乘降量（万人次）	发生车站	发生日期
32	贵阳	9303.40	25.49	7388.08	78943.01	0.34	21.06	10.21	喷水池	2022/08/04
33	厦门	19721.14	54.03	15162.12	147233.47	0.55	32.34	9.41	吕厝	2022/07/08
34	珠海									
35	乌鲁木齐	1750.62	7.06	1750.62	15416.15	0.26	11.71	2.30	南门	2022/03/11
36	温州	803.41	2.20	803.41	13342.36	0.04	5.36	0.81	动车南站	2022/09/30
37	济南	5455.43	14.95	4051.06	53652.36	0.18	16.34	5.25	八涧堡	2022/09/30
38	常州	4489.75	12.30	3661.79	31006.69	0.23	18.38	6.88	文化宫	2022/01/01
39	徐州	5888.84	16.73	4188.48	36822.03	0.26	14.24	10.10	彭城广场	2022/01/01
40	呼和浩特	3307.78	10.05	2695.00	19305.94	0.21	14.10	5.52	中山路	2022/01/01
41	天水	56.10	0.15	56.10		0.01	0.40			
42	三亚	75.82	0.21	75.82	265.37	0.02	0.90			
43	太原	2886.56	8.37	2886.56	19395.94	0.36	14.71	2.65	长风街	2022/02/14
44	株洲									
45	宜宾									
46	洛阳	2914.52	8.21	2227.08	18715.58	0.19	14.69	6.61	解放路	2022/02/05
47	嘉兴	762.34	2.30	641.63	14504.80	0.04	3.88	1.13	临平南高铁站	2022/09/30
48	绍兴	2374.70	6.51	1588.30	23129.50	0.17				
49	文山州									
50	芜湖	2278.33	6.24	2001.65	15985.00	0.14	9.81			
51	南平									
52	金华									
53	南通	151.20	2.91	151.20	1496.00	0.07				
54	台州									
55	黄石									
总计/平均		1930155.67	5505.72	1165600.56	15843749.46	0.38				

注：1. 广佛线全线客流数据计入广州；
　　2. 绍兴、南通两市客运量、进站量、客运周转量数据取自交通运输部客流数据。

2022 年各城市地铁运营情况统计汇总表　　　　　　表 4-4-4

序号	城市	线路条数（条）	线路长度（公里）	平均旅行速度（公里/小时）	配属列车（列）	客运总量（万人次）	客运周转量（万人次公里）	客运强度（万人次/公里日）
1	北京	21	722.08	38.18	1117	224160.46	2142760.05	0.87
2	上海	18	795.37	37.31	1149	227070.42	2053589.06	0.92
3	天津	8	233.03	33.74	234	28716.28	183513.96	0.34
4	重庆	8	336.22	40.82	295	62159.42	554990.95	0.53
5	广州	13	519.08	44.07	596	231566.90	1834764.34	1.18
6	深圳	15	546.89	37.92	669	174959.54	1469605.71	0.95

序号	城市	线路条数（条）	线路长度（公里）	平均旅行速度（公里／小时）	配属列车（列）	客运总量（万人次）	客运周转量（万人次公里）	客运强度（万人次／公里日）
7	武汉	11	460.84	37.99	518	88761.57	709925.52	0.56
8	南京	6	202.56	37.77	247	68092.90	500617.34	0.96
9	沈阳	4	114.07	32.99	121	28802.48	196746.38	0.74
10	长春	2	43.04	33.93	51	7684.66	43281.49	0.57
11	大连	2	65.64	33.54	62	9255.26	75082.26	0.47
12	成都	12	518.54	44.62	660	156193.42	1267932.10	0.83
13	西安	8	272.12	36.11	351	76881.18	582587.90	0.83
14	哈尔滨	3	78.08	32.50	87	13358.97	84439.73	0.49
15	苏州	5	209.98	34.47	227	33344.06	241786.04	0.44
16	郑州	7	232.49	36.28	253	29770.46	225095.69	0.36
17	昆明	5	165.85	36.46	151	18571.19	171678.26	0.32
18	杭州	12	516.00	40.46	553	96364.89	818490.76	0.55
19	佛山	2	94.62	44.20	53	2310.07	19182.31	0.18
20	长沙	6	191.11	33.34	186	57664.54	341330.10	0.90
21	宁波	5	163.61	36.11	158	24836.12	145069.03	0.42
22	无锡	4	110.77	34.60	104	11954.87	76013.47	0.30
23	南昌	4	128.45	33.22	144	23908.94	139425.83	0.51
24	兰州	1	25.53	33.77	26	3557.59	33188.85	0.38
25	青岛	4	140.70	34.37	176	23774.82	202539.81	0.49
26	福州	4	110.68	35.65	98	12101.44	85242.76	0.32
27	东莞	1	37.79	53.25	20	3239.68	39244.89	0.24
28	南宁	5	124.96	34.12	146	27335.25	162619.71	0.60
29	合肥	5	170.95	32.86	212	26557.53	185959.64	0.47
30	石家庄	3	74.28	32.44	81	8687.67	37734.52	0.33
31	贵阳	2	74.37	34.66	83	9303.40	78943.01	0.34
32	厦门	3	98.40	37.56	121	19721.14	147233.47	0.55
33	乌鲁木齐	1	26.80	32.64	27	1750.62	15416.15	0.26
34	济南	3	84.10	41.91	76	5455.43	53652.36	0.18
35	常州	2	54.03	35.93	55	4489.75	31006.69	0.23
36	徐州	3	64.09	33.17	67	5888.84	36822.03	0.26
37	呼和浩特	2	49.03	33.65	52	3307.78	19305.94	0.21
38	太原	1	23.28	31.92	24	2886.56	19395.94	0.36
39	洛阳	2	42.46	33.71	41	2914.52	18715.58	0.19
40	绍兴	1	47.10			2374.70	23129.50	0.17
41	南通	1	39.18			151.20	1496.00	0.07
总计／平均		**225**	**8008.17**	**36.47**	**9291**	**1859886.52**	**15069555.16**	**0.49**

注：1. 广佛线线路长度数据按照地理区域划分，其他数据全线计入广州；
　　2. 绍兴、南通两市客运总量、客运周转量数据取自交通运输部客流数据。

三、运营服务和安全

（一）车辆配置、运营车公里和平均旅行速度

据不完全统计，截至 2022 年底，全国城轨交通累计配属车辆 10425 列，比上年增加 767 列，增长 7.94%。全年完成运营车公里 61.34 亿车公里，比上年增长 7.41%。其中，北京运营车公里 6.87 亿车公里，比上年增长 3.71%；上海 6.35 亿车公里，比上年下降 10.73%；广州 4.73 亿车公里，比上年增长 4.43%；成都 4.68 亿车公里，比上年下降 0.91%；深圳 4.39 亿车公里，比上年增长 0.92%；5 市合计占全国总运营车公里的比重为 44.05%。杭州、武汉、重庆、南京、西安 5 市运营车公里均超过 2 亿车公里，天津、苏州、宁波、长沙、青岛、合肥、郑州 7 市运营车公里均超过 1 亿车公里。

2022 年，全国城轨交通日均计划开行列次总计为 94171 列次，日均实际开行列次总计为 94287 列次，实际开行列次比上年增加 1084 列次，增长 1.16%。昆明、杭州、佛山、长沙、青岛、福州等城市由于新线的开通，实际开行列次增幅较大。2022 年共有 42 个城市的计划兑现率均达到或超过 100%。

2022 年，城轨交通平均旅行速度 36.48 公里／小时，比上年增长 0.37%，与 2021 年基本持平。其中单条线路平均旅行速度以成都 18 号线 96.42 公里／小时、广州 18 号线 94.50 公里／小时、南京市域快轨 S9 线 87.40 公里／小时、嘉兴杭海线 68.59 公里／小时、广州 14 号线 68.26 公里／小时位列前 5 位（上海磁浮线、北京大兴机场线未计入），市域快轨的平均旅行速度高，但客流相对较少。地铁的平均旅行速度 36.47 公里／小时，其中，东莞 53.25 公里／小时、成都 44.62 公里／小时、佛山 44.20 公里／小时、广州 44.07 公里／小时和济南 41.91 公里／小时，分列城市地铁平均旅行速度的前 5 位。

（二）高峰小时最小发车间隔和线网运营服务时长

2022 年，全国城轨交通高峰小时最小发车间隔平均为 269 秒，比上年缩短 1.09%。进入 120 秒及以内的线路共有 17 条。其中，北京地铁 9 条、上海地铁 4 条、深圳地铁 1 条、成都地铁 1 条、南京地铁 1 条、苏州地铁 1 条。北京、上海、深圳、南京、成都、苏州、广州、西安、杭州、青岛、重庆、武汉、郑州、厦门、天津 15 市的 67 条城轨交通线路高峰小时最小发车间隔进入 180 秒以内，占总线路条数的 21.75%。

2022 年，城轨交通平均运营服务时长 17 小时／日，与上年持平。城市平均运营服务时长以北京 18.7 小时／日为最长。城市平均运营服务时长达到 18 小时／日的有 6 市，分别为北京、上海、重庆、西安、苏州、贵阳。

从线路看，据不完全统计，共有北京、上海、天津、重庆、广州、深圳、南京、沈阳、成都、西安、苏州、郑州、杭州、佛山、长沙、青岛、贵阳、嘉兴 18 市的 113 条城轨交通线路运营服务时长达到 18 个小时，其中，北京 23 条、上海 16 条、深圳 14 条、杭州 10 条、重庆 9 条、广州 6 条、成都 6 条、西安 6 条、苏州 6 条。与上年同期相比，城轨交通线路运营服务时长达到 18 个小时的线路减少 21 条。北京地铁 4 号线线路运营服务时间达到 20 个小时、北京地铁 14 号线达到 20 个小时、上海地铁 1 号线达到 20 个小时。2022 年各城市城轨交通运营服务情况详见表 4-4-5。

（三）运营安全

2022 年，据不完全统计（据可统计的 43 市数据，比上年数据作同口径调整），共发生 5 分钟及以上延误事件 717 次，平均 5 分钟及以上延误率 0.12 次／百万车公里，比上年减少 40.33%。列车退出正线运营故障次数共计 5526 次，平均退出正线运营故障率 0.009 次／万车公里，比上年下降 23.50%。

2022 年各城市城轨交通运营服务情况统计汇总表　　　　表 4-4-5

序号	城市	运营车公里（万车公里）	平均旅行速度（公里／小时）	配属列车数（列）	日均计划开行列次（列次）	日均实际开行列次（列次）	线路高峰小时最小发车间隔（秒）	线网平均运营服务时间（小时／日）
1	北京	68728.11	36.40	1189	9717	9723	105	18.7
2	上海	63512.37	37.06	1186	9435	9477	110	18.3
3	天津	17365.04	35.43	280	2415	2416	180	16.3
4	重庆	28759.75	39.19	440	4112	4111	150	18.2
5	广州	47294.12	45.69	645	7199	7201	126	17.7
6	深圳	43855.97	37.92	669	5419	5431	120	17.9
7	武汉	32089.56	35.30	561	4708	4708	162	17.8
8	南京	24113.86	47.78	362	3830	3832	120	16.9
9	沈阳	8188.19	26.49	186	1722	1726	242	16.7

序号	城市	运营车公里（万车公里）	平均旅行速度（公里/小时）	配属列车数（列）	日均计划开行列次（列次）	日均实际开行列次（列次）	线路高峰小时最小发车间隔（秒）	线网平均运营服务时间（小时/日）
10	长春	3498.32	30.26	169	1203	1206	300	16.0
11	大连	5426.60	46.33	138	1124	1128	210	16.0
12	成都	46826.12	42.99	696	5299	5301	120	17.8
13	西安	22058.22	36.11	351	3436	3438	135	18.1
14	哈尔滨	4843.70	32.50	87	939	939	238	17.0
15	苏州	16291.35	33.96	272	2810	2812	120	18.5
16	郑州	11419.15	36.28	253	1786	1793	170	16.9
17	昆明	9145.65	36.46	151	1546	1547	240	17.0
18	杭州	36015.37	40.46	553	4801	4808	135	17.9
19	佛山	2733.36	33.81	74	978	978	310	16.5
20	长沙	12981.17	38.14	197	2322	2325	204	17.2
21	宁波	14306.34	35.89	179	2357	2361	238	17.1
22	无锡	5980.53	34.60	104	1116	1121	300	17.0
23	南昌	9036.03	33.22	144	1352	1353	288	17.0
24	兰州	1122.96	33.77	26	233	233	290	16.0
25	青岛	12893.80	45.18	275	2178	2179	145	17.4
26	淮安	634.30	24.00	26	226	226	420	17.5
27	福州	4863.64	35.65	98	1134	1134	290	16.8
28	东莞	2166.43	53.25	20	287	288	400	17.0
29	南宁	9038.69	34.12	146	1627	1629	210	16.0
30	合肥	11465.86	32.86	212	1656	1657	238	17.6
31	石家庄	4430.02	32.44	81	843	843	300	16.4
32	贵阳	4125.83	34.66	83	530	530	330	18.0
33	厦门	7095.90	37.56	121	1140	1140	170	17.0
34	乌鲁木齐	842.33	32.64	27	246	246	375	16.0
35	温州	1489.46	53.00	18	198	199	600	16.0
36	济南	4047.29	41.91	76	771	771	405	16.0
37	常州	2840.65	35.93	55	513	513	360	17.0
38	徐州	3047.61	33.17	67	776	777	384	17.0
39	呼和浩特	2008.33	33.65	52	404	404	360	16.0
40	三亚	31.97	15.65	14	133	132	740	17.0
41	太原	1317.28	31.92	24	258	258	450	16.0
42	洛阳	1984.02	33.71	41	439	439	360	16.0
43	嘉兴	1333.94	44.75	34	448	448	280	17.5
44	芜湖	2151.10	33.20	43	507	507	408	16.5
总计/平均		**613400.27**	**36.48**	**10425**	**94171**	**94287**	**269**	**17.0**

注：1. 广佛线全线数据计入广州；
　　2. 天水、株洲、宜宾、绍兴、文山州、南平、金华、南通、台州、黄石 10 市未提报运营数据；珠海有轨电车自
　　　2021 年 1 月 22 日起停运。

四、运营经济

（一）运营收入

据不完全统计（据可统计可对比的 37 市数据且比上年数据做同口径调整），2022 年全国城轨交通平均每车公里运营收入 11.24 元，比上年减少 3.07。平均每人次公里运营收入 0.73 元，与上年持平。每车公里运营收入和每人次公里运营收入均超过全国平均水平的有深圳、宁波、南昌、青岛、东莞、南宁、贵阳、温州 8 市，均为资源经营收入占比较高的城市。平均单位票款收入 0.26 元 / 人次公里，比上年增加 0.01 元。长沙、兰州、贵阳、乌鲁木齐、呼和浩特、太原 6 市单位票款收入超过 0.3 元 / 人次公里。

（二）运营成本

据不完全统计（据可统计可对比的 32 市数据且比上年数据做同口径调整），2022 年全国城轨交通平均每车公里运营成本 23.49 元，比上年下降 1.61 元。平均每人次公里运营成本 1.49 元，比上年增加 0.21 元。总成本中人工成本占比 53.45%，比上年上升 1.01 个百分点；电费占比 10.59%，比上年上升 0.71 个百分点。

（三）运营收支情况

据不完全统计（据可统计可对比的 32 市数据且比上年数据做同口径调整），2022 年全国平均运营收支比为 53.38%，比上年下降 15.56 个百分点。总收入比上年减少 16.78%，其中票款收入比上年减少 17.54%。

五、能耗情况

据不完全统计（据可统计可对比的 44 市数据且比上年数据做同口径调整），2022 年，全国城轨交通总电能耗 227.92 亿千瓦时，比上年增长 6.89%。其中，牵引能耗 113.15 亿千瓦时，比上年增长 6.39%。牵引能耗占总电能耗的比为 49.65%。随着新投运线路的不断增加，总体能耗指标不断增长，总电能耗和牵引能耗均达历史最高。根据统计所得全国城轨交通总电能耗数据及生态环境部公布的 2019 年度减排项目中国区域电网基准线排放因子结果，2021-2022 年全国城轨交通总电能耗与 CO_2 排放量对应情况（表 4-4-6）。

2021-2022 年全国城轨交通总电能耗与 CO_2 排放量对应表　　　　表 4-4-6

指标		年份		比上年
		2021 年	2022 年	
总电能耗（兆瓦时）		21322143.35	22791776.94	6.89%
CO_2 排放总量（tCO_2）	OM 法	18130083.33	19353885.52	6.75%
	BM 法	7248145.99	7757666.72	7.03%
单位运营长度总电能耗（千瓦时 / 公里）		233.88	229.28	−1.97%
车公里总电能耗（千瓦时 / 车公里）		3.73	3.72	−0.48%
人公里总电能耗（千瓦时 / 人次公里）		0.11	0.14	34.02%
单位运营长度 CO_2 排放总量（tCO_2/ 公里）	OM 法	1988.66	1946.94	−2.10%
	BM 法	795.04	780.40	−1.84%
车公里 CO_2 排放总量（tCO_2/ 万车公里）	OM 法	31.75	31.55	−0.61%
	BM 法	12.69	12.65	−0.35%
人公里 CO_2 排放总量（tCO_2/ 万人次公里）	OM 法	0.91	1.22	33.84%
	BM 法	0.37	0.49	34.19%

由上表可知，排放因子按照 OM 法进行计算，2022 年 CO_2 排放总量比上年增长 6.75%，单位运营长度 CO_2 排放总量比上年下降 2.10%，车公里 CO_2 排放总量比上年下降 0.61%，人公里 CO_2 排放总量比上年增长 33.84%；排放因子按照 BM 法进行计算，2022 年 CO_2 排放总量比上年增长 7.03%，单位运营长度 CO_2 排放总量比上年下降 1.84%，车公里 CO_2 排放总量比上年下降 0.35%，人公里 CO_2 排放总量比上年增长 34.19%。

2022 年，城轨交通平均每车公里总电能耗 3.72 千瓦时，比上年下降 0.48%。平均每车公里牵引能耗 1.84 千瓦时，比上年下降 0.95%。各城市城轨交通平均每人次公里总电能耗 0.144 千瓦时，比上年上升 34.02%。各城市城轨交通平均每人次公里牵引能耗 0.072 千瓦时，比上年上升 33.39%。

从线网来看，每人次公里牵引能耗下降最为显著的是洛阳。洛阳在 2021 年 3 月和 12 月分别开通运营轨道交通 1 号线和轨道交通 2 号线，两条线路可在解放路站进行换乘，客运周转量从 2021 年的 9069.19 万人次公里提升到 2022 年的 18715.58 万人次公里，客运周转量比上年提升 106.36%，而牵引能耗比上年提升 81.77%，从而导致每人次公里牵引能耗比上年下降 11.92%。

（中国城市轨道交通协会统计部）

五 科技创新

收入本篇的重大科技奖项有以下项目：

省市科学技术奖	一等奖 2项，二等奖 3项
增补2021年度奖项	一等奖 4项，二等奖 14项
中国城市轨道交通协会科技进步奖	特等奖 2项，一等奖 16项，二等奖 18项
中国土木工程詹天佑奖	4项
国家优质工程奖（由中国城市轨道交通协会推荐）	2项
中国专利奖（轨道交通类）	中国专利金奖 1项，银奖 5项，优秀奖 24项

注：省市奖项包括计划单列市（大连、青岛、宁波、厦门、深圳）

上海申通 磁浮车站

1 国家及省市科学技术奖

【概况】

2022年，城市轨道交通行业获地方科学技术奖二等奖以上项目5个，其中一等奖2项、二等奖3项，增补2021年度奖项一等奖4项、二等奖14项。"国家科学技术奖"暂未发布授奖名单。（表5-1-1，表5-1-2）

（中国城市轨道交通协会秘书处）

【城市轨道交通盾构高效智能掘进与运营保障成套材料及工程应用】

项目获2022年度山东省科学技术发明奖一等奖。

取得研究成果：（1）聚焦盾构渣土适配性改良、盾尾密封安全保障和运营期隧道管片渗漏水治理三方面开展系统研究，突破渣土改良、盾尾密封和结构渗漏治理材料合成工艺的技术瓶颈。（2）攻克高黏地层结泥饼、富水砂层喷涌及高磨蚀地层刀具磨损难题，发明非离子聚合型泡沫剂、高分子抗黏剂、液态喷涌防止剂及高效耐磨剂，形成城市轨道交通盾构高效智能掘进技术体系。（3）突破盾构高效掘进同步注浆"不同步"和盾尾密封"封不住"的技术难点，发明同步注浆充填剂与"黏、稠、流"有机统一的盾尾密封油脂，研发盾尾密封实时动态监测系统，实现盾尾密封质量的智能化、动态化评价。（4）解决盾构隧道运营期管片"易上浮"和"常渗漏"的难题，发明丙烯酸酯弹性注浆材料，攻克树脂与硅酸盐杂化技术，发明阻燃、体积稳定的高分子注浆材料，提出分层分序多浆液防水层再造技术，保障城市轨道交通隧道运营安全。

该项目成果在济南地铁、青岛地铁、长春地铁、深圳地铁等城市轨道交通工程中得到成功应用，有效保障盾构隧道的高效智能掘进与运营安全，为"交通强国"战略的顺利实施提供技术保障。

（济南轨道交通集团有限公司）

【敏感环境地下空间开发微变形控制关键技术及应用】

项目获2022年度上海科技进步奖一等奖。

取得研究成果：（1）提出考虑土体应变状态的敏感环境基坑微变形计算理论。提出软土加卸载变形破坏微观机理和土体扰动评价体系，揭示微扰动与土体应变状态的量化关联机制；提出敏感环境基坑微变形计算理论与分区调控技术，揭示微变形施工行为对周边环境土体变形的影响机理，解决敏感环境深基坑微变形计算的难题。（2）首创敏感环境基坑微变形设计方法及成套控制技术。提出基于时空量化分区卸荷理念的敏感环境微扰动变形设计方法；发明长距离钢支撑两端协同伺服成套装备、适用于不规则基坑的混凝土伺服控制系统及地下水微扰动控制技术，形成敏感环境施工微变形控制成套技术，实现"毫

米级"的微变形控制。（3）创建敏感环境对象的主动保护技术及微变形控制标准。基于地铁盾构隧道病害特征，提出地铁隧道安全分级指标及变形修复微扰动注浆关键装备；研发适用于敏感环境对象的拱形连续隔离屏障及寻踪补偿注浆的主动保护技术；首次提出并构建特级环境保护等级的基坑微变形控制标准，填补现行技术标准的空白。

该项目授权发明专利23项、实用新型专利24项、软件著作权13项；主参编标准9项，出版著作3部，发表论文105篇（SCI收录31篇），他引1759次；获国家级工法1项、上海市市级工法1项。成果已成功应用于上海、南京、杭州等十余座城市的百余项深大基坑工程，近三年新增产值超过50亿元。项目成果总体达到国际领先水平，系统解决深基坑对敏感环境的微变形控制难题，提升中国软土深基坑工程的精细控制水平，对行业发展和科技进步做出重大贡献。

（上海申通地铁集团有限公司）

【轨道交通全自动列控系统互联互通的关键技术与装备产业化】

项目获2022年度上海市科技进步奖二等奖。

取得研究成果：（1）研制全自动列控系统互联互通关键技术。攻克列车无缝跨线交接技术，解决既有技术交接资源利用率低难题，实现列车跨线高效平滑交接；提出快慢车自主智能调度算法，提升线路运营效率；首提列车动态安全防护和虚拟闭塞的融合计算技术，解决列车在线自动编组和长短编组列车混合运营的控制难题；发明非间隔防护区移动授权技术，解决短间距自动安全停车难题。提升列车峰值运行效率25%以上，节约单线路建设成本超2亿元。（2）研发互联互通全自动列控系统安全保障关键技术。研发系统级设备故障自恢复技术，提升线路运营持续性和可靠性；首提双链车载线路电子地图数据完整性保障算法，在功能失效率≤10次/h时数据复用率提升50%；攻克国产加密和功能安全融合技术，突破应对恶意威胁的安全防护难题；建立互联互通全自动列控系统标准体系，覆盖需求到运营各层面，填补装备产业化无规范空白。（3）率先研制虚实结合的互联互通全自动列控系统安全检测认证平台。研发多模自适应中间件接口技术，突破不同厂商、型号列控信号透明交互难题；基于张江三站两区间试验线，首次研发全生命周期、全过程、全场景虚实结合的验证平台，适用不同线路、车辆、运行条件等复杂场景；构建互联互通列控系统的安全评估体系，解决复杂巨系统测试不充分、验证不完备难题。平台获得国内首个CNAS认可证书。

项目形成2套互联互通全自动列控系统核心装备，打破国外供货商技术垄断。成果在上海、北京、青岛、合肥

等城市应用，达到国际先进水平。近三年新增产值17.86亿元、利润2.67亿元，市场占有率35%。授权发明专利12项，软件著作权14项，制订标准34项，发表学术论文34篇。

（上海申通地铁集团有限公司）

【富水弱胶结地层盾构隧道下穿敏感构筑物施工关键技术与应用】

项目获2022年度山东省科技进步奖二等奖。

取得研究成果：（1）创建富水弱胶结地质体界面力学效应和变形破坏基础理论。创新异质弱胶结复合体的流固耦合实验方法，建立复杂软弱地质体流固耦合损伤本构关系和强度准则，揭示弱胶结地质体变形多场耦合变形破坏机制，阐明工程岩体灾害孕育、演化及发生机理。（2）建立弱胶结地层盾构隧道施工的地层变形预测方法与精细预警技术。建立富水软弱复杂地层开挖面极限平衡力学模型和沉降预测模型，制定盾构下穿敏感构筑物施工全过程阶段化变形控制标准，提出下穿施工分阶分级预警控制技术，实现对应各施工过程的精细化控制和自动化监控预警。（3）形成复杂条件下盾构隧道下穿施工多层次主动控制技术体系。研发盾构下穿施工顺序判定技术、隔离控制技术、管片加强技术、穿越区洞内外加固技术、减隔振控制技术、盾构高效掘进控制技术等关键技术手段，形成复杂条件下盾构隧道下穿敏感构筑物施工安全主动防控技术体系，实现复杂条件下盾构下穿既有构筑物的变形精准控制。

该项目获得国家授权发明专利25项，实用新型专利5项，省级工法2项，发表学术论文40篇，出版专著2部，依托项目研究培养博士2人，硕士10人。研究成果在济南、青岛、郑州、长沙等多个城市轨道交通重大工程中成功应用，并推广应用到江苏、长春、北京等地区，保证城市交通网的正常建设，避免城市地表沉降、京沪高铁桥、南水北调干渠等构筑物损坏带来的一系列工程、环境和社会问题，产生显著的经济、社会和生态环境效益，推广应用空间广阔。

（济南轨道交通集团有限公司）

【无人驾驶城市轨道交通行车空间实时感知与安全预防关键技术及应用】

项目获2022年度湖北省科技进步奖二等奖。

取得研究成果：（1）提出橡胶叠层弹簧非线性演变的车辆限界预测方法。（2）发明2D/3D异构数据融合的行车空间设备限界全要素感知技术。（3）研制限界耦合驱动的安全风险自适应分级识别与预防集成平台。

该项目获发明专利授权19项、实用新型专利授权11项、软件著作权16项、发表论文23篇。该项目针对无人驾驶行车空间实时感知与安全预防难题，提出橡胶叠层弹簧非线性演变的车辆限界预测方法，发明2D/3D异构数据融合的行车空间设备限界全要素感知技术，研制限界耦合驱动的安全风险自适应分级识别与预防集成平台，实现

行车空间实时感知与安全预防，系统功能导向危险失效概率（TFFR）小于10^{-8}，保障超24.3亿人次／年安全绿色出行，年均节省运营人力成本2.61亿元。

（苏州市轨道交通集团有限公司　宋毅杰）

【地下结构浮力计算方法与抗浮关键技术】

项目获2021年度广西科学技术发明一等奖。

取得研究成果：（1）创建三参数地下结构浮力计算方法。发明有、无孔压计两类实验方法，解决地下水浮力有无折减的争论，发现地下结构水浮力的时效性，并建立考虑水头折减、侧壁摩擦和基底吸力的三参数计算方法。（2）研发成套被动抗浮技术。发明具有扩大头功能的伞状锚、耐腐蚀的FRP混凝土抗拔桩、结合止水帷幕与被动区加固的自压重等被动抗浮技术，解决常规抗浮的经济性和适用性难题。（3）构建主动抗浮技术体系。基于水量控制原理，发明地下室、油罐和游泳池等基础主动抗浮施工方法，形成静水压力释放层技术；针对地下水位周期性波动和暴雨突增，提出水位和水量双控理念，形成主被动联合抗浮技术。

该项目获发明专利10项、国家级工法2项，出版专著1部，发表权威期刊论文42篇，主编标准3部。项目成果总体达到国际先进水平，其中伞状锚、静水压力释放层和主被动联合抗浮技术达到国际领先水平。成果在建筑工程、交通工程和市政工程等领域广泛应用，取得良好的经济和社会效益。

（徐州地铁集团有限公司　杨野）

【城市地下大空间网络化安全拓建关键技术与应用】

项目获2021年度北京市科技进步奖一等奖。

取得研究成果：（1）建立城市地下大空间风险防控及品质评价体系。提出规划设计安全要素前置的控制方法，构建多因素耦合演变风险评估方法与体系，研发多指标分级预警系统，首创品质评价方法与标准，为安全建造提供理论基础。（2）创建城市地下大空间网络化拓建方法及技术。建立五类拓建模式，提出了"结构-地层-环境"相互作用的力学分析方法，构建基于扰动度的石建影响分级方法及安全施工关键技术，实现地下空间微扰动安全拓建。（3）研发城市地下大空间网络化拓建关键装备与平台。研制低净空全套管灌注桩施工装备及盖挖快速装配支护一体机，研发网络化拓建监测误差消减方法与装置，建立施工安全可视化智能监控平台。（4）成果成功应用于北京地铁苹果园站、宣武门站、城市副中心站枢纽、武汉光谷广场地下综合体等40余项城市地下大空间新建及改扩建工程，解决安全建造技术难题，提升施工效率，经济、社会和环境效益显著，近三年直接经济效益46.24亿元。

项目获授权核心发明专利42件，标准6部，专著7部，学术论文81篇，软件著作权4项，省部级工法8项。经中国

岩石力学与工程学会组织多位院士参加的专家组成果评价，总体达到国际领先水平。成果推动行业科技进步，为中国城市地下大空间安全建造及高品质发展提供技术支撑，对缓解北京城区空间资源紧张，推进存量空间的提质增效、消隐扩能，实现北京市城市更新行动计划（2021—2025年）目标意义重大。

（北京市轨道交通建设管理有限公司）

【低碳海工混凝土多层级"耐-防协同"抗腐蚀关键技术与应用】

项目获2021年度青岛市科技进步奖一等奖。

该项目针对海洋环境对钢筋混凝土带来的高耐久性需求，结合国家绿色发展的方针政策，对海工混凝土成套防护技术开展系统性研究，从耐蚀混凝土原材料体系及配合比设计，到海工混凝土防护和修补技术开发，为海洋环境下钢筋混凝土的安全使用提出来"耐-防一体化"理念。取得研究成果：项目组成员从"一个基体、两个界面"入手，即混凝土基体、混凝土与海洋界面以及钢筋与混凝土界面，多层级协同提升混凝土结构的耐/抗防腐蚀性能。提出混凝土抗腐蚀理论体系，发明考虑混凝土多元组分的低碳高抗腐蚀混凝土，提出混凝土超疏水表层、微生物表面难成膜以及钢筋表层耐蚀技术，形成多层次防护协同体系，实现海工混凝土材料与结构的长效性能提升，成果应用于海底隧道、跨海桥梁、滨海核电站等重大工程。

该项目获发明专利授权7项、国内发明专利8项、国际发明专利1项；发表论文29篇，其中SCI检索论文24篇；授权软件著作权2项、出版学术专著2部；获混凝土与水泥制品协会技术革新奖1项、形成新产品1项、企业标准1项。相关成果成功应用于青岛地铁1号线工程建设中，保障工程结构的耐久性，延长服役寿命，降低工程全寿命周期建设成本，社会经济效益显著。

（青岛地铁集团有限公司）

【近运营地铁隧道结构-岩土性能演化机理与地下空间开发成套技术】

项目获2021年广东省科技进步一等奖。

取得研究成果：（1）首次揭示隧道围岩分次扰动后弱化范围和模量变化规律，获得复杂应力路径引起的围岩力学响应规律；发明"竖向桩拖拽+竖井分仓开挖+桩板门架结构抑制地层隆起+板下多次注浆"稳固扰动地层的组合技术。（2）首次得到运营地铁隧道结构历史最大变形后，再经历复杂荷载工况所具有的极限承载力，揭示围岩-隧道结构共同作用协调变形规律与管片损伤发展机理；系统建立了隧道结构与扰动围岩相互作用变形协调的运营安全控制指标和标准值；集成首套"疏-密-粗-精"的隧道安全实时高精度监测和检测成套技术及运营隧道安全动态控制方法。（3）首创运营地铁隧道"群泵先注粘土水泥浆再注双液

浆"的围岩加固技术，突破注双液浆后再补充注浆无法密实填充围岩导致工后沉降较大的技术瓶颈；首创"力系独立、变形隔离"的理念，提出地下空间新老结构变形综合控制隔离技术，保障上部结构及运营地铁隧道全寿命周期的稳定。

该项目授权发明专利33项、专著4部、省市级工法3项、软件著作权5项；编制《城市轨道交通既有结构保护技术规范》等行业标准/规范/导则6部；发表论文126篇，其中SCI检索28篇、EI检索50篇。经钱七虎院士为组长的9位专家评审鉴定，一致认为总体上达到了国际领先水平。

该项目研究成果解决近运营地铁隧道两侧与上方地下空间不能开发、不易开发的重大安全技术难题，将安保区以尺度范围为控制指标发展到以控制隧道结构安全为指标，在确保安全指标前提下，将运营隧道两侧安保区50米控制限值减小到3米（甚至1米）以内，顶部降到2米范围内，突破国内外现行规范关于地铁沿线地下空间开发的空间尺度规定，释放大量的土地资源，解决近运营地铁隧道地下空间有效利用与开发的卡脖子技术难题。研究成果应用于深圳、广州等十个城市的地下空间开发，累计产生的经济效益总额逾80亿元，取得重大的社会效益。应用工程荣获国家优质工程奖6项，其中鲁班奖/詹天佑奖5项，强有力地推动行业的科技进步。

（深圳市地铁集团有限公司）

【综合管廊绿色智能建设运维成套关键技术及工程应用】

项目获2021年度北京市科技进步奖二等奖。

取得研究成果：该项目技术难度大、研究链条长，在综合管廊绿色集约规划设计、安全低碳运行、智能高效运维三方面取得重大突破。（1）通过创新"多位一体、叠落共构"空间集约规划方法，从根本上解决多种基础设施地下空间集约利用的难题，释放土地压力，大幅保护生态环境，率先推动"多类管线共舱"技术，实现综合管廊的"瘦身"。（2）首创管廊"节能降耗模型及低碳运维技术"，显著降低运行能耗，为制定运维费用标准提供科学依据，推动首都"双碳"目标进一步落地。（3）通过打造"智能高效运维装备及关键技术"，实现多项目、多主体业务资源动态调配，全面提升数据感知、传输和处理能力，推进北京市"数字经济标杆城市"建设，带动传统基建行业转型升级，筑牢"一网统管"数字底座。

成果在北京冬奥会、大兴机场高速、轨道交通7号线东延等综合管廊项目进行工程应用，并推广至雄安新区等地，经济效益巨大，提升项目周边区域综合承载能力和安全保障能力，保障首都"三件大事"等重大活动举办，成果被钱七虎院士评价为"总体达到国际领先水平"。

（北京市基础设施投资有限公司
北京城建设计发展集团股份公司）

【城市轨道交通隧道机械化暗挖技术研究与应用】

项目获2021年度北京市科技进步奖二等奖。

该项目针对地铁暗挖工法主要依靠人力施工，机械化程度低，存在施工效率低、用工量大、劳动力强度高、安全风险高、作业环境差等一系列问题，开展城市轨道交通隧道机械化暗挖技术研究与应用，通过设计理论分析、施工技术研究、施工装备研发、现场试验及多代装备的工程实践，提出机械化换人、自动化减人的创新理念，研发快速施工的新型隧道支护结构形式，研发并制造支锚挖铣一体的机械装备及后配套运输系统，形成隧道机械化施工成套建造技术。项目成果突破浅埋暗挖法隧道施工技术的瓶颈，彻底转变长期以来依赖人力手工作业的行业现状，使得隧道施工机械化水平提高并降低隧道内扬尘，改善施工作业环境，实现快速、安全、少人、高效、环保作业，符合国家安监总局"科技强安"专项行动方案精神。

依托该项目，取得授权专利28项，其中发明专利9项，取得省部级工法1项，论文7篇。项目成果在北京地铁16号线、首都机场线西延工程、西安地铁和乌鲁木齐地铁获得应用，取得显著的社会、经济和环境效益，仅直接经济效益达到8500余万元。项目成果具有广阔的应用前景，推动暗挖地铁车站修建技术进步，带动暗挖工程机械化施工技术及相关产业发展，减少劳动力投入、降低工程实施风险、加快工程建设、有效控制暗挖车站施工中地层变形、保证车站周边环境安全，社会效益显著。同时，对地下综合管廊工程，乃至对地下停车场、地下商业等大跨空间地下工程的建设均具有借鉴意义。

（北京城市快轨建设管理有限公司）

【砂卵石地层土压平衡盾构长距离高效安全掘进技术及应用】

项目获2021年度北京市科技进步奖二等奖。

项目取得的创新成果：（1）提出城市轨道交通隧道机械化施工的理念，研发隧道新型初期支护结构体系，突破浅埋暗挖法的技术瓶颈，为浅埋暗挖法智能化施工奠定基础。（2）研发隧道挖掘施工装备，突破整机集成设计、多方位复合动作设计、全方位平行保持等关键技术；具有可滑移多功能操作臂、超前支护装置及钻孔深度控制系统，实现支、锚、挖、铣、装等多种功能的集合。（3）研发隧道机械化施工工法，使得隧道各道工序全部机械化施工，大幅提高安全性和施工效率，解决洞内粉尘污染、作业环境差、劳动强度高等难题，形成从施工装备进场-工艺过程-质量安全控制-装备出场的规范化施工技术。

该项目成果取得授权专利28项，其中发明专利9项，取得省部级工法1项，论文7篇。成果在北京地铁16号线01标、15标、24标、29标、首都机场线西延工程、西安地铁和乌鲁木齐地铁获得成功应用，取得显著的社会、经济和

环境效益，仅直接经济效益达到8500余万元。项目成果突破浅埋暗挖法隧道施工技术的瓶颈，彻底转变长期以来依赖人力手工作业的行业现状，使得隧道施工机械化水平显著提高并大幅度降低隧道内扬尘，改善施工作业环境，实现快速、安全、少人、高效、环保作业，符合国家安监总局"科技强安"专项行动方案精神。

（北京市轨道交通建设管理有限公司）

【城市轨道交通多维融合评价体系和关键技术研发与应用】

项目获2021度北京市科技进步奖二等奖。

取得研究成果：（1）基于AHP-ENTROPY-TOPSIS分析评价模型，首次创立"三层次、六维度、三十六项指标"的轨道交通多维融合评价体系，构建量化评价方法，填补国内空白。在国内10多个城市推广应用，取得良好经济社会效益。（2）基于Node-Place-Ridership模型，构建既有线改造与城市更新融合的评价体系，首创"拆分+扩能+利旧+新建"相结合的既有线综合改造技术。应用于北京地铁1号线与八通线贯通运营改造和13号线扩能改造，为改善与城市融合关系的成功改造，首创"拆分+扩能+利旧+新建"相结合的综合运能提升技术，开创中国城市轨道交通发展史上新的里程碑。（3）首次提出轨道与城市多维融合的网络化运营组织优化技术和与产业经济融合的客货运组织优化技术。提出基于多交路、多编组、快慢车及过轨运营等主要网络化运营技术的轨道交通负荷均衡方法，突破既有研究方法多局限于单一线路的弊病。提出轨道交通货运增值服务模式，推动北京地铁疫情期间超常超强运行图和大兴机场线行李托运组织技术的实际应用。（4）首次建立多维融合评价的多源大数据应用技术，研发城市轨道交通动态仿真平台，实现轨道交通多维融合的综合评价应用。

该项目取得国家发明专利6项，软件著作权5项，形成国家、北京、雄安标准规范各1部，出版专著1本。该项目的技术创新点在国内40多个城市180多个项目得到推广和应用，技术创新点贡献的直接经济效益项目收入超过3亿元，社会效益超过30亿元。

（北京城建设计发展集团股份公司 叶晓平）

【轨道交通列控系统安全检测与数字化仿真技术研究与应用】

项目获2021年度北京市科技进步奖二等奖。

列控系统安全检测与数字化仿真平台，在两项国家科技支撑计划和两项部委科技计划支持下，通过企业持续投入、产学研合作等多种方式，解决列控系统复杂大系统数字化模拟难题，形成全套覆盖轨道交通列车运行控制系统全领域、全专业、全生命周期的数字化映射测试验证平台。成果价值：经过10多年经验积累和技术创新，是目前国内唯一能够支撑各类轨道交通列控制系统全领域、全专业、全生命周期

的仿真检测平台。成熟运用于10余个国家，100多个高铁、普速、城交、货运信号系统"实车、实线、实景"仿真检测中，顺利通过国内外独立机构验收评估。

（通号城市轨道交通技术有限公司 张媛媛）

【轨道交通诱发场地振动高效预测方法及减振控制关键技术】

项目获2021年度天津市科技进步奖二等奖。

取得研究成果：（1）建立精确求解复杂场地弹性波传播问题的"直接刚度法"，克服现有方法在"误差积累"和"层厚限制"方面的技术瓶颈；提出高速（"跨音速"和"超音速"）移动荷载作用下复杂场地动力响应求解的频率波数域方法，揭示复杂介质（各向异性、成层和饱和特性）的影响机理，解决"高速"和"复杂介质"带来的弹性波传播基础难题。（2）提出基于场地-轨道-列车整体模型的场地振动半解析预测方法，实现分钟级快速求解，解决地面轨道交通诱发场地振动的快速精准预测难题；提出地铁运行诱发场地振动的2.5维无奇异间接边界元精确高效预测方法，计算效率较传统方法提高10倍，克服现有商业软件三维模拟计算需求巨大（需大型工作站或超算）、且难以实现高频（100Hz）和快速（120公里/小时及以上）模拟的技术瓶颈。（3）首次将Duxseal高阻尼材料用于工程隔振领域，揭示Duxseal主动隔振机理；创造性提出多孔波阻板填充Duxseal形成复合波阻板（DXWIB）的减振控制技术。高铁和地铁实测表明DXWIB可在0—1000Hz的超宽频率范围内有效隔振（最高隔振率达80%），突破传统WIB仅对0—10Hz的窄频隔振有效的技术瓶颈。工程应用表明DXWIB替代轨道板隔振，每公里可节约近千万元，大幅度降低隔振成本。

该项目获国家发明专利2件，授权实用新型专利8件，软件著作权4项。出版学术专著1部，发表学术期刊论文30篇，其中SCI收录10篇，EI收录15篇，培养博士、硕士研究生9名。研究成果被纳入《天津市快速轨道交通盾构隧道设计规程》。成果被应用于天津地铁5、6号线的场地振动评估、颐和园北宫门受地铁4号线列车运行振动预测，直接经济效益达7000余万元，该项目研究成果具有广阔的应用前景。

（天津轨道交通集团有限公司）

【严寒气候区盾构法隧道下穿冲沟局部发育宽浅型河道关键技术研究】

项目获2021年度黑龙江省城乡建设科学技术奖二等奖。

取得研究成果：（1）提出适用于下穿冲沟局部发育宽浅型河道的地铁区间隧道总体布局方案，经济合理地协调确定了地铁区间隧道埋深、平面走向、隧道截面型式、两端车站型式、防灾、江堤保护等相互关系。（2）提出盾构法隧道下穿大江大河城市中心段江堤防洪设施的系统性保护方案，理论分析并实践了盾构机局部磨除截渗板墙及其补强方案。（3）研发穿江隧道江中段内部设备、管线不打孔锚固安装工艺。采用定制的钢槽道和连接件，通过与盾构管片的环向螺栓连接，在隧道内壁形成一道环形滑槽，将触网以外的其他各型设备、管线等固定在滑槽上，避免在管片上打孔后锚固安装，进而避免削弱江中隧道管片承载能力。（4）研发并实践严寒气候条件下盾构机连续施工工艺。盾构机下穿大江大河应连续掘进，不应长时间停机。但在严寒气候条件下，一般的泥水盾构的泥水输送系统、处理系统等不能正常工作，因此研发出一整套低温条件下的泥水盾构机防寒保暖连续施工工艺。

该研究成果获发明专利1项，省级工法1项，论文4篇。该项目完全是在国内外无相关技术标准和可靠研究成果的基础上独立自主完成的，在国内外尚属首次研究和实施。解决严寒气候盾构机江底连续掘进、重要防洪设施保护及补强、水下长隧道防灾等关键问题，为哈尔滨市过江地铁建设提供了技术保证。经哈尔滨市轨道交通2号线一期工程太阳岛站-人民广场站区间隧道应用成功，顺利实现穿江隧道的贯通，完成2号线一期工程的关键控制性节点工程。

（上海市隧道工程轨道交通设计研究院）

【垂直行业无线融合网络关键技术及应用】

项目获2021年度江苏省科学技术奖二等奖。

取得研究成果：（1）首创支持垂直行业共享复用的无线融合网络架构，提出跨行业频率复用与融合网络规划方法，研制系列装备及规划系统，解决跨行业频率和空间资源复用难题，在5个行业、9家企业实现1.8GHz频谱资源复用，建成基本覆盖全省、千万级终端接入、国内规模最大的无线融合专用网络。（2）提出多工控场景下网络共享资源的柔性调控方法，构建大规模时延敏感网络调度机制，研制端到端资源调控系统，解决工控业务确定性传输的难题，工控业务端到端通信时延由大于50ms缩短至小于25ms。与公网分钟级业务开通相比，工控定制类业务终端实现秒级开通。（3）提出多样化行业数字业务跨域可信接入机制，首次融合可信计算设计链式强可信身份融合模型与多因子认证策略，研制安全接入平台，解决跨行业与网络域间身份信任传递的难题，可信接入并发数从万级提升至10万级，系统性提升垂直行业边缘安全防护能力。（4）提出业务与网络协同共治的无线融合网络运维机制，构建多元业务与融合网络耦合的动态故障分析模型，设计跨域无线网络全息测量方法，研制无线融合网络管理运维平台，解决网络服务故障快速精准识别的难题，网络故障与质量劣化主动判定时间小于30秒。

该项目研发四大类10款装备及系统，发表论文24篇，授权发明专利44件、软著8项，出版专著2本，形成3GPP提案1项，发布国标2项、行标2项及企标7项；通过中国电机工程学会鉴定，由沈昌祥院士领衔的鉴定委员会认为：项目在电力杆塔与移动通信系统共享共生、配用电安全可靠可信技术领域达到国际领先水平。该项目成果近2年新增销售额39.3亿元，海外创汇1.2亿美元；项目组通过杆塔共享集约建设模式推动无线融合网络及5G规模化建设应用，在省内累计建成共享杆塔3208基，节省占地面积9.62万平方米，钢材4.81万吨；有力推动江苏省内无线融合网络及5G规模化建设应用。

（南京地铁集团有限公司）

【城轨智能管控一体化软硬件关键技术及应用】

项目获2021年度浙江省科技进步奖二等奖（2022年申报评审）。

取得研究成果：（1）提出跨平台全域城轨多专业融合管控一体化技术，解决各专业联动控制难、高实时性难题，实现综合管控一体化效率提升。（2）构建高可靠城轨机电智能分布式控制技术，解决多站台协同控制确定性调度难、大规模机电设备联合控制响应慢以及复杂工况下高效连续稳定运行要求高的难题，达到自主可控安全运行的效果。（3）发明高效低碳的城轨运营优化调度与决策技术，解决人工调控造成能源浪费的问题，实现全自动无人驾驶和车站环控智能调节，达到节能减排、高效低碳运营的效果。

该项目研究成果共授权发明专利33件、软件著作权19件，国家标准1项，发表论文15篇。该成果作为浙江省首台套产品，在杭州、宁波、武汉等城市实现18条线路的产业化应用，其中在宁波地铁首条全自动运行线路应用，取得显著的经济和社会效益。

（宁波市轨道交通集团有限公司）

【轨道交通类矩形盾构法隧道装备设计施工技术体系开发与应用】

项目获2021年度浙江省科学技术进步二等奖。

该项目以国家战略性新兴产业发展为需求，针对城市轨道交通建设中沿线道路狭窄、交通繁忙、建筑物密集的现状，首创类矩形隧道断面，能节约地下空间35%以上，且显著减小隧道埋深。项目在结构设计、装备研发和施工技术方面开展产学研联合攻关，填补国内空白。

该项目主要创新点：（1）首创满足城市轨道交通限界的类矩形隧道建筑横断面及结构形式。均衡隧道空间利用率、结构受力合理性及盾构刀盘全断面切削等因素，首创4段圆弧相切的类矩形断面形式；通过1：1整环管片力学性能试验及接头试验，首次探究并获取该断面形式的各项计算参数，创建类矩形隧道结构计算设计理论及标准。（2）研制11.83米×7.27米全断面切削类矩形土压平衡盾构机。针对类矩形隧道断面100%全断面切削、多刀盘动态同步控制、隧道狭长空间内管片分块多、体积大、拼装回转距离不同及相位差异等难题，创新开发"双X同面+偏心多轴"组合式全断面切削类矩形盾构刀盘系统及串联环臂式轨迹伺服类矩形盾构拼装系统。（3）创新研发基于低影响度的类矩形盾构法隧道施工成套关键技术。针对类矩形盾构施工中面临的排土困难、开挖面失稳、盾构背土、盾构偏转、轴线偏差和管片拼装困难等难题，创建类矩形盾构施工的推、拼、压技术体系，并首创"类矩形盾构轴线控制技术""异形管片拼装技术""大断面类矩形盾构同步注浆技术"，解决施工环境影响和成型隧道变形控制的难题，实现地下空间周边环境低影响度施工。

该项目成果水平整体达国际领先，授权发明专利26项，获软件著作权4项，出版专著1部，发表论文53篇。成果在宁波、杭州等地的轨道交通工程中得到应用推广，为推动建设资源节约型及环境友好型社会做出贡献。

（上海市隧道工程轨道交通设计研究院）

【城市轨道交通智慧建造与空间智能感知关键技术及产业化应用】

项目获2021年度福建省科技进步奖二等奖。

取得研究成果：（1）提出城市轨道全空间高效移动三维测图技术，形成对城市轨道交通的全空间三维信息获取的突破。提出基于多尺度结构特征匹配的多传感器数据融合技术，并以此构建多平台多传感器三维测图系统，提出室内室外联合三维测图中的多约束优化技术，可实现城市轨道全空间一体化测图，并提供测图数据的智能质量评估与增强研究，服务城市轨道全空间的三维信息高效获取。（2）提出轨道交通数字资产族库标准化机器空间认知技术。以轨道交通后期运营需求为主导，在轨道交通施工前期采用的设备BIM包容性设计，通过设备BIM模型族进行布置的虚拟预演，构建轨道交通数字资产标准化族库。在获取的轨道三维空间数据基础上，提出轨道交通数字资产空间认知技术，实现轨道交通机电设备的高效空间定位与数字化。（3）提出城市轨道空间的多传感器视觉定位与增强现实技术。解决复杂轨道空间中的多传感器视觉定位、行人轨迹重建和基于虚实注册的BIM增强现实技术等问题，并以此为基础实现轨道空间的智慧巡检。（4）提出城市轨道全生命周期的BIM可视分析与智能质控技术。解决复杂遮挡下的建筑结构完整三维建模问题，并以此为基础，突破基于实例级场景语义变化分析的建造过程比对质控方法，构建面向轨道交通的大规模BIM可视化技术，并实现在大规模BIM协同设计与运维管理上的应用。

项目获得已授权国家发明专利7项，软件著作权6项，发表SCI论文35篇，EI论文17篇，著作2本，标准4项；获国际摄影测量与遥感学会（ISPRS）"Giuseppe Inghilleri奖"（ISPRS的最高学术奖之一，项目第一完成人是中国首位获奖人）。项目成果成功应用于厦门市地铁1、2、3号线的建设与运营，并推广至全国16个省份/直辖市的27个城市的政企用户。

（厦门轨道建设发展集团有限公司）

【工程扰动岩体灾变精细模拟与智能预警关键技术】

项目获2021年度山东省科技进步奖二等奖。

取得研究成果：（1）创新岩体破裂的基础理论。推演高应力状态下岩体裂隙的应力分布状态，提出具有普适性的裂隙尖端非奇异应力理论计算方法，解决国际通用软件无内嵌的闭合、压剪裂隙非奇异应力求解难题，岩石断裂计算精度明显优于传统方法。提出基于准脆性材料破裂局部化理论的断裂准则，解决众多数值计算方法开展压剪、接触状态的岩石破裂模拟断裂准则选取难题，实现断裂路径的精细模拟。（2）提升岩体工程灾害的模拟方法。提出确定性和非确定性结构面网络的模拟算法，构建工程扰动环境下岩体背景应力场精细分析的亿级自由度三维高性能并行分析系统，解决大规模模型破裂过程计算收敛缓慢的难题。实现从建模、网格划分、边界条件、计算以及结果显示等全功能覆盖的计算平台的自主研发，为岩体工程灾害分析提供了方法和手段。（3）突破岩体微破裂监测数据处理的关键技术。构建岩体破裂时空感知的微震监测系统，发明微震定位校正的浅表及深部声源发射装置，建立基于微震监测的扰动岩体质量实时评价方法。首次提出"通道"和"空间"双重注意力机制微震事件识别的深度学习方法，实现基于层级注意力机制的微震事件分类方法。提出适用于超长微震信号序列的"分段整合多头自注意力机制"人工智能数据处理技术。（4）突破岩体工程灾害预警的关键技术。揭示微震活动性破裂指标之间的内在联系，提出基于能量密度的岩体灾害风险等级划分指标，建立基于微震监测的扰动岩体质量实时评价方法，实现基于大规模科学计算的微震活动性解译，解决自动化灾害前兆信息、指标数据分析及提取的难题，构建岩爆灾害人工智能预警模型，实现86.2%的岩爆高精度灾害预测。

该项目应用于三山岛金矿、青岛地铁等多个重大岩体工程的灾害分析、监测预警，降低重大岩体工程的灾害风险，减轻施工人员的心理障碍，经济、社会效益显著，具有行业推广应用价值。

（青岛地铁集团有限公司）

【城市轨道交通线网运营管理与指挥中心系统关键技术及应用】

项目获2021年度青岛市科技进步奖二等奖。

青岛地铁线网运营管理与指挥中心系统（简称MMCC）是轨道交通线网运营协调、应急指挥和数据采集分析、信息发布的综合中心，是推进城市轨道交通数据化、智能化、智慧化，打造新型"智慧交通"，建设"智慧城市"的重要组成部分。取得研究成果：（1）发明一种基于FPGA的报文收集处理发送方法及设备，解决不同信号厂商专业数据的集中采集与转发问题，形成统一线网管控，有着非常重要的社会意义和广阔的应用前景。（2）首次实现欧宇航、摩托罗拉、远东通信三种不同品牌的TETRA窄带集群系统之间的互联互通，这是全国第一个真正实现无线TETRA互联互通的系统，打破国外行业巨头的技术壁垒，填补国内该领域的空白。（3）率先将Hadoop大数据平台用于轨道交通线网中心的数据处理和分析，不仅节约大量建设成本（是数据仓库成本的1/3）和维护成本（是数据仓库成本的1/10），而且大幅提高系统平台的可靠性、安全性及可扩展性，具有极大的经济效益。（4）率先实现基于大数据的轨道交通数据处理流程，实现实时数据和离线数据的深度挖掘，为运营决策提供数据支撑，同时为未来城市轨道交通行业相关应用提供技术路线和指导帮助。（5）率先在线网中心中应用GIS系统，实现对运营元素中的人、事、物实时状态的灵活显示，提高运营突发事件的处置效率。

该项目获得国家专利1项、软件著作权4项、申报发明专利1项、山东省地方标准1项，发表论著1部、论文8篇、企业标准4项，获"2022年第五届全国设备管理与技术创新成果一等奖""2020年山东省新型智慧城市建设优秀案例""2022年四川省优秀工程勘察设计成果评定一等奖""2021年青岛市科学技术进步奖二等奖""2019年度青岛市智慧城市百佳解决方案（城市运行类第一名）"等5项省、市级荣誉。

（青岛地铁集团有限公司）

【《城市轨道交通互联互通体系规范》系列标准研制及工程应用】

项目获2021年度青岛市科技进步奖二等奖。

取得研究成果：研究城市轨道交通互联互通各关键要素，开发互联互通PIS系统云部署技术，建立城市轨道交通互联互通工程标准体系，解决不同信号制式共线、跨线技术难题，填补国内城市轨道交通互联互通技术标准空白。该系列标准的发布实施，将从规划、设计、建造、技术装备及运营等各个维度规范城市轨道交通互联互通线路的建设运营工作，有利于加快城市轨道交通互联互通网络化运营进程，解决多线运营中出现的乘客换乘距离长、换乘站客流拥堵严重、一次换乘可达性差等难题，有利于促进线网间车辆及设备资源共享、降低运营维护及培训费用、控制设备系统造价；有利于提升服务水平，助力城市轨道交通实现"以人为本、经济适用、技术先进、资源共享、可持续发展"目标，具有重大的经济效益和社会效益。

该项目获发明专利授权8项、发表论文2篇、研制并发布山东省地方标准7项。成果成功应用于青岛地铁8号线和青岛地铁13号线的建设和运营。

（青岛地铁集团有限公司）

2022年度城市轨道交通行业获省市科学技术奖项目（5项）　　表5-1-1

证书编号	获奖类别	获奖等级	项目名称	主要完成单位
FM2022-1-5-D07	山东省科学技术发明奖	一等奖	城市轨道交通盾构高效智能掘进与运营保障成套材料及工程应用	山东大学、山东高速交通建设集团股份有限公司、中铁十四局集团有限公司、中铁十局集团有限公司、济南大学、中国矿业大学、济南轨道交通集团有限公司、山东宏禹工程科技有限公司
20224033	上海市科技进步奖	一等奖	敏感环境地下空间开发微变形控制关键技术及应用	同济大学建筑设计研究院（集团）有限公司、上海申通地铁集团有限公司、同济大学、上海建工一建集团有限公司、上海交通大学、上海勘察设计研究院（集团）有限公司、上海陆家嘴（集团）有限公司、上海市机械施工集团有限公司、上海普盛建设工程有限公司
20224078	上海市科技进步奖	二等奖	轨道交通全自动列控系统互联互通的关键技术与装备产业化	上海申通地铁集团有限公司、同济大学、卡斯柯信号有限公司、上海电气泰雷兹交通自动化系统有限公司、华东师范大学、上海申通轨道交通检测认证有限公司、上海市隧道工程轨道交通设计研究院
JB2022-2-55-D03	山东省科技进步奖	二等奖	富水弱胶结地层盾构隧道下穿敏感构筑物施工关键技术与应用	山东科技大学、中铁二十五局集团第五工程有限公司、济南交通发展投资有限公司
2022J-208-2-079-02BD05	湖北省科技进步奖	二等奖	无人驾驶城市轨道交通行车空间实时感知与安全预防关键技术及应用	中铁第四勘察设计院集团有限公司、武汉大学、西南交通大学、武汉地铁集团有限公司、苏州市轨道交通集团有限公司、中车长春轨道客车股份有限公司、北京埃福瑞科技有限公司、成都唐源电气股份有限公司、成都运达科技股份有限公司

增补2021年度城市轨道交通行业获省市科学技术奖项目（18项）　　表5-1-2

证书编号	获奖类别	获奖等级	项目名称	主要完成单位
2021F1-02-D05	广西科学技术发明奖	一等奖	地下结构浮力计算方法与抗浮关键技术	广西大学、中交天津港湾工程研究院有限公司、广西建工集团第五建筑工程有限责任公司、中铁建设集团有限公司、徐州地铁集团有限公司、中交第一航务工程局有限公司、广西交通设计集团、中国建筑西南勘察设计研究院有限公司、福建峻驰工程科技有限公司、中铁建设集团南方工程有限公司
2021-J10-1-01-D06	北京市科学技术奖	一等奖	城市地下大空间网络化安全拓建关键技术与应用	中国铁建股份有限公司、中铁第一勘察设计院集团有限公司、北京交通大学、北京工业大学、中铁十一局集团有限公司、北京市轨道交通建设管理有限公司、中铁第四勘察设计院集团有限公司、中铁十六局集团有限公司、中铁十四局集团有限公司、中铁十八局集团有限公司
J2021-1-21-6	青岛市科学技术进步奖	一等奖	低碳海工混凝土多层级"耐-防协同"抗腐蚀关键技术与应用	青岛理工大学、中建西部建设新疆有限公司、东南大学、国控基业（北京）科技有限公司、中国科学院海洋研究所、青岛市地铁一号线有限公司
J11-1-03-D05	广东省科技进步奖	一等奖	近运营地铁隧道结构-岩土性能演化机理与地下空间开发成套技术	深圳大学、中铁南方投资集团有限公司、深圳市前海建设投资控股集团有限公司、广州地铁设计研究院股份有限公司、深圳市地铁集团有限公司、深圳市市政设计研究院有限公司、华南理工大学、铁科院（深圳）研究设计有限公司、中铁广州工程局集团有限公司、广州市城市规划勘测设计研究院
2021-J10-2-01-D01	北京市科学技术奖	二等奖	综合管廊绿色智能建设运维成套关键技术及工程应用	北京京投城市管廊投资有限公司、清华大学、亿雅捷交通系统（北京）有限公司、北京城建设计发展集团股份有限公司、中冶京诚工程技术有限公司、中铁十八局集团有限公司
2021-J10-2-02-D02	北京市科学技术奖	二等奖	城市轨道交通隧道机械化暗挖技术研究与应用	北京建工集团有限责任公司、北京城市快轨建设管理有限公司、北京市市政工程设计研究总院有限公司、北京建筑大学、北京建工土木工程有限公司、中铁十六局集团有限公司、北京市政建设集团有限责任公司

增补2021年度城市轨道交通行业获省市科学技术奖项目（18项）（续前表）　　　　　表5-1-2

证书编号	获奖类别	获奖等级	项目名称	主要完成单位
2021-J10-2-03-D01	北京市科学技术奖	二等奖	砂卵石地层土压平衡盾构长距离高效安全掘进技术及应用	北京市轨道交通建设管理有限公司、北京城建集团有限责任公司、中国矿业大学（北京）、北京城建轨道交通建设工程有限公司、中铁十四局集团有限公司、中铁工程装备集团有限公司、中铁十四局集团隧道工程有限公司
2021-J11-2-05-D01	北京市科学技术进步奖	二等奖	城市轨道交通多维融合评价体系和关键技术研发与应用	北京城建设计发展集团股份有限公司、北京交通大学
2021-J11-2-09-D02	北京市科学技术进步奖	二等奖	轨道交通列控系统安全检测与数字化仿真技术研究与应用	北京全路通信信号研究设计院集团有限公司、通号城市轨道交通技术有限公司、北京邮电大学
2021JB-2-066-D3	天津市科技进步奖	二等奖	轨道交通诱发场地振动高效预测方法及减振控制关键技术	天津大学、山东科技大学、天津市地下铁道集团有限公司、中铁工程设计咨询集团有限公司、中铁建（天津）轨道交通投资发展有限公司
2021-2-3-3	黑龙江省科技进步奖	二等奖	严寒气候区盾构法隧道下穿冲沟局部发育宽浅型河道关键技术研究	哈尔滨地铁集团有限公司、中电科哈尔滨轨道交通有限公司、上海市隧道工程轨道交通设计研究院、中铁隧道股份有限公司
2021-2-1-D4	江苏省科学技术奖	二等奖	垂直行业无线融合网络关键技术及应用	国网江苏省电力有限公司、南京南瑞信息通信科技有限公司、成都鼎桥通信技术有限公司、南京地铁建设有限责任公司、北京工业大学、北京邮电大学、中通服咨询设计研究院有限公司
2021-J-2-031-D03	浙江省科学技术进步奖	二等奖	城轨智能管控一体化软硬件关键技术及应用	浙江中控信息产业股份有限公司、浙江中控技术股份有限公司、宁波市轨道交通集团有限公司
2021-J-2-033-D04	浙江省科学技术进步奖	二等奖	轨道交通类矩形盾构法隧道装备设计施工技术体系开发与应用	宁波大学、上海隧道工程有限公司、宁波市轨道交通集团有限公司、上海市隧道工程轨道交通设计研究院、同济大学、宁波用躬科技有限公司、上海盾构设计试验研究中心有限公司、上海交通大学
2021-J-2011-02	福建省科学技术进步奖	二等奖	城市轨道交通智慧建造与空间智能感知关键技术及产业化应用	厦门大学、厦门轨道交通集团有限公司、上海城建信息科技有限公司、厦门思总建设有限公司、上海城建市政工程（集团）有限公司
JB2021-2-44-D03	山东省科学技术进步奖	二等奖	工程扰动岩体灾变精细模拟与智能预警关键技术	大连理工大学、青岛理工大学、青岛地铁集团有限公司
J2021-2-17-1	青岛市科学技术进步奖	二等奖	城市轨道交通线网运营管理与指挥中心系统关键技术及应用	青岛地铁集团有限公司、同方股份有限公司
J2021-2-41-1	青岛市科学技术进步奖	二等奖	《城市轨道交通互联互通体系规范》系列标准研制及工程应用	青岛地铁集团有限公司、北京城建设计发展集团股份有限公司、中铁第一勘察设计院集团有限公司、青岛海信网络科技股份有限公司、交控科技股份有限公司

2 城市轨道交通科技进步奖

【概况】

城市轨道交通科技进步奖是为鼓励技术人员创新，促进中国城市轨道交通行业的科技进步，由中国城市轨道交通协会于2018年设立，并在科技部国家奖励办公室备案的城轨领域高水平、专业化的重要科技奖项。2022年度为第五届评选，按照《中国城市轨道交通协会城轨科技进步奖奖励办法》和《中国城市轨道交通协会城轨科技进步奖实施细则》的规定，经网络填报、形式审查、推荐审查、专业评审组初评、复评和奖励委员会审定，并通过网络公示及异议处理，共有36个项目获得中国城市轨道交通协会"城市轨道交通科技进步奖"，其中特等奖2项、一等奖16项、二等奖18项。（表5-2-1）

（中国城市轨道交通协会评审部）

【上海轨道交通车辆智能运维系统】

项目获2022年度城市轨道交通科技进步奖特等奖。

长期以来，车辆系统因其系统复杂、部件繁多、运行环境恶劣、安全可靠性要求高等问题，同时受数字化、智能化等技术瓶颈的限制，其综合性、完整性数字化维护策略的实现一直以来都是行业难题。

该项目依托国家重点示范工程，从理论、技术、装备及维护策略优化等方面提出并成功实践完整、系统的车辆智能运维技术体系。主要创新点：（1）首创基于RCM（以可靠性为中心的维护）＋APS（先进计划与排程）为核心的车辆全生命周期维护理论，建立针对超大体量、多目标（接近万个目标要求）、多约束（接近万个约束条件）的最优求解模型，具备能够适应超过10000辆列车超大体量全寿命周期均衡维修的计算优化能力，满足"风险、绩效与成本"三大价值平衡的核心诉求。（2）研发超大规模多制式高并发轨道车辆数据联网技术。针对车辆多车型、多制式的场景，通过研发应用车联网云边协同计算、多协议信号融合以及全自主化IOTDB时序数据库技术，解决多元异构超大规模数据采集、并发接入、海量数据存储的难题。已实现上海地铁49种车型制式，7460辆车的同时并发接入，每秒百万级的数据点同时读写水平。（3）研发复杂工况下小样本深度学习的车辆自动检测技术。针对日检环境复杂和故障样本少的场景，首次提出适用轨道交通领域的孪生卷积神经网络检测模型，融合深度学习与增量学习技术，显著提升故障特征泛化能力，识别准确率比传统算法高出20%左右。（4）研发走行部与轮轨关系车载在线监测、诊断和预测技术。解析状态特征值-运营里程的机制，建立寿命分布的可靠寿命评估模型，形成关键部件专家知识库，开发走行部与轮轨振动

PHM系统，实现走行部关键部件车载实时故障诊断，准确率98%，率先实现走行部关键部件转为"状态修"。

依托该项目，授权专利82件（发明37件，实用新型45件），出版专著1本、论文48篇（SCI/EI检索7篇），登记软著15项。根据查新、专家评价，此项目总体达到国际领先水平。项目成功完整应用于上海地铁20条线路、7460辆车辆：列车平均无运营故障间隔里程从6.4万公里提升至20万公里，列车可用率从93%提升至97%，检修人车比下降38%。项目技术成果还成功应用于北京、广州、深圳、成都、天津、泼哥大等国内外近30个城市地铁项目，创造直接经济收入70亿元，具有良好的社会价值。

（上海申通地铁集团有限公司）

【地铁车站预制装配化建造技术研究与应用】

项目获2022年度城市轨道交通科技进步奖特等奖。

建筑产业化是国家建筑业发展的必然趋势。历经10年探索，研发并成功应用地铁车站预制装配化建造技术，为大型复杂地下工程提供一种全新的工业化建造模式。将车站结构拆分成标准化构件，全部构件在工厂制作，运至现场拼装，形成装配式车站，开拓中国地铁车站预制装配化建造的先河，取得覆盖理论与结构设计、构件生产、施工技术及装备等三大体系具有自主知识产权的技术成果。

该项目主要技术成果：（1）国内外首次研发以干式接头连接技术为核心的预制装配化建造技术，创建全新的地铁车站工业化建造模式。研发形成结构理论、标准化设计、模块化产品、机械化装配、规范化标准、信息化管理为核心，支撑装配化建造全过程的技术体系，实现结构100%装配率，全面取消防水层且不渗不漏。（2）提出并研发一种新型注浆式榫槽接头，创建接头结构理论、设计方法及连接工艺。揭示接头的力学特性和变刚度特征，发现截面"抵抗矩"作用效应，提出接头抗弯刚度、抗弯抗剪承载力计算方法，研发新型专用注浆材料、工艺和装备，攻克装配式结构干式、快速、可靠连接的核心关键技术，为装配化建造体系的构建奠定基础。（3）提出基于接头刚度多次迭代的结构整体分析方法并形成设计关键技术，首创新型闭腔薄壁轻量化构件及设计方法。揭示变刚度接头连接的大型多体装配式结构体系的静、动力力学行为；发现闭腔薄壁构件剪力滞后效应和剪应力分布规律，提出合理空腔率指标及关键构造设计参数。（4）研发基于装配化建造模式的全套生产施工工艺及专用装备，实现大型复杂装配式车站的高质和高效生产施工。研发基于边模吊挂、侧模支杆变形控制、底模流转和自动化温控养护技术的隧道窑式生产系统；研发形成基面精平法、导向定

位法、预应力张拉控制法等一系列关键技术，攻克多点张拉协同、动态荷载确定、接缝宽度精准控制等重大拼装难题。

该项目已获授权国家发明专利19件，软件著作权11项，形成行业和地方标准4部，国内外主流期刊发表论文54篇，出版专著2部。成果成功应用于多座城市，已建和在建装配式车站数量达42座，成为国内外规模最大的装配式车站集群，近三年产值89.147亿元，实现利润7.18亿元。由行业专家组成的评价委员会认为"成果实现了地铁车站及预制装配建造技术的重大突破，整体技术达到国际领先水平，综合效益显著，具有广泛的推广应用前景"。

（北京城建设计发展集团股份有限公司）

【城市轨道交通量化评估与决策支持关键技术及应用】
项目获2022年度城市轨道交通科技进步奖一等奖。

当前中国城市轨道交通领域的评估、规划与决策支持类软件主要依赖国外进口，项目团队在国家重点研发计划、国家自然科学基金课题等重点科技项目支持下，瞄准城市轨道交通量化评估与精细化决策支持需求，攻克一系列核心技术瓶颈，自主研发面向全国60座城市的"城市轨道交通量化评估与决策支持平台"，并依托平台编制《中国城市轨道交通沿线发展态势年度报告》。

该项目主要技术创新点：（1）针对城市轨道交通规划中数据信息割裂、多源数据偏差大等突出问题，研发基于多源时空数据融合的"建筑体级"城市人口信息分析技术，首次形成城市全域、全量、精细至建筑单体的常住人口、就业岗位等标准化人口分布数据体系，将轨道沿线人口分布数据精准度提升到建筑单体分析粒度。（2）针对传统出行调查数据样本量小、时效性低、出行链信息漏采等问题，首次提出基于手环的出行轨迹调查与出行链辅助校核技术，研发基于深度学习的移动位置数据校核与出行需求链重构技术，实现全链条、全时程、多尺（粒）度的出行需求特征精细化计算及评估。（3）针对城市轨道交通评估中沿线多源数据融合差、特征提取难等问题，提出城市轨道交通沿线多维时空尺度的人口、岗位、出行、设施等数据融合标准与综合量化评估体系；研发多层次轨道交通运营特征提取及其与沿线时空数据耦合分析及客流仿真预测、基于多尺度空间数据标准的轨道周边用地一体化数据融合与评估等关键技术。（4）针对城市轨道交通规划中多源数据分散、标准不一、使用低效等痛点，自主研发集多源数据采集、存储、加工、融合、计算、服务全过程一体的数字化底座平台，实现城市级大规模建筑体粒度空间特征在线查询分析、万亿级OD实时计算、数据快速可视化等秒级响应。构建"1个数据底座+7个应用系统"的城市轨道交通数字化决策支持产品体系。

项目历时7年研发，授权发明专利23项（含1项国际专利）、软件著作权12项，发表高水平论文35篇，其中SCI论文7余篇（含高被引论文5篇），出版专著7部，主编标准规范4部。项目成果已服务国家发展改革委"全国城市轨道交通建设规划审批"，并在中咨公司及北京城建院的全国轨道交通评估项目中应用；此外，还应用在住房和城乡建设部"全国城市体检"、北京市规自委等政府相关机构及行业规划设计单位工作中。产生直接经济效益3.68亿元，涉及的轨道交通项目投资额约1.64万亿元。

（中国国际工程咨询有限公司）

【穿越复杂海域地铁盾构隧道建造关键技术研究及应用】
项目获2022年度城市轨道交通科技进步奖一等奖。

厦门地铁过海隧道工程穿越地质环境复杂多变，遭遇孤石及孤石群、破碎带、砂层、基岩凸起等多种不良地质，加之高水压、高矿化度地下水环境，导致泥水盾构施工过程中面临滚刀磨损快、刀具更换难、刀盘结泥饼、联络通道施工风险高、地下水腐蚀性强等众多难题。

该项目以厦门地铁2号线、3号线过海隧道工程盾构施工技术、联络通道施工技术以及长期健康运营结构性能评价为研究对象，开展刀具磨损预测、海底换刀技术、联络通道冻结施工技术、隧道结构选型及抗震、跨海区间衬砌防水及耐久性材料海底隧道长期健康监测与结构安全性评价等方面研究，形成穿越复杂海域地铁盾构隧道建造关键技术体系，保障厦门地铁2号线、3号线顺利通过过海段，为厦门地区海域地铁盾构隧道建造提供技术支撑。主要创新点：（1）研发多自由度滚刀加速磨损实验装置及滚刀磨损评价实验方法，建立滚刀磨损预测体系。（2）提出"改进楔形体计算有效应力+数值仿真计算渗透力"泥水盾构仓内压力联合计算方法，研发抗高矿化度海水泥浆离析的新型泥浆配制方法，并创新采用"衡盾泥填仓+海上注浆加固"技术，保障海底泥水盾构带压进仓换刀作业安全，提出盾构穿越海底孤石及破碎带综合处理方法。（3）首次测取厦门地区海底典型地层冻土物理力学性质参数，研发新型伸缩式注浆工艺，提出高水压动水环境下强透水破碎地层中"洞内注浆+冷冻法"高效冻结方法，保证冻结施工安全。（4）分析单双层衬砌的力学特性，提出"单层管片衬砌+适时分段增设二衬"的设计思路、衬砌结构关键设计参数、抗震设防范围与措施。（5）研发混凝土模作为接触边界条件的系列试验装置，提出防海蚀高抗裂盾构管片混凝土耐久性保障成套技术。（6）研发隧道收敛变形及道床沉降高精度自动化监测方法，研发螺栓轴力薄膜式传感器及无损监测方法，提出跨海段地铁隧道结构安全关键指标定量评价方法。

该项目获得授权国家专利33项，发表论文42篇，出版专著1部，取得软著1项，获省部级工法1项。上述创新成果在厦门海域复杂环境地质条件下地铁2号线、3号线盾构隧道设计施工运营中得到应用，并在其他工程中得到推广，取得显著的经济效益和社会效益。

（厦门轨道建设发展集团有限公司）

【导轨式胶轮系统（云巴）制式创新及关键技术研发与应用】

项目获2022年度城市轨道交通科技进步奖一等奖。

导轨式胶轮系统（云巴）是比亚迪历时7年自主研制的低运量轨道交通系统，是轨道与汽车技术的跨界融合，具有小型化、轻量化、绿色化、智能化等特点。重庆云巴是全球首条云巴市政线，全长15.4公里，设站15座，技术经济指标1.13亿元/正线公里。线路2021年4月16日开通初期运营，已经运营超600天，总客流约400万人次。线路于2019年12月被中国城市轨道交通协会列为示范工程。

该项目创新点：（1）创新。云巴采用高架独立路权，快捷可达；采用磷酸铁锂电池驱动，无供电接触轨，安全高效、低碳节能；胶轮走行，噪音小，地形适应性好，可进入社区，服务最后一公里，实现自主化低运量轨道交通制式创新，填补行业空白。（2）自主。云巴结合新能源汽车的技术经验，核心技术跨界应用，如电池、电控、IGBT等，实现关键技术的自主化创新突破；在传统轨道交通基础上，对轨道梁、道岔、车辆、供电、通号等技术均进行自主研发，尤其是滑块式秒级道岔、高精度偏心工字钢轨道梁、车桥耦合、智能供电管理、深度集成的全自动运行系统等，处于世界领先地位，实现核心技术自主化、国产化创新和智能制造。（3）智慧。重庆云巴示范线在小运量系统中率先实现全系统无人化、少人化运营，处于世界前列。采用全自动无人驾驶技术，运用深度集成综合调度系统，实现行车、调度、运维和乘客服务的智能化与智慧化，打造智慧"交通大脑"。（4）绿色。云巴采用电池驱动，无供电接触轨，低碳节能。通过先进的节能技术处理，单编组车公里牵引能耗实测仅0.5—0.6度电，能量回馈占比约50%；采用胶轮走行，噪声污染少，高速行驶下噪音约为67.8dB。

云巴是符合中国国情的城轨交通产品，具有广阔应用前景。至2022年，国内已开通运营线路3条约22公里，在建线路4条约45公里。南宁、合肥、深圳等地均有规划意向。拓展海外市场方面，比亚迪轨道产品在巴西美国等地线路已处于规划及实施阶段，并与菲律宾、摩洛哥、埃及等多个国家的城市签署战略合作协议，新线推广工作在有序开展中。通过工程应用，云巴系统授权知识产权已达千余项，形成企业标准约200项，导轨式胶轮系统（云巴）标准体系初步形成。

（比亚迪股份有限公司）

【城轨列车被动安全防护结构设计与试验关键技术】

项目获2022年度城市轨道交通科技进步奖一等奖。

城市轨道交通车辆具有载客量大，发车间隔小，线路封闭等特点，一旦发生碰撞事故可能会引发人员伤亡事故，成为社会关切重点。城市轨道交通车辆被动安全防护通过对结构的耐撞性设计，防止列车碰撞时发生爬车、脱轨、倾覆，最大程度避免人员伤亡与财产损失，是列车运营安全的最后一道防线。在中车四方、长客、浦镇等企业的支持下，该项目围绕"城轨列车被动安全防护结构设计与试验关键技术"，建立车辆被动安全结构设计理论与方法，突破列车碰撞试验方法，开发列车被动安全防护结构设计平台，支撑列车被动安全防护成套技术装备的研制。

该项目主要创新点：（1）建立列车碰撞能量快速分配计算方法，提出基于综合评价理论的能量配置方案优化方法，实现城轨列车吸能结构纵向耗能参数化设计；创建城轨列车碰撞能量流动分析模型，揭示列车纵向碰撞能量转化、耗散、衰减和传递机制，明晰列车碰撞垂向爬车和横向失稳行为演化过程，解决城轨列车吸能结构垂向和横向刚度匹配设计的难题。（2）建立城轨列车被动安全防护结构塑变控制与能量耗散的关键设计指标体系和三向能量最优匹配准则，提出基于载荷反演理论的被动安全防护结构设计技术，实现列车吸能结构的全功能和多场景设计；突破城轨车辆被动安全防护结构碰撞试验技术，实现部件—结构—系统的全包覆试验；形成基于协同控制策略的城轨列车被动安全防护结构的结构设计—过程评估—试验验证—动态寻优的整体联动设计技术，实现吸能结构全过程、一体化设计。（3）开发城轨列车被动安全防护装备结构设计—行为模拟—性能评估平台，实现防护结构的协同设计、评估与优化；研制城轨列车被动安全防护成套装备，实现自主化、批量化装车应用。

成果评价委员会认为"该项成果整体技术达到了国际同类技术的先进水平，其中列车被动安全防护结构的整体联动技术处于国际领先水平"；基于项目成果研制的被动安全防护装备在中车浦镇、四方、唐山等企业生产的总计3021辆城轨车辆上广泛应用，近3年相关装备产品的直接经济效益25116万元；授权发明22件、实用新型专利7件、软件著作权4件；发表SCI22篇、EI论文28篇；培养博士7名、硕士50名。

（西南交通大学）

【面向FAO的自主化车载安全控制系统平台研制】

项目获2022年度城市轨道交通科技进步奖一等奖。

近年来，城轨车辆的全自动驾驶需求逐渐成为国内外发展趋势，作为列车"大脑"与"神经系统"的牵引传动与网络控制系统，在列车全自动驾驶中控制着列车安全、稳定的运行，而该技术一直被阿尔斯通、庞巴迪等国外企业垄断，严重威胁国内全自动驾驶技术发展及应用；尤其作为控制系统核心的芯片、操作系统完全依赖进口，缺乏自主权。随着自主化芯片和操作系统技术的不断成熟，全自动驾驶列车控制系统的安全性设计及自主化设计是亟待解决的问题。

该项目完成面向FAO的车载安全控制系统平台研制及自主化攻关；搭建满足FAO的车载安全控制系统技术和产品平台；提出具有自主知识产权的安全控制系统的功能安全需求分配方法、系统架构设计方法、软硬件控制安全设计方法和安全的控制策略；解决安全控制系统高可靠性应用的难题；攻克从芯片应用、装置、操作系统到软硬件平台等全方位的自主化控制系统开发技术，实现车载安全控制系统平台在城轨领域的首次装车载客运营及大批量商业应用，实现全自主化车载控制系统的首次装车考核；车载安全控制系统平台性能及可靠性指标均达到国际领先水平，自主化控制系统产品性能达到国际先进水平。

项目具有完全自主知识产权，取得多项原创性成果。该项目获得授权专利27件（已其中发明专利25件），发表科技论文16篇，软件著作权1件，以及国家标准3项。累计产生经济效益超30亿元，为交通强国的智慧城轨建设添砖加瓦。

（株洲中车时代电气股份有限公司）

【轨道交通一体化智慧平台关键技术研究与示范应用】
项目获2022年度城市轨道交通科技进步奖一等奖。

广州地铁与深圳腾讯联合组建穗腾联合实验室，携手研发可迭代升级的轨道交通一体化智慧平台——穗腾OS。该项目充分融合工业控制、互联网、物联网及云计算、AI等关键技术，关键攻克可迭代进化的轨交一体化集成创新平台构建、基于交互式引擎的设备联动、组件编排与智能计算、基于组件化的工业APP数字生态共享共建等方面的技术难题，重点形成泛在连接系统设备的物联平台、全域覆盖数据融合的大数据平台、低门槛流程编排的策略引擎平台、一站式机器学习智能计算的人工智能平台、轨交组件化生态能力共享的开放平台、数据灵活调用的数据订阅平台等六大平台，核心具备三大能力：（1）建立统一的物模型和产品模型标准，以及物联接入标准。（2）构建一套面向业务流程开发的PDP语言，支持最有业务经验的基层管理者，以托拉拽的方式轻松编排新的业务应用，降低应用开发的门槛。（3）提供组件化的开发模式，支持业务系统横向解耦成"可复用的能力组件"，并通过组件市场对外开放。

穗腾OS打破传统工业控制系统"单一定制功能"的设计理念，推动工业控制系统从单一定制化的产品设计，向灵活易扩展的平台设计转变。基于穗腾OS2.0形成的创新性成果通过行业权威专家召开的科学技术成果评审，评审结果表明"城轨智慧操作系统在国内行业具有首创意义，达到国际领先水平"。穗腾OS研发以来，获得专利22项，受理专利25项，获软件著作权18项，形成五大类33份智慧轨道交通标准体系并发表标准1份，系统安全完成等级保护3级认证及SIL2安全认证。

依托穗腾OS赋能，联合株机、铁科智控等生态合作伙伴，在广州地铁3号线、18号线和22号线打造包括智慧车站、智能防汛、智慧安检、车辆/信号/电扶梯等机电设备智能运维等10多个智慧场景应用，实现行车关键设备的智能运维、乘客服务的精准诱导，以及全景管控的车站管理、集成一体的安防应急。以上创新应用的落地实施，不仅保障了行车安全，还一定程度上提升管控效益和建设效率，助力18号线乘客服务满意度全网第一，部分智慧运维功能可以替代90%的日检工作，人力成本节约16%。至2022年底，穗腾OS获上亿元的经济效益，后续随着穗腾OS持续性的投入研发，面向轨交领域及场景应用落地，预计降低地铁建设投资近200万元/公里，每年赋能地铁运营业务经营近33万元/公里。

（广州地铁集团有限公司）

【城市轨道交通永磁直驱列车关键技术研究及应用】
项目获2022年度城市轨道交通科技进步奖一等奖。

面对世界气候的变化，为推动轨道交通产业向低碳、绿色环保方向发展，有效降低轨道交通建设中的拆迁成本和车辆运营成本，引领世界轨道装备新技术，中车南京浦镇车辆有限公司于2013年立项并完成世界首台交叉板式永磁直驱地铁列车转向架的研制，2017年全面完成首列商业运营永磁直驱地铁列车的研制。这不仅促进中国轨道装备迈上新台阶，同时为带动中国稀土永磁材料等附属产业向着更快更好的方向发展。

该项目主要创新点：（1）采用永磁电机直驱牵引的传动方式，颠覆轨道交通传统的电机通过联轴节和齿轮箱驱动轮对的方式，取消联轴节和齿轮箱，显著提高机械传动效率，全寿命周期免除2400升/列润滑油及废油处理。（2）首创的交叉板式柔性低磨耗转向架实现轴距由2.3米缩小至1.9米，使车辆运营中的最小曲线半径由原来的300m减小到150m，并可实现低的轮轨的磨耗，同时直驱电机免维护周期为10年，降低日常维护成本，取消联轴节，解决该产品依赖国外技术产品的难题，全寿命周期节约电机、齿轮箱、联轴节维护成本约177.48万/列。（3）研究开发的永磁直驱牵引系统不仅实现高功率密度、高开关频率、低电机谐波损耗和高效节能等特性，同时实现永磁直驱牵引系统传统异步牵引系统节能25%～50%，车辆综合能耗降低20%～30%，年节约电费约25万/列，全寿命周期30年节约电费约750万元/列。（4）车辆核心部件转向架的永磁直驱电机采用永磁体三角式内嵌方式，不仅提高电机构的可靠性，同时提高转矩磁场密度；研发对称式三角支撑杆，避免附加一系定位刚度，实现低转速大扭矩直驱传动。（5）首次发明凸轮简解振动冲击短期试验替代IEC 61373标准长期的寿命试验的等效验证法，缩短试验周期和成本。

该项目获授权专利22项，发明专利16项（含2件PCT），编制国家标准2项，发表专业论文12篇。技术成果已应用于徐州1号线、苏州3号线，实现销售收入约8.67亿元。项目通过专家组成果评价，该成果技术为国内首创，打破国外技术垄断，填补国内技术空白，整体技术处于国际先进水平，其中永磁直驱转向架处于国际领先水平，对推动中国城市轨道交通向绿色环保、低成本建设及运维方向发展意义重大，同时带动稀土永磁材料及附属产业链发展。

（中车南京浦镇车辆有限公司）

【双流制市域（郊）铁路与城市地铁贯通运营成套技术】

项目获2022年度城市轨道交通科技进步奖一等奖。

双流制市域（郊）铁路与城市地铁贯通运营成套技术项目主要科技创新内容及指标：双流制技术作为铁路与城市轨道交通贯通运营的核心技术，为响应交通强国战略的需求，实现"四网融合"，提升多制式轨道交通核心技术竞争力，创建双流制车辆装备制造、工程设计、工程建设、运营组织等成套技术。主要科技创新点：（1）国内首创双流制轨道交通工程设计技术。系统地对双流制轨道交通工程"网-车-轨-地"电气耦合匹配各阶段暂态过程的变化规律进行全过程研究、试验、应用，构建双流制切换过程的暂态耦合模型，提出交流和直流牵引供电转换、轨道绝缘、牵引回流的算法及设计依据。国内首创正线双流转换区段、双流制车辆基地、双流制试车线等设计方法，通过运营验证，形成完整的技术标准。（2）国内首创全自动切换双流制车辆装备技术。完成双流制车辆全自动切换技术、不同供电制式的动拖比自动切换技术、满足贯通运营的车辆限界、轴重控制技术等多项关键技术，完成满足贯通运营的双流制市域列车整车研发、生产及应用。（3）国内首创跨制式跨主体协同运营技术。完成跨制式、跨运营主体轨道交通的运行图协同编制与动态调整、应急响应与联动指挥、贯通运营的协同救援等成套协同运营关键技术，实现跨制式、跨运营主体的互联互通。

该项目形成具有自主知识产权的双流制市域（郊）铁路与城市地铁贯通运营成套技术体系。主持编制地方标准1项，已立项团体标准1项；获得33项专利授权，其中发明专利20项，实用新型专利10项，外观专利3项；发表论文26篇，包括12篇SCI，2篇EI。该科技成果将提升中国在双流制轨道交通领域的技术优势，为中国各大都市圈市域

（郊）铁路与城市轨道交通贯通运营提供技术支撑，有效盘活既有市域（郊）铁路及城市轨道交通线路资源，提升服务范围及运营效益。同时，推动轨道交通高端装备的产业发展。

（重庆市铁路〔集团〕有限公司）

【大规模城市轨道交通线网供需互动演变机理与优化改造关键技术研究】

项目获2022年度城市轨道交通科技进步奖一等奖。

该项目深入研究城市轨道交通乘客的多维度出行需求，评估城市轨道交通既有网络与城市发展的适应度，并开发大规模客流演变仿真平台和线网智能评价系统，形成一套既有运营网络约束下的线网拓扑优化的理论体系和技术方法。

该项目整合行业高校、设计院、规划院和运营公司的资源优势，历时6年时间，形成主要科技创新点如下：（1）基于10年以上的城市轨道交通全网客流数据及线网数据，提出城市轨道交通线网客流大跨度时空演变研究方法。深度挖掘长时间跨度下客流演变与线网拓扑变化的耦合机理，揭示线网客流与网络拓扑之间的响应规律，对今后城市轨道交通线网的规划建设具有重要指导意义。（2）基于多源大数据构建城市轨道交通既有网络运营评价体系，综合评估城市轨道交通既有网络与城市空间的适应度，并搭建大规模客流演变仿真平台和线网自动评价系统，为后续线网优化工作提供理论和技术支持，进一步推动轨道交通向自动化和智能化的方向发展。（3）形成一套集城市轨道交通网络短板区域识别、拓扑变化的客流预测体系和既有运营网络约束下的线网拓扑优化方法为一体的成熟技术，显著提升轨道交通线网规划决策的科学性，为后续线网优化工作提供理论和技术支持。

该项目共计获得专利9项、软件著作权4项，发表高水平论文120余篇；相关成果在北京城建设计集团有限公司、北京市地铁运营公司、北京市城市规划设计研究院、中国城市建设研究院有限公司和徐州地铁集团有限公司等单位得到具体应用，近三年来，项目产生的经济效益达到13859.58万元，取得良好的经济效益。该项目经专家组鉴定，得到专家的高度评价，认为该项目成果创新性强，整体到达国际领先水平。该项目成果形成系统的方法和技术，为今后城市轨道交通线网的规划建设与改造提供理论支撑和科学指导。

（北京交通大学）

【基于异构云的城轨列控通用集成测试平台关键技术研究与应用】

项目获2022年度城市轨道交通科技进步奖一等奖。

列控系统是保证城轨列车运行安全的重要装备。中国各城市轨道交通网络中，城轨列控研制厂家较多且不同代

级列控系统混合使用，导致城轨列控制式繁多且需要不同制式列控系统互联互通。为确保列控装备在城轨网络中运用的安全性，迫切需要研发先进高效的实验室测试验证技术，构建用于列控系统装备室室内测试的通用测试平台。本项目对确保城轨列车安全高效运行及列控技术持续创新具有重要意义。

在2016年强基工程"城市轨道交通列车通信与运行控制公共服务平台实施方案"支持下，着力研究基于云计算高实时半实物测试技术，在城轨列控系统实验室测试标准线设计及测试套件研发、通用硬件仿真接口及装备、不同代际列控系统的成套仿真工具模型等方面取得突破，建成国内涵盖城轨列控标准线和大量测试案例的城轨列控系统功能验证标准实验室，并成功应用。本项目立足于当前中国城市轨道交通缺少统一、通用的仿真测试平台这一现状，锚定通用性、仿真测试、云异构、高实时等技术关键词，设计了城市轨道交通通信与列车运行控制系统仿真测试平台，其创新点如下：（1）提出基于异构云的异地高实时半实物仿真测试框架技术，搭建全栈业务计算、存储、网络完全虚拟化的研测一体化云平台。（2）设计面向不同代际列控系统的成套仿真工具模型，具备极高的兼容性及便利性，形成具有互操作性，灵活配置，可复用性的通用测试验证平台。（3）研制基于真实状态表达的通用硬件仿真接口及装备，扩展性和可移植性强，解决不同厂商、不同制式的信号系统之间的硬件接口仿真测试难题。（4）开发基于标准站的数据驱动自动化测试套件，绘制并形成覆盖产品全量功能的标准线路图，满足不同产品线调试和测试数据的复用要求。

该项目发表专利共计26篇，软著30项，发表高质量论文共计7篇。形成的异构云仿真测试平台分布全国8地，确保各地工程项目的测试工作能够持续、稳定、全面地开展；同时，测试平台的成本仅占工程额的2%，提升自主装备的竞争力，实现行业整体增值，带动整个轨道交通产业自主创新体系的发展和行业技术水平整体升级。该项目研究成果经专家组鉴定达到国际领先水平，社会效益与经济效益显著，具有广泛的推广应用价值。

（交控科技股份有限公司）

【城市轨道交通运营客流风险协同防控关键技术及应用】

项目获2022年度城市轨道交通科技进步奖一等奖。

城市轨道交通系统客流流线、流向相互交织、错综复杂，极易发生拥堵、延误等事件，甚至踩踏等事故，为安全管理带来很大压力。不同情景下客流风险在车站、线路乃至整个线路网络生成、演化及传播，是表征乘客出行安全与系统服务水平的关键指标。目前基于管理人员经验对于风险的判别主观性非常强，基于风险判别的应对措施也有很大的差别且有时滞性，不能有效疏导客流、控制客流状态和消解真实客流风险。因此，如何快速地对客流风险状态辨识与评估，实现对乘客的有效疏导，已成为解决保障系统运营安全、降低客流风险、提升服务品质的核心问题之一，是实现风险管控的迫切需求和重大科技创新方向。

在国家重点研发计划支持下，本项目围绕客流风险防控范式、协同防控技术、风险辨识装置及管控平台等方面，形成如下成果：（1）首次提出面向车站、区间以及线网分层分级的客流状态模式表征与风险动态辨识评估预测方法，构建面向群体行为特征的客流状态模式集合的典型风险场景要素属性集，形成动态风险模式集驱动下的典型风险场景生成与构建技术，提出状态驱动的城市轨道交通运营客流风险防控新范式。（2）构建线网拓扑结构、列车运行计划和客流出行三网合一的客流风险融合推演模型和多域认知交融的乘客与引导信息交互模型；提出基于车站疏散网络能力和客流分布特征的瓶颈设施辨识和均衡疏导方法；攻克基于机器视觉、深度学习模型和随机理论的客流集散行为精细化特征刻画关键技术，完成场景驱动的城市轨道交通运营客流风险评估与防控技术的研究。（3）首次界定乘客异常行为和情绪特征及内涵，构建基于纹理和人头检测相结合的场景自适应客流密度统计模型，研究基于乘客异常行为和情绪融合的乘客自动跟踪与客流状态智能化辨识分级方法与技术，研制城市轨道交通运营客流风险智能识别设备与管控平台。

项目形成授权专利6项，论文25篇，专著2部，软件著作权11项。相关研究成果应用在北京、上海、南昌、深圳、福州、西安等城市轨道交通客流风险管控中，不仅提高城轨车站客流均衡疏导及车站内客流协同诱导能力，降低车站客流聚集及客流拥堵在轨道交通网络上传播的风险，同时在客流风险管控平台的支撑下，提升城轨系统客流风险管控智能化水平，有效地保障城轨运营安全、降低客流风险、提升服务品质和增加运营效能。

（北京交通大学）

【跨座式单轨钢-混凝土结合轨道梁关键技术及应用】

项目获2022年度城市轨道交通科技进步奖一等奖。

跨座式单轨是车辆采用橡胶车轮骑跨于"梁轨合一"的轨道梁上运行的中运量轨道交通系统，具有爬坡能力大、转弯半径小，适应地形能力强等特点，轨道梁是该系统三大关键技术之一，对整个系统的运营安全和效率有着至关重要的影响。2013年国家发展改革委将轻型跨座式单轨作为轻轨的主导模式重点发展，越来越多的中等规模城市开始构建多层次立体化轨道交通系统。课题组依托北京市科委《轻型跨座式单轨交通系统工程应用研究》课题开展钢-混凝土结合轨道梁关键技术的系统研究，在设计理论和方法、桥型结构设计、建造和线形控制技术等方面开展技术攻关工作，研究成果发展结合轨道梁设计理论，创新轨道梁桥结构形式，扩展跨座式单轨的适用范围，构建结合轨道梁建造成套技术：（1）基于数值仿真分析和实车动力测试结果，构建新型跨座式单轨结合轨道梁设计方法，提出动力系数计算公式和疲劳设计参数，发展结合轨道梁设计理论。（2）设计跨座式单轨新型结合轨道梁结构，研发连续结合轨道梁负弯矩区抗裂技术，发明结合轨道梁融冰雪技术，扩展跨座式单轨的适用范围。（3）建立结合轨道梁制造工艺、线形控制方法和架设技术，研发可调式球型钢支座，形成结合轨道梁建造成套技术，保障结合轨道梁行车平顺性控制目标。

该项目获得发明专利4项、实用新型专利9项、软件著作权1项，发表科技论文7篇。研究成果应用于芜湖轨道交通工程，建成第一条全自动无人驾驶跨座式单轨线路，节约建设成本3360万元，社会、经济和环保效益显著。经行业专家评审认为在结合轨道梁动力系数与疲劳参数计算方法达到国际领先水平。

（中铁工程设计咨询集团有限公司）

【山地城市地铁工程设计建造关键技术创新与应用】

项目获2022年度城市轨道交通科技进步奖一等奖。

践行交通强国战略，总结重庆20多年的技术发展经验，依托重庆环线工程的成套技术研发与工程化应用，山地城市地铁工程设计建造技术实现质的飞跃，是全球唯一荣获菲迪克2022年度杰出项目奖的大型项目。设计建造世界上山地城市环线运营里程最长（50.88公里）、车辆型式最新（首创As车辆）、越江难度最大（3种桥型，3次越江）、换乘数量最多（线网中11条线、13座车站）、衔接能力最强（4线互联互通、3座高铁火车站、4座综合公交枢纽）的工程实践。围绕工程建设，经历10多年的科研技术攻关，形成具有自主知识产权的设计建造标准体系，该项目成果对相关领域和科技进步起到示范作用。

该项目主要创新成果：（1）创立具有自主知识产权适应山地城市特点的地铁设计、建造成套技术体系，新编《重庆市地铁设计规范》《地铁工程施工质量验收标准》等5部地方标准，填补城市轨道交通技术空白，为山地城市地铁建设提供技术依据。（2）突破一般地铁线路平面转弯半径、纵向坡度、消防疏散等设计标准，创新研发新型限界计算、区间疏散平台、山地城市As型车等新技术，系统性解决山地城市线路埋深大、转弯半径小、坡度陡、疏散难度大等建设难题。（3）规划设计国际上首个基于标准化、系统性、网络化互联互通方案，研发立体交叉联络线、越行站、网络CBTC、COCC、全局调度系统等技术，首次实现环线与线网中多条射线互联互通的运营，提高轨道线网整体的运营效率。（4）创新适用山地城市

地铁建设的多种技术工法，研发山地盾构法、超大断面暗挖、大跨度越江桥梁伸缩装置、轨道减震等山地地铁关键建造技术。（5）开创集一键开关站、智慧客服、智慧能源管控等功能于一体的山地城市绿色智慧车站应用新技术，建造山地复杂地形的TOD工程项目，践行智慧城轨、绿色低碳发展理念，促进城轨交通可持续高质量的发展。

编制地方标准5项，授权国家发明专利13项，授权的其他知识产权24项，专著1部，学术论文25篇。依托工程获得菲迪克杰出项目奖1项，省部级一等奖2项。

技术经济指标、应用及效益情况：项目研究成果解决山地城市地铁工程设计建造关键技术难题，经技术创新及专家组评价，项目成果整体达到国际先进水平，车辆技术、互联互通技术达到国际领先水平。成果已在全国24个城市、50余条线路推广应用，推动科研成果转化为生产力。

（重庆市轨道交通〔集团〕有限公司）

【新一代城市轨道交通工程结构监测与安全评估系统】

项目获2022年度城市轨道交通科技进步奖一等奖

该项目基于光纤光栅阵列传感技术，结合城市轨道交通特点，在国内率先研制出适用于城市轨道交通隧道应用环境的大容量、高精度、高密度、长距离、高可靠的光纤光栅阵列振动探测光缆和分布式声波探测器，并建立配套的生产检测、工程安装及验收、维护维修规范，形成隧道结构振动安全标准数据库、制定隧道结构突发事故与病害的预警和报警策略、开发隧道结构健康诊断算法，最终形成涵盖新一代轨道交通工程结构监测与安全评估系统设计、制造、施工、维护维修的成套技术，填补城市轨道交通外部入侵事件、道床结构/轨道结构/列车轮轴健康状态、道床减震效果等方面实时在线监测与评估的技术空白，有效弥补保护区人工巡线存在空窗期、基于结构"表面特征"的人工巡检方式的不足，为城市轨道交通安全可靠运行与科学养护维修提供坚实的技术支撑，对推进行业技术进步具有重大意义。

该项目的主要创新点：（1）首创基于大容量光栅阵列传感网络新技术实现地铁隧道工程结构状态全时全域在线实时监测功能。（2）率先实现轨道交通隧道结构全线非预期施工作业的及时感知，尤其是突破性实现对地勘钻探施工振动信号极弱但对地铁隧道结构威胁很大的入侵事件实时监测和准确报警。（3）引入大数据统计分析的相似度概念，通过对地铁线路道床和隧道管壁上不同测区、不同趟次的来车振动数据进行信号特征及相似度分析，实现对轮轨关系状态、轨道缺陷、道床减振效果、隧道结构状态的诊断与评估。

项目原创性强，获授权发明专利3项、实用新型专利授权6项、软件著作权6项。

该系统根据结构性能及其退化趋势给予日常管养建议，延长结构使用寿命，节约维护成本。以武汉地铁为例，每修复或加固一环盾构管片需耗时1周（3个台班）、耗资约25万元，此外还可以提供在线实时监测管理平台，提升工作效率，实现减员增效，以武汉地铁8号线（39公里）为例，目前配置地保巡线人员42人，有监测系统保障12个人已足够，可节约人力资源约70%。

该系统自2021年5月首段开通和2021年11月全线开通以来，在武汉地铁8号线正式应用一年多时间，系统运行稳定、应用效果良好，目前武汉及外地多个城市地铁公司正推动在地铁线路中陆续应用该系统。

（武汉地铁集团有限公司）

【城市轨道交通矿山法隧道工程施工智能监测预警关键技术研究及应用】

项目获2022年度城市轨道交通科技进步奖一等奖。

该项目以城市轨道交通矿山法施工为研究对象，围绕隧道工程安全施工信息化核心需求，针对矿山法地铁隧道施工的工程特点与风险特征，以传感器技术、物联网技术等为引领，研制地面、隧道几何位移自动化监测传感器及其集成系统；研发安全风险预控及监测管理平台实现监测数据的统一管理及分析；构建针对矿山法施工风险的监测预警防控体系并在广州地铁部分线路展开示范应用。

通过对项目研究成果的整理提炼，取得成果如下：（1）研制针对城市轨道交通矿山法隧道工程监测的成套设备，填补矿山法施工过程中前方土体态势自动化监测的技术空白，提高现有监测技术水平；相关成果取得5项国家发明专利授权。（2）开发《轨道交通工程安全风险预控系统（手机端）》《轨道交通工程安全风险预控系统（PC端）》《矿山法施工风险监测预控平台》并取得计算机软件著作权，实现矿山法隧道工程的多源传感器动态监测管理、风险动态评估及安全风险预控等功能，为工程建设各方提供科学高效的应用平台。（3）完成《矿山法施工风险有限元初步分析及预警防控体系研究分析报告》《暗挖法隧道施工监测技术指南》，首次建立轨道交通矿山法预警防控体系，为四项传感器的埋设方法及工艺提供指导，科学高效的指导轨道交通矿山法施工。（4）依托该项目的研究成果和城市轨道交通监测的丰富工程经验，主编《城市轨道交通既有结构保护监测技术标准》（DBJ/T 15-231-2021）等规范。（5）项目组总结项目相关成果和经验在国内外各大期刊发表《基于智能全站仪的地铁隧道自动化监测精度分析及验证》《Automatic subway tunnel displacement monitoring using robotic total station》等论文4篇。

采用研制的矿山法施工信息化监测软硬件系统，结合构建的施工风险监测预警防控体系，在广州5号线东延

段、12号线及同步实施工程、13号线二期、11号线及广州白云（棠溪）站综合交通枢纽一体化建设等工程中应用，取得显著的经济效益和社会效益。该项目于2022年12月2日通过科技成果鉴定，鉴定委员会认为该研究成果达到国际先进水平。

（广州地铁集团有限公司）

【软土地层城市轨道交通隧道韧性结构体系及数字化技术】

项目获2022年度城市轨道交通科技进步奖一等奖。

绍兴地处钱塘江口的海相沉积地层，软土的不均匀性比长江口的海相沉积层更为显著，地铁盾构隧道的服役安全挑战比上海等地更为严峻。国内外类似软土地层中地铁盾构隧道均存在严重的结构变形、开裂、渗漏水等病害案例，威胁地铁线路的安全和高品质运营，以至于不得不投入大量资金进行纠偏、维修，停运整治工作严重影响正常的运营组织和周边地块开发。为保障绍兴地铁盾构隧道结构全生命周期内的服役性能，项目组开展联合攻关，在韧性隧道结构、地层综合处治和工程数字化建管等三个方面取得技术突破：（1）研发适应线路周边环境变化特征的盾构隧道韧性主体结构：开展极限加卸载工况下错缝拼装盾构隧道的系列足尺试验，优化错缝拼装盾构隧道的主体结构和防水密封垫设计。足尺试验显示，韧性隧道结构的容许极限收敛变形提升37%，极限卸载量提升141%，显著提高隧道的结构韧性。在国内首次大范围开展韧性隧道结构的工程实践，保障绍兴轨道交通隧道基础结构的服役品质。（2）创建适应软土空间变异性质的隧道穿越地层综合处置技术：建立隧道-土体的系统刚度计算理论，提出隧道与土体系统刚度协调的设计新方法，创建基于变形与沉降预控的软土地层分区分类加固设计技术和加固注浆工艺。采用该技术，绍兴市城市轨道交通成形隧道椭圆度大幅下降，超过90%隧道环的椭圆度小于3‰D，显著提升盾构隧道与土体系统的抗变形能力。（3）建立软土地层地铁盾构隧道全生命周期的数字化管理模式：以全生命周期视角统筹隧道设计生产、施工建设、运维养护各阶段；基于BIM自主研发管片参数化设计、盾构隧道生产运输信息移交、拼装施工物联感知、资产档案建档及移交、资产健康状况监测等技术及解决方案，以统一的BIM模型、数据标准为基础在工程建设领域突破全生命周期数字化管理技术，引领轨道交通行业工程数字化发展。

项目总体技术在中国城市轨道交通协会鉴定为达到国际先进水平，其中软土地层与盾构隧道刚度协调的结构体系达到国际领先水平。成果直接应用于绍兴市城市轨道交通1、2号线区间隧道的设计、施工及管理工程，推广应用于杭州、宁波等类似软土地层盾构隧道。主编参编国家行

业等标准7项，授权专利24项（其中发明专利17项），发表论文21篇，工法3项，出版专著1部，近三年累计新增产值9.70亿元，经济、社会、环境效益显著。

（绍兴市轨道交通集团有限公司）

【山地城市轨道交通As型车研发与应用】
项目获2022年度城市轨道交通科技进步奖二等奖。

重庆轨道交通因频繁跨江、穿山导致线路工程建设难度大、周期长、投资高。基于山地城市地形特点及轨道交通快速发展的需求，为降低工程建设成本，研发一种适合重庆山地城市的新型轨道交通地铁车辆。

研制的山地城市轨道交通As型车旨在适用于小曲线、大坡道的环境，把列车的最大爬坡能力由35‰提高到50‰，估算车站埋深提升最大可达15米，最小圆曲线半径由350米降低到250米，大幅缩小困难地段的拆迁范围。地铁As型车的采用可有效减少工程建设投资，降低运营成本，并节约进出站、换乘时间，全面提升乘坐体验。主要创新内容：（1）研制适用于山地城市复杂运用环境的As型车，爬坡能力达50‰，可通过250米正线小曲线，成效显著。（2）采用5:1动拖比架控牵引、制动系统，实现50‰坡道牵引、制动、救援等工况的性能要求。（3）通过优化车长、定距、车间距、轴距等顶层参数，实现列车正线250米半径曲线正常运行，增强车辆针对复杂线路特征的适应能力，有利于控制新线建设成本。（4）国内首创双弓受电技术，全面优化弓网关系，提升弓网寿命。（5）构建完备的山地城市As型车技术标准体系，填补国内空白。（6）为首次在国内实现车辆跨线网络化运营功能奠定基础。

该项目团队申报并得到授权的国家发明专利10项，实用新型专利28项，授权外观设计专利4项，同时该车型的车辆产品获批2017年度重庆市重大新产品。As型车通过车辆爬坡能力的提高，使车站的最大埋深减少，同时线路曲线半径减小，将困难地段的拆迁范围大幅度缩小，工程建设费用和设备投资大幅降低。As型车经过重庆二轮建设规划4、5、9、10、环线以及江跳线（双流制车辆）的应用，运营可靠性、安全性良好，线路适应性好；通过双弓受电、车辆轻量化设计和设备统型等创新使轮轨磨耗、接触网磨耗均优于重庆B型车，运营成本较传统B型车有明显降低。在后续重庆市轨道交通建设规划的7、17、24号线等5条线路继续采用山地城市轨道交通As型车辆。

山地城市As型车的车辆创新设计与应用，对于山地特殊地形的城市，有大运量需求的轨道交通线路提供新的选择，并起到良好的示范作用。山地城市As型车已纳入国家城市轨道交通分类地铁车辆车型分类中，与地铁A型车、B型车并列成为城市轨道交通的一种成熟车型。

（重庆市轨道交通〔集团〕有限公司）

【基于数据公信的轨道交通地下车站超高效低碳智能环控系统】
项目获2022年度城市轨道交通科技进步奖二等奖。

城市轨道交通制冷机房及空调系统能效提升是实现绿色城轨建设的重要课题。近年轨道交通高效制冷系统快速发展，交付模式从独立的设备指标交付逐步转换成更高要求的系统全年运行能效指标交付。

基于以上背景，本科研项目2018年开始前期技术研究，2020年课题正式立项，项目完成单位为南京福加自动化科技有限公司、宁波市轨道交通集团有限公司、南京天加环境科技有限公司，从以下几个方面开展创新性研究：（1）基于客流数据、气象参数、历史负荷的能耗预测模型，创建以AI机器学习为核心的运行能耗模拟方法，解决多系统、多设备、多变量运行匹配的难题。（2）建立基于神经网络与系统物理模型融合的全局寻优算法，实现全年不同工况下低能耗运行。（3）首次应用区块链数据加密传输管理技术，实现环控系统运行数据透明、加密传输和数据共管等功能，提升数据公信力。（4）研发智慧能源管理云平台，实现可视可控的健康诊断、能耗分析、工单运维等功能，保证项目的全生命期整体费用最低。

技术成果于2022年8月19日通过专家组科技成果鉴定，鉴定结论为"国际领先，行业首创"，获授权知识产权12项，其中发明专利3项，实用新型专利3项，软著6项，另外发表核心期刊论文6篇，在编匹体标准6项，发布企业标准1项。兴庄路站科研项目制冷机房系统全年运行能效比达6.93，空调系统全年能效比达4.32，能效水平比行业平均水平提升逾50%，提前十年达到《绿色高效制冷行动方案》中要求的"到2030年，大型公共建筑制冷能效提升30%，制冷总体能效水平提升25%以上"的指标要求。

该技术在广州地铁在建160多个车站推广应用，在深圳地铁、苏州、宁波、福州、徐州、佛山、郑州等国内其他诸多城市地铁推广应用。

（南京福加自动化科技有限公司）

【富水超厚砂卵石层城市轨道交通建造技术及应用】
项目获2022年度城市轨道交通科技进步奖二等奖。

城市轨道交通建设中的砂卵石地层往往具有渗透系数大、工程稳定性差等特点，特别在富水超厚砂卵石地层中的城市轨道交通建设，将面临工程降水对周边环境的影响评价方法和控制技术不完善、基坑围护结构设计方法与支护控制技术不成熟、盾构始发及接收端头和联络通道加固方式不经济、不可靠等问题。该课题依托洛阳轨道交通1、2号线工程对以上技术难题展开科研攻关。

项目主要技术创新点：（1）富水超厚卵石层降水施工对周边环境影响评价及控制技术。以抽水试验数据为基础，基于Newman模型提出卵石潜水含水层渗透系数计算方法；建立同时考虑降水过程中地下水位动态变化、颗粒运移水力条件和水力梯度分布等因素影响的砂卵石地层渗透稳定性分析方法，实现深基坑渗透稳定性的精确预测和动态评价，揭示降水施工中发生管涌破坏的机理和风险等级；建立基于滤土降压原理的砂卵石地层降水井滤料设计方法，形成组合式降水影响控制技术。（2）富水超厚砂卵石地层基坑围护结构设计方法与支护控制技术。建立适用于富水超厚砂卵石地层的土压力量化计算公式，构建基于综合刚度指标的富水超厚砂卵石地层基坑围护结构整体式设计方法，提出基坑标准化围护结构型式与参数，明确富水超厚砂卵石地层基坑支护控制时机。（3）富水超厚砂卵石地层地下工程施工新技术。形成以增设闭合处理区为手段的盾构施工工作井端头加固处理技术，建立富水超厚砂卵石地层联络通道带水注浆加固施工方法，提出联络通道人工冻结施工风险防控优化措施。

依托该科研项目研究获得专利22项，成果形成学术论文12篇、省级工法2项。成果成功应用于洛阳市轨道交通1号线和2号线，并推广至成都地铁等城市轨道交通的建设，取得良好的经济效益，累计产值14.6亿元，新增利润0.73亿元。成果经鉴定委员会鉴定为：成果实用性强，具有自主知识产权，达到国际先进水平。

（洛阳市轨道交通集团有限责任公司）

【城市轨道交通车辆车轮踏面在线修形关键技术与工程应用】

项目获2022年度城市轨道交通科技进步奖二等奖。

随着中国城市化发展，对地铁车辆的运行速度、载运量等提出更高要求，盘型制动车辆得到广泛应用，随之而来的车轮多边形问题愈加凸显，进而诱发轮轨异常振动，造成构架开裂、钢簧断裂、零件脱落等危害，严重影响运行安全和品质。此前，地铁普遍采用频繁镟修车轮的补救措施，但该措施无法从根源上及时消除其带来的危害，且大幅缩短车轮寿命、增加运维成本。面对车轮多边形成因复杂、既有措施不力的难题，亟待提出一种实时高效的车轮多边形解决手段。

该项目创新提出"在线修形技术"理念，形成"设计理论、成套技术、验证评价"体系，从工程角度解决车轮多边形难题。取得如下创新成果：（1）基于现车大数据研究，形成变因修正因子，揭示车型、速度等变因耦合下车轮多边形演变规律及预测模型；首次提出基于硬质颗粒延性域磨削的"动态产消平衡"在线修形方法。该技术有效抑制多边形的产生，解决多边形消除效果和车轮寿命难以兼顾的问题，填补多边形在线修形技术空白，较镟修方式，在线修形车轮运维周期延长超1倍、典型线路轮轨异常振动降低超50%。（2）创新性提出多孔隙低密度微孔

成型技术，形成适应多变工况的研磨材料配方与制备技术体系；发明具备可控研磨、柔性偏摆等功能的高可靠、小型轻量化踏面修形装置，形成满足地铁车辆配置需求的产品谱系；提出适应多变工况最优修形需求的控制策略，构建面向整车平台的踏面修形装置系统集成方案。该成套系统技术可满足80~140公里/小时地铁车辆的配置需求，较镟修方式，在线修形多边形故障率降低99%。（3）提出时变工况下的"多边形振动激励"修形效果去现车化试验方案，首创研制1∶1轮轨耦合激振修形试验台，形成全速域、全工况模拟的地面一站式集成化试验与验证能力；提出基于振动参数在线监测及面向全寿命周期跟踪监测的多边形状态评估方法，制定在线修形系统运用效能验证的标准规范，构建完善的在线修形系统多维评价体系。产品验证周期较现车验证方案缩短60%。

项目授权专利9件、申请国际专利2件，制定标准4项，发表论文5篇。项目成果经江苏省鉴定，达到国际领先水平。截至目前，在线修形成套系统在城轨新造盘型制动车辆配置率达70%，且既有运用市场占有率达100%，创造产值超2亿元，节约运维成本近4亿元。

（中车戚墅堰机车车辆工艺研究所有限公司）

【饱和软土敏感环境暗挖地铁车站建造技术及装备研发】

项目获2022年度城市轨道交通科技进步奖二等奖。

近年来，中国特大城市地铁新建项目在密集的城市建筑与复杂的地下线（管）网的夹缝中延伸。当地铁车站设置于城市核心区域时，传统明挖法施工与社会环境、居民生活的矛盾日益凸显，影响工程实施进度，有时还会带来严重的社会负面影响，危及工程与环境安全，成为行业共性难题。

为破解上述问题，暗挖工艺逐渐成为复杂环境下修建地下车站的首选，但现有的暗挖方法在软弱地层适应性差，难以满足大客流车站断面设置需求、软土地层环境保护以及运营期结构耐久性等关键问题。为此，上海地铁联合相关设计、施工单位及科研院校开展技术攻关，历时近十年，建立软弱地层地铁车站暗挖建造全新技术体系，形成以下创新成果：（1）创建城市复杂环境下多顶管组合穿越型暗挖地铁车站建造技术。提出多顶管品字形暗挖地铁车站设计方法，研发地铁车站暗挖专用掘进机及近间距深覆土掘进技术，研发超大断面拼装式钢-砼复合管节建造装备及施工技术，首创多顶管法实施车站主体结构新方法，示范项目被评选为国际隧协年度超越工程。专家委员会评价，该方法具有原创性、可推广性，有效解决中心城区地铁车站建设对交通和环境的影响。（2）创建饱和软土地层超长特大断面管幕法地铁车站建造技术。提出饱和软土地层平顶直墙管幕-空间桁架支护体系，研制具有

土液转换功能的长距离、高精度、浅覆土土压平衡顶管装备系统，研发大断面、长距离、小空间水平加固-高效挖土-快速支撑关键技术，成功实施国内外首个软土地层管幕暗挖地铁车站结构。专家评价该技术自成体系，为特大断面暗挖法车站修建奠定技术基础。（3）研发软土地铁车站束合管幕暗挖建造技术。自主研制矩形钢管群横向施加预应力的新型束合管幕结构，配套研发全断面切削行星刀盘矩形顶管机及微扰动施工控制技术，解决束合管幕结构的"卡脖子"难题，建立复杂敏感环境地下工程束合管幕工法的标准体系。

该项目授权专利9项，发表学术论文30余篇，形成上海市工法1项、企业工法2项，出版专著2部。项目总体技术达到国际先进水平，成功应用于上海地铁14号线静安寺、桂桥路和武定路站工程，推广应用于无锡、杭州等长三角城市的轨道交通车站建设。新增产值8.22亿元，利税7707.05万元，经济及社会效益显著。

（上海申通地铁集团有限公司）

【智慧城轨的全要素感知认知与数字孪生关键技术研发及应用】

项目获2022年度城市轨道交通科技进步奖二等奖。

智慧城轨的建设可以保障城轨全局安全、提高运输效率、改善经营效益和提升服务质量，通过构建一套数字孪生的城轨智慧管理系统，用开放式的架构和可拓展框架，形成开放、多方参与、各施其能的可循序渐进的智慧城轨协作共赢的开发生态，支持产业创新和孵化。

项目的主要创新成果：（1）首创城轨交通系统SCPS模型，提出复杂场景下超大规模城轨数据处理算法，搭建面向城轨的多源异构多模态全要素智能感知平台。针对城轨数据多源异构多模态的特点，提出开放式的城轨交通SCPS模型，实现城轨交通系统业务信息与社会信息的有效融合；创新一系列城市轨道交通系统数据处理算法，实现强噪声、多冗余、不平衡带等条件下城轨全要素数据感知，城轨系统数据感知的耐噪能力提升10%；建立全要素城轨感知平台，实现大规模的全要素数据接入、集成与全域全生命周期数据管理。（2）突破城轨交通智能调度、智能运维及车站环控技术，实现高效的城轨智慧化运营。提出基于客流预测的城轨智能调度算法，保障不同客流密度场景下运营调度的合理性和时效性，有效提升城轨运行效率，客流预测准确度达到95%；提出面向城轨交通的智能运维M³技术体系，实现城轨交通运维业务的降本增效，年检修频次减少30%，检修维护成本降低25%，设备年平均故障率降低40%；提出基于混合模型的车站环控系统预测控制方法，解决城轨车站节能控制策略的全局寻优和实时动态控制难题，实现综合能效的大幅提升，能耗降低12.7%，夏季用电峰值负荷降低约35%。（3）构建数字

孪生的城轨智慧管理系统，搭建城市轨道交通"大脑"。提出多尺度多维度模型融合的城轨数字孪生模型构建方法，构建"分析-仿真-决策"完整框架的城轨智能化数字管理引擎；基于数字孪生引擎搭建了城市轨道交通"大脑"，实现在乘客服务、城轨运营和运维管理等业务方面管理的多元化、精细化和智能化。

项目围绕成果申请发明专利68项，其中获得授权37项，发表高水平论文（SCI/EI）60篇。专家委员会一致认为"成果技术及应用整体达到国际先进水平"。项目成果应用到于广州、佛山、长沙及成都等城市的多条地铁线路中，保障了城市轨道交通的安全可靠、高效经济运行。近三年，项目累计新增销售额超40亿元，新增净利润超1.1亿元，经济社会效益显著。

（广州新科佳都科技有限公司）

【复杂运营环境下城市轨道交通钢轨波磨控制的关键技术及应用】

项目获2022年度城市轨道交通科技进步奖二等奖。

针对城市轨道交通亟待解决的影响安全运营与乘车舒适度的钢轨异常波磨问题，利用大数据与人工智能技术开展智慧化波磨管理及整治的成套技术研究。涵盖钢轨波磨检测技术及关键装备研制、智能化管理系统软硬件一体化技术、数据及机理双驱动的人工智能算法、机理干预与快速修复相结合的整治技术。主要研究创新成果有：提出基于结构光视觉的钢轨波磨全断面检测与定位方法并研制相应的智能检测装备、开发钢轨波磨数据智能管理系统及相应的数据与机理机器学习算法、研制机理干预波磨治理的钢轨黏滑振动抑制设备、制定波磨快速修复的钢轨打磨、铣磨管控体系。（1）研发的波磨小车采样步长1mm，测量精度1um，可重复性测试误差小于3%、每公里里程误差不超过1%，达到国际先进水平。（2）依托轨道检查车的全断面（半断面）采集系统，完全取代人工数据与曲线台账的对应工作，分析效率提升30倍。（3）自主开发的智能数据分析及波磨分布分级算法，将曲线的波磨按照线路分级进行可视化表达，并能够结合历史数据，对异常波磨进行预测预警，从而制定合理的打、铣磨策略，延长钢轨使用寿命，节约维护成本20%。（4）首次定量提出基于车内噪声值的钢轨异常磨耗的预测预警，实现波磨的状态管控，提升乘车舒适度。（5）基于机理干预的基础理论，研发钢轨动力吸振器可有效地抑制引起钢轨波磨的轮轨粘滑振动，控制效果提高了15%。

该成果应用于全国多个城市，为中国城市轨道交通提供一种机理干预与修理结合的系统性的波磨智能管控解决方案。项目技术经济指标：该项目获得专利15项，计算机软件著作权22项，发表论文37篇。促进行业科技进步作用：技术成果经过现场测试、理论机理分析以及实验室、

专业检测部门和实际工程的检验，智能钢轨波磨检测小车得到中国计量科学研究院测试检验；主要技术和装备在国内多个城市实际工程项目中得到推广应用，验证其完善性和技术再现性。

该技术成果自2015年1月至2021年9月在中国逐步推广应用，得到用户的广泛认可。本技术在北京、上海、广州、深圳等24个城市共计64条城市轨道交通线路上得到快速推广应用，产生4057.00万元的经济效益。

（北京东方维平轨道交通科技有限公司）

【多源数据驱动的城轨桥隧结构病害智慧诊治与性能动态评估技术】

项目获2022年度城市轨道交通科技进步奖二等奖。

轨道交通桥隧运营空间相对封闭、服役环境复杂，长期服役过程中出现结构性病害、突发事故等潜在运营风险极高，极易造成大量人员伤亡、区域交通瘫痪、经济损失惨重、社会影响恶劣的严重后果。究其原因，风险及挑战主要来源于三方面：（1）单体隧道渗水变形病害多发、人工检测效率低、难治理易复发。（2）隧间桥梁病害发展隐匿、预警指标不敏感、性能评估时效差。（3）桥隧管养信息多源异构、数据交互分析难、突发处置效率低。为此，该项目历经近10年"产、学、研、用"协同攻关，攻克"隧道群病害诊治低效——桥梁性能预警失效——桥隧运营风险失控"的三大技术难题。

该项目取得创新成果：（1）基于图像数据的隧道开裂渗水变形病害智能检测诊治技术。提出海量图像深度学习的隧道开裂渗水病害智能检测技术，研发车载快速移动智能检测平台。提出基于多功能复合材料的渗漏水病害处置方法，建立基于光纤应变监测数据分析的隧道变形分析修复技术，有效解决城轨隧道结构"病害多发、诊治低效"的难题，实现对病害的"快速动态检测、因病施治"。（2）基于监测数据的城轨桥梁承载能力动态预警评估技术。提出桥梁结构时-空多维监测数据降维解析方法，建立基于荷载-响应相关建模的多类型构件性能异常预警技术，实现支座、伸缩缝、主梁等易损构件实时在线预警，提出基于车载平台移动加载的桥梁结构承载能力动态评估巡检技术，攻克桥梁"性能劣化发展隐匿、预警滞后"的难题，实现对其服役性能的"实时在线预警、动态追踪"。（3）基于多源异构数据融合分析的桥隧协同管控智慧运维技术。提出运营状态下基于多源检监测数据融合分析的城轨桥隧线路运营风险综合评估方法，建立多级风险预警阈值设置方法及预警机制。研发桥隧结构群突发紧急状态下应急处置决策方法，搭建融合海量多源监测数据的桥隧群运营决策管理平台，推动桥梁隧道群运营风险从"被动应对"向"主动管控"的转变。

该项目申请专利27项，软件著作权9项，出版专著3部、发表论文60余篇，出版工程标准6项，先后获日内瓦国际发明展金奖、俄罗斯国家代表团评选的最佳发明奖。相关技术直接在中国多个地区的城市轨道交通桥隧工程中得到应用，有效降低桥隧群管养成本、确保服役安全、避免了重特大事故发生。专家组对该项目技术成果给予高度评价，一致认为核心技术成果达到国际领先水平，产生显著的经济和社会效益。

（大连理工大学）

【面向大客流的全自动线路运营组织及维护保障关键技术的应用与研究】

项目获2022年度城市轨道交通科技进步奖二等奖。

该项目以全球首条日最高客流超百万的GoA4级全自动运行线路——上海地铁10号线为依托，针对大客流全自动运行系统线路提出以中央集控为核心的管理模式，对辅助中央集控的运维关键技术进行研究与应用，主要科技内容和创新成果：（1）基于大客流的全自动运行线路特征，首创中央集控的运营管理模式。以控制中心行车、乘客、维修等调度专业为集中抓手，通过数字运维智能平台实现行车及维修的扁平化指挥、客运远程服务，并制定全过程的管理标准，攻关100秒间隔高密度运营，化解10号线大客流的风险，并积累小间隔运营管理经验。（2）首创中央集控的运维全场景协同。提出中央集控、多职能协同、列控正线值乘等新模式，解决运营与维护业务整体管理分散、场段作业与正线作业管理分离问题；研发正线场段一体化控制，实现列车于全线全自动区域内自动休眠唤醒自检和多职能队员的智能派班。（3）建立全自动运行线路"健康状态监测"体系。通过对全自动运行历史故障分析梳理，建立有效的维护策略建议，并对全自动运行运营风险开展研究，首次提出以"人工介入系统安全闭环时的风险"为主脉络的风险辨识路线。（4）自主化研制列车网络系统，实现与数字运维协调平台（列车在线监测平台）的无缝链接。同时具有可扩展性能力强、融合司机排故辅助与检修维护相结合等优势，将人机界面与应急排故、快速维修进行匹配。

该项目申请14项专利，皆已授权，发表论文15篇。成果率先应用于上海地铁10号线，运营8年乘客满意度居全网前列。项目负责单位向国内同行推广大客流全自动运行系统的成果，得到同行认同，并在南京、苏州、福州、太原、柳州、南宁、芜湖、徐州等全国各地全自动运行线路推广。

（上海申通地铁集团有限公司）

【地铁车站基坑下穿高铁桥梁微变形控制关键技术研究】

项目获2022年度城市轨道交通科技进步奖二等奖。

本项目主要科技内容分三部分：地铁基坑开挖对穗莞

深城际铁路桥梁影响研究，钢支撑轴力伺服系统在近接高铁基坑开挖中的应用及优化技术研究，地铁基坑穗莞深城际铁路桥墩保护控制技术合理性研究。研究取得以下三大创新成果：（1）提出地铁基坑开挖对城际铁路桥梁影响分区和影响机理及规律，能够有效指导基坑设计、施工及桥梁保护控制，实现不同基坑开挖位置下桥梁状态的精准预测。（2）提出"双控法"钢支撑伺服系统应用指导方法，能够科学指导伺服系统应用过程中涉及到的轴力设定值、方位布置、节点优化、预加轴力等关键环节。（3）提出地铁基坑下穿城际铁路桥墩保护控制措施，涵盖桥墩加固方式、围护结构形式、开挖施工工序三方面，提高桥墩保护控制的安全性和经济性。

该项目完成发明专利2项，其中1项实审阶段；实用新型专利10项；完成5项省部级工法；论文8篇。研究成果在深圳地铁12号线和平坦下穿穗莞深城际铁路成功应用，为国内首例地铁车站基坑下穿城际铁路桥墩，助力城际铁路的正常运营，保障线路4.2亿／年的运营收入；保障工程建设质量，节约建设成本5000万元；助力拉动地区国内生产总值7.98亿元。科技成果总体上达到国际先进水平，其中"基于双控法的钢支撑轴力伺服系统的应用技术研究"达到国际领先水平。

（广州地铁设计研究院股份有限公司）

【山地城市轨道交通长大连续坡道关键技术研究】
项目获2022年度城市轨道交通科技进步奖二等奖。

在贵阳喀斯特地貌条件下，轨道交通建设之初面临着线路选线降坡的难题，1号线从观山湖区至老城区的线路落差高达220余米，海拔落差之大在世界各城市轨道交通建设领域实属罕见。为解决线路选线、系统配置、运营组织等方面的问题，保障建设及运营安全，根据1号线长大连续坡道段的工程特点研究总结出适用于山地城市轨道交通长大连续坡道建设及运营的成套技术，形成长大坡道轨道交通选线设计、轨道稳定性设置、再生制动回馈、接触网上下行并网供电等关键技术，保障贵阳轨道交通1号线的顺利建成投运。

该项目主要科技创新：（1）轨道交通长大连续坡道运营安全保障方面，通过线路选型及纵坡设计、安全停车线设置、车辆选型特别是制动系统配置，以及通信信号系统、防排烟消防给水系统、应急照明广播系统等分析研究，从而保障设计、实施及运营的安全可靠。（2）轨道稳定性方面填补国内研究领域的空白，为轨道交通长大连续坡道线路设计提供理论依据，使轨道结构能够提供足够的强度和稳定性，提高运营安全性，减少后期养护维修，具有显著的经济效益。（3）再生制动回馈方面，结合长大坡道区段设置再生制动能量吸收装置，既能大量节省运营电费，又不影响供电的高可靠性。该方案在国内城市轨

道交通工程领域尚属首次应用，填补国内空白。（4）牵引网上下行并网供电方面，长大坡道区间对于上坡线路，由于列车持续取流，且牵引网电流大、电能消耗大，导致牵引网的电压降大；对于下坡线路，由于列车在绝大部分时间内都不牵引取流，导致列车发热和闸瓦磨耗严重、污染沿线环境，牵引网载流能力和列车再生制动能量均未得到充分利用。为解决上述问题，项目采用在长大坡道供电分区内将上、下行直流牵引网并联供电技术改变传统的上、下行牵引网独立运行方式，成功解决了牵引网上、下行网压质量及再生制动能量利用的难题，为国内外首创，实现工程节能运行，保证运营安全可靠性。成果应用于贵阳轨道交通1号线，实现100%安全供电，节省的初期运营电费约为190万元／年。

研究成果经轨道交通1号线的运营测试及雨雪凝冻天气的运营检验，不仅有效保障长大连续坡道的运营安全，而且在节能减排、绿色环保方面也取得较好的效果。

（贵阳市公共交通投资运营集团有限公司）

【跨座式单轨交通新型梁桥体系关键技术研究与应用】
项目获2022年度城市轨道交通科技进步奖二等奖。

跨座式单轨交通（简称"单轨"）具有经济高效、绿色低碳等优点，弥补了地铁投资高、噪音大的不足，成为众多城市青睐目标，更是中低运量轨道交通主选对象。重庆和芜湖单轨通车里程近150公里，运营历程20年，赢得行业高度评价和认可，示范效应显著。该项目在此基础上继续升级优化，结合发展需求开展研究和应用，获得三个创新点和六项关键技术。

该项目主要创新点：（1）首次揭示PC梁多形态演变机理，建立单轨梁桥形体演变及控制理论体系，提出单轨梁桥精度控制方法，研发三维仿真设计和误差动态评估系统，实现单轨梁桥全过程智能化建造。并攻克三个关键技术：①首次揭示PC梁多形态演变机理，基于瞬时结构变形和结构性能平衡原理，建立PC梁形体控制理论，奠定PC梁形态控制理论基础；②首次推导出PC梁形态转换空间模型，精确推导出单轨梁桥设计与施工线形的数学关系，消除理论误差；③首次研发单轨梁桥三维仿真与误差动态评估系统，实现全过程智能设计、误差动态分析与评估，解决单轨高效建设、精确成桥的智能化建造工程应用难题。（2）揭示单轨梁桥体系传力机制，提出无应力连接刚构梁桥、双肢薄壁桥墩、悬浮式疏散平台等新型单轨梁桥结构，发明无应力连接型钢支座、纵向滑移抗拉支座和小尺度大行程接缝装置等连接构件，解决过去单轨刚构梁桥工序复杂的问题，实现单轨梁桥全装配式建造。并攻克三个关键技术：①揭示单轨梁桥体系转化机制，实现单轨梁桥无应力连接，解决单轨刚构梁桥平顺度控制难的问题；②研发悬浮式疏散平台，实现疏散平台轻量化、低

成本、长寿命、少维修的目标；③总结单轨桥梁全装配式建造技术，优化单轨梁桥预制、安装工艺，解决重庆地形起伏，构件外形不规整，桥墩装配式建造率低的难题。

（3）开展工程规模化应用，建立从设计、施工到运维的全过程技术标准，推动单轨产业升级。

项目成果推广应用到重庆、青岛、株洲、韩国大邱等多个工程中，累计产值57.6亿元，节约投资1.5亿元。获得授权发明专利6项、实用新型专利20项；主编5部国家规范、1部行业标准、4部地方标准，出版专著1部。本项目成果整体应用两年以上，实现单轨梁桥智能建造、资源节约、绿色运维的目标，社会经济效益显著，为单轨推广应用奠定理论和实践基础。

（重庆市轨道交通设计研究院有限责任公司）

【直流架空接触网专用轨回流牵引供电系统研发及应用】

项目获2022年度城市轨道交通科技进步奖二等奖。

"直流架空接触网专用轨回流牵引供电系统研发及应用"为城市轨道交通钢轮钢轨运行车辆类型线路的重大供电系统技术发展与突破技术开发项目。主要科技创新内容如下：（1）该技术方案为国内外首创城市轨道交通供电系统的一种全新供电制式。项目团队搭建牵引供电系统模型、开发仿真模拟计算软件、研发配套继电保护配置和电气设备。（2）可从源头解决城市轨道交通杂散电流泄漏及腐蚀难题。因回流轨绝缘安装，可从源头杜绝杂散电流的泄漏，能够完全解决轨道交通内部钢筋结构及周围市政金属管线的腐蚀及危害的难题。经测试，采用该技术方案的宁波市轨道交通4号线工程开通运行后，沿线金属钢筋电位变化范围最大不足0.04V，土壤电位梯度最大值为0.35mV/m，远远优于规范标准。（3）取消杂散电流排流网设置及杂散电流监测系统。采用本技术方案后，变电所内无需设置杂散电流排流网及杂散电流监测系统。（4）钢轨、站台门直接接地，乘客人身安全更有保障。本技术方案下钢轨、站台门直接接地，实现车辆壳体、钢轨、站台门等电位连接。等电位连接可保证乘客乘车时不因存在电位差而发生电击事故，因此，对乘客人身安全更有保障。

该技术方案已申报授权发明专利5项，实用新型专利8项，获得软著1项，编制发布企业标准3本，公开发表论文4篇。已完成行业标准报批稿1项，完成行业标准立项审批2项，并申请国家标准立项1项。

技术经济指标：（1）采用该技术方案后可减少牵引变电所布点，减少相关土建面积及配套机电设备，降低后期运营维护工作量。按设备30年寿命计算，减少1座牵引变电所可节省建设及运维投资近1100万元/所。（2）可取消钢轨道床内排流网、杂散电流测防端子的设置，并

可降低施工难度、提高轨道施工效率。建设期可节省投资约45万元/公里。（3）取消杂散电流监测系统，可在建设期节省投资55万元/公里。按30年设备使用周期计算，可降低此部分运营维护工作量，初步估算可节省投资15万元/所。

该技术方案已在宁波4号线实施并已开通运营近2年，运营性能平稳，未发生安全运营事故。此外郑州、绍兴、北京、深圳等地区部分线路也采用，并进入动车调试或施工阶段，是未来城市轨道交通供电系统的发展应用方向。

（中铁电气化勘测设计研究院有限公司）

【基于整车级噪声控制的测试技术开发】

项目获2022年度城市轨道交通科技进步奖二等奖。

该项目源于科技部批复的"长春轨道客车股份有限公司研发能力提升暨国家轨道客车系统集成工程技术研究中心建设项目"，攻克整车级噪声控制及测试技术。自主开发轨道交通车辆复杂工况线路声振响应再现技术，实现运行噪声在声学实验室内的精确重构。定制开发轨道交通车辆整车级噪声试验测试技术，建立材料-结构-系统-整车级的噪声试验研究平台，为整车级噪声控制技术的理论研究和性能验证提供理想的声学试验条件。定制开发混响-混响、混响-全消轨道交通车辆关键系统隔声测试技术，针对各个位置车体部件建立适用的隔声测试环境，开展轻量化目标下车体低噪声设计技术研究。该项目自主研发的噪声控制与测试技术覆盖全轨道交通行业噪声与振动测试的常用标准。

该项技术相关成果应用于时速350公里复兴号动车组、时速350公里复兴号智能配置动车组项目、时速400公里及以上高速客运装备关键技术项目、时速350公里卧铺动车组项目、美国洛杉矶HR4000重轨车辆项目、墨尔本地铁项目、以色列特拉维夫红线轻轨项目、哥伦比亚波哥大地铁1号线项目、哥伦比亚波哥大轻轨项目、时速600公里常导高速磁浮项目、时速160公里全自动运行市域A型车项目和系列化中国标准地铁列车试验及研制项目等多项中车长春轨道客车股份有限公司重点项目的声学设计和试验验证工作中，为项目顺利执行提供坚实保障，累计创造经济效益约55591万元。该项目获得发明专利14项，实用新型专利3项，软件著作权3项，发表论文12篇，制定相关标准和技术规范4项。

（中车长春轨道客车股份有限公司）

【软弱富水地层麻花型叠交盾构隧道群修建关键技术研究】

项目获2022年度城市轨道交通科技进步奖二等奖。

随着城市轨道交通线网加密，服务要求逐步提升，不同线路间换乘车站越来越多，常规通道换乘、节点换乘形式下换乘距离长、车站占地面积大等问题越来越突出。

将不同线路并行、多孔隧道麻花型叠交布置，可实现车站高便捷性任意方向、零距离同台换乘，且占地面积减半。此前无类似工程案例、技术和经验可借鉴，具体表现在：（1）国内外缺乏针对多孔叠交盾构施工地层扰动下岩土参数空间变异性的相关理论研究，地表沉降数值模拟准确预测难度大。（2）传统换乘车站及其前后区间隧道地下空间利用率低、征地拆迁量大、换乘便捷性低。（3）多孔长距离近接的麻花型叠交盾构隧道群空间形式复杂，所处地层软弱、水量丰富，沿线周边建构筑物密集，隧道群相互之间及其对周边建构筑物影响较大，设计及施工控制技术面临巨大挑战。

该项目团队历经10余年产学研用协同攻关和全方位工程示范，在"隧道与地下工程"领域取得如下创新成果：（1）首创基于多元空间随机场理论的随机力学-贝叶斯方法，解决盾构隧道群多孔开挖下岩土参数空间变异性和力学模型不确定性变化问题；动态计算麻花型叠交盾构隧道地表沉降的可靠指标；填补多孔近接盾构隧道群施工可靠性控制方法的空白。（2）提出限域地下空间内多线车站任意方向换乘，首创长距离近接扭转叠交麻花型盾构隧道群的空间转换形式；揭示隧道群组合施工相互作用机理和时空变形规律；细化近接盾构隧道的风险等级划分，研发盾构隧道群管片设计方法。（3）发明盾构密闭始发接收方法，防突涌装置；研制成套伴随式可移动智能支撑及可移动平台；开发隧道有限空间内防喷涌长管注浆加固技术；形成软弱富水地层麻花型叠交盾构隧道群成套施工关键技术，填补国内多孔近接盾构隧道群施工方面的空白。

项目获授权发明专利3项、实用新型专利3项、软著2项、省部级工法2项、发表论文7篇、编制专著1篇、规范1项，获2014年和2019年"海河杯"天津市优秀勘察设计一等奖和二等奖、2019年行业优秀勘察设计三等奖、2019年国际隧协技术创新提名奖，成果在杭州地铁1、3号线、天津地铁5、6号线、南宁地铁1、2号线等多地区麻花型叠交盾构隧道群得以成功应用，节支5.873亿元。成果评价委员会评价为：成果具有显著的社会、经济和环境效益，具有重大的应用推广价值，达到国际先进水平。

（中铁隧道局集团有限公司）

【基于A型车的城市轨道交通市域快线（140～160公里/小时）关键技术综合研究与应用】

项目获2022年度城市轨道交通科技进步奖二等奖。

该项目通过重点专业关键技术创新研究和攻关，采用理论分析和生产实践密切结合的研究方法，对采用地铁车辆速度140～160公里/小时的轨道交通快线项目各项关键技术进行深入研究，具有如下特点：（1）首次系统研究城市轨道交通快慢车模式的设计理论及方法，构建完整的城市轨道交通快慢车行车组织理论体系，填补国内在

该领域的研究空白。（2）首次建立140～160公里/小时市域快线限界体系，并提出该速度等级的限界计算公式，填补现行国家标准中的空白。（3）解析城市轨道交通市域快线扣件致灾机理，提出扣件系统安全评价方法，发明DZⅢ-3型扣件系统；开展城市轨道交通市域快线减振轨道列车荷载作用下轨道变形规律及控制标准与技术研究，发明减振扣件、减振器道岔、钢弹簧浮置板轨道、被动式低频减振轨道核心减振结构，成功解决快速与减振这一对显著矛盾体。（4）通过对LTE及LTE_U技术的研究，首次提出在不同的频谱资源下，高速运行下的城市轨道交通的车地无线通信系统的技术选择。首次将LTE_U技术应用于轨道交通，实现列车高速运行下相关数据的稳定、可靠传输，应急抢修救援等提供了技术保障。（5）基于高速地铁隧道压力波计算模型，对140～160公里/小时市域快线列车运行引起的隧道压力波特性、隧道及车内压力变化特性等问题进行深入研究及实车验证。提出合理的区间隧道及车站轨行区面积、车内压力舒适度标准、列车密封指数、区间设备设施承压要求、站台门安全运行措施等技术要求，为司乘人员的舒适性和设备设施安全性提供技术保障。（6）研发"管片装配式定位榫+新型稀土改性密封垫"盾构管片接缝体系，提高管片拼装精度及隧道整体密封性能，解决非煤系瓦斯地层盾构隧道建设难题；提出高瓦斯矿山法隧道层次递进精准预报方法，研发防爆成套装置与技术，开发瓦斯智能通风控制系统。

项目取得发明专利2项、实用新型10项、编制行业标准1项、完成专著1篇、发表论文11篇，填补中国采用城市轨道交通制式和理念规划建设市域快线的技术空白，经第三方评价，成果总体达到国际先进水平。研究成果在多个项目中应用，节约工程费超20亿元，经济效益显著，为后续城市轨道交通市域快线树立典型的示范作用。

（成都轨道交通集团有限公司）

【智慧车站旅客提升设备全寿命数字化健康监测关键技术研究与产业化】

项目获2022年度城市轨道交通科技进步奖二等奖。

项目依托国家重点研发计划《城市地下基础设施运行综合监测关键技术研究与示范》及南京地铁9号线一期工程《基于物联网的自助扶梯故障预测与健康管理系统研究》，立足30多个城市、80余条轨道交通线路、100个事故案例数据进行整理分析，针对电扶梯等旅客提升设备故障误报率高和预测精准度低的主要问题，重点攻克三大关键技术难题：（1）旅客提升设备全寿命周期设计过程融合振动、噪音、应力、姿态、安全等性能参数多目标健康值优化难题。（2）旅客提升设备运输组织、工艺装备、吊装条件、受力分析多因素控制下复杂建造工艺优化求解难题。（3）多维度监测大数据在随机噪点不确定性条

件下的旅客提升设备健康诊断及故障预测难题。并实现三大关键技术创新突破：（1）首创全寿命数字化设计系统，发明多目标优化模型及算法，实现一键三维成图、二维/三维跨平台无缝转换，设计周期缩短1/3、效率提高10倍，整体技术达国际先进水平。（2）研发BIM建造方案仿真优化平台，突破传统空间优化，实现结构受力与场景全要素匹配、模块化施工、装配式建造，建造效率提高3倍，节约施工耗材约18%～22%。（3）发明旅客提升设备多维度健康管理系统，实现设备健康评测和预防性维修，可靠度达99.7%，延长寿命3%～5%，领先国内外先进水平。

通过该项目研究实现设备故障状态的提前预测、及时预警以及全寿命周期健康管理，提高运行的安全可靠性，预测精度可达90%以上，并取得国家CANS/CMA双认证。经鉴定：整体达到国际先进水平，其中多维度健康监测评价方法、跨平台"一键三维成图"技术达到国际领先水平。

成果在南京地铁1号线、2号线、7号线成功应用，并推广至武汉地铁、深圳地铁、昆明地铁以及高铁杭州西站、新塘站、合肥西站、邵阳站等项目，保障旅客提升设备全寿命周期的安全运营，设备寿命提升3%～5%，降低运营成本30%，创造直接经济效益33080.27万元。授权专利及软著9项，发表论文4篇，获批立项标准1项，撰写专著1部，相关研究成果获湖北省勘察设计计算机软件一等成果、湖北省创新方法大赛一等奖。

（南京地铁集团有限公司）

【多适应性城市轨道交通移动装备试验验证列车关键技术应用】

项目获2022年度城市轨道交通科技进步奖二等奖。

随着中国城市轨道交通领域的不断扩展，在城际和市域轨道交通线路的规划建设中对时速140～160公里的城市轨道交通车辆需求越来越迫切，同时对车辆关键零部件试验验证也带来挑战。2016年9月，由北京纵横机电科技有限公司承担铁科院重大课题《城市轨道交通试验验证车辆部件研制及关键技术研究》，由中车南京浦镇车辆有限公司自主立项开展试验验证列车的研制。通过课题研究，完成列车及关键系统的研制，解决核心技术问题，并且通过成果转化开展关键技术应用，同时也为车辆关键零部件提供移动试验验证平台。

该项目成果主要科技创新点如下：（1）攻克适用于时速140～160公里城轨车辆双流制牵引系统技术。研发双流制列车牵引系统，提出双流制牵引系统列车过分相区控制方法，研制交直流通用的受电弓，实现交流25kV和直流1500V双流制供电不停车自动转换功能，开发和掌握交流和直流两种供电制式的牵引核心控制算法。（2）攻克高悬挂磁轨、踏面、盘形等多种形式的列车制动系统技术。研制时速160公里车辆的高悬挂磁轨制动装置，建立吸力特性及电磁热特性的试验平台，完成磁轨、踏面、轴盘/轮盘等多种制动形式的集成设计，配置铸钢、铸铁、铝合金等不同材质的制动盘，掌握不同速度、不同工况下多种制动形式的灵活配置和控制技术。（3）攻克兼容WTB、MVB和以太网总线的多网融合列车网络控制技术。设计WTB、MVB和以太网总线的多网融合的列车网络控制系统和开发平台，满足对不同数据传输总线的要求，解决网络控制系统的通用性和适用性难题。（4）攻克可运行于地铁、市域和城际线路的试验验证列车的集成设计技术。设计满足标准CJJ96和GB/T146.1限界要求的新车体，设计模块化集成式的自带枕梁转向架结构，满足车辆16t轴重的要求，列车搭载CBTC和CTCS系统，列车具备FAO功能。

项目共获得知识产权11项，其中发明专利4项，发表论文3篇。通过项目研究形成的牵引、制动、网络等关键系统产品已于2019年在城市轨道交通车辆关键零部件试验检验与认证平台车上安装运用，运用3年，应用情况良好。通过研究和取得的成果，为时速140～160公里城市轨道交通列车关键系统的设计和应用提供范例，为适应地铁、市域和城际线路的列车互联互通提供解决方案。

（北京纵横机电科技有限公司）

证书编号	获奖等级	项目名称	主要完成单位
2022-J-36-1-01	特等奖	上海轨道交通车辆智能运维系统	上海申通地铁集团有限公司、中车长春轨道客车股份有限公司、中车青岛四方车辆研究所有限公司、成都盛锴科技有限公司、北京唐智科技发展有限公司、马鞍山市雷狮轨道交通装备有限公司、申通阿尔斯通（上海）轨道交通车辆有限公司
2022-J-36-1-02	特等奖	地铁车站预制装配化建造技术研究与应用	北京城建设计发展集团股份有限公司、长春市地铁有限责任公司、青岛地铁集团有限公司、深圳市地铁集团有限公司、中国铁建大桥工程局集团有限公司、北京工业大学、北京交通大学、长春市轨道交通预制构件有限责任公司、北京金穗联创科技有限公司、江阴海达橡塑股份有限公司
2022-J-36-2-01	一等奖	城市轨道交通量化评估与决策支持关键技术及应用	中国国际工程咨询有限公司、北京城建交通设计研究院有限公司、北京交通大学、北京航空航天大学、北京城建设计发展集团股份有限公司
2022-J-36-2-02	一等奖	穿越复杂海域地铁盾构隧道建造关键技术研究及应用	厦门轨道建设发展集团有限公司、中铁第四勘察设计院集团有限公司、盾构及掘进技术国家重点实验室、西南交通大学、水利部交通运输部国家能源局南京水利科学研究院、同济大学、中铁十四局集团大盾构工程有限公司
2022-J-36-2-03	一等奖	导轨式胶轮系统（云巴）制式创新及关键技术研发与应用	比亚迪股份有限公司、比亚迪汽车工业有限公司、比亚迪建设工程有限公司、比亚迪通信信号有限公司、比亚迪机电设备有限公司、比亚迪勘察设计有限公司、重庆两山建设开发有限公司、北京城建设计发展集团股份有限公司、重庆璧山高新技术产业开发区管理委员会、重庆云巴轨道交通运营管理有限公司
2022-J-36-2-04	一等奖	城轨列车被动安全防护结构设计与试验关键技术	西南交通大学、中车南京浦镇车辆有限公司、中车唐山机车车辆有限公司、中车青岛四方机车车辆股份有限公司、河南科技大学
2022-J-36-2-05	一等奖	面向FAO的自主化车载安全控制系统平台研制	株洲中车时代电气股份有限公司、中车株洲电力机车研究所有限公司、宁波市轨道交通集团有限公司、天津轨道交通运营集团有限公司、北京市轨道交通建设管理有限公司、北京地铁运营有限公司运营四分公司、南宁轨道交通建设有限公司
2022-J-36-2-06	一等奖	轨道交通一体化智慧平台关键技术研究与示范应用	广州地铁集团有限公司、深圳市腾讯计算机系统有限公司、广州地铁设计研究院股份有限公司、中车株洲电力机车有限公司、广州铁科智控有限公司、广州广电运通金融电子股份有限公司、北京交通大学、株洲中车时代电气股份有限公司、广州广日电梯工业有限公司、日立电梯（广州）自动扶梯有限公司
2022-J-36-2-07	一等奖	城市轨道交通永磁直驱列车关键技术研究及应用	中车南京浦镇车辆有限公司、徐州地铁集团有限公司、株洲中车时代电气股份有限公司
2022-J-36-2-08	一等奖	双流制市域（郊）铁路与城市地铁贯通运营成套技术	重庆市铁路（集团）有限公司、重庆市轨道交通（集团）有限公司、中车长春轨道客车股份有限公司、重庆中车长客轨道车辆有限公司、中铁二院工程集团有限责任公司、北京全路通信信号研究设计院集团有限公司、中国铁建昆仑投资集团有限公司、中铁十六局集团有限公司、重庆大学、西南交通大学
2022-J-36-2-09	一等奖	大规模城市轨道交通线网供需互动演变机理与优化改造关键技术研究	北京交通大学、北京城建设计发展集团股份有限公司、北京市地铁运营有限公司、北京市城市规划设计研究院、中国城市建设研究院有限公司
2022-J-36-2-10	一等奖	基于异构云的城轨列控通用集成测试平台关键技术研究与应用	交控科技股份有限公司、北京市基础设施投资有限公司、北京交通大学、北京城市轨道交通咨询有限公司、成都交控轨道科技有限公司、山东交控科技有限公司、北京大象科技有限公司
2022-J-36-2-11	一等奖	城市轨道交通运营客流风险协同防控关键技术及应用	北京交通大学、北京市地铁运营有限公司、北京声迅电子股份有限公司
2022-J-36-2-12	一等奖	跨座式单轨钢－混凝土结合轨道梁关键技术及应用	中铁工程设计咨询集团有限公司、清华大学、芜湖市运达轨道交通建设运营有限公司、中铁上海工程局集团第一工程有限公司
2022-J-36-2-13	一等奖	山地城市地铁工程设计建造关键技术创新与应用	重庆市轨道交通（集团）有限公司、上海市隧道工程轨道交通设计研究院、重庆市轨道交通设计研究院有限责任公司、中铁建重庆轨道环线建设有限公司、中交一公局集团有限公司、中铁电气化局集团有限公司、交控科技股份有限公司、中车长春轨道客车股份有限公司

2022年度城市轨道交通科技进步奖获奖项目（36项）（续前表） 表5-1-2

证书编号	获奖等级	项目名称	主要完成单位
2022-J-36-2-14	一等奖	新一代城市轨道交通工程结构监测与安全评估系统	武汉地铁集团有限公司、武汉理工大学、武汉智慧地铁科技有限公司
2022-J-36-2-15	一等奖	城市轨道交通矿山法隧道工程施工智能监测预警关键技术研究及应用	广州地铁集团有限公司、广州地铁设计研究院股份有限公司、广州地铁建设管理有限公司、中铁隧道局集团有限公司、广东芯盾微电子科技有限公司
2022-J-36-2-16	一等奖	软土地层城市轨道交通隧道韧性结构体系及数字化技术	绍兴市轨道交通集团有限公司、绍兴京越地铁有限公司、同济大学、中国电建集团华东勘测设计研究院有限公司、中铁二十四局集团有限公司、北京城建设计发展集团股份有限公司
2022-J-36-3-01	二等奖	山地城市轨道交通 As 型车研发与应用	重庆市轨道交通（集团）有限公司、中车长春轨道客车股份有限公司、中车青岛四方机车车辆股份有限公司、重庆中车长客轨道车辆有限公司、北京城建设计发展集团股份有限公司
2022-J-36-3-02	二等奖	基于数据公信的轨道交通地下车站超高效低碳智能环控系统	南京福加自动化科技有限公司、宁波市轨道交通集团有限公司、南京天加环境科技有限公司
2022-J-36-3-03	二等奖	富水超厚砂卵石层城市轨道交通建造技术及应用	洛阳市轨道交通集团有限责任公司、中铁工程装备集团有限公司、河南科技大学、西南交通大学、中铁七局集团有限公司
2022-J-36-3-04	二等奖	城市轨道交通车辆车轮踏面在线修形关键技术与工程应用	中车戚墅堰机车车辆工艺研究所有限公司、常州中车铁马科技实业有限公司
2022-J-36-3-05	二等奖	饱和软土敏感环境暗挖地铁车站建造技术及装备研究	上海申通地铁集团有限公司、上海轨道交通十四号线发展有限公司、上海隧道工程有限公司、海市城市建设设计研究总院（集团）有限公司、上海市隧道工程轨道交通设计研究院
2022-J-36-3-06	二等奖	智慧城轨的全要素感知认知与数字孪生关键技术研究及应用	广州新科佳都科技有限公司、广州地铁集团有限公司、华南理工大学、西南交通大学
2022-J-36-3-07	二等奖	复杂运营环境下城市轨道交通钢轨波磨控制的关键技术及应用	北京东方维平轨道交通科技有限公司、同济大学、苏州市轨道交通集团有限公司、北京市科学技术研究院城市安全与环境科学研究所
2022-J-36-3-08	二等奖	多源数据驱动的城轨桥隧结构病害智慧诊治与性能动态评估技术	大连理工大学、交通运输部公路科学研究所、北京城建设计发展集团股份有限公司、中城建勘（浙江）检测科技有限公司、浙江省交通运输科学研究院
2022-J-36-3-09	二等奖	面向大客流的全自动线路运营组织及维护保障关键技术的应用与研究	上海申通地铁集团有限公司、上海地铁第一运营有限公司、卡斯柯信号有限公司、上海申通轨道交通研究咨询有限公司、中车南京浦镇车辆有限公司
2022-J-36-3-10	二等奖	地铁车站基坑下穿高铁桥梁微变形控制关键技术研究	广州地铁设计研究院股份有限公司、西南交通大学、中国电建市政建设集团有限公司
2022-J-36-3-11	二等奖	山地城市轨道交通长大连续坡道关键技术研究	贵阳市公共交通投资运营集团有限公司、中铁二院工程集团有限责任公司、西南交通大学、四川艾德瑞电气有限公司
2022-J-36-3-12	二等奖	跨座式单轨交通新型梁桥体系关键技术研究与应用	重庆市轨道交通设计研究院有限责任公司、重庆市轨道交通（集团）有限公司、重庆单轨交通工程有限责任公司、重庆市轨道交通建设办公室、重庆城市交通开发投资（集团）有限公司
2022-J-36-3-13	二等奖	直流架空接触网专用轨回流牵引供电系统研发及应用	中铁电气化勘测设计研究院有限公司、宁波市轨道交通集团有限公司、中铁十一局集团电务工程有限公司、中车株洲电力机车有限公司
2022-J-36-3-14	二等奖	基于整车级噪声控制的测试技术开发	中车长春轨道客车股份有限公司
2022-J-36-3-15	二等奖	软弱富水地层麻花型叠交盾构隧道群修建关键技术研究	中铁隧道局集团有限公司、上海大学、中铁第六勘察设计院集团有限公司、中铁隧道集团三处有限公司
2022-J-36-3-16	二等奖	基于 A 型车的城市轨道交通市域快线（140～160km/h）关键技术综合研究与应用	成都轨道交通集团有限公司、中铁二院工程集团有限责任公司、中电建铁路建设投资集团有限公司
2022-J-36-3-17	二等奖	智慧车站旅客提升设备全寿命数字化健康监测关键技术研究与产业化	南京地铁集团有限公司、南京地铁建设有限责任公司、中铁第四勘察设计院集团有限公司、南京地铁运营有限责任公司
2022-J-36-3-18	二等奖	多适应性城市轨道交通移动装备试验验证列车关键技术应用	北京纵横机电科技有限公司、中国铁道科学研究院集团有限公司、中车南京浦镇车辆有限公司、铁科纵横（天津）科技发展有限公司

3 中国土木工程詹天佑奖

【概况】

2022年,第二十届第一批中国土木工程詹天佑奖共有44项工程获奖。获奖工程项目涵盖建筑、桥梁、铁道、轨道交通、公路、港口、市政等工程。其中,涉及轨道交通工程4项。(表5-3-1)

(中国城市轨道交通协会秘书处)

【上海市轨道交通15号线工程】

工程获第二十届中国土木工程詹天佑奖。

上海轨道交通15号线工程获得第二十届第一批中国土木工程詹天佑奖。工程概况及取得科技创新成果:上海市轨道交通15号线工程是构建"十三五"期末800公里超大规模轨道交通网络的重要组成线路。该工程起自闵行区紫竹高新区站,止于宝山区顾村公园站,途经闵行区、徐汇区、长宁区、普陀区、宝山区等5个行政区,连接9座高校、3个国家级科创园区。本线全长42.28公里,为全地下线,设车站30座,其中换乘站3座,是国内首条一次性开通里程最长(42.28公里)且具备最高等级(UTO)全自动运行GoA4系统。采用4动2拖6节编组A型车,列车长为140米、宽3米、高3.8米,设计时速为80公里/小时,采用直流1500伏接触网供电方式,总投资421亿元,2016年8月开工,历时4年建成通车。主要创新:(1)首创软土复杂环境下无柱大跨地铁车站成套建造技术,将无柱车站的应用拓展到软土富水环境,引入低碳绿色环保理念,拱形顶板建造实现预制、装配工业化,成果达到国际领先。(2)首创以"极简、低碳"为理念、"冈身线"为主题的人文艺术地铁,引领地铁装修低碳极简新风尚;首次在轨道交通领域研发并采用系列低碳技术促进产业转型升级可持续发展。研发"可回收再利用"围护技术,研发利用工业固体废料生产的人造石材替代天然矿山石材、首次使用一体化预制环保厕所等技术,促进产业绿色可持续发展。(3)首创有限地下空间内盾构机部件化高效过站、组装、始发成套技术,提升盾构工法适用范围,在城市核心区施工有极大推广价值,已在福州地铁等工程应用。(4)首创混凝土结构无渗漏、零碎裂关键技术,解决预制及现浇混凝土结构的开裂问题,提高结构防水性能。(5)首次一次性全线开通里程最长,等级最高GoA4级全自动运行系统,部分技术已应用于发达国家和地区。(6)智慧建造、工业化建造助力轨道交通建造全面提速。北斗、BIM、VR等多种智慧技术,结合新工艺、新材料、新设备的研发,创造多个"最快",缩短总建设工期10个月。(7)首创基于物联网、云计算、大数据的网络运营指挥调度平台,建成具备世界最大规模路网管控能力的调度指挥中心,成为全国标杆工程。(8)首次在未做规划预留的苛刻条件下,成功实现对上海南站枢纽"不封路、不停运、不停商"改扩建,解决换乘空间不足、多种交通大客流对冲及衔接不顺等三大顽疾。

(上海申通地铁集团有限公司)

【青岛地铁2号线一期工程】

工程获第二十届中国土木工程詹天佑奖。

工程概况及创新成果:该工程起点为泰山路站,终点为李村公园站。线路全长25.2公里,均为地下线,设车站22座,设辽阳东路车辆基地、控制中心各1处,设台东站、辽阳东路站2座双电源开闭所。车辆选用B型车6辆编组,最高运行速度80公里/时。该工程于2012年11月开工建设,于2019年12月投入运行。建设过程中始终坚持以科技创新引领地铁高质量建设,积极推广与应用"四新"技术成果,共采用"建筑业十项新技术"中的10个大项,45个子项,建筑业十项新技术应用率100%。获得国家优质工程金奖、鲁班奖等优质工程奖6项;省优秀设计一等奖等设计奖8项;省科技进步一、二等奖等科技奖15项;专利76项(其中发明专利14项,实用专利62项);工法16项;绿色示范工程奖2项;1部专著;48篇国家刊物发表论文;优秀QC成果16项;文明工地14项;上升标准23项(其中国家1项、团体标准9项、山东省地方标准13项);优秀工程咨询成果1项;节能减排标准化工地3项;山东省"安康杯"竞赛优胜班组;第六届"龙图杯"全国BIM大赛三等奖;科技进步重大贡献三等奖等。该工程是中国在中心城区复杂环境条件下首次全面推行车站"能暗则暗"和隧道TBM施工新理念的地铁工程,代表创新工法、设备研造和工程建设的国际先进水平,在节地、节能、节材、环保、和谐诸多"绿色建造"方面具有示范性,在中心城区"上软下硬"复合地层修建地铁方面具有引领性。该工程首次在硬岩地铁隧道研发并应用双护盾TBM施工关键技术,建立复杂硬岩地层地铁隧道双护盾TBM工法成套核心技术体系,达到国际领先水平。青岛地铁2号线联通青岛中心城区"五大商圈""前海一线",实现地铁"畅达半岛"交通功能,对于青岛推动陆海统筹发展,融入和服务"一带一路""蓝色经济"等起到重要支撑作用。

(青岛地铁集团有限公司)

【南宁轨道交通3号线工程(科园大道—平乐大道)】

工程获第二十届中国土木工程詹天佑奖。

工程概况及取得科技创新成果:3号线工程(科园大道—平乐大道)为城市西北—东南方向的重点联系江

北与江南五象新区之间的骨干线，线路连接城南组团、青秀组团、城北组团和城西组团，线路的建成将加强城市南北方向联系，为进一步支持南宁市城市总体规划的实施，适应城市不断发展的新需求，更好的改善交通结构，有效缓解南北交通压力发挥了重大作用。线路全长约27.96公里，共设车站23座，设心圩车辆段和平乐停车场各1座，设主变电站3座，全网共用控制中心1座。设计最高运行速度为80公里/小时，采用B型车6辆编组，系统最大设计能力30对/小时，采用大小交路套跑的运行交路设计。该工程荣获科技进步奖18项、省部级勘察设计奖25项、中国建设工程"鲁班奖"及工程质量奖17项、省部级工法27项、技术标准18项、授权专利97项（发明31项）、软件著作权5项、全国类BIM竞赛奖11项、绿色示范工程3项、省市及以上安全标准工地5项。2015年6月30日开工建设，2019年6月6日正式开通试运营。3号线工程（科园大道—平乐大道）这一条贯穿市区西北至东南方向的骨干线，进一步拉开城市布局，实现南宁市"完善江北、提升江南、重点向南"的战略拓展，集聚城市发展新动能。

（南宁轨道交通集团有限责任公司）

【成都地铁7号线工程】

工程获得二十届中国土木工程詹天佑奖。

工程概况及取得科技创新成果：成都地铁7号线工程是成都首条环形地铁线，位于居民区最密集的中心城区二、三环之间，线路全长38.61公里，全部为地下线，共设31座车站，其中换乘站22座，建筑总面积161.91万平方米，其中全地下式的川师车辆段10万平方米、崔家店停车场17.74万平方米，设崔家店OCC控制中心一座，最大运行速度为80公里/小时，采用A型车6节编组。成都地铁7号线与1-6号线、8号线、10号线、18号线等多条放射型线路形成换乘关系，一次性规划设计并同期开通的长线路、多车站、多换乘站的地铁环线，串联起成都南站、成都站、成都东站三大铁路交通枢纽以及茶店子汽车客运站等多个公路客运中心，加强成都中心城区公共交通的互联互通，有效疏解核心区以外各放射线间的客流交换功能，具有换乘功能和客流集散效应，有力改善交通环境、提高市民出行效率。工程实现多项科技创新，先后获国家优质工程奖1项、中国建筑工程装饰奖2项、全国建筑业绿色施工示范工程2项、国家发明（实用新型）专利63项、国家级工法1项、省部级优质工程奖22项、省部级优秀工程勘察设计奖8项、省部级科技成果9项、省部级工法15项、省部级以上优秀QC成果32项等。成都地铁7号线工程于2012年12月15日开工建设，于2017年12月6日开通运营。从开通之日起，在不到三个月的时间，即达到单线日客流50万人次的总量水平；在2019年，更是快速突破日客流80万人次总量，并于2019年9月30日，创下单日单线客流量108.48万人次的纪录。作为成都轨道交通首条闭合环形线路，7号线的开通使得成都地铁真正进入"井+环"的网络化运营时代，缓解中心城区交通拥堵状况，促使市民出行更加便捷。

（成都轨道交通集团有限公司　孙繁星）

第二十届第一批中国土木工程詹天佑奖（4项）　　　　表5-3-1

项目名称	获奖单位
上海市轨道交通15号线工程	上海申通地铁集团有限公司、上海市隧道工程轨道交通设计研究院、上海轨道交通技术研究中心、中铁十一局集团有限公司、中铁十四局集团电气化工程有限公司、中铁十九局集团有限公司、上海市机械施工集团有限公司、中交一公局集团有限公司、中交三航局集团有限公司、上海市公路桥梁有限公司
青岛地铁2号线一期工程	中铁二院工程集团有限责任公司、青岛地铁集团有限公司、中铁（上海）投资集团有限公司、中铁隧道局集团有限公司、中铁十局集团有限公司、中铁三局集团有限公司、中铁十八局集团有限公司、中铁十二局集团有限公司、中铁十七局集团有限公司、中青建安建设集团有限公司
南宁市轨道交通3号线一期工程（科园大道－平乐大道）	中铁十二局集团有限公司、南宁轨道交通集团有限责任公司、广州地铁设计研究院股份有限公司、中铁建北部湾建设投资有限公司、中铁交通投资集团有限公司、北京城建勘测设计研究院有限责任公司、中铁十一局集团有限公司、中铁三局集团有限公司、中铁隧道局集团有限公司、中铁第六勘察设计院集团有限公司
成都地铁7号线工程	中铁城市发展投资集团有限公司、成都轨道交通集团有限公司、西南交通大学、中铁二局集团有限公司、中铁二院工程集团有限责任公司、中铁八局集团有限公司、中铁四局集团有限公司、中铁一局集团有限公司、中铁上海工程局集团有限公司、中铁九局集团有限公司

4 中国建设工程鲁班奖

【概况】

2022-2023年中国建设工程鲁班奖第一批获奖项目共有119项。涉及轨道交通工程共3项。（表5-4-1）

（中国城市轨道交通协会秘书处）

【昆明市轨道交通4号线工程 PPP 项目】

项目获2022—2023年度中国建设工程鲁班奖。

工程概况及创新成果：项目开工时间2015年12月30日，竣工时间2020年9月23日。项目采用土建工程、设备及车辆采购双PPP模式，线路全长43.422公里，设站29座。该项目的建成加强了昆明呈贡新区与主城区之间的紧密联系，加快昆明轨道交通线网的主网运营，与昆明南高铁站综合交通枢纽无缝衔接，互通长水国际机场，极大提升了昆明城市交通品质。项目全国首次应用云交自动化系统线路，在云南省轨道交通中首次采用LTE综合承载业务，首次采用AB双网冗余设计，首次采用直流1500伏接触轨制式。项目积极推广应用建筑业10项新技术中的10个大项、59个子项，取得科技成果9项，达到国际领先水平2项、国际先进水平6项、国内领先水平1项，荣获科技进步奖8项。

（北京城建设计发展集团股份公司）

【徐州市城市轨道交通3号线一期工程】

项目获2022—2023年度中国建设工程鲁班奖。

工程概况及创新成果：该项目开工时间2016年8月10日，竣工时间2021年5月30日。该项目工程选址位于徐州市，北起下淀，南至铜山新区，为贯穿中心城区的骨干线路，是中国建筑股份有限公司的重大工程，作为徐州轨道交通南北向骨干线路，3号线的开通标志着徐州轨道交通进入"三线并网"运营时代，是体现徐州"国内领先"轨道交通建设和运营管理水平的重要窗口。该项目建设过程中创新采用GIS及微动法探测实时监测地表沉降，配合钢管桩隔离保护技术，成功穿越和准盾构区间。研发基于BIM的轨道交通智能建造信息平台，首创TZM、TOS等BIM轻量化数据格式，实现BIM与项目管理逻辑的深度融合。采用水压爆破控制粉尘技术，并研发变截面模架和无轨二衬台车，安全高效穿越连霍高速上软下硬富水地层。应用加长锤套、BIM智能建造、明-暗-盖挖法组合等施工技术，建成江苏省首座大跨度无柱车站。开发接触网模拟仿真软件，并结合CPIII自由设站技术，实现了接触网刚柔过渡、一次安装到位。车站装饰装修，以徐州"科技创新"为切入点，以"科技蓝"为线路色，融合地域特色，展现徐州创新、活力、科技

城市形象。通过新技术研发与创新应用，项目获得省部级科技进步奖6项（5项达到国际先进及以上水平）。徐州市城市轨道交通3号线一期工程2021年于6月28日投入使用。

（徐州地铁集团有限公司）

【无锡地铁3号线一期工程】

项目获2022—2023年度中国建设工程鲁班奖。

工程概况及创新成果：该项目开工时间2016年3月30日，2020年10月28日建成通车，线路全长约28.5公里，共设21座车站，均为地下站，整体呈西北—东南走向，西北起苏庙、东南至硕放机场。该线路在无锡火车站、靖海站、盛岸站与地铁1号线、2号线、4号线换乘，不仅有效地串联起无锡新区、梁溪区、惠山区等城市中心城区、副中心区，也串联起无锡高新产业区、空港产业园区、无锡火车站、苏南硕放机场等功能片区与交通枢纽，串联无锡主城区和铁路、公路、航空等交通枢纽，是体现无锡地铁"建一流地铁、创运营典范"的轨道交通建设和运营管理水平的重要窗口。该工程高浪东路站至新锡路站区间为全国首条顶管法联络通道，研发形成微加固、可切削、严密封、强支护的全套顶管法施工联络通道新技术；国内首次顶管法施工联络通道，车站二次结构应用"预制装配式轨顶风道、站台板、楼梯"，全过程"四节一环保"绿色施工，全线进行景观提升布置，"一站一景"提高市民的幸福感；深入探索装饰装修阶段的优化设计，探索基于BIM技术的管线综合技术，在长江南路站首次应用车控室一体化设计方案项目；轨行区首次运用城轨调度管理系统这一信息化管控手段，实现对轨行区关键位置实时视频监控、全区间无线覆盖、人车定位等功能，有效提升轨行区信息化管控水平；建设期间配合国家住建部主编《城市轨道交通工程建设安全生产标准化管理技术指南》，形成无锡方案，填补行业空白，建立国家层面的规范。施工过程中推广应用建筑业10项新技术中的10大项52子项、形成6项省级科技创新成果、12项省级工法，获得各项专利75项，"江苏省建筑业新技术应用示范工程"12项。共获省部级及以上优质工程奖6项（扬子杯、中国中铁杯、中国铁建杯等），国家3A级标准化工地1项，省部级绿色（环保）施工示范工程13项，获省部级优秀勘察设计一等奖等6项。

（无锡地铁集团有限公司）

工程名称	承建单位	参建单位
昆明市轨道交通4号线工程PPP项目	中国中铁股份有限公司、北京城建设计发展集团股份有限公司、中铁电化局集团有限公司、中铁八局集团有限公司、中铁九局集团有限公司、中铁上海工程局集团有限公司	中铁七局集团武汉工程有限公司、中铁四局集团有限公司、中铁二局集团有限公司、中铁北京工程局集团有限公司、中铁建工集团有限公司、中铁广州工程局集团有限公司、中铁隧道局集团有限公司、中铁五局集团有限公司、中铁十局集团有限公司、中铁一局集团建筑按照工程有限工程有限公司、中铁三局集团第四工程有限公司、北京城建智控科技股份有限公司、北京城建安装集团有限公司、北京城建亚泰建设集团有限公司、北京城建六建设集团有限公司
徐州市城市轨道交通3号线一期工程	中国建筑第五工程局有限公司、中建交通建设集团有限公司、中建安装集团有限公司、中国建筑第八工程局有限公司、中国建筑一局（集团）有限公司、中国建筑第六工程局有限公司、中国建筑股份有限公司、中建三局集团有限公司、中国建筑第四工程局有限公司	中建铁路投资建设集团有限公司、中建市政工程有限公司、中建一局集团第二建筑有限公司、中建七局建筑装饰工程有限公司、中建四局土木工程有限公司、中建隧道建设有限公司、中建八局装饰工程有限公司、中建交通建设集团总承包工程有限公司、中建八局第三建设有限公司、首安工业消防有限公司、中建电子信息技术有限公司、中铁九局集团电务工程有限公司、中建轨道电气化工程有限公司、中建桥梁有限公司、中国建设基础设施有限公司
无锡地铁3号线一期工程	中铁四局集团有限公司、中铁一局集团有限公司、中铁二局集团有限公司、中铁十四局集团有限公司、中铁十九局集团有限公司、中铁隧道局集团有限公司	中铁十一局集团有限公司、中铁十七局集团有限公司、中铁一局集团电务工程有限公司、中铁四局集团电气化工程有限公司、中铁十九局集团电务工程有限公司、中铁电气化局集团第一工程有限公司、中国铁路通信信号上海工程局集团有限公司、中国铁建电气化局集团有限公司、无锡市市政设施建设工程有限公司、无锡交通建设工程有限公司、天威虎建建设股份有限公司、苏州金螳螂建筑装饰股份有限公司、上海隧道工程有限公司、上海市建筑装饰工程集团有限公司、南京消防器材股份有限公司、江苏无锡二建建设集团有限公司、江苏航天大为科技股份有限公司

5 国家优质工程奖

【概况】

国家优质工程奖设立于1981年，是经国务院确认的中国工程建设领域设立最早、规格最高、跨行业、跨专业的国家级质量奖，主办单位是中国施工企业管理协会。国家优质工程奖的评选范围涵盖冶金、有色、煤炭、石油、石化、化工、电力、水利、核工业、林业、航空航天、建材、铁路、公路、市政、水运、通信和房屋建筑等工程建设各个行业（专业），贯穿工程建设各个环节。奖励对象包括建设单位和勘察设计、施工、监理等参与工程建设的相关企业，对获奖项目中特别优秀的授予国家优质工程金质奖荣誉。

受中国施工企业管理协会委托，中国城市轨道交通协会于2020年起，承担国家优质工程奖城轨工程的申报推荐工作。至2022年，中国城市轨道交通协会共推荐6项工程参评国优奖，其中4项获得国家优质工程金奖，2项获得国家优质工程奖。

2022年度国家优质工程奖获奖项目涉及轨道交通工程共11项，其中国家优质工程金奖1项。11个获奖项目中，由中国城市轨道交通协会推荐的为2项。（表5-5-1）

（中国城市轨道交通协会评审部）

【武汉市轨道交通8号线二期、三期工程】

项目获2022年度第一批国家优质工程奖。

武汉市轨道交通8号线二期、三期工程是武汉市城市轨道交通第三期建设规划（2015-2021）中的线路之一。武汉市轨道交通8号线二期、三期工程起于一期终点站梨园站（不含），止于三环线北侧的军运村站，全长22.45公里，全部为地下线，共设14座车站，新设野芷湖停车场一座，自马湖站接轨，与武汉市轨道交通7号线野芷湖车辆段共址。项目2016年10月开工建设，2021年1月建成通车试运营。

8号线二期、三期工程进一步完善武汉市轨道交通网络

项目名称	获奖单位	
武汉市 轨道交通 8号线 二期、三期工程	建设单位	武汉地铁集团有限公司
	勘察及设计单位	中铁第四勘察设计院集团有限公司
	工程监理单位	上海天佑工程咨询有限公司、中冶南方武汉工程咨询管理有限公司、上海建通工程建设有限公司、四川铁兴建设管理有限公司
	施工总承包单位	中铁十一局集团有限公司*、中铁十二局集团有限公司、中铁四局集团有限公司、中铁一局集团有限公司、中国水利水电第八工程局有限公司、中建三局集团有限公司、中铁大桥局集团有限公司、中铁十九局集团有限公司、武汉市政特种集团有限公司、五矿二十三冶建设集团有限公司、中铁隧道集团机电工程有限公司、武汉钟鑫建设集团有限公司、武汉市市政路桥有限公司、中铁一局集团电务工程有限公司、中铁四局集团第五工程有限公司
	参建单位	中铁十一局集团城市轨道工程有限公司、中铁十一局集团第三工程有限公司、中建三局基础设施建设投资有限公司、中铁十一局武汉重型装备有限公司
苏州 轨道交通 4号线支线 溪霞路站配套地 下空间 （苏地2013-G- 65号地块）	建设单位	苏州吴中轨道开发有限公司
	勘察设计单位	西北综合勘察设计研究院、江苏省第二地质工程勘察院、中亿丰建设集团股份有限公司、悉地（苏州）勘察设计顾问有限公司、启迪设计集团股份有限公司、中铁第四勘察设计院集团有限公司
	工程监理单位	江苏国信工程咨询监理有限公司、中衡设计集团工程咨询有限公司、南京旭光建设监理有限公司
	施工总承包单位	北京建工集团有限责任公司*
	参建单位	江苏地质基桩工程公司、苏州工业园区科特建筑装饰有限公司、杭州市市政工程集团有限公司、江苏省消防工程有限公司、苏州金螳螂建筑装饰股份有限公司、苏州圣星建设发展有限公司、江苏中科智能系统有限公司

注："*"为项目主申报单位

结构，是连接武昌、江夏远城区的一条重要客运交通走廊，优化武昌中心城区功能；沿二环线、贯穿东湖风景区、水果湖行政中心、街道口商圈、南湖组团，通达黄家湖，串联两镇十大组团，承担沿线超过52%公共交通客流，支撑"两江四岸"城市重点发展区建设，改善交通出行条件、缓解交通拥堵，稳定市区轨道网络骨架，发挥已建线路效益。该工程列入2019年第七届世界军人运动会保障重点项目。

该工程为全国首个半盖挖顺作法施工的分离岛式站台地下四层车站。街道口站整体呈"回"字型布置、地下四层分离岛结构型式国内地铁首创；首次采用"三维网格"同步开挖施工工法，解决双狭长超深基坑、明暗挖交叉作业相互制约影响、施工周期长等难题；首次实现车站中板托换地面道路盖板竖向支撑系统，避免中断道路交通，确保区间盾构及时接收和平移侧面吊出。

工程采用宽大异形基坑双排桩悬臂法支护体系的应用。下沉广场位于南湖大道与野芷湖西路交叉口东南象限，在省农科院站东南侧与车站结构相接，基坑面积4576平方米，基坑内包含III、IV号出入口、2号风亭、消防疏散口、省一马区间明挖联络线等结构。悬臂支护体系采用双排钢筋混凝土桩，桩顶设冠梁，排间采用连梁及200毫米厚钢筋砼板连接。悬臂基坑开挖深度11米，土方开挖采用直接放坡开挖至下沉广场坑底的开挖方式，悬臂双排桩

支护体系是一种整体刚度大、稳定性好、变形变位小且不需设置内支撑的支护体系，方便土方开挖外运和广场以下坑中坑结构的施工，缩短建设工期，可广泛应用于地铁地下一层等不规则型基坑附属结构施工。

工程共获得省部级以上荣誉成果40余项：获省部级科技进步奖2项，2022年湖北省优质工程奖"楚天杯"，省部级优秀质量管理小组成果10项，国家实用新型专利17项，省部级工法8项，多次获评湖北省建筑工程质量安全标准化示范工地（楚天杯）及其他优质工程奖励。

（中铁十一局集团有限公司）

【苏州轨道交通四号线支线溪霞路站配套地下空间（苏地2013-G-65号地块）】

项目获2022年度第一批国家优质工程奖。

苏州轨道交通4号线支线溪霞路站配套地下空间工程位于苏州吴中太湖新城核心区的太湖湖畔。是一座大型地下商业综合体项目，占地面积10万平方米，总建筑面积30万平方米，共分北、中、南三个区，于2021年4月29日竣工。

该工程地下共三层，局部地上一层。地下一层为商业，地下二三为停车库，中南区局部地上一层为观景平台，平台中部设置国内最大的玻璃幕墙水盘天窗，结构美观，无漏水。基础形式为桩筏基础；结构形式为框架剪力墙结构；楼地面包括大理石楼面、花岗岩楼面、地砖楼

面、防静电地板、水泥砂浆楼面、金刚砂耐磨地坪等；吊顶包括铝板吊顶、硅酸钙板吊顶、GRG板吊顶、格栅铝板吊顶、长城板吊顶等；墙面干挂石材、干挂墙砖，汽车库内外墙水泥砂浆抹灰粉饰、内墙涂料；机电工程包括给排水及采暖、建筑电气、通风与空调、智能建筑和电梯工程等，共有电扶梯83台，运行平稳。

该工程是全国首个获得绿色三星级认证的单体式地下空间工程，绿色低碳环保、建筑造型新颖、功能完善、施工精细、运行智慧，是太湖新城的核心标志性工程。

工程科技成果突出，获得中国施工企业管理协会全国科技进步奖一等奖1项，国家发明专利4项，实用新型专利6项，江苏省工法1项。通过北京市建委科技成果评价，新

技术水平达到国内先进水平。

工程共10个分部，1080个分项工程，44572个检验批，验收合格。资料分册编目清楚、真实、完整、有效。立项、规划、土地、建设、环保、施工许可、城建档案、交工验收备案等管理资料真实齐全。

获中国施工企业管理协会绿色设计水平评价奖，北京市建筑、结构"长城杯"双金杯，住建部绿色科技示范工程，全国建设工程BIM大赛一等奖，全国QC二等奖2项，江苏省新技术应用示范工程等诸多奖项。该工程完工后成为太湖新城对外交流宣传的名片，获得社会各界的一致好评，取得良好的社会、经济效益。

（北京建工集团有限责任公司）

6 中国专利奖（轨道交通类）

【概况】

第二十四届中国专利奖评选工作由国家知识产权局和世界知识产权组织共同主办。中国专利奖设中国专利金奖、中国外观设计金奖、中国专利银奖、中国外观设计银奖、中国专利优秀奖、中国外观设计优秀奖。轨道交通行业获得第二十四届中国专利奖共30项，其中，中国专利金奖1项、中国专利银奖5项、中国专利优秀奖24项。（表5-6-1）

（中国城市轨道交通协会秘书处）

【变频装置及其功率扩展方法】

该发明公开一种变频装置及其功率扩展方法，包括：通过母排或线缆相连的滤波单元腔体、功率模块和电控模块。功率模块采用竖直排列型插接结构连接在母排上，滤波单元腔体和功率模块分别设置于电控模块的两侧。变频装置还可以包括两个以上并排设置的功率模块。功率模块进一步包括上下对称、功能可互换的两个子模块作为整流单元或逆变单元，用于单独实现整流或逆变功能，或同时实现整流和逆变功能。该发明能够克服现有变频装置存在的变流单元不够集中、整柜高低压没隔离、EMC性能差的缺陷，同时还能解决现有变频装置存在的功率扩展难或功率扩展范围窄，再设计和生产时间成本、价格高，市场响应速度慢的问题。

（中车株洲电力机车研究所有限公司）

第二十四届中国专利奖预获奖项目涉及轨道交通类清单　　　　表5-6-1

序号	专利号	获奖等级	专利名称	专利权利人	发明人
9	ZL201410144513.X	金奖	变频装置及其功率扩展方法	中车株洲电力机车研究所有限公司	刘海涛、梁志伟、王婷、应婷、黄敏、杨林、李宇、吴顶峰、刘雨欣、从静
24	ZL201710151753.6	银奖	一种低吸水性聚酰亚胺薄膜的制备方法	株洲时代华鑫新材料技术有限公司	张步峰、刘杰、廖波、江乾、王倩、高纪明、姜其斌
33	ZL201810333255.8	银奖	一种轨道电路电缆故障在线检测方法和装置	北京全路通信信号研究设计院集团有限公司	徐宗奇、刘岭、杨辉、杨铁轩、李智宇、殷惠媛、刘瑞、王智新、阳晋、程帮锋、杨晓锋、洪福庆、李中奇、唐伟、张新斌、张庆、李涛、付雅婷、谢文磊、白英杰、韩聪颖、李继隆、谭畅
54	ZL202010457840.6	银奖	一种城市轨道交通灵活编组运营的实现方法	卡斯柯信号有限公司	胡荣华、陈祥、常鸣、王晓燕、赵晓宇、王冬海

序号	专利号	获奖等级	专利名称	专利权利人	发明人
59	ZL202011092891.X	银奖	一种站隧合建无柱地铁车站换乘节点结构及施工方法	广州地铁设计研究院股份有限公司	农兴中、刘智成、张晓光、刘小华、雷振宇、史海欧、王迪军、翟利华、张璞、罗俊成、曹国旭、于文龙、孙增田、谢明华、高强、苗通、白文举、胡海波、李元、杨喜
60	ZL202011306083.9	银奖	全套管全回转钻机设备	中铁第五勘察设计院集团有限公司、中南大学、徐州景安重工机械制造有限公司	毛忠良、刘春晓、陈晓莉、王旭明、谌启发、刘柏林、冷长明、丁新红、唐沛、莫万远、郭靖
150	ZL201410410173.0	优秀奖	弓网关系试验台	中国铁道科学研究院标准计量研究所、中铁检验认证中心	朱少彤、王亚春、任兴堂、杨广英、徐超、陈立明、张海波、张治国、邢彤、黄岳群、马远征、贾志洋、刘宇航、雷栋、张晨云、杨才智
193	ZL201510147357.7	优秀奖	含架梁支撑的多油缸支腿组合式低位运梁车	中铁工程机械研究设计院有限公司	沈超、尹卫、袁亮、李龙、张硕、朱涛、程凤、程海华
230	ZL201510714113.2	优秀奖	高速列车系统级的电磁兼容模型的建立方法	北京交通大学	闻映红、张丹、张金宝
236	ZL201510814742.2	优秀奖	一种适用于无砟轨道的钢管混凝土轨枕	中铁第四勘察设计院集团有限公司	孙立、凌汉东、光振雄、郑洪、黄伟利、邓振林、张超永、王森荣、李秋义、陈潇、林超
294	ZL201610750535.X	优秀奖	一种电机定子的绝缘处理方法	中车株洲电机有限公司	薛长志、刘济林、李燕琴、颜晨悦、陈红生
309	ZL201610934635.8	优秀奖	一种封闭的预支护隧道结构	中铁第四勘察设计院集团有限公司、中国铁建股份有限公司	肖明清、雷升祥、邓朝辉、王均勇、胡大伟、蒋超、周坤、薛光桥
310	ZL201610950914.3	优秀奖	多网络融合的方法和装置	中车青岛四方机车车辆股份有限公司	王军、王峰超、刘泰、卢京廷、马超、刘玉文
365	ZL201710378336.5	优秀奖	一种地铁车辆门系统异常工况和部件退化的同步检测方法	南京康尼机电股份有限公司、南京航空航天大学	韩光威、吕建华、陆宁云、曹劲然、许志兴、史翔、张伟、朱文明
375	ZL201710538182.1	优秀奖	连续梁悬灌施工中的两侧不平衡荷载动态调整方法及系统	中铁十二局集团有限公司、中铁十二局集团第七工程有限公司	张逆进、刘元杰、丁昱铭、肖乾珍、赵常煜、李天胜、李建军、胡建国、沈捍明、陈志、陈谦、罗检萍
397	ZL201710950646.X	优秀奖	联络通道盾构施工接收结构及施工方法	中山大学	黄林冲、李勇、梁禹
413	ZL201711166270.X	优秀奖	大跨度弧形闸门安装精度控制方法	中铁二十局集团第六工程有限公司	惠建伟、皇新波、宋成年、张禄、郝龙、李涛、石岩、李重元、董珂、欧甫
448	ZL201810191263.3	优秀奖	一种高固含量醚类保坍型聚羧酸减水剂的制备方法	安徽中铁工程材料科技有限公司、中铁四局集团有限公司	汪志勇、黄海、林春红、李双超、温建峰、陈娟、许立、李双
461	ZL201810348840.5	优秀奖	一种强透水土岩复合地层大直径泥水盾构综合掘进方法	中铁十四局集团有限公司	陈健、张哲、王承震、李树忱、王焕、王华伟、赵国栋、李占先、王德福、胡浩、李海振、孙旭涛、赵世森
481	ZL201810725233.6	优秀奖	隧道高压富水溶腔段支护抗渗结构及施工方法	中铁十一局集团第五工程有限公司、中铁十一局集团有限公司	刘俊、翁长根、管强、陈中华、李勇军、李勇、熊晓晖、臧昊、熊军
498	ZL201810968890.3	优秀奖	内燃机车主辅传动系统及内燃机车	中车大连机车车辆有限公司	温吉斌、魏宏、范家科、王秀岩、鲁渝玲、王睿

第二十四届中国专利奖预获奖项目涉及轨道交通类清单（续前表）　　　　　　　　表5-6-1

序号	专利号	获奖等级	专利名称	专利权利人	发明人
536	ZL201811375228.3	优秀奖	一种针对凿岩台车的控制方法及凿岩台车	中国铁建重工集团股份有限公司	刘飞香、郑大桥、秦念稳、袁超、白晓宇、甘甜、张圣、方双普、李正光、曹鹏飞、罗杰
556	ZL201811611394.9	优秀奖	一种轨道电路状态鉴别系统和方法	合肥工大高科信息科技股份有限公司	魏臻、程运安、夏伟、胡敏、茆忠华、代双伟、杨扬
586	ZL201910257107.7	优秀奖	用于高速磁浮交通的电磁推进系统及磁悬浮列车	中国航天科工飞航技术研究院（中国航天海鹰机电技术研究院）	杜修方、毛凯、张艳清、张志华、韦克康、张庆杰、康颖、陈松
604	ZL201910443877.0	优秀奖	一种轻量级跨平台的轨道交通蓄电池数据监控上位机平台	北京北交新能科技有限公司	张学友、曹文礼、李军、马泽宇、韩銮、朱子阳
611	ZL201910506156.X	优秀奖	基于轨道车列技术状态的检修方法和系统	中国神华能源股份有限公司、神华铁路货车运输有限责任公司	康凤伟、李权福、王洪昆、王文刚、边志宏、卢宇星、王蒙、方琪琦、王萌、刘洋、徐世锋
642	ZL201910863537.3	优秀奖	基于多源信息融合的地铁站空调系统节能控制方法和系统	深圳达实智能股份有限公司	陈文景、匡付华、邓翔、邓仕均
678	ZL201921436631.2	优秀奖	一种基于液体分散的机制砂生产质量信息化监控系统	中国铁道科学研究院集团有限公司铁道建筑研究所、中国铁道科学研究院集团有限公司、中国国家铁路集团有限公司	李化建、黄法礼、赵有明、韩自力、谢永江、王振、易忠来、仲新华、冯仲伟、刘辉
701	ZL202010315746.7	优秀奖	地震下高速铁路桥上行车安全试验系统	高速铁路建造技术国家工程研究中心、中南大学	余志武、国巍、蒋丽忠、刘汉云、龙岩
749	ZL202011125673.1	优秀奖	一种城轨高架站轨行区抗风防震吊顶构造及施工方法	广东省建筑装饰工程有限公司	蓝建勋、曾金亮

注：表中所列序号为获奖项目名单中原序号，信息来自国知发运字〔2023〕30号《国家知识产权局关于第二十四届中国专利奖授奖的决定》。

7 中国城市轨道交通协会科学技术工作

【科研专项】

为贯彻落实习近平同志在二十大报告中提出的加快实施创新驱动发展战略，加快实现高水平科技自立自强，加快实施一批具有战略性全局性前瞻性的重大科技项目。全面响应党中央和国务院"交通强国"和"智慧城市"新型基础建设决策部署，以国家战略需求为导向，集聚力量进行原创性引领性科技攻关，增强自主创新能力，营造有利于企业成长的良好环境，推动创新链产业链资金链人才链深度融合。自2017年协会面向各分支机构启动科研专项工作以来，取得明显效果。为充分发挥全行业科技创新的积极性和创造性，首

次面向全体会员单位征集2022年度科研专项。

科研专项工作作为协会科技创新管理"一条龙"的基本源头，科技创新成果将是协会开展科技成果登记、科技成果评价、科技进步奖评选、示范工程建设、国优工程推荐中的首要环节。在政策和技术上给予指导和支持，提供行业专家咨询服务。对有重大创新成果的项目在行业科技成果登记发证、示范工程培育、科技成果奖励、国优奖推荐等方面给予重点支持。推荐优秀成果在中国城市轨道交通高新技术交易会上发布、核心期刊专辑发表和专业媒体平台宣传，全面提升企业自主创新能力及市场核心竞争

力，促进行业高质量发展。

协会专家学术委组织所属学部委员及行业专家对各单位申报的科研专项申报书进行形式审查、初评、复评，对协会分支机构申报项目进行质询答辩。经最终评审，对141个项目予以立项。（表5-7-1）

【智慧城轨建设重点体系深化研究】

为应对智慧城轨建设面临的前瞻性、创新性的挑战，夯实智慧城轨建设的理论和技术基础，中国城市轨道交通协会组织开展智慧城轨建设重点体系深化研究工作，得到全行业会员单位的积极响应。组织开展的首批50项智慧城轨重点体系深化研究课题，119家单位参研，涵盖《纲要》的十大重点体系，引领着行业发展的方向。重点体系深化研究为智慧城轨建设储备雄厚的技术力量，奠定良好的技术基础。（表5-7-2）

【科技成果评价】

2022年，中国城市轨道交通行业依托中国城市轨道交通协会院士专家资源，联合专业评价机构，承担城市轨道交通行业科技成果评价工作，2022年完成城市轨道交通类科技成果评价共34项。（表5-7-3）

（中国城市轨道交通协会专家和学术委员会）

2022年度中国城市轨道交通协会科研专项立项名单　　　　　　　　　　　表5-7-1

序号	承担单位	项目名称	专项类型
1	设计咨询专委会	城市轨道交通"国际化、绿色化、智慧化、人文化"设计导则与指引研究	重点专项
2	单轨分会	跨座式单轨轨道梁桥系统技术经济性研究	重点专项
3	技术装备专委会	城市轨道交通领域装备产业链研究	重点专项
4	安全管理专委会	城市轨道交通／地下空间火灾自动报警系统国产化集成及深度感知协同管理平台研究	重点专项
5	信息化专委会	基于多源数据全域感知的绿色低碳智慧能源管控系统	重点专项
6	信息化专委会	城市轨道交通数字孪生地铁安全应急保障平台	重点专项
7	信息化专委会	城市轨道交通企业数字化转型下人才发展研究	重点专项
8	运营管理专委会	城市轨道交通绿色运营技术调查与评估	重点专项
9	专家学术委	中国城市轨道交通百科全书编撰	重大专项
10	资源经营专委会	关于进一步鼓励和发展城轨交通场站及周边土地综合开发利用（TOD）的研究	重点专项
11	现代有轨电车分会	低运量轨道交通调查研究	重点专项
12	工程建设专委会	地铁盾构隧道新型管片结构应用研究	重点专项
13	重庆市轨道交通（集团）有限公司	城轨供电智能运维系统工程示范应用研究	重点专项
14	重庆市轨道交通（集团）有限公司	TOD模式下山地城市轨道车辆基地综合体设计关键技术研究	重点专项
15	广州地铁集团有限公司	CBTC与CTCS-2贯通运行列控系统关键技术研究	重点专项
16	广州地铁集团有限公司	160km/h市域快轨钢轨状态快速检测与评估技术	重点专项
17	南京地铁集团有限公司	基于5G公专网融合通信技术体系及关键技术研究	重点专项
18	南京地铁集团有限公司	一体化智慧列车运行系统研制与试验验证	重点专项
19	南京地铁集团有限公司	中低运量轨道交通RRT系统综合效能提升关键技术研究	重大专项
20	上海申通地铁集团有限公司	"人－车－网"动态交互的城市轨道交通网络客流推演技术研究与示范	重点专项

2022年度中国城市轨道交通协会科研专项立项名单（续前表）　　　　　　　　　　表5-7-1

序号	承担单位	项目名称	专项类型
21	上海申通地铁集团有限公司	城市轨道交通行业高质量发展综合指数研究	重点专项
22	深圳市地铁集团有限公司	基于BIM的轨道交通数字孪生运营运维场景探索与实践	重点专项
23	深圳市地铁集团有限公司	基于车站群组化管理的智慧系统及运营模式研究	重点专项
24	深圳市地铁集团有限公司	基于云技术的城市轨道交通数字化智能高效空调系统关键技术研究与应用	重点专项
25	北京城建设计发展集团股份有限公司	矿山法隧道单层衬砌结构设计与施工方法研究	重点专项
26	北京城建设计发展集团股份有限公司	城市轨道交通AC3kV牵引供电系统及装备关键技术研究	重点专项
27	北京城建设计发展集团股份有限公司	分布式新能源接入城市轨道交通综合技术研究	重点专项
28	北京城建设计发展集团股份有限公司	暗挖地铁车站装配化建造技术研究与应用	重点专项
29	北京市地铁运营有限公司	中国城轨交通既有线改造研究	重点专项
30	北京市地铁运营有限公司	大数据驱动下城轨网络优化评估体系及模型研究	重点专项
31	北京市地铁运营有限公司	基于通信信号一体化的车车通信列控系统在北京地铁10号线应用研究	重大专项
32	成都轨道交通集团有限公司	成都地铁线网智慧能源系统研究	重点专项
33	成都轨道交通集团有限公司	基于感知的调度控制一体化系统技术方案与运营场景研究及应用	重点专项
34	杭州市地铁集团有限责任公司	地铁分布式光伏发电系统的应用研究	重点专项
35	交控科技股份有限公司	基于自主可控服务器操作系统和数据库的信号系统研究与验证	重点专项
36	交控科技股份有限公司	兼容CTCS及CBTC的双模列控运行场景分析及系统研究	重点专项
37	交控科技股份有限公司	既有线信号系统高韧性改造技术研究与应用	重大专项
38	沈阳地铁集团有限公司	基于城市轨道交通安全数据传输的LTE&WLAN混合组网应用研究	重点专项
39	天津轨道交通集团有限公司	基于正线功能停车与灵活编组的创新运营组织体系研究	重点专项
40	天津轨道交通集团有限公司	面向多专业协同分析的智慧运维中心系统研究及应用	重点专项
41	天津轨道交通集团有限公司	地铁区间隧道新型应急疏散体系及新型供电系统研究	重点专项
42	天津轨道交通集团有限公司	智慧城轨分级评价体系研究	重点专项
43	武汉地铁集团有限公司	基于异地云化的多层级应急指挥及多中心业务协同的调度指挥平台研究及应用	重点专项
44	西安市轨道交通集团有限公司	轨道交通综合枢纽一体化与智慧化研究	重点专项
45	西安市轨道交通集团有限公司	新技术条件下车辆修程优化研究	重点专项
46	新誉集团有限公司	城市轨道交通190kW永磁同步牵引电动机研究与应用	重点专项

序号	承担单位	项目名称	专项类型
47	新誉集团有限公司	城轨多制式供电双向变流技术研究	重点专项
48	郑州地铁集团有限公司	城市地铁近接高铁工程风险控制关键技术及应用	重点专项
49	中国铁道科学研究院集团有限公司	面向全过程出行的乘客信息服务研究	重点专项
50	中国铁道科学研究院集团有限公司	城轨交通摩擦制动噪声测试方法及评价方法研究	重点专项
51	中国铁道科学研究院集团有限公司	基于数字孪生的高可靠性城轨永磁牵引系统研制	重大专项
52	中国铁路通信信号股份有限公司	智能城市轨道交通机电装备PHM关键技术研究	重点专项
53	北京京港地铁有限公司	面向智慧运维的城市轨道交通灵活运营组织模式优化及示范应用	重点专项
54	北京市轨道交通建设管理有限公司	富水地层盾构区间联络通道及泵房机械化施工技术应用全生命周期研究	重点专项
55	比亚迪汽车工业有限公司	基于数字孪生的智能运维系统深化研究及推广应用	重点专项
56	比亚迪汽车工业有限公司	面向绿色城轨车站的柔性直流配用电系统	重点专项
57	比亚迪汽车工业有限公司	快速跨座式单轨技术研发与应用	重点专项
58	城轨创新网络中心有限公司	城市轨道交通系统绿色低碳评价体系研究	重点专项
59	城轨创新网络中心有限公司	城轨基础设施智能综合检测列车研发与应用	重大专项
60	重庆市铁路（集团）有限公司	重庆市城轨快线全生命周期CIM技术应用研究与示范	重点专项
61	重庆市铁路（集团）有限公司	基于大数据应用的都市快线智慧客运服务平台研究	重点专项
62	哈尔滨地铁集团有限公司	地铁线路综合智能检测系统研究与应用	重点专项
63	哈尔滨地铁集团有限公司	轨道交通线网指挥中心（NOCC）建设与示范	重点专项
64	合肥市轨道交通集团有限公司	城市轨道交通车载信息融合平台研究	重点专项
65	河北雄安轨道快线有限责任公司	城市轨道交通绿色低碳系统化技术研究	重点专项
66	河北雄安轨道快线有限责任公司	基于LTE-M的200km/h都市快轨全自动运行CBTC系统关键技术及装备研究和应用	重大专项
67	河北雄安轨道快线有限责任公司	基于云原生的线网智能调度指挥与运营组织多模式技术研究	重点专项
68	佳都科技集团股份有限公司	城轨智能运维技术体系研究与平台算法研发	重点专项
69	佳都科技集团股份有限公司	面向双碳和绿色城轨发展目标的城轨智慧双碳评价和管理平台研究	重点专项
70	今创集团股份有限公司	绿智融合城市轨道交通电能综合管控平台技术研究	重点专项

2022年度中国城市轨道交通协会科研专项立项名单（续前表）　　　　　　　　表5-7-1

序号	承担单位	项目名称	专项类型
71	京投轨道交通科技控股有限公司	智慧城轨评价指标标准规范体系研究	重点专项
72	南宁轨道交通集团有限责任公司	轨道交通信号系统关键设备智能诊断平台研究及应用	重点专项
73	宁波市轨道交通集团有限公司	云智一体轨道绿色大脑	重点专项
74	宁波市轨道交通集团有限公司	轴箱内置式 B 型地铁转向架	重点专项
75	青岛地铁集团有限公司	基于大容量飞轮储能的复合型再生能量吸收技术工程应用	重点专项
76	青岛地铁集团有限公司	城市轨道交通电扶梯智能运维系统专题研究	重点专项
77	厦门轨道建设发展集团有限公司	城市轨道交通安全自动巡检系统	重点专项
78	上海电气泰雷兹交通自动化系统有限公司	TSTSIEM 网络安全管理中心系统研发	重点专项
79	上海电气泰雷兹交通自动化系统有限公司	基于 5G 的轨道交通行车及辅助业务无线系统关键技术研究及设备研制	重点专项
80	上海市隧道工程轨道交通设计研究院	全自动运行线路 BIM+ 综合感知运维管理研究与应用	重点专项
81	绍兴市轨道交通集团有限公司	轨道交通系统运行安全与应急响应技术研究及示范应用	重点专项
82	绍兴市轨道交通集团有限公司	城市轨道交通全生命周期工程数字化研究及应用	重点专项
83	苏州市轨道交通集团有限公司	苏州市轨道交通 1、2、3、4 号线行车调度员岗位技能鉴定平台技术研究	重点专项
84	苏州市轨道交通集团有限公司	苏州轨道交通灵活混编技术研究	重点专项
85	武汉光谷交通建设有限公司	悬挂式空轨全自动运行运控系统关键技术研究	重点专项
86	中车南京浦镇车辆有限公司	基于 LCA 的轨道交通产品碳足迹研究及节能减排潜力评价体系建设	重点专项
87	中车南京浦镇车辆有限公司	氢动力系统在轨道交通车辆应用关键技术研究	重大专项
88	中车青岛四方车辆研究所有限公司	城市轨道交通运营能耗及节能低碳评价评估研究	重点专项
89	中车青岛四方机车车辆股份有限公司	基于 AI 机器视觉的列车外观状态自动检测技术	重点专项
90	中车青岛四方机车车辆股份有限公司	新一代轻量化拓扑优化不锈钢地铁车体研制	重点专项
91	中车唐山机车车辆有限公司	城市轨道交通内置轴箱转向架研发与应用	重点专项
92	中车长春轨道客车股份有限公司	列车融合控制关键技术研究及装备研制	重点专项

序号	承担单位	项目名称	专项类型
93	中车株洲电力机车有限公司	搭载自主化攻关产品标准地铁120A列车在深圳线路应用与评估研究	重点专项
94	中车株洲电力机车有限公司	适应中小运量的时速120kmh铰接式轻轨车辆研究	重点专项
95	中车株洲电力机车有限公司	轨道交通车辆隧道内运行环境兼容性研究	重点专项
96	中车株洲电力机车有限公司	长寿命、高可靠性轴承应用研究	重点专项
97	中国铁路设计集团有限公司	大湾区繁华都市区超级枢纽关键技术与应用	重点专项
98	中国铁路设计集团有限公司	城市轨道交通BIM协同设计平台	重点专项
99	中铁第四勘察设计院集团有限公司	基于互联互通双模列控系统的融合式接口技术研究	重点专项
100	中铁第四勘察设计院集团有限公司	城市轨道交通能源智能管控平台应用研究	重点专项
101	中铁第一勘察设计院集团有限公司	基于水文模型模拟的地铁场段内涝风险预警系统研究	重点专项
102	中铁二院工程集团有限责任公司	面向轨道交通的双模列控系统技术研究	重点专项
103	中铁工程设计咨询集团有限公司	跨座式单轨集约化通信信息设备研究	重点专项
104	中铁工程设计咨询集团有限公司	环境友好型城市轨道交通面向振源控制的9号可动心轨道岔技术研究与应用	重点专项
105	中铁工程设计咨询集团有限公司	跨座式单轨交通轨道梁测量检测技术研究	重点专项
106	株洲中车时代电气股份有限公司	基于车车通信和自主感知的虚拟编组列车自主运行控制系统研制	重大专项
107	八维通科技有限公司	面向南京都市圈全过程出行的乘客信息服务研究	重点专项
108	北京市市政工程设计研究总院有限公司	提升轨道稳定性减少钢轨异常波磨减低振动噪声关键技术研究	重大专项
109	比亚迪通信信号有限公司	云巴列车全自主运行系统研发与应用	重点专项
110	成都市新筑路桥机械股份有限公司	中低速磁浮列车运行控制多系统融合控制方案	重大专项
111	成都铁安科技有限责任公司	基于隧道分布式光纤的地铁保护区安全监测系统	重点专项
112	重庆市轨道交通设计研究院有限责任公司	基于跨座式单轨的多专业智能运维平台的研究与应用	重点专项
113	方圆标志认证集团有限公司	轨道交通领域典型产品碳足迹评价关键技术研究	重点专项
114	广州铁科智控有限公司	基于UWB技术的列车自主化定位系统研究	重点专项
115	湖南屹林材料技术有限公司	超高速磁悬浮轨道交通用耐磨滑块材料的研究与开发	重点专项
116	江苏安防科技有限公司	基于人工智能与毫米波技术的轨道交通无感出行系统研发及产业化	重点专项

科技创新

2022年度中国城市轨道交通协会科研专项立项名单（续前表）　　　　　　　　　　表5-7-1

序号	承担单位	项目名称	专项类型
117	南京地铁运营咨询科技发展有限公司	城市轨道交通车辆监造智能化研究与开发	重点专项
118	南京地铁运营咨询科技发展有限公司	地铁场段智慧运维建设方案及关键技术研究	重点专项
119	南通城市轨道交通有限公司	轨道车辆车载网络信息安全防护及态势感知技术研究	重点专项
120	深圳科安达电子科技股份有限公司	基于通感一体的列车定位技术研究与应用	重点专项
121	天津一号线轨道交通运营有限公司	地铁车辆高级别修程间隔延长及优化技术研究	重点专项
122	温州市铁路与轨道交通投资集团有限公司	基于SiC器件的市域动车组走行风冷永磁牵引系统研究及装车验证	重大专项
123	武汉容晟吉美科技有限公司	智能焊接机器人研制与应用	重点专项
124	羿鹏轨道交通开发（上海）有限公司	全国首创轻型悬挂式单轨研究与示范建设项目	重点专项
125	中车永济电机有限公司	城市轨道交通绿色高效牵引电气系统研制	重点专项
126	中车永济电机有限公司	地铁列车牵引系统PHM关键技术研究及应	重点专项
127	北京城市轨道交通咨询有限公司	网络安全网格架构（CSMA）技术在城轨云安全中的应用研究	重点专项
128	北京大象科技有限公司	城市轨道交通运营关键岗位智能模拟演练与评估平台的研发与应用	重点专项
129	北京纵横机电科技有限公司	国产电子器件在城轨制动核心部件中的应用研究	重点专项
130	高新兴创联科技有限公司	轨道交通车辆基地多联安全秩序管控研究和示范应用	重点专项
131	杭州申昊科技股份有限公司	工务综合检测机器人研制	重点专项
132	湖南中车时代通信信号有限公司	都市快轨列车运行控制系统研制	重点专项
133	江西日月明测控科技股份有限公司	城轨线网隧综合快速检测及智能评估技术研究	重点专项
134	深圳市市政设计研究院有限公司	轨道交通BIM智能设计关键技术创新与实践	重点专项
135	曙光信息产业（北京）有限公司	基于国产先进芯片的轨道交通人工智能应用及研究	重点专项
136	郑州中建深铁轨道交通有限公司	智能运维系统建设与运用实践	重点专项
137	中车戚墅堰机车车辆工艺研究所有限公司	基于地铁车辆弹性车轮实际服役状态的性能及安全性智能监测技术研究	重点专项
138	中建市政工程有限公司	严寒地区城市富水条件下地铁隧道施工关键技术	重点专项

2022年度中国城市轨道交通协会科研专项立项名单（续前表）　　　　　　表5-7-1

序号	承担单位	项目名称	专项类型
139	中铁（天津）轨道交通投资建设有限公司	基于工业互联网的城轨智能监控运维服务平台研究示范应用	重大专项
140	重庆市渝西快线建设运营有限公司	基于信创云的增强型列车自动控制系统在市域轨道中的研究及应用	重大专项
141	上海电气自动化集团有限公司	城市轨道交通科学技术知识普及传播专题研究	重点专项

第一批智慧城轨建设重点体系深化研究项目名单　　　　　　表5-7-2

序号	研究名称	申报单位	负责人
	体系一：智慧乘客服务深化研究		
1	面向乘客全出行链的智慧乘客服务及其关键技术研究	北京轨道交通路网管理有限公司	于 增
2	城市轨道交通智慧客流诱导与预警系统研究	中国地铁工程咨询有限责任公司	许双牛 李世民
3	基于云平台的超高精度生物识别与无感支付智慧票务系统关键技术研究	佳都科技集团股份有限公司	张少文
4	基于智慧城轨 APP 的一体化出行乘客服务体系深化研究	八维通科技有限公司	杨宏旭
5	构建面向不同乘客类型的个性化服务体系研究	苏州市轨道交通集团有限公司	陆文学
6	都市区轨道交通"一码、一票"通乘	杭州市地铁集团有限责任公司	吕春娟

序号	研究名称	申报单位	负责人
	体系二：智能运输组织深化研究		
1	城轨快线多线路两级架构的网络化调度系统研究	重庆市铁路（集团）有限公司	吴 明
2	基于运营场景的智慧车站研究	北京市轨道交通运营管理有限公司	赵 鹏 李艳萍
3	基于互联互通的全局调度系统研究	重庆市轨道交通（集团）有限公司	乐 梅
4	基于工业互联网体系架构的智慧车站管控系统	南宁轨道交通集团有限责任公司	黄 俪
5	智能线网运营调度应急指挥中心研究	天津轨道交通集团有限公司	王路萍
6	智慧运输组织体系及其关键技术研究	北京轨道交通路网管理有限公司	于 增

序号	研究名称	申报单位	负责人
	体系三：智能能源系统深化研究		
1	城市轨道交通系统新能源技术应用研究	北京市地铁运营有限公司	李 莉 魏 运
2	城市轨道交通智能供电系统关键技术研究	济南轨道交通集团有限公司	杨培盛
3	基于云平台的智能能源系统节能研究	宁波市轨道交通集团有限公司	李中浩 姚燕明
4	基于物联网和大数据技术的地铁环控系统设备管理及智慧能源的研究	苏州市轨道交通集团有限公司	何小兵

第一批智慧城轨建设重点体系深化研究项目名单（续前表）　　　　　表5-7-2

体系四：智能列车运行深化研究			
序号	研究名称	申报单位	负责人
1	基于主动环境感知及动态虚拟编组的自主列车控制运行技术研究	交控科技股份有限公司	郜春海 王　伟
2	智能运营指挥和智能列车运行研究	浙江众合科技股份有限公司	王飞杰

体系五：智能技术装备深化研究			
序号	研究名称	申报单位	负责人
1	基于时间敏感网络的城轨列车一体化控制关键技术研究	北京纵横机电科技有限公司	高　枫
2	面向多安全等级业务的列车级一体化平台及综合承载网络技术研究	交控科技股份有限公司	郜春海 王　伟
3	基于集约型网络、一体化平台的列车装备研究	株洲中车时代电气有限公司	梅文庆
4	基于5G行业专网技术的轨道交通通信信号综合承载应用	比亚迪通信信号有限公司	刘伟华
5	导轨式胶轮系统智慧体系深化研究	比亚迪通信信号有限公司、比亚迪机电设备有限公司、比亚迪勘察设计有限公司、比亚迪汽车工业有限公司、上海市隧道工程轨道交通设计研究院、深圳轨道交通创新研究院有限责任公司、中铁设计咨询有限公司	任　林 刘伟华
6	智慧跨座式单轨发展深化研究	中铁工程设计咨询集团有限公司	雷慧锋

体系六：智能基础设施深化研究			
序号	研究名称	申报单位	负责人
1	城市轨道交通智能基础设施运维平台研究	北京轨道交通运营管理有限公司	韩志伟 徐　栋
2	城市轨道交通智能基础设施工务运维平台研究	重庆市轨道交通（集团）有限公司	林　莉
3	城市轨道交通基础设施水灾监测平台关键技术研究与示范	中铁第四勘察设计院集团有限公司	姚应峰

体系七：智能运维安全深化研究			
序号	研究名称	申报单位	负责人
1	轨道交通行车应急监测及智能辅助驾驶系统	成都轨道交通集团有限公司	王　磊
2	基于智能运维的行车关键设备健康管理体系研究	上海地铁维护保障有限公司通号分公司	张　郁
3	基于数字时间切片的智能运维三级管控体系技术研究	交控科技股份有限公司	郜春海 王　伟
4	生态智慧城轨融合平台关键技术研究	重庆市轨道交通（集团）有限公司	乐　梅
5	基于5G图像传输的电客车载轨道高速智能巡检系统研究项目	南昌轨道集团运营分公司	熊　军
6	城市轨道交通智能运维体系研究	上海宝信软件股份有限公司	汪　侃
7	基于云边端协同架构的多专业智能运维研究	北京和利时系统工程有限公司	李　剑
8	以车辆为中心的车地一体化智能运维技术研究	中车青岛四方机车车辆股份有限公司	徐　磊
9	基于物联网的智能综合运维技术研究	通号通信信息集团有限公司	罗　静
10	路网级多设备管控平台智能运维安全技术研究	北京轨道交通路网管理有限公司	于　增
11	基于AI主动故障预测预警的智能运维管理平台技术研究	郑州地铁集团有限公司	李昱见

体系八：智慧网络管理深化研究

序号	研究名称	申报单位	负责人
1	地铁施工精准智能安全协同控制平台	北京安捷工程咨询有限公司	吕培印
2	基于BIM的城轨数字化建管与安全风险识别研究	重庆市铁路（集团）有限公司	官 波
3	城市轨道交通智慧工地系统研究与应用	北京市轨道交通建设管理有限公司	刘天正
4	智慧工地信息化集成管理系统	青岛地铁集团有限公司	罗情平
5	基于城轨云平台的轨道交通知识管理系统建设与研究	太原市轨道交通发展有限公司	白晓平

体系九：城轨云与大数据平台深化研究

序号	研究名称	申报单位	负责人
1	面向自主可控的城轨云与大数据平台关键技术研究与应用	长沙市轨道交通集团有限公司	许尚农
2	基于城轨云的网络安全纵深防御体系研究	温州市铁路与轨道交通投资集团有限公司	陆诗钏
3	基于云计算和大数据技术深化研究城市轨道交通基础设施建设	上海富欣智能交通控制有限公司	汪岳君
4	智慧城轨云数融合和云安协同体系研究	中铁第四勘察设计院集团有限公司	王 皓
5	云内云外融合网络安全纵深防御体系研究	厦门轨道交通集团有限公司	于用庆
6	超大线网标准城轨云及共享数据平台研究	北京协同创新轨道交通研究院有限公司	吴 昊

体系十：中国智慧城轨技术标准体系深化研究

序号	研究名称	申报单位	负责人
1	智慧城轨车辆技术标准体系研究与建立	中车青岛四方机车车辆股份有限公司	梁建英

2022中国城市轨道交通协会科技成果评价项目

表5-7-3

序号	评价编号	成果名称	主持完成单位
1	2022CAMET049001	跨座式单轨新型PC轨道梁关键技术及应用	中铁工程设计咨询集团有限公司
2	2022CAMET050002	城轨列车机电系统服役性能保障关键技术及应用	北京建筑大学
3	2022CAMET051003	土压平衡盾构废弃渣土资源化利用关键技术研究与应用项目	中铁建黄河投资建设有限公司
4	2022CAMET052004	面向FAO的自主化车载安全控制系统平台研制项目	株洲中车时代电气股份有限公司
5	2022CAMET053005	城市轨道交通地下出入线火灾安全保障关键技术及应用	郑州地铁集团有限公司
6	2022CAMET054006	城市轨道交通基础减振地段钢轨异常波磨治理及示范工程研究	北京市市政工程设计研究总院有限公司
7	2022CAMET055007	山地城市轨道交通As型车研发与应用	重庆市轨道交通（集团）有限公司
8	2022CAMET056008	智慧城轨的全要素感知认知与数字孪生关键技术研发及应用	广州新科佳都科技有限公司
9	2022CAMET057009	直流架空接触网专用轨回流牵引供电系统研发及应月	中铁电气化勘测设计研究院有限公司
10	2022CAMET058010	复杂运营环境下城市轨道交通钢轨波磨控制的关键技术及应用	北京东方维平轨道交通科技有限公司

2022中国城市轨道交通协会科技成果评价项目（续前表） 表5-7-3

序号	评价编号	成果名称	主持完成单位
11	2022CAMET059011	城市轨道交通综合监控及环境与设备监控系统	中交机电工程局有限公司
12	2022CAMET060012	轻量化城市轨道交通通用车载产品关键技术研究及应用	北京全路通信信号研究设计院集团有限公司
13	2022CAMET061013	软土地层城市轨道交通韧性结构体系及数字化技术	绍兴市轨道交通集团有限公司
14	2022CAMET062014	上海轨道交通车辆智能运维系统	上海申通地铁集团有限公司
15	2022CAMET063015	地铁车站预制装配化建造技术研究与应用	北京城建设计发展集团股份有限公司
16	2022CAMET064016	山地城市轨道交通工程设计建造关键技术创新与应用	重庆市轨道交通（集团）有限公司
17	2022CAMET065017	新一代城市轨道交通工程结构监测与安全评估系统	武汉地铁集团有限公司
18	2022CAMET066018	导轨式胶轮系统（云巴）制式创新及关键技术研发与应用	比亚迪股份有限公司
19	2022CAMET067019	基于国产密码技术的CBTC信号系统	卡斯柯信号有限公司
20	2022CAMET068020	大规模城市轨道交通线网供需互动演变机理与优化改造关键技术研究	北京交通大学
21	2022CAMET069021	基于整车级噪声控制及测试技术开发	中车长春轨道客车股份有限公司
22	2022CAMET070022	跨座式单轨交通新型梁桥体系关键技术研究与应用	重庆市轨道交通设计研究院有限责任公司
23	2022CAMET071023	新型旅客捷运列车运行控制系统关键技术研究与应用	北京和利时系统工程有限公司
24	2022CAMET072024	冬奥支线智慧轨道交通应用工程	北京市基础设施投资有限公司
25	2022CAMET073025	基于云边端协同的轻运量智能综合调度系统	北京城建智控科技股份有限公司
26	2022CAMET074026	自主化全电子联锁系统关键技术研发及产业化应用	通号城市轨道交通技术有限公司
27	2022CAMET075027	双流制市域（郊）铁路与城市地铁贯通运营成套技术	重庆市铁路（集团）有限公司
28	2022CAMET076028	地铁车辆智能电气牵引系统关键技术研究与应用	中车永济电机有限公司
29	2022CAMET077029	基于异构云的城轨列控通用集成测试平台关键技术研究与应用	交控科技股份有限公司
30	2022CAMET078030	基于A型车的城市轨道交通市域快线（140~160km/h）关键技术综合研究与应用	成都轨道集团有限公司
31	2022CAMET079031	城市轨道交通量化评估与决策支持关键技术及应用	北京城建设计研究院有限公司
32	2022CAMET080032	饱和软土敏感环境暗挖地铁车站建造技术及装备研发	上海申通地铁集团有限公司
33	2022CAMET081033	轨道交通地下空间规划设计数智化关键技术研究	北京交通大学
34	2022CAMET082034	泉脉发育城区不均匀风化地层复杂条件盾构施工技术	济南轨道集团有限公司

六　标准规范

本篇章主要介绍在标准规范建设中，在城市轨道交通团体标准体系、子体系建设，以及团体标准的制修订情况、标准制度建设、行业交流等方面的工作开展情况。

上海申通　胡盛炯　专注

1 标准体系建设

【城市轨道交通团体标准体系】

《城市轨道交通团体标准体系研究》一书于2019年正式发布。随着国家标准、行业标准、团体标准的不断更新，行业新技术不断涌现，智慧城轨、绿色城轨、都市圈市域轨道交通、设施设备更新改造等专项领域不断壮大，标准编制需求激增。在此背景下，城市轨道交通团体标准体系优化研究工作于2021年12月正式启动。2022年，课题组确定信息化、绿色化、智慧化等相关标准的框架，明确新型轨道交通制式的标准体系位置。受疫情影响及子体系建设的同步性要求，预计2023年完成体系优化升级并正式发布。

【子体系建设】

2022年8月，中国城市轨道交通协会发布《中国城市轨道交通绿色城轨发展行动方案》，按照"1-6-6-1-N"的统筹要求，以及"围绕绿色城轨的建设目标，研究制定中国绿色城轨标准体系。"的要求，在城市轨道交通团体标准体系优化研究的指导思想下，同步开展城绿色城轨标准体系研究工作。11月，组织召开中国城市轨道交通协会绿色城轨标准体系研究工作筹备会，联合多家会员单位组成编制组，明确体系研究工作的方案。预计2023年完成体系研究并正式发布。

（中国城市轨道交通协会标准部）

2 标准制修订管理

【团体标准制修订情况】

为明确立项重点领域，指导会员单位标准申报工作，中国城市轨道交通协会2022年继续发布《团体标准立项指南》，立项重点从专业通用类团体标准首次扩展至团体标准化指导性技术文件，围绕智慧城市轨道交通、市域轨道交通、中小运能系统制式、试点示范工程项目等8个重点方向。

此外，团体标准与装备产品认证相辅相成，为进一步推动城市轨道交通装备产品认证（CURC）工作开展，结合亟需编制团体标准的城市轨道交通装备产品目录，2022年4月，标准部与装备认证委定向征集17个城轨交通装备产品的28项城轨团体标准提案项目，计划于2023-2024年陆续发布。

中国城市轨道交通协会2022年度批准发布《城市轨道交通工程信息模型 分类及编码》等12项团体标准。

【标准目录】

城市轨道交通领域批准发布《城市轨道交通浮置板用橡胶弹簧隔振器》等14项国家标准。交通运输部、工业和信息化部、住房城乡建设部、国家铁路局等部委发布《城市轨道交通接驳设施技术要求》等54项行业标准。

北京、广东、河北等多个省、自治区、直辖市批准发布《城市轨道交通工程施工模型细度标准》43项城市轨道交通领域地方标准。其中部分省市、自治区聚焦地方经济社会发展重点，出台了一批高质量的系列化地方标准。

中国城市轨道交通协会、中国交通运输协会等多家社会团体发布《城市轨道交通工程信息模型分类及编码》等93项团体标准。

（中国城市轨道交通协会标准部）

3 标准化工作

【制度建设】

2022年年初，为快速响应技术创新、满足市场对标准的需求，推动科学技术研究成果转化，引领产品和企业发展、提升产品和服务的市场竞争力，缓解新技术、新产品、新工艺、新材料等科技成果在城市轨道交通领域实际应用过程中没有标准可依的矛盾，中国城市轨道交通协会制定并发布了《中国城市轨道交通协会团体标准化指导性技术文件制修订管理实施细则（试行）》。依据该制度，在2022年度征集团体标准制修订项目过程中，首次征集团体标准指导性技术文件。

2022年末，为促进中国城市轨道交通领域的技术、产品和服务"走出去"，满足对外贸易需求，提升自主技术在国际上的影响力，树立民族品牌，中国城市轨道交通协会制定并发布了《中国城市轨道交通协会团体标准外文版制修订管理实施细则（试行）》，用以指导协会团体标准外文版制修订工作。

【标准化行业交流】

协会标准部积极参与国家标准《城市轨道交通分类》《公共交通工程术语标准》《城市轨道交通标志》《信息安全技术　重要数据识别指南》等国家标准的征求意见及强制性国家标准《城市轨道交通工程项目规范》的意见反馈工作。

（中国城市轨道交通协会标准部）

国家政策文件　　　　　　　　　　　　　　　　　　　　　　表 6-3-1

文件名称	发布单位	文号	发文日期	主要内容
关于促进团体标准规范优质发展的意见	国家标准化管理委员会等17个部联合发布	国标委联〔2022〕6 号	2022 年1 月 25 日	国务院标准化协调推进部际联席会议提出十项意见，规范团体标准工作，促进团体标准优质发展。
关于加强国家标准验证点建设的指导意见	国家标准化管理委员会	国标委发〔2022〕11 号	2022 年2 月 18 日	到 2025 年底，建成 2 个综合性标准验证点，配套建成不少于 50 个领域类标准验证点，建立比较完善的标准验证制度、工作机制及工作体系。
市场监管总局关于发布《2022 年度实施企业标准"领跑者"重点领域》的公告	市场监管总局	2022 年第 14 号	2022 年5 月 27 日	城市轨道交通首次纳入企业标准"领跑者"重点领域。
贯彻实施《国家标准化发展纲要》行动计划	国家标准化管理委员会		2022 年7 月 7 日	明确 2023 年年底前重点工作，有予推进任务落实，更好发挥标准化在推进国家治理体系和治理能力现代化中的基础性、引领性作用。
国家标准管理办法	国家市场监督管理总局	国家市场监督管理总局令第 59 号	2022 年9 月 9 日	加强国家标准管理，规范国家标准制定、实施和监督。
2022 年全国标准化工作要点	国家标准化管理委员会	国标委发〔2022〕8 号	2022 年2 月 15 日	健全高质量发展的标准体系；增强标准化发展动力；强化标准实施与监督；提升标准化治理能力。
关于开展国家标准化创新发展试点率先实现"四个转变"的指导意见	国家标准化管理委员会	国标委发〔2022〕29 号	2022 年8 月 22 日	加强组织领导；优化标准体系结构；推动全域标准化；提升标准国际化水平；增强标准化治理效能；夯实标准化发展基础；强化协同联动；加强试点管理。
综合交通运输标准体系（2022 年）	交通运输部	交办科技〔2022〕52 号	2022 年9 月 21 日	包括基础标准、交通设施标准、运输装备标准、运输服务标准、统计评价标准五个部分，包括标准 92 项，其中现行有效标准 53 项，含 6 项正在修订标准，另有待制定标准 39 项。
绿色交通标准体系（2022 年）	交通运输部	交办科技〔2022〕36 号	2022 年8 月 10 日	标准体系共收录 242 项绿色交通国家标准和行业标准，包括基础通用标准 11 项，节能降碳标准 101 项，污染防治标准 78 项，生态环境保护修复标准 35 项，资源节约集约利用标准 17 项。

国家标准目录

表 6-3-2

序号	标准编号	标准名称	代替标准	发布日期	实施日期
1	GB 5768.2-2022	道路交通标志和标线 第2部分：道路交通标志	GB 5768.2-2009	2022-3-15	2022-10-1
2	GB/T 41492-2022	城市轨道交通浮置板用橡胶弹簧隔振器		2022-4-15	2022-11-1
3	GB/T 50458-2022	跨座式单轨交通设计标准	GB 50458-2008	2022-7-15	202212-1
4	GB 55033-2022	城市轨道交通工程项目规范	GB 50490-2009	2022-7-15	2023-3-1
5	GB 39204-2022	信息安全技术 关键信息基础设施安全保护要求		2022-10-12	2023-5-1
6	GB/T 34680.5-2022	智慧城市评价模型及基础评价指标体系 第5部分：交通		2022-10-12	2023-5-1
7	GB/T 41594-2022	城市轨道交通线网 综合应急指挥系统技术要求		2022-10-12	2022-10-12
8	GB/T 42005.1-2022	轨道交通 储能式电车 第1部分：电容式储能电源		2022-10-12	2023-5-1
9	GB/T 42005.2-2022	轨道交通 储能式电车 第2部分：地面充电系统		2022-10-12	2023-5-1
10	GB/T 22486-2022	城市轨道交通客运服务规范	GB/T 22486-2008	2022-12-30	2022-12-30
11	GB/T 42148-2022	轨道交通 地面装置 直流保护测控装置		2022-12-30	2023-7-1
12	GB/T 42149-2022	轨道交通 地面装置 基于数字通信的中压供电系统电流保护技术规范		2022-12-30	2023-7-1
13	GB/T 42286.1-2022	轨道交通电子设备 车载驾驶数据记录 第1部分：技术规范		2022-12-30	2023-7-1
14	GB/T 42286.2-2022	轨道交通电子设备 车载驾驶数据记录 第2部分：一致性测试		2022-12-30	2023-7-1

行业标准目录

表 6-3-3

序号	标准编号	标准名称	代替标准	发布日期	实施日期
1	JT/T 1199.4-2022	绿色交通设施评估技术要求 第4部分：绿色客运站		2022-1-13	2022-4-13
2	JT/T 1402-2022	交通运输行政执法基础装备配备及技术要求		2022-1-13	2022-4-13
3	JT/T 1409-2022	城市轨道交通运营应急能力建设基本要求		2022-1-13	2022-4-13
4	JT/T 1410-2022	城市轨道交通接驳设施技术要求		2022-1-13	2022-4-13
5	JT/T 1415.1-2022	交通运输数据资源交换与共享 第1部分：总体架构		2022-1-13	2022-4-13
6	JT/T 1415.3-2022	交通运输数据资源交换与共享 第3部分：数据格式与接口		2022-1-13	2022-4-13
7	JT/T 1416-2022	交通视频监控网络密码应用技术规范		2022-1-13	2022-4-13
8	JT/T 410-2022	交通运输行政执法标识	JT/T 410-1999	2022-1-13	2023-1-13
9	TB/T 3266.1-2022	机车车辆车门 第1部分：机车车门	TB/T 3266-2011	2022-1-19	2022-8-1
10	TB/T 3252-2022	电气化铁路刚性悬挂接触网汇流排及零部件	TB/T 3252-2010	2022-1-19	2022-8-1
11	TB/T 2887-2022	电气化铁路变电所用变压器	TB/T 2886-1998 TB/T 2887-1998	2022-1-19	2022-8-1

序号	标准编号	标准名称	代替标准	发布日期	实施日期
12	TB/T 3572-2022	铁路电力变压器		2022-1-19	2022-8-1
13	TB/T 3573-2022	铁路旅客列车供氧技术要求		2022-1-19	2022-8-1
14	CJ/T417-2022	低地板有轨电车车辆通用技术条件	CJ/T 417-2012	2022-2-11	2022-5-1
15	CJ/T236-2022	城市轨道交通站台屏蔽门	CJ/T 236-2006	2022-2-11	2022-5-1
16	CJ/T543-2022	城市轨道交通计轴设备技术条件		2022-2-11	2022-5-1
17	GA/T 1980-2022	道路交通事故与违法地点表述规范		2022-4-8	2022-5-1
18	GA/Z 3-2022	道路交通管理标准体系表	GA/Z 3-2014	2022-4-8	2022-5-1
19	GA/T 1985-2022	道路交通安全违法行为处理案卷文书		2022-4-18	2022-10-1
20	TB/T 3094-2022	机车车辆风挡	TB/T 3094-2015	2022-4-18	2022-11-1
21	TB/T 3574-2022	列车运行健康信息传送装置		2022-4-18	2022-11-1
22	TB/T 3333-2022	司机室设备 警惕装置	TB/T 3333-2013	2022-4-18	2022-11-1
23	TB/T 3575.1-2022	机车车辆锻钢件无损监测 第1部分：碳粉检		2022-4-18	2022-11-1
24	TB/T 3575.2-2022	机车车辆锻钢件无损监测 第2部分：渗透检		2022-4-18	2022-11-1
25	TB/T 3576-2022	机车车辆车轴专用量具	TB/T 2204.1-2000 TB/T 2204.2-2000 TB/T 2456.2-1993 TB/T 2456.10-1993	2022-4-18	2022-11-1
26	TB/T 3577-2022	铁路隧道应急电话系统		2022-4-18	2022-11-1
27	TB/T 3365.1-2022	铁路数字移动通信系统（GSM-R）SIM卡 第1部分：技术条件	TB/T 3365.1-2015	2022-4-18	2022-11-1
28	TB/T 3578-2022	铁路车站计算机联锁操作显示规范		2022-4-18	2022-11-1
29	TB/T 1700-2022	铁路手信号灯	TB/T 1700-2004	2022-4-18	2022-11-1
30	TB/T 30005-2022	铁路运输放射性物品监测方法	TB/T 2324-1992 TB/T 2144-1990	2022-4-18	2022-11-1
31	TB 10029-2022	铁路客车车辆设备设计规范	TB 10029-2009	2022-4-18	2022-8-1
32	CJJ/T314-2022	市域快速轨道交通设计标准		2022-4-29	2022-8-1
33	JT/T 1415.2-2022	交通运输数据资源交换与共享 第2部分：通用技术要求		2022-6-9	2022-9-9
34	JT/T 1417-2022	交通运输行业网络安全等级保护基本要求		2022-6-9	2022-9-9
35	JT/T 1418-2022	交通运输网络安全监测预警系统技术规范		2022-6-9	2022-9-9
36	JT/T 715-2022	道路交通气象环境 埋入式路面状况检测器	JT/T 715-2008	2022-6-9	2022-12-9
37	JT/T 1421-2022	综合交通运行监测客运信息数据交换		2022-6-9	2022-9-9
38	TB 10027-2022	铁路工程不良地质勘察规程	TB 10027-2012	2022-8-17	2022-12-1
39	TB 10038-2022	铁路工程特殊岩土勘察规程	TB 10038-2012	2022-8-17	2022-12-1
40	TB/T 2746.2-2022	机车柴油机 试验方法 第2部分：出厂试验	TB/T 2746-2002	2022-8-26	2023-3-1
41	TB/T 1451-2022	机车、动车组前窗玻璃	TB/T 1451-2017	2022-8-26	2023-3-1
42	TB/T 3579-2022	无砟轨道轨道板 CRTS Ⅲ型板式无砟轨道		2022-8-26	2023-3-1
43	TB/T 3580-2022	列车调度指挥系统技术条件		2022-8-26	2023-3-1
44	TB/T 3050-2022	铁路环境测量 环境噪声测量	TB/T 3050-2002	2022-8-26	2023-3-1

行业标准目录（续前表）

表 6-3-3

序号	标准编号	标准名称	代替标准	发布日期	实施日期
45	JT/T 697.7-2022	交通信息基础数据元 第 7 部分：道路运输信息基础数据元	JT/T 697.7-2014	2022-9-13	2022-12-13
46	JT/T 1438-2022	快件铁路运输安检数据交换规范		2022-9-13	2022-12-13
47	GA/T 1202-2022	交通技术监控成像补光装置通用技术条件	GA/T 1202-2014	2022-9-30	2023-1-1
48	HG/T 5367.5-2022	轨道交通车辆用涂料 第 5 部分：防结冰涂料		2022-9-30	2023-4-1
49	JB/T 10693-2022	城市轨道交通用干式牵引整流变压器		2022-10-20	2023-4-1
50	TB/T 3581-2022	CTCS 3 级列控系统总体技术要求		2022-10-25	2023-5-1
51	TB/T 30006-2022	铁路危险货物品名表		2022-10-25	2023-5-1
52	TB/T 30007-2022	铁路超限超重货物运输技术条件		2022-10-25	2023-5-1
53	TB 10037-2022	铁路机电设备管理系统设计规范		2022-10-26	2023-2-1
54	TB 10071-2022	铁路工程管线综合设计规范		2022-12-12	2023-3-1

修改单

序号	标准编号	标准名称	代替标准	发布日期	实施日期
1	TB/T 3315-2013	《交流传动异步牵引电动机》第 1 号修改单		2022-8-26	2022-8-26
2	TB/T 3017.2-2016	《机车车辆轴承台架试验方法 第 2 部分：牵引电机滚动轴承》第 1 号修改单		2022-8-26	2022-8-26
3	TB/T 3439-2016	《列控中心技术条件》第 2 号修改单		2022-8-26	2022-8-26
4	TB/T 3485-2017	《应答器传输系统技术条件》第 1 号修改单		2022-8-26	2022-8-26
5	TB 10100-2018	《铁路旅客车站设计规范》局部修改		2022-10-14	2022-10-14

废止标准

序号	标准编号	标准名称	代替标准	发布日期	实施日期
1	TB/T 3154-2007	机车车辆车轮和轮箍伤损代码		2022-1-7	2022-1-7
2	TB/T 3235-2010	铁路专用几何计量器具通用技术条件		2022-1-7	2022-1-7
3	TB/T 3302-2013	高速铁路无砟轨道道岔铺设技术条件		2022-1-7	2022-1-7
4	TB/T 3306-2013	高速铁路有砟轨道道岔铺设技术条件		2022-1-7	2022-1-7
5	TB/T 1347-2012	捣固镐		2022-1-7	2022-1-7
6	TB/T 1404-2008	铁路液压捣固机和液压道岔捣固机通用技术条件		2022-1-7	2022-1-7
7	TB/T 1405-1996	液压轨缝调整器通用技术条件		2022-1-7	2022-1-7
8	TB/T 1578-1998	液压起道器通用技术条件		2022-1-7	2022-1-7
9	TB/T 1925-2003	液压拔道器通用技术条件		2022-1-7	2022-1-7
10	TB/T 1926-2004	钢轨打磨机通用技术条件		2022-1-7	2022-1-7
11	TB/T 1927-1995	液压长轨拉伸机技术条件		2022-1-7	2022-1-7
12	TB/T 2102-2002	钢轨钻孔机通用技术条件		2022-1-7	2022-1-7
13	TB/T 2332-1992	液压长轨拉伸机技术条件		2022-1-7	2022-1-7
14	TB/T 2623-1995	钢轨低接头平轨机通用技术条件		2022-1-7	2022-1-7
15	TB/T 2771-2005	切轨机通用技术条件		2022-1-7	2022-1-7
16	TB/T 2899-2005	液压起道、拔道、起拔道机通用技术条件		2022-1-7	2022-1-7
17	TB/T 3099-2012	扣件螺栓机动扳手		2022-1-7	2022-1-7
18	TB/T 3149-2007	铁路液压组合作业机械技术条件		2022-1-7	2022-1-7
19	TB/T 3158-2007	道岔打磨机通用技术条件		2022-1-7	2022-1-7

序号	标准编号	标准名称	代替标准	发布日期	实施日期
20	TB/T 2135-2018	铁路小型养路机械 液压方枕器		2022-1-7	2022-1-7
21	TB/T 2136-2018	铁路小型养路机械 液压拔道器		2022-1-7	2022-1-7
22	TB/T 2053-2004	列检电动脱轨器及信号防护装置 安装涉及技术条件		2022-1-7	2022-1-7
23	TB/T 2183-2004	铁路货运事故 分类代码		2022-1-7	2022-1-7
24	TB/T 2508-1994	铁路运输放射性物质事故监测方法		2022-4-18	2022-4-18
25	TB/T 2954-1999	铁路货物运输鉴别放射性物质的方法		2022-4-18	2022-4-18

地方标准目录（涉城市轨道交通类） 表 6-3-4

序号	标准编号	标准名称	地区	发布日期	实施日期
1	DB44/T 2360-2022	城际铁路设计细则	广东	2022-2-15	2022-5-15
2	DB13/T 5497-2022	地方铁路运输企业安全生产标准化建设基本规范	河北	2022-2-28	2022-3-31
3	DB13/T 5519.1-2022	轨道交通 AFC 系统线网技术要求 第 1 部分：系统结构及功能	河北	2022-2-28	2022-3-31
4	DB13/T 5519.2-2022	轨道交通 AFC 系统线网技术要求 第 2 部分：终端与专用设备	河北	2022-2-28	2022-3-31
5	DB13/T 5519.3-2022	轨道交通 AFC 系统线网技术要求 第 3 部分：读写器应用	河北	2022-2-28	2022-3-31
6	DB13/T 5519.4-2022	轨道交通联网收费系统技术要求 第 4 部分：系统结构及功能	河北	2022-2-28	2022-3-31
7	DB13/T 5519.5-2022	轨道交通 AFC 系统线网技术要求 第 5 部分：票卡应用	河北	2022-2-28	2022-3-31
8	DB13/T 5519.6-2022	轨道交通 AFC 系统线网技术要求 第 6 部分：数据传输	河北	2022-2-28	2022-3-31
9	DB13/T 5519.7-2022	轨道交通 AFC 系统线网技术要求 第 7 部分：数据接口	河北	2022-2-28	2022-3-31
10	DB11/T 1973-2022	城市轨道交通工程施工模型细度标准	北京	2022-3-28	2022-7-1
11	DB11/T 1972-2022	城市轨道交通工程冻结法施工技术规范	北京	2022-3-28	2022-7-1
12	DB11/T 1980-2022	市域（郊）轨道交通设计规范	北京	2022-3-31	2022-10-1
13	DB61/T 1529-2022	城市轨道交通社会稳定风险评估规程	陕西	2022-4-19	2022-5-19
14	DB37/T 5214-2022	城市轨道交通工程混凝土技术规程	山东	2022-4-24	2022-6-1
15	DB35/T 2056-2022	城市轨道交通综合监控系统网络安全实施要求	福建	2022-4-25	2022-7-25
16	DB5301/T 75-2022	城市轨道交通网络与信息安全管理规范	昆明	2022-5-15	2022-6-15
17	DB50/T 1266-2022	城市轨道交通防雷装置检测技术规范	重庆	2022-6-20	2022-9-20
18	DB11/T 1988-2022	城市轨道交通线路设施检测技术规范	北京	2022-6-21	2022-10-1
19	DB45/T 2527-2022	城市轨道交通消防设备设施维保检测规程	广西	2022-6-24	2022-7-30
20	DB45/T 2526-2022	城市轨道交通变电所运行检修规程	广西	2022-6-24	2022-7-30
21	DB45/T 2523-2022	城市轨道交通运营安全管理规范	广西	2022-6-24	2022-7-30
22	DB1331T 025.4-2022	雄安新区工程建设关键质量指标体系：综合交通	河北	2022-06-27	2022-7-01
23	DB61T 1572-2022	城市综合交通运输大数据接入规范	陕西	2022-06-27	2022-7-27
24	DB31/T 680.10-2022	城市公共用水定额及其计算方法 第 10 部分：城市轨道交通	上海	2022-6-30	2022-10-1

地方标准目录（涉城市轨道交通类）（续前表）　　　　　　　　　　　　表 6-3-4

序号	标准编号	标准名称	地区	发布日期	实施日期
25	DB12/T 601—2022	城市轨道交通运营服务规范	天津	2022-7-20	2022-8-20
26	DB32/T 4320-2022	城市轨道交通全自动运行线路初期运营前安全评估技术规范	江苏	2022-8-23	2022-9-23
27	DB23/T 3336—2022	悬挂式单轨交通技术标准	黑龙江	2022-8-30	2022-9-29
28	DB12/T 1153-2022	城市轨道交通运营设备设施大修和更新改造技术规范	天津	2022-9-8	2022-10-14
29	DB43/T 2435-2022	城市轨道交通 机车车辆牵引电机激光清洗机	湖南	2022-9-9	2022-12-9
30	DB32/T 4351-2022	城市轨道交通结构安全保护技术规程	江苏	2022-9-16	2023-4-1
31	DB11/T 2009.1-2022	城市轨道交通综合无线通信系统技术规范第1部分：总体要求	北京	2022-9-29	2023-1-1
32	DB61/T 1615-2022	城市轨道交通换乘车站客运组织管理指南	陕西	2022-10-12	2022-11-12
33	DB2102/T 0058—2022	城市轨道交通工程风险监测技术规程	大连	2022-10-19	2022-11-19
34	DB3401/T 251—2022	城市轨道交通建设工程验收管理规范	合肥	2022-11-3	2022-11-3
35	DB37/T 4551—2022	城市轨道交通车辆段运作规范	山东	2022-11-4	2022-12-4
36	DB37/T 4552—2022	城市轨道交通接触轨安全规范	山东	2022-11-4	2022-12-4
37	DB12/T 1171-2022	轨道交通车辆高压细水雾灭火装置设置与安装技术规范	天津	2022-11-22	2023-1-1
38	DB12/T 1172-2022	轨道交通车站消防安全管理规范	天津	2022-11-22	2023-1-1
39	DB45/T 2620-2022	城市轨道交通信号设备维修规程	广西	2022-12-1	2022-12-30
40	DB45/T 2619-2022	城市轨道交通电客车预验收规范	广西	2022-12-1	2022-12-30
41	DB61/T 1629-2022	城市轨道交通公共艺术技术规范第一部分：设计要求	陕西	2022-12-7	2023-1-7
42	DB4406/T 20-2022	城市轨道交通微型消防站建设指南	佛山	2022-12-12	2022-12-12
43	DB11/T 2045-2022	城市轨道交通牵引能耗限额及计算方法	北京	2022-12-27	2023-4-1

团体标准目录　　　　　　　　　　　　表 6-3-5

序号	标准编号	标准名称	发布机构	发布日期	实施日期
1	T/ZS 0268—2022	轨道交通地下工程建设安全风险评估规范	浙江省产品与工程标准化协会	2022-1-17	2022-1-24
2	T/ZS 0267—2022	轨道交通地下工程建设安全风险辨识规范	浙江省产品与工程标准化协会	2022-1-17	2022-1-24
3	T/CNIA 0136—2022	有色金属加工产品质量分级评价 轨道交通用铝及铝合金板材	中国有色金属工业协会	2022-2-28	2022-8-1
4	T/CCMI 18—2022	轨道交通自动门系统用行星齿轮减速器	中国锻压协会	2022-2-28	2022-4-1
5	T/JSTJXH 6—2022	城市轨道交通工程盾构管片预制及拼装技术标准	江苏省土木建筑学会	2022-3-4	2022-5-1
6	T/CECS 1035—2022	城市轨道交通上盖结构设计标准	中国工程建设标准化协会	2022-3-15	2022-8-1
7	T/CI 017—2022	城市轨道交通通信机房电磁环境规范	中国国际科技促进会	2022-3-21	2022-3-21
8	T/ZZB 2625—2022	轨道交通用聚氨酯防火密封胶	浙江省品牌建设联合会	2022-3-25	2022-4-25
9	T/CRT 0001—2022	内嵌式磁浮交通车辆通用技术条件	成都市城轨交通产业协会	2022-3-29	2022-4-1

序号	标准编号	标准名称	发布机构	发布日期	实施日期
10	T/FSQX 001—2022	氢能源有轨电车运营技术规范	佛山市氢能产业协会	2022-3-30	2022-4-8
11	T/CECS 10180—2022	地铁隧道疏散平台	中国工程建设标准化协会	2022-4-8	2022-9-1
12	T/CAMET 11007—2022	城市轨道交通 信息化工程 设计规范	中国城市轨道交通协会	2022-4-26	2022-6-1
13	T/CAMET 04028—2022	城市轨道交通 列车可编程逻辑控制装置 技术规范	中国城市轨道交通协会	2022-4-26	2022-6-1
14	T/CAMET 01007—2022	城市轨道交通工程信息模型 构件	中国城市轨道交通协会	2022-4-26	2022-6-1
15	T/CAMET 01006—2022	城市轨道交通工程信息模型 设计交付规范	中国城市轨道交通协会	2022-4-26	2022-6-1
16	T/CAMET 01005—2022	城市轨道交通工程信息模型 设计表达规范	中国城市轨道交通协会	2022-4-26	2022-6-1
17	T/CAMET 01004—2022	城市轨道交通工程信息模型 设计深度规范	中国城市轨道交通协会	2022-4-26	2022-6-1
18	T/CAMET 01003—2022	城市轨道交通工程信息模型分类及编码	中国城市轨道交通协会	2022-4-26	2022-6-1
19	T/CAMET 07008—2022	电子导向胶轮系统 车辆 通用技术规范	中国城市轨道交通协会	2022-4-26	2022-6-1
20	T/GDEIIA 01—2022	轨道交通自动售检票系统（AFC）维护规范	广东省电子信息行业协会	2022-4-26	2022-4-26
21	T/CCTAS 28—2022	城市轨道交通数据采集平台技术规范	中国交通运输协会	2022-4-29	2022-6-1
22	T/CCTAS 30—2022	自动导向轨道交通车辆通用技术条件	中国交通运输协会	2022-4-29	2022-6-1
23	T/CCTAS 29—2022	单轴转向架跨座式单轨车辆通用技术条件	中国交通运输协会	2022-4-29	2022-6-1
24	T/SXQCA 001—2022	城市轨道交通人防工程防护设备产品及安装质量检测技术规范	陕西省质量认证认可协会	2022-5-1	2022-6-1
25	T/ZS 0273.4—2022	CIM 数据交付规范 第 4 部分：城市轨道交通工程 BIM 数据	浙江省产品与工程标准化协会	2022-5-10	2022-5-30
26	T/STSI 36—2022	地铁用刚性悬挂汇流排铝型材生产设备技术规范	中关村新兴科技服务业产业联盟	2022-5-18	2022-5-20
27	T/SHJX 040—2022	城市轨道交通 TACS 技术规范	上海市交通运输行业协会	2022-6-8	2022-6-28
28	T/TMHIA 013—2022	《天津市域（郊）铁路路基工程施工质量验收标准》	天津市市政公路行业协会	2022-6-8	2022-7-1
29	T/TMHIA 012—2022	《天津市域（郊）铁路隧道工程施工质量验收标准》	天津市市政公路行业协会	2022-6-8	2022-7-1
30	T/TMHIA 011—2022	《天津市域（郊）铁路桥涵工程施工质量验收标准》	天津市市政公路行业协会	2022-6-8	2022-7-1
31	T/TMHIA 010—2022	《天津市域（郊）铁路混凝土工程施工质量验收标准》	天津市市政公路行业协会	2022-6-8	2022-7-1
32	T/JSTJXH 8—2022	城市轨道交通工程自动化监测技术标准	江苏省土木建筑学会	2022-6-10	2022-7-30
33	T/CECRPA 003—2022	城市轨道交通建设工程生态环境保护技术指南	中国生态文明研究与促进会	2022-6-22	2022-6-22
34	T/SDAS 401.3—2022	城市轨道交通 列车自主运行系统（TACS）产品规范 第 3 部分：ATP 子系统规范	山东标准化协会	2022-6-27	2022-7-11

团体标准目录（续前表）

表 6-3-5

序号	标准编号	标准名称	发布机构	发布日期	实施日期
35	T/SDAS 401.2—2022	城市轨道交通 列车自主运行系统（TACS）产品规范 第 2 部分：OC 子系统规范	山东标准化协会	2022-6-27	2022-7-11
36	T/SDAS 401.1—2022	城市轨道交通 列车自主运行系统（TACS）产品规范 第 1 部分：ATS 子系统规范	山东标准化协会	2022-6-27	2022-7-11
37	T/SDAS 400—2022	城市轨道交通 列车自主运行系统（TACS）系统规范	山东标准化协会	2022-6-27	2022-7-11
38	T/CRT 0002—2022	城市轨道交通车辆 高压细水雾瓶组灭火系统应用规范	成都市城轨交通产业协会	2022-6-28	2022-7-1
39	T/JSTJXH 12—2022	城市轨道交通工程装配式支吊架技术标准	江苏省土木建筑学会	2022-7-12	2022-7-30
40	T/JSTJXH 9—2022	城市轨道交通工程磷酸铁锂蓄电池组系统技术标准	江苏省土木建筑学会	2022-7-12	2022-7-30
41	T/JSCTS 14—2022	地铁车站通风空调系统智能化运维技术规范	江苏省综合交通运输学会	2022-8-8	2022-11-1
42	T/CRT 0003—2022	内嵌式磁浮市域交通系统设计标准	成都市城轨交通产业协会	2022-8-18	2022-9-1
43	T/COSHA 010—2022	地铁车站突发事件应急管理工作规范	中国职业安全健康协会	2022-8-19	2022-8-19
44	T/SDSZ 1—2022	城市轨道交通工程冻结法施工技术标准	山东省市政行业协会	2022-8-20	2022-10-1
45	T/CSPIA 009—2022	城市轨道交通车辆细水雾灭火系统技术规程	中国安全防范产品行业协会	2022-8-30	2022-8-30
46	T/CPSS 1007—2022	应用于轨道交通车站的蓄电池设计和管理技术规范	中国电源学会	2022-9-6	2022-9-7
47	T/CITSA 23—2022	城市轨道交通信号智能综合运维系统技术规范	中国智能交通协会	2022-9-7	2022-9-7
48	T/CITSA 22—2022	城市轨道交通线网行车调度指挥系统技术规范	中国智能交通协会	2022-9-7	2022-9-7
49	T/JSCTS 15—2022	城市轨道交通车载轨道快速巡检系统技术标准	江苏省综合交通运输学会	2022-9-8	2022-11-1
50	T/HNZX 008—2022	绿色设计产品评价技术规范 轨道交通铸件	湖南省铸造协会	2022-9-9	2022-9-15
51	T/CAWS 0004—2022	城市轨道交通列车动态试验安全作业规范	中国安全生产协会	2022-9-14	2022-9-15
52	T/CAMET 05003—2022	城市轨道交通安检系统技术规范	中国城市轨道交通协会	2022-9-15	2022-12-1
53	T/CAMET 05004—2022	城市轨道交通电气火灾监控系统技术规范	中国城市轨道交通协会	2022-9-15	2022-12-1
54	T/CAMET 08012—2022	中低速磁浮交通车辆悬浮供电系统技术规范	中国城市轨道交通协会	2022-9-15	2022-12-1
55	T/CAMET 09001—2022	跨座式单轨交通道岔	中国城市轨道交通协会	2022-9-15	2022-12-1
56	T/TRVA 00007—2022	地铁逻辑控制单元（LCU）技术条件	唐山市轨道车辆学会	2022-9-16	2022-10-16
57	T/GDBX 058—2022	轨道交通用隔离型直流-直流模块电源	广东省标准化协会	2022-9-27	2022-9-27
58	T/JSTJXH 14—2022	城市轨道交通工程联络通道冻结法技术标准	江苏省土木建筑学会	2022-10-1	2022-11-1
59	T/JSTJXH 13—2022	城市轨道交通工程盾构隧道端头冻结法技术标准	江苏省土木建筑学会	2022-10-1	2022-11-1
60	T/SSCE 004—2022	城市地下地铁车站运营状态分级预警指南	上海市土木工程学会	2022-10-9	2022-11-1

序号	标准编号	标准名称	发布机构	发布日期	实施日期
61	T/SHJX 045—2022	市域铁路初期运营前安全评估技术标准	上海市交通运输行业协会	2022-10-10	2023-1-10
62	T/SHXFXH 001—2022	轨道交通消防安全管理评估导则	上海市消防协会	2022-10-14	2023-1-1
63	T/CSTM 00833—2022	轨道交通用驱动齿轮锻件技术规范	中关村材料试验技术联盟	2022-10-21	2023-1-21
64	T/SHDSGY 042—2022	地铁投影设备控制技术系统	上海都市型工业协会	2022-10-27	2022-10-27
65	T/URTA 0009—2022	城市轨道交通全自动运行系统验收规范	深圳市城市轨道交通协会	2022-10-31	2022-10-31
66	T/CRS C1101—2022	市域铁路电气化工程施工及质量验收标准	中国铁道学会	2022-11-1	2022-12-1
67	T/SDRTS 003—2022	城市轨道交通预埋槽道技术规程	山东轨道交通学会	2022-11-4	2022-11-7
68	T/TMAC 049—2022	城市轨道交通地下区间环境检测方法	中国技术市场协会	2022-11-8	2022-12-8
69	T/TMAC 048—2022	城市轨道交通车站环境检测方法	中国技术市场协会	2022-11-8	2022-12-8
70	T/CRS P1302—2022	城市轨道交通车辆用燃料电池发电系统	中国铁道学会	2022-11-11	2022-12-12
71	T/CRS P1301—2022	市域铁路车辆转向架技术条件	中国铁道学会	2022-11-11	2022-12-12
72	T/CASME 112—2022	智慧城市轨道交通给水卫生系统技术规范	中国中小商业企业协会	2022-11-18	2022-11-28
73	T/CI 122—2022	城市轨道交通车辆电机械制动系统通用技术规范	中国国际科技促进会	2022-11-21	2022-11-21
74	T/CI 121—2022	城市轨道交通车辆电机械制动夹钳单元技术规范	中国国际科技促进会	2022-11-21	2022-11-21
75	T/CECS 1204—2022	绿色低碳轨道交通设计标准	中国工程建设标准化协会	2022-11-22	2023-4-1
76	T/BEMCA 011—2022	轨道交通安全保卫服务管理规范	北京企业管理咨询协会	2022-12-1	2022-12-2
77	T/ZS 0395—2022	城市轨道交通综合档案管理规范	浙江省产品与工程标准化协会	2022-12-2	2022-12-9
78	T/JSQA 152—2022	轨道交通电机铸铝转子	江苏省质量协会	2022-12-6	2022-12-6
79	T/CAMETA 001015—2022	轨道交通装备状态维修集成框架	中国机电一体化技术应用协会	2022-12-7	2023-3-1
80	T/CAMETA 001016—2022	轨道交通装备配件库存管理主数据模型	中国机电一体化技术应用协会	2022-12-7	2023-3-1
81	T/ZZB 3017—2022	轨道交通浮置板用橡胶弹簧隔振器	浙江省品牌建设联合会	2022-12-8	2022-12-31
82	T/JSJXXH 012—2022	额定电压 35 kV（Um=40.5 kV）无卤低烟 B1 级阻燃（耐火）轨道交通用电力电缆	江苏省机械行业协会	2022-12-8	2022-12-8
83	T/ZZB 2986—2022	有轨电车信号系统	浙江省品牌建设联合会	2022-12-8	2022-12-31
84	T/SHJX 049—2022	市域铁路信号系统技术规范	上海市交通运输行业协会	2022-12-8	2022-12-8
85	T/JSTJXH 18—2022	城市轨道交通工程防火封堵技术标准	江苏省土木建筑学会	2022-12-10	2022-12-20
86	T/JSTJXH 17—2022	城市轨道交通工程标识系统技术标准	江苏省土木建筑学会	2022-12-10	2022-12-20

团体标准目录（续前表）　　　　　　　　　　　　　　　　　　　表 6-3-5

序号	标准编号	标准名称	发布机构	发布日期	实施日期
87	T/QDAS 103—2022	轨道交通自动体外除颤器（AED）设置管理规范	青岛市标准化协会	2022-12-12	2022-12-12
88	T/CI 150—2022	轨道交通牵引电传动系统故障测试规范 第1部分：硬件在环仿真平台	中国国际科技促进会	2022-12-15	2022-12-15
89	T/CCTAS 48—2022	城市轨道交通列车视频监控系统	中国交通运输协会	2022-12-26	2022-12-31
90	T/CCEAS 004—2022	城市轨道交通工程总承包工程量计算规范	中国建设工程造价管理协会	2022-12-26	2023-3-1
91	T/CCTAS 46—2022	轨道交通隧道装配式复合型材加固技术规程	中国交通运输协会	2022-12-26	2022-12-31
92	T/HNSFB 1-2022	轨道交通装备制造业绿色供应链金融服务标准	湖南省金融学会	2022-12-30	2022-12-30
93	T/CRT 0005—2022	地铁区间隔断门技术标准	成都市城轨交通产业协会	2022-12-30	2023-1-1

七 规划发展

至2022年底，全国有50座城市在实施国家发展改革委及地方政府批复轨道交通建设，实施线路总长度6675.6公里。

本篇中有4个获批城市规划纳入，分别是：上海、苏州、深圳、东莞。其中，上海、苏州、东莞3市为城市轨道交通建设规划方案调整，深圳为广东省和深圳市批复的国铁及城际铁路项目建设规划。4城市共获国家和地方发展改革委批复项目18个（其中地铁建设项目12个，城际铁路项目5个，国家铁路项目1个），规划（含调整）线路总长度517.3公里，规划车站118座，总投资额3860.2亿元。

1 上海市

【建设规划】

上海市城市轨道交通第三期建设规划调整方案获批。线网由崇明线局部线路敷设方式调整、19号线北延伸、20号线一期东延伸、21号线一期东延伸、12号线西延伸、13号线东延伸、15号线南延伸构成，建设规模99.6公里。总投资983.3亿元。

崇明线局部线路敷设方式调整工程，自金吉路站-裕安站，线路长43.1公里，设站8座，投资327.9亿元，项目建设期为2020-2025年。

12号线西延伸工程，自七莘路站-洞泾站，线路长17.3公里，设站6座，投资176.4亿元，项目建设期为2022-2026年。

13号线东延伸工程，自张江站-金秋路站，线路长4.1公里，设站2座，投资39.6亿元，项目建设期为2022-2025年。

15号线南延伸工程，自紫竹高新区站-望园路站，线路长11.4公里，设站4座，投资153.4亿元，项目建设期为2022-2026年。

19号线北延伸工程，自宝杨路站-宝山站，线路长1.7公里，设站2座，投资35.7亿元，项目建设期为2022-2027年。

20号线一期东延伸工程，自共青森林公园站-新园路站，线路长8.0公里，设站4座，投资122.0亿元，项目建设期为2022-2027年。

21号线一期东延伸工程，自六陈路站-T3航站楼站，线路长14.0公里，设站4座，投资128.3亿元，项目建设期为2021-2026年（表7-1-1）。

【主要技术指标】

崇明线，车辆采用市域A型车，车辆为6辆编组，最高时速120公里。

12号线西延伸、21号线东延伸，车辆均采用A型车，6辆编组，最高时速100公里。

13号线东延伸、15号线南延伸、19号线北延伸、20号线一期东延伸，车辆均采用A型车，6辆编组，最高时速80公里。

（上海申通地铁集团有限公司）

上海市城市轨道交通建设规划（2018-2023年）调整项目情况表　　　　表 7-1-1

序号	项目	线路制式	起讫点	线路长度（公里）	车站数（座）	投资（亿元）	建设期（年）
1	崇明线局部线路敷设方式调整	地铁	金吉路－裕安	43.1	8	327.9	2020-2025
2	12号线西延伸	地铁	七莘路－洞泾	17.3	6	176.4	2022-2026
3	13号线东延伸	地铁	张江－金秋路	4.1	2	39.6	2022-2025
4	15号线南延伸	地铁	紫竹高新区－望园路	11.4	4	153.4	2022-2026
5	19号线北延伸	地铁	宝杨路－宝山	1.7	2	35.7	2022-2027
6	20号线一期东延伸	地铁	共青森林公园－新园路	8.0	4	122.0	2022-2027
7	21号线一期东延伸	地铁	六陈路－T3航站楼	14.0	4	128.3	2021-2026
	合计			99.6	30	983.3	

2 江苏省苏州市

【建设规划】

2022年2月7日，国家发展改革委批复《苏州市城市轨道交通第三期建设规划调整（2021-2026年）》。线网由3条线路构成，建设规模19.6公里。总投资129.1亿元。

2号线北延段工程，自爱格豪路站-骑河站，线路长4.7公里，设站4座，投资32.7亿元，项目建设期为5年。

4号线北延段工程，自观塘路站-龙道浜站，线路长7.4公里，设站4座，投资45.4亿元，项目建设期为5年。

7号线北延段工程，自春丰路站-莫阳站，线路长7.4公里，设站4座，投资51.0亿元，项目建设期为5年。

至2026年，江苏省苏州市轨道交通规模将达到9条城市轨道交通线路，总线路长度约372.5公里。（图7-2-1，表7-2-1）

【主要技术指标】

2号线北延伸线、4号线北延伸线、7号线北延伸线，车辆均采用B型车，最高时速80公里。其中2号线北延伸线近中远期均为5辆编组；4号线北延伸线近中远期均为6辆编组；7号线北延伸线近中远期为6辆编组。

（苏州地铁集团有限公司 焦斌斌）

苏州市城市轨道交通建设规划（2021-2026年）项目情况表　　　　　　　　　　表 7-2-1

序号	项目	线路制式	起讫点	线路长度（公里）	车站数（座）	投资（亿元）	建设期（年）
1	2号线北延段	地铁	爱格豪路－骑河	4.7	4	32.7	5
2	4号线北延段	地铁	观塘路－龙道浜	7.4	4	45.4	5
3	7号线北延段	地铁	春丰路－莫阳	7.4	4	51.0	5
合计				19.5	12	129.1	

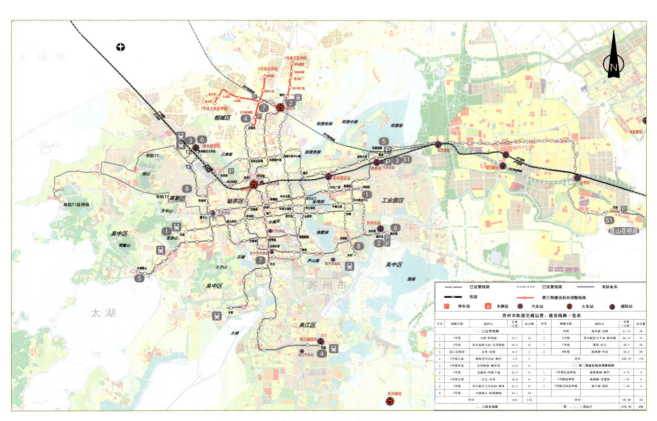

图 7-2-1 苏州市城市轨道交通近期建设规划示意图

3 广东省深圳市

【建设规划】

2022年4至12月，广东省、深圳市发展改革委批复6个国铁及城际铁路项目。

穗莞深城际铁路深圳机场至前海段工程，自深圳机场至前海，线路长15.2公里，设站3座，投资113.2亿元，项目建设期为3年。

穗莞深城际铁路前海至皇岗口岸段工程，自前海（不含）至皇岗口岸，线路长20.5公里，设站2座，投资144.4亿元，项目建设期为5年。

深圳机场至大亚湾城际铁路深圳机场至坪山段工程，自宝安机场T4至聚龙，线路长69.2公里，设站11座，投资506.5亿元，项目建设期为5年。

深圳至惠州城际铁路工程，自前保至坪地，线路长58.7公里，设站11座，投资517.5亿元，项目建设期为5年。

深圳至惠州城际铁路大鹏支线工程，自龙城至新大，线路长39.4公里，设站6座，投资233.2亿元，项目建设期为5年。

深圳至深汕合作区铁路工程，自深圳枢纽西丽至深汕，线路长129.4公里，设站6座，投资485.1亿元，项目建设期为5年。（图7-3-1，图7-3-2，表7-3-1）

【主要技术指标】

深圳至深汕合作区铁路工程，原则采用以中长途跨线列车与城际列车共线运行的运输组织模式，最高时速350公里。

深圳至惠州城际铁路大鹏支线工程，车辆采用市域型车4辆编组，最高时速160公里。

穗莞深城际铁路深圳机场至前海段工程、穗莞深城际铁路前海至皇岗口岸段工程、深圳至惠州城际铁路工程，车辆采用CRH6型车，为8辆编组，最高时速160公里。

深圳机场至大亚湾城际铁路深圳机场至坪山段工程，车辆采用市域型车8辆编组，最高时速160公里。

（深圳市地铁集团有限公司）

深圳市国铁和城际建设规划（2022-2026年）项目情况表　　　　　　　　　　表 7-3-1

序号	项目	线路制式	起讫点	线路长度（公里）	车站数（座）	投资（亿元）	建设期（年）
1	穗莞深城际铁路深圳机场至前海段	城际铁路	深圳机场－前海	15.2	3	113.2	3
2	穗莞深城际铁路前海至皇岗口岸段	城际铁路	前海（不含）－皇岗口岸	20.5	2	144.4	5
3	深圳机场至大亚湾城际铁路深圳机场至坪山段	城际铁路	宝安机场T4－聚龙	69.2	11	506.5	5
4	深圳至惠州城际铁路	城际铁路	前保－坪地	58.7	11	517.5	5
5	深惠城际铁路大鹏支线	城际铁路	龙城－新大	39.4	6	233.2	5
6	深圳至深汕合作区铁路工程	国家铁路	深圳枢纽西丽－深汕	129.4	6	485.1	5
合计				332.4	39	1999.9	

图 7-3-1 深圳市近期建设城际铁路项目示意图

图 7-3-2 深汕铁路规划线路图

4 广东省东莞市

【建设规划】

2022年3月17日，国家发展改革委批复《东莞市城市轨道交通第二期建设规划调整（2022-2027）》。线网由1号线一期、3号线一期构成，建设规模108.9公里。总投资747.8亿元。

1号线一期工程，自望洪站－黄江中心站，线路长57.5公里，设站25座，投资379.8亿元，项目建设期为7年。

3号线一期工程，自交椅湾站-东莞东站，线路长51.5公里，设站20座，投资368.1亿元，项目建设期为6年。（表7-4-1，图7-4-1）

至2027年，广东省东莞市轨道交通规模将达到3条城市轨道交通线路，总线路长度约162.9公里。

【主要技术指标】

1号线一期、3号线一期，车辆采用B型车，近中远期为6辆编组，最高时速120公里。

（东莞市轨道交通有限公司 熊俊杰）

东莞市城市轨道交通建设规划（2022-2027 年）项目情况表　　　　　　　表 7-4-1

序号	项目	线路制式	起讫点	线路长度（公里）	车站数（座）	投资（亿元）	建设期（年）
1	1 号线一期	地铁	望洪站－黄江中心站	57.5	25	379.8	7
2	3 号线一期	地铁	交椅湾站－东莞东站	51.5	20	368.1	6
合计				109.0	45	747.9	

注：国家发展改革委批复的线路长度为 108.9 公里，总投资 747.8 亿元，因小数进位原因，本表线路总长度及总投资额略有差异。

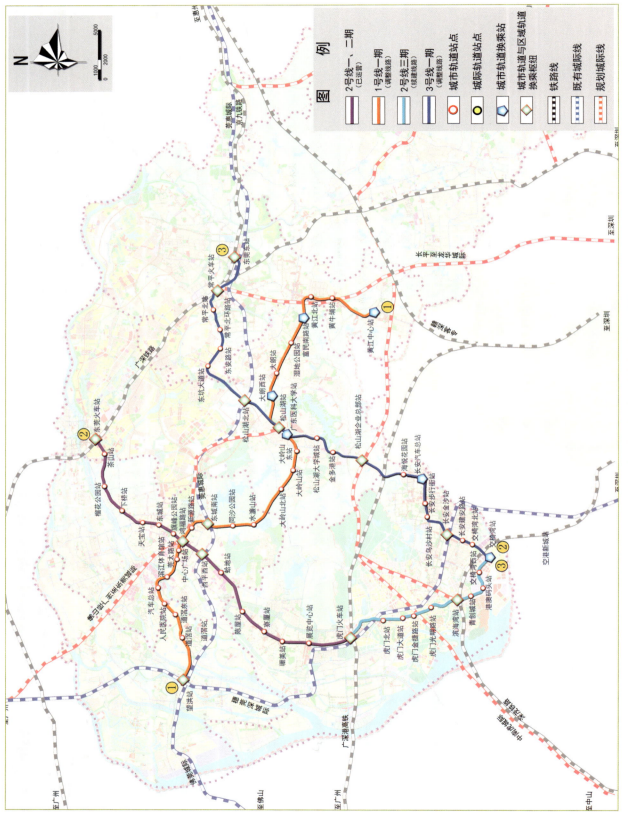

图 7-4-1 东莞市城市轨道交通近期建设规划示意图

八 工程建设

至2022年底，中国有51座城市在建城市轨道交通，在建线路243条（段），在建线路长度6350.5公里。25座城市的在建线路超过100公里，其中，深圳市建设规模超过400公里；郑州、青岛2市建设规模超过300公里。在6350.5公里的在建线路中，地铁5050.1公里，占比79.52%；轻轨7.2公里，占比0.11%；市域快轨984.2公里，占比15.50%；有轨电车298.6公里，占比4.70%；2022年无其他制式在建。

本篇中，共记录41座城市在建城市轨道交通情况，当年在建线路264条（段，分段开通视为两段，含城际铁路），车站2833座。其中，建成线路38条（段），续建线路186条（段），新开工线路40条（段）。

1 北京市

【概况】

2022年，北京市轨道交通工程建设由北京市轨道交通建设管理有限公司承担的建设项目9个，共157.6公里，100座车站。其中续建项目7个（3号线一期、12号线、13号线扩能提升工程、17号线、28号线、昌平线南延一期、新机场线北延），新开工项目2个（6号线南延、M101线）。

至2022年底，北京轨道交通建成线路有27条，总线路长度807.0公里（表8-1-1）。

（北京市轨道交通建设管理有限公司）

2022年，北京城市轨道交通工程建设由北京城市快轨建设管理有限公司承担的建设项目4个，共99.9公里，34座车站。其中续建项目3个（11号线西段〔冬奥支线〕、16号线剩余段、22号线），建成项目1个（16号线南段）。完成车站开工4座（22号线4座），车站封顶13座（16号线南段10座、22号线3座），轨道铺设14.3公里。完成投资65.1亿元。2个项目共14.8公里（11号线西段〔冬奥支线〕、16号线南段）主体结构贯通。

至2022年底，北京轨道交通建成线路有1条（16号线南段），总线路长度14.3公里，车站总数10座（表8-1-1）。

（北京城市快轨建设管理有限公司）

【北京轨道交通16号线南段工程建成项目】

16号线南段工程起点为木樨地站，终点为榆树庄站。线路长度14.3公里，全部为地下线。设车站10座，在达官营站与7号线换乘，在东管头南站与14号线换乘。控制中心设在小营指挥中心；配置供电、动力照明、自动售检票、给排水及消防、通风空调、综合监控、火灾自动报警、办公自动化、自动扶梯及电梯、站台门、通信、信号、乘客信息、安检等运营系统设备。车辆选用A型车，最高运行速度80公里/小时，接触网直流1500伏授电，8辆编组，动拖比为3∶1。工程总投资505.0亿元，经济指标10.1亿元/公里。北京轨道交通16号线南段工程于2013年3月31日开工，于2022年开通初期运营（图8-1-1）。

2022年，此项目完成投资37.1亿元，截至2022年底，结构封顶累计10座，盾构推进累计6.1公里，轨道铺设累计14.3公里。

（北京城市快轨建设管理有限公司）

【北京轨道交通6号线南延工程新开工项目】

6号线南延工程起点为潞城站东端预留工程处，终点为东小营南站。线路长度2.1公里，全部为地下线。设车站1座。在副中心北部宋庄镇富豪组团设富豪村停车场处。控制中心与6号线二期共用；配置扶梯、自动售检票

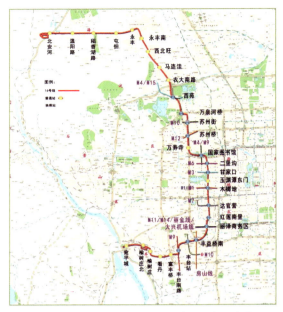

图 8-1-1 北京轨道交通 16 号线南段走向示意图

图 8-1-2 北京轨道交通 6 号线南延走向示意图

等运营系统设备。车辆选用B型车，最高运行速度100公里/小时，接触网直流1500伏授电，8辆编组，动拖比为3∶1，初期配车92列/736（无新购车辆）辆。工程总投资12.4亿元（图8-1-2）。

（北京市轨道交通建设管理有限公司）

【北京轨道交通M101线工程新开工项目】

M101线工程起点为商务园站，终点为张家湾东站。线路长度18.1公里，全部为地下线。设车站14座，在通州西站与M102线、通密线换乘，在龙旺庄站与R1线、区域快线（战略预留）换乘，在通胡大街站与M103线换乘；在城市副中心站与M6线、平谷线换乘；在北京大剧院站与M104线换乘；在张家湾站与M102、M104线换乘。在副中心北部宋庄镇的富豪组团设停车场1处车辆选用A型车，最高运行速度100公里/小时，接触网直流1500伏授电，6辆编组，动拖比为2∶1（图8-1-3）。

（北京市轨道交通建设管理有限公司）

序号	线路名称	起讫点	线路长度（公里）	车站数（座）	开工时间（年月）	预计通车时间（年）	工程建设情况	重点工程节点
1	3 号线一期	东四十条 - 曹各庄北	20.8	15	2015.12	2027	续建	
2	12 号线	四季青—管各庄西	29.6	21	2015.12	2027	续建	
3	13 号线扩能提升	13A: 车公庄 - 天通苑东 13B: 东直门 - 马连洼	29.0	18	2019.12	2027	续建	
4	17 号线	未来科技城北区 - 十里河	33.5	14	2017.04	2025	续建	
5	28 号线	东大桥 - 广渠东路	8.9	9	2017.12	2027	续建	
6	新机场线北延	草桥 - 丽泽商务区	3.5	1	2019.12	2025	续建	
7	昌平线南延一期	清河 - 蓟门桥	11.2	7	2016.12	2024	续建	12 月，清河 - 西土城具备初期运营条件
8	6 号线南延	潞城 - 东小营南	2.1	1	2022.12	2026	新开工	
9	M101	商务园 - 张家湾东	19.0	14	2022.12	2027	新开工	
	合计 1		**157.6**	**100**				
10	16 号线南段	木樨地 - 榆树庄	14.3	10	2013.08	2022	建成	12 月 31 日实现开通试运营
11	11 号线西段（冬奥支线）	新首钢站 - 模式口	0.5	1	2019.12	2023	续建	模式口站完成 100%，区间完成 90%
12	16 号线剩余段	榆树庄 - 宛平城	3.9	2	2013.08	2023	续建	区间累计完成 100%，完成 1 个车站主体结构
13	22 号线	东大桥 - 平谷	81.2	21	2016.12	2025	续建	车站累计完成 4%，区间累计完成 2%
	合计 2		**99.9**	**34**				

注：序号 1-9 的工程项目，工程建设由北京市轨道交通建设管理有限公司承担；10-13 的项目，工程建设由北京城市快轨建设管理有限公司承担。

图 8-1-3 北京轨道交通 M101 线走向示意图

【项目管理】

北京市轨道交通建设管理有限公司成立疫情防控问题协调工作专班、环保验收专班、渗漏治理专班、证照补办专班等重大事项专项工作团队，有效推动复工复产、REITs申报等关键工作开展。

在工程建设全过程中，计划调度、勘察设计、前期协调、合同管理、运营协调等过程密切配合，统筹协调能力进一步增强。加强网络化设计管理，推进重点车站一体化设计，取得昌平线南延工程等线路初步设计、中文站名、一体化等专项批复，全年与运营单位对接在建线路运营需求1543条，为高质量开通运营奠定基础。

加强管控，切实履行轨道交通建设主体责任，按照快、准、严、实、细的要求，一手抓疫情防控，一手抓安全生产，因时因势调整现场管理措施，应对施工现场突发疫情，安全形势持续平稳受控。抓实抓细施工现场封闭管理。开展疫情防控专项检查206个标段次，公司249

人次下沉项目一线和社区参与疫情防控。发布监测预警38885次、巡视预警532次，排查治理隐患6万余项。编制《轨道交通安全风险典型工点管控成果及安全风险专项技术专刊》和《城市轨道交通工程建设安全管理系列丛书之（二）》。推进安全质量管理体系有效运行，拍摄制作8部系列安全警示教育片，施工现场累计20余万人次观看。组织建设轨道交通体验式安全教育培训基地第一分部，累计培训1万余人次。首次开展夜间综合应急演练提升应对突发事态能力。连续10年安全度汛。

（北京市轨道交通建设管理有限公司）

2022年，北京城市快轨建设管理有限公司实现通车目标，16号线南段实现"重点突破"。工程受制于一体化开发的影响，"一头"丽泽商务区站、"一尾"榆树庄停车场成为开通运营的两道"难关"。为此，公司抽调精兵强将，成立"榆树庄工作专班""丽泽工作专班"，保障16号线（玉渊潭东门站-榆树庄站）年底实现开通试运营。

16号线农大南路站A口投入运营，屯佃站P+R停车场具备投入使用条件。16号线中段剩余段、11号线西段（冬奥支线）开通段、机场线西延、S1线剩余段完成环保自主验收，正在进行政府备案工作。

坚持预防为主，安全质量"落点夯实"。通过"人脸识别系统"信息化新冠疫情防控。现场"真封闭""真清楚""真筛查""真常态""真隔离"，实现所有建设项目各标段疫情可防可控的目标。针对今年夏季汛期早、降雨量大的特点，部署防汛工作，加强重点场所、要害部位的巡查，安全度汛。

完成视频监控系统二级保护工作，通过进一步优化并宣贯、落实安全风险管理体系、确保监测巡视及视频监控工作扎实到位及时发现施工异常、动态分级差别化管理、持续跟进重点风险点，确保公司全年全网安全风险可控。

（北京城市快轨建设管理有限公司）

【新工艺工法】

（1）新机场线北延区间首次采用8.8m盾构克服长距离全断面富水砂率卵漂石地层。盾构s型分体始发（减少拆迁）曲线半径小纵坡大，且风险源密、净距近。沿线下穿丽泽路、14号线菜户营站、菜-西区间、京九铁路、菜户营南路、凉水河、220KV高压线塔群等28处特一级风险源。创造北京首次富水砂卵石地层长距离并行既有运营线车站、区间及附属结构。

（2）昌平线南延学院桥站1号施工竖井及横通道采用波纹板衬砌支护方式，替代地铁传统格栅混凝土喷锚的绿色施工工艺，可实现开挖面快封闭、有效减少工序时间，满足隧道初支强度和变形要求，为提升地铁建造水平提供技术保障。

南延上清桥站B出入口通道采用顶管法施工，为北京地铁出入口通道顶管工艺的首次使用，可更好控制穿越高速及管线等重大风险，具有沉降控制、风险控制及提高工程施工质量等优势，对北京顶管法地铁标准出入口提供实践意义。

南延学院桥站-西土城站区间首次在京地区使用盾构45°转体侧始发技术，解决盾构区间无法从邻近车站或区间正线直接始发的问题，盾构机通过盾构井与平移横通道的吊装、平移，转体至区间正线，平移至暗挖大断面内，在平移横通道内施做异型延长钢环，保证盾构始发面与线路垂直，盾构机平移至异型延长钢环处就位始发。

（3）28号线核心区站-大望路站区间在京首次采用盾构法施工250m小半径曲线隧道下穿既有1号线素混凝土区间，减少对既有线运营的影响；初设阶段首次采用BIM+CIM的技术方式建立全线城市建筑模型，将BIM和CIM技术深度融合，在景观一体化、交通一体化中深度应用。

（4）12号线安贞桥站-和平西桥站-光熙门站区间采用穿越3座暗挖车站侧始发技术；在北三环段正线施工首次在大钟寺站小里程侧设置侧轨排井，通过设置单独铺轨通道与正线连接，解决全暗挖线路设置轨排井难题。

（5）13号线扩能提升工程在常规变电所主接线方案基础上，增加3#整流机组，提高变电所的供电可靠性；首次在地铁线路尝试柔性直流牵引供电技术，提升牵引供电能力，优化交流系统供电质量，降低系统能耗及运营成本。

全线采用水冷磁悬浮直膨空调系统，取消传统的冷冻水系统和冷水机房，降低运营维护成本，同时，冷却塔由地面改为风道内置，降低地面冷却塔对城市景观、环境的影响。

大钟寺站、知春路站、五道口站、上地站、西二旗站5座改造站在既有线不停运的前提下，进行增加站台、扩大车站规模的改造工程；清华东路站、保福寺站、建材城东站3座新增站是在既有线不停运的前提下，进行既有线上的新增车站工作。首次探索设置临时全封闭防护罩棚，保障改扩建工程期间运营线安全。

贯彻北京市"不降水、少降水"的设计原则，明挖车站采用止水施工，区间能盾则盾，暗挖车站采用降水施工。但在学院南路站，设置暗挖车站止水试验段，在东三路站-天通苑东站区间设置暗挖区间止水试验段，继续探索暗挖止水的可能性；在车公庄站、起点-车公庄站暗挖区间段，探索以止为主的降止结合暗挖工程实施方案，最大程度减少地下水抽排。

机械法施工工艺探索，在软件园站、后厂村站及文华路站等过街的出入口研究矩形顶管施工；全线新建B型车标准盾构隧道内研究小空间内机械法联络通道施工；起点-西直门站区间探索类矩形单洞双线盾构在北京深埋富水地层的应用。

（北京市轨道交通建设管理有限公司）

2 天津市

【概况】

2022年，天津市中心城区城市轨道交通工程建设由天津市地下铁道集团有限公司、中铁（天津）轨道交通投资建设有限公司、中建（天津）轨道交通投资发展有限公司、中铁建（天津）轨道交通投资发展有限公司、中铁建（天津）轨道交通投资建设有限公司、中交（天津）轨道交通投资发展有限公司、中交（天津）轨道交通投资建设有限公司分别承担。

2022年，天津中心城区轨道交通建设项目8个，共132.8公里，107座车站。其中建成项目1个（10号线），续建项目5个（4号线北段、7号线、11号线、8号线、天津中心城区至静海市域〔郊〕铁路首开段工程），新开工项目2个（8号线延伸、11号线延伸）。完成车站开工41座（4号线北段12座、7号线19座、8号线5座、8号线延伸3座、11号线延伸2座），车站封顶25座（4号线北段8座、7号线8座、8号线4座、11号线2座、天津中心城区至静海市域〔郊〕铁路首开段工程3座），轨道铺设38.3公里。1个项目共21.2公里（10号线）主体结构贯通（表8-2-1）。

至2022年底，天津轨道交通建成线路有10条（1号线、2号线、3号线、4号线、5号线、6号线、6号线二期、9号线、10号线、有轨电车线），总线路长度293.1公里，车站总数195座。

（天津轨道交通集团有限公司）

2022年，天津城市轨道交通工程建设由天津滨海新区轨道交通投资发展有限公司承担的建设项目2个，共70.8公里，36座车站。续建项目2个（B1线、Z2线）。完成车站开工18座，车站封顶9座。完成投资42.6亿元。2个项目共9.7公里主体结构贯通（表8-2-1）。

（天津滨海新区轨道交通投资发展有限公司）

【天津轨道交通10号线工程建成项目】

10号线工程起点为于台站，终点为屿东城站。线路长度21.2公里，全部为地下线。设车站21座，在昌凌路站与5号线换乘，在财经大学站与1号线换乘，在屿东城站与2号线换乘。在梨园头设车辆段1处，占地32.7公顷。设解放南路主变（与2号线共用沙柳南路主变）。控制中心接入华苑控制中心；配置供电、通信、信号、通风空调、给排水与消防、设备监控、防灾报警、屏蔽门、自动售检票、电梯及自动扶梯等运营系统设备。车辆选用B型车，最高运行速度80公里/小时，接触网直流1500伏授电，6辆编组，动拖比为2：1，初期配车22列/132辆。工程总投资220.7亿元，经济指标10.4亿元/公里。10号线工程于2016年5月1日开工，于2022年开通初期运营（图8-2-1）。

2022年，此项目完成投资29.7亿元，截至2022年底，结构封顶累计21座。

【天津轨道交通8号线延伸工程新开工项目】

8号线延伸工程起点为中北镇站，终点为绿水公园站（不含）。线路长度4.8公里，全部为地下线。设车站4座。利用已建6号线工程（梅林路站—咸水沽西站）海河教育园车辆基地（含备用控制中心）、8号线一期工程的绿水公园110KV专用主变。控制中心接入华苑综合控制中心；配置供电、通信、信号、通风空调、给排水与消防、设备监控、防灾报警、屏蔽门、自动售检票、电梯及自动扶梯等运营系统设备。车辆选用A型车，最高运行速度80公里/小时，接触网直流1500伏授电，6辆编组，动拖比为2：1。工程总投资42.6亿元。8号线延伸工程于2022年8月3日开工，计划于2027年开通初期运营（图8-2-2）。

2022年，此项目完成投资7.7亿元。

【天津轨道交通11号线延伸工程新开工项目】

11号线延伸工程起点为文洁路站，终点为水上公园西路站（不含）。线路长度3.8公里，全部为地下线。设车站3座，在一中心医院站与6号线换乘。利用已建6号线工程（梅林路站—咸水沽西站）海河教育园车辆基地（含备用控制中心）、8号线一期工程的绿水公园110KV专用主变。控制中心接入华苑综合控制中心；配置供电、通信、信号、通风空调、给排水与消防、设备监控、防灾报警、屏蔽门、自动售检票、电梯及自动扶梯等运营系统设备。车辆选用A型车，最高运行速度80公里/小时，接触网直流1500伏授电，6辆编组，动拖比为2：1，初期配车23列/138辆。11号线延伸工程于2022年10月开工，计划于2026年开通初期运营（图8-2-3）。

2022年，此项目完成投资13.9亿元。

（天津轨道交通集团有限公司）

【项目管理】

天津轨道交通集团有限公司按照《地铁建设期全过程成本控制管理标准》，明确地铁建设成本控制基本规定，总结项目关键技术指标和经济指标的指导范围，提出各阶段可行的成本控制重点和要求，对项目各个阶段的建设成本进行有效控制。依靠技术、合约以及现场各专业各部门通力合作，通过预警、考核、加强资金管控等保障措施进行硬约束，一方面为设计源头成本控制提供依据，另一方面指导项目实施过程及项目成本控制工作。

集团公司创新前期工程建设管理模式，抓住政策调整的契机，地铁10号线剩余前期工程提出"招标模式"，依靠前期工程市场化运作，确定前期工程总承包单位，既有

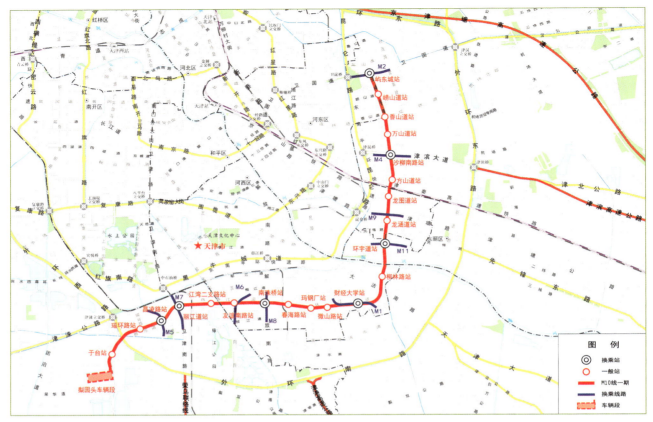

图8-2-1 天津轨道交通10号线走向示意图

图8-2-2 天津轨道交通8号线延伸线走向示意图

图8-2-3 天津轨道交通11号线延伸线走向示意图

效提升现场管理水平，同时大幅缩短前期工程周期，高标准推动恢复工作，为线路高质量开通保驾护航。

（天津轨道交通集团有限公司）

B1线工程在管理的过程形成以建设单位为主导、各参建单位各负其责、层层把关、密切合作的"一岗双责"工作机制。施工过程中建立健全科学的制度保障体系，做到有章可循、有章必循、违章必究；稳字当头、稳中求进，把安全生产责任扛在肩上，采用第三方监测、安全评估、远程视频监控等方式，加强对突发险情的监测和预警，确保工程的质量安全；严抓过程监督，

按照年度工作计划，逐月督察督办重难点工作；紧紧围绕重难点，压实目标任务、关键节点、工作要求等内容，细致分解，狠抓落实，做好阶段总结，高效完成年度建设任务。

Z2线以推进全线开工为主线，积极办理各项建设审批手续，优化并稳定设计方案，明确开工条件及验收流程，快速推进各工点开工。全线首台盾构机按照时间节点要求始发，预制梁、管片按计划进行生产，全线开工点位里程已占全线总长度的60%。确保点位能开尽开目标，完成当年各项建设任务。

（天津滨海新区轨道交通投资发展有限公司）

序号	线路名称	起讫点	线路长度（公里）	车站数（座）	开工时间（年月）	预计通车时间（年）	工程建设情况	重点工程节点
1	10 号线	屿东城 - 于台	21.2	21	2016.05	2022	建成	2022 年 11 月 18 日，该项目全线实现初期运营
2	4 号线北段	小街 - 河北大街	22.0	17	2020.07	2024	续建	至 2022 年底，累计 13 座车站封顶，8 条盾构区间双线贯通
3	7 号线	喜峰道 - 赛达路	26.5	21	2019.07	2024	续建	至 2022 年底，累计 14 座车站及出入段井封顶，6 个区间双线贯通
4	8 号线	绿水公园 - 渌水道（不含）	18.5	17	2020.01	2025	续建	至 2022 年底，累计 5 座车站封顶，2 条盾构区间洞通
5	11 号线	水上公园西路 - 东丽六经路	22.6	21	2019.07	2023	续建	至 2022 年底，累计 18 座车站封顶，30 条盾构区间线路洞通
6	天津中心城区至静海市域（郊）铁路首开段	静海区国际医学城 - 5 号线京华东道	13.4	3	2021.02	2024	续建	至年底，桥梁下部结构完成 100%、桥梁上部结构完成 50%、车站主体结构完成 100%
7	8 号线延伸	中北镇 - 绿水公园（不含）	4.8	4	2022.08	2027	新开工	至 2022 年底，围护结构开累完成 51%
8	11 号线延伸	文洁路 - 水上公园西路	3.8	3	2022.10	2026	新开工	至 2022 年底，围护结构开累完成 48%
	合计 1		132.8	107				
9	B1 线一期	黄港欣嘉园 - 中部新城	31.5	22	2017.05	2025	续建	2022 年 6 月塘沽站开工，2022 年 11 月国祥西道站开工；累计 9 座车站主体封顶，10 条隧道贯通，7 个联络通道施工完成
10	Z2 线一期	滨海机场 - 北塘	39.3	14	2021.12	2025	续建	7 个车站、7 个区间实现开工，首台盾构始发，全线开工点位里程占全线总长度的 60%
	合计 2		70.8	36				

注：序号 1-8 的工程项目，工程建设由天津轨道交通集团有限公司等公司分别承担；9、10 的项目，工程建设由天津滨海新区轨道交通投资发展有限公司承担。

【新工艺工法】

10 号线友谊南路站为天津市首个简约纯粹、内实外美的"裸装"地铁车站，取消全部装修天花板，所有风、水、电等设备设施采用"外露"方式整合敷设，达到主体结构横平竖直、棱角分明、墙面平整、弧面流畅、表面光滑的质量目标，以创新设计和施工资源有效配置，发挥清水混凝土的自然本色之美，既给乘客带来良好的视觉体验，又方便后期运营维护检修，更为今后地铁站装修提供有益借鉴。

柳林路站-环宇道站区间 1#、2# 联络通道，为天津市首次采用机械法新工艺实施的联络通道，参加单位在机械设备优化、洞门加固、推进参数、应急响应等方面做出大量深入细致的探索，2# 联络通道在 1# 联络通道积累经验的基础上，自机械设备吊入至完工吊出用时仅为传统冷冻法施工工艺的 37.5%，机械法施工工艺在缩短工期、加快工程进度方面优势明显。

（天津轨道交通集团有限公司）

B1 线：CSM 水泥土搅拌墙在围护结构中的应用。塘沽站在围护结构施工中采用 CSM 水泥土搅拌墙技术。CSM 工法是一种创新性深层搅拌工法，是结合现有液压铣槽机和深层搅拌技术进行创新的施工技术，能够对地层进行改良，有效降低地连墙施工引起的地层变形。CSM 水泥土墙施工过程中双铣轮下沉注入土体改良剂切削成槽，至设计标后上提喷浆搅拌一次成墙，待 CSM 水泥土墙达到设计强度后，开展后续地连墙施工，有效避免超深地连墙施工过程中的槽壁坍塌，对基坑开挖过程中的地连墙接缝渗漏水也能起到良好的预防作用，保证车站施工过程中周边建构筑物的安全。CMS 工法与传统水搅拌桩对比，节约材料，降低污染，缩短工期，创造了较好的经济效益。

全回转液压垂直插入法在钢管柱施工中的应用。塘沽站采用盖挖逆做法施工方式，柱下桩基础与钢管柱在整个基坑起着承上启下的作用，是关键性控制工程。塘沽站在全线首次采用全回转液压垂直插入法进行钢管柱施工。施工流程简单、速度快，平均完成单根钢管柱的安装时间为10~20h。同时，将监控量测技术与垂直应交技术启用于信息反馈设计与施工中，实现动态下修正施工方法及钢管柱垂直度，提高钢管柱施工效率和安装精度。运用全套管机下压插入钢管柱，不需要通长钢护筒，只需吊装一节工具柱，可循环使用，节省大量材料，节约吊装时间和劳动力，单根钢管柱安装的施工工期缩短70%以上，在地面上通过应交及监控量测技术就能定位安装钢管柱，提高施工安全。

Z2线在施工中，通过深入、系统地开展"基于

天津市轨道交通Z2线地下工程关键技术研究"，包括PLAXIS、Abaqus、MIDAS、ANSYS数值模拟等，有效解决运营机场枢纽复杂环境下地铁车站变形控制机理、地下工程装配预制化应用等环境条件下建设地铁车站、区间等问题，对节省工程投资具有意义，也为今后盾构施工下穿机场跑道等敏感区域、地铁站基坑施工提供参考，积累城市地铁盾构穿越各种复杂环境的工程经验，达到施工安全、质量可靠、关键技术进步，取得显著的经济效益和社会效益。

（天津滨海新区轨道交通投资发展有限公司）

3 河北省石家庄市

【概况】

石家庄市城市轨道交通工程建设由石家庄轨道交通集团有限责任公司承担。

2022年，石家庄轨道交通建设项目1个，共3.0公里，2座车站。续建项目1个（1号线二期北段）。完成车站开工2座（东上泽站、东洋站）。完成投资2.6亿元（表8-3-1）。

至2022年底，石家庄轨道交通建成线路有5条（1号线一期、1号线二期、2号线一期、3号线一期、3号线二期），总线路长度76.5公里，车站总数60座。

（石家庄轨道交通集团有限责任公司 赵雷）

2022年石家庄市城市轨道交通建设项目汇总表 表8-3-1

序号	线路名称	起讫点	线路长度（公里）	车站数（座）	开工时间（年月）	预计通车时间（年）	工程建设情况	重点工程节点
1	1号线二期北段	东上泽－东洋	3.0	2	2017.06	2024	续建	
	合计		3.0	2				

4 山西省太原市

【概况】

太原市城市轨道交通工程建设由太原轨道交通集团有限公司、太原轨道交通一号线建设运营有限公司共同承担。

2022年，太原城市轨道交通建设项目1个，共28.7公里，24座车站。续建项目1个（1号线一期）。完成车站开工21座（大南门站、太原站东广场站、太原南站东广场站土建部分已先期建设完成），车站封顶15座（1号线一期

15座）。完成投资40.7亿元。1个项目共21.5公里主体结构贯通（表8-4-1）。

至2022年底，太原轨道交通建成线路有1条（2号线一期），总线路长度23.3公里，车站总数22座。

【项目管理】

太原轨道交通集团有限公司攻克征地拆迁"拦路虎"。经多方齐抓共管，成功完成全线重难点——山西

省档案馆的拆迁，为朝阳街站主体封顶以及全线贯通奠定基础。

以总体工期为控制目标，动态优化施工组织设计，克服疫情影响，破解难题，工程建设稳步推进。针对建设中的重难点工程，召开建设专题会和工程例会，迅速打开局面。迎泽公园北门位于1号线大南门站至柳巷南站明挖区间正上方，需对其进行平移。太原轨道交通集团有限公司组织相关单位多次召开专家咨询及方案论证会，决定采用国内最先进整体性保护平移技术，于8月28日完成600余吨重的迎泽公园北门牌楼平移24米，该工程是山西省首个采用滚轴平移技术对建筑进行整体平移的工程；全线5处穿越铁路工程已安全穿越4处，其中最具代表性的太原南站11股道高速铁路群"零沉降"穿越。全线新建21座车站均已开工，车站结构封顶累计15座，盾构区间开工18个，盾构推进累计21.5公里；计划2024年12月初期运营。

全过程、全方位抓好安全质量管理。全年未发生一起生产安全事故，工程一次质量检验合格率达到100%。

【新工艺工法】

开展基于BIM高精度变形监测及定位+北斗融合的轨道交通工程管理关键技术研究。通过优化、提高现有轨道交通监测数据采集、处理及显示技术，提升轨道交通管理效能，提升轨道交通智慧制造和智能水平。

附属结构出入口采用PCS预制桩代替传统钻孔灌注桩技术。PCS预制桩相比于传统钻孔灌注桩有占地面积小、桩身强度高、施工流程短、集成化程度高等优点，PCS预制桩在地铁工程方面为首次应用，同时为后期预制桩在地铁施工的应用与推广积累经验。

开展《基于国产密码的城市轨道交通视频安全防护体系关键技术研究及设备研制》科研工作，项目在山西省科技厅已完成立项，此项目研究设计是基于国产密码应用的视频监视系统安全防护体系架构，能够分析出轨道交通领域异构网络环境视频监视系统的安全威胁，形成整体解决与安全防护方案。

（太原市轨道交通发展有限公司 李宁 寻晓勇）

2022年太原市城市轨道交通建设项目汇总表　　　　　　表 8-4-1

序号	线路名称	起讫点	线路长度（公里）	车站数（座）	开工时间（年月）	预计通车时间（年）	工程建设情况	重点工程节点
1	1号线一期	西山矿务局－武宿机场	28.7	24	2019.12	2024	续建	全线21座车站均已开工，车站结构封顶15座，盾构区间开工18个，盾构推进21.5公里；计划2024年12月初期运营
	合计		28.7	24				

5 辽宁省沈阳市

【概况】

沈阳市城市轨道交通工程建设由沈阳地铁集团有限公司承担。

2022年，沈阳轨道交通建设项目5个，共139.7公里，99座车站。全部为续建项目（1号线东延线、2号线南延线、3号线一期、4号线一期、6号线一期）（表8-5-1）。

至2022年底，沈阳轨道交通建成线路有4条（1号线、2号线、9号线、10号线），总线路长度117.0公里，车站总数85座。

【项目管理】

沈阳地铁集团有限公司完成《沈阳市2022年地铁工程建设任务书》编制工作，确定任务内容涉及20余家责任单位，共计200余项，涵盖征地征收、永久占地、临时占地、临时供电、管线迁改、绿化迁移、规划审批、土建施工等多种类板块；并依据2021年地铁工程建设任务书未完成节点情况，整理编制《沈阳市2021年地铁工程建设任务书（结转）》，按照任务书进展情况，全年共完成60余次报告。通过召开工程计划调度会，了解计划节点执行情况，针对滞后节点及时分析原因，每月定期梳理统计报送市城乡建设局协调解决，全年共计提报分管市长调度会材料10余次。狠抓计划落实，促进工程建设。以"振兴新突破活动"为抓手，一线一图挂图作战。以工程筹划为地铁建设的"撞线"目标，制定"攻坚作战图"和"攻坚先锋榜"，建设任务细化分解层层压实，难点问题攻坚克难抓落实，并于集团公司宣传墙显要位置以屏显方式公开，全年完成10余次攻坚先锋榜评比工作，通过总结宣传成绩和经验，弘扬正能量的同时，也对完成较差的责任人进行曝光激励，将"家丑"亮出来，将问题摆出来。

【新工艺工法】

4号线沈阳北站-皇寺路站区间盾构施工截削37根钢筋混凝土桩并下穿既有2号线车站及区间顺利完成。为保证工程的安全施工，对两台盾构设备进行特殊设计，并整合配备超高压水切割以及冷冻刀盘等先进技术装备。本施工实现首次盾构机集成高压水射流刀具、冷冻刀盘装置，首次长距离盾构掘进后切削大直径桩群及下穿既有运营地铁线路；实现沈阳地区首次富水砾砂地层带压开仓换刀、首次钢套筒接收施工。

（沈阳地铁集团有限公司）

2022年沈阳市城市轨道交通建设项目汇总表

表 8-5-1

序号	线路名称	起讫点	线路长度（公里）	车站数（座）	开工时间（年月）	预计通车时间（年）	工程建设情况	重点工程节点
1	1号线东延线	黎明广场－世博园东	16.2	10	2020.12	2024	续建	5座车站4个区间正在进行主体结构施工，3座车站完成主体结构施工。2个区间进行盾构掘进，3个区间正在进行竖井施工
2	2号线南延线	全运路－桃仙机场	13.7	7	2019.08	2023	续建	车站主体结构全部完成，全线轨通。完成供电、信号、通信等设备系统部分车站及区间线缆敷设、设备安装、设备调试；具备送电条件
3	3号线一期	宝马新工厂－新泰街	41.3	30	2019.12	2024	续建	年内共有13座车站14个区间正在进行主体结构施工；累计9站2区间完成主体结构施工
4	4号线一期	望花街－创新路	34.0	23	2015.11	2023	续建	全线轨通，正线土建形象进度完成约99%；完成供电、信号、通信、综合监控等设备系统部分车站及区间线缆敷设、设备安装及调试
5	6号线一期	鸭绿江北街－沙柳路	34.5	29	2020.12	2026	续建	累计11座车站或区间正在进行围护结构施工，10座车站正在进行主体结构施工，完成2座车站主体结构施工
	合计		139.7	99				

6 辽宁省大连市

【概况】

大连市城市轨道交通工程建设由大连公共交通建设投资集团有限公司承担。

2022年，大连轨道交通建设项目3个，共59.2公里，43座车站。其中建成项目1个（2号线二期北段），续建项目2个（4号线一期、5号线）。完成车站开工12座（4号线一期12座），车站封顶2座（4号线一期1座、5号线1座），轨道铺设69.0公里。完成投资53.8亿元。2个项目共36.4公里（2

号线二期北段、5号线）主体结构贯通（表8-6-1）。

至2022年底，大连轨道交通建成线路有6条（1号线、2号线、2号线二期北段、3号线〔含3号线支线〕、12号线、13号线一期），总线路长度212.7公里，车站总数89座。

【大连轨道交通2号线二期北段工程建成项目】

2号线二期北段工程起点为辛寨子站，终点为大连北站站。线路长度11.8公里，全部为地下线。设车站8座，在大连北站站与1号线换乘。车辆选用B型列车，最高运行

序号	线路名称	起讫点	线路长度（公里）	车站数（座）	开工时间（年月）	预计通车时间（年）	工程建设情况	重点工程节点
1	2 号线二期北段	大连北站－辛寨子	11.8	8	2010.02	2022	建成	9 月底，该项目建成，北段投入运营
2	4 号线一期	营城子－梭鱼湾	23.0	17	2021.02	2026	续建	至年底 12 座车站开工建设，全面进入土建施工阶段，1 座车站主体结构封顶，2 台盾构下井，累计推进 0.8 公里
3	5 号线	虎滩新区－后关	24.4	18	2017.03	2023	续建	12 月 1 日进入空载试运行
合计			59.2	43				

速度80公里/小时，接触网直流1500伏授电，6辆编组，动拖比为2：1。工程总投资64.1亿元（图8-6-1）。

【项目管理】

2022年，会同各项目公司、参建单位对计划节点、关键节点、里程碑节点进行再次落实精细化管控，提前解决可能存在的问题，确认2022年度计划节点136个，关键节点52个，里程碑节点9个。通过每周召开工程调度例会，详细了解计划节点执行情况，针对滞后节点，及时分析原因，制定措施，协调解决建设过程中遇到的困难，确保工程建设有序进行。

5号线开工伊始就确立"将创鲁班奖的终极质量目标贯穿质量全过程管理"的总体工作思路，明确创辽宁省"世纪杯"和"中国中铁杯"优质工程，旨在激发各参建单位的创新活力，集众智以创新，挑战新目标新领域，切实做到"样板引路，以点带面，全面创优"，确保安全均衡、快速有序、优质高效地建成国优工程。获得国家级安标工地1项，省部级安标工地18项，省级优质结构2项，省级绿色示范工程9项。完成科研课题1项，工法13项，实用新型专利69项，发明专利2项，QC成果23项，技术改进成果8项，BIM技术应用7项，软件著作权9项。其中，火车站—梭鱼湾南站大盾构区间荣获世界隧道最高奖项——国际隧道协会（ITA）年度工程奖。

【新工艺工法】

2号线二期工程前革站新增双向变流能量回馈装置，年内送电投入运行。该套装置的特点是整流/逆变通路与既有的牵引变电所整流通路分离，对既有直流系统影响小。同时，在列车制动时将多余的再生制动能量反馈回交流电网，不仅能够抑制直流网压的大范围波动减小直流电压文波，提高供电质量，更重要的是还能避免列车再生制动能量在能耗电阻上白白消耗，节约电能。

4号线一期工程松江路站采用永久中立柱施工工艺，最大插入重量达28.77t。中立柱采用后插入方式，将永久中立柱插入到超缓凝混凝土中，是此工艺中的重点之一。因为高标号超缓凝混凝土是大连地区首次采用，提前多次

图8-6-1 大连轨道交通2号线二期走向示意图

进行混凝土试配，确定超缓凝混凝土配比。确保到场混凝土质量和和易性，并将初凝时间控制在36小时。为满足设计不大于1/1000且不大于15毫米的垂直度要求，松江路中立柱施工引进超声波垂直度测量仪保证成孔的垂直度。

利用BIM设计并建立方案模型，将CAD二维图转变为三维立体图，利用模型展现设计方案并进行方案分析，展示该车站与周边环境的空间关系、出入口位置等关键因素，进行方案沟通交流。模型模拟施工工法并形成模拟视频，清晰表达设计方案的施工工法、辅助措施等信息，辅助施工工法的论证和比选。利用模型分阶段模拟并优化管线迁改和道路疏解方案，利用模拟视频清晰表达交通疏解、管线改迁方案随进度计划变化的状况，反映各施工阶段存在的重点难点，检查并优化方案，辅助工程筹划。

5号线电动客车采用时速80公里B型不锈钢标准化地铁车辆，与常规地铁相比，该车辆实现"五大提升"。车体强度比标准要求提高25%；舒适性提升，灯具会根据环境光线自动调节光度；操作性提升，列车控制及监控系统可进行各项显示、设置等功能，便于司控人员操作；智能性提升，整车配有走行部和弓网在线监测系统，方便远程在线查看车辆整体信息；维护性提升，整车设备高度集成化、模块化，可实现模块更换，便于维修降低维护成本。

（大连公共交通建设投资集团有限公司）

7 吉林省长春市

【概况】

长春市城市轨道交通工程建设由长春市轨道交通集团有限公司承担。

2022年，长春轨道交通建设项目8个，共127.8公里，86座车站。其中续建项目7个（2号线东延、3号线南延、4号线南延、5号线一期、6号线、7号线一期、空港线一期），新开工项目1个（1号线南延）。完成车站开工79座（1号线南延6座、2号线东延6座、3号线南延2座、4号线南延5座、5号线一期17座、6号线22座、7号线一期19座、空港线一期2座），车站封顶53座（2号线东延4座、4号线南延5座、5号线一期8座、6号线22座、7号线一期11座、空港线一期3座），轨道铺设56.0公里。完成投资121.1亿元。5个项目共39.2公里（2号线东延、4号线南延、5号线一期、6号线、7号线一期）主体结构贯通。

至2022年底，长春市轨道交通建成线路有5条（1号线、2号线、3号线、4号线、8号线），总线路长度106.7公里，车站总数98座。

【长春轨道交通1号线南延工程新开工项目】

1号线南延工程起点为规划人民大街与绕城高速交汇处北侧的运营工程终点站红嘴子站（不含），终点为规划人民大街与规划丙十八路交汇处的永春南站。线路长度7.0公里，全部为地下线。设车站6座，控制中心设在南四环控制中心；配置供电，通信，信号，通风等运营系统设备。车辆选用B2型车，最高运行速度80公里/小时，接触网直流1500伏授电，6辆编组，动拖比为2∶1，初期配车42列/252辆。工程总投资66.5亿元，经济指标9.6亿元/公里。1号线南延于2022年11月26日开工，计划于2027年开通初期运营（图8-7-1）。

2022年，此项目完成投资0.3亿元。

【项目管理】

扎实细做前期工作，保障项目规范有序。全年完成征收任务98项，拆除住宅300户、拆除房屋建筑约2.5万平方米；完成规划、土地手续22项；办理交通导改178项；道路挖掘手续50项；完成管线排迁140条；砍伐树木495株，

2022 年长春市城市轨道交通建设项目汇总表

表 8-7-1

序号	线路名称	起讫点	线路长度（公里）	车站数（座）	开工时间（年月）	预计通车时间（年）	工程建设情况	重点工程节点
1	2 号线东延线	东方广场－赵家岗东	10.6	6	2019.09	2025	续建	2 号线东延工程 6 座车站全部开工建设，4 座车站主体封顶；全线 6 个区间全部开工，2 个区间双线贯通
2	3 号线南延线	长影世纪城－毛家沟	2.8	2	2021.03	2025	续建	3 号线南延工程 2 座车站，全部开工，2 个区间全部开工建设
3	4 号线南延线	福祉路西－何家屯	4.5	5	2019.09	2023	续建	4 号线南延工程单位工程验收通过，正在进行空载试运行、机电安装及装修收尾工作，全力保障按计划时间开通试运营
4	5 号线一期	西南枢纽－东大桥	19.7	18	2020.08	2026	续建	5 号线一期工程18座车站中（土建施工16座）开工15座（同志街站未施工），7座车站主体封顶；20 个区间14 个开工
5	6 号线	双丰－长影世纪城	29.6	22	2019.08	2024	续建	6 号线工程 22 座车站主体结构全部封顶；24 个区间全部开工，20 个区间双线贯通，2 个区间单线贯通
6	7 号线一期	汽车公园－东环城路	23.2	19	2020.04	2025	续建	7 号线一期工程19座车站主体工程全部开工，其中11 座车站实现主体封顶，18 个区间开工，其中 4 个区间双线贯通
7	空港线一期	赵家岗东－九台南	30.3	8	2021.03	2026	续建	空港线一期工程，8 个车站（1座 2 号线代建，3座既有站），其中 2 座车站局部开工，11 个区间 6 个开工
8	1 号线南延	义和村北－永春南	7.1	6	2022.11	2027	新开工	1 号线南延工程初步设计评审通过，正在进行前期准备工作
	合计		127.8	86				

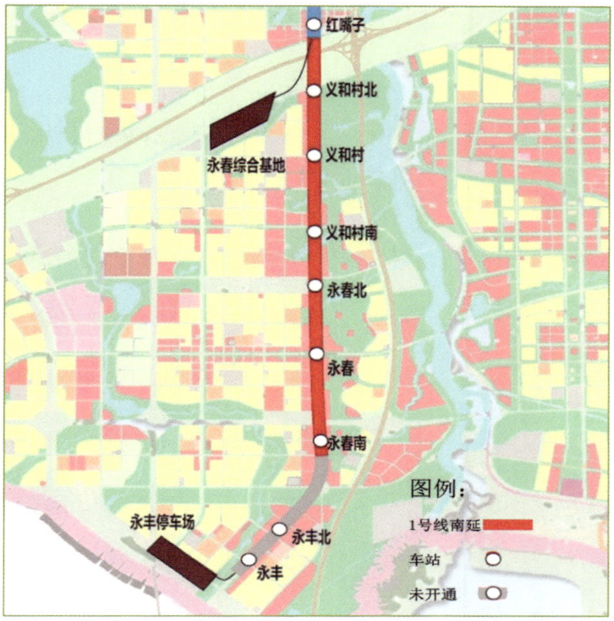

图8-7-1　长春轨道交通1号线南延走向示意图

临时占用绿地4380万平方米，完成工程类招投标56项，金额33亿元。为工程建设工作全面开展提供保障。

贯彻"百年大计，质量第一"理念，突出质量责任制，执行"三检"制度，加强施工全过程质量管控。以质量交流培训、现场观摩等方式，提高管理人员质量意识。以"样板引路、试验先行、首件认可"的质量管理思路，引导标准化施工。

持续开展高频次安全质量"四不两直"检查19次、文明施工专项巡查35次，专项检查10次、专题活动7次，累计查改隐患（问题）1.3万余个。强化风险分级管控，加强应急管理和常态化安全质量教育培训，不断提升工程安全质量管理水平。

持续提高设计质量，不断增强技术支持。结合工程实际，通过方案对比论证，保证方案经济合理、安全适用、技术先进。通过加强对重大方案、变更签证、技术需求书的审查、审核，为项目实施提供技术支持。累计提供图纸913份，技术需求书98份，变更签证80份，现场服务12次。

【新工艺工法】

自2020年开始，在长春市第三期轨道交通工程建设中，启动研究"内支撑支护条件下的装配式车站新技术研究和应用"工作，并已确定实际应用车站，年内完成方案设计和施工图设计工作，正在开展施工拼装，发挥实践应用的技术经济和社会效益。

（长春市轨道交通集团有限公司　徐逸垄）

8　黑龙江省哈尔滨市

【概况】

哈尔滨市城市轨道交通工程建设由哈尔滨地铁集团有限公司承担。

2022年，哈尔滨轨道交通建设项目1个，共13.0公里，12座车站。续建项目1个（3号线二期西北环）。车站封顶6座，轨道铺设3.8公里。完成投资26.2亿元。1个项目共7.7公里主体结构贯通（表8-8-1）。

至2022年底，哈尔滨市轨道交通建成线路有3条（1号线、2号线、3号线东南环），总线路长度78.1公里，车站总数66座。

【项目管理】

安通街车辆段建设中，考虑到参建人员密集、流动性强，防控压力严峻性，借鉴方舱医院的管理思路，购买和租赁340余个居住集装箱，实现封闭化管理，不同作业班组分仓化，减少人员流动，降低病毒感染和传播风险，保证施工生产正常开展。

由于哈尔滨市道路冬季有冻胀效应，至次年气温回

2022年哈尔滨市城市轨道交通建设项目汇总表　　　　　表8-8-1

序号	线路名称	起讫点	线路长度（公里）	车站数（座）	开工时间（年月）	预计通车时间（年）	工程建设情况	重点工程节点
1	3号线二期西北环	靖宇公园－丁香公园	13.0	12	2017.05	2024	续建	至2022年底，全部12座车站中，累计封顶11座车站。盾构累计推进8.9公里
	合计		13.0	12				

升，冻土溶解，沉降效应显著，容易形成孔洞和塌陷；盾构在地层中运动，极易触发道路塌陷，造成重大事故。通过在3月底天气回暖前，对区间线路通过的区域通过地质雷达扫描、钻孔勘探、排查巡视等方式，提前发现地下空洞，针对性地进行注浆封堵，预防地面坍塌。

【新工艺工法】

河-河区间和河公-区间受地下空间，采用叠落区间设计方案。河河区间设计长度824米，其中完全叠落405米，叠落段隧道竖向净距2.1～6.3米；河公区间设计长度934米，其中完全叠落467米，叠落段隧道竖向净距2.0～6.4米。该两段叠落区间为东北三省首个叠落区间工程，同时是国内首个富水砂层叠落区间。项目施工中为保证盾构隧道安全，降低两条隧道的施工影响，采用先下后上，深孔

注浆，台车支撑等一系列新工法和施工措施保证了盾构施工安全。

河-河区间和河公-区间结构形式设计为C型叠落联络通道，总长度为13.53米，上层横通道顶覆土厚度约为16.3米，宽度为4.2米，高度为4.65米～6.75米，下层横通道顶覆土厚度约为27米，宽度为4.2米，高度为4.95米。竖直段顶覆土厚度约为15.4米，宽度为6.7米，高度为18.68米。地层加固采用冷冻法加固。上、下层通道和泵站位于隧道同一侧，通过竖井连接。施工工序无类似工程参考，首先进行下通道的开挖构筑，其次进行集水井的开挖构筑，再次进行上通道的开挖构筑，最后进行竖井的开挖构筑。通过该联络通道的施工，为类似工程积累经验。

（哈尔滨地铁集团有限公司）

9 上海市

【概况】

上海城市轨道交通工程建设由上海申通地铁集团有限公司下辖上海申通地铁建设集团有限公司承担。

2022年，上海轨道交通建设项目9个，共149.3公里，74座车站。其中续建项目7个（崇明线、2号线西延伸、13号线西延伸、17号线西延伸、18号线二期、21号线一期、23号线一期），新开工项目2个（12号线西延伸、20号线一期西段）。完成车站开工22座（崇明线1座、2号线西延伸1座、13号线西延伸1座、18号线二期3座、21号线一期6座、23号线一期7座、12号线西延伸2座、20号线一期西段1座），车站封顶2座（13号线西延伸1座、18号线二期1座）。完成投资305.5亿元。（表8-9-1）

至2022年底，上海轨道交通建成线路有20条（含磁浮），总线路长度830.8公里，车站总数508座。

【上海轨道交通12号线西延伸工程新开工项目】

12号线西延伸工程起点为洞泾站，终点为七莘路站（不含）。线路长度17.3公里，全部为地下线。设车站6座，在洞泾站与9号线换乘。在洞泾停车场设停车场1处，占地21.9公顷；在沪松公路设主变电所1处。控制中心接入蒲汇塘调度指挥大楼（C3大楼）既有轨道交通12号线控制中心；配置供电、通信、信号、通风空调、给排水与消防、低压配电及动力照明、FAS/EMCS/ACS、综合监控系统、自动售检票系统等运营系统设备。车辆选用A型车，最高运行速度100公里/小时，接触网直流1500伏授电，6辆编组，动拖比为2∶1，初期配车18列/108辆。工程总投资160.2亿元，经济

指标9.3亿元/公里。12号线西延伸工程于2022年12月16日开工，计划于2027年开通初期运营。（图8-9-1）

2022年，此项目完成投资0.5亿元，截至2022年底，车站开工2座。

【上海轨道交通20号线一期西段工程新开工项目】

20号线一期西段工程起点为金昌路站，终点为上海马戏城站。线路长度7.1公里，全部为地下线。设车站7座，在上海西站站与11、15号线换乘，在新村路站与7号线换乘。在真如停车场设停车场1处，占地20.0公顷。设新村路主变（与7号线共用新村路主变）。控制中心接入蒲汇塘调度指挥大楼；配置供电、通信、信号、通风空调、给排水与消防、低压配电及动力照明、FAS/EMCS/ACS、综合监控系统、自动售检票系统等运营系统设备。车辆选用A型车，最高运行速度80公里/小时，接触网直流1500伏授电，6辆编组，动拖比为2∶1，初期配车12列/72辆。工程总投资201.4亿元，经济指标28.3亿元/公里。20号线一期西段工程于2022年12月15日开工，计划于2030年开通初期运营。（图8-9-2）

2022年，此项目完成投资0.7亿元，截至2022年底，车站开工1座。

【项目管理】

（1）加强项目管理能力。一是加强全公司对项目管理的盯控力度，从设计方案深化、前期管线、计划统筹等方面，牢牢把握关键节点，破解疑难问题，推动建设任务落实；二是加大现场项目经理管理能力的培养，基于《项

序号	线路名称	起讫点	线路长度（公里）	车站数（座）	开工时间（年月）	预计通车时间（年）	工程建设情况	重点工程节点
1	2 号线西延伸	徐泾东（不含）－蟠祥路	1.7	1	2021.06	2025	续建	至年底，1 座车站进入土建施工阶段
2	13 号线西延伸	诸光路－金运路（不含）	9.7	5	2021.06	2026	续建	至年底，1 座车站主体结构封顶，4 座车站进入管线施工阶段，纪翟路站－红卫河风井盾构始发
3	17 线西延伸	西岑－东方绿舟（不含）	6.6	1	2021.06	2024	续建	至年底，车站、高架区间全面进入土建施工阶段
4	18 号线二期	长江南路（不含）－大康路	8.0	6	2021.06	2025	续建	至年底，1 座车站主体结构封顶，3 座车站进入土建施工阶段，2 座车站进入管线施工阶段
5	21 号线一期	六陈路－东靖路	28.0	18	2021.12	2027	续建	至年底，8 座车站进入土建施工阶段，3 座车站进入管线施工阶段
6	23 号线一期	闵行开发区－上海体育场	28.6	22	2021.12	2028	续建	至年底，2 座车站进入土建施工阶段，7 座车站进入管线施工阶段
7	崇明线	金吉路－裕安路	42.3	8	2020.12	2027	续建	至年底，3 座车站进入土建施工阶段，1 座车站进入管线施工阶段，长兴岛南港大盾构始发
8	12 号线西延伸	七莘路（不含）－洞泾	17.3	6	2022.12	2027	新开工	至年底，首座车站开工
9	20 号线一期西段	金昌路－上海马戏城	7.1	7	2022.12	2030	新开工	至年底，首座车站开工
	合计		149.3	74				

图8-9-1　上海轨道交通12号线西延伸走向示意图

图8-9-2　上海轨道交通20号线一期西段走向示意图

目经理管理办法》，加强项目经理团队的本业培训，同时在"质量安全、合约管理、统筹协调、各方沟通"等方面进行通识教育培训，扩展综合能力。将用好现有"项目经理培训班"、师徒带教签约等载体，发挥特级、高级项目经理传帮带作用，带动年轻人丰富积累、加速成长。

（2）提升现场管控能力。一是严控各项既有管理制度、工作要求的执行落实，确保现场人员"工作标准清楚，操作流程明确，现场作业规范"，抓示范引领，抓督促检查，确保各项管控制度执行到人，落实到事；二是注重管理现场人员的能力，继续加强作业人员人身安全的监督检查，通过"人机结合"的手段，运用"全球眼"视频监控、实名制管控系统、安全隐患视频AI识别系统，强化现场管理人员到岗履职管控，督促作业人员严格执行作业标准，遵守操作规程，杜绝"三违"行为。

【新工艺工法】

2号线西延伸蟠祥路站采用高效空调系统，从设计方案、设备选型、系统安装调试、控制系统、运维调试、节能认证等多个方面入手，挖掘车站通风空调系统节能潜力，完善各个环节中的节能技术，保证最终车站的能效达到更高效水平，进一步降低车站通风空调能耗。

13号线西延伸运乐路站-季乐路站区间逃生井采用的

主动控制型装配式竖井工艺为自主设计、自主研发设备、自主施工。引入主动提压系统、预制装配系统、水下开挖系统、智能控制与监测系统，成功解决小面积、大深度竖井实施方案，适用于周边环境条件复杂、存在承压水突涌风险的工程。

21号线一期杨高北路站周围均为居住区，早晚高峰有大量的通勤客流，同时车站也有较长的换乘通道，地下空间容易产生压抑沉闷的感觉，车站位于城市绿地下方，采

用采光天窗引入引导自然光线进入地下，同时利用覆土设置拱顶，形成穹顶天窗空间效果。

唐黄路站为双岛四线车站，站台层横断面为三柱四跨的结构体系，站厅层取消中部立柱后，成为双柱三跨的结构，中部结构跨度约18m，将中跨设置为拱顶，同时两侧跨也用装修吊顶做出拱顶效果，形成虚虚实实的三联拱效果，用地铁车站站厅传达传统建筑中厅堂的宏伟气质。

（上海申通地铁集团有限公司　朱传飞）

10　江苏省南京市

【概况】

南京市城市轨道交通工程建设由南京地铁集团有限公司下属南京地铁建设有限责任公司承担。

2022年，南京轨道交通建设项目14个，共244.5公里，155座车站。其中续建项目11个（3号线三期、4号线二期、5号线、6号线、7号线、9号线一期、10号线二期、11号线一期、南京至马鞍山市域〔郊〕铁路〔南京段〕、南京至滁河市域〔郊〕铁路、南京至仪征线〔含扬州延伸线〕〔南京段〕），建成项目3个（1号线北延线、7号线仙新路站-幕府西路站区段、S8南延）。完成车站开工137座（1号线北延5座、3号线三期1座、4号线二期6座、5号线30座、6号线19座、7号线27座、9号线一期15座、10号线二期10座、11号线一期16座、S8南延2座、南京至马鞍山市域〔郊〕铁路〔南京段〕6座），车站封顶82座（1号线北延5座、3号线三期1座、4号线二期2座、5号线24座、6号线14座、7号线26座、9号线一期2座、10号线二期5座、11号线一期1座、S8南延2座），轨道铺设137.6公里。完成投资219.5亿元。3个项目共22.5公里（1号线北延线、7号线仙新路站-幕府西路站区段、S8南延）主体结构贯通。（表8-10-1）

至2022年底，南京轨道交通建成线路有12条，总线路长度449.0公里，车站总数208座。

【南京轨道交通1号线北延工程建成项目】

1号线北延工程起点为一期终点迈皋桥站，终点为八卦洲大桥南。线路长度6.54公里，其中地下线6.04公里，高架线0.5公里。设车站5座，在晓庄站与7号线换乘。在二桥公园站后设车辆段（停车场）1处，占地9.8公顷。设既有1号线迈皋桥主变。控制中心设在（接入）珠江路控制中心；配置供电、通信、信号、通风空调、给排水与消

防、设备监控、防灾报警、屏蔽门、自动售检票、电梯及自动扶梯等运营系统设备。车辆选用交流异步电机、VVVF调速控制A型车，最高运行速度80公里/小时，接触网直流1500伏授电，6辆编组，动拖比为2：1，初期配车9列/54辆。工程总投资74.25亿元，经济指标11.35亿元/公里。1号线北延工程于2017年8月开工，于2022年开通初期运营。（图8-10-1）

2022年，此项目完成投资11.90亿元。

【南京轨道交通7号线（北段）工程建成项目】

7号线为江苏省首条采用全自动驾驶的线路，工程起点为仙新路站，终点为幕府西路站。线路长度13.8公里，全部为地下线。设车站10座，在仙新路站与8号线换乘，在万寿村站与6号线换乘，在五塘广场站与3号线换乘，在晓庄站与1号线换乘。在仙新路站设马家园车辆段一处，占地22.2公顷。不新设主变（与2号线共用所街主变电所，与3号线共用滨江路主变）。控制中心在马家园车辆段与城东灵山以南各设一座，车辆段控制中心作为主控制中心，灵山控制中心作为副控制中心与4号线等线共用；配置供电、通信、信号、通风空调、给排水与消防、设备监控、防灾报警、屏蔽门、自动售检票、电梯及自动扶梯等运营系统设备。车辆选用交流异步电机、VVVF调速控制B型车，最高运行速度80公里/小时，接触网直流1500伏授电，6辆编组，动拖比为2：1，初期配车53列/318辆。工程总投资323.85亿元，经济指标9.12亿元/公里。南京轨道交通7号线工程于2017年9月开工，于2022年开通初期运营。（图8-10-2）

2022年，此项目完成投资34.8亿元。

【南京轨道交通S8南延工程建成项目】

南京轨道交通S8号线南延工程起点为大桥站，终点

工程建设

2022 年南京市城市轨道交通在建项目汇总表　　　　　　　　　　表 8-10-1

序号	线路名称	起讫点	线路长度（公里）	车站数（座）	开工时间（年月）	预计通车时间（年）	工程建设情况	重点工程节点
1	1 号线北延	迈皋桥 – 八卦洲大桥南	6.5	5	2017.08	2022	建成	年底该项目建成，开通初期运营
2	7 号线北段	仙新路 – 幕府西路	13.8	10	2017.09	2022	建成	年底该项目建成，开通初期运营
3	S8 线（宁天线）南延	泰山新村 – 长江大桥北	2.1	2	2019.03	2022	建成	2022 年 9 月该项目建成，开通初期运营
4	3 号线三期	秣周东路 – 秣陵街道	3.3	2	2021.03	2024	续建	处于土建施工阶段，1 座车站封顶，2 条盾构隧道始发，累计推进 2.9 公里
5	4 号线二期	龙江 – 珍珠泉	10.0	6	2020.12	2026	续建	处于土建施工阶段，2 座车站封顶，2 条盾构隧道始发，累计推进 0.8 公里
6	5 号线	方家营 – 吉印大道	37.4	30	2016.09	2024	续建	处于土建施工阶段，24 座车站主体结构封顶，43 条盾构隧道始发，累计推进 42.6 公里
7	6 号线	南京南站 – 栖霞山	32.4	19	2019.12	2024	续建	处于土建施工阶段，14 座车站主体结构封顶，31 条盾构隧道始发，累计推进 32.3 公里
8	7 号线剩余段	幕府西路（不含）– 西善桥	21.7	17	2017.09	2024	续建	处于土建、轨道、设备安装同步施工阶段，17 座车站主体结构封顶，35 条盾构隧道始发，累计推进 34.4 公里
9	9 号线一期	红山新城 – 江苏大剧院·宪法公园	19.7	16	2019.12	2025	续建	处于土建施工阶段，2 座车站主体结构封顶，8 条盾构隧道始发，累计推进 4.7 公里
10	10 号线二期	安德门 – 东麒路	13.3	10	2019.12	2024	续建	处于土建施工阶段，5 座车站主体结构封顶，8 条盾构隧道始发，累计推进 8.3 公里
11	11 号线一期	马骡圩 – 浦洲路	26.7	20	2021.09	2026	续建	处于土建施工阶段，1 座车站主体结构封顶，1 条盾构隧道始发，累计推进 0.2 公里
12	S2 线（宁马段）南京段	西善桥 – 江苏省与安徽省省界	26.5	8	2021.12	2025	续建	处于土建施工阶段，6 座车站开工
13	S4 线（宁滁段）南京段	滁河 – 南京北站	5.7	2	2021.12	2026	续建	处于土建施工准备阶段
14	S5 线（宁扬段）南京段	仙林湖 – 靖安	25.4	8	2021.12	2026	续建	处于土建施工准备阶段
合计			244.5	155				

为长江大桥北站。线路长度 2.1 公里，全部为地下线。设车站 2 座，在大桥站与 11 号线换乘。设既有 S8 线车辆段主变。控制中心设在（接入）大厂东临时控制中心，后期改迁至浦江控制中心；配置供电、通信、信号、通风空调、给排水与消防、设备监控、防灾报警、屏蔽门、自动售检票、电梯及自动扶梯等运营系统设备。车辆选用交流异步电机、VVVF 调速控制 B 型车，最高运行速度 100 公里/小时，接触网直流 1500 伏授电，4 辆编组，动拖比为 3：1，初期配车 4 列/16 辆。工程总投资 14.39 亿元，经济指标 6.95 亿元/公里。S8 号线南延工程于 2019 年 3 月开工，于 2022 年开通初期运营。（图 8-10-3）

2022 年，此项目完成投资 3.3 亿元。

【项目管理】

进一步优化信息化管理维度。南京地铁建设工程项目管理信息化系统以科学理论作为设计基础，融汇先进管理理念，如全寿命周期造价管理、基于价值实现的资产管理等，保障信息化建设的科学性和前瞻性；为发挥信息建设的优势，确定以数据为驱动因素的业务功能开发思路；坚持以实际应用驱动系统设计开发，使系统流程与管理流程高度契合；通过数字化、系统化的管理手段，填补和规范管理制度上的缺口。

【新工艺工法】

9 号线白云亭站、三汊河站首次在南京地区采用装配式内隔墙。该体系主要针对以下方面展开研究：新型墙体材料、地铁设备用房预制装配技术、列车微振动环境下装配式设备用房结构力学行为、新型墙体墙板生产工艺、设备用房施工技术及辅助装备、装配式设备用房功能优化。在满足防火、隔声、密闭性等性能要求前提下，装配式内隔墙体系具有以下优势：①设计标准化、模数化；②工厂预制，现场施工交叉少；③预制产品精

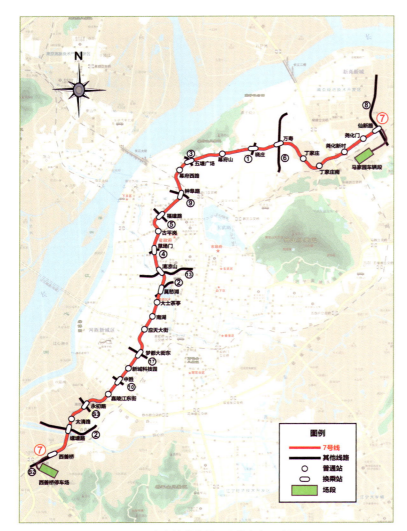

8-10-2 南京轨道交通 7 号线走向示意图

图 8-10-1 南京轨道交通 1 号线北延走向示意图

图 8-10-3 南京轨道交通 S8 线南延示意图

度高，质量好；④现场拼装干作业，施工环境好；⑤人力成本低，施工效率高；⑥墙体容重小，减少建筑物基础荷载，从而减少总投资；⑦减小墙体厚度，空间使用率高，经济性好；⑧首创设备区墙体不到顶形式，减少管线穿墙带来的密集开孔与封堵问题。

4号线二期滨江站和中央商务区站为三线换乘车站，受线路过江埋深影响，滨江站为地下6层车站，中央商务区站位地下5层车站，两座车站整体设于江北核心区地下空间下方，与城市核心区地下空间无缝衔接，是国内首座与地下空

间密切结合的三线换乘车站，为使地下空间与车站在空间、流线上相互融合，实现TOD理念，在车站方案设计时充分考虑了地上、地下空间一体化设计，实现车站与地下空间和周边地块完美融合，实现社会效益的最大化。同时，为实现便捷换乘的功能，在可研阶段，对各个节点的关键控制因素进行多角度、全方位的梳理和研究，锚固了本线所有换乘节点的工程实施方案，对换乘乘客流线进行多方面研究，加强本工程与核心区地下空间的整体衔接性。

（南京地铁集团有限公司）

11 江苏省无锡市

【概况】

无锡市城市轨道交通工程建设由无锡地铁集团有限公司承担。

2022年，无锡城市轨道交通建设项目3个，共64.1公里，37座车站。其中续建项目1个（锡澄城际S1线），新开工项目2个（4号线二期、5号线一期）。完成车站开工3座（4号线二期2座、5号线一期1座），车站封顶8座（锡澄城际S1线8座），轨道铺设19.1公里。完成投资42.0亿元。1个项目共30.4公里（锡澄城际S1线）主体结构贯通。（表8-11-1）

至2022年底，无锡城市轨道交通建成线路有5条（1号线、1号线南延线、2号线、3号线一期、4号线一期），总线路长度112.5公里，车站总数80座。

【无锡轨道交通4号线二期工程新开工项目】

4号线二期工程起点为博览中心站（不含），终点为锡士路站。线路长度8.3公里，全部为地下线。设车站6座，在净慧西道站与规划8号线换乘，在无锡新区站与3号线换乘。车辆选用B型车，最高运行速度80公里/小时，接触轨直流1500伏授电，6辆编组，动拖比为2：1，初期配车8列/48辆。工程总投资70.2亿元，经济指标8.4亿元/公里。4号线二期工程于2022年7月28日开工，计划于2026年开通初期运营。（图8-11-1）

2022年，此项目完成投资5.3亿元，截至2022年底，车站开工3座。

【无锡轨道交通5号线一期工程新开工项目】

5号线一期工程起点为渔父岛站，终点为新韵路站。线路长度25.4公里，全部为地下线。设车站22座，在渔父岛站与规划7号线、S5号线换乘，在体育中心、新华路站与4号线换乘，在湖滨路站与6号线换乘，在南禅寺站与1号线换乘，在钢铁厂站与规划7号线换乘，在旺庄路站与3号线换乘，在旺庄东路站与规划8号线换乘，在新韵路站与规划S3、S4号线换乘。在新吴区设新阳路车辆段1处，占地42.0公顷。设2座主变（与规划7号线共用渔父岛主变，与规划8号线共用旺庄东路主变）。接入与6号线同期实施的第二控制中心。配置通信、信号、综合监控等中心级设备，以及大厅调度设备等运营系统设备。车辆选用B型车，最高运行速度80公里/小时，接触轨直流1500伏授电，初期4辆编组，动拖比为3：1，初期配车36列/144辆。工程总投资267.1亿元，经济指标10.5亿元/公里。5号线一期工程于2022年12月31日开工，计划于2028年开通初期运营。（图8-11-2）

2022年，此项目完成投资3.5亿元，截至2022年底，车站开工1座。

图 8-11-1 无锡轨道交通 4 号线二期走向示意图

图 8-11-2 无锡轨道交通 5 号线走向示意图

2022 年无锡市城市轨道交通在建项目汇总表   表 8-11-1

序号	线路名称	起讫点	线路长度（公里）	车站数（座）	开工时间（年月）	预计通车时间（年）	工程建设情况	重点工程节点
1	无锡至江阴城际（锡澄城际S1线）	江阴外滩－堰桥（不含）	30.4	9	2019.10	2024	续建	12月，全线贯通
2	4号线二期	博览中心（不含）－锡士路	8.3	6	2022.07	2026	新开工	7月，正式开工
3	5号线一期	渔父岛－新韵路	25.4	22	2022.12	2028	新开工	12月，正式开工
	合计		64.1	37				

【项目管理】

聚焦地铁建设，以优良的工程建设管理成效为起点，以问题和发展为导向，持续推进精细化项目管理、先进技术创新。具体包括：

管理特点：完善机制、深化"项目负责制"管理。坚持问题导向、发展导向，聚焦管理效能，切实优化工程管理新格局。针对"项目负责制"落实不彻底问题，理顺公司组织架构、优化管理模式，落实属地责任，加强项目全过程管理。

管理创新：运用信息化手段，推进智慧地铁建设。围绕"一个中心、一个平台、一个App"目标，着力推进"标准化"建设，运用"信息化"履职监管，支撑"项目责任制"切实落地，全面梳理项目负责制、疫情防控、风险监控等需求，定制功能开发，与4号线二期工程建设同步推广使用，将管理触角延伸到现场的每个风险点，确保现场安全质量可控。

先进技术：提前谋划、持续推进技术创新。聚焦"智改数转"和"绿智融合"，牵头形成绿色建筑、智慧车站、四网融合等11个高质量课题、9项标准化课题、5项科研课题，获得"2021—2022年度江苏省城市轨道交通建设科技创新先进单位""江苏省城乡建设优秀勘察设计一等奖""2021年度江苏省建筑产业现代化示范工程"等荣誉。

【新工艺工法】

5号线一期工程首次采用自动化程度最高的全自动运行系统（UTO），并采用不同编组列车混跑，实现运能运量的精准匹配，节能降碳；首次采用云平台技术，构建无锡地铁智慧城轨建设的"数据底座"，解决传统系统数据孤立、资源分散的问题；创城轨交通超深大断面顶管车站成套技术，为复杂条件下建造车站提供样板；研发装配式车站2.0版方案并应用于新芳路站、新阳路站，进一步提高施工质量及工效；以需求和服务为导向，标准站首次采用非付费区12m单跨集约、高效的空间体系。信号系统拟采用智能行车调度指挥系统，对列车运行进行智能化控制或联动，在列车运行计划编制、列车运行调整、应急行车调度指挥及运营评估等方面，实现无人工干预或较少人工干预，实现行车调度指挥智能化。

无锡至江阴城际是采用装配式节段梁的工程项目，采用标准化设计、工厂化生产、装配化施工；花山车辆段首次采用全装配式框架结构的项目、南门站是装配叠合整体式地下车站，陈湘生院士评价该结构体系总体上达到国际先进水平，其中单面预制外墙板的叠合结构形式和上下预制墙板间环扣搭接节点新形式达到国际领先水平。项目利用BIM、GIS、基于互联网的多方协同管理等先进信息化技术，打造与项目管理工作深度融合的一站式BIM建设管理平台，为运营阶段提供一套可视化的数字资产。建立智慧管理中心，搭建实名制系统、盾构远程监控系统、架桥机远程监控系统、视频监控系统、扬尘噪音监测系统等12个智慧工地子系统，提高项目智慧化管理水平。通车后将成为国内首条应用跨线路多制式的车地通信融合技术的地铁线路。

（无锡地铁集团有限公司）

12 江苏省徐州市

【概况】

徐州市城市轨道交通工程建设由徐州地铁集团有限公司承担。

2022年，徐州轨道交通建设项目3个，共55.6公里，41座车站。其中续建项目2个（3号线二期、6号线一期），新开工项目1个（4号线一期）。完成车站开工19座（4号线一期19座），车站封顶10座（3号线二期1座、6号线一期9座）。完成投资48.0亿元。（表8-12-1）

至2022年底，徐州轨道交通建成线路有3条（1号线一期、2号线一期、3号线一期），总线路长度64.1公里，车站总数54座。

【徐州市城市轨道交通4号线一期工程新开工项目】

4号线一期工程起点为桥上村站，终点为驮蓝山路站。

线路长度26.2公里，全部为地下线。设车站19座，在桥上村站与6号线换乘，在泰山路站与S3号线换乘，在南三环路站与3号线换乘，在七里沟站与2号线换乘，在中央活力区中心站与5号线换乘，在乔家湖站与1号线换乘，在西贺站与7号线换乘，在驮蓝山路站与3号线换乘。在徐海路站设置徐海路车辆段（定修段）设1处，占地15.8公顷；设乔家湖、梨园主变（与1号线、2号线线共用乔家湖、梨园主变）。控制中心利用6号线赵武控制中心；配置供电、通信、信号、通风空调、给排水与消防、设备监控、防灾报警、站台门、自动售检票、电梯及自动扶梯等运营系统设备。车辆选用三相交流异步电机、VVVF调速控制B型车，最高运行速度80公里/小时，接触网直流1500伏授电，初期采用4辆编组，动拖比为3：1，远期配车56列/336辆。工程总投资184.0亿元，

表8-12-1

2022年徐州市城市轨道交通在建项目汇总表

序号	线路名称	起讫点	线路长度（公里）	车站数（座）	开工时间（年月）	预计通车时间（年）	工程建设情况	重点工程节点
1	3号线二期	（北段）后蟠桃村－下淀（不含），（南段）麦楼	6.5	6	2020.11	2024	续建	至2022年底，2座车站结构封顶，1个盾构区间双线、1个盾构区间单线贯通，9台盾构下井，累计推进5.9公里
2	6号线一期	黄山路－徐州东站	22.9	16	2020.12	2025	续建	至2022年底，9座车站主体结构封顶，2个盾构区间双线、2个盾构区间单线贯通，15台盾构下井，累计推进14.0公里
3	4号线一期	桥上村－驮蓝山路	26.2	19	2022.07	2028	新开工	无
	合计		55.6	41				

经济指标7.0亿元/公里。4号线一期工程于2022年7月27日开工，计划于2027年开通初期运营。（图8-12-1）

2022年，此项目完成投资9.5亿元，截至2022年底，车站开工19座。

【项目管理】

根据一期建设经验，编制完成《施工图设计指南》，全面指导二期线路建设。

全面优化4、5、6号线一期工程设计方案，在满足使用需求的前提下压缩土建工程规模，遵循共享简约的原则，优化设备系统配置方案，降低工程初始投资。相较工程直接费用，4号线下降2.25%，5号线下降2.91%，6号线下降1.31%。推动完成4、5号线大郭庄机场片区勘察工作。3号线一期总体设计和2号线一期勘察05合同段（新元大道站）获得2022年江苏省城乡建设系统优秀勘察设计一等奖。

城轨云建设稳步推进，BIM建管平台2.0版本上线运行，线路全自动驾驶建设有序开展，《徐州市轨道交通智慧城轨顶层规划》编制发布，加快短套筒等5项科研项目攻关，推动标准车站优化等系列方案研究，有效降低建设运营维护成本。

落实安全生产责任制，组织开展防汛、危大工程、燃气安全、安全风险查勘等10余类安全专项检查，发现问题1699条全部实现闭环整改。试行工程建设安全生产隐患举报奖励制度，实现智慧工地建设全覆盖，7个标段获得"徐州市建筑施工标准化示范工地"称号，1个标段获得"江苏省建筑施工标准化三星级工地"称号。

【新工艺工法】

针对徐州地区岩层普遍存在溶洞发育，钻孔桩支护造价较高的特点，为节省工程造价，在后蟠桃村站主体基坑支护设计上提出用微型钢管桩替代部分钻孔灌注桩。经过计算及现场试验验证，微型钢管桩可起到良好支护作用，在经济上更具优势，微型钢管桩+框架桩支护结构体系在徐州地铁得到成功应用。

6号线一期工程大湖北站采用框架桩+微型钢管桩新工

图8-12-1　徐州轨道交通4号线一期走向示意图

法，钻孔灌注桩采用直径800落底钻孔桩，间距为9米，桩间微型钢管桩采用直径150mm，t=6mm@500钢花管，钻孔桩、钢管桩嵌入基底约2.8m。传统岩石基坑主要采用放坡开挖锚喷支护、吊脚桩、落底钻孔桩支护等，施工费时费力，投资高，周期长。框架桩+微型钢管桩方案通过钻孔桩与微型钢管桩的有机结合，充分利用岩石自稳特点，通过大间距钻孔桩、冠梁及基底的嵌固段形成矩形框架，再在框架桩之间打入小直径钢管桩进行桩间岩土体的支护，该工艺具有施工速度快，工程投资低，安全可靠等优点。商聚路西站~塘坊村站区间始发端主要位于粉质黏土层，塘坊村站~惠民家园站区间接收端主要位于黏土层，本线在塘坊村站始发端及惠民家园站接收端采用短套筒，短套筒由两节钢壳组成，钢壳A环宽900mm预埋在车站端墙，钢壳B环宽1200mm为可拆卸钢壳。钢壳内部设置三道密封装置，每道之间分别设置特殊密封系统，在盾构始发达到刀盘抵到围护桩表面时即可通过密封系统的操控，实现阻塞渗水路径，保证始发安全。该系统设计独特、创意新颖，能够满足无端头加固时的盾构始发与接收，具有很好的科研与工程应用价值。与传统方式相比，具有无需加固、安全可靠、经济效益好、工期短等优势。

（徐州地铁集团建设有限公司　陈晓娟）

13 江苏省苏州市

【概况】

苏州市城市轨道交通工程建设由苏州市轨道交通集团有限公司承担。

2022年，苏州轨道交通建设项目7个，共162.2公里，124座车站。其中续建项目4个（6号线、7号线、8号线、11号线），新开工项目3个（2、4、7号线北延伸线）。完成车站开工1座（7号线1座），车站封顶37座（6号线7座、7号线16座、8号线14座），轨道铺设34.1公里。完成投资205.0亿元。5个项目共210.0公里（11号线）主体结构贯通。（表8-13-1）

至2022年底，苏州轨道交通建成线路有5条（1、2、3、4、5号线），总线路长度210.0公里，车站总数168座。

【苏州轨道交通2号线北延线工程新开工项目】

2号线北延伸线工程起点为爱格豪路站，终点为既有骑河站。线路长度4.7公里，全部为地下线。设车站4座。不新设主变（与7号线共用在建蠡塘河主变）。控制中心使用广济南路控制中心；配置供电、通信、信号、通风空调、给排水与消防、设备监控、防灾报警、屏蔽门、自动售检票、电梯及自动扶梯等运营系统设备。车辆选用B型车，最高运行速度80公里/小时，接触网直流1500伏授

电，5辆编组，动拖比为3：2，近中远期配车增购7列/35辆。工程总投资32.2亿元，经济指标6.9亿元/公里。苏州轨道交通2号线北延伸线工程于2022年5月6日开工，计划于2026年开通初期运营。（图8-13-1）

2022年，此项目完成投资0.7亿元。

【苏州轨道交通4号线北延线工程新开工项目】

4号线北延伸线工程起点为观塘路站，终点为既有龙道浜站。线路长度7.4公里，全部为地下线。设车站4座，在观塘路站与规划12号线换乘，在莫阳站与在建7号线换乘；不新设主变（与7号线共用在建蠡塘河主变）。控制中心使用广济南路控制中心；配置供电、通信、信号、通风空调、给排水与消防、设备监控、防灾报警、屏蔽门、自动售检票、电梯及自动扶梯等运营系统设备。车辆选用B型车，最高运行速度80公里/小时，接触网直流1500伏授电，6辆编组，动拖比为2：1，近中远期配车增购9列/54辆。工程总投资46.1亿元，经济指标7.1亿元/公里。苏州轨道交通4号线北延伸线工程于2022年5月6日开工，计划于2026年开通初期运营。（图8-13-2）

2022年，此项目完成投资0.5亿元。

图 8-13-1 苏州轨道交通 2 号线北延伸线走向示意图

图 8-13-2 苏州轨道交通 4 号线延伸线走向示意图

序号	线路名称	起讫点	线路长度（公里）	车站数（座）	开工时间（年月）	预计通车时间（年）	工程建设情况	重点工程节点
1	6 号线	苏州新区火车站 - 新庆路	36.1	31	2018.11	2024	续建	3 月机电安装及装修开工；4 月轨道施工开始；11 月首列车交付
2	7 号线	莫阳 - 红庄	29.5	25	2019.12	2024	续建	3 月首台盾构机始发
3	8 号线	西津桥 - 车坊	35.6	28	2019.09	2024	续建	9 月机电安装及装修开工；12 月铺轨施工开始
4	11 号线	唯亭 - 花桥	41.3	28	2018.11	2023	续建	8 月全线洞通；10 月全线轨通、电通；12 月全线动车调试工作正式启动
5	2 号线北延线	爱格豪路 - 骑河	4.7	4	2022.05	2026	新开工	5 月开工仪式
6	4 号线北延线	观塘路 - 龙道浜	7.4	4	2022.05	2026	新开工	5 月开工仪式
7	7 号线北延线	春秋路 - 莫阳	7.6	4	2022.05	2026	新开工	5 月开工仪式
合计			162.2	124				

【苏州轨道交通7号线北延线工程新开工项目】

7 号线北延伸线工程起点为春秋路站，终点为既有莫阳站。线路长度7.6公里，全部为地下线。设车站4座。不新设主变（与7号线共用在建蠡塘河主变）。控制中心使用黄天荡控制中心；配置供电、通信、信号、通风空调、给排水与消防、设备监控、防灾报警、屏蔽门、自动售检票、电梯及自动扶梯等运营系统设备。车辆选用B型车，最高运行速度80公里/小时，接触网直流1500伏授电，6辆编组，动拖比为2：1，近中远期配车配置10列/60辆。工程总投资43.1亿元，经济指标5.7亿元/公里。苏州轨道交通7号线北延伸线工程于2022年5月6日开工，计划于2026年开通初期运营。（图8-13-3）

2022年，此项目完成投资0.3亿元。

【项目管理】

科学编制进度计划，完善进度控制指标，实现"土建+机电"核心工序全覆盖，提高进度控制精细化程度。对照总体工筹，充分摸排疫情对施工进度的影响，及时优化调整施工计划，细化分解任务至各标段。发挥计划的龙头作用，带动现场施工组织优化，全面形成挂图作战、紧盯目标、责任到人的浓厚氛围。

图 8-13-3　苏州轨道交通 7 号北延伸线走向示意图

严密跟踪计划落实，执行中定期开展进度计划考核，动态分析各部门、各标段进度执行情况，跟踪年度任务目标"进度条"，并依托进度考核简报、计划分析表和月度办公会议等手段，准确反映并集中力量解决制约工程推进的重难点问题。另一方面，依托苏州市指挥部工作机制，围绕管线迁改、土方外运、资金保障等重点问题，同各区轨道交通工程建设指挥部建立共同推进机制，研判解决方案，进一步扫清障碍。

精心策划组织"百日攻坚"劳动竞赛，鼓励施工单位调配精兵强将，协调利用各方优势资源，优化创新施工管理措施，促进现场工程进展，创造良好施工环境，形成"比学赶超"生动局面。

【新工艺工法】

6号线苏州大学站-徐家浜站区间745环-965环盾构长距离下穿景海女子师范学校旧址等多处古建筑，最近古建筑距隧道边线水平距离仅4.77米，穿越古建筑过程中，为精确控制沉降，特别采用克泥效新工艺加固，通过盾体上的注浆孔每环注入克泥效，及时填充盾体与土体之间的空隙，抑制盾体上方的沉降，据累计沉降监测结果显示，老旧建筑累计沉降均未超过-3.5毫米，满足设计及文物保护

要求；中塘公园站基坑开挖前采用行业内最新研究成果微电流场成像法无损检测技术对围护结构进行渗漏点进行检测，可在不破坏围护结构的前提下，快速、准确圈定围护结构渗漏隐患位置，对存在隐患位置提前采取措施，为后期风险预控；金尚路站～桑田岛站区间联络通道工程采用冻结法加固，加固完成后采用矿山法施工，其中冻结加固体与2号线左线隧道的水平净距约4.17米，竖向净距约2.58米，采用自动化信息监测系统时时掌控土体冷冻温度，联络通道完成后，地面及隧道内变形均处于允许范围内。

8号线时代广场站～右岸街站区间盾构需穿越圆融桥桥桩及既有1号线时代广场站钢筋砼地墙，为更好地探索盾构切削钢筋混凝土地连墙掘进控制参数、切削墙体效果、刀具磨损规律、研究刀具与钢筋混凝土的相互作用、受力机制，优化刀盘刀具配置，在国内首次开展了盾构切削钢筋混凝土墙大型原型试验，为实际施工提供科学理论指导。

6、7、8号线部分联络通道采用机械法施工，大幅缩短了联络通道施工工期，消除冻结法施工阶段融沉注浆阶段带来的风险隐患。

（苏州市轨道交通集团有限公司 张秋彬 王偲聪）

14 江苏省南通市

【概况】

南通市城市轨道交通工程建设由南通城市轨道交通有限公司承担。

2022年，南通轨道交通建设项目2个，共60.0公里，45座车站。其中续建项目1个（2号线一期），建成项目1个（1号线一期）。轨道铺设27.6公里。（表8-14-1）

至2022年底，南通轨道交通建成线路有1条（1号线一期），总线路长度39.8公里，车站总数28座。

【南通轨道交通1号线一期工程建成项目】

1号线一工程起点为平潮站，终点为振兴路站。线路长度39.2公里，全部为地下线。设车站28座，在和平桥站与2号线换乘，在文峰站与2号线换乘。在平东车辆段设车辆段1处，占地35.7公顷；在小海停车场设停车场1处，占地11.7公顷。设永和路和世纪大道2座主变（与2号线共用永和路和世纪大道2座主变）。控制中心1座；配置供电、通信、信号、通风空调、给排水与消防、设备监控、

2022年南通市城市轨道交通在建项目汇总表　　　　　　　　　　表 8-14-1

序号	线路名称	起讫点	线路长度（公里）	车站数（座）	开工时间（年月）	预计通车时间（年）	工程建设情况	重点工程节点
1	1号线一期工程	平潮－振兴路	39.2	28	2017.12	2022	建成	4月29日通过项目验收；8月30日通过全线竣工验收；11月10日开通初期运营
2	2号线一期工程	幸福－先锋	20.8	17	2018.10	2023	续建	5月26日全线"洞通"；12月30日全线"电通"
合计			60.0	45				

防灾报警、屏蔽门、自动售检票、电梯及自动扶梯等运营系统设备。车辆选用交流异步电机、VVVF调速控制B型型车，最高运行速度80公里/小时，接触网直流1500伏授电，6辆编组，动拖比为2：1，初期配车35列/210辆。工程总投资272.5亿元。2号线一期工程于2018年10月26日开工，于2022年开通初期运营。（图8-14-1）

截至2022年底，结构封顶累计17座，盾构推进累计32.1公里，轨道铺设累计32.6公里。

【项目管理】

推行"三个组"技术保障。第一个是"风险管控小组"，针对深基坑、盾构、联络通道等风险，成立风险管控小组，不间断排查安全风险；关键节点实行风险小组预验收、专家验收、部门审核的三重把关机制。第二个是"质量管理小组"，负责研究制定围护结构施工过程关键管控技术标准，提升本体结构质量。第三个是"技术小组"，负责装修工程技术标准制定，统筹全线装修质量安全管理。

图 8-14-1 南通轨道交通 1、2 号线一期走向示意图

落实"三个一"标化管控。2号线机电系统强力推行"三个一"过程管理，即"一次培训"，总结1号线一期工程施工过程中的重难点、特色亮点，有总结、有布置、有落实、有检查；"一次联络"，明确专业接口，确保方案精准、高质量准备联调；"一次样板"，做到工艺样板全覆盖，确保各工序有筹划、有依据，保障一次成优、全面创优。

实施"站长制"管理模式。以1号线一期工程开通攻坚阶段管理经验为基础，高效协同推进2号线交叉施工，创新实施"站长制"，即每个车站及毗邻区间为一个管理单元，设正、副站长各1名，在落实各专业项目工程师原有职责的同时，进一步加强统筹补位功能，强化站点协调、统筹工序衔接，压实现场各责任主体管理责任，保障工程高效推进。

【新工艺工法】

建立风险监控平台，自主开发现场监管与应急指挥系统，提升现场管理和应急能力。地下三层站开挖第二道及以下钢支撑采用应力伺服系统，对支撑轴力全天候不间断监测，并适时自动或手动补偿，保障开挖工程可控可知。在联络通道施工方面，积极在风险管控中融入信息化管理手段，使用可视化实时监测系统，可在手机、电脑端实时观测冻结参数和冻结区域温显图，掌握冻结效果。轨行区管理采用视频监控、人员定位、可视化调度，提升轨行区各专业协同效率，保障轨行区施工安全。

为避免钢轨焊接的正火工序高频率使用氧气、乙炔，给轨行区带来安全隐患，推行焊接接头电正火技术。铺轨混凝土运输罐车采用轮轨轮胎两用设备，既可在钢轨上运行，也可在管片上行驶，且可在区间随时变换，提高铺轨散铺工效。

2号线电客车外观设计灵感来源于"江豚戏水"，融合南通市国家级非物质文化遗产"蓝印花布"理念，获外观专利和江苏省钟山杯奖。

在轨道交通车辆上批量应用基于5G的OLED智慧魔窗系统并实现商业运营，具备3D智能报站、车辆信息查询、智慧出行、广告宣传等功能，为乘客提供出行便利，同步服务商业开发。

全过程采用BIM深化指导现场施工，通过土建进度管控、管线碰撞、机房虚拟评审、装修效果仿真，提升施工进度质量，形成数字资产库，助力地铁运维。

（南通轨道交通集团有限公司　宗长春）

15　浙江省杭州市

【概况】

杭州市城市轨道交通工程建设由杭州市地铁集团有限责任公司承担。

2022年，杭州市轨道交通建设项目7个，共173.7公里，97座车站。全部为建成项目7个（3号线一期〔含北延〕、4号线二期、5号线西延段〔不含后通段〕、7号线〔后通段〕、9号线一期南段、10号线一期、机场轨道快线）。车站封顶36座，轨道铺设348.0公里。完成投资355.0亿元。（表8-15-1）

至2022年底，杭州市轨道交通建成线路有12条（1、2、3、4、5、6、7、8、9、10、16、19），总线路长度516.0公里，车站总数251座。

【杭州市轨道交通3号线一期（含北延）工程建成项目】

3号线一期（含北延）工程起点为文一西路站，终点为星桥路站；北延段起点为小和山站，终点为百家园路站。线路长度57.7公里，全部为地下线。设车站39座，在西湖文化广场站与1号线换乘，在武林门站与2号线换乘，在新天地站与4号线换乘。在仓前设车辆段1处，占地33.9公顷；设良睦路站1处主变。控制中心新设七堡第二控制中心；配置供电、通信、信号、通风空调、给排水与消防、设备监控、防灾报警、屏蔽门、自动售检票、电梯及自动扶梯等运营系统设备。车辆选用AH型车，最高运行速度80公里/小时，接触网直流1500伏授电，6辆编组，动拖比为2∶1，初期配车6列/36辆。工程总投资493.9亿元，经济指标8.6亿元/公里。3号线一期（含北延）工程于2017年11月15日开工，于2022年开通初期运营。（图8-15-1）

2022年，此项目完成投资153.5亿元，截至2022年底，车站开工39座、结构封顶累计39座，盾构推进累计115.4公里，轨道铺设累计57.7公里。

【杭州市轨道交通4号线二期工程建成项目】

4号线二期工程起点为彭埠站（不含），终点为紫金港路站。线路长度23.9公里，全部为地下线。设车站15座，在杭行路站与10号线换乘，在金家渡站与2号线换乘，在新天地街站与3号线换乘。在勾阳路西侧设勾庄车辆段1处，占地27.8公顷。设1主变（与4号线一期线共用火车东站站主变）。控制中心共享已建成的七堡控制中

图 8-15-1 杭州轨道交通 3 号线一期走向示意图

心；配置供电、通信、信号、通风空调、给排水与消防、设备监控、防灾报警、屏蔽门、自动售检票、电梯及自动扶梯等运营系统设备。车辆选用B型车，最高运行速度80公里/小时，接触网直流1500伏授电，6辆编组，动拖比为2：1，初期配车32列/192辆。工程总投资206.8亿元，经济指标8.6亿元/公里。4号线二期工程于2018年12月1日开工，于2022年开通初期运营。（图8-15-2）

截至2022年底，车站开工15座、结构封顶累计15座，盾构推进累计47.8公里，轨道铺设累计23.9公里。

【杭州市轨道交通5号线西延段（不含后通段）工程建成项目】

5号线二期西延段工程起点为绿汀路站（不含），终点为老余杭站，其中西延段（不含后通段）为金星站

（不含）至老余杭站，长2.7公里。线路长度5.0公里，全部为地下线。设车站2座，在绿汀路站与3号线、16号线换乘。设1主变（与5号线共用五常主变）。控制中心共享七堡控制中心；配置供电、通信、信号、通风空调、给排水与消防、设备监控、防灾报警、屏蔽门、自动售检票、电梯及自动扶梯等运营系统设备。车辆选用B型车，最高运行速度80公里/小时，接触网直流1500伏授电，6辆编组，动拖比为2：1，初期配车12列/72辆。工程总投资30.4亿元，经济指标6.1亿元/公里。5号线二期西延段工程于2018年12月1日开工，于2022年开通初期运营。（图8-15-3）

截至2022年底，车站开工2座、结构封顶累计2座，盾构推进累计9.9公里，轨道铺设累计5.0公里。

图 8-15-2 杭州轨道交通 4 号线二期走向示意图

图 8-15-3 杭州轨道交通 5 号线西延段走向示意图

专文
大事记
综述
统计资料
科技创新
规划发展
工程建设
经营服务
党群建设
行业交通
企业概况
索引

2022 年杭州市城市轨道交通在建项目汇总表

表 8-15-1

序号	线路名称	起讫点	线路长度（公里）	车站数（座）	开工时间（年月）	预计通车时间（年）	工程建设情况	重点工程节点
1	3 号线一期（含北延）	文一西路－星桥路、小和山－为百家园路	57.7	39	2017.11	2022	建成	
2	4 号线二期	彭埠（不含）－紫金港路	23.9	15	2017.12	2022	建成	
3	5 号线西延段（不含后通段）	金星（不含）－老余杭	2.7	1	2018.12	2022	建成	
4	7 号线（后通段）	吴山广场－市民中心（不含）	5.4	4	2017.08	2022	建成	
5	9 号线一期南段	四季青－客运中心	10.7	11	2017.01	2022	建成	
6	10 号线一期	浙大－新兴路	14.2	12	2017.11	2022	建成	
7	机场轨道快线	吴山西－靖江	59.1	15	2019.07	2022	建成	
合计			173.7	97				

【杭州市轨道交通7号线（后通段）工程建成项目】

7号线一期工程起点为吴山广场，终点为江东二路。其中，后通段（吴山广场站－市民中心站），长5.4公里。线路长度47.5公里，全部为地下线。设车站23座，在奥体站与6号线换乘，在建设三路站与2号线换乘，在萧山国际机场站与1号线换乘。在盈中村设车辆段1处，占地21.5公顷；在江东三路设停车场1处，占地27.5公顷。设3处主变（与6线共用奥体中心主变；与1号线共享南阳主变和江东三路主变主变）。控制中心共享七甲河控制中心；配置供电、通信、信号、通风空调、给排水与消防、设备监控、防灾报警、屏蔽门、自动售检票、电梯及自动扶梯等运营系统设备。车辆选用A型车，最高运行速度100公里/小时，接触网直流1500伏授电，6辆编组，动拖比为2：1，初期配车34列/204辆。工程总投资297.3亿元，经济指标6.3亿元/公里。7号线工程于2017年8月10日开工，于2021年开通初期运营。（图8-15-4）

截至2022年底，车站开工23座、结构封顶累计23座，盾构推进累计95.0公里，轨道铺设累计47.5公里。

图 8-15-4 杭州轨道交通 7 号线走向示意图

【杭州市轨道交通9号线一期南段工程建成项目】

9号线一期工程起点为（南段）四季青站，终点为客运中心站；（北段）起点为临平站，终点为昌达路。线路长度16.9公里，全部为地下线。设车站14座，在四季青站与7号线换乘，在钱江路站与2、4号线换乘，在三堡站与6号线换乘，在邱山大街站与3号线换乘。在临平街道石坝村设昌达路车辆段1处，占地36.0公顷；在御道站设四堡停车场1处，占地9.3公顷。设3处主变（与1号线共用迎宾主变）。控制中心共享已建成的七堡控制中心；配置供电、通信、信号、通风空调、给排水与消防、设备监控、防灾报警、屏蔽门、自动售检票、电梯及自动扶梯等运营系统设备。车辆选用B型车，最高运行速度80公里/小时，接触网直流1500伏授电，6辆编组，动拖比为2：1，初期配车14列/84辆。工程总投资178.0亿元，经济指标10.5亿元/公里。9号线一期工程于2017年10月25日开工，于2022年开通初期运营。（图8-15-5）

截至2022年底，车站开工14座、结构封顶累计14座，盾构推进累计33.8公里，轨道铺设累计16.9公里。

【杭州市轨道交通10号线一期工程建成项目】

10号线一期工程起点为浙大站，终点为新兴路站。线路长度15.2公里，全部为地下线。设车站12座，在杭行路站与4号线换乘，在和睦站与5号线换乘，在学院路站与2号线换乘。在仁和设车辆段1处，占地37.2公顷。设1处主变。控制中心共享七堡控制中心；配置供电、通信、信号、通风空调、给排水与消防、设备监控、防灾报警、屏蔽门、自动售检票、电梯及自动扶梯等运营系统设备。车辆选用A型车，最高运行速度80公里/小时，接触网直流1500伏授电，6辆编组，动拖比为2：1，初期配车16列/96辆。工程总投资157.0亿元，经济指标10.3亿元/公里。10号线一期工程于2017年12月1日开工，于2022年开通初期运营。（图8-15-6）

2022年，此项目完成投资12.6亿元，截至2022年底，车站开工12座、结构封顶累计12座，盾构推进累计30.4公里，轨道铺设累计15.2公里。

【杭州市轨道交通机场轨道快线工程建成项目】

19号线（即机场轨道快线）工程起点为吴山西站，终点为靖江站。线路长度59.1公里，其中地下线47.1公里，高架线12.0公里。设车站15座，在萧山国际机场站与1号线、7号线换乘，在御道站与9号线换乘，创景路站与5号线换乘。在仓前设车辆段1处，占地39.7公顷；在靖江设停车场1处，占地34.9公顷。设4座主变（与既有线共用4座主变）。控制中心共享七堡控制中心；配置供电、通信、信号、通风空调、给排水与消防、设备监控、防灾报警、屏蔽门、自动售检票、电梯及自动扶梯等运营系统设备。车辆选用A型车，最高运行速度120公里/小时，接触网直流1500伏授电，6辆编组，动拖比为2：1，初期配车45列/270辆。工程总投资432.0亿元，经济指标7.3亿元/公里。19号线（机场轨道快线）工程于2019年8月7日开工，于2022年开通初期运营。（图8-15-7）

2022年，此项目完成投资177.1亿元，截至2022年底，车站开工15座、结构封顶累计15座，盾构推进累计118.2公里，轨道铺设累计59.1公里。

（杭州市地铁集团有限责任公司 鲁铖）

图 8-15-5 杭州轨道交通 9 号线一期走向示意图

图 8-15-6 杭州轨道交通 10 号线一期走向示意图

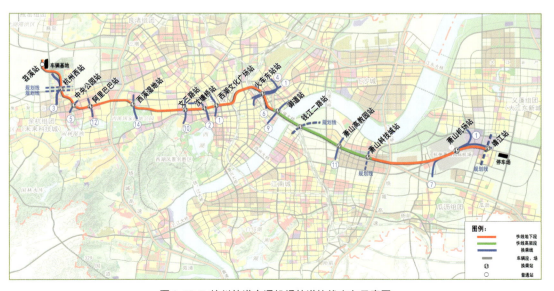

图 8-15-7 杭州轨道交通机场轨道快线走向示意图

16 浙江省宁波市

【概况】

宁波市城市轨道交通工程建设由宁波市轨道交通集团有限公司承担。

2022年，宁波轨道交通建设项目8个，共243.9公里，100座车站。其中续建项目4个（3号线二期、4号线延伸、7号线、8号线一期），新开工项目3个（6号线一期、宁波至象山市域〔郊〕铁路、宁波至慈溪市域〔郊〕铁路），建成项目1个（2号线二期后通段）。完成车站开工46座（4号线延伸1座、6号线一期4座、7号线19座、8号线一期18座、宁波至象山市域〔郊〕铁路3座、宁波至慈溪市域〔郊〕铁路1座），车站封顶11座（3号线二期5座、4号线延伸1座、7号线3座、8号线一期1座、宁波至象山市域〔郊〕铁路1座）。完成投资140.3亿元。（表8-16-1）

至2022年底，宁波轨道交通建成线路有6条（含城际铁路），总线路长度185.2公里，车站总数127座。

【宁波轨道交通2号线二期后通段工程建设项目】

2号线二期后通段工程起点为聪园路站（不含），终点为红联站。线路长度2.9公里，全部为地下线。设车站2座。不新设主变（与2号线共用夏禹主变、双桥主变）。控制中心接入宁波市轨道交通运营控制中心；配置供电、通信、信号、通风空调、给排水与消防、设备监控、防灾报警、屏蔽门、自动售检票、电梯及自动扶梯等运营系统设备。车辆选用VVVF变频变压调速控制B型车，最高运行速度80公里/小时，接触网直流1500伏授电，6辆编组，动拖比为2∶1，初期、近期、远期配车9列/54辆、12列/72辆、15列/90辆。工程总投资22.5亿元，经济指标7.8亿元/公里。2号线二期后通段工程于2015年10月30日开工，于2022年开通初期运营。（图8-16-1）

2022年，此项目完成投资6.8亿元，截至2022年底，车站开工2座，结构封顶累计2座，盾构推进累计3.7公里，轨道铺设累计5.9公里。

图 8-16-1 宁波轨道交通 2 号线二期走向示意图

【宁波轨道交通6号线一期工程新开工项目】

6号线一期工程起点为宁波西枢纽站，终点为红联站。线路长度39.6公里，全部为地下线。设车站24座，在望春桥站、明楼站、翠柏里站、院士路站与1号线、3号线、4号线、5号线换乘，在正大路站、红联站与2号线换乘。在

2022 年宁波市城市轨道交通在建项目汇总表　　　　　　　　　　表 8-16-1

序号	线路名称	起讫点	线路长度（公里）	车站数（座）	开工时间（年月）	预计通车时间（年）	工程建设情况	重点工程节点
1	2号线二期后通段	聪园路（不含）－红联	2.9	2	2015.10	2022	建成	2022年12月开通初期运营
2	3号线二期	兴庄路（不含）－骆驼桥	9.0	5	2019.12	2024	续建	2022年1月区间盾构始发
3	4号线延伸	东延：东钱湖（不含）－国际会议中心；西延：慈城西－慈城（不含）	4.1	2	2021.02	2024	续建	2022年5月东延车站结构封顶，11月西延开工
4	7号线	云龙－俞范路	39.5	25	2021.07	2025	续建	2022年6月先行站点结构封顶
5	8号线一期	姜村－江北大道	23.3	19	2021.07	2025	续建	2022年11月先行站点结构封顶
6	6号线一期	宁波西枢纽－红联	39.6	24	2022.06	2026	新开工	2022年6月开工
7	宁波至象山市域（郊）铁路	小洋江－大目湾	61.5	10	2022.01	2026	新开工	2022年1月14日，先行节点工程大目湾站开工
8	宁波至慈溪市域（郊）铁路	孔浦—慈溪高铁站	64.0	13	2022.11	2026	新开工	2022年11月2日，先行节点工程新城大道站开工
	合计		243.9	100				

高桥南站设车辆段1处，占地25.6公顷；在经十二路站设停车场1处，占地11.4公顷。设梅墟主变（与1号线共用望春主变）。控制中心接入宁波市轨道交通第二控制中心；配置供电、通信、信号、通风空调、给排水与消防、设备监控、防灾报警、屏蔽门、自动售检票、电梯及自动扶梯等运营系统设备。车辆选用VVVF变频变压调速控制B型车，最高运行速度100公里/小时，接触网直流1500伏授电，6辆编组，动拖比为2：1，初期配车37列/222辆，近期配车49列/294辆，远期配车79列/474辆。工程总投资349.8亿元，经济指标8.8亿元/公里。6号线一期工程于2022年6月28日开工，计划于2026年开通初期运营。（图8-16-2）

2022年，此项目完成投资8.2亿元，截至2022年底，车站开工6座、结构封顶累计1座。

【宁波轨道交通宁波至象山市域（郊）铁路工程新开工项目】

宁波至象山市域（郊）铁路工程起点为小洋江站，终点为大目湾站。线路长度61.5公里，其中地下线29.2公里，地面线0.9公里，高架线31.4公里。设车站10座，在小洋江站与4号线、7号线换乘。在云龙镇设车辆基地1处，占地29.0公顷；在象山县南部新城设车辆停车场1处，占地14.6公顷。设2处主变。控制中心接入宁波市轨道交通规划新建的第二控制中心；配置供电、通信、信号、通风空调、给排水与消防、设备监控、防灾报警、屏蔽门、自动售检票、电梯及自动扶梯等运营系统设备。车辆选用市域A型车，最高运行速度160公里/小时，接触网交流25000伏授电，4辆编组，动拖比为3：1，初期配车18列/72

辆。工程总投资267.6亿元，经济指标4.4亿元/公里。宁波至象山市域（郊）铁路工程于2022年1月14日开工，计划于2026年开通初期运营。（图8-16-3）

2022年，此项目完成投资14.4亿元，截至2022年底，车站开工3座、结构封顶累计1座。

【宁波轨道交通宁波至慈溪市域（郊）铁路工程新开工项目】

宁波至慈溪市域（郊）铁路工程起点为孔浦站，终点为慈溪高铁站。线路长度64.0公里，其中地下线24.6公里，高架线39.4公里。设车站13座，在九龙大道站与7号线换乘，在永茂西路、华业街（孔浦）站与3号线（2号线）换乘。在慈溪市龙山镇设车辆基地1处，占地32.4公顷。设2处主变。控制中心接入宁波市轨道交通规划新建的第二控制中心；配置供电、通信、信号、通风空调、给排水与消防、设备监控、防灾报警、屏蔽门、自动售检票、电梯及自动扶梯等运营系统设备。车辆选用市域A型车，最高运行速度160公里/小时，接触网交流25000伏授电，4辆编组，动拖比为3：1，初期配车22列/88辆。工程总投资294.5亿元，经济指标4.6亿元/公里。宁波至慈溪市域（郊）铁路工程于2022年11月2日开工，计划于2026年开通初期运营。（图8-16-4）

2022年，此项目完成投资10.9亿元，截至2022年底，车站开工1座。

【项目管理】

强化招标统筹谋划。编排招标工作筹划表，形成工作任务清单；推行造价咨询集中办公模式，确保招标文件、控制价格编制的每个节点、每个环节都能见底到位、落地见效。

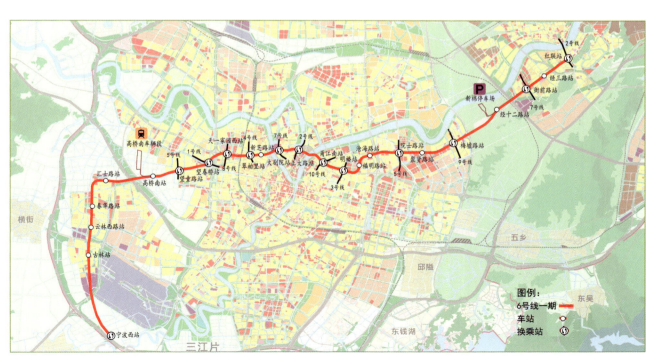

图 8-16-2 宁波轨道交通 6 号线一期走向示意图

图 8-16-3　宁波轨道交通市域铁路象山线走向示意图

图 8-16-4　宁波轨道交通市域铁路慈溪线走向示意图

创造水上勘察纪录。经多次对接海事、属地等主管部门，在东钱湖湖区获得水上钻探施工审批尚属首次；确定施工方案后，2个工作日取得施工作业许可证，创宁波海事审批速度之最；在同一水域同时投入8个钻探平台不间断作业，在勘察施工组织上史无前例。

做好出土统筹管理。为确保渣土消纳有序可控，专题研究渣土工作，确定消纳场地调整的审批原则、程序和相关消纳证明材料的要求，同时测算比较各消纳点综合消纳费用、制定一站一方案。

创新管理加强巡查。每日通过视频监控系统对现场施工情况远程巡查，每周对现场进行进度巡检，组织夜间检查，核对现场施工进度、节点、投资完成情况。创新性开展立功竞赛"稳进提质"专项节点赛，充分激发参赛单位的积极性和主动性。

加速健全管理制度。建立重点工作在线督办制度，实现新城大道站和人民广场站提前开工；编制标准化管理手册，建立"统一管理，分工负责"的标准化管理机制；建立员工培训制度，使新老员工快速进入状态。

开拓征迁保障新思路。充分发挥属地政府本地优势，超前完成各村及国有土地的确权工作；征地拆迁工作遵循"统筹标准化，实施差异化"的原则；明确工作范围、工作内容、工作纪律等方面的原则，为后续工作推进奠定制度基础和底线原则。

【新工艺工法】

依托3号线二期工程镇海大道（慈海）站开展的《城市复杂环境下排水改迁工程的沉井小型化及微型顶管技术的研究》所形成的科研成果，充分运用在7号线工程环城北路站DN500污水改迁工程、8号线一期工程鄞州高教园区站DN600污水改迁工程中。通过优化顶管设备，缩小沉井尺寸，有效减少借地范围及与车站交叉施工，逐步释放车站地墙作业面，保障连续施工。经综合分析，减少工期约2个月。

市域铁路象山线象山港大桥跨度接近700米，设计团队采用大跨度桥梁桥轨一体化协同设计、开展超大跨度桥梁-无砟轨道形位适应专题科研研究等方法，解决项目工程建设中的铺设无砟轨道的技术难题；提出双墩联动式柔性导向防船撞新技术，攻克5万吨船舶巨力动能耗散难题，大幅降低船撞力。通过外刚围和柔性防撞圈协同工作，实现双墩联动共同抵抗船撞力，有效降低每座大桥自身的防撞规模，确保双桥的运营安全。

市域铁路慈溪线卫山隧道地质条件差，破碎带分布范围广，掘进速度慢。对此，调整勘察手段，提高地勘成果准确性，探索CRD法调整为三台阶法的可行性，加快掘进速度。做好超前地质预报工作，提前筹划掘进方案，为隧道掘进又好又快保驾护航。

（宁波市轨道交通集团有限公司）

17 浙江省温州市

【概况】

温州市城市轨道交通工程建设由温州市铁路与轨道交通投资集团有限公司承担。

2022年，温州轨道交通建设项目3个，共96.8公里，31座车站。其中续建项目2个（温州市域铁路S1线灵昆车辆段工程、温州市域铁路S2线工程），新开工项目1个（温州市域铁路S3线）。完成车站开工18座，车站封顶18座，轨道铺设63.0公里。完成投资35.1亿元。全线梁通、电通，启动综合联调工作。（表8-17-1）

至2022年底，温州轨道交通建成线路有1条（温州市域铁路S1线），总线路长度52.5公里，车站总数21座。

【温州轨道交通S3工程新开工项目】

S3线工程起点为瓯海区梧田站，终点为瑞安市飞云站。线路长度33.2公里，其中地下线1.8公里，地面线0.2公里，

高架线26.9公里。设车站11座，在东山站与S2号线换乘。在丽岙街道设车辆段1处，占地33.7公顷。设东山站主变（与S2线共用东山站主变）。控制中心设在轨道交通控制中心大楼；配置列车运行、客运管理、电力供应、车站设备、防灾报警、票务管理等运营系统设备。车辆选用市域B型车，最高运行速度120公里/小时，接触网直流1500伏授电，4辆编组，动拖比为3∶1，初期配车11列/44辆。工程总投资162.9亿元，经济指标4.9亿元/公里。（图8-17-1）

【项目管理】

会同各项目公司、参建单位对计划节点、考核目标进行再次精细化研究，确认年度计划节点1630个，考核目标82项目。通过定期召开工程计划月度例会，详细了解计划节点执行情况，针对滞后节点，及时分析原因，制定措施，协调项目公司解决建设过程中遇到的困难，确保工程建设有序进

2022 年温州市城市轨道交通在建项目汇总表   表 8-17-1

序号	线路名称	起讫点	线路长度（公里）	车站数（座）	开工时间（年月）	预计通车时间（年）	工程建设情况	重点工程节点
1	S1 线灵昆车辆段	温州海经区			2020.06	2024	续建	2023 年 12 月主体工程完工
2	S2 线	乐清市清东路 – 瑞安市东山	63.6	20	2015.12	2023	续建	计划于 2023 年 8 月底前建成通车运营
3	S3 线	瓯海区梧田 – 瑞安市飞云	33.2	11	2023.03	2027	新开工	2023 年 3 月 27 日全线开工
	合计		96.8	31				

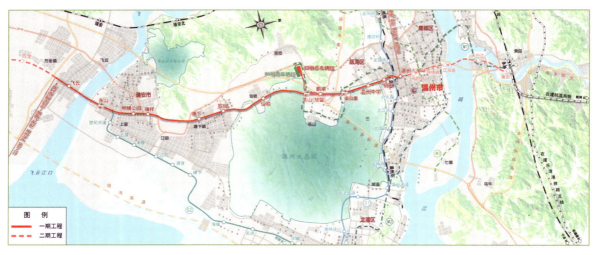

图 8-17-1 温州轨道交通 S3 线一期走向示意图

行。2022年累计召开工程计划例会、工程计划专题会、工程建设协调会、工程建设推进会等各项大小会议40余次，协调解决施工接口问题320余项，及时跟踪各项计划节点执行情况，督促纠偏措施落实情况，确保实现既定目标。

连续扩大投资力度，精细化管理取得统计局的肯定，保障了工程建设固定资产投资数据科学统计、及时上报，实现轨道交通投资统计大数据管理专业化。编制完成符合市财政局要求的2022年集团轨道交通工程投资和用款的年度计划表。

【新工艺工法】

推行机械化管理。按照品质工程"机器换人"的理念，不断提升施工作业机械化程度，全线大力推广滚笼机、数控钢筋加工设备、二衬模板成套技术等机械化设备，充分发挥机械化作业的效能。

推动专业化建设。以"千年商港 幸福温州"等重点建设项目立功竞赛为载体，组织各专业的技能比武大赛，锻炼和培养一批专业能手，提高班组专业化技能；同时配置相应先进技术和工艺的机械设备，提高工程专业化水平。

实施工厂化作业。按照"三集中"的原则对钢筋加工、混凝土拌和、小型构件预制全面实行工厂化管理。全线共设置15个钢筋厂，5个自建拌和站，1个管片预制厂，引进28台数控加工设备，实现工厂化流水线生产作业，大幅提升产品加工质量和生产效率，降低工人劳动强度。

搭建信息化平台。构建"安全风险监控信息系统平台、智慧工地平台、应急管理平台"，将监控视频、监管信息和风险预警等各方信息进行整合和分享。构建远程自动化监测+应急救援平台采用结构内部预埋各类传感器（应力，位移）等，通过物联网技术实施自动化监测，并将监测结果远程传输给我方监控中心，通过联动应急抢险及时消除安全隐患。构建远程终端执法平台，采用远程定点视频实时监控+定期无人机巡检，将现场安全隐患问题及时下发进行整改闭合。以信息化手段实现远程终端监管，全面提升安全生产事故防控能力。

推广智能化设备。按照《浙江省公路水运落后施工工艺、设备和材料的淘汰名录（第一批）》的要求，及时淘汰落后设备，积极推广应用预应力智能张拉设备、钢拱架数控弯曲机、支架智能监控设备等智能设备。

（温州市铁路与轨道交通投资集团有限公司
张泽清 苟长飞 廖毅 洪成泼）

18 浙江省嘉兴市

【概况】

嘉兴市城市轨道交通工程建设由嘉兴市铁路与轨道交通投资集团有限责任公司承担。

2022年，嘉兴轨道交通建设项目1个，共13.8公里，16座车站，属于建成项目1个（嘉兴市有轨电车T1线一期工程）。完成车站开工5座（示范段1座，后通段4座），车站封顶5座（示范段1座，后通段4座），轨道铺设3.2公里。完成投资1.8亿元。1个项目共3.2公里主体结构贯通。（表8-18-1）

至2022年底，嘉兴轨道交通建成线路有1条（T1线一期工程全线），总线路长度13.8公里，车站总数16座。

【嘉兴市有轨电车一期T1线工程建成项目】

T1线工程起点为嘉兴南站，终点为中山东路安乐路站。线路长度13.8公里，其中地下线0.9公里，地面线12.9公里。设车站16座。在有轨电车庆丰路基地站设车辆段1

处，占地3.8公顷。控制中心设在庆丰路车辆基地内；配置供电、通信、信号、通风空调、给排水与消防、设备监控、防灾报警等运营系统设备。车辆选用100%低地板有轨电车型车，最高运行速度70公里/小时，5辆编组。工程总投资18.9亿元，经济指标1.4亿元/公里。T1线一期工程于2020年6月开工，于2022年开通初期运营。（图8-18-1）

2022年，此项目完成投资1.8亿元，截至2022年底，车站开工5座、结构封顶累计5座，轨道铺设累计3.2公里。

【项目管理】

2022年嘉兴市有轨电车一期工程以"T1线全线贯通"为目标推进工程建设。

一是坚持真抓实干，优化工程管理架构，组建车辆基地、示范段、后通段、设计组、征拆组等工作小组以及工作督导组。二是完善联调联试，保障示范段及后通段按期开通试运营，在确保科学、安全的前提下，督促总包单

图 8-18-1 嘉兴轨道交通 T1 线走向示意图

2022 年嘉兴市城市轨道交通在建项目汇总表　　　　　　　　表 8-18-1

序号	线路名称	起讫点	线路长度（公里）	车站数（座）	开工时间（年月）	预计通车时间（年）	工程建设情况	重点工程节点
1	T1 线	嘉兴南站－中山东路安乐路	13.8	16	2020.06	2022	建成	嘉兴火车站—中山东路安乐路（旭辉广场）站 2022 年 6 月底开通初期运营
	合计		13.8	16				

位及机电单位增配人力，优化土建机电施工工序，如期实现全线电通、运营控制系统安全投用，完善初期运营基本条件。三是压实责任主体，咬紧开通目标不放松，坚持组织工程建设周例会、安全生产双周例会、联调联试周项目推进例会等例会议程，开展内外部工作协调，督促问题整改。四是强化运营先导理念，结合实际运营需求，牵头优化完善机电各系统设备，共计解决100多项设备系统问题，设备稳定性稳步提升。五是开展"争先创优暨立功竞赛"活动及专项节点考核活动，促进整个项目工作推进。

工程投资精细化管理，保障工程建设固定资产投资数据科学统计、及时上报，实现轨道交通投资统计大数据管理专业化。编制完成分别符合嘉兴市发展改革委、财政局要求的2022年集团轨道交通工程投资年度计划表、用款年度计划表。

【新工艺工法】

"道床（轨道）-路基一体化"结构是在轨道路基分离式桩板结构的基础上进行优化所成的，将轨道板和路基承载板优化成一体结构，形成一体化增强道床板。减少结构总高度，造价降低的同时，减少开挖深度也减少对浅埋管线的影响。

实现轨道与路基全装配式技术应用，将预制装配式结构应用于有轨电车轨道与路基结构中进行施工。采用优化后的H型预制轨道梁，保证其强度、变形满足轨道平顺性要求，减少结构总重量，便于预制吊装。采用自主研发的可调节连接装置，解决预制桩基础施工精度低于轨道铺轨精度的矛盾。使用全装配式预制结构系统的健康监测系统，研发提梁机设备，在满足安全可靠的前提下，可实现工作效率的大幅提高，使得整个有轨电车轨道与路基施工工期得到较为明显的缩短。

研用一种强度高、耐碾压、不易变形新型扣件罩。新型扣件罩采用玻璃纤维作为材质，完成工业设计并利用3D技术打印出成品。该扣件罩安装方便，承受荷载效果良好，在共享路权路口进行全面推广，实现在保证有轨电车安全运营的同时，改善因常规扣件罩承载力不足、经常需要起刨沥青、更换扣件罩影响社会交通的情况，对今后有轨电车建设具有示范作用。

（嘉兴市有轨电车开发有限公司）

19 浙江省绍兴市

【概况】

绍兴市城市轨道交通工程建设由绍兴市轨道交通集团有限公司承担。

2022年，绍兴市轨道交通建设项目3个，共92.9公里，35座车站。全部为续建项目3个（1号线、2号线一期、绍兴城际铁路二期）。完成车站开工13座（1号线支线工程、2号线一期工程），车站封顶13座（1号线支线工程、2号线一期工程），轨道铺设20.8公里。完成投资60.4亿元。1个项目共10.8公里（2号线一期）主体结构贯通。（表8-19-1）

至2022年底，绍兴轨道交通建成线路有2条（1号线主线、1号线柯桥段〔杭绍城际线〕），总线路长度47.1公里，车站总数28座。

（绍兴市轨道交通集团有限公司）

2022年绍兴市城市轨道交通在建项目汇总表　　　　表 8-19-1

序号	线路名称	起讫点	线路长度（公里）	车站数（座）	开工时间（年月）	预计通车时间（年）	工程建设情况	重点工程节点
1	1号线工程	中国轻纺城（不含）－芳泉	34.1	23	2017.07	2024	续建	轨道交通1号线主线于2022年4月29日开通运营
2	2号线一期工程	越西路－越兴路	10.8	9	2020.03	2023	续建	6月27日，全线车站主体结构封顶和区间"洞通"。10月31日，全线实现"电通"。11月3日，全线实现"传输通、无线通"
3	绍兴城际铁路二期	钱清－上虞	48.0	3	2017.12	2024	续建	12月30日，绍兴城际线迪荡站正式开通运营
	合计		92.9	35				

20 安徽省合肥市

【概况】

合肥市城市轨道交通工程建设由合肥市轨道交通集团有限公司承担。

2022年，合肥轨道交通建设项目9个，共178.0公里，102座车站。其中续建项目7个（1号线三期、2号线东延线、3号线南延线、4号线南延线、6号线一期、7号线一期、8号线一期），新开工项目1个（S1线），建成项目1个（5号线北段）。完成车站开工7座（S1线7座），车站封顶34座（5号线北段1座、2延线3座、3延线4座、4延线2座、6号线一期4座、7号线一期11座、8号线一期9座），轨道铺设39.2公里。完成投资150.2亿元。（表8-20-1）

至2022年底，合肥市轨道交通建成线路有5条（1号线、2号线、3号线、4号线、5号线），总线路长度171.0公里，车站总数133座。

【合肥轨道交通5号线北段工程建成项目】

5号线北段工程起点为桐城南路站，终点为汲桥路站（含）。线路长度17.4公里，全部为地下线。设车站13座，在望江东路站与6号线换乘，在蒙城路站与3号线换乘。在清河路站与8号线（在建）贵阳路站南侧设停车场1处，占地7.0公顷。设珠江路主变（与4线共用高铁南主变）。控制中心共用1号线设置的控制中心大楼；配置供电、通信、信号、通风空调、给排水与消防、设备监控、防灾报警、屏蔽门、自动售检票、电梯及自动扶梯等运营系统设备。车辆选用交流异步电机、VVVF调速控制B型车，最高运行速度80公里/小时，接触网直流1500伏授电，6辆编组，动拖比为2∶1，初期配车23列/138辆。工程总投资153.0亿元，经济指标6.7亿元/公里。5号线北段工程于2017年5月20日开工，于2022年开通初期运营。（图8-20-1）

2022年，此项目完成投资26.5亿元，截至2022年底，结构封顶累计1座，盾构推进累计27.1公里，轨道铺设累计34.0公里。

【合肥轨道交通新桥机场S1线工程新开工项目】

S1线工程起点为寿县蜀山产业园站，终点为五里墩站。线路长度47.5公里，其中地下线23.1公里，地面线24.4公里。设车站14座，在合肥西站与10号线换乘，在史河路站与3号线换乘，五里墩站与2号线换乘。在合淮路、创业路、朝阳路、G40沪陕高速所夹地块内设岗集车辆段1处，占地32.0公顷；在机场北路与共建路交口西北侧地块内设寿县停车场1处，占地14.0公顷。设新桥大道和岗集车辆段2座主变。控制中心为方兴大道线网控制及应急救援指挥中心；配置供电、通信、信号、通风空调等运营

系统设备。车辆选用市域B型车，最高运行速度120公里/小时，接触网直流1500伏授电，初期采用4辆编组、近远期4/6辆编组混跑，并逐步过渡到6辆编组，动拖比为3∶1，初期配车21列/84辆。工程总投资231.1亿元，经济指标4.9亿元/公里。S1号线工程于2022年1月31日开工，计划于2025年开通初期运营。（图8-20-2）

2022年，此项目完成投资33.6亿元，截至2022年底，车站开工7座。

图 8-20-1 合肥轨道交通 5 号线走向示意图

图 8-20-2 合肥轨道交通 S1 线走向示意图

2022 年合肥市城市轨道交通在建项目汇总表　　　　　　　　　　　　　　表 8-20-1

序号	线路名称	起讫点	线路长度（公里）	车站数（座）	开工时间（年月）	预计通车时间（年）	工程建设情况	重点工程节点
1	5 号线北段	祁门路（不含）－汲桥路	17.4	13	2017.05	2022	建成	全线于年底开通运营。5 号线北段总建设长度 17.4 公里，其中 1.85 公里于 2022 年验收，15.5 公里于 2022 年底建成
2	1 号线三期	合肥火车站（不含）－天水路	4.5	3	2017.12	2023	续建	3 条盾构区间贯通，轨道铺设 10.5 公里
3	2 号线东延	三十埠－泉香路	14.5	11	2020.09	2023	续建	3 座车站主体结构封顶，14 条盾构区间贯通，轨道累计铺设 2 公里
4	3 号线南延	馆驿路－幸福坝	11.3	8	2020.09	2023	续建	4 座车站主体结构封顶，11 条盾构区间贯通，轨道累计铺设 5.9 公里
5	4 号线南延	金桥路－丰乐河路	14.0	8	2020.10	2024	续建	2 座地下车站主体结构封顶，1 条高架区间贯通，6 条盾构区间贯通
6	6 号线一期	鸡鸣山路－东风大道	27.5	17	2020.10	2025	续建	4 座车站主体结构封顶，4 条盾构区间贯通
7	7 号线一期	松林路－天津路	18.8	16	2020.11	2025	续建	11 座车站主体结构封顶，14 条盾构区间贯通
8	8 号线一期	一里井－北城高铁站	22.5	12	2020.11	2024	续建	9 座车站主体结构封顶，12 条盾构区间贯通
9	新桥机场 S1 线	蜀山产业园站－五里墩	47.5	14	2022.01	2025	新开工	3 座车站开始主体结构施工
	合计		178.0	102				

注：新桥机场 S1 线线路总长为 47.5 公里，其中寿县段为 11.04 公里。

【项目管理】

2022年编制形成82项企业级技术标准。标准涵盖土建施工、工程测量、机电装修、通信、供电、铺轨、车辆工艺等专业的施工现场管理标准、系统功能制式标准、设备安装工艺标准和各专业接口技术规范，初步形成全专业、系统化标准体系，为下一步轨道交通工程施工、设计、招标、现场管理提供技术支持与指导。本年度编制发布《合肥市城市轨道交通工程安全文明施工标准化图集（土建篇）》（试行）。

全年在疫情防控、建筑施工安全集中整治、突发事件应急处置等十多项安全治理方面，开展大排查大整治活动。持续完善管理体系，2022年共新编、修编印发8项制度，补充专项应急预案、项目联合体管理办法、在建工程重要工序检查管理办法、消防安全管理制度等，制定加强安全生产管理"5+2+1"的具体举措，完善安全管理制度。

【新工艺工法】

5号线机电及供电系统中，应用蒸发冷凝直膨空调技术。与传统水冷冷水式空调系统相比，蒸发冷凝直膨空调系统采用制冷剂直接蒸发式制冷，取消冷却水和冷冻水系统，节省无冷冻及冷却水泵能耗，更具节能性和经济性，冷凝效率大幅提高，同时避免了传统水系统在冬季由于泄水不利导致的末端设备和水管被冻裂的风险；简化车站内管线布置，减轻了后期的运营维护工作量。该系统彻底摒弃了地面放置的冷却塔，一举解决困扰地铁自有空调以来存在的冷却塔安装布置及协调难题，解决由于设置地面冷却塔所带来的影响城市规划、破坏城市景观、冷却塔噪声扰民、漂水、卫生等环境问题，有利于营造和谐绿色的人居环境和城市环境。

二是智能变电站。5号线全线以GOOSE通信技术为基础，以逻辑闭锁为核心，建立中压保护组网平台。与传统的保护装置之间硬接线的通信方式相比，优点如下：合并小的供电分区，以减少环网电缆的使用；快速分辨并迅速切断各类故障，提高中压保护的精确性、可靠性。

（合肥市轨道交通集团有限公司）

【概况】

福州市城市轨道交通工程建设由福州地铁集团有限公司承担。

2022年，福州轨道交通建设项目7个，共170.0公里，87座车站。其中续建项目3个（4号线一期、5号线一期后通段、福州至长乐机场城际铁路F1线〔滨海快线〕），新开工项目2个（2号线东延线、6号线东调段），建成项目2个（5号线一期首通段、6号线）。完成车站开工9座（魁岐站、葆桢站、儒江站、下德站、青洲站、沙尾站、滨海三中站、国际学校站、十八孔闸站），车站封顶4座（5号线一期后通段1座、福州至长乐机场城际铁路工程3座），轨道铺设36.7公里。完成投资189.6亿元。4个项目共56个区间（4号线21个区间、5号线19个区间、6号线15个区间、滨海快线1个区间贯通）主体结构贯通。（表8-21-1）

至2022年底，福州市城市轨道交通建成线路有4条（1号线、2号线、5号线一期首通段、6号线），总线路长度110.9公里，车站总数78座。

【福州市轨道交通5号线一期首通段工程建成项目】

5号线一期首通段工程起点为荆溪厚屿站，终点为螺洲古镇站。线路长度22.4公里，全部为地下线。设车站17座，在金山站与2号线换乘，在帝封江站与4号线换乘，福州至长乐机场城际铁路F1（滨海快线）号线换乘。在塔前出入场线设塔前停车场1处，占地16.8公顷；在樟岚出入段线设樟岚车辆段1处，占地15.5公顷。设2座主变（与3号线、4号线线共用阳岐、洪塘主变）。控制中心由6号线新建，位于6号线横港车辆段，5、6、7、8、9号线共享；配置供电、通信、信号、通风空调、给排水及消防、设备监控、防灾报警、自动售检票、电梯及自动扶梯等运营系统设备。车辆选用B型车，最高运行速度80公里/小时，接触网直流1500伏授电，6辆编组，动拖比为2∶1，初期配车22列/132辆。工程总投资216.2亿元，经济指标7.8亿元/公里。5号线一期工程于2018年1月23日开工，2022年4月29日开通初期运营。（图8-21-1）

2022年，此项目完成投资17.9亿元，截至2022年底，车站开工20座，结构封顶累计20座，盾构推进累计26.9公里，轨道铺设累计30.5公里。

【福州市轨道交通6号线工程建成项目】

6号线全线工程起点为潘墩站，终点为万寿站。线路长度31.3公里，其中地下线23.9公里，地面线0.6公里，高架线6.7公里。设车站16座，在林浦站与在建4号线换乘，在梁厝站、下洋站与1号线换乘，在莲花站与规划13号线换乘，在万寿站与规划11号线换乘。在樟岚站设樟岚停车

场处，占地11.3公顷；在沙京站设横港车辆段1处，占地31.8公顷。设2座（新兴、万寿）主变（与6号线东调段线共用新兴、万寿主变）。控制中心位于横港车辆段；配置供电、通信、信号、通风空调、给排水与消防、设备监控、防灾报警、屏蔽门、自动售检票、电梯及自动扶梯等运营系统设备。车辆选用B型车，最高运行速度100公里/小时，接触网直流1500伏授电，4辆编组，动拖比为3∶1，初期配车22列/88辆。工程总投资231.7亿元，经济指标7.3亿元/公里。5号线全线工程于2016年12月15日开工，2022年8月26日开通初期运营。（图8-21-2）

2022年，此项目完成投资30.0亿元，截至2022年底，车站开工16座，结构封顶累计16座，盾构推进累计29.1公里，轨道铺设累计64.6公里。

【福州市轨道交通2号线东延线一期工程新开工项目】

2号线东延线一期工程起点为鼓山站（不含），终点为青州站。线路长度14.6公里，全部为地下线。设车站9座，在葆桢路站与5号线（延伸段）换乘。在苏洋站设竹岐停车场1（与2号线一期共用）处，占地15.9公顷；在鼓山站设鼓山车辆段1处，占地16.2公顷。设魁岐主变。控制中心与1号线、2号线共用福州市轨道交通指挥中心（达

图 8-21-1 福州市轨道交通 5 号线一期工程线路走向示意图

图 8-21-2 福州市轨道交通 6 号线走向示意图

2022 年福州市城市轨道交通在建项目汇总表

表 8-21-1

序号	线路名称	起讫点	线路长度（公里）	车站数（座）	开工时间（年月）	预计通车时间（年）	工程建设情况	重点工程节点
1	5 号线一期首通段	荆溪厚屿－螺洲温泉	22.4	17	2017.11	2022	建成	2022 年 4 月 29 日 5 号线首通段开通初期运营
2	6 号线	潘墩－万寿	31.4	16	2016.12	2022	建成	2022 年 8 月 28 日 6 号线开通初期运营
3	4 号线一期	半洲－帝封江	28.4	23	2017.12	2023	续建	23 个车站封顶，18 个区间双线贯通，9 个区间双线轨通，附属结构施工全面展开
4	5 号线一期后通段	螺洲温泉（不含）－福州火车南站	5.3	3	2017.11	2023	续建	3 个车站封顶，全线轨通，附属结构施工全部完成
5	福州至长乐机场城际铁路	福州火车站－文岭	62.4	15	2020.03	2025	续建	10 个车站封顶，17 台盾构掘进，2 个区间单线贯通，6 个区间双线贯通
6	2 号线东延线一期	鼓山（不含）－青州	14.6	9	2022.09	2026	新开工	截至 2022 年底，车站开工 8 座，结构封顶累计 1 座，盾构推进累计 1.8 公里
7	6 号线东调段	万寿－十八孔闸	5.5	5	2022.07	2026	新开工	截至 2022 年底，车站开工 5 座
合计			170.0	87				

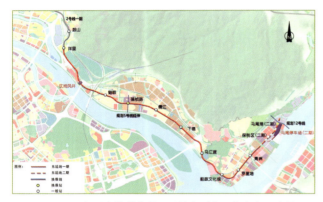

图 8-21-3 福州市轨道交通 2 号线东延线一期走向示意图

道站）；配置供电、通信、信号、通风空调、给排水与消防、设备监控、防灾报警、站台门、自动售检票、电梯及自动扶梯等运营系统设备。车辆选用 B2 型车，最高运行速度 80 公里/小时，接触网直流 1500 伏授电，6 辆编组，动拖比为 2∶1，初期配车 24 列/144 辆。工程总投资 121.1 亿元，经济指标 8.3 亿元/公里。2 号线东延线一期工程于 2022 年 9 月 30 日开工，计划于 2026 年开通初期运营。（图 8-21-3）

2022 年，此项目完成投资 9.6 亿元，截至 2022 年底，车站开工 8 座、结构封顶累计 1 座，盾构推进累计 1.8 公里。

【福州市轨道交通 6 号线东调段工程新开工项目】

6 号线东调段工程起点为万寿站（不含），终点为国际学校站。线路长度 5.5 公里，全部为地下线。设车站 5 座，在万沙·滨海三中站与 11 号线换乘，在滨海中央商务区站与 F1 号线换乘。在樟岚站设樟岚停车场 1 处，占地 11.3 公顷；在沙京站设横港车辆段 1 处，占地 31.8 公顷。不新设主变（与 6 号线一期线共用新兴、万寿主变）。控制

中心接入 6 号线一期，设在横港控制中心；配置供电、通信、信号、通风空调、给排水与消防、设备监控、防灾报警、站台门、自动售检票、电梯及自动扶梯等运营系统设备。车辆选用 B2 型车，最高运行速度 100 公里/小时，接触网直流 1500 伏授电，4 辆编组，动拖比为 3∶1，初期配车 1 列/6 辆。工程总投资 41.7 亿元，经济指标 7.5 亿元/公里。6 号线东调段工程于 2022 年 7 月 5 日开工，计划于 2026 年开通初期运营。（图 8-21-4）

2022 年，此项目完成投资 4.1 亿元，截至 2022 年底，车站开工 5 座。

【项目管理】

（1）精细化主体责任划分，加强任务分解落实

福州地铁 2 号线东延线一期工程通过制定年度目标，并逐项分解，实现全过程跟踪落实，形成以月保季，以季保年的良好生产态势。同时，严格落实过程考核制度，狠抓重要站点前期工程，推动各车站尽快进入主体工程施工；紧盯关键线路工期、留足铺轨作业时间，确保项目进度可控。

（2）强化统筹协调落实各前置节点需求，细化工序衔接流程

福州地铁 6 号线东调段工程坚持"以周保旬、以旬保月、以月保年"工作原则，紧密结合各单位工程节点需求，加强与有关部门、设计及施工单位的工作对接，以节点目标为主线，逐月细化阶段性工作重点，坚持每周一例会及定期不定期例会和重大问题及时专题协调例会等工作制度，严格执行每半月责任目标情况一落实。同时，完善工序衔接，迅速推动施工生产，保证工期，提前筹划督促，确保落实各施工单位人、材、机提前到位；做好设

图 8-21-4 福州市轨道交通 6 号线东调段走向示意图

计、监理、施工、地方单位等各方的协调工作。

（3）优化方案，为榕"保绿"

福州至长乐机场城际铁路（滨海F1快线）工程根据各站的特点，将市区6个站点树木移植数量减少了668棵。同时，针对农保地、电力迁改等因素影响，该项目成立专班全力攻坚，实现项目顺利推进。

【新工艺工法】

福州至长乐机场城际铁路（滨海F1快线）大象山隧道工程是福建省首次使用TBM施工的隧道，为国内首条大直径单护盾TBM山岭隧道地铁项目。该隧道采用2台外径8.6米的TBM施工，最高单月掘进350米。在施工过程中，对盾构机、龙门吊、电瓶车等核心设备进行完善改装，最大限度规避事故风险，提高机械化施工的效率和安全性。

（1）采用渣土连续皮带机运输

针对盾构渣土外运过程中，电瓶车脱轨、溜车等行车事故多发问题，该项目摒弃传统运渣方式，另行安装连续皮带机，将掘进过程中产生的石渣传送至渣土堆放场，省去等待电瓶车土斗的时间，有效提高掘进效率，同时减少电瓶车、龙门吊吊运土斗使用频率，大大降低吊装运输事故风险。

（2）龙门吊液压夹轨器

龙门吊加装电动液压式自动夹轨器，在龙门吊运行停止时、断电后能够自动及时放下并夹紧轨道，行走前自动松开夹轨器，有效防止在强风情况下发生滑移导致碰撞及倾覆事故。

（3）隧道人员定位、应急呼救系统

盾构施工管理人员、作业人员均配备智能手环。该手环集人员定位、紧急呼救功能于一体，紧急情况下，长按"SOS"报警呼救按钮3秒，即可向系统发送求救信号，监控中心将根据弹窗提醒，第一时间为紧急救援提供数据指导。

（4）污水循环再利用

建立污水处理系统及循环利用系统，通过采用加药絮凝、罐内沉淀分离、压缩过滤等一系列流程，将废水重新变清，并达到了Ⅲ类水质标准，不仅可以直接排放，还可以作为TBM循环施工用水。

（福州地铁集团有限公司）

22 福建省厦门市

【概况】

厦门市城市轨道交通工程建设由厦门轨道建设发展集团有限公司承担。

2022年，厦门轨道交通建设项目5个，共112.9公里，53座车站。其中续建项目4个（3、4、6号线林埭西至华侨大学段、3号线南延段），新开工项目1个（6号线集美至同安段）。完成车站开工21座（3号线1座、4号线1座、3号线南延段5座、6号线集美至同安段14座），车站封顶4座（3号线1座、4号线1座、6号线林埭西至华侨大学段2座），盾构推进6.7公里，轨道铺设91.0公里。完成投资100.4亿元。（表8-22-1）

至2022年底，厦门轨道交通建成线路有3条（1号线、2号线、3号线厦门火车站至蔡厝段），总线路长度98.3公里，车站总数72座。

【厦门轨道交通6号线集美至同安段工程新开工项目】

6号线集美至同安段工程起点为6号线华侨大学站（不

161

2022 年厦门市城市轨道交通在建项目汇总表

表 8-22-1

序号	线路名称	起讫点	线路长度（公里）	车站数（座）	开工时间（年月）	预计通车时间（年）	工程建设情况	重点工程节点
1	3 号线	蔡厝（不含）－翔安机场	10.3	6	2016.11	2026	续建	至年底，6 座车站累计封顶 4 座，机场西站开工
2	3 号线南延段	沙坡尾－厦门火车站（不含）	8.3	5	2021.12	2026	续建	至年底，5 座车站全部开工
3	4 号线	软三东－翔安机场	44.8	12	2017.02	2026	续建	软三东至蔡厝段区间洞通，全线开始铺轨工作
4	6 号线	林埭西－华侨大学	18.8	13	2017.02	2025	续建	至年底，13 座车站全部封顶，区间全部贯通，盾构累计推进 6.7 公里
5	6 号线集美至同安段	嘉庚段：嘉庚体育馆－同翔高新城；华滨段：华侨大学（不含）－滨海西大道	30.7	17	2022.06	2027	新开工	至年底，14 座车站开工
	合计		112.9	53				

注：3 号线蔡厝站（不含）—翔安机场和 4 号线软三东—翔安机场，通车时间为预计，计划与翔安机场同步开通。

含），终点为同翔高新城站。线路长度30.7公里，全部为地下线。设车站17座，在官浔站与1号线换乘。在同安寨阳设车辆段1处；在集美滨海西、同安洪塘头各设停车场1处。设新民主变。控制中心与1号线共用。车辆选用B型车，最高运行速度100公里/小时，接触网直流1500伏授电，6辆编组，动拖比为2∶1，初期配车29列/174辆。工程总投资369.2亿元，经济指标12.03亿元/公里。6号线集美至同安段工程于2022年6月15日开工，计划于2027年开通初期运营。（图8-22-1）

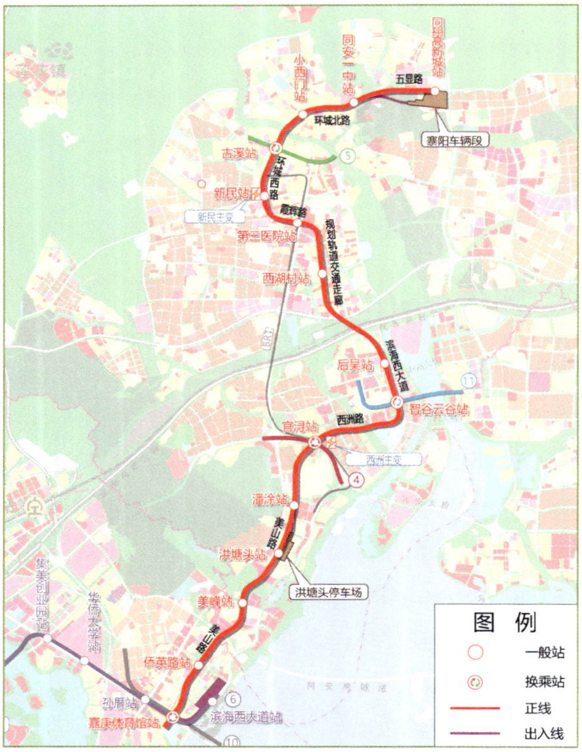

图 8-22-1 厦门市轨道交通 6 号线集美至同安段走向示意图

2022年，此项目完成投资18.4亿元，截至2022年底，车站开工14座。

【项目管理】

（1）编制《文明施工扬尘防治手册》

轨道集团历来高度重视文明施工扬尘防治工作，积极推进标准化建设，提升标准化管理。建设分公司在总结前期在文明施工扬尘防治工作中经验和成效，组织编制完成了《厦门轨道建设文明施工扬尘防治手册（2022版）》（以下简称手册）。该手册包括组织制度、临建设施、施工围挡、文明施工扬尘防治、管养市政设施、生态文明和环境保护、水土保持、全国文明典范城市创建等八大部分内容，《手册》的推广应用有力地推动了轨道建设工程文明施工标准化，持续提升文明施工管理水平，促进各参建单位更好地对文明施工规范标准的学习、理解、掌握和落实，强化现场文明施工标准化意识。

（2）盾构防塌陷提高扫描标准和技术水平

要求盾构掘进前、后路面扫描和洞内扫描等3道扫描，并纳入盾构始发关键节点条件核查主要控制内容；组织施工、监理研究精确计算出土量控制方案，便于及时发现异常、及时采取措施。盾构穿越复杂水域环境方面建立安全风险控制体系。针对"透水喷涌、湾底击穿、姿态控制"三大风险，总结形成"早加固、勤验证；控参数、稳姿态；精称渣、细分析；严监测、频巡视；备物资、常演练"施工原则，不断强化水下盾构隧道安全建造能力。

【新工艺工法】

6号线林华段集美创业园站至华侨大学站区间下穿集美大道跨杏林湾路高架，桥桩与隧道结构冲突，为尽可能减少对高架桥的影响，采用桩基托换方案对桥墩进行改造。桩基托换技术含量高、风险大，它涉及土木工程技术的多个方面，具有综合性强、各专业结合要求高等特点。

林华段轨道敷设采用新能源闪光焊轨机，降低有害烟尘排放，保证焊轨作业人员的职业健康。

6号线集同段在厦门地区首次应用土压平衡-TBM双模式盾构掘进。同安一中站至同翔高新城站区间、寨阳车辆基地至同安一中站区间需下穿梅山，期间将穿越微风化花岗岩、强风化花岗岩、地质断裂带以及风化深槽等软硬差异大的地层，土压平衡-TBM双模式盾构通过合理切换盾构机模式，合理选择刀盘、刀具，控制好掘进参数并做好同步注浆等辅助工作，以满足不同地层条件的要求。

集同段"无柱车站"的设计及应用。同安一中站4轴-15轴（100m）采用无柱单跨结构形式，"无柱车站"的设计提高车站整体的空间利用率，也有利于车站在建筑装饰、服务水平、客流通行以及疏导人流等方面的提升。

集同段应用AI安全行为识别系统。对进入施工区域的员工进行安全帽自动检测识别，若识别出员工未佩戴安全帽则立即发出警报，将图像及报警信息报送至相关监管人员，提升施工区域的管理效率。

（厦门轨道建设发展集团有限公司）

23　江西省南昌市

【概况】

南昌市城市轨道交通工程建设由南昌轨道交通集团有限公司承担。

2022年，南昌轨道交通建设项目3个，共31.8公里，19座车站。全部为续建项目，分别是1号线北延、1号线东延及2号线东延项目。完成车站开工19座（1号线北延8座，1号线东延2座，2号线东延9座），车站封顶6座（1号线北延5座，1号线东延1座）。完成投资38.7亿元。3个项目共0.6公里（1号线北延0.6公里）主体结构贯通。（表8-23-1）

至2022年底，南昌轨道交通建成线路有4条（1、2、3、4号线），总线路长度120.7公里，车站总数103座。

【项目管理】

大力推进3条延长线（1号线北延，1号线东延，2号线东延）建设，南昌轨道交通集团有限公司通过充分调集各方资源，加速推进项目的前期工程，优化交通疏解方案，保障全面快速开工。加强施工组织管控能力，及时协调解决存在问题。克服周边环境复杂、施工风险大等不利因素，按照"见缝插针，以建促拆"的模式，推动关键线路关键站点的突破，并在部分站点受外部条件制约的情况下，推进各站点"应开尽开""分段开工"。年内完成6座车站封顶（1号线北延5座，1号线东延1座），2条单线区间贯通，区间长度0.6公里（1号线北延0.6公里）。

【新工艺工法】

南昌轨道交通集团有限公司从地铁工程建设开始，引入并推动"智慧地铁"的建设。采用物联网、云计算、大数据、人工智能等技术，提升全息感知、实时分析、科学决策和精准执行能力，打造业务智能联动、资源智慧配置的地铁运输及服务系统，保障地铁安全、提高运输效率、改善经营效益和提升服务质量，提升地铁出行体验感。在地铁4号线的南昌大桥东站和人民公园站，打造智慧车站。通过数据与技术支撑，将建立起具备场景化、智能化、人性化的智慧车站综合服务平台，以期提高车站运营、客服和设备管控的效率，提升线路安全性和可靠度。

（南昌轨道交通集团有限公司　张博洋）

2022年南昌市城市轨道交通在建项目汇总表　　　　表8-23-1

序号	线路名称	起讫点	线路长度（公里）	车站数（座）	开工时间（年月）	预计通车时间（年）	工程建设情况	重点工程节点
1	1号线北延	昌北机场 - 双港（不含）	17.0	8	2021.09	2025	续建	2021年9月26日开工建设
2	1号线东延	瑶湖西（不含） - 麻丘	4.4	2	2021.09	2025	续建	2021年9月26日开工建设
3	2号线东延	辛家庵（不含） - 南昌东站	10.4	9	2021.09	2025	续建	2021年9月26日开工建设
	合计		31.8	19				

24 山东省济南市

【概况】

济南市城市轨道交通工程建设由济南轨道交通集团建设投资有限公司承担。

2022年，济南轨道交通建设项目4个，共118.9公里，86座车站。其中续建项目3个（3号线二期、4号线一期、6号线），新开工项目1个（8号线一期）。完成车站开工59座（3号线二期5座、4号线一期32座、6号线22座），车站封顶14座（3号线二期5座、4号线一期7座、6号线4座）。（表8-24-1）

至2022年底，济南轨道交通建成线路有3条（1号线、2号线、3号线一期），总线路长度84.1公里，车站总数43座。

【济南轨道交通8号线一期工程新开工项目】

济南轨道交通8号线一期工程起点为邢村站，终点为清源大街站。线路长度25.5公里，其中地下线5.6公里，高架线19.9公里。设车站14座。设2处主变。控制中心接入既有运营的奥体中心附近控制中心。车辆选用A型车，最高运行速度100公里/小时，初、近、远期均采用4辆、6辆编组，动拖比为4辆编组采用3∶1的动力配置方案，6辆编组采用2∶1的动力配置方案。工程总投资145.0亿元。8号线一期工程于2022年9月开工，计划于2026年开通初期运营。（图8-24-1）

【项目管理】

（1）项目建设管理

分解目标、倒排节点、挂图作战，建立清单制工作调度机制，逐项落实责任人，确保完成每月投资建设任务，确保实现全年投资目标。积极组织开展各类劳动竞赛，以赛促效，激发参建单位建功立业的热情，调度各参建单位加强资源调配，占足空间、用满时间，实现饱和施工。

（2）安全管理

加强全员实名制管理，在上岗培训、工地进出、班前教育、工资发放等各环节落实全员实名制管控，严格要求施工单位和用工人员签订用工协议。提升辨识风险消除隐患的能力。杜绝"三违"发生，对发现的隐患"刨根问底"，严格落实"四不放过"，及时补上安全管理漏洞。督查参建单位落实安全主体责任。在设计方案审查、施工组织审查、监理大纲审查、监理细则审查等各阶段相互贯

2022 年济南市城市轨道交通在建项目汇总表

表 8-24-1

序号	线路名称	起讫点	线路长度（公里）	车站数（座）	开工时间（年月）	预计通车时间（年）	工程建设情况	重点工程节点
1	3 号线二期	滩头－遥墙机场	13.0	6	2021.03	2025	续建	至 2022 年底，6 座新建车站共有 5 座进场施工，3 座主体结构封顶
2	4 号线一期	小高庄－彭家庄	40.3	33	2021.01	2027	续建	至 2022 年底，新建 32 座车站进场施工，开累 7 座车站主体结构封顶，13 台／次盾构始发下井
3	6 号线	位里庄－梁王东	40.1	33	2021.11	2028	续建	至 2022 年底，25 座新建车站共有 22 座进场施工，4 座主体结构封顶
4	8 号线一期	邢村－清源大街	25.5	14	2022.09	2026	新开工	至 2022 年底，主要开展交通导改、管线迁改、绿化迁改等工作
	合计		118.9	86				

图 8-24-1 济南城市轨道交通 8 号线一期工程走向示意图

通，督导施工单位和监理单位落实安全主体责任，充分发挥监理单位安全管控作用。

【新工艺工法】

3号线二期向阳站-临港站区间1#联络通道使用机械法施工，在节约工期的同时有效解决后期通道沉降问题。部分地铁车站采用大型三角桁架体系单侧墙模施工，在安拆过程中需要全程配备吊车或龙门吊进行施工，成本高、周期长。通过在三角桁架体系侧墙模板加入自动走行系统，加快施工效率，节省资源投入。

4号线一期工程"基于泉水保护的轨道交通线路一体化设计"通过采取超前探测、封闭降水、同步回灌、海绵城市、泉水导流、绿色材料、错峰施工等一整套保泉措施，实现地下泉水与轨道交通的共融共生，为国内首创。济南西站基于加固体整体刚度的特征，采用三轴搅拌进行近40m超深基坑的封底加固，为国内首创，目前部分主体结构已成功实施完成，封底效果较好，未出现突涌现象；舜华路站采用长短桩支护体系，长桩满足基坑稳定性要求，短桩满足土层基坑受力要求，解决土岩复合地层中二元基坑等长排桩支护无法充分发挥材料性能的难题，降低了工程造价，节省了围护施工时间，经济效益显著。

6号线梁王站首次使用MJS（全方位高压喷射）工法进行整个车站大面积封底方案。梁王站北侧临近高铁，水文地质条件复杂，地层渗透系数大，无相对隔水层，车站施工对地下水保护要求高。采用MJS封底，充分利用其地层适用性强、成桩直径六、加固效果好及可实现超深地层加固等优点，可有效解决梁王站施工期间地下水控制问题。

8号线一期工程紧密结合"预制结构""永临结合"两大绿色建造理念，围绕城市轨道交通集约、环保和可持续发展的迫切需求，重点突破三项关键技术，即桩墙叠合、桩柱叠合、顶板及中板叠合。该技术应用于8号线的2座地下车站工程，将进一步深化研究车站预制拼装叠合结构设计理论、关键通用预制构件研发、智能高效配套施工机械研制等方面；并且，针对8号线地表3米以下主要为强风化、中风化岩层，岩石强度高，传统旋挖钻成孔效率较低、噪声大等缺点，研发气动集束式潜孔锤施工装备，显著提高桩基成孔钻进效率，有效控制现场施工噪声。

（济南轨道交通集团有限公司）

25 山东省青岛市

【概况】

青岛市城市轨道交通工程建设由青岛地铁集团有限公司承担。

2022年，青岛地铁建设项目12个，共218.5公里，155座车站。其中续建项目7个（2号线一期工程调整方案〔轮渡站～泰山路站段〕、2号线二期、5号线、6号线一期、7号线二期〔项目分为南、北二段，计为2个项目〕、8号线南段），新开工项目4个（6号线二期、8号线支线、9号线一期、15号线一期），建成项目1个（4号线）。完成车站开工34座（9号线一期5座、6号线二期7座、7号线二期9座、8号线支线5座、15号线一期8座），车站封顶19座（2号线一期3座、6号线16座），轨道铺设61.0公里。完成投资188.2亿元。1个项目共30.7公里（4号线）主体结构贯通。（表8-25-1）

至2022年底，青岛轨道交通建成线路有7条（3号线、2号线、11号线、13号线、1号线、8号线北段、4号线），总线路长度315.0公里，车站总数166座。

【青岛轨道交通4号线工程建成项目】

4号线工程起点为人民会堂站，终点为大河东站。线路长度30.7公里，全部为地下线。设车站25座，在人民会堂站、错埠岭站与3号线换乘，在观象山站、海泊桥站与1号线换乘，在西吴家村站与8号线换乘，在西吴家村站、昌乐路站、大埠东站与5号线换乘，在泰山路站、辽阳东路站与2号线换乘，在张村站与11号线换乘。在崂山路南侧、鱼水路西侧地块内设登瀛车辆基地1处，占地24.2公顷。控制中心与2号线共用；配置供电、通信、信号、动力照明、通风空调、给排水与消防、综合监控、门禁、安检、防灾报警、站台门、自动售检票、电梯及自动扶梯等运营系统设备。车辆选用B1型车，最高运行速度100公里/小时，第三轨直流1500伏授电，6辆编组，动拖比为2∶1，初期配车7列/42辆。工程总投资251.6亿元，经济指标8.4亿元/公里。4号线工程于2016年12月开工，于2022年开通初期运营。（图8-25-1）

2022 年青岛市城市轨道交通在建项目汇总表　　　　　　　　　　　　　　　表 8-25-1

序号	线路名称	起讫点	线路长度（公里）	车站数（座）	开工时间（年月）	预计通车时间（年）	工程建设情况	重点工程节点
1	4 号线	人民会堂－大河东	30.7	24	2016.12	2022	建成	青岛地铁 4 号线于 2022 年 12 月 26 日建成通车
2	2 号线一期工程调整方案（轮渡站~泰山路站段）	轮渡－泰山路	3.8	3	2019.01	2023	续建	至 2022 年底 3 座车站主体结构全部封顶，国际邮轮港站附属工程施工完成，轮小区间全部贯通
3	2 号线二期	李村公园（不含）－世博园	8.9	8	2021.12	2026	续建	至 2022 年底，全线部 8 座车站中，3 座明挖车站完成围护结构施工
4	5 号线	麦岛－云岭路	32.6	27	2021.12	2028	续建	至 2022 年底，全部 27 座车站中，3 座明挖车站主体围护结构完成，3 座明挖车站进行主体土石方开挖
5	6 号线一期	辛屯路－生态园	30.8	21	2019.12	2024	续建	至 2022 年底 16 座车站完成封顶，6 座暗挖车站开挖完成
6	7 号线二期	南段：沧口－兴国路（不含）	3.8	3	2021.12	2026	续建	2022 年底 1 座车站开工
7	7 号线二期	北段 东郭庄(不含)－营普路	13.1	11	2021.12	2026	续建	2022 年底 8 座车站开工，两座车站开挖见底
8	8 号线南段	五四广场－青岛北站	13.1	7	2017.05	2025	续建	至 2022 年底，闫家山站主体土石方开挖完成，正进行主体结构施工；4 个区间已贯通，其中嘉鞍区间已洞通
9	6 号线二期	青西站－辛屯路	13.8	10	2022.06	2027	新开工	至 2022 年底，车站开工 7 座
10	8 号线支线	大涧－胶州火车站	20.4	12	2022.03	2027	新开工	至 2022 年底，车站开工 5 座
11	9 号线一期	海西村－前金社区	16.6	13	2022.06	2027	新开工	至 2022 年底，全线 13 座车站中，3 座绿迁、管迁完成，两座车站开始围护结构施工
12	15 号线一期	下王埠（不含）－四方厂	30.9	16	2022.03	2028	新开工	2022 年，8 座车站进入车站围护结构施工
	合计		218.5	155				

图 8-25-1　青岛轨道交通 4 号线走向示意图

2022年，此项目完成投资59.4亿元，截至2022年底，车站开工24座，结构封顶累计24座，盾构推进累计38.0公里，轨道铺设累计61.0公里。

【青岛轨道交通6号线二期工程新开工项目】

6号线二期工程起点为青西站，终点为辛屯路站。线路长度13.8公里，全部为地下线。设车站10座，在灵山湾站与22号线换乘，在双珠路站与13号线换乘，在朝阳山路站与19号线换乘。在一期抓马山站设车辆段1处，占地30.0公顷。设大珠山主变（与13号线共用大珠山主变）。控制中心接入黄岛控制中心；配置供电、通信、信号、通风空调、给排水与消防、智慧运行系统、火灾自动报警系统、环境与设备监控系统、屏蔽门、自动售检票、电梯及自动扶梯等运营系统设备。车辆选用B型车，最高运行速度100公里/小时，第三轨直流1500伏授电，6辆编组，动拖比为2：1，初期配车50列/300辆。工程总投资100.0亿元，经济指标7.2亿元/公里。6号线二期工程于2022年6月30日开工，计划于2027年开通初期运营。（图8-25-2）

2022年，此项目完成投资3.2亿元，截至2022年底，车站开工7座。

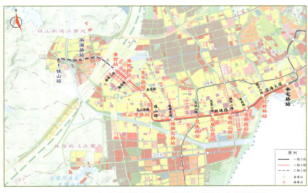

图 8-25-2 青岛轨道交通 6 号线二期走向示意图

【青岛轨道交通8号线支线工程新开工项目】

8号线支线工程起点为大涧站，终点为胶州火车站。线路长度20.4公里，全部为地下线。设车站12座，在大涧站与8号线换乘，在站前大道站与12号线换乘，在福州南路站、兰州西路站与10号线换乘。在云泰路与站前大道交口西北象限设云溪河车辆段1处，占地49.9公顷。设云溪河主变。控制中心设在红岛控制中心；配置供电、通信、信号、通风空调、给排水、综合监控、火灾自动报警系统、环境监控系统、自动售检票系统、自动电扶梯、站台门等运营系统设备。车辆选用B型车，最高运行速度120公里/小时，第三轨直流1500伏授电，6辆编组，动拖比为2：1，初期配车18列/180辆。工程总投资165.1亿元，经济指标8.1亿元/公里。8号线支线工程于2022年3月18日开

工，计划于2027年开通初期运营。（图8-24-3）

2022年，此项目完成投资9.7亿元，截至2022年底，车站开工5座。

图 8-25-3 青岛轨道交通 8 号线支线走向示意图

【青岛轨道交通9号线一期工程新开工项目】

9号线一期工程起点为海西村站，终点为前金社区站。线路长度16.4公里，全部为地下线。设车站13座，在正阳中路站与7号线换乘，在靖城路站与15号线、17号线换乘，在海西村站与规划18号线支线换乘，在正阳东路站与规划10号线换乘。在西荆站南侧设车辆段（定修段）1处，占地41.8公顷。设铁骑山主变（与15号线、7号线共用铁骑山主变）。控制中心设在红岛控制中心；配置供电、通信、信号、通风空调、给排水与消防、设备监控、防灾报警、屏蔽门、自动售检票、电梯及自动扶梯等运营系统设备。车辆选用B型车，最高运行速度100公里/小时，第三轨直流1500伏授电，6辆编组，动拖比为2：1，初期配车15列/90辆。工程总投资138.0亿元，经济指标8.4亿元/公里。9号线一期工程于2022年7月2日开工，计划于2027年开通初期运营。（图8-25-4）

2022年，此项目完成投资5.3亿元。

图 8-25-4 青岛轨道交通 9 号线一期走向示意图

【青岛市轨道交通15号线一期工程新开工项目】

15号线一期工程起点为下王埠站，终点为四方厂站。线路长度30.9公里，全部为地下线。设车站17座，在靖城路站与9号线换乘，在沟岔站与1号线换乘。在天山二路站-南万站区间设车辆段1处，占地29.2公顷。设铁骑山主

变（与9号线、7号线共用铁骑山主变）。控制中心设在红岛控制中心；配置供电、通信、信号、通风空调、给排水与消防、设备监控、防灾报警、屏蔽门、自动售检票、电梯及自动扶梯等运营系统设备。车辆选用B型车，最高运行速度120公里/小时，第三轨直流1500伏授电，6辆编组，动拖比为2：1，初期配车28列/168辆。工程总投资245.0亿元，经济指标7.9亿元/公里。15号线一期工程于2022年3月1日开工，计划于2028年开通初期运营。（图8-25-5）

2022年，此项目完成投资8.3亿元，截至2022年底，车站开工8座。

图 8-25-5 青岛轨道交通 15 号线一期走向示意图

【项目管理】

青岛地铁集团有限公司以建设世界一流地铁为发展目标，发布创一流地铁的"1+6"目标体系，"1"是以创新为引领，"6"是安全、优质、高效、绿色、智慧、和谐六大目标，发布一级目标16项、二级目标56项、三级目标226项。打造"七方主体、五类人员"网格化精准治理体系，从设计源头去风险，通过方案优化规避372处I级风险源。

将班组建设作为建设世界一流地铁夯基工程，与建设一流地铁相互支撑、系统推进。按照"两进三研四管五保"工作主线，常态化开展调研、包保、督导、观摩活动，推动在235个班组全部开展示范班组创建，其中14个班组通过集团级示范班组验收，10个班组获批国家级安全管理标准化班组，7人获评安全管理标准化班组长。作业现场违章率明显降低，工人技能水平逐步提高，实体质量明显提升。

加快推进智慧地铁建造。青岛地铁三期工程智慧工地紧紧围绕数字化转型各项要求，构建以"数据中台"和"人员实名制"为基础，"六大功能板块"为核心，1个"处置中心"为中轴的"2+6+1"平台，确保"BIM+智慧工地，实现智慧建造，打造行业标杆"目标的达成。智慧工地一体化平台聚焦工程施工现场，围绕人、机、料、法、环等关键要素，综合运用 BIM、物联网、云计算、大数据、移动和智能设备等软硬件信息化技术，与一线生产过程相融合，提高工地现场的生产效率、管理效率和决策能力，实现工地的数字化、精细化、智慧化管理。

【新工艺工法】

青岛地铁集团有限公司牵头完成的"大跨隧道高预应力开挖补偿理论与关键技术"项目，获由4位院士领衔专家组评价达到国际领先水平。项目组围绕大跨隧道围岩稳定性控制理论与支护技术难题，实现隧道开挖补偿理论、NPR高强恒阻吸能材料研发、初支拱盖技术等创新性突破。研究成果成功应用于青岛地铁6号线一期工程暗挖车站，是全国首条大规模应用该项技术的地铁线路。工程建设更安全，质量更可控，可显著缩短工期、降低造价，较常规工法可减少钢材用量35%、混凝土用量30%，碳减排成效显著，取得良好的社会效益和经济效益，具有广阔的推广应用前景。

全力推动装配集成技术应用，6号线一期工程顺利完成全国首座全方位装配式地铁车站和全国首座桩撑体系下装配式车站拼装，成功攻克装配式车站、站台、轨道板、楼梯等十余项预制拼装技术，形成生产、运输、拼装、回填的全链条成套技术，并启动预装式变电站及机电模块化安装，拓展研究装配技术到设备用房，并持续推进装配车站技术方案优化升级。装配技术用工少、质量好、效率高，得到建设、施工以及社会各方的充分认可，将在三期规划线路中大范围推广采用。

2号线二期工程在围护结构施工过程中采用地下连续墙"三步成槽法"工艺工法、钻孔灌注桩"套桩"工艺工法，缩短施工时间，提高施工效率，减少安全、质量隐患，提高施工质量。地下连续墙旋挖钻引孔+双轮铣铣槽施工工法利用旋挖钻对中硬岩层进行引孔，并根据不同岩层不同强度使用不同的旋挖钻头，通过引孔使其岩层节理破碎，破坏岩层整体性，并通过试验对比设置合理的引孔数量，减少双轮铣铣槽，从而最大限度提高地下连续墙成槽速度，既提高了机械周转率，又提高地下连续墙的成槽效率。

8号线南段在山东路南站、五四广场站开展非爆破开挖技术研究，山东路南站、五四广场站周边环境复杂，在附属结构施工过程中采用爆破开挖容易对周边建（构）筑物及管线下围岩产生扰动，影响建（构）筑物及管线结构安全，采用多项非爆技术，如绳锯切割、静态破碎、悬臂掘进机等，并对青岛各线非爆破开挖进行了调研，形成非爆破开挖技术使用条件、工效、造价等总结经验，为后续非爆施工提供大量技术参数和施工经验。

（青岛地铁集团有限公司 车增军）

26 河南省郑州市

【概况】

河南省郑州市城市轨道交通工程建设由郑州地铁集团有限公司承担。

2022年，郑州轨道交通建设项目9个，共211.7公里，124座车站。其中续建项目7个（3号线二期、6号线一期东北段、7号线一期、8号线一期、10号线一期、12号线一期、郑州机场至许昌市域铁路郑州段），建成项目2个（6号线一期西段、城郊线二期）。完成车站开工1座（8号线一期1座），车站封顶15座（6号线一期4座、7号线一期3座、8号线一期3座、10号线一期1座、12号线一期4座），轨道铺设90.6公里。完成投资211.8亿元。2个项目共73.4公里（3号线二期、郑州机场至许昌市域铁路郑州段）主体结构贯通。（表8-26-1）

至2022年底，郑州轨道交通建成线路有8条（1号线、2号线、3号线一期、4号线、5号线、6号线一期西段、城郊线、14号线一期），总线路长度233.0公里，车站总数166座。

【郑州轨道交通6号线一期工程西段建成项目】

6号线一期工程西段起点为贾峪，终点为常庄。线路长度17.0公里，其中地下线14.0公里，地上线3.0公里。设车站10座，在奥体中心站与14号线换乘。在贾峪镇设停车场1处，占地22.4公顷。与10、14号线共享昌黎主变（已建）。控制中心设于市民中心（与7、8、10、14、15、21号线共享），配置供电、信号、通信、通风空调、给排水与消防、设备监控、防灾报警、屏蔽门、自动售检票、电梯及自动扶梯等运营系统设备。车辆选用A型车，最高运

行速度80公里/小时，接触网直流1500伏授电，6辆编组，动拖比为2：1。工程总投资106.39亿元，经济指标6.26亿元/公里。6号线一期工程西段于2017年底开工，于2022年9月30日开通初期运营。（图8-26-1）

【郑州市南四环至郑州南站城郊铁路二期工程建成项目】

城郊线二期工程起点为一期工程终端盾构井，终点为郑州航空港站。线路长度9.1公里，均为地下线。设车站4座，在航空港站与规划13号线换乘。二期工程设停车场1处，占地约9.1公顷。与城郊线一期贯通运营，共同接入郑东控制中心。车辆选用B型车，最高运行速度100公里/小时，接触网直流1500伏授电，6辆编组，动拖比为2：1。工程总投资46.37亿元，经济指标5.16亿元/公里。城郊线二期工程于2017年6月开工，于2022年6月20日开通初期运营。（图8-26-2）

【项目管理】

紧紧围绕郑州市"以项目建设增势"行动，突破工程招标备案、征地拆迁、土地手续办理、工程验收等重难点问题，全力加快工程建设进度。牢固树立本质安全理念，在确保质量安全和做好大气污染防治的前提下，全面加强工程建设管理，坚持样板引路，严格把控关键材料、关键环节，狠抓关键部位质量提升，强化工程验收，全力提升建设品质，以优质的建设成果保障优秀的服务品质。深入开展"白图施工"等专项检查，不断优化完善设计管理制度，有效降低违规施工风险。按照"一站一策，应拆尽拆"原则，高效推动"围挡瘦身"行动，稳步开展大气污

图 8-26-1 郑州轨道交通 6 号线一期走向示意图

2022 年郑州市城市轨道交通在建项目汇总表　　　　　　　　　　　　　　　　　　　　　表 8-26-1

序号	线路名称	起讫点	线路长度（公里）	车站数（座）	开工时间（年月）	预计通车时间（年）	工程建设情况	重点工程节点
1	6 号线一期工程西段	贾峪 - 常庄	17.0	10	2017.11	2022	建成	9 月 30 日初期运营
2	郑州市南四环至郑州南站城郊铁路二期工程	新郑机场站 - 郑州航空港站（原郑州南站）	9.1	4	2017.12	2022	建成	6 月 20 日初期运营
3	3 号线二期工程	营岗 - 滨河新城南	6.3	4	2020.03	2023	续建	3 月 3 日实现轨通；3 月 28 日实现电通；9 月 5 日开始空载试运行
4	6 号线一期工程东北段	常庄 - 清华附中	26.4	18	2020.06	2024	续建	8 月 31 日全面进入铺轨阶段
5	7 号线一期工程	黄河国家博物馆 - 侯寨	29.3	21	2020.06	2024	续建	3 月 15 日，王胡砦站～漓江路站区间右线洞通；5 月 26 日，白庙站隔断以东主体结构封顶
6	8 号线一期工程	天健湖 - 文创	51.8	28	2020.06	2024	续建	8 月 2 日取得线路水土保持方案批复
7	10 号线一期工程	郑州西站 - 郑州火车站	21.9	12	2017.12	2023	续建	2 月 28 日实现全部车站主体结构封顶，4 月 26 日电通
8	12 号线一期工程	圣佛寺 - 龙子湖东	16.5	11	2020.06	2023	续建	6 月 25 日实现全部车站主体结构封顶；9 月 15 日实现洞通；12 月 30 日实现轨通
9	郑州机场至许昌市域铁路工程（郑州段）	长安路北 - 八千	33.4	16	2017.12	2023	续建	9 月 8 日开始空载试运行
	合计		211.7	124				

图 8-26-2　郑州轨道交通城郊线二期走向示意图

染防治、文明施工等工作，最大限度减少地铁施工对周边环境和居民生活出行的影响。

【新工艺工法】

6 号线魏庄站 - 货站街站区间临近未来新城楼盘基坑区域，有 178 根锚索侵入隧道，侵入长度 4.3～6.2 米，锚索由 2 根 φ15.2 毫米的钢绞线组成。原设计方案为在基坑与隧道之间施工 9 座竖井，然后施工横通道，在横通道内采用全套管钻机将锚索拔出，拔除完成对横通道和竖井进行回填，随后盾构掘进通过。创新采用了改良非开挖导向钻机取芯的方案，该钻机可适应 2 米窄小空间施工，选用合金型钻头，可沿钢绞线钻进，实现顺利磨除锚索岩芯，又不破坏钢绞线，最终顺利拔除所有锚索。该方案规避了暗挖竖井和横通道的施工风险，大幅提高了锚索拔除的效率。

6 号线货站街站 - 博览中心站区间需过 1 个 15.6 米长的风井，原设计方案为对风井两端头进行三轴搅拌桩加固，盾构机在风井接收，二次始发。由于风井两端头受管线影响，不具备地面加固条件，创新采用 MJS 加固 + 全钢套筒 + 管片拼装通过的方案，规避盾构接收、二次始发的风险，加快过风井的施工进度。

8 号线一期工程郑州东站明挖基坑开挖深度最深超过 30 米，紧邻地铁 5 号线隧道及郑州东站高铁站。根据相关规定，郑州东站周边禁止大面积降水，如何保证超深基坑围护结构挡水效果是工程顺利实施的首要保障。基坑围护结构选用止水性能较好的地下连续墙，为确保地下连续墙接缝止水效果，参建单位使用"十字钢板接头"及其专利的"GXJ 橡胶止水带接头"替代常规的工字钢接头。基坑开挖期间地墙接缝止水效果显著，基坑及 5 号线运营隧道安全得到极大的保证。

8 号线一期工程郑州东站紧邻运营 5 号线隧道进行埋深达 30 米的暗挖法施工，采用类矩形盾构工法，盾构管片安装精度高、衬砌质量可靠、防水性能好、地表沉降小、占用场地少。该工法具有不影响现有地铁运营、工期短、风险低、噪音低、施工进度快、作业安全可靠等优点。类矩形盾构工法首次运用于郑州地区的轨道交通建设，将为今后中原地区复杂敏感周边环境，超深砂性地层，空间受限盾构施工提供施工参考及技术支持。

（郑州地铁集团有限公司）

27 湖北省武汉市

【概况】

2022年，由武汉地铁集团有限公司承担的建设项目14个，共187.9公里，87座车站。其中续建项目9个（5号线起点调整、11号线东段二期、11号线三期武昌首开段、12号线武昌段、12号线江北段、12号线联络线、19号线、新港线一期、前川线二期），新开工项目3个（3号线二期、6号线三期工程、11号线四期），建成项目2个（16号线起点调整工程、前川线一期）。完成车站开工8座（3号线二期1座、6号线三期2座、11号线四期1座、12号线江北段2座、新港线一期2座），车站封顶17座（5号线起点调整2座、11号线东段二期1座、11号线三期首开段1座、12号线江北段4座、12号线武昌段2座、前川线一期3座、前川线二期1座、16号线起点调整2座19号线1座），轨道铺设32.9公里。完成投资416.1亿元。2个项目共23.5公里（前川线一期、16号线起点调整工程）主体结构贯通。（表8-27-1）

至2022年底，武汉轨道交通建成线路有11条（1号线、2号线〔含机场线〕、3号线、4号线〔含蔡甸线〕、5号线、6号线、7号线（含纸坊线、前川线一期）、8号线、11号线、16号线〔含阳逻线〕），总线路长度460.8公里，车站总数291座。

（武汉地铁集团有限公司 李婧）

2022年，由武汉光谷交通建设有限公司承担的建设项目1个，共10.5公里，6座车站。其中续建项目1个（光谷生态大走廊旅游配套设施—旅游专线一期工程）。完成车站开工6座（一期工程6座），车站封顶6座（一期工程6座），轨道铺设10.5公里。完成投资16.2亿元。（表8-27-1）

（武汉光谷交通建设有限公司 杨清梅）

【武汉轨道交通16号线起点调整工程建成项目】

16号线起点调整工程起点为通航机场站，终点为周家河站。线路长度4.2公里，全部为高架线。设车站2座。控制中心暂设在汉南车辆段，和一期共用，后期迁入到国博控制中心；配置供电、通信、信号、通风空调、给排水与消防、设备监控、防灾报警、屏蔽门、自动售检票、电梯及自动扶梯等运营系统设备。车辆选用A型车，最高运行速度120公里/小时，接触轨直流1500伏授电，4辆编组，动拖比为3：1，初期配车1列/4辆。工程总投资12.9亿元，经济指标3.1亿元/公里。16号线起点调整工程于2021年12月30日开工，于2022年开通初期运营。（图8-27-1）

2022年，此项目完成投资10.9亿元，截至2022年底，车站开工2座、结构封顶累计2座，盾构推进累计4.0公里，轨道铺设累计4.2公里。

图 8-27-1 武汉轨道交通 16 号线起点调整走向示意图

【武汉轨道交通前川线一期工程建成项目】

前川线一期工程起点为横店站，终点为7号线园博园北站（不含）。线路长度21.3公里，其中地下线14.6公里，地面线0.3公里，高架线6.4公里。设车站7座，在腾龙大道站与规划20号线换乘，在巨龙大道站与2号线、规划18号线换乘。控制中心位于既有三金潭控制中心；配置供电、通信、信号、通风空调、给排水与消防、设备监控、防灾报警、屏蔽门、自动售检票、电梯及自动扶梯等运营系统设备。车辆选用A型车，最高运行速度100公里/小时，接触轨直流1500伏授电，6辆编组，动拖比为2：1，一期配车5列/30辆。工程总投资175.5亿元，经济指标4.8亿元/公里。前川线一期工程于2020年5月30日开工，于2022年开通初期运营。（图8-27-2）

图 8-27-2 武汉轨道交通前川线一期走向示意图

2022 年武汉市城市轨道交通在建项目汇总表   表 8-27-1

序号	线路名称	起讫点	线路长度（公里）	车站数（座）	开工时间（年月）	预计通车时间（年）	工程建设情况	重点工程节点
1	16 号线起点调整工程	兴城大道－幸福园路	4.2	2	2021.12	2022	建成	2022 年 12 月 30 日该线路通车试运营
2	前川线一期	园博园北－横店	21.3	7	2020.05	2022	建成	2022 年 12 月 30 日该线路通车试运营
3	5 号线起点调整工程	红霞村－科技大学	2.6	2	2021.12	2023	续建	至 2022 年底，车站开工 2 座、结构封顶累计 2 座，高架区间结构累计完成 1.98 公里，轨道铺设累计 2.35 公里
4	11 号线东段二期	光谷火车站－武昌火车站	12.5	7	2016.12	2024	续建	至 2022 年底，车站开工 7 座、结构封顶累计 4 座，盾构推进累计 6.5 公里
5	11 号线三期首开段	武昌火车站－张家湾停车场	4.0	2	2018.11	2024	续建	至 2022 年底，车站开工 2 座、结构封顶 2 座，盾构推进累计 0.75 公里
6	12 号线武昌段	科普公园（不含）－青菱	22.0	14	2020.03	2025	续建	至 2022 年底，车站开工 14 座、结构封顶累计 2 座，盾构推进累计 2.2 公里。
7	12 号线江北段	青菱（不含）－科普公园	37.9	23	2020.11	2026	续建	至 2022 年底，车站开工 22 座、结构封顶累计 4 座，盾构推进累计 1.5 公里
8	12 号线联络线	中一路－后湖大道（不含）	3.1	2	2021.12	2026	续建	至 2022 年底，车站开工 2 座
9	19 号线	武汉火车站－高新二路	23.3	7	2019.02	2023	续建	至 2022 年底，车站开工 7 座、结构封顶累计 4 座，盾构推进累计 24.1 公里，轨道铺设累计 8.3 公里
10	新港线一期	北洋桥－白玉山	10.9	5	2021.12	2026	续建	至 2022 年底，车站开工 3 座
11	前川线二期	横店（不含）－黄陂广场	15.4	4	2020.05	2024	续建	至 2021 年底，车站开工 4 座、结构封顶累计 4 座，盾构推进累计 5.36 公里，轨道铺设累计 22.15 公里
12	3 号线二期	文岭－沌阳大道（不含）	12.0	5	2022.12	2026	新开工	2022 年 12 月 30 日开工建设
13	6 号线三期	博艺路－东风公司（不含）	2.8	2	2022.12	2026	新开工	2022 年 12 月 30 日开工建设
14	11 号线四期	汉阳（不含）－江安路（不含）	16.1	5	2022.12	2027	新开工	2022 年 12 月 30 日开工建设
	合计 1		187.9	87				
15	旅游专线一期工程	九峰山－龙泉山	10.5	6	2021.07	2023	续建	2022 年底，基本完成土建施工，进行设备及装修施工
	合计 2		10.5	6				

注：序号 1—14 工程项目，工程建设由武汉地铁集团有限公司承担，合计为此 1—14 项合计数；序号 15 工程项目，工程建设由武汉光谷交通建设有限公司承担。

2022 年，此项目完成投资 50.2 亿元，截至 2022 年底，车站开工 7 座、结构封顶累计 7 座，盾构推进累计 12.8 公里，轨道铺设累计 22.5 公里。

【武汉轨道交通 3 号线二期工程新开工项目】

3 号线二期工程起点为文岭站，终点为 3 号线一期沌阳大道站。线路长度 12.0 公里，全部为地下线。设车站 5 座，在枫树五路站与远期 10 号线换乘。在蔡甸区知音湖大道以西、花博会以南设文岭车辆段一处，占地 27.3 公顷。设沌口主变（与规划 10 号线共用沌口主变）。控制中心近期利用一期三金潭控制中心，远期整体迁入国博线网云平台控制中心；配置供电、通信、信号、通风空调、给排水与消防、设备监控、防灾报警、屏蔽门、自动售检票、电梯及自动扶梯等运营系统设备。车辆选用 B 型车，最高运行速度 80 公里/小时，接触轨直流 750 伏授电，6 辆编组，动拖比为 4∶2，初期配车 12 列/72 辆。工程总投资 91.2 亿元，经济指标 7.4 亿元/公里。3 号线二期工程于 2022 年 12 月 30 日开工，计划于 2026 年开通初期运营。（图 8-27-3）

2022 年，此项目完成投资 0.5 亿元，截至 2022 年底，车站开工 1 座。

图 8-27-3 武汉轨道交通 3 号线二期走向示意图

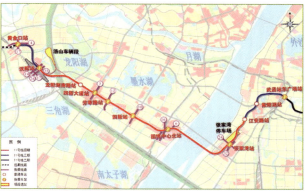

图 8-27-5 武汉轨道交通 11 号线四期走向示意图

图 8-27-4 武汉轨道交通 6 号线三期走向示意图

【武汉轨道交通6号线三期工程新开工项目】

6号线三期工程起点为博艺路,终点为江汉大学站。线路长度2.8公里,全部为地下线。设车站2座,在博艺路站与17号线换乘。在东西湖区设巨龙湖停车场一处,占地19.0公顷。与既有6号线共用主变。控制中心与3、7号线共用;配置供电、通信、信号、通风空调、给排水与消防、设备监控、防灾报警、屏蔽门、自动售检票、电梯及自动扶梯等运营系统设备。车辆选用A型车,最高运行速度80公里/小时,接触网直流1500伏授电,6辆编组,动拖比为4:2,初期配车5列/30辆。工程总投资29.9亿元,经济指标12.5亿元/公里。6号线三期工程于2022年12月30日开工,计划于2026年开通初期运营。(图8-27-4)

2022年,此项目完成投资0.3亿元,截至2022年底,车站开工2座。

【武汉轨道交通11号线四期工程新开工项目】

11号线四期工程起点为汉阳站(不含),终点为11号线三期工程江安路站(不含)。线路长度16.1公里,全部为地下线。设车站6座,在四新大道站与3号线换乘,在芳草路站与12号线换乘,在梅林站与规划10号线换乘。在三环线、汉阳大道交叉口西南角设汤山车辆段1座处,占地24.9公顷。与5号线、蔡甸线共用张家湾、

后官湖主变。控制中心利用国博生产指挥中心;配置供电、通信、信号、通风空调、给排水与消防、设备监控、防灾报警、屏蔽门、自动售检票、电梯及自动扶梯等运营系统设备。车辆选用A型车,最高运行速度100.0公里/小时,接触轨直流1500伏授电,6辆编组,动拖比为4:2,初期配车25列/150辆。工程总投资129.3亿元,经济指标8.4亿元/公里。11号线四期工程于2022年12月30日开工,计划于2028年开通初期运营。(图8-27-5)

2022年,此项目完成投资0.3亿元,截至2022年底,车站开工1座。

【光谷生态大走廊旅游配套设施旅游专线一期工程项目】

旅游专线一期工程起点为九峰山,终点为龙泉山。线路长度10.5公里,全部为高架线。设车站6座,在高新大道站与地铁11号线换乘。在龙泉山终点站北侧设车辆基地1处,占地12.85公顷。控制中心1处;配置供电、通信、信号、通风空调、给排水与消防、设备监控、防灾报警、屏蔽门、自动售检票、电梯及自动扶梯等运营系统设备。车辆选用悬挂式单轨列车,最高运行速度60公里/小时,直流750伏授电,2辆编组,一期配车10列/20辆。工程总投资约25亿元,经济指标2.38亿元/公里。工程于2021年7月开工,计划于2023年开通初期运营(图8-27-6)。

2022年,此项目完成投资16.14亿元,截至年底,车站开工6座、结构封顶累计6座,轨道铺设累计10.5公里。

【项目管理】

2022年,武汉地铁集团克服新冠疫情防控等不利影响,完成年度各项目标任务,2条线路按期高标准开通试运营,实现460公里的通车里程,居全国前列。

以"拼抢实"的状态和作风加速推动项目建设。16号线起点调整工程作为武汉地铁首例"当年开工、当年建设、当年通车"的地铁线路,再次刷新项目建设的"武汉地铁速度"。前川线工程项目"假期不停工、节日不

图 8-27-6 光谷旅游专线一期走向示意图

打烊"，紧盯关键节点目标，保障建设进度按计划推进。19号线、11号线东段二期、三期首开段等技术方案调整、征地拆迁工作取得突破，项目建设有效增速。5号线二期见缝插针抢施工，克服施工作业面不足等困难。3号线二期、6号线三期、11号线四期等2022计划新开工项目按期开工，积极做好相关前期工作。

（武汉地铁集团有限公司　李婧）

全过程精细化管理。前期项目申报阶段，研究项目上位规划及立项方式，通过系统研究，针对项目特点以旅游专线立项。项目实施中，进行全过程精细化管理，初步设计及施工图阶段，进行抗震、抗风、风洞试验、车桥耦合、BIM设计等技术，全面指导施工图出图工作。施工过程，参建单位对计划节点、关键节点、里程碑节点进行精细化研究，2022年，空轨全线375个钢桥墩、90个混凝土墩柱、884根轨道梁、33组道岔全部完成施工。6座车站幕墙、室内装饰装修、设备系统等已基本完成。"光谷光子号"首列车于2022年8月26日下线，12月26日在龙泉车辆基地成功实现"场内试跑"。项目进入最后冲刺阶段，确保春节前全线基本完工，具备试运行条件。

（武汉光谷交通建设有限公司　杨清梅）

【新工艺工法】

16号线起点调整工程基坑支护采用装配式内支撑。常规钢围檩和内支撑一般采取现场型钢切割焊接而成，有焊接工程量大、焊缝质量控制难度大、检查难度大、资源浪费，不便于周转使用的缺点。装配式围檩及内支撑采用刚度较大的H型钢，设置螺栓孔，可以实现快速拼装，具备支撑刚度大、安全质量有保障、快速周转、节约资源、保护环境等优点。工程承台基坑支护全部采用装配式内支撑，116个承台实现2个月完工目标，既加快建设速度，又节约施工成本。

前川线一期工程车辆首次采用高频辅助变流器，减轻设备重量，同时提升总功率与直流故障供电冗余性，降低车辆运行能耗。

前川线一期工程首次在武汉地铁地下段采用预应力混凝土长轨枕式整体道床。长轨枕采用工厂预制，对于轨底坡、轨距等几何形位的施工精度控制有成效，提高了轨道安装效率。且提高了轨道平顺性、旅客乘坐舒适性，有效延长车轮和钢轨的寿命，改善了地下区段道床的疏散条件。

（武汉地铁集团有限公司　李婧）

光谷旅游专线一期全线采用装配式结构，车站均为桥建分离装配式钢框架结构，桥墩、轨道梁采用工厂预制、现场拼装，加工、制造及安装过程安全、精准、绿色环保、噪音小、对周边环境破坏小。利用BIM技术强化各专业协同，对重难点问题通过3D画面模拟，直观地将突出问题前置，体现基于BIM的装配式建筑信息化应用优势。

信号系统按照全自动运行GoA3等级设计，自动实现列车在正线无需人工干预的载客运行，相对于传统列控方式，可以增加10%运能和节约15%～20%能耗。

通信、售检票、综合调度指挥等弱电系统采用云平台架构统一承载。在保证业务系统的可靠性前提下，可动态调配IT基础设施资源，节约能源，有助于企业数字化转型和悬挂式空轨智慧业务部署及演进。

采用多项减振技术，提高空轨车辆的平稳性和舒适性：采用空气弹簧、橡胶走行轮，降低车辆与轨道梁之间的振动；采用橡胶叠簧、横向减振器、垂向减振器和平衡减振器，以提高车辆减振效果。

采用先进的永磁牵引电机技术，具有效率高、能耗低、重量轻、噪音小、结构简单等优点，有效降低整车重量，减少列车牵引能耗。

（武汉光谷交通建设有限公司　杨清梅）

28 湖南省长沙市

【概况】

湖南省长沙市城市轨道交通工程建设由长沙市轨道交通集团有限公司承担。

2022年，长沙轨道交通建设项目7个，共114.7公里，77座车站。其中续建项目6个（1号线北延一期、2号线西延二期、6号线东延段、7号线一期、磁浮东延线接入T3航站楼、长株潭城际轨道交通西环线一期），建成项目1个（6号线）。完成车站开工76座（长株潭城际轨道交通西环线一期8座、6号线34座、1号线北延一期5座、2号线西延二期10座、磁浮东延线接入T3航站楼2座、6号线东延段1座、7号线一期16座），车站封顶58座（长株潭城际轨道交通西环线一期8座、6号线34座、1号线北延一期5座、2号线西延二期9座、磁浮东延线接入T3航站2座），轨道铺设45.7公里。完成投资160.3亿元。（表8-28-1）

至2022年底，长沙轨道交通建成线路有8条（含磁浮），总线路长度209.3公里，车站总数148座。

【长沙轨道交通6号线工程建成项目】

6号线工程起点为谢家桥站，终点为黄花机场T1T2站。线路长度48.1公里，全部为地下线。设车站34座，在中塘站与2号线换乘，在长庆站与12号线换乘，在白鸽咀站与9号线换乘，在六沟垅站与4号线换乘，在文昌阁站与1号线换乘，在迎宾路口站与2号线换乘，在窑岭湘雅二医院与7号线换乘，在朝阳村站与3号线换乘，在芙蓉区政府站与5号线换乘，在人民东路站与2号线换乘，在东湖站与8号线换乘，在龙华站与长株城际线换乘，在黄花机场T1T2站与长沙磁浮快线换乘。在线路西段设梧桐路停车场处；在东段设黄梨路车辆段处。设梅溪湖、合平路、八方山3座主变。控制中心长沙市轨道交通第二控制中心；配置供电、通信、信号、通风空调、给排水与消防、设备监控、防灾报警、屏蔽门、自动售检票、电梯及自动扶梯等运营系统设备。车辆选用A型车，最高运行速度80公里/小时，接触网直流1500伏授电，6辆编组，动拖比为2：1，初期配车51列/306辆。工程总投资369.4亿元。6号线工程于2017年11

2022年长沙市城市轨道交通在建项目汇总表

表 8-28-1

序号	线路名称	起讫点	线路长度（公里）	车站数（座）	开工时间（年月）	预计通车时间（年）	工程建设情况	重点工程节点
1	6号线	谢家桥 - 黄花机场T1T2	48.1	34	2017.11	2022	建成	2022年6月28日，实现初期运营
2	1号线北延一期	金盆丘 - 开福区政府	9.9	5	2020.09	2024	续建	2022年3月，车站主体全部封顶。2022年12月，启动铺轨施工，3个盾构单线区间洞通
3	2号线西延二期	长沙西 - 梅溪湖西	13.8	11	2020.09	2025	续建	2022年12月，8座车站主体封顶，8个盾构单线区间洞通
4	6号线东延段	黄花机场T1T2- 黄花机场T3	4.2	1	2021.04	2025	续建	2022年4月，盾构区间右线始发。2022年9月，盾构区间左线始发。2022年12月，中间风井已封顶
5	7号线一期	云塘 - 五里牌	16.8	16	2021.12	2027	续建	2022年12月，4座车站主体施工，2座车站土方开挖，9座车站围护结构施工，1座车站交通疏解施工
6	磁浮东延接入T3航站楼	既有长沙磁浮快线 - 磁浮T3	4.6	2	2021.04	2025	续建	2022年12月，磁浮T2站 - 磁浮T3站盾构区间右线贯通
7	长株潭城际轨道交通西环线一期	湘潭北站 - 山塘	17.3	8	2019.09	2023	续建	2022年6月28日，全线轨道贯通。2022年10月14日，实现通车试运行
	合计		114.7	77				

交文

大事记

综述

统计资料

科技创新

标准规范

规划发展

工程建设

运营服务

路网客流

行业交流

企业概况

索引

图 8-28-1 长沙城市轨道交通 6 号线走向示意图

月开工，于2022年开通初期运营。（图8-28-1）

2022年，此项目完成投资63.0亿元。

【项目管理】

一是强化责任落实。长沙市轨道交通集团有限公司对在建项目进行任务分解，实行集团公司领导包保，定期调度，确保施工生产落到实处。二是强化生产调度。实行集团公司与子、分公司两级调度机制，由子分公司负责项目施工生产日常工作，集团公司领导负责对各自包保项目进行专题调度，确保项目施工生产稳步推进。三是强化要素保障。确保建设资金及时到位，材料设备及时供应，尤其是农民工工资及时足额发放到位，保障施工生产有序进行。四是强化沟通协调。与长沙市直相关单位、区县政府建立协调对接机制，组织召开工作对接会议，着重破解手续办理、渣土消纳、管线迁改等建设难题，为项目建设创造实施条件。五是强化考核督查。建立"周调度、月例会、季讲评"机制，尤其通过每季度"轨道杯"劳动竞赛考核，以现场实际反馈目标推进，形成"以考核促现场，以现场保目标"的长效机制。

【新工艺工法】

6号线黄梨路车辆基地工程项目综合管沟采用小断面地下综合管沟一次浇筑成型施工技术，优化传统10个步骤的繁琐工序，减少工艺间歇的时间，提高材料的周转效率；管沟不设置水平施工缝，减少止水钢板及其他材料的使用，降低施工成本。整体浇筑混凝土的方式，提高结构的整体性和管沟混凝土结构的观感质量及防水能力，取得较好的社会和经济效益。

长沙磁浮选用时速140公里，3节编组中低速磁浮列车，直流1500伏接触轨供电。为提高列车在隧道内高速运行时的舒适性，列车采用气密性设计，为首列满足气密性要求的中低速磁浮列车。采用车辆智能维护监测技术、车地大容量无线传输技术等多项列车智慧运维。

由长沙市轨道交通集团有限公司牵头研制新型侧向通过速度45公里/小时的中低速磁浮道岔。

7号线一期在场段出入线的钢轨导通装置选择采用响应式导通装置。以往场段咽喉区位置钢轨绝缘结两端的钢轨电位差容易受到正线车辆启停的影响造成在没有车辆通过的境况下触发导通，造成正线和场段杂散电流的相互影响。通过采用响应式导通装置，在电压触发的基础上增加了光电传感器，减小正线和场段杂散电流的相互影响。

南三环车辆段是湖南省内首座双层车辆段。车辆段段址用地东西向长度约1000米，南北向宽度约150米，采用双层车辆段设计布置的方式节约用地（仅用13.9公顷），设计规模达到定修2列位、三月检2列位、停车能力为36列位，车辆占地指标仅581平方米/车，远低于地铁设计规范900平方米/车的要求。

（长沙市轨道交通集团有限公司 龙梓冈）

29 广东省广州市

【概况】

广东省广州市城市轨道交通工程建设由广州地铁集团有限公司承担。

2022年，广州轨道交通建设项目22个，共596.3公里，157座车站。其中续建项目17个（3号线东延段、5号线东延段、7号线二期、10号线、11号线、12号线、13号线二期、14号线二期、18号线后通段、22号线后通段、广州东至花都天贵城际、芳村至白云机场城际、新塘经白云机场至广州北项目新塘〔不含〕至机场T2〔不含〕段、广佛环线广州南至白云机场段、广州至清远城际轨道交通广州白云至广州北段、穗莞深城际琶洲支线、广州至清远城际轨道交通清远至省职教城段），新开工项目1个（广佛环线西环），建成项目4个（7号线西延段、22号线首通段、佛山至东莞城际铁路广州南至望洪段、广佛环线佛山西至广州南段）。完成车站开工22座（12号线1座、13号线二期1座、广州东至花都天贵城际7座、芳村至白云机场城际6座、广州至清远城际轨道交通清远至省职教城段4座、广州至清远城际轨道交通广州白云至广州北段2座、穗莞深城际琶洲支线1座），车站封顶50座（3号线东延段1座、5号线东延5座、7号线二期6座、10号线4座、11号线4座、12号线8座、13号线二期5座、14号线二期3座、22号线1座、广州至清远城际轨道交通清远至省职教城段2座、广州至清远城际轨道交通广州白云至广州北段1座、穗莞深城际琶洲支线12座、广佛环线广州南至白云机场段6座），轨道铺设121.0公里。完成投资487.7亿元。22个项目共130.7公里（3号线东延段、5号线东延段、7号线

二期、10号线、11号线、12号线、13号线二期、14号线二期、18号线、22号线、广佛环线广州南至白云机场段）主体结构贯通。（表8-29-1）

至2022年底，广州市轨道交通建成线路有16条，总线路长度621.0公里，车站总数304座。

【广州轨道交通7号线西延段工程建成项目】

7号线西延段工程起点为广州南站，终点为美的大道站。线路长度13.4公里，全部为地下线。设车站8座，在北滘公园站与佛山地铁3号线换乘，在广州南站与广州地铁2号线换乘，22号线换乘。在益丰路西侧设益丰停车场一处，占地9.9公顷。设益丰主变。控制中心大石控制中心；配置供电、通信、信号、通风空调、给排水与消防、设备监控、防灾报警、屏蔽门、自动售检票、电梯及自动扶梯等运营系统设备。车辆选用B型车，最高运行速度180公里/小时；接触网直流1500伏授电，6辆编组，动拖比为2：1；初期配车13列/78辆。工程总投资99.4亿元。广州轨道交通7号线西延段工程于2016年6月23日开工，于2022年开通初期运营。（图8-29-1）

2022年，此项目完成投资1.0亿元，截至2022年底，车站开工8座、结构封顶累计8座、盾构推进累计22.9公里，轨道铺设累计29.0公里。

【广州轨道交通22号线首通段工程建成项目】

22号线工程起点为番禺广场，终点为白鹅潭。线路长度30.8公里，全部为地下线。设车站8座，在番禺广场站与3、18号线换乘，在广州南站与2、7号线换乘。在石壁村北侧设停车场一处，占地29.4公顷。设1座主变。控制

2022 年广州市城市轨道交通在建项目汇总表 表 8-29-1

序号	线路名称	起讫点	线路长度（公里）	车站数（座）	开工时间（年月）	预计通车时间（年）	工程建设情况	重点工程节点
1	7 号线西延段	广州南站 – 美的大道	13.4	8	2016.06	2022	建成	至 5 月 1 日，全线开通初期运营
2	22 号线首通段	番禺广场 – 陈头岗	18.2	4	2017.10	2022	建成	至 3 月 31 日，全线开通初期运营
3	佛山至东莞城际铁路广州南至望洪段	广州南站（不含）– 望洪（不含）	36.7	5	2015.03	2023	建成	项目已建成，2022 年进行静态验收
4	广佛环线佛山西至广州南段	番禺 – 佛山西	35.0	5	2013.09	2023	建成	项目已建成，2022 年进行静态验收
5	3 号线东延段	番禺广场 – 海傍	9.6	4	2018.11	2023	续建	至年底，4 座车站中，3 座封顶；4 个区间全部贯通
6	5 号线东延段	文冲 – 黄埔客运港	9.8	6	2018.11	2023	续建	至年底，6 座车站封顶，5 座进行机电施工，5 座进行土建施工；6 个区间中，5 个贯通，1 个进行土建施工

2022 年广州市城市轨道交通在建项目汇总表（续前表）　　　　表 8-29-1

序号	线路名称	起讫点	线路长度（公里）	车站数（座）	开工时间（年月）	预计通车时间（年）	工程建设情况	重点工程节点
7	7 号线二期	大学城南－水西北	21.9	11	2018.11	2023	续建	至年底，11 座车站中，9 座封顶并进行机电施工，2 座进行土建施工；11 个区间全部贯通
8	10 号线	西塱－石牌桥	19.2	14	2018.11	2024	续建	6 座已封顶，2 座进行机电施工，7 座进行土建施工；7 个贯通，4 个进行土建施工，3 个进行前期准备
9	11 号线	火车站－东站－琶洲－白鹅潭－中山八－火车站	42.8	32	2016.09	2024	续建	至年底，16 座封顶，9 座进行机电施工，13 座进行土建施工；23 个贯通，8 个进行土建施工
10	12 号线	浔峰岗－大学城南	37.6	25	2018.11	2024	续建	至年底，11 座已封顶，14 座正在进行土建施工；24 个区间中，5 个贯通，14 个进行土建施工，5 个进行前期准备
11	13 号线二期	朝阳－鱼珠	33.5	23	2017.12	2024	续建	至年底，23 座车站中，8 座封顶，15 座进行土建施工；23 个区间中，10 个贯通，13 个进行土建施工
12	14 号线二期	广州火车站－嘉禾望岗	11.9	8	2018.11	2024	续建	至年底，4 座封顶，2 座进行土建施工；3 个贯通，4 个进行土建施工
13	18 号线后通段	冼村－广州东站	3.0	1	2017.10	2025	续建	至年底，广州东至冼村区间进行土建施工，广州东站正在进行前期准备工作
14	22 号线后通段	陈头岗－芳村	12.6	4	2017.10	2025	续建	至年底，4 座车站中，1 座封顶，3 座进行土建施工；4 个区间中，1 个进行土建施工，3 个进行前期准备
15	广州东至花都天贵城际	广州东站－花城街	39.6	7	2021.09	2027	续建	至年底，7 座车站全部进行土建施工；7 个区间中，4 个进行土建施工，3 个进行前期准备
16	芳村至白云机场城际	芳村－白云机场	41.1	10	2021.12	2027	续建	至年底，10 座车站中，4 座进行土建施工，6 座进行土建施工；10 个区间中，2 个进行土建施工，8 个进行前期准备
17	新塘经白云机场至广州北站项目新塘（不含）至机场 T2（不含）段	新塘（不含）－机场 T2（不含）	57.4	10	2015.12	2023	续建	2022 年 12 月 31 日站前主体工程已基本建成
18	广佛环线广州南站至白云机场段	广州南站－白云机场	46.7	8	2017.01	2025	续建	2022 年 12 月 31 日全线车站主体结构封顶
19	广州至清远城际轨道交通广州白云至广州北段	花都站－白云城际场	22.0	4	2020.06	2025	续建	10 月，跨神山大道特大桥 56-60 ＃墩桩基施工完成
20	穗莞深城际琶洲支线	琶洲－莲花	17.6	2	2018.12	2024	续建	9 月，化新区间右线盾构隧道贯通；10 月，明莲区间左线盾构隧道贯通；12 月，大新区间右线盾构隧道贯通
21	广州至清远城际轨道交通清远至省职教城段	清城－省职教城	19.7	4	2020.08	2024	续建	1 月 23 日，半地下站清远东站主体结构封顶；9 月 22 日，高架车站燕湖新城站主体结构封顶
22	广佛环线佛山西站至广州北站段	广州北站－佛山西	47.0	9	2022.09	2027	新开工	项目于 2022 年 9 月 28 日正式开工
	合计		596.3	157				

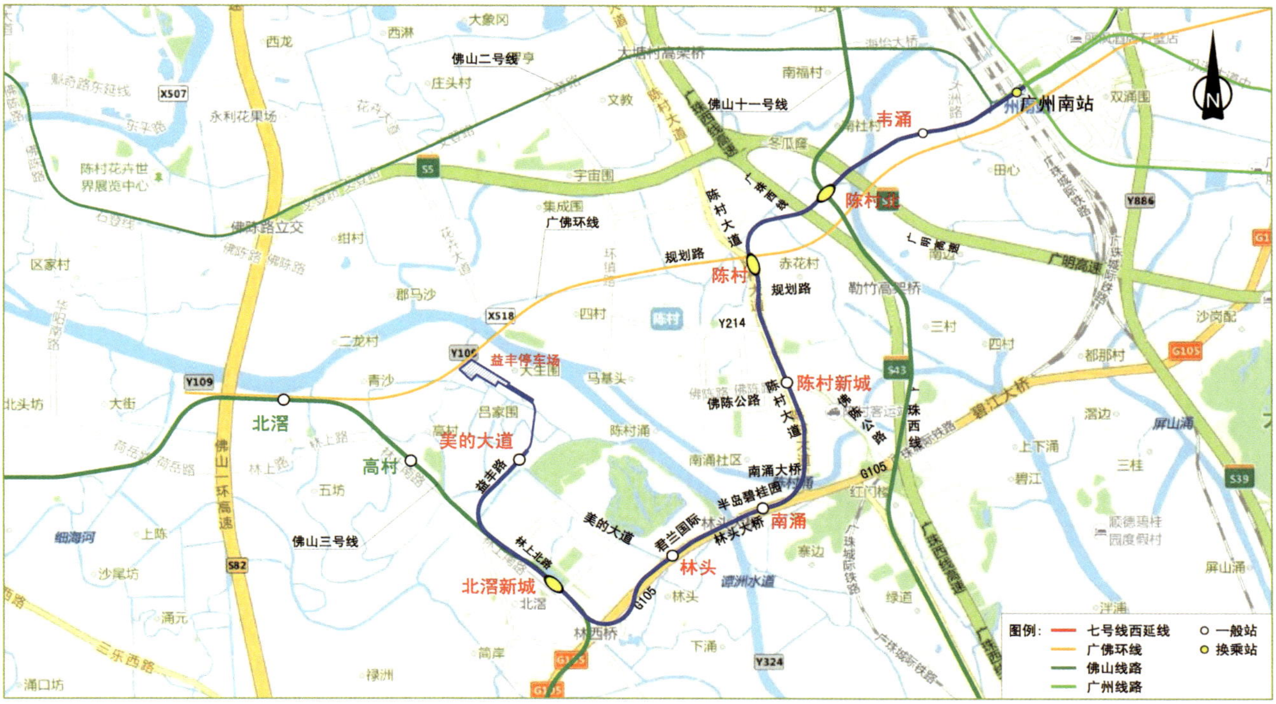

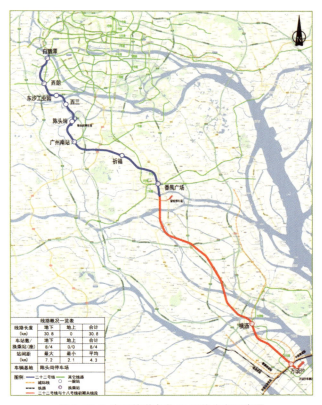

图 8-29-1 广州轨道交通 7 号线西延段走向示意图

中心陇枕控制中心；配置供电、通信、信号、通风空调、给排水与消防、设备监控、防灾报警、屏蔽门、自动售检票、电梯及自动扶梯等运营系统设备。车辆选用市域快线D型车，最高运行速度160公里/小时，接触网交流25千伏授电，8辆编组，动拖比为6：2，初期配车15列/120辆。工程总投资261.3亿元，经济指标8.3亿元/公里。22号线首通段工程于2017年10月31日开工，于2022年开通初期运营。（图8-29-2）

2022年，此项目完成投资22.1亿元，截至2022年底，车站开工4座，结构封顶累计4座，盾构推进累计17.9公里，轨道铺设累计39.1公里。

【珠三角城际佛山至东莞轨道交通广州南至望洪段工程建成项目】

佛山至东莞城际广州南至望洪段工程起点为广佛环线广州南站（不含），终点为莞惠线望洪站（不含）。线路长度36.7公里，其中地下线17.2公里，地面线2.0公里，高架线17.5公里。设车站5座，在望洪（东莞西）站与穗莞深城际换乘，在广州南站与广佛环线、广州地铁22号线换乘。控制中心佛莞城际调度指挥纳入珠三角城际调度中心；配置供电、通信、信号、通风空调等运营系统设备。车辆选用CRH6系列动车组，最高运行速度200公里/小时，接触网交流27.5千伏授电，8辆编组，动拖比为1：1，配车7列/56辆。工程总投资129.1亿元，经济指标3.5亿元/公里。佛莞城际轨道交通项目工程于2015年3月17日开工，计划于2023年开通初期运营。（图8-29-3）

图 8-29-2 广州轨道交通 22 号线走向示意图

2022年，此项目完成投资105.8亿元，截至2022年底，车站开工5座，结构封顶累计5座，盾构推进累计14.3公里，轨道铺设累计36.7公里。

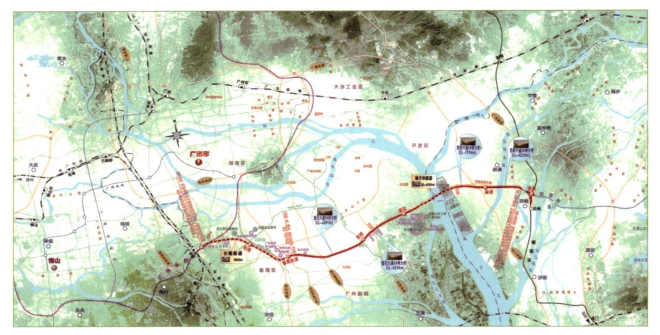

图 8-29-3 佛山至东莞城际铁路广州南至望洪段走向示意图

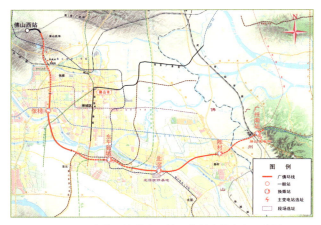

图 8-29-4 广佛环线佛山西站至广州南站走向示意图

【珠三角城际轨道交通广佛环线佛山西至广州南段工程建成项目】

广佛环线佛山西至广州南段工程起点为佛山西站，终点为广州南站。线路长度35.0公里，其中地下线18.2公里，地面线2.5公里，高架线14.2公里。设车站5座，在番禺站与佛莞城际、东环城际、广州地铁22号线换乘，在陈村站与广州地铁7号线换乘。车辆选用CRH6系列动车组，最高运行速度200公里/小时，接触网交流27.5千伏授电，8辆编组，动拖比为1:1。工程总投资181.2亿元，经济指标5.2亿元/公里。广佛线南环线工程于2013年9月30日开工，计划于2023年开通初期运营。（图8-29-4）

2022年，此项目完成投资156.3亿元，截至2022年底，车站开工5座，结构封顶累计5座，盾构推进累计19.9公里，轨道铺设累计74.6公里。

【珠三角城际轨道交通广佛环线佛山西站至广州北站段工程新开工项目】

广佛环线佛山西至广州北站工程起点为佛山西站，终点为广州北站。线路长度47.0公里，其中地下线10.0公里，地面线1.6公里，高架线35.4公里。设车站9座。车辆选用CRH6型城际动车组，最高运行速度200公里/小时，接触网交流27.5千伏授电，8辆编组，动拖比为1:1。工程总投资226.2亿元，经济指标4.8亿元/公里。广佛环线西环线工程于2022年9月28日开工，计划于2027年开通初期运营。（图8-29-5）

2022年，此项目完成投资0.8亿元。

【新塘经白云机场至广州北站城际铁路续建项目】

新白广城际工程起点为机场T2站（不含），终点为新塘站（不含）。线路长度57.4公里，其中地下线5.6公里，地面线2.4公里，高架线47.0公里，山岭隧道2.4公里。设车站10座，在竹料站与地铁14号线换乘，正在施工的广佛东环线引入竹料站，在马头庄站与地铁14号支线换乘，在镇龙站与地铁14号支线、21号线和规划有轨电车实现换乘。设2座主变。控制中心纳入珠三角城际原调度指挥中心；配置供电、通信、信号、通风空调等运营系统设备。车辆选用CRH6系列动车组，最高运行速度160公里/小时，接触网交流25千伏供电，按照设计批复车辆购置费，采购7列8编组CRH6A型动车组，动拖比为1:1，运营初期与莞惠城际贯通运营，配车12列/96辆，工程总投资110.6亿元，经济指标1.93亿元/公里。新白广城际轨道交通项目工程于2019年3月22日开工，计划于2023年开

通初期运营。（图8-29-6）

2022年，此项目完成投资103.81亿元（站前79.98亿元，站后23.83亿元），截至2022年底，车站开工10座、结构封顶累计10座，盾构推进累计9.3公里（含T1、T3站），轨道铺设累计120.3公里。

【广佛环线广州南站至白云机场段工程续建项目】

广佛环线广白云段工程起点为广州南站，终点为竹料站，线路长度46.7公里，其中地下线45.2公里，高架线1.5公里。设车站8座。在竹料设存车场及动车走行线一处，占地458.7亩（30.6公顷）。配置电力、电气化、通信、信号、信息等运营系统设备。车辆选用CRH6城际动车组，最高运行速度160公里/小时，接触网交流27.5千伏授电，4辆编组，动拖比为1∶1，配车19列/76辆。工程总投资248.8亿元，经济指标5.3亿元/公里。广佛环线广州南站至白云机场段工程于2017年1月1日开工，计划于2024年具备开通运营条件。（图8-29-7）

2022年，此项目完成投资29.95亿元，开累完成投资140.95亿元，截至2022年底，车站开工8座，结构封顶累计8座，盾构推进累计53公里，轨道铺设累计11公里。

【广州至清远城际轨道交通广州白云至广州北段工程续建项目】

广州至清远城际轨道交通广州白云至广州北段工程起点为白云城际场站，终点为花都站。线路长度22.0公里，其中地面线10.1公里，高架线11.9公里。设车站5座（新建4座）。设扩建广清城际广州北至清远段的金都（广州北）牵引变电所主变。控制中心为珠三角城际调度指挥中心；配置CTCS-2+ATO等运营系统设备。车辆选用CHR6F型车，最高运行速度160公里/时，接触网交流25千伏授电，8编组8列、4编组6列，动拖比为1∶1，近期配车14列/88辆。工程总投资82.3亿元，经济指标3.7亿元/公里。广州至清远城际轨道交通广州白云至广州北段工程于2020年6月30日开工，计划于2024年建成。（图8-29-8）

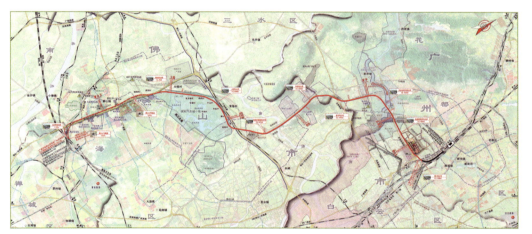

图 8-29-5 广佛环线佛山西站至广州北站走向示意图

图 8-29-6 新塘经白云机场至广州北站城际铁路走向示意图

图 8-29-7 广佛环线广州南站至白云机场段走向示意图

图 8-29-8 广州至清远城际铁路广州白云至广州北段走向示意图

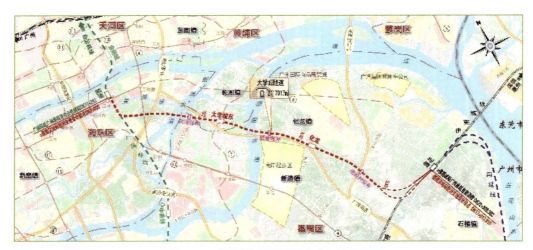

图 8-29-9 穗莞深城际琶洲支线走向示意图

【穗莞深城际琶洲支线工程续建项目】

穗莞深城际琶洲支线项目工程起点为琶洲站，终点为莲花站。线路长度17.6公里，其中地下线17.0公里，地面线0.6公里。设车站4座（新建2座），在大学城东站与地铁7号线换乘，在莲花站与佛莞城际换乘，在琶洲站与地铁11号线换乘，与广佛环线东环换乘。设新建莲花牵引变电所主变。控制中心珠三角城际调度指挥中心；配置CTCS-2+ATO等运营系统设备。车辆选用CHR6F型动车组，最高运行速度160公里/小时，接触网交流27.5千伏授电，4编组3列，动拖比为1∶1，初期配车4列/16辆。工程总投资72.04亿元，经济指标4.09亿元/公里。穗莞深城际琶洲支线项目工程于2018年12月26日开工，计划于2024年前通车。（图8-29-9）

2022年，此项目完成投资40.2亿元，截至年底，车站开工2座、结构封顶累计2座，盾构推进累计26.3公里。

【广州至清远城际铁路清远至省职教城段工程续建项目】

广州至清远城际铁路工程起点为清城站，终点为省职教城站。线路长度19.7公里，其中地下线0.9公里，地面线0.7公里，高架线18.1公里。设车站4座。线路与既有广清城际共用新屋（龙塘）牵引变电所。控制中心为珠三角城际调度指挥中心；配置CTCS-2+ATO等运营系统设备。车辆选用CRH6型动车组，最高运行速度200公里/小时，接触网交流25千伏授电，8编组8列、4编组6列，动拖比为1：1，近期配车14列/74辆。工程总投资57.71亿元，经济指标2.9亿元/公里。广州至清远城际轨道交通清远至省职教城段工程于2020年8月28日开工，计划于2024年开通初期运营。（图8-29-10）

2022年，此项目完成投资25.83亿元，截至2022年底，车站开工4座、结构封顶累计3座。

【项目管理】

广清北延项目强化常态化精细化管理，确保北江特大桥跨江段高效有序推进。针对北江特大桥跨江段汛期持续时间长、河流流量大、水上作业条件恶劣，且施工期间桥下不封航、邻近既有武广高铁等干扰因素多，安全风险大等难题。通过多次组织专家对防洪评价报告、海事通航安全保障方案、专项施工方案及安全风险评估报告等进行论证，保障北江特大桥跨江段顺利开工，在施工水域上下游设置警戒船、视频监控、警示标志、防撞设施等手段保障通航及水上作业安全。

广清南延项目坚持科学统筹、突出重点、精准发力相统一，切实加强施组管理，优化资源配置，及时协调解决阻碍计划完成的问题，稳步快速推进项目建设，确保项目年度计划顺利完成。一是继续大力推进剩余征地拆迁、10千伏迁改、树木迁移工作，为项目的大干快上

保驾护航；二是进一步加快项目相关的涉铁、涉路、涉水等报批报建工作，保障工程建设依法合规；三是以施组为纲，以问题库为抓手，加大资源投入、加强施工管理，确保年度投资任务顺利完成。

7号线西延段作为广州地铁首条机电总承包工程代建项目，推进管理实践创新，压实机电总包部高效协同管理，从严量化内部考核指标；提高管理预见性和前瞻性，提前与土建对接优化工序并采用分区域移交方式，全方位推进机电施工；深度应用数字化新技术，利用BIM技术做好建模审查，制定并落实材料与施工计划；坚守底线思维，加强质量与安全监管过程，并增加激励机制；充分发挥一体化管理优势，建立建设与运营双站长机制，高效解决过程问题。

【新工艺工法】

广清城际北延线项目地质复杂岩溶发育强烈，岩溶区长度占比70%，给施工造成极大困难，项目通过引进全套管全回转钻机和国内最大580旋挖钻，解决超长复杂岩溶桩基成桩难、周期长的技术难题，降低II类桩比例，在北江特大桥跨江段深水桥梁大直径超长桩基施工过程中，由于地层复杂，超厚砂层，砾石层空隙较大，成孔时间较长，施工难度大，通过采用"反循环钻机+冲击钻"接力成孔法，以保证桩基施工质量可控。

穗莞深城际琶洲支线推进科技创新工作，为安全优质高效推进项目建设提供有力技术支持。推进《珠三角地区基于智能化的极端复杂城市工况盾构掘进风险精细化管控技术研究》《琶洲支线土岩混合地层中盾构高效安全的智能化成套技术及应用》《复合地层下极小半径超大直径（13米级）泥水平衡盾构选型改造及施工关键技术研究与应用》3个科研项目的研究。

3号线东延段番禺客运站-广州新城西区间四号联络通道采用机械法施工，克服有限空间作业、带角度始发等困难，用时53天完成隧道掘进工作，在缩短工期的同时保证隧道施工的安全和成型隧道的质量，利用盾构法施工的优势有效消除复杂地层施工横通道的风险。

7号线二期萝岗站-水西站区间，设计隧道轴线覆盖多种复杂地层，采用三模式盾构机进行掘进施工，盾构具有土压、泥水、TBM三种模式，且有两种出渣方式；具备设备利用率高、地质适应性广、施工成本低的先进技术性，同时模式转换快捷、适用性广、适应性强，适用于黏土地层、富水砂地层、全断面硬岩地层。实际掘进工效是同类区域土压盾构2.62倍，是土压/TBM双模盾构的1.45倍，取得显著经济效益和社会效益，成果推广应用于惠州海底隧道，具推广应用前景。

图8-29-10 广州至清远城际轨道交通清远至省职教城段走向示意图

（广州地铁集团有限公司）

30 广东省深圳市

【概况】

深圳市城市轨道交通工程建设由深圳市地铁集团有限公司承担。

2022年，深圳市地铁集团有限公司建设项目22个，共554.7公里，185座车站。其中续建项目12个（8号线二期、5号线工程〔黄贝岭站至大剧院站〕、13号线、3号线四期、11号线二期、13号线二期北延段、8号线三期、12号线二期、13号线二期南延段、16号线二期、6号线支线二期、7号线二期），新开工项目6个（穗莞深城际铁路深圳机场至前海段工程、穗莞深城际铁路前海至皇岗口岸段工程、深圳机场至大亚湾城际铁路深圳机场至坪山段工程、深圳至惠州城际铁路工程、深圳至惠州城际铁路大鹏支线工程、深圳至深汕合作区铁路工程），建成项目4个〔6号线支线、12号线、14号线、16号线〕）。完成车站开工12座（5号线西延3座、8号线二期4座、13号线二期北延段1座、12号线二期1座、6号线支线二期1座、13号线二期南延段2座），车站封顶19座（13号线2座、3号线四期7座、13号线二期北延段7座、11号线二期1座、12号线二期1座、16号线二期1座），轨道铺设2.4公里。完成投资430.0亿元。1个项目共8.0公里（8号线二期）主体结构贯通。（表8-30-1）

至2022年底，深圳市轨道交通建成线路有17条（含1条有轨电车线路），总线路长度559.3公里，车站总数385座。

【深圳市轨道交通6号线支线工程建成项目】

6号线支线工程起点为光明站，终点为科学城站。线路长度6.1公里，其中地下线5.3公里，地面线0.1公里，高架线0.7公里。设车站4座，在光明站与6号线换乘。控制中心设置于深圳市轨道交通网络运营控制中心；配置供电、通信、信号、通风空调、给排水与消防、设备监控、防灾报警、屏蔽门、自动售检票、电梯及自动扶梯等运营系统设备。车辆选用B型车，最高运行速度120公里/小时，接触网直流1500伏授电，6辆编组，动拖比为2∶1，初期配车5列/30辆。工程总投资38.1亿元，经济指标6.2亿元/公里。6号线支线工程于2018年1月10日开工，于2022年开通初期运营。（图8-30-1）

2022年，此项目完成投资5.6亿元，截至2022年底，车站开工4座、结构封顶累计4座、盾构推进累计8.6公里，轨道铺设累计6.1公里。

【深圳市轨道交通12号线工程建成项目】

12号线工程起点为左炮台站，终点为海上田园东站。线路长度40.5公里，全部为地下线。设车站33座，在海上

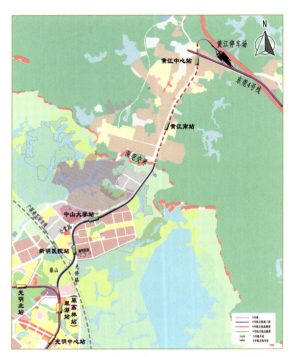

图 8-30-1　深圳轨道交通 6 号线支线走向示意图

世界站与2号线换乘，在四海站与15号线换乘，在南油站与9号线换乘，在南山站与11号线换乘，在桃园站与1号线换乘，在灵芝站与5号线换乘，在机场东站与1号线换乘，在福永站与11号线换乘，在会展南站和会展北站与20号线换乘。在赤湾设停车场一处，占地17.4公顷；在机场东设车辆段一处，占地25.1公顷。设机场北、创业路、灵芝公园主变（与11号线、20号线线共用机场北主变）。控制中心设置于深圳市轨道交通网络运营控制中心；配置供电、通信、信号、通风空调、给排水与消防、设备监控、防灾报警、屏蔽门、自动售检票、电梯及自动扶梯等运营系统设备。车辆选用A型车，最高运行速度80公里/小时，接触网直流1500伏授电，6辆编组，动拖比为2∶1，初期配车56列/336辆。工程总投资429.4亿元，经济指标10.6亿元/公里。12号线工程于2018年1月10日开工，于2022年开通初期运营。（图8-30-2）

2022年，此项目完成投资56.7亿元，截至2022年底，车站开工33座、结构封顶累计33座，盾构推进累计49.1公里，轨道铺设累计40.5公里。

【深圳市轨道交通14号线工程建成项目】

14号线工程起点为岗厦北，终点为沙田。线路长度50.3公里，全部为地下线。设车站18座，在岗厦北站与2、10、11号线换乘，在黄木岗站与7号线换乘，在布吉站与3、5号线换乘，在大运站与3号线换乘，在坪山围站与

2022 年深圳市城市轨道交通在建项目汇总表 表 8-30-1

序号	线路名称	起讫点	线路长度（公里）	车站数（座）	开工时间（年月）	预计通车时间（年）	工程建设情况	重点工程节点
1	6 号线支线	翠湖 – 科学城东	6.1	4	2018.01	2022	建成	于 2022 年 11 月 28 日开通初期运营
2	12 号线	左炮台 – 海上田园东	40.5	33	2018.01	2022	建成	于 2022 年 11 月 28 日开通初期运营
3	14 号线	岗厦北 – 沙田	50.3	18	2018.01	2022	建成	于 2022 年 10 月 28 日开通初期运营
4	16 号线	大运 – 田心	29.2	24	2018.01	2022	建成	于 2022 年 12 月 28 日开通初期运营
5	3 号线四期	双龙 – 六联	9.3	7	2020.08	2025	续建	车站全部封顶
6	5 号线工程（黄贝岭站至大剧院段）	黄贝岭 – 大剧院	2.9	3	2019.08	2025	续建	主体结构施工
7	6 号线支线二期	翠湖 – 光明城	4.9	3	2020.12	2025	续建	主体结构施工
8	7 号线二期	西丽湖 – 学府医院	2.2	2	2020.12	2025	续建	主体结构施工
9	8 号线二期	盐田路（不含）– 小梅沙	8.0	4	2019.08	2024	续建	车站主体结构完成，全线贯通
10	8 号线三期	小梅沙 – 溪涌	3.7	1	2021.09	2026	续建	主体结构施工
11	11 号线二期	福田站 – 红岭南	6.1	3	2020.08	2025	续建	主体结构施工
12	12 号线二期	海上田园东 – 松岗	8.1	6	2020.12	2025	续建	主体结构施工
13	13 号线	深圳湾口岸 – 上屋北	22.4	16	2018.01	2024	续建	主体结构施工
14	13 号线二期北延段	上屋北（不含）– 公明北	19.2	11	2020.08	2025	续建	主体结构施工
15	13 号线二期南延段	深圳湾口岸 – 东角头	4.1	3	2021.07	2026	续建	主体结构施工
16	16 号线二期	大运站 – 西坑	9.4	8	2020.12	2025	续建	主体结构施工
17	穗莞深城际深圳机场至前海段	深圳机场 – 前海	15.2	3	2022.04	2026	新开工	主体结构施工
18	穗莞深城际前海至皇岗口岸段	前海（不含）– 皇岗口岸	20.5	2	2022.06	2026	新开工	主体结构施工
19	深圳机场至大亚湾城际深圳机场至坪山段	机场 T4 枢纽 – 聚龙	68.9	11	2022.08	2026	新开工	主体结构施工
20	深圳至惠州城际铁路前海保税区至坪地段	前保 – 坪地	58.8	11	2022.08	2026	新开工	主体结构施工
21	深惠城际大鹏支线	龙城 – 新大	39.4	6	2022.08	2026	新开工	主体结构施工
22	深汕铁路	深汕合作区 – 深圳	125.5	6	2022.12	2027	新开工	主体结构施工
	合计		554.7	185				

注：1. 穗莞深机前段、穗莞深前皇段、深惠城际、深大城际、深惠城际大鹏支线为城际铁路，深汕铁路为国家铁路。
　　2. 11 号线二期福田—岗厦北区间于 2022 年 10 月 28 日开通。

图 8-30-2 深圳轨道交通 12 号线走向示意图

16号线换乘。在昂鹅设车辆段一处，占地42.3公顷；在公园南设停车场一处，占地0.3公顷。设福新和聚龙主变（与3号线共用银海主变）。控制中心设置于深圳市轨道交通网络运营控制中心；配置供电、通信、信号、通风空调、给排水与消防、设备监控、防灾报警、屏蔽门、自动售检票、电梯及自动扶梯等运营系统设备。车辆选用A型车，最高运行速度120公里/小时，接触网直流1500伏授电，8辆编组，动拖比为3：1，初期配车44列/352辆。工程总投资398.5亿元，经济指标7.9亿元/公里。14号线工程于2018年1月10日开工，于2022年开通初期运营。（图8-30-3）

2022年，此项目完成投资57.8亿元，截至2022年底，车站开工18座、结构封顶累计18座、盾构推进累计90.3公里，轨道铺设累计51.7公里。

图 8-30-3 深圳轨道交通 14 号线走向示意图

图 8-30-4 深圳轨道交通 16 号线走向示意图

【深圳市轨道交通16号线工程建成项目】

16号线工程起点为大运站，终点为田心站。线路长度29.2公里，全部为地下线。设车站24座，在大运站与3、14号线换乘，在双龙站与3号线换乘，在坪山围站与14号线换乘。在田心设车辆段一处，占地26.1公顷；在龙城公园设停车场一处，占地10.1公顷。设双龙主变（与14号线共用聚龙主变）。控制中心设置于深圳市轨道交通网络运营控制中心；配置供电、通信、信号、通风空调、给排水与消防、设备监控、防灾报警、屏蔽门、自动售检票、电梯及自动扶梯等运营系统设备。车辆选用A型车，最高运行速度80公里/小时，接触网直流1500伏授电，6辆编组，动拖比为2：1，初期配车32列/192辆。工程总投资288.9亿元，经济指标9.9亿元/公里。16号线工程于2018年1月10日开工，于2022年开通初期运营。（图8-30-4）

2022年，此项目完成投资46.1亿元，截至2022年底，车站开工24座、结构封顶累计24座，盾构推进累计45.7公里，轨道铺设累计29.2公里。

【穗莞深城际铁路深圳机场至前海段工程新开工项目】

穗莞深城际铁路深圳机场至前海段工程起点为深圳机场站，终点为前海站。线路长度15.2公里，全部为地下线。设车站3座，在宝安站与规划地铁9号线换乘，在前海站与地铁1、5、11号线换乘，规划港深西部快轨换乘，在宝安站预留与地铁5号线换乘。设前海地下主变（与深惠城际、港深西部快轨线共用前海地下主变）。控制中心拟设在九围动车段；配置供电、通信、信号、通风空调、

图 8-30-5 深圳轨道交通穗莞深机前段线路走向示意图

图 8-30-6 深圳轨道交通穗莞深前皇段线路走向示意图

给排水与消防、设备监控、防灾报警、屏蔽门、自动售检票、电梯及自动扶梯等运营系统设备。车辆选用CRH6型车，最高运行速度160公里/小时，接触网交流25千伏授电，8辆辆编组，动拖比为1:1，初期配车29列/232辆。工程总投资113.2亿元。穗莞深城际铁路深圳机场至前海段工程于2022年4月20日开工，计划于2026年开通初期运营。（图8-30-5）

2022年，此项目完成投资41.2亿元，截至2022年底，车站开工3座、结构封顶累计1座、盾构推进累计3.2公里。

【穗莞深城际铁路前海至皇岗口岸段工程新开工项目】

穗莞深城际铁路前海至皇岗口岸段工程起点为前海站（不含），终点为皇岗口岸站。线路长度20.5公里，全部为地下线。设车站2座，在超级总部区与深莞城际、地铁2、9、11号线、规划地铁29号线换乘，在皇岗口岸站与地铁7号线、规划地铁20号线换乘。在中心公园设停车场1处，占地5.3公顷。控制中心设置在九围动车段内；配置供电、通信、信号、通风空调、给排水与消防、设备监控、防灾报警、屏蔽门、自动售检票、电梯及自动扶梯等运营系统设备。车辆选用CRH6型车，最高运行速度160公里/小时，接触网交流25千伏授电，8辆辆编组，动拖比为1:1，初期配车33列/264辆。工程总投资144.4亿元，经济指标7.0亿元/公里。穗莞深城际铁路前海至皇岗口岸段工程于2022年6月30日开工，计划于2026年开通初期运营。（图8-30-6）

2022年，此项目完成投资21.7亿元，截至2022年底，车站开工2座，盾构推进累计0.7公里。

【深圳机场至大亚湾城际铁路深圳机场至坪山段工程新开工项目】

深圳机场至大亚湾城际铁路深圳机场至坪山段工程起点为机场T4枢纽站，终点为聚龙站。线路长度68.9公里，全部为地下线。设车站11座，在T4枢纽站与规划深圳机场陆侧APM、在建穗莞深城际、地铁11号线、规划地铁20号线换乘；在机场东站与规划深圳机场APM线、在建深茂铁路、规划广深第二高铁、地铁1号线、在建地铁12号线、规划地铁20、26号线换乘；在石岩中心站与规划深莞增城际、在建地铁13号线、规划地铁25号线换乘，在龙胜站与地铁4号线换乘；在民治北站与规划地铁22号线换乘，在五和站与在建深惠城际、规划广深中轴城际、地铁5、10号线换乘；在白泥坑站与规划地铁18、21号线换乘；在大运站与地铁3号线、在建地铁14、16号线换乘；在坪山站与厦深铁路、在建深汕铁路、在建深惠城际大鹏支线、在建地铁16号线、规划地铁23号线、在建云巴换乘；在聚龙站与规划地铁19号线换乘。控制中心设在九围动车段；配置供电、通信、信号、通风空调、给排水与消防、设备监控、防灾报警、屏蔽门、自动售检票、电梯及自动扶梯等运营系统设备。车辆选用市域

图 8-30-7 深圳轨道交通深大城际深圳机场至坪山段线路走向示意图

型车，最高运行速度160公里/小时，接触网交流25千伏授电，8辆编组，动拖比为1:1，初期配车24列/192辆。工程总投资506.5亿元，经济指标7.3亿元/公里。深圳机场至大亚湾城际铁路深圳机场至坪山段工程于2022年8月22日开工，计划于2026年开通初期运营。（图8-30-7）

2022年，此项目完成投资60.7亿元，截至2022年底，车站开工11座，盾构推进累计0.8公里。

【深圳至惠州城际铁路前海保税区至坪地段工程新开工项目】

深圳至惠州城际铁路前海保税区至坪地段工程起点为前保站，终点为坪地站。线路长度58.8公里，全部为地下线。设车站11座，在前保站与地铁5号线换乘；在怡海站与地铁9、27号线换乘；在鲤鱼门站与地铁1号线换乘；在西丽站与在建深茂铁路、深汕铁路、赣深铁路（光明至西丽段）、规划深莞城际、在建地铁13、15号线、规划地铁27、29号线换乘；在深圳北站与广深港铁路、地铁4、5、6号线换乘；在五和站与在建深大城际、规划中轴城际、地铁5、10号线换乘，在平湖站与广深铁路、地铁10号线、规划地铁17、18号线换乘；在凤岗站与东莞市规划地铁16号线换乘；在大运北站与在建地铁16号线、规划地铁23号线换乘；在龙城站与在建大鹏城际支线、规划地铁21、31号线换乘。控制中心设在九围动车段；配置供电、通信、信号、通风空调、给排水与消防、设备监控、防灾报警、屏蔽门、自动售检票、电梯及自动扶梯等运营系统设备。车辆选用城际动车组，最高运行速度160公里/小时，接触网交流25千伏授电，8辆编组，动拖比为1:1，初期配车16列/128辆。工程总投资476.5亿元，经济指标8.1亿元/公里。深圳至惠州城际铁路前海保税区至坪地段工程于2022年8月31日开工，计划于2026年开通初期运营。（图8-30-8）

2022年，此项目完成投资62.0亿元，截至2022年底，车站开工11座，盾构推进累计1.8公里。

【深圳至惠州城际铁路大鹏支线工程新开工项目】

深圳至惠州城际铁路大鹏支线工程起点为龙城站，终点为新大站。线路长度39.4公里，全部为地下线。设车站6座，在龙城站与在建深惠城际、地铁21号线、规

图 8-30-8 深圳轨道交通深惠城际前保至坪地段线路走向示意图

划地铁31号线换乘，并预留向东莞方向延伸的条件；在坪山站与在建深大城际换乘；在燕子湖站与在建地铁16号线换乘；在葵涌站与规划深汕城际号线换乘。在大鹏新区设新大存车场1处，占地14.1公顷。控制中心设置在九围动车段内；配置供电、通信、信号、通风空调、给排水与消防、设备监控、防灾报警、屏蔽门、自动售检票、电梯及自动扶梯等运营系统设备。车辆选用市域型车，最高运行速度160公里/小时，接触网交流25千伏授电，4辆编组，动拖比为3：1，初期配车13列/52辆。工程总投资233.2亿元，经济指标5.9亿元/公里。深惠城际大鹏支线工程于2022年8月22日开工，计划于2026年开通初期运营。（图8-30-9）

2022年，此项目完成投资35.9亿元，截至2022年底，车站开工6座、结构封顶累计1座、盾构推进累计0.3公里。

【深圳至深汕合作区铁路工程新开工项目】

深圳至深汕合作区铁路工程起点为深圳西丽枢纽站，终点为深汕站。线路长度125.5公里，其中地下线90.3公里，地面线9.2公里，高架线26.0公里。设车站6座，在西丽站与在建深茂铁路、赣深铁路（光明城至西丽段）、规划深珠铁路，在建地铁13、15、21号线、规划地铁27、29号线换乘；在罗湖北站与地铁14、17号线换乘；在深圳坪山站与厦深铁路、在建深大城际、在建大鹏支线，规划地铁14及16号线、在建云巴换乘；在惠州南站与厦深铁路、规划地铁14号线、惠州轨道交通1号线换乘；在惠东站与厦深铁路换乘；在深汕站与在建广汕铁路换乘。控制中心设在西丽枢纽台；配置供电、通信、信号、通风空调、给排水与消防、设备监控、防灾报警、屏蔽门、自动售检票、电梯及自动扶梯等运营系统设备。车辆选用和谐号或复兴号型车，最高运行速度350公里/小时，采用受电弓授电，原则采用以中长途跨线列车与城际列车共线运行的运输组织模式辆编组，配车13列。工程总投资498.1亿元，经济指标4.0亿元/公里。深汕铁路工程于2022年12月10日开工，计划于2027年开通初期运营。（图8-30-10）

2022年，此项目完成投资30.4亿元，截至2022年底。

【项目管理】

（1）城市轨道交通项目

全面推动"保开通、保投资、保建设、保安全、保质量、保稳定，抓防疫"核心任务高质量兑现。推行"项目制"管理模式，进一步提升项目建设管理运作效率，合理优化配置资源，确保工程建设组织系统化、高效化。多措并举严控投资。推行方案专项论证，因地制宜，针对性、落地性、实施性、经济性及机械化、装配化程度评估，做

图 8-30-9 深圳轨道交通深惠城际大鹏支线线路走向示意图

图 8-30-10 深圳轨道交通深汕铁路线路走向示意图

到安全设计、经济设计、精细设计，强化业主设计方案的主导作用。

盾构等大型施工机械采用专项策划、准入评审、司机培训、施工集中管控等管理和技术手段，确保重大节点兑现，保障工期。

邀请业内顶级专家、学者授课，拓展员工视野；开展青年专家计划，培养有自主创新力的引领性青年专家；完善科研管理规划及制度，推动成果落地。

（2）国铁及城际铁路项目

年内深圳都市圈城际铁路8个现场管理项目部正式挂牌成立，在项目部分别设置管理类+专业类小组，提高项目建设管理水平和工作效率。

牵头编制《广东省城际铁路设计细则》《深圳城际铁路CBTC需求规范》等一系列标准、规定；开展城际铁路大小交路多种行车组织方案等系列大湾区城际铁路互联互通研究。

开发BIM模型导出工程量清单系统，编制《深圳市城际铁路BIM模型导出二维图纸操作指南》。完成工作井围护及主体结构土建工程量等导出与核算。

开发基于BIM+GIS+LOT的国铁城轨看板，实现平台间数据联通、项目全线进度漫游；风险源与风险、征拆、施工一图显示；持续推进施工现场智慧工地、信息化建设。

【新工艺工法】

（1）地铁车站永临结合装配式地连墙。优化预制地连墙竖缝接头构造，采用单CT+内侧角钢焊接，保证受力及防水的同时提升施工便捷性。开展预制地连墙现场静载试验，沉降变形较小，槽底槽壁注浆填充效果较好。

（2）盾构区间管片榫接定位技术。目标建立城市轨道交通盾构隧道新型接头成套关键技术体系，提高盾构隧道拼装质量，减小管片错台量、渗漏水等病害，降低运营期间盾构隧道病害治理成本。

（3）地铁顶管法出入口通道。完成通道标准化尺寸

初步研究及机械设备初步选型研究，解决出入口腋角与离壁沟冲突的问题，完成四期修编工程试验选点工作，初步完成顶管、明挖、暗挖工法造价比选。

（4）车站建设装配化、产业化。四期调整20%的标准站使用装配式施工技术，12号线二期沙浦站、3号线四期坪西站、13号线二期（北延）市中医院站完成拼装；机电设备一体化设计，减少机房等服务面积。

（5）BIM正向设计三维应用。以7号线二期北大站为全过程BIM正向应用试点；全专业按BIM正向应用开展设计、校审、出图、归档及施工。利用统一的BIM标准对地铁全寿命周期进行管控，实现模型在各阶段的无缝传递。

（6）高效智能环控控制系统。在四期工程全面采用智能环控系统，实现的风、水全变频联控，整个空调系统节能率可达24%以上，每站可实现年节约电费41.2万元。

（7）轨道振动噪声控制。采用60kg/m重型钢轨、DT-Ⅲ型常阻力扣件铺设无缝线路；采用双层非线性减振扣件、隔离式减振垫浮置板道床、钢弹簧浮置板道床、橡胶弹簧浮置板道床、GJ-Ⅲ型减振扣件等。

（8）水平MJS注浆施工工艺。在穗莞深城际机前段施工过程中，使用水平MJS施工工法来加固隧道下穿段，利用其成桩直径大、桩身质量好、对周边影响小等特点，将匝道沉降值控制在允许范围内，保障了盾构安全顺利下穿。

（9）大体积混凝土施工技术。在大体积混凝土施工中，优化冷却水管的布置；预埋冷却水管及温控云记录仪，结合对混凝土各项信息的监测，形成一套完整的大体积混凝土质量控制解决方案，提高车站主体结构混凝土浇筑质量。

（10）圆形工作井。在深惠城际大鹏支线中采用圆形工作井，保障区间盾构正常始发、掘进及接收，相比传统矩形竖井节约场地及造价，且圆形工作井结构受力更为合理、安全。

（深圳市地铁集团有限公司）

31 广东省佛山市

【概况】

佛山市城市轨道交通工程建设由佛山市地铁集团有限公司承担。

2022年，佛山市城市轨道交通建设项目3个，共124.7公里，70座车站。其中续建项目1个（3号线后通段），新开工项目1个（4号线一期），建成项目1个（3号线首通段）。完成车站开工7座（4号线），车站封顶2座（3号线），轨道铺设6.2公里。完成投资53.6亿元。（表8-31-1）

至2022年底，佛山轨道交通建成线路有6条（广佛线、佛山2号线、佛山3号线、广州7号线、南海有轨电车1号线、高明有轨电车示范线），总线路长度127.3公里，车站总数81座。

（佛山市地铁集团有限公司 肖经伟）

佛山市南海区城市轨道交通工程建设由佛山市南海区铁路投资有限公司承担。

2022年，佛山市南海区铁路投资有限公司建设项目2个，共14.6公里，17座车站。其中续建项目1个（南海区有轨电车里水示范段工程项目），建成项目1个（南海有轨电车1号线）。轨道铺设4.8公里。完成投资7.2亿元。

至2022年底，佛山市南海区铁路投资有限公司轨道交通建成线路有1条（南海有轨电车1号线），总线路长度14.3公里，车站总数15座。

（佛山市南海区铁路投资有限公司 姚瑶 陈美好）

【佛山轨道交通3号线（首通段）工程建成项目】

3号线起点为顺德港，终点为佛科院仙溪校区。线路长度69.5公里，其中地下线62.0公里，地面线0.9公里，高架线6.5公里。设车站37座，在佛山西站、季华六路站与4号线一期（建设中）号线换乘，在桂城、东平站与广佛线换乘，在湾华与2号线换乘，在北滘公园与广州7号线换乘，在东乐路与11号线（二期建设规划批复线路，开展前期工作中）换乘。在南海大学城与博爱中路间设狮山车辆段1处，占地24.6公顷；在北滘西站附近/顺德学院站与顺德港之间设北滘停车场（11.0公顷）、逢沙停车场（13.9公顷）。设博爱路、敦厚、岳步及夏园4处主变。控制中心为湾华控制中心；配置供电、通信、信号、通风空调、给排水与消防、设备监控、防灾报警、屏蔽门、自动售检票、电梯及自动扶梯等运营系统设备。车辆VVVF调速控制B型车，最高运行速度100公里/小时，接触网直流1500伏授电，6辆编组，动拖比为2:1，初期配车51列/306辆。工程总投资425.7亿元，经济指标6.1亿元/公里。3号线全线工程于2016年11月18日开工，计划于2024年开通初期运营，首通段（顺德学院—镇安）于2022年开通初期运营。（图8-31-1）

2022年，此项目完成投资37.8亿元，截至2022年底，车站开工36座、结构封顶累计36座，盾构推进累计95.7公里，轨道铺设累计6.2公里。

2022年佛山市城市轨道交通在建项目汇总表

表 8-31-1

序号	线路名称	起讫点	线路长度（公里）	车站数（座）	开工时间（年月）	预计通车时间（年）	工程建设情况	重点工程节点
1	3号线（首通段）	顺德学院－镇安	40.7	22	2016.11	2022	建成	年底，该项目已建成，基本具备通车试运营条件。2022年12月28日，该项目开通初期运营
2	3号线（后通段）	镇安－佛科院仙溪校区、顺德学院－顺德港	28.8	15	2016.11	2024	续建	9月，除顺德港外，所有车站主体结构已完成，转入附属结构施工及站后安装工程施工。
3	4号线一期	北江大道－港口路	55.2	33	2022.01	2027	新开工	1月15日举办开工仪式，正式开工，6月进入正常施工阶段
	合计 1		124.7	70				
4	南海有轨电车1号线后通段	文翰湖站－林岳东站	4.8	5	2014.01	2022	建成	2022年11月29日南海有轨电车1号线后通段开通运营
5	南海区有轨电车里水示范段工程项目	里湖新城站－里横路站	9.8	12	2020.12	2025	续建	车辆基地办公楼封顶
	合计 2		14.6	17				

注：序号1-3工程项目，工程建设由佛山市地铁集团有限公司承担，合计1为此1—3项合计数；序号4—5工程项目，工程建设由佛山市南海区铁路投资有限公司承担，合计2为4—5项合计数。

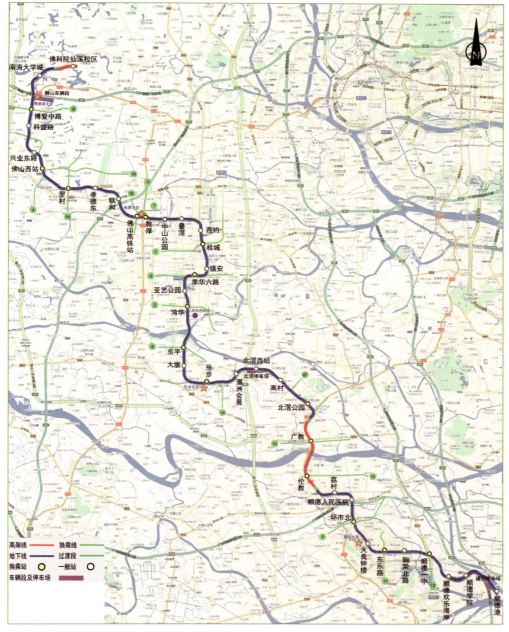

图 8-31-1　佛山轨道交通 3 号线走向示意图

【佛山市轨道交通4号线一期工程新开工项目】

4号线一期工程起点为北江大道,终点为港口路。线路长度55.2公里,其中地下线49.1公里,地面线0.9公里,高架线5.2公里。设车站33座,在佛山西站、季华六路站与3号线换乘,在智慧新城、张槎站与2号线换乘,在港口路与11号线(规建批复,工可阶段)换乘。在北江大道西端设大塱山停车场1处,在瓜步站与平南工业区站之间设平胜车辆段1处。设三水主变、绿岛湖主变和平洲主变等3处主变(与12、7、10、11线共用三水、绿岛湖、平洲主变)。控制中心为湾华控制中心;配置供电、通信、信号、通风空调、给排水与消防、设备监控、防灾报警、屏蔽门、自

动售检票、电梯及自动扶梯等运营系统设备。车辆选用B型车,最高运行速度100公里/小时,接触网直流1500伏授电,6辆编组,动拖比为2∶1。4号线一期工程于2022年1月15日开工,计划于2027年开通初期运营。(图8-31-2)

2022年,此项目完成投资15.9亿元,截至2022年底,车站开工7座。

(佛山市南海区铁路投资有限公司)

【佛山市南海有轨电车1号线后通段工程建成项目】

南海有轨电车1号线后通段工程起点为文翰湖站,终点为林岳东站。线路长度4.8公里,设车站5座,在三山新城南站与佛山地铁4号线换乘,在林岳西站与佛山地铁2

图 8-31-2 佛山轨道交通 4 号线一期走向示意图

图 8-31-3 佛山轨道交通南海有轨电车 1 号线走向示意图

号线换乘，车辆选用100%低地板有轨电车，最高运行速度70公里/小时，直流750伏授电，3辆编组，工程总投资80.2亿元。南海有轨电车1号线后通段工程于2014年1月开工，于2022年开通初期运营。（图8-31-3）

截至2022年底，车站开工5座、结构封顶累计5座。

（佛山市地铁集团有限公司）

【项目管理】

2022年，紧抓产值目标、紧盯关键节点，特别是狠抓3号线首通段收尾工程、后通段工程建设和4号线开工建设，坚持问题导向和目标导向，全力稳步推进3号线工程建设。

在每月度、季度末定期开展安全质量检查，对现场一线作业安全存在习惯性违章、安全管理力量薄弱和常见质量问题等现象进行跟踪督办，不定期开展安全"飞行检查"。对检查过程中发现的问题及时下达整改通报或隐患整改单，督促责任单位整改处理，做到闭合管理。

为做好土建施工阶段重大安全风险防控工作，坚决遏制重特大安全事故的发生，落实落细各级管控职责及工作要点，制定《土建工程施工阶段安全风险管控实施细则》。

为进一步提升佛山地铁工程质量安全管理水平，对钢筋工程、混凝土工程、防水工程、支架模板工程等开展重点检查。同时，对标先进，加强与先进项目的交流和学习。为加强对商品砼的质量管控，联合广州质量检测中心，对地铁3、4号线采用的4家商品砼搅拌站进行实地考察，加强质量检测和管控。

（佛山市地铁集团有限公司 肖经伟）

32 广东省东莞市

【概况】

东莞市城市轨道交通工程建设由东莞市轨道交通有限公司和东莞市轨道一号线建设发展有限公司承担。

2022年，东莞市轨道建设项目2个，共74.6公里，34座车站。其中续建项目1个（1号线一期工程项目），新开工项目1个（2号线三期工程）。完成车站开工6座（2号线三期工程4座，1号线一期工程2座），车站封顶6座（1号线一期工程6座），轨道铺设4.0公里。完成投资47.9亿元。2个项目共19.6公里（1号线一期工程19.6公里）主体结构贯通。（表8-32-1）

至2022年底，东莞市轨道交通建成线路有1条（2号线一、二期），总线路长度37.8公里，车站总数15座。

（东莞市轨道交通有限公司 周桂明）

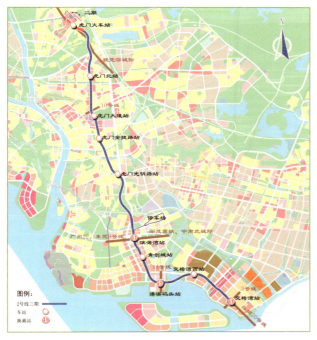

图8-32-1 东莞轨道交通2号线三期走向示意图

【东莞轨道交通2号线三期工程新开工项目】

2号线三期工程起点为虎门火车站，终点为交椅湾站。线路长度17.1公里，其中地下线16.7公里，地面线0.2公里，高架线0.2公里。设车站9座，在虎门大道站与规划10号线换乘，在滨海湾站与规划9号线、广州22号线、深圳20号线、中南虎城际换乘，在交椅湾站与远期规划深圳20号线换乘。在滨海大道与沿江高速南侧设停车场1处，占地13.6公顷；在沿江高速虎门收费东北侧设主变电所1处，占地0.6公顷。控制中心利用2号线一、二期既有线网控制中心；配置供电、通信、信号、通风空调、给排水与消防、设备监控、防灾报警、屏蔽门、自动售检票、电梯及自动扶梯等运营系统设备。车辆选用B型车，最高运行速度120公里/小时，接触网直流1500伏授电，6辆编组，动拖比为2∶1，初期配车5列/30辆。工程总投资148.6亿元，经济指标8.7亿元/公里。2号线三期工程于2022年8月20日开工，计划于2027年开通初期运营。（图8-32-1）

2022年，此项目完成投资10.9亿元，截至2022年底，车站开工4座。

【项目管理】

（1）为加速推进2号线三期工程建设，东莞市轨道交通有限公司强化精细化项目管控。明确目标定方向，定期发布四类周报：一是反映前期筹划督办表《2号线三期工程推进台账》，二是反映计划完成情况及困难和建议《2号线三期工程简报》，三是反映建设进展及推进难点《2号线三期工程周报》，四是有针对性地跟进报表《2号线三期工程用地报批工作计划表》。通过一周一报，围绕核心重点，一个一个目标分解，一项一项任务落实；实施一周一会，提升工作效率，解决工作难点，落实领导决策。

（2）东莞市轨道一号线建设发展有限公司结合工程项目特点，组织开展了一系列方案优化工作，从设计源头

序号	线路名称	起讫点	线路长度（公里）	车站数（座）	开工时间（年月）	预计通车时间（年）	工程建设情况	重点工程节点
								2022年东莞市城市轨道交通在建项目汇总表　表8-32-1
1	1号线一期工程	望洪站－黄江中心站	57.5	25	2019.02	2024	续建	截至2022年底，共18座车站主体结构封顶，11个区间贯通
2	2号线三期工程	虎门火车站－交椅湾站	17.1	9	2022.08	2027	新开工	2022年8月20日虎门大道站开始进场施工
	合计		74.6	34				

上解决工程建设问题，优化建设施工方案，将传统的双轨排井优化为单轨排井；通过优化设计线路，减少上软下硬地层的掘进长度，避免大量房屋拆迁，原来由矿山法+盾构空推优化为盾构直接掘进通过等。

（3）保护环境，绿色施工，实现"零污染"。1号线一期工程为缓解施工渣土外运压力，联合施工单位建立淤泥渣土新型环保处理厂，淤泥渣土经过稀释消泡、泥砂分离、泥浆浓缩、压滤脱水四个步骤，一部分变成能够满足建筑施工的机制砂，另一部分泥土则可成为绿化用土等，整个生产过程采用水循环利用，实现"零排放""零污染"的环保目标。

【新工艺工法】

1号线一期工程在车站设计初期就引入与TOD综合规划结合的理念，在1号线沿线所有站点开展TOD综合规划，做到东莞1号线全线TOD综合规划全覆盖。以TOD规划设计指导地铁设计方案，提升土地的商业价值，形成以地养铁的运营模式。通过对预埋件类型、预埋件材料、预埋方式、设备安装支架等方面进行改进和创新，形成一套系统的具有可行性、前瞻性、创新性的盾构管片预埋技术（全环预埋套筒）+定制综合支架工艺技术。

（东莞市轨道交通有限公司 姚莲宁
东莞市轨道一号线建设发展有限公司 王玉福 路阳阳）

33 广西壮族自治区南宁市

【概况】

南宁市城市轨道交通工程建设由南宁轨道交通建设有限公司承担。

2022年，南宁轨道交通建设项目2个，共31.9公里，24座车站，其中续建项目1个（4号线东段），新开工项目1个（6号线）。完成车站开工1座（6号线1座）。完成投资10.4亿元。（表8-33-1）

至2022年底，南宁轨道交通建成线路有5条（1号线、2号线、3号线、4号线首通段、5号线），总线路长度128.2公里，车站总数104座。

【南宁轨道交通6号线工程新开工项目】

6号线一期工程起点为三津站，终点为天池山站。线路长度28.0公里，全部为地下线。设车站21座，在三津站与4号线换乘，在华南城西站与8号线换乘，在横岭站与远景11号线换乘，在五一立交站与既有5号线换乘，在福建园站与既有2号线换乘，在区人民医院站与规划S0线换乘，在三中站与远景10号线换乘，在埌西站与既

有3号线换乘，在会展中心南站与规划8号线换乘，在埌东客运站与既有1号线及规划S1线换乘，在中医仙葫院区站与规划S0线及规划7号线换乘。在盘古车辆段设车辆段1处，占地25.0公顷。设仁和主变、荔园主变（与5号线、3号线共用仁和主变、荔园主变）。控制中心屯里控制中心；配置供电、通信、信号、通风空调、给排水与消防、行车综合自动化、环境与设备监控、火灾自动报警、公共安全防范、站台门、自动售检票、电梯及自动扶梯、综合运营管理系统等运营系统设备。车辆选用GoA4级全自动驾驶B型车，最高运行速度80公里/小时，接触网直流1500伏授电，6辆编组，动拖比为2：1，初期配车22列/88辆。工程总投资201.3亿元，经济指标7.0亿元/公里。轨道交通6号线一期工程先行站点于2022年9月30日开工，计划于2026年开通初期运营。（图8-33-1）

2022年，此项目完成投资1.7亿元，截至2022年底，车站开工1座。

2022年南宁城市轨道交通在建项目汇总表

表 8-33-1

序号	线路名称	起讫点	线路长度（公里）	车站数（座）	开工时间（年月）	预计通车时间（年）	工程建设情况	重点工程节点
1	4号线东段	楞塘村－龙岗	3.9	3	2015.12		续建	
2	6号线	三津－天池山路	28.0	21	2022.09	2026	新开工	先行站点华南城东站开工建设
	合计		31.9	24				

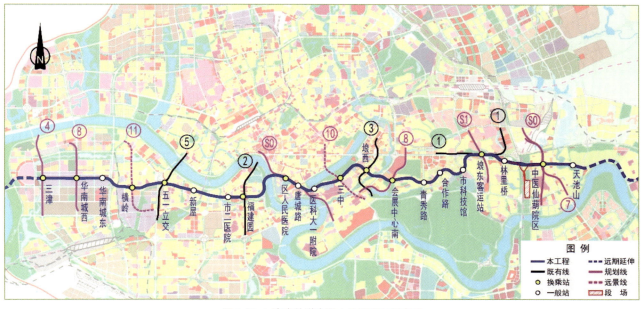

图 8-33-1 南宁轨道交通 6 号线走向示意图

【项目管理】

细化各项工作节点，优化组织，调动各方资源，强化过程管理，高效有序推进工程建设。一是提前筹划，梳理工程重难点，优化施工组织，多段面组织施工，强化工序衔接，资源投入，按"五化"工作法细化，将工作目标化、目标项目化、项目清单化、清单责任化、责任节点化，任务分解细化，实现全过程管理目的；二是以关键节点为控制要点，发挥参建各方主观能动性和统筹协调能

力，强化监理责任，围绕年度目标，层层推进落实，增强责任感、紧迫感、危机感；三是加强过程监管，提高任务执行能力，及时掌空工程进度，及时预警，完成各项经营性指标及任务。

【新工艺工法】

6号线一期工程华南城东站车站内部设备管理用房区采用集中UPS整合集约化布置，缩小车站长度规模。

（南宁轨道交通集团有限责任公司 朱鸿德）

34 重庆市

【概况】

2022年，由重庆市轨道交通（集团）有限公司承担的重庆市城市轨道交通工程建设项目8个，共77.7公里，55座车站。其中续建项目7个（4号线西延段、5号线北延伸段、5号线一期大石坝至石桥铺段、9号线二期、10号线二期、18号线北延、24号线一期），新开工项目1个（6号线东延）。完成车站封顶9座（包括9号线二期春华大道站、兰桂大道站、中央公园东站、从岩寺站、花石沟站、10号线二期兰花路站、南坪站、南滨路站、七星岗站），轨道铺设5.0公里。完成投资115.4亿元。2个项目共20.2公里主体结构贯通。（表8-34-1）

至2022年底，重庆市轨道交通（集团）有限公司轨道

交通建成线路有9条（1号线、2号线、3号线、4号线、5号线、6号线、10号线及环线、国博线），总线路长度369.5公里，车站总数193座。

（重庆市轨道交通〔集团〕有限公司 雷淞麟）

2022年，由重庆市铁路集团有限公司承担的重庆市城市轨道交通、市郊铁路工程建设项目7个，共210.4公里，64座车站。其中续建项目6个（15号线一期工程、15号线二期工程、27号线、市郊铁路璧山至铜梁线工程、市郊铁路磨心坡至合川线一期工程、市郊铁路关坝铁路专用线），建成项目1个（市郊铁路〔轨道交通延长线〕跳磴至江津线）。完成投资136.9亿元。（表8-34-1）

至2022年底，由重庆市铁路（集团）有限公司承担的

2022 年重庆城市轨道交通在建项目汇总表　　　　　　　　　　　表 8-34-1

序号	线路名称	起讫点	线路长度（公里）	车站数（座）	开工时间（年月）	预计通车时间（年）	工程建设情况	重点工程节点
1	4 号线西延	盘桂路－民安大道	10.9	9	2021.03	2025	续建	全面开展土建工程施工
2	5 号线一期（大－石段）	大石坝－石桥铺	4.1	3	2014.06	2023	续建	土建工程已基本完成，正开展站后工程施工
3	5 号线北延伸段	园博中心－悦港北路	8.9	7	2019.01	2023	续建	土建工程已基本完成，正开展不载客试运行
4	9 号线二期	兴科大道－花石沟	7.8	5	2018.01	2023	续建	土建工程已基本完成，正开展不载客试运行
5	10 号线二期	鲤鱼池－兰花路	9.9	8	2016.01	2023	续建	土建工程已基本完成，正开展站后工程施工
6	18 号线北延	富华路－小什字	10.6	8	2021.03	2025	续建	全面开展土建工程施工
7	24 号线一期	鹿角北－广阳湾	18.8	11	2021.03	2026	续建	全面开展土建工程施工
8	6 号线东延	重庆东－刘家坪	6.7	4	2022.03	2025	新开工	全面开展土建工程施工
	合计 1		77.7	55				
9	市郊铁路（轨道交通延长线）跳磴至江津线	跳磴－圣泉寺	28.2	6	2015.05	2022	建成	2022 年 8 月 6 日开通运营
10	15 号线一期工程	九曲河东－两江影视城	38.7	14	2021.03	2025	续建	至年底，累计完成土建工程的 45%
11	15 号线二期工程	曾家－九曲河东	32.8	11	2021.10	2026	续建	至年底，累计完成土建工程的 15%
12	27 号线	璧山－重庆东站	51.9	14	2021.11	2026	续建	至年底，累计完成土建工程的 17%
13	市郊铁路璧山至铜梁线工程	璧山－铜梁西	37.4	9	2021.04	2024	续建	控制性工程云雾山隧道累计完成开挖支护 4200 米，完成总开挖支护的 72%
14	市郊铁路磨心坡至合川线一期工程	兰渝铁路渭沱站－磨心坡北场	8.0	8	2019.09	2023	续建	2022 年 6 月，项目暂时停工
15	市郊铁路关坝铁路专用线	赶水北接轨站－扶坝	13.4	2	2021.06	2023	续建	至年底，全线"洞通"
	合计 2		210.4	64				

注：序号 1-8 工程项目，工程建设由重庆市轨道交通（集团）有限公司承担，合计 1 为此 1—8 项合计数；序号 9-15 工程项目，工程建设由重庆市铁路（集团）有限公司承担，合计 2 为此 9—15 项合计数。

轨道交通建成线路有 1 条（市郊铁路〔轨道交通延长线〕跳磴至江津线），总线路长度 28.2 公里，车站总数 9 座。

（重庆市铁路〔集团〕有限公司）

【重庆轨道交通 6 号线东延工程新开工项目】

6 号线东延工程起点为重庆东站，终点为刘家坪站。线路长度 6.8 公里，其中地面线 4.7 公里，高架线 2.1 公里。设车站 4 座，在重庆东站与规划 8、24、27 号线换乘，在刘家坪站与规划 20 号线换乘。在长生老街站设风亭及出入口 8 处，占地 1.2 公顷；在长生老街-百乐园设敞口段 1 处，

占地 0.3 公顷。与 6 号线二期线共用长生变电所主变。控制中心设在两路口；配置通信、信号、接触网等运营系统设备。车辆选用 B 型车，最高运行速度 100 公里/小时，接触网直流 1500 伏授电，6 辆编组，动拖比为 2：1，初期配车 7 列/42 辆。工程总投资 45.1 亿元，经济指标 6.7 亿元/公里。6 号线东延工程于 2022 年 3 月 9 日开工，计划于 2025 年开通初期运营。（图 8-34-1）

2022 年，此项目完成投资 6.9 亿元，截至 2022 年底，车站开工 4 座，盾构推进累计 0.1 公里。

（重庆市轨道交通〔集团〕有限公司　雷淞麟）

图8-34-1 重庆轨道交通6号线东延伸段走向示意图

【重庆轨道交通市郊铁路（轨道交通延长线）跳磴至江津线工程建成项目】

市郊铁路（轨道交通延长线）跳磴至江津线工程起点为跳磴站，终点为圣泉寺站。线路长度28.2公里，其中地下线5.8公里，地面线2.7公里，高架线9.7公里。设车站6座，在跳磴站与5号线换乘。设双福西、滨江新城主变。控制中心设在双福。车辆选用As型车，最高运行速度120公里/小时，采用直流1500伏与交流27.5千伏授电，初期4辆编组，动拖比为3：1，运营初期配车6列/24辆。工程总投资87.0亿元，经济指标3.8亿元/公里。市郊铁路（轨道交通延长线）跳磴至江津线工程于2015年5月16日开工，于2022年开通初期运营。（图8-34-2）

（重庆市铁路〔集团〕有限公司）

【项目管理】

（1）以科研管理为龙头，加强轨道科研管理工作。组织开展《轨道交通地下车站站厅分离及连续过站机械化施工技术研究》《重庆轨道交通十号线南纪门大桥结构形式及噪声研究》等7项科技项目。

（2）落实安全管理全面推动"两单两卡"工作。编制完成重庆轨道交通建设工程57个常见工种两单两卡具体内容。各参建单位通过公示上墙、员工随身携带等方式，确保一线岗位从业人员"见单见卡"，将记背"两单两卡"纳入日常交接班和安全交底的重要内容。

（3）积极推动科技兴安工作。完成建设安全信息平台的相关工作，并接入到4号线西延伸段、6号线东延伸段、18号线北延伸段和24号线一期项目中。积极配合市住建委开展智慧工地建设工作，完成4号线西延伸段、18号线北延伸段、24号线一期共3条线路项目基础信息更新工作，实时对重点区域及隐蔽工程作业面进行全覆盖监控，已具备远程回放和调取功能，为工程安全质量管理提供重要支撑信息。

（4）强化安全文明施工。加强施工环境管理，合理安排作业时间，对重点区域采用加盖全封闭施工棚等措施有效降低噪音及粉尘对市民的影响。7个项目（4号线西延、5号线北延、9号线二期、10号线二期、6号线东延、18号线北延、24号线一期）、13个标段获得"市建筑施工扬尘控制示范工地"称号，18号线北延伸段3个站点（十八梯站、凯旋路站、大坪西站）获评"绿色示范工地"。

（重庆市轨道交通〔集团〕有限公司 雷淞麟）

（5）强化统筹调度、完善工作机制，部署调度、指挥包联，责任部门各尽其职、协同共进。严格执行四级调度机制，每周召开建设工作例会，集中解决重难卡点问题，纠偏进度缓慢工点，部署后续工作。

（6）强化质量安全管理，推进安全标准化建设，全面落实"一岗双责"及全员安全生产责任制。建立分级分类安全管控模式，完善安全管理规章制度，持续深化"日周月"安全隐患排查整治，确保风险隐患排查整环到位、完成闭环。

（7）细化过程监管。邀请业内经验丰富的咨询团队，对安全进行全过程跟踪、提醒和反馈，做到事前介入，提前预警，消除风险隐患。同时，设计院加强施工现场服务，及时发现问题，解决问题。

（8）强化考核督查管理。根据国家有关法律、法规，结合项目建设实际，针对施工、监理、第三方监测、质量检测等单位，制定一系列考核管理办法。以月度检查为基础，季度为考核期，成立考核工作组，由各专业工程师按照工作职责进行日常检查和考核评分，并根据考核结果实施奖罚，以考核督查为抓手规范建设管理。

（9）强化创新建设管理。为全面加强施工现场质量、安全、进度、成本管理，加快推进智慧快轨建设步伐，积极搭建信息化建管平台、安全管控平台和投资管控平台，推动轨道交通建设管理全过程的标准化、数字化、精细化、智慧化。

（重庆市铁路〔集团〕有限公司）

【新工艺工法】

（1）全国首例与跨嘉陵江曾家岩六桥结合设置的曾家岩车站，实现与城市深度融合，与周边地面交通实现无缝衔接，并实现与既有2号线的便利站内换乘。此项目解

图 8-34-2 重庆市郊铁路（轨道交通延长线）跳磴至江津走向示意图

决周边无建设用地、建设难度大的车站设置问题，节约建设用地和建设成本；将车站设置融入城市总体功能布局，形成了集合地下过街通廊、过江大桥、轨道交通、滨水景观于一体的城市设施体系，有效提升曾家岩片区城市品质和重庆两江四岸核心区的沿江风貌，成为城市旅游、对外展示的新窗口和新名片。

与既有2号线便利换乘和不停运改造，有效解决与既有运营的高架车站站内换乘难度大的问题，使曾家岩片区市民使用轨道交通出行更便捷，避免了建设期间对出行的影响。通过对既有2号线站前广场、曾家岩人防通道的综合改造，实现轨道交通与地面交通无缝衔接。

曾家岩车站建设，传承和发扬了该片区深厚的历史人文。车站将北侧嘉陵江、西侧戴笠公馆、东侧周公馆等历史人文景点串联在一起，独具特色的车站以及结合车站设置的红岩革命博物馆，使中山四路的历史文化景点得到有机整合和充分展示。

（2）重庆轨道交通采用"智慧能源管控节能系统"。

通过对车站空调水系统、大系统及设备区小系统、出入口风机盘管运行进行智能自动优化控制，达到节能减排效果。全线地下站年节约可达252万度电，年节省标

准煤约310.04吨，年减少碳排放约966.38吨，节约率在30%左右。

全线采用智能水表全覆盖计量，并纳入车站智慧能源管控系统，实现自助抄表管理、业务数据分析、预警、故障预警等功能，预计可实现节水率约10%，全线车站全年可节约用水约52925吨。

（重庆市轨道交通〔集团〕有限公司 雷淞麟）

（3）基于重庆市轨道快线云平台方案，结合顶层接入规划，通过15、27号线站段级云节点接入重庆市轨道快线云平台，实现27号线站段级多维信息化数据与顶层数据的多制式融合。

（4）15号线是重庆轨道交通线网中的快线体系的骨架之一，是以通勤客流为主的城轨快线，构建了城市北部区域三大槽谷间的东西向快线，满足跨组团长距离出行需求。该线路以"四化"为设计基本要求，采用灵活行车组织交路、大站快车运行方案，发挥快线优势；整合弱电机房，降低车站规模及措施；以乘客出行需求为导向，构建多元、便捷的交通接驳系统；优化工程设计方案，降低施工对周边环境影响。

（重庆市铁路〔集团〕有限公司）

35 四川省成都市

【概况】

四川省成都市城市轨道交通工程建设由成都轨道交通集团有限公司承担。

2022年，成都市轨道交通建设项目9个，共215.6公里，122座车站，全部为续建项目（8号线二期、10号线三期、13号线一期、17号线二期、18号线三期、19号线二期、27号线一期、30号线一期、资阳线）。完成车站开工122座，车站封顶88座（8号线二期6座、10号线三期2座、13号线一期15座、17号线二期12座、18号线三期1座、19号线二期12座、27号线一期21座、30号线一期12座、资阳线7座），轨道铺设201.0公里。完成投资495.9亿元。（表8-35-1）

至2022年底，成都轨道交通建成线路有13条，总线路长度557.8公里，车站总数322座。

【项目管理】

（1）全力推动项目管理提质增效，坚决兑现目标任务，稳中求进抓项目进展。一是持续强化管理效能，以连续性施工保障为重点，内抓统筹、外抓协调，主动对接服务现场，全力解决项目建设中的"难点""堵点"问题，争分夺秒确保项目如期推进；二是扎实做优工程筹划，以系统谋划为举措，持续优化线路工筹，强化资源调配，加强施工组织，成功战胜高温限电、雾霾天等叠加挑战，以"奋战四季度、冲刺一百天"专项劳动竞赛为抓手，统筹调度施工资源配置，全力打开应有尽有施工作业面，掀起大干热潮；三是聚力推进攻坚创效，17号线二期市区通过优化半盖挖工法方案，有效推进了9个采用半盖挖法施工项目建设进度，18号线三期倪家桥站为解决盎谷花园进场施工难题，创新性采用洞桩法施工，资阳线创新采用铝模防护体系，实现轨行区上跨防护的"滴水不漏"。

（2）全面落实成都轨道交通集团有限公司总体要求，建立参建各方联动机制，毫不放松守牢安全底线。一

2022年成都市城市轨道交通在建项目汇总表

表 8-35-1

序号	线路名称	起讫点	线路长度（公里）	车站数（座）	开工时间（年月）	预计通车时间（年）	工程建设情况	重点工程节点
1	8号线二期	西南延：龙港－莲花（不含）；东北延 十里店（不含）－桂龙路	7.8	7	2020.05	2025	续建	至年底全部车站开工，其中，6座车站结构已封顶，1座车站进入土建施工阶段，全线进入轨道、机电工程施工阶段
2	10号线三期	人民公园－太平园（不含）	5.9	5	2019.12	2025	续建	至年底2座车站封顶，3座车站进入土建施工阶段
3	13号线一期	七里沟－龙华寺	29.1	21	2019.12	2025	续建	至年底全部车站开工。其中，15座车站结构已封顶，6座车站进入土建施工阶段
4	17号线二期	机投桥（不含）－高洪	24.8	18	2019.12	2025	续建	至年底全部车站开工。其中，12座车站已封顶，6个车站入土建施工阶段
5	18号线三期	（含北延段、临江段）	13.6	5	2019.12	2026	续建	至年底全部车站开工。其中，1座车站已封顶，4座车站进入土建施工阶段
6	19号线二期	九江北（不含）－合江	42.9	12	2019.11	2025	续建	至年底全部车站封顶，轨道已完成，全线进入机电工程施工阶段
7	27号线一期	石佛－蜀鑫路	24.9	23	2020.05	2025	续建	至年底全部车站开工。其中，21座车站已封顶，2座车站进入土建施工阶段
8	30号线一期	双流机场2航站楼－龙泉	27.9	24	2020.05	2025	续建	至年底全部车站开工。其中，12座车站已封顶，12座车站进入土建施工阶段
9	资阳线	福田－资阳北	38.7	7	2020.11	2025	续建	至年底全部结构封顶，全线进入轨道、机电工程施工阶段
	合计		215.6	122				

是全面提升安全管控能级，全过程深入危大工程管控，累计安全核销特别危大工程19项，超规模危大工程174项；二是全面提级安全巡查力度，坚持不懈开展常见隐患专项整治活动，以线上、线下隐患巡查，建立隐患排查治理长效机制，规范各方安全管理行为；三是全面提效安全管控体系，严格执行"工序报备"和"安全作业环境确认"制度，对起重吊装、高支模、暗挖等作业面进行开工前安全作业条件进行确认，坚决执行条件不安全不开工、条件不安全追究问责确认者，进一步压紧末端安全生产责任。

【新工艺工法】

推进车站的数字化、人性化、协作化建设，借助信息技术、人工智能推理算法来监控、管理和评估系统自身的健康状态，实现车站高效、智能运作和管理，建立综合管控平台和综合监控系统。借助平台对城市轨道交通各专业自动化子系统进行数据采集，对所有电力和机电设备进行监控，促进城市轨道交通高效率运营。其中，智慧车站综合管控平台以三维技术为核心，结合站内客运组织、运维管理、乘客服务等业务有机融合，提供车站能耗统计及趋势、客流统计及趋势、车站运营指标分析，直观反映车站客运管理、设备运管的整体情况；智慧维保综合管控平台以三维技术为核心，通过集成各系统数据信息，借助数据分析算法实现机房可视化巡检、机电设备远程巡检、变电站数据自动填报、消防渗漏检测、电扶梯运行状态预警，为车站运行提供维护保障建议和决策支持。根据平台成功运行的经验，编制《成都轨道交通第四期建设项目及资阳线智慧车站及智慧维保建设标准》，用于规范成都轨道交通第四期建设项目及资阳线智慧车站及智慧维保的建设方案。

（成都轨道交通集团有限公司　付淑娟）

36 贵州省贵阳市

【概况】

贵阳市城市轨道交通工程建设由贵阳市公共交通投资运营集团有限公司承担。

2022年，贵阳轨道交通建设项目2个，共73.3公里，42座车站。全部为续建项目（3号线一期、S1线一期）。完成车站封顶15座（3号线一期10座、S1线一期5座），轨道铺设91.5公里。完成投资76.1亿元。1个项目共43.0公里（3号线一期）主体结构贯通。（表8-36-1）

至2022年底，贵阳轨道交通建成线路有3条（1号线、2号线一期、2号线二期），总线路长度75.7公里，车站总数57座。

【项目管理】

3号线一期工程开展周边环境和地质风险全面核查及超前地质预报工作，隐患提前发现、提前处理，引入第三方岩土工程风险管控单位，采用综合勘察技术，对管控区域内可能引起的管线破损渗漏、路面塌陷等岩土工程风险提供技术支持。高度重视危大工程管理，规范危大工程专项施工方案专家论证行为，完善危大工程动态辨识与信息报送机制，强化专项方案实施环节，建立危大工程专项台账，科学合理控制危大工程作业区人数，落实各参建单位危大工程管理职责。加强日常技术管理工作，通过开工条件验收、重难点技术方案评审、定期检查、专项检查、技术工作考核等方式提高技术管理水平。

（贵阳市城市轨道交通集团有限公司　朱小辉）

2022年贵阳城市轨道交通在建项目汇总表　　　　表8-36-1

序号	线路名称	起讫点	线路长度（公里）	车站数（座）	开工时间（年月）	预计通车时间（年）	工程建设情况	重点工程节点
1	3号线一期	桐木岭－洛湾	43.0	29	2018.12	2023	续建	12月"洞通"
2	S1线一期	皂角坝－望城坡	30.3	13	2020.11	2024	续建	
	合计		73.3	42				

37 云南省昆明市

【概况】

昆明市城市轨道交通工程建设（PPP项目除外）由昆明轨道交通集团有限公司承担。

2022年，昆明市城市轨道交通建设项目3个，共48.4公里，40座车站。其中续建项目2个（1号线西北延、2号二期），建成项目1个（5号线）。完成车站开工38座（1号线西北延6座、2号线二期10座、5号线22座），车站封顶36座（1号线西北延4座、2号线二期10座、5号线22座）。3个项目共42.9公里（1号线西北延5.2公里、2号线二期11.3公里、5号线26.4公里）主体结构贯通。（表8-37-1）

至2022年底，昆明市轨道交通建成线路有6条，总线路长度165.8公里，车站总数103座。

【昆明轨道交通5号线工程建成项目】

5号线工程起点为世博园站，终点为宝丰站。线路长度26.5公里，全部为地下线。设车站22座，在火车北站站与4号线换乘，在五一路站与3号线换乘，在滇池国际会展中心站和宝丰站与2号线换乘。在世博园附近设车辆段（定修段）1处，占地19.8公顷；在渔村设停车场1处（与2号线共址），占地11.2公顷。设福海主变，并与2、4号线共用火车北主变。控制中心设在火车北站线网控制中心。车辆选用B型车，最高运行速度80公里/小时，第三轨直流1500伏授电，6辆编组。5号线地铁工程于2016年8月15日开工，于2022年6月29日开通初期运营。（图8-37-1）

【项目管理】

（1）为确保5号线开通运营目标，昆明轨道交通集团有限公司会同五号线项目公司认真研究，倒排工期，细化节点，任务分解落实到人。2022年初，组织所有参建单位召开决战冲刺保开通动员大会，统一思想、压实责任、明确奖惩，全面推动。攻坚阶段，集团主要领导带队每周一

图8-37-1 昆明市轨道交通5号线走向示意图

次现场督查（包括夜查），下发通报盯控整改。对进度滞后的单位进行约谈，按规定处罚，必要时请其单位分管领导现场驻点督促。通过参建各方的共同努力，5号线如期开通运营。

（2）针对1号线西北延、2号线二期工程多年来未解决的征地拆迁等问题，昆明轨道交通集团有限公司紧盯重点难点，结合实际深入研究制定解决方案，主动向云南省、昆明市政府及相关部门汇报，并由行政主管部门牵头

2022年昆明市城市轨道交通在建项目汇总表 表 8-37-1

序号	线路名称	起讫点	线路长度（公里）	车站数（座）	开工时间（年月）	预计通车时间（年）	工程建设情况	重点工程节点
1	5号线	世博园站－宝丰站	26.5	22	2016.08	2022	建成	2022年1月15日试运行，2022年6月29日开通初期运营
2	1号线西北延	教场北路站－环城南路站（不含）	7.6	7	2016.03	2025	续建	
3	2号线二期	环城南路站（不含）－海东公园站	14.3	11	2015.08	2024	续建	
	合计		48.4	40				

建立沟通协调机制，安排专人全过程跟进。经过持续不断沟通商谈，工作取得突破，问题解决，完成相关协议签署，为后续工程建设奠定基础。

（3）健全制度体系，强化文明施工，树立地铁工程良好形象。以强化施工围挡标准化、精细化管理入手，着重从围挡方案的制定、设置标准的执行、拆除调整的衔接、检查维护的落实、标识信息的管理等方面进行规范，强化了施工管理的目标意识、责任意识。同时，通过这一方式主动公示信息、接收社会监督，展示昆明地铁的责任和担当，树立起昆明地铁工程建设的良好形象。

【新工艺工法】

（1）2号线二期工程针对车站出入口上方DN2000承插式混凝土污水干管（壁厚200毫米，顶管工艺施工）无法改迁的情况，研究采用河湖沉积地层基坑大直径刚性管道原位保护技术，此工艺对大直径刚性管线实施原位保护，有效解决管线无法迁改的难题。

（2）5号线工程世博车辆段为昆明首个实施上盖综合开发的车辆段，利用了所处位置东西向高差较大的坡地地形及周边环境，将车辆段层设置在盖上开发与盖下商业之间的中间层，构成独特的"夹心饼干"式竖向功能方案，通过盖板覆土完成面-盖板侧墙-城市道路地面的"Z"字型±0.00标高认定方式，±0.00以上采用控规调整方式，以下采用分层控规方式明确用地性质，解决土地产权问题；并围绕消防、立体交通、减振降噪等形成坡地场段综合开发成套技术。

根据实施条件及整体工筹计划，福海站采用"先隧后站"的设计方案，庄家塘立交桥站采用无柱车站形式。

圆通山站-华山西路站区间首次采用盾构洞内超前地质预报及岩溶处理技术，有效保障工程实施安全。

五一路站受外部条件限制，车站设备用房、非付费区采用外挂，仅设一组新、排风井，车站长度缩短至129.3米，是昆明地铁长度最短车站，基坑深度约38米，采用铣槽机施作1.5米厚地连墙（叠合墙）配合MJS、树根桩等措施，保障工程安全，控制工程投资。

（昆明轨道交通集团有限公司 顾昆）

38 陕西省西安市

【概况】

2022年，西安市城市轨道交通工程建设由西安市轨道交通集团有限公司承担的建设项目有6个，共140.8公里，95座车站。其中建成项目1个（6号线二期），续建项目5个（1号线三期、2号线二期、8号线、10号线一期、15号线一期）。完成车站开工18座（10号线一期6座、15号线一期12座），车站封顶40座（6号线二期4座、1号线三期4座、2号线二期1座、8号线14座、10号线一期12座、15号线一期5座），轨道铺设90.5公里。完成投资262.3亿元。1个项目共21.3公里（10号线一期）主体结构贯通。（表8-38-1）

至2022年底，西安轨道交通建成线路有8条（1号线、2号线、3号线、4号线、5号线、6号线、9号线、14号线），总线路长度272.3公里，车站总数174座。

（西安市轨道交通集团有限公司）

2022年，由西咸新区轨道交通投资建设有限公司承担的建设项目2个，共27.0公里，18座车站，全部为续建项目（地铁16号线一期工程、西咸新区智轨示范线1号线工程〔斗门-欢乐谷〕）。完成轨道铺设42.4公里。完成投资37.9亿元。1个项目共15.1公里（地铁16号线一期工程）主体结构贯通。（表8-38-1）

至2022年底，西咸新区轨道交通建成线路有2条（1号线二期、5号线二期），总线路长度26.0公里，车站总数17座。

（西咸新区轨道交通投资建设有限公司）

【西安轨道交通6号线二期工程建成项目】

6号线二期工程起点为西北工业大学站（不含），终点为纺织城站。线路长度19.5公里，全部为地下线。设车站17座，在安定门站与远期7号线换乘，在钟楼站与2号线换乘，在大差市站与4号线换乘，在咸宁路站与3号线换乘，在万寿南路站与在建8号线换乘，在穆将王站与远期13号线换乘，在纺织城站与1、9号线换乘。在纺织城设停车场1处，占地12.9公顷。设博文路和半坡主变（与3号线共用博文路主变，和9号线共用半坡主变）。控制中心设于4号线航天城车辆段；配置供电、通信、信号、通风空调、给排水与消防、设备监控、防灾报警、屏蔽门、自动售检票、电梯及自动扶梯等运营系统设备。车辆选用B型车，最高运行速度80公里/小时，接触

2022 年西安市城市轨道交通在建项目汇总表　表 8-38-1

序号	线路名称	起讫点	线路长度（公里）	车站数（座）	开工时间（年月）	预计通车时间（年）	工程建设情况	重点工程节点
1	6 号线二期	西北工业大学（不含）-纺织城	19.5	17	2017.01	2022	建成	2022 年 12 月 29 日，开通初期运营
2	1 号线三期	咸阳秦都高铁站 - 沣河森林公园	10.6	7	2020.04	2023	续建	至 2022 年底，全线 7 座车站主体结构全部封顶，实现"洞通""轨通""电通"，进入安装装修施工阶段
3	2 号线二期	北段：草滩北 - 北客站（不含）南段 韦曲南（不含）- 常宁	6.9	4	2019.01	2023	续建	至 2022 年底，全线 4 座车站主体结构全部封顶，实现"洞通"，铺轨完成 95%，3 座车站开展安装装修
4	8 号线	电子城站至电子城站（环线）	49.9	37	2019.01	2025	续建	至 2022 年底，14 座车站主体结构封顶，17 台盾构下井，累计推进 24.6 公里。暗挖区间完成 8.9 公里
5	10 号线一期	杨家庄 - 高陵水景公园	34.4	17	2020.07	2024	续建	至 2022 年底，12 座车站主体结构封顶，8 台盾构下井，累计推进 16.64 公里
6	15 号线一期	细柳 - 韩家湾	19.5	13	2020.09	2025	续建	至 2022 年底，5 座车站主体结构封顶，6 台盾构下井，累计推进 6.24 公里。暗挖区间完成 2.21 公里
	合计 1		140.8	95				
7	16 号线一期	沣东小镇 - 能源三路	15.1	9	2020.06	2023	续建	2 月 14 日洞通；5 月 29 日轨通；6 月 13 日电通；6 月 23 日通信三通；7 月 14 日完成接触网热滑；12 月 9 日完成项目验收
8	智轨示范线 1 号线	斗门站 - 欢乐谷站	11.9	9	2021.05	2023	续建	12 月 21 日完成项目验收，28 日完成竣工验收，29 日完成初期运营前安全评估，具备开通条件
	合计 2		27.0	18				

注：1. 序号 1—6 工程项目，工程建设由西安市轨道交通集团有限公司承担，合计 1 为此 1—6 项合计数；序号 7、8 工程项目，工程建设由西咸新区轨道交通投资建设有限公司承担，合计 2 为此 7—8 项合计数。

2. 合计 1 中线路长度，西安市轨道交通集团有限公司官方统计数据为 140.7 公里，因各线小数进位原因，计为 140.8 公里。

网直流 1500 伏授电。6 辆编组，动拖比为 2：1，初期配车 28 列/168 辆。工程总投资 157.7 亿元，经济指标 8.1 亿元/公里。6 号线二期工程于 2017 年 1 月开工，于 2022 年 12 月 29 日开通初期运营。（图 8-38-1）

2022 年，此项目完成投资 29.9 亿元。

【项目管理】

（1）聚焦高质量发展，圆满完成"一线一站"开通任务围绕建设目标，统筹安全、质量、进度，加大资源调配和人员保障，确保重点项目按期建成通车。细化工筹计划，梳理制约因素，定期调度协调解决工程难点堵点，针对滞后节点及时纠偏，通过季度考核和专项考核，提高管理水平。采取优化施工组织设计、春节期间不停工、积极协调出土政策等措施，组织专业突击队、督导专班盯控巡视等举措推进建设，按期实现开通目标，完成 4 号线西安站、6 号线二期两项市级重点建设任务，为全市稳经济、

保民生、促发展作出了积极贡献。

（2）狠抓安全责任落实，全力提高项目建管水平。深入开展施工安全风险隐患排查治理，实现工点全覆盖，隐患问题全闭合。优化智慧工地平台，提高管理关联性和适用性。创新开展"班组讲安全"等交流活动，提高参建人员安全意识和安全技能。通过风险监测、动态巡视、现场风险咨询、危大工程和关键节点风险管控等措施，强力稳控安全生产局面。

（西安市轨道交通集团有限公司）

（3）首次引入"冷冻法"施工工艺和"机铺散铺相结合"的铺轨技术，确保地铁 16 号线一期工程建设安全高效推进。

（4）组建工作专班，对地铁 16 号线一期工程各项验收工作之间的关系进行细致梳理，制定详细的验收工作计划，狠抓过程管控，仅用 60 天完成 395 项分部分项工程、

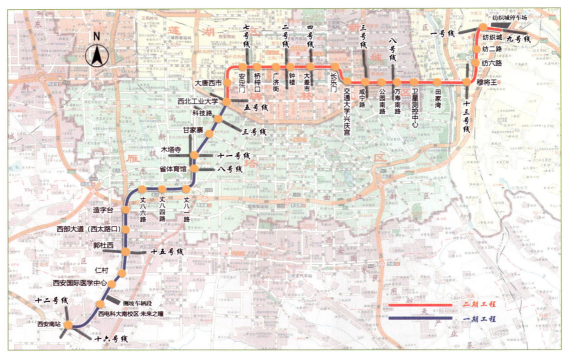

图8-38-1　西安轨道交通6号线二期走向示意图

75项单位工程及项目工程的验收，为项目按期通车奠定了坚实基础。

（西咸新区轨道交通投资建设有限公司）

【新工艺工法】

（1）2号线二期场段新增列检作业管控系统，实现列检作业计划自动生成、作业手续办理无纸化、作业质量管控及评价等功能，解决现场人工制定作业计划效率低下、列检作业质量完全依赖作业人员素质等痛点问题。并且开展全阶段全专业全站点BIM设计，BIM正向设计探索，并基于BIM模型开展管线迁改、管线综合、碰撞检查、工程量统计、客流模拟、倾斜摄影、可视化交底、何家营站暗挖4D虚拟建造等新技术应用，优化设计方案，保证施工工期，降低工程成本，为城市轨道交通从建设到运维全生命周期管理打下基础。

（2）1号线三期秦都站-宝泉路区间下穿徐兰高铁。通过采取增大地铁线间距、下压地铁线路避开高铁路基CFG桩、地面袖阀管注浆、盾构克泥效注浆、管片工后径向注浆、自动化监测、设置盾构掘进试验段、铁路限速等综合措施，全面保障下穿施工过程中铁路的安全运营。中华西路站～安谷路站区间下穿渭河，针对下穿段地层为富水砂层、高水压的特点，采用泥水平衡式盾构施工，保证盾构安全穿越渭河；针对渭河河床下设置联络通道，通道埋深大，地层地下水力联系强且无法降水的问题，采用冻结法施工降低施工风险，保证施工安全。

（3）15号线一期在细柳站和樱花广场站试点应用装配式站台板、站内及附属楼梯等装配式技术，缩短施工工期。

（4）10号线一期杏渭路站-水流路站高架区间上跨转体桥成功跨越国铁运营线路。在绳刘村站、1号线三期珠泉路停车场开展绿色车站和海绵城市专项设计试点，在15号线一期府君庙村站-祝村站区间试点应用"盾构通过+扩挖成型"技术。

（5）8号线出入段线接东月路站采用自主研发的分体式模板台车技术，攻克双侧壁导坑法隧道不拆撑施做二衬的难题。实现分体行走，合体浇筑。施工工效等同于全断面台车，降低大断面隧道临时支撑拆除的风险，技术经济效益明显。

苏王村站-王家坟站区间采用盾构工法穿越f2、f3地裂缝，结合《西安地铁盾构法穿越地裂缝应对措施研究》科研成果进行试点应用，节约直接工程费约4200万元，降低大断面暗挖施工风险及暗挖穿越铁路和华清路下大直径管线的施工风险，并形成盾构穿越地裂缝成套关键技术。

（西安市轨道交通集团有限公司）

（6）地铁16号线科统六路站-上林路站区间联络通道首次采用冻结法施工，有效规避了富水砂层联络通道施工易坍塌的风险，缩短施工工期，为全线按期轨通奠定基础。

（西咸新区轨道交通投资建设有限公司）

39 甘肃省兰州市

【概况】

兰州市城市轨道交通工程建设由兰州市轨道交通有限公司承担。

2022年，兰州城市轨道交通建设项目1个，共9.1公里，9座车站。为续建项目（2号线一期工程）。完成车站开工9座（轨道交通2号线一期工程），车站封顶9座（轨道交通2号线一期工程），轨道铺设22.8公里。完成投资61.5亿元。1个项目共9.1公里（轨道交通2号线一期工程）主体结构贯通。（表8-39-1）

至2022年底，兰州轨道交通建成线路有1条（轨道交通1号线），总线路长度25.9公里，车站总数20座。

【项目管理】

深入贯彻"百年大计，质量至上"质量管理理念，健全质量管理制度，全面落实公司"监管"、子分公司"主管"的两级质量管理责任。常态开展在建项目质量巡查和工程质量专项检查，通过限期闭环整改加强质量过程管控，在建工程突出质量问题得到有效整治。持续开展质量培训、质量观摩、"质量月"、QC小组等各项质量管理活动，增强全员质量意识，推进质量标准化建设。制定公司和子分公司两级质量管理考核指标，严格落实季度质量综合检查考核，公司范围内建设工程质量品质稳步提升。

（兰州市轨道交通有限公司　胡相龙）

2022年兰州市城市轨道交通在建项目汇总表　　　　表8-39-1

序号	线路名称	起讫点	线路长度（公里）	车站数（座）	开工时间（年月）	预计通车时间（年）	工程建设情况	重点工程节点
1	2号线一期	东方红广场－雁北路	9.1	9	2016.05	2023	续建	盾构区间全线贯通，主体结构全部完成
	合计		9.1	9				

40 甘肃省天水市

【概况】

天水市城市轨道交通工程建设由天水通号有轨电车有限责任公司、天水有轨电车有限责任公司承担。

2022年，天水市轨道交通建设项目1个，共21.5公里，19座车站。为续建项目（有轨电车示范线二期）完成

投资20.3亿元。（表8-40-1）

至2022年底，天水市轨道交通建成线路有1条（有轨电车示范线一期），总线路长度12.9公里，车站总数12座。

（天水通号有轨电车有限责任公司　董阳阳）

2022年天水市城市轨道交通在建项目汇总表　　　　表8-40-1

序号	线路名称	起讫点	线路长度（公里）	车站数（座）	开工时间（年月）	预计通车时间（年）	工程建设情况	重点工程节点
1	有轨电车示范线（二期）	天水三中－颍川河西路	21.5	19	2020.12	2024	续建	
	合计		21.5	19				

41 新疆维吾尔自治区乌鲁木齐市

【概况】

乌鲁木齐城市轨道交通工程建设由乌鲁木齐城市轨道集团有限公司承担。

2022年，乌鲁木齐轨道交通建设项目1个，共19.4公里，16座车站。为续建项目（2号线一期）。完成车站开工10座（2号线一期），车站封顶8座（2号线一期）。完成投资6.9亿元。（表8-41-1）

至2022年底，乌鲁木齐市轨道交通建成线路有1条（1号线），总线路长度27.6公里，车站总数21座。

（乌鲁木齐城市轨道交通集团有限公司 郭浩杰）

【项目管理】

（1）精心组织、科学安排、统筹计划管理

梳理项目前置条件，综合考虑制约因素影响，修编一级节点计划并制定2022年度投资计划目标。全力以赴抓好疫情防控的同时，全力推进复工复产。通过每月调度例会及现场协调会，全面了解计划节点执行情况，及时分析节点滞后原因，加强协调联动确保工程有序推进。联合项目公司及各参建单位全力推进前期工作，配合政府做好征拆工作。通过加强内部组织与管理，强化外部沟通与协调，提升计划落实力，及时跟踪综合计划、专项计划、一级节点计划执行情况，及时发布工期预警，督促纠偏措施落实情况，确保年度目标及总体目标实现。

（2）固定资产投资统计管理再上新台阶

连续多年获得乌鲁木齐市头屯河区人民政府颁发的"固定资产投资突出贡献企业"奖项，保障工程建设固定资产投资数据科学统计，真实、及时上报，固定资产投资统计管理日趋专业化，精细化管理进一步提高。

（3）安全质量管理水平稳步提升

2022年，乌鲁木齐城市轨道集团有限公司全面落实新《安全生产法》，持续健全安全质量管理体系和机制，抓参建各方安全质量主体责任落实；以安全大检查、打非治违、扬尘治理、创城、防疫等专项工作为抓手，不断改善工程建设安全质量管理环境，强化安全管理措施落实和实体质量控制，全年在施工程安全形势基本稳定，疫情防控措施高标准落实。

（乌鲁木齐城市轨道交通集团有限公司 孙婷）

2022 年乌鲁木齐城市轨道交通在建项目汇总表　　　　　　表 8-41-1

序号	线路名称	起讫点	线路长度（公里）	车站数（座）	开工时间（年月）	预计通车时间（年）	工程建设情况	重点工程节点
1	2号线一期	南门站－华山街	19.4	16	2015.11	2025	续建	至2022年底，土建工程车站主体结构封顶率80%，区间主体结构洞通率75%
	合计		19.4	16				

九
运营服务

2022年，全国城市轨道交通新增南平、金华、南通、台州、黄石5座城市，新增运营线路长度1080.6公里，运营里程总规模达10287.5公里。全年累计客运量193.0亿人次，进站量116.6亿人次，客运周转量1584.4亿人公里。平均客运强度0.38万人次/公里日。平均旅行速度36.5公里/小时，线路高峰小时平均最小发车间隔为269秒。平均运营服务时长17.0小时/日。

在本篇中，共有47个城市的60个运营企业参编，占55座已开通城市轨道交通城市的85.45%。运营线路规模最大的城市为上海：830.8公里（不含有轨电车和市域铁路），年客运量最大的城市为广州：23.58亿人次，断面客流最大的线路为北京6号线：6.1万人次/小时，线网最长服务时间的线路为北京4号线：20小时9分。

1 北京市地铁运营有限公司

【概况】

至2022年底，北京市城市轨道交通16条运营线路由北京市地铁运营有限公司管理，总运营里程537.6公里，总运营车站328座，网络换乘站69座。从事既有运营线路运营维护的职工总数32383人，司机总数4031人。

2022年运送乘客180436.3万人次，占全市公共交通出行量的比重45.6%。全年线网日均客运量494.3万人次/日，其中线网日均进站量270.6万人次/日，单日最高日客运量达到838.5万人次/日（2022年1月7日），线网日均客运周转量4738.5万人次公里/日。

2022年线网实际开行列次250.5万列次，线网运营车公里50408.8万车公里，高峰时段最小行车间隔105秒，运营总能耗158522.0万千瓦时。采用里程计价，加价递远递减：6公里（含）内3元；6公里至12公里（含）4元；12公里至22公里（含）5元；22公里至32公里（含）6元；32公里以上部分，每增加1元可乘坐20公里。全年实现运营票款收入423819.0万元，比上年下降24.0%。（图9-1-1）

2022年度主要运营指标完成情况见表9-1-1、表9-1-2。

（北京市地铁运营有限公司 郭甜甜）

【重大活动保障】

北京地铁发挥首都国企的责任意识与和关键担当，认真贯彻落实中央和北京市政府的要求部署，成立北京2022年冬奥会和冬残奥会、二十大服务保障领导小组及7个专项工作组，以"时时放心不下"的责任感和"事事落实到位"的执行力，制定安全服务保障总体方案和各类专项应急处置预案，细化时间表、路线图，做好"七个及早"准备，强化"全时段响应、全过程调度、全环节处置"的高效指挥调度。战时保障阶段，精准对接冬奥赛事安排和二十大会期安排，完善运营保障方案和客运组织方案，减少乘客出行影响，实现重大活动与社会面运输和谐共行。重大活动期间，共加开临客146列，发动1.8万人次志愿者协助保障，实现"疫情防控不破防、安全稳定不出事、社情舆情不冒泡"的目标，重大活动保障能力持续提升。

北京城市轨道交通运营线路年度基础数据统计表　　　　表 9-1-1

序号	运营线路名称	系统制式	车辆制式	列车编组（辆）	运营里程（公里）				运营车站数（座）	换乘车站数（座）	车辆基地/场/段数（座）	首班车时间	末班车时间	线路运营时间	运营单位
					总里程	地下	地面	高架							
1	1-八通线	地铁	B	6	55.0				36	9	3	4:57	23:33	18小时36分钟	运营二分公司
2	2号线	地铁	B	6	23.0				18	12	1	5:04	23:00	17小时56分钟	运营三分公司
3	5号线	地铁	B	6	28.0				23	11	2	5:00	23:11	18小时11分钟	运营一分公司
4	6号线	地铁	B	8	53.0				33	11	2	4:47	23:36	18小时49分钟	运营一分公司
5	7号线	地铁	B	8	41.0				30	9	2	5:10	23:15	18小时5分钟	运营一分公司
6	8号线	地铁	B	6	51.6				34	10	2	4:40	23:02	18小时22分钟	运营三分公司
7	9号线	地铁	B	6	17.0				13	8	1	5:00	23:19	18小时19分钟	运营二分公司
8	10号线	地铁	B	6	57.0				45	21	3	4:31	23:46	19小时15分钟	运营三分公司
9	11号线	地铁	A	4	2.5				3	1	0	6:00	22:11	16小时11分钟	运营二分公司
10	13号线	地铁	B	6	41.0				17	4	1	5:00	23:55	18小时55分钟	运营三分公司
11	15号线	地铁	B	6	43.0				20	4	2	4:55	23:18	18小时23分钟	运营四分公司
12	昌平线	地铁	B	6	32.5				13	3	2	5:05	23:40	18小时35分钟	运营四分公司

北京城市轨道交通运营线路年度基础数据统计表（续前表）　　表 9-1-1

序号	运营线路名称	系统制式	车辆制式	列车编组（辆）	运营里程（公里）				运营车站数（座）	换乘车站数（座）	车辆基地/场/段数（座）	首班车时间	末班车时间	线路运营时间	运营单位
					总里程	地下	地面	高架							
13	房山线	地铁	B	6	30.0				16	4	1	5:01	23:15	18小时14分钟	运营二分公司
14	机场线	地铁	直线电机	4	29.8				5	3	1	5:56	23:10	17小时14分钟	京城地铁
15	亦庄线	地铁	B	6	23.0				14	3	1	5:20	23:20	18小时	运营一分公司
16	S1线	地铁	中低磁浮	6	10.2				8	2	1	5:25	23:33	18小时8分钟	运营二分公司
	合计				537.6				328	69	25				

北京城市轨道交通运营线路年度运营数据统计表　　表 9-1-2

序号	运营线路名称	客运量（万人次）	进站量（万人次）	客运周转量（万人次公里）	最大断面客流量（万人次/时）	配属列车数（列）	运营车公里（万车公里）	日均实际开行列次（列次）	最小发车间隔（秒）	旅行速度（公里/时）	牵引能耗（万千瓦时）	运营总能耗（万千瓦时）
1	1-八通线	20139.9	12705.4	204033.2	4.2	112	5863.7	593.1	105	34.3	11403.0	18121.0
2	2号线	14140.2	6789.2	69905.3	2.2	50	2423.5	461.0	120	33.6	4576.7	7864.5
3	5号线	18395.3	9634.6	152361.1	4.4	61	3131.0	511.3	120	32.6	6910.9	11839.7
4	6号线	21309.2	12469.6	254971.5	6.1	84	7262.1	531.2	105	38.2	13036.7	22547.8
5	7号线	10945.4	6262.9	88949.8	2.3	68	4025.8	415.7	180	35.9	6789.3	15229.3
6	8号线	12560.4	7017.9	127504.0	2.8	111	4170.4	450.3	120	34.1	7592.8	14458.7
7	9号线	9402.6	3826.8	55972.1	3.4	38	1834.3	493.2	120	30.7	2515.9	4940.2
8	10号线	34129.4	17276.5	287342.6	5.0	116	6360.9	619.5	105	32.9	9947.6	20544.9
9	11号线	37.7	22.5	42.5	0.2	3	112.0	263.6	510	26.9	364.8	1382.1
10	13号线	13126.0	6835.8	137248.7	3.4	56	4047.8	502.1	150	42.2	5401.4	7463.5
11	15号线	8775.2	5222.1	126686.0	2.9	36	3144.8	390.5	199	43.0	5825.8	9503.3
12	昌平线	5967.9	4032.9	84657.3	3.5	54	2798.7	431.0	150	47.6	5244.9	7724.3
13	房山线	5339.6	2915.9	80068.2	3.9	44	2399.8	470.6	120	43.4	4113.6	6730.2
14	首都机场线	166.0	166.0	3840.3	0.1	23	1563.9	169.1	780	58.1	2424.2	4692.4
15	亦庄线	4853.7	2926.2	49126.8	1.8	15	707.4	307.9	190	40.0	1330.8	2417.2
16	S1线	1147.8	664.6	6826.9	1.0	10	562.7	253.7	310	31.1	2241.2	3062.9
	合计	180436.3	98768.9	1729536.3		881	50408.8				89719.6	158522.0

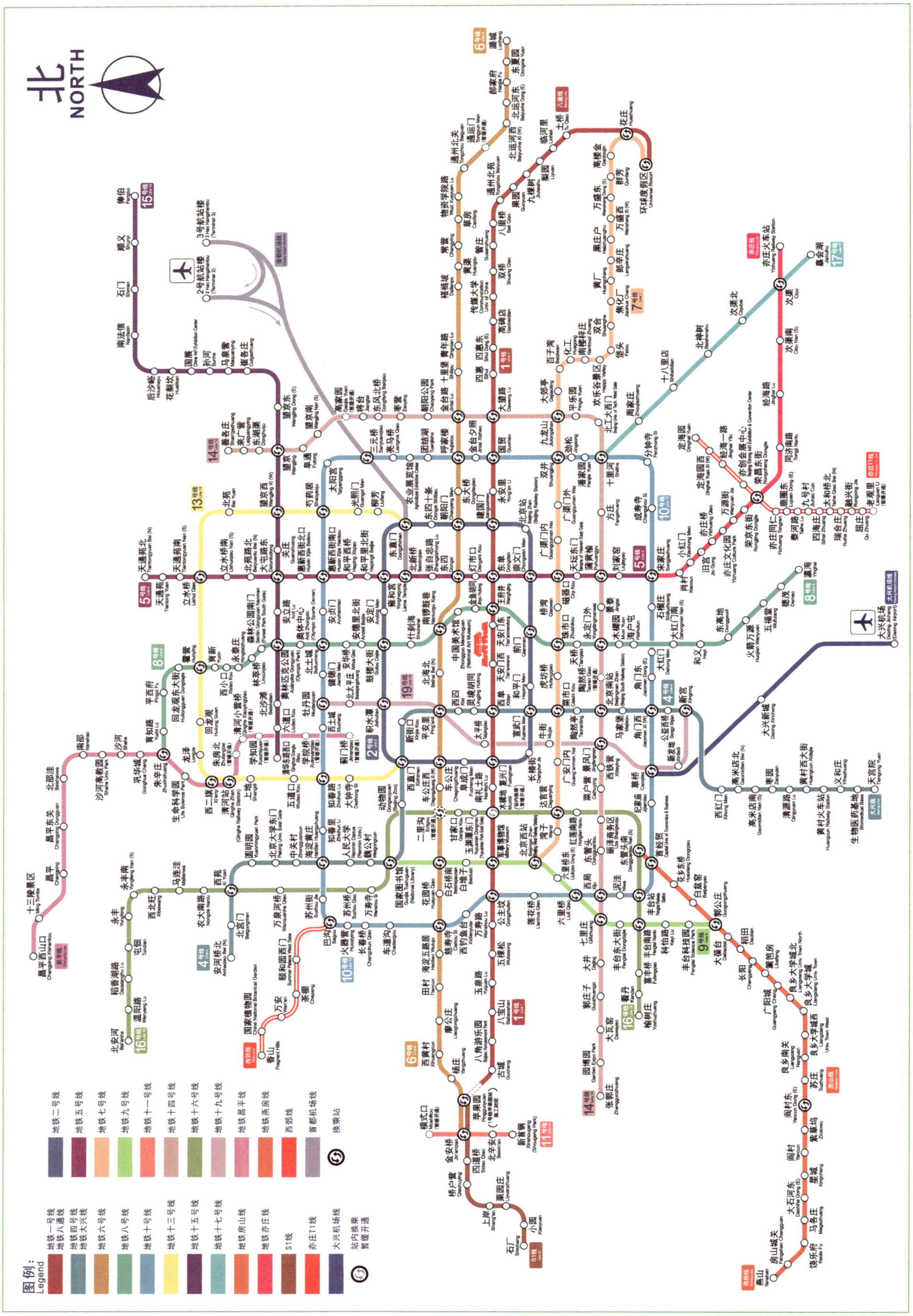

图 9-1-1 北京城市轨道交通运营网络示意图

2 北京市轨道交通运营管理有限公司

【概况】

至2022年底，北京市城市轨道交通3条运营线路由北京市轨道交通运营管理有限公司管理，总运营里程72.4公里，总运营车站22座，网络换乘站7座，从事既有运营线路运营维护的职工总数2498人，司机总数266人。

2022年运送乘客2960.6万人次，比上年增长83.5%。全年线网日均客运量8.1万人次/日，其中线网日均进站量5.5万人次/日，单日最高日客运量达到17.7万人次/日（2022年9月30日），线网日均客运周转量111.0万人次公里/日。

2022年线网实际开行列次29.7万列次，线网运营车公里4601.8万车公里，高峰时段最小行车间隔300秒（图9-2-1）。

2022年度主要运营指标完成情况见表9-2-1、表9-2-2。

【全自动运行概览】

至2022年底，北京开通运营的城市轨道交通全自动运行线路3条，分别为19号线、燕房线和大兴机场线，总运营里程72.4公里，总运营车站22座。

19号线2021年12月31日开通全自动运行，列车运行的自动化等级为GoA4，最高运行速度100公里/小时，定员数2064人；运营和维护保障采用分散管理模式；信号供应商为交控科技，车辆供应商为中车长客/中车四方。

燕房线2017年12月30日开通全自动运行，列车运行的自动化等级为GoA4，最高运行速度80公里/小时，定员数960人；运营和维护保障采用分散管理模式；信号供应商为交控科技，车辆供应商为中车长客。

大兴机场线2019年9月26日开通全自动运行，列车运行的自动化等级为GoA4，最高运行速度120公里/小时，定员数910人/列（8编组）、503人/列（4编组）；运营和维护保障采用分散管理模式；信号供应商为交控科技，车辆供应商为中车四方。

（北京市轨道交通运营管理有限公司）

北京市城市轨道交通（北京轨道）运营线路年度基础数据统计表 表 9-2-1

序号	运营线路名称	系统制式	车辆制式	列车编组（辆）	运营里程（公里）				运营车站数（座）	换乘车站数（座）	车辆基地/场/段数（座）	首班车时间	末班车时间	线路运营时间	运营单位
					总里程	地下	地面	高架							
1	19 号线	地铁	A	8	20.8	20.8			10	6	1	5:30	23:25	17 小时 55 分钟	北京市轨道交通运营管理有限公司
2	燕房线	地铁	B	4	13.3			13.3	9	1	1	5:05	22:55	17 小时 50 分钟	北京市轨道交通运营管理有限公司
3	大兴机场线	市域快轨	D	4/8	38.3	19.5	2.6	16.2	3	1	1	6:00	23:00	17 小时	北京市轨道交通运营管理有限公司
	合计				72.4	40.3	2.6	29.5	22	7	3				

北京市城市轨道交通（北京轨道）运营线路年度运营数据统计表 表 9-2-2

序号	运营线路名称	客运量（万人次）	进站量（万人次）	客运周转量（万人次公里）	最大断面客流量（万人次/时）	配属列车数（列）	运营车公里（万车公里）	日均实际开行列次（列次）	最小发车间隔（秒）	旅行速度（公里/时）	牵引能耗（万千瓦时）	运营总能耗（万千瓦时）
1	19 号线	1930.6	1187.2	21619.0	1.5	25	1788.3	297.9	360	44.9	3676.6	7051.7
2	燕房线	608.0	400.5	4778.2	0.4	16	575.3	289.5	300	36.8	1221.6	2243.2
3	大兴机场线	422.0	420.6	14199.0	0.2	12	2238.2	240.8	480	110.1	4115	6950.7
	合计	2960.6	2008.4	40596.2		53	4601.8	828.1			9013.2	16245.5

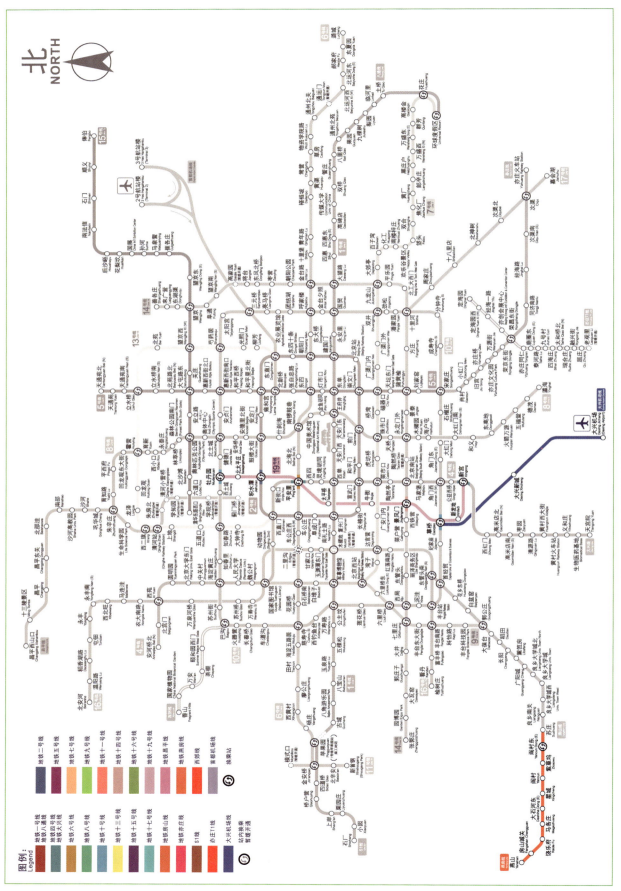

图 9-2-1 北京市城市轨道交通（北京轨道）运营网络示意图

3 北京京港地铁有限公司

【概况】

至2022年底，北京市城市轨道交通5条运营线路由北京京港地铁有限公司管理，总运营里程162.8公里，总运营车站100座，网络换乘站31座，从事既有运营线路运营维护的职工总数8456人，司机总数938人。

2022年运送乘客42333.8万人次，比上年下降24.9%。全年线网日均客运量116.0万人次/日，其中线网日均进站量63.2万人次/日，单日最高日客运量达到195.7万人次/日（2022年1月7日），线网日均客运周转量1078.5万人次公里/日。

2022年线网实际开行列次59.0万列次，线网运营车公里13512.9万车公里，高峰时段最小行车间隔120秒，运营总能耗43594.2万千瓦时。（图9-3-1）

2022年度主要运营指标完成情况见表9-3-1、表9-3-2。

【圆满完成冬奥会运输服务】

2月4日至20日冬奥会期间，北京京港地铁有限公司所辖各线路累计客运量2128.76万人次。该公司通过制定、实施运输保障工作方案，开展无障碍设施优化改造项目，确保冬奥会期间各项设备设施运转状态良好，各线路运营安全、平稳、有序，圆满完成2022年冬奥会保障任务，并获北京市冬奥组委颁发的"交通服务保障企业"称号。

【持续创新行车组织方式】

4-大兴线在行业内创新交路设计理念并在生产中实践"复合交路"。通过动态调整高峰时段内的交路组织方式，精细化匹配区段运力运量。一方面，将作为郊区线路的大兴线带入2分时代的同时，最大程度缓解长大线路的"前端滞留"，取消常态化限流；另一方面，在线路达到图定运行间隔上限时再投放临客缓解大客流的压力下，确保了行车秩序的顺畅并取得显著效果。同时，助力北京夜经济活力，兼顾14号线区段客流不均衡的特征，在周五、六通过增加"经济带小交路"的运营组织方式，实现双向延长运营，最大程度为夜间经济活跃度较高的区域提供交通服务保障。

【多措并举做好防疫工作】

2022年，北京京港地铁有限公司科学统筹协调轨道交通运营和疫情防控的关系，积极履行防疫责任，优化调整消毒通风、运营服务、人员风险排查及管控、健康监测、核酸检测、"健康驿站"运转等多项措施，研究建立"C队"（Clean Team）人员保障方案，坚守"轨道交通不停运"的底线，尽最大努力保护乘客和工作人员的健康安全、最大限度减少疫情对运营的影响，完成北京2022年冬奥会、冬残奥会、二十大等重大活动的各项运输服务保障工作，为乘客提供安全便捷的出行服务。

（北京京港地铁有限公司）

北京市城市轨道交通（京港地铁）运营线路年度基础数据统计表　　表9-3-1

序号	运营线路名称	系统制式	车辆制式	列车编组（辆）	运营里程（公里）				运营车站数（座）	换乘车站数（座）	车辆基地/场/段数（座）	首班车时间	末班车时间	线路运营时间	运营单位
					总里程	地下	地面	高架							
1	4号线	地铁	B	6	28.0	27.0	1.0		24	10	2	4:58	01:07	20小时9分钟	京港地铁
2	14号线	地铁	A	6	50.8	45.8		5.0	33	11	2	4:55	00:37	19小时42分钟	京港地铁
3	16号线	地铁	A	8	46.2	46.2			25	7	1	5:10	23:57	18小时47分钟	京港地铁
4	17号线	地铁	A	8	15.8	15.8			7	2	1	5:30	22:51	17小时21分钟	京港地铁
5	大兴线	地铁	B	6	22.0	17.0	1.0	4.0	11	1	1	5:05	23:59	18小时54分钟	京港地铁
	合计				162.8	151.8	2.0	9.0	100	31	7				

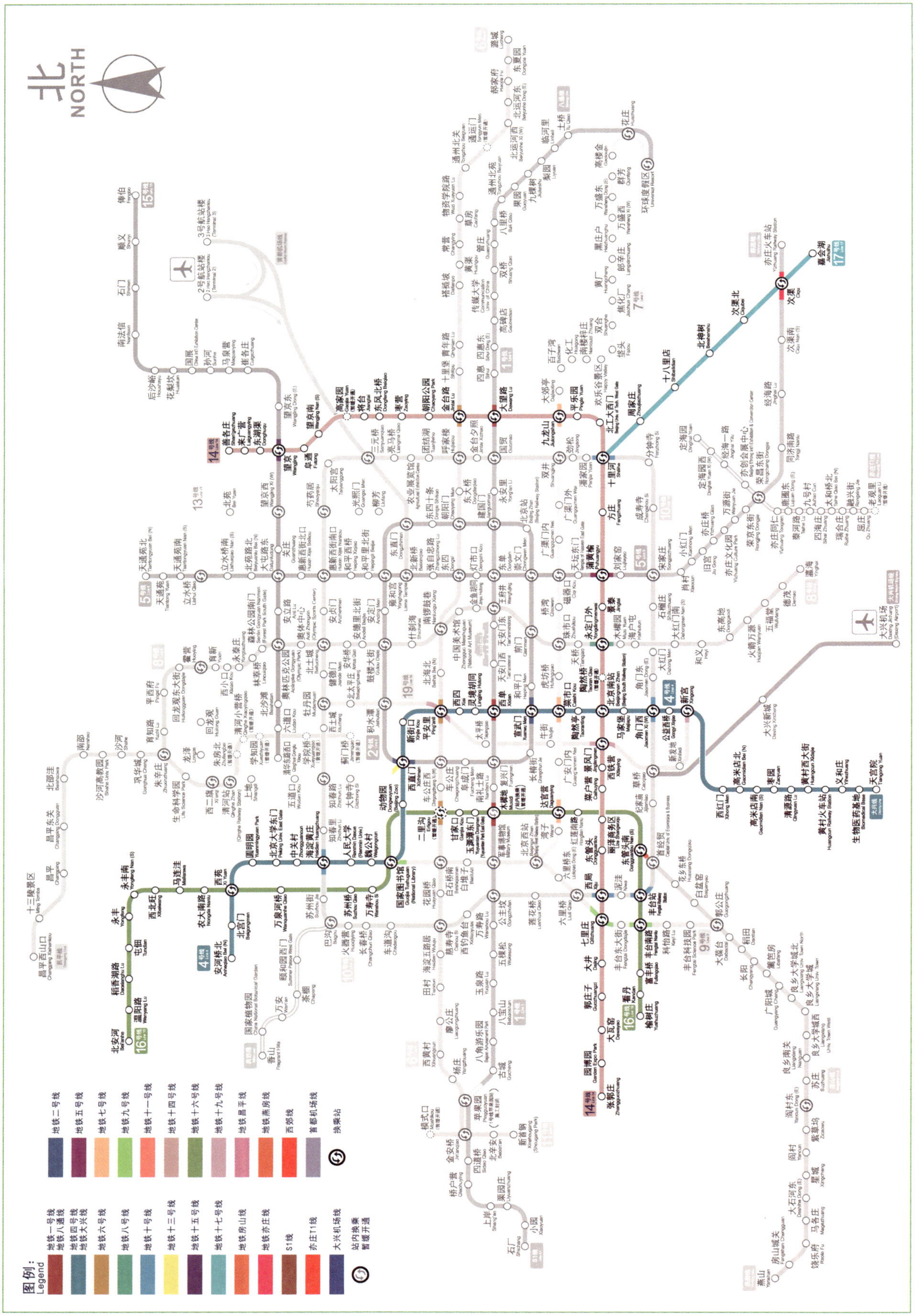

北 NORTH

图例：
Legend：

地铁一号线
地铁八通线
地铁四号线大兴线
地铁六号线
地铁八号线
地铁十号线
地铁十三号线
地铁十五号线
地铁十七号线
地铁房山线
地铁亦庄线
S1线
亦庄T1线

地铁二号线
地铁五号线
地铁大兴机场线
地铁七号线
地铁九号线
地铁十一号线
地铁十四号线
地铁十六号线
地铁十九号线
地铁昌平线
地铁燕房线
西郊线
首都机场线
换乘站

站内换乘
暂缓开通
大兴机场换乘

图 9-3-1 北京市城市轨道交通（京港地铁）运营网络示意图

序号	运营线路名称	客运量（万人次）	进站量（万人次）	客运周转量（万人次公里）	最大断面客流量（万人次/时）	配属列车数（列）	运营车公里（万车公里）	日均实际开行列次（列次）	最小发车间隔（秒）	旅行速度（公里/时）	牵引能耗（万千瓦时）	运营总能耗（万千瓦时）
1	4-大兴线	21193.1	11408.8	205724.7	5.5	86	5673.9	592.0	120	35.1	9880.8	16498.9
2	14号线	16321.6	8681.8	133833.0	3.7	63	4081.7	463.0	180	32.1	7475.3	13149.8
3	16号线	3700.4	2437.2	43528.6	1.4	38	2502.4	273.0	360	34.9	4786.0	8828.6
4	17号线	1118.8	522.8	10567.2	0.7	18	1254.8	289.0	360	45.2	2879.2	5116.8
	合计	42333.8	23050.7	393653.5		205	13512.9				25021.4	43594.2

4 北京公交有轨电车有限公司

【概况】

至2022年底，北京市城市轨道交通2条运营线路由北京公交有轨电车有限公司管理，总运营里程20.8公里，总运营车站20座，网络换乘站2座，从事既有运营线路运营维护的职工总数471人，司机总数88人。

2022年运送乘客568.6万人次，比上年下降7.4%。全年线网日均客运量1.6万人次/日，其中线网日均进站量1.6万人次/日，单日最高日客运量达到7.5万人次/日（2022年4月4日），线网日均客运周转量10.9万人次公里/日。

2022年线网实际开行列次15.13万列次，线网运营车公里204.6万车公里，高峰时段最小行车间隔240秒。采用按里程计，票价最低3元，最高4元。（图9-4-1）

2022年度主要运营指标完成情况见表9-4-1、表9-4-2。

【西郊线及亦庄T1线开启多码合一】

5月31日起，为配合疫情防控工作，西郊线和亦庄T1线站台陆续开通"多码合一"工作。北京公交有轨电车有限公司下发《有轨电车公司乘车防疫核验票务服务业务保

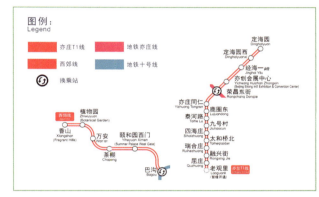

图 9-4-1　北京市城市轨道交通（北京公交）运营网络示意图

障方案》，参与轨道交通指挥中心业务规则修订，并配合完成相关测试工作，确保"多码合一"工作顺利上线。

【亦庄T1线最短单程点达到45分】

7月，亦庄T1线完成第一次提速工作，首末三班12组列车行车单程点从49分钟缩短至45分钟。

（北京公交有轨电车有限公司）

北京市城市轨道交通（北京公交）运营线路年度基础数据统计表　　　　表 9-4-1

序号	运营线路名称	系统制式	车辆制式	列车编组（辆）	运营里程（公里）				运营车站数（座）	换乘车站数（座）	车辆基地/场/段数（座）	首班车时间	末班车时间	线路运营时间	运营单位
					总里程	地下	地面	高架							
1	西郊线	有轨电车	有轨电车	5模块	8.9	2.3	6.5	0.1	6	1	1	5:30	22:30	17小时	西郊线分公司
2	亦庄T1线	有轨电车	有轨电车	5模块	11.9		11.9		14	1	1	6:00	22:00	16小时	北京亦庄公交有轨电车有限责任公司
	合计				20.8	2.3	18.4	0.1	20	2	2				

北京市城市轨道交通（北京公交）运营线路年度运营数据统计表   表 9-4-2

序号	运营线路名称	客运量（万人次）	进站量（万人次）	客运周转量（万人次公里）	最大断面客流量（万人次/时）	配属列车数（列）	运营车公里（万车公里）	日均实际开行列次（列次）	最小发车间隔（秒）	旅行速度（公里/时）	牵引能耗（万千瓦时）	运营总能耗（万千瓦时）
1	西郊线	518.9	518.9	3730.6	0.6	31	138.7	280.0	240	24.5		
2	亦庄 T1 线	49.7	49.7	240.2		19	65.9	134.0	600	16.2		
	合计	568.6	568.6	3970.8		50	204.6					

5 天津轨道交通集团有限公司

【概况】

至2022年底，天津市城市轨道交通全网运营线路10条，总运营里程293.1公里，总运营车站195座，网络换乘站23座。

天津城市轨道交通10条运营线路分别由天津轨道交通运营集团有限公司、天津一号线轨道交通运营有限公司、神铁二号线（天津）轨道交通运营有限公司、天津三号线轨道交通运营有限公司、中铁（天津）轨道交通投资建设有限公司、中铁建（天津）轨道交通投资发展有限公司管理，从事既有运营线路运营维护的职工总数8534人，司机总数1492人。

2022年运送乘客31951.7万人次，比上年降低34.2%，占全市公共交通出行量的比重42.1%。全年线网日均客运量87.6万人次/日，其中线网日均进站量54.8万人次/日，单日最高日客运量达到157.6万人次/日（2022年1月7日），线网日均客运周转量628.7万人次公里/日。

2022年线网实际开行列次100.3万列次，线网运营车公里17361.3万车公里，高峰时段最小行车间隔180秒，运营总能耗61658.0万千瓦时。采用市区地铁区间计程票价、津滨轻轨9号线（中山门至东海路区段）里程计程票价、递远递减的多级票价政策，全年实现运营票款收入57795.3万元，比上年降低29.2%（图9-5-1）。

2022年度主要运营指标完成情况见表9-5-1、表9-5-2。

【全自动运行概览】

至2022年底，天津开通运营的城市轨道交通全自动运行线路1条，为6号线二期线，总运营里程12.8公里，总运营车站9座。

6号线二期2021年12月28日开通，列车运行的自动化等级为GoA4，最高运行速度80公里/小时，定员数1608人；运营和维护保障采用分散管理模式；信号供应商为交控科技，车辆供应商为中车长客。天津地铁6号线二期作为天津市的第一条全自动线路，充分借鉴全国各条全自动线路先进经验，高质量筹备开通初期运营。自运营以来，每公里人员配比为23人，旅行速度为35.74公里/小时，行车密度达到12对/时，列车运行兑现率和列车正点率保持在99.99%以上，设备设施可靠性均达到99.9%以上。采用有人值守的方式运营，并逐步探索司乘人员转为多职能队员、无人值守运营等方式。

【天津地铁建立多运营主体】

天津轨道交通成立线网管理公司，以轨道交通运营线路的统筹管理与发展为主业，集标准化服务、技术开发、技术咨询等业务于一体，发挥管理作用，加强轨道交通运营线路的标准化运行体系建设，构建一体化综合交通枢纽体系，为更好应对基于多运营主体的城市轨道交通线网管理要求，为天津市现代化高质量综合交通运输体系建设持续贡献力量。

【推行"五长联动"】

进一步健全天津轨道交通突发事件应对体系，天津轨道交通集团所属运营集团与公安、交警、街道等单位推行天津地铁"五长联动"动态应急管控机制，以"一预案+四机制"为依托，打造五长联动先行站、融合共享试验站，以点带面，辐射引领天津轨道交通全线网形成长效融合发展格局。

【首推"车站服务码"】

天津轨道交通集团所属运营集团于2022年初在4号线金街站、6号线水上公园东路站和9号线张贵庄站试点推出全国首创的"车站服务码"服务沟通平台，创新建立"零距离"在线互动机制，搭建指尖沟通"新阵地"，并于12月初在5、6、9、10号线各站全面推广，改善广大乘客出行体验。

（天津轨道交通集团有限公司）

天津市城市轨道交通运营线路年度基础数据统计表　　　　表 9-5-1

序号	运营线路名称	系统制式	车辆制式	列车编组（辆）	运营里程（公里）				运营车站数（座）	换乘车站数（座）	车辆基地/场/段数（座）	首班车时间	末班车时间	线路运营时间	运营单位
					总里程	地下	地面	高架							
1	1号线	地铁	B	6	40.7	33.0		7.7	27	4	2	6:00	23:58	17小时58分钟	天津一号线轨道交通运营有限公司
2	2号线	地铁	B	6	27.1	26.4	0.7		20	4	2	6:00	23:43	17小时43分钟	神铁二号线（天津）轨道交通运营有限公司
3	3号线	地铁	B	6	33.6	22.1	0.8	10.7	26	5	2	6:00	23:54	17小时54分钟	天津三号线轨道交通运营有限公司
4	4号线南段	地铁	B	6	19.1	19.1			14	3	1	6:00	22:58	16小时58分钟	中铁（天津）轨道交通投资建设有限公司
5	5号线	地铁	B	6	34.8	34.4	0.4		27	8	2	6:00	23:33	17小时33分钟	运营集团
6	6号线	地铁	B	6	43.7	42.3		1.4	38	7	2	6:00	23:45	17小时45分钟	运营集团
7	6号线二期（渌－咸段）	地铁	A	6	12.8	12.8			9	1	1	6:00	22:40	16小时40分钟	中铁建（天津）轨道交通投资发展有限公司
8	9号线	轻轨	B	4	52.2	5.9	6.1	40.2	21	1	2	6:00	23:59	17小时59分钟	运营集团
9	10号线	地铁	B	6	21.2	21.2			21	1	1	6:00	23:12	17小时12分钟	天津轨道交通运营集团有限公司
10	有轨电车	有轨电车		3	7.9			7.9	14		1	9:00	16:00	7小时	运营集团
	合计				293.1	217.2	15.9	60.0	195	23	12				

天津城市轨道交通运营线路年度运营数据统计表　　　　表 9-5-2

序号	运营线路名称	客运量（万人次）	进站量（万人次）	客运周转量（万人次公里）	最大断面客流量（万人次/时）	配属列车数（列）	运营车公里（万车公里）	日均实际开行列次（列次）	最小发车间隔（秒）	旅行速度（公里/时）	牵引能耗（万千瓦时）	运营总能耗（万千瓦时）
1	1号线	7035.7	4875.2	47267.2	1.6	44	3045.2	375.0	210	32.1	4390.8	10005.2
2	2号线	4690.9	2804.3	30297.3	0.8	27	1784.1	316.0	180	34.6	2968.8	6886.5
3	3号线	6024.2	3865.2	41218.6	1.4	31	2437.8	359.0	240	34.2	4442.7	8598.3
4	4号线南段	1976.1	740.0	11899.9	0.4	19	1514.8	357.0	270	33.7	1711.2	4868.2
5	5号线	4341.8	2270.0	26304.7	1.2	31	2271.6	305.0	270	34.3	2885.1	8751.4
6	6号线	4650.8	2877.6	29953.0	0.8	45	2964.9	329.0	240	33.6	4350.5	12683.4
7	6号线二期	585.4	252.4	4976.3	0.2	15	935.4	354.0	300	36.6	1428.1	3610.9
8	9号线	2589.5	2260.4	37263.7	0.8	38	2234.1	334.0	240	49.0	3886.3	5467.0

天津城市轨道交通运营线路年度运营数据统计表（续前表）　　　　　　表 9-5-2

序号	运营线路名称	客运量（万人次）	进站量（万人次）	客运周转量（万人次公里）	最大断面客流量（万人次/时）	配属列车数（列）	运营车公里（万车公里）	日均实际开行列次（列次）	最小发车间隔（秒）	旅行速度（公里/时）	牵引能耗（万千瓦时）	运营总能耗（万千瓦时）
9	10 号线	55.9	35.6	300.0	0.1	22	164.5	292.0	300	33.5	444.9	787.1
10	有轨电车	1.4	1.4			8	8.8	9.0	4800			
	合计	31951.7	19984.1	229480.7		280	17361.2				26508.4	61658.0

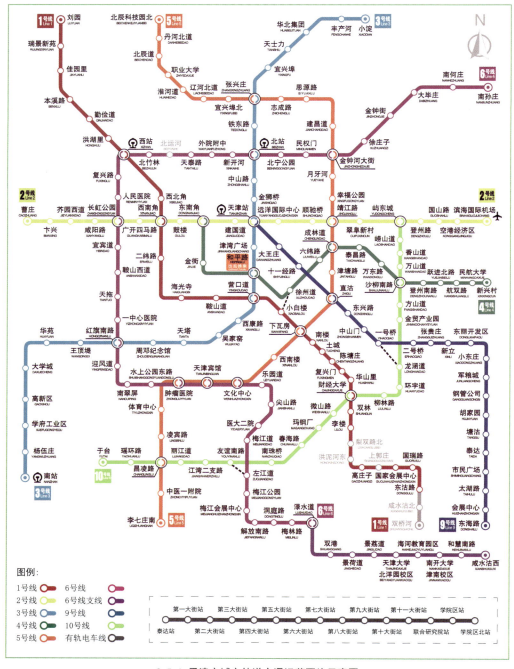

9-5-1 天津市城市轨道交通运营网络示意图

6 石家庄市轨道交通有限责任公司

【概况】

至2022年底，河北省石家庄市城市轨道交通全网运营线路3条，总运营里程74.3公里，总运营车站60座，网络换乘站3座。

石家庄市城市轨道交通3条运营线路均由石家庄市轨道交通集团有限责任公司管理，从事既有运营线路运营维护的职工总数4094人，司机总数387人。

2022年运送乘客8687.7万人次，比上年下降5.6%，占全市公共交通出行量的比重37.7%。全年线网日均客运量24.3万人次/日，其中线网日均进站量17.9万人次/日，单日最高日客运量达到43.9万人次/日（2022年8月22日），线网日均客运周转量105.7万人次公里/日。

2022年线网实际开行列次30.1万列次，线网运营车公里4430.0万车公里，高峰时段最小行车间隔300秒，运营总能耗20222.6万千瓦时。采用按里程分段计价，票价最低2元，最高7元，全年实现运营票款收入11314.6万元，比上年下降25%（图9-6-1）。

2022年度主要运营指标完成情况见表9-6-1、表9-6-2。

【探索二氧化碳空调运用】

与石家庄国祥运输设备有限公司共同合作，开展轨道交通车辆二氧化碳空调关键技术的研究与开发工作。基于石家庄3号线2期车辆，开发低GWP（全球变暖潜能值）绿色环保制冷剂二氧化碳空调并完成组装、试验验证及软件调试，于2022年1月11日开始正线运行，至年底运营超10个月，并完成空调系统一个制冷季的运用考核，整体表现稳定。

【开展服务质量专项提升行动】

开展服务专项提升活动12项，提高运营服务水平。在14座车站建设母婴室15个。开展"汽车限行日凭行驶证免费乘地铁""地铁站内购物免费乘车""2元畅享地铁"等系列优惠活动。在地铁车站增设无障碍乘车渡板，夏天空调季实施同车不同温，优化导向标识英文翻译等。积极开展人脸识别建设，部署人脸识别乘车系统建设工作。持续优化行车组织，对1、2号线工作日和双休日（节假日）共6套列车运行图进行调整，在首末班车时间不变的前提下，对不同线路换乘站的到站时间及发车时间进行优化。

【创新创效成果显著】

2022年依托"李芳斌创新工作室"创新成果平台，以工务、供电系统维护为载体，完成技术课题22项、实用新型专利16项、软著3项，并成立"故障件维修""故障工器具维修"小组开展"修旧利废、节约创效"活动。同时，各专业技术组按照公司技术课题计划完成技术课题8项。

（石家庄市轨道交通有限责任公司 马湘月）

石家庄市城市轨道交通运营线路年度基础数据统计表   表 9-6-1

序号	运营线路名称	系统制式	车辆制式	列车编组（辆）	运营里程（公里）				运营车站数（座）	换乘车站数（座）	车辆基地/场/段数（座）	首班车时间	末班车时间	线路运营时间	运营单位
					总里程	地下	地面	高架							
1	1号线	地铁	A	6	33.1	33.1			26	1	2	6:19	22:59	16小时40分钟	石家庄市轨道交通集团有限责任公司运营分公司
2	2号线	地铁	A	6	15.2	15.2			15	2	1	6:19	22:29	16小时10分钟	石家庄市轨道交通集团有限责任公司运营分公司
3	3号线	地铁	A	6	26.0	26.0			22	2	2	6:12	22:50	16小时38分钟	石家庄市轨道交通集团有限责任公司运营分公司
	合计				74.3	74.3			60	3	5				

石家庄市城市轨道交通运营线路年度运营数据统计表   表 9-6-2

序号	运营线路名称	客运量（万人次）	进站量（万人次）	客运周转量（万人次公里）	最大断面客流量（万人次/时）	配属列车数（列）	运营车公里（万车公里）	日均实际开行列次（列次）	最小发车间隔（秒）	旅行速度（公里/时）	牵引能耗（万千瓦时）	运营总能耗（万千瓦时）
1	1号线	4801.3	3811.4	26561.1	1.2	36	2137.9	325.1	300	33.6	4075.4	9333.1
2	2号线	1396.7	855.0	6095.9	0.5	18	827.0	254.4	390	30.6	1610.0	4375.7
3	3号线	2489.7	1710.0	5077.5	0.7	27	1465.1	263.8	390	33.2	2963.3	6513.8
	合计	8687.7	6376.4	37734.5		81	4430.0				8648.7	20222.6

图 9-6-1 石家庄市城市轨道交通运营网络示意图

7 太原市轨道交通发展有限公司

【概况】

至2022年底，山西省太原市城市轨道交通全网运营线路1条，总运营里程23.3公里，总运营车站22座，无换乘站。

太原市城市轨道交通1条运营线路由太原中铁轨道交通建设运营有限公司运营维护管理，从事既有运营线路运营维护的职工总数1301人，司机总数86人。

2022年运送乘客2886.5万人次，比上年下降26.4%，占全市公共交通出行量的比重9.3%。全年线网日均客运量7.9万人次/日，其中线网日均进站量7.9万人次/日，单日最高日客运量达到14.7万人次/日（2022年2月14日），线网日均客运周转量53.1万人次公里/日。

2022年线网实际开行列次94398列次，线网运营车公里1317.3万车公里，高峰时段最小行车间隔450秒，运营总能耗7943.9万千瓦时。采用按里程计、递远递减的多级票价，票价最低2元，最高6元，全年实现运营票款收入7900.0万元，比上年下降26.4%（图9-7-1）。

2022年度主要运营指标完成情况见表9-7-1、表9-7-2。

【全自动运行概览】

至2022年底，太原市开通运营的城市轨道交通全自动运行线路1条，为2号线一期，总运营里程23.3公里，总运营车站22座。

2号线一期2020年12月26日开通全自动运行，列车运行的自动化等级为GoA4，最高运行速度80公里/时，定员数55人；运营和维护保障采用集中管理模式；信号供应商为上海富欣智能交通控制有限公司，车辆供应商为中车大连机车车辆有限公司。

【全自动运行关键指标表现优异】

2022年，2号线列车早间自动唤醒成功率达到99.76%，列车晚间回库后自动休眠成功率达到100%，各项指标优于全自动运行的行业标准。

【运行图兑现率、准点率双百目标】

2号线全年无2分钟以上晚点发生，列车运行图兑现率和准点率均达到100%，优于行业标准。

【运营管理水平再上新台阶】

在2021年取得"三体系"认证和交通运输部安全生产标准化一级企业认证基础上，开展"提质强安、四标建设"工作。标准化车站建设，实行车站板块化、清单化、流程化、定置化管理；标准化班组建设，制定标准化流程

图 9-7-1 太原市城市轨道交通运营网络示意图

122项、巡视流程45个；标准化设施设备建设，完成标准化维护工艺卡195个、作业视频185个、应急流程94个；标准化业务流程建设，完成标准化业务流程146个、课件制作193个。通过"四标建设"，提升人员岗位技能、整体服务质量和管理效益。

（太原中铁轨道交通建设运营有限公司 张然）

太原市城市轨道交通运营线路年度基础数据统计表　　表 9-7-1

| 序号 | 运营线路名称 | 系统制式 | 车辆制式 | 列车编组（辆） | 运营里程（公里） | | | | 运营车站数（座） | 换乘车站数（座） | 车辆基地/场/段数（座） | 首班车时间 | 末班车时间 | 线路运营时间 | 运营单位 |
					总里程	地下	地面	高架							
1	2号线	地铁	A	6	23.3	23.3			22		1	6:00	22:00	16小时	太原中铁轨道交通建设运营有限公司
	合计				23.3	23.3			22		1				

太原市城市轨道交通运营线路年度运营数据统计表　　表 9-7-2

序号	运营线路名称	客运量（万人次）	进站量（万人次）	客运周转量（万人次公里）	最大断面客流量（万人次/时）	配属列车数（列）	运营车公里（万车公里）	日均实际开行列次（列次）	最小发车间隔（秒）	旅行速度（公里/时）	牵引能耗（万千瓦时）	运营总能耗（万千瓦时）
1	2号线	2886.5	2886.5	19395.9	0.6	24	1317.3	274.0	450	32.1	3100.2	7943.9
	合计	2886.5	2886.5	19395.9		24	1317.3				3100.2	7943.9

8 呼和浩特市城市轨道交通建设管理有限责任公司

【概况】

至2022年底，内蒙古自治区呼和浩特市城市轨道交通全网运营线路2条，总运营里程49.0公里，总运营车站44座，网络换乘站1座。

呼和浩特市城市轨道交通2条运营线路均由呼和浩特市地铁运营有限公司管理，从事既有运营线路运营维护的职工总数2533人，司机总数231人。

2022年运送乘客3307.8万人次，比上年下降38.5%，占全市公共交通出行量的比重21.4%。全年线网日均客运量10.1万人次/日，其中线网日均进站量8.2万人次/日，单日最高日客运量达到26.8万人次/日（2022年1月1日），线网日均客运周转量58.7万人次公里/日。

2022年线网实际开行列次13.3万列次，线网运营车公里2008.3万车公里，高峰时段最小行车间隔360秒，运营总能耗13826.3万千瓦时。采用按里程计、递远递减的多级票价，全年实现运营票款收入6562.3万元，比上年下降44.25%（图9-8-1）。

2022年度主要运营指标完成情况见表9-8-1、表9-8-2。

【"新速度 心服务"运营服务品牌】

完善便民服务措施，开发爱心雨伞借还小程序，升级地铁列车站点显示屏动态地图，打造开通"青春快线""双拥"2个主题车站和2列主题列车。

开展惠民服务活动。累计引入社会资金920万元，年内接入"中国农业银行"APP扫码购票渠道，推出10余次优惠活动补贴市民乘车。

为民服务持续保持高水平。12345"接诉即办"为民服务工作累计10个月响应率、解决率、满意率均为100%，综合成绩100分，在全市20家公共服务企业中位列第一位。

【智慧多元化支付体系】

2022年4月8日，呼和浩特地铁扫码购票"聚合码"正式接入"中国农业银行"APP渠道，乘客使用"中国农业银行"APP扫描自动售票机上的二维码便可购买单程票。乘坐地铁不仅可以使用"青城地铁"APP扫码购票、刷脸进站、刷码过闸，还可以使用微信、支付宝、"中国农业银行"APP扫码购票，互联网支付使用占比已达90%，智慧多元化出行支付体系逐渐完善，乘客出行更加便捷。截至2022年底，非现金支付累计达8538万人次。

（呼和浩特市城市轨道交通建设管理有限责任公司 袁梦宇）

呼和浩特市城市轨道交通运营线路年度基础数据统计表　　表 9-8-1

序号	运营线路名称	系统制式	车辆制式	列车编组（辆）	运营里程（公里）				运营车站数（座）	换乘车站数（座）	车辆基地/场/段数（座）	首班车时间	末班车时间	线路运营时间	运营单位
					总里程	地下	地面	高架							
1	1号线	地铁	B2	6	21.7	18.5	0.4	2.8	20	1	2	6:00	22:52	16小时52分	地铁运营公司
2	2号线	地铁	B2	6	27.3	27.3			24	1	2	6:00	22:53	16小时53分	地铁运营有限公司
	合计				49.0	45.8	0.4	2.8	44	1	4				

呼和浩特城市轨道交通运营线路年度运营数据统计表　　表 9-8-2

序号	运营线路名称	客运量（万人次）	进站量（万人次）	客运周转量（万人次公里）	最大断面客流量（万人次/时）	配属列车数（列）	运营车公里（万车公里）	日均实际开行列次（列次）	最小发车间隔（秒）	旅行速度（公里/时）	牵引能耗（万千瓦时）	运营总能耗（万千瓦时）
1	1号线	1698.2	1389.6	9423.8	0.4	24	924.5	203.0	360	33.2	1523.4	7116.8
2	2号线	1609.6	1305.4	9882.1	0.4	28	1083.8	201.0	360	34.1	1673.6	6709.5
	合计	3307.8	2695.0	19305.9		52	2008.3				3197.0	13826.3

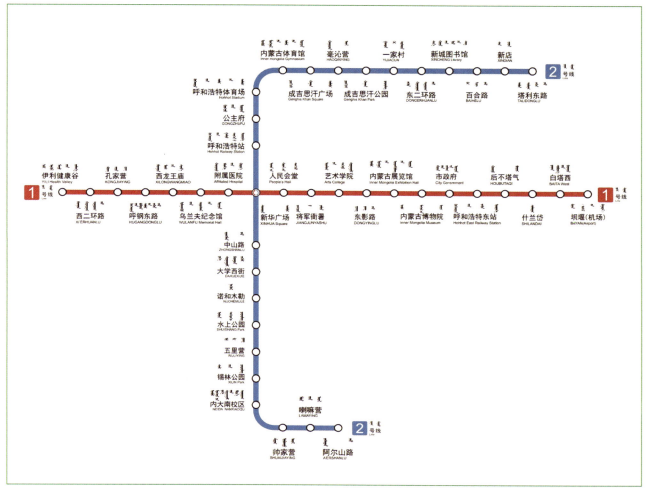

图 9-8-1 呼和浩特市城市轨道交通运营网络示意图

9 沈阳地铁集团有限公司

【概况】

至2022年底,辽宁省沈阳市城市轨道交通4条运营线路由沈阳地铁集团有限公司管理,总运营里程114.1公里,总运营车站85座,网络换乘站7座,从事既有运营线路运营维护的职工总数6667人,司机总数701人。

2022年运送乘客28802.5万人次,比上年下降25.0%。全年线网日均客运量84.2万人次/日,其中线网日均进站量56.7万人次/日,单日最高日客运量达到129.9万人次/日(2022年2月25日),线网日均客运周转量575.3万人次公里/日。

2022年线网实际开行列次44.4万列次,线网运营车公里7436.0万车公里,高峰时段最小行车间隔242秒,运营总能耗23651.7万千瓦时。采用按里程分段计价,起步价为2元6公里,每增加1元,可继续乘坐4、4、7、7、10、10公里。即:0-6(含,以下类同)公里,票价2元;6-10公里,票价3元;10-14公里,票价4元;14-21公里,票价5元;21-28公里,票价6元;28公里以上,每增加10公里,增加1元。线网封顶票价7元,全年实现运营票款收入49925.1万元,比上年下降25.1%(图9-9-1)。

2022年度主要运营指标完成情况见表9-9-1、表9-9-2。

【综合智能运维平台建设】

2022年,沈阳地铁完成综合智能运维平台的建设工作,实现对故障修和计划修全过程闭环管理,并依托企业微信平台达到移动端与PC端的信息同步,通过对一线生产作业行为、作业质量、备件消耗等实时记录，有效提升作业效率和作业质量；设计完成标准化接口，为开展各专业智慧运维搭建公司级基础底座；开发完成线网运维实时监控大屏，通过对各线路故障、检修等信息的实时显示，为管理人员提供直观、可视化的管控依据。

【车站智慧化建设提升服】

沈阳地铁开展智慧车站试点建设项目。试点建设项

目中的3D全息投影项目可通过3D效果的图片、动画及视频，向乘客提供出行指南、服务指南、乘车须知、防疫指南等资讯服务。通过在车站换乘通道等区域选取点位增设换乘指示、无障碍电梯、无障碍卫生间导向等智能投影导向设备，便于乘客快速、精准地查找。同时可根据活动及节假日显示特定文字，打造有温度的出行空间。

（沈阳地铁集团有限公司）

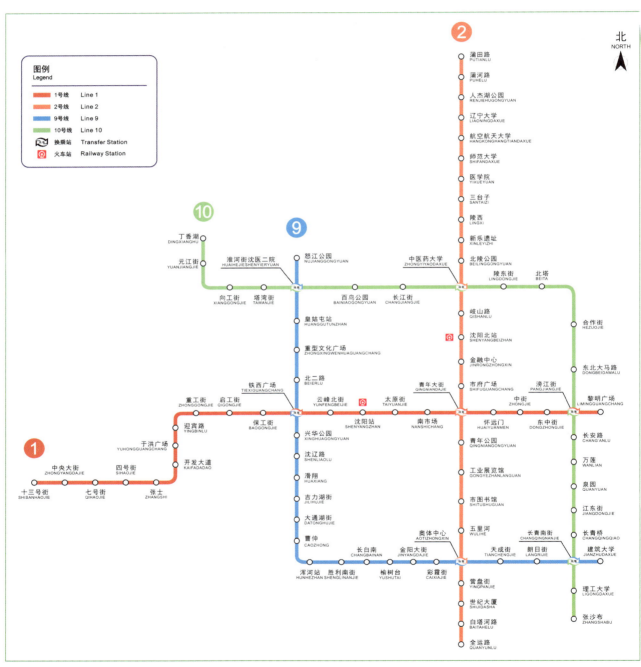

图 9-9-1 沈阳市城市轨道交通（沈阳地铁）运营网络示意图

沈阳市城市轨道交通（沈阳地铁）运营线路年度基础数据统计表　　表 9-9-1

序号	运营线路名称	系统制式	车辆制式	列车编组（辆）	运营里程（公里）				运营车站数（座）	换乘车站数（座）	车辆基地/场/段数（座）	首班车时间	末班车时间	线路运营时间	运营单位
					总里程	地下	地面	高架							
1	1 号线	地铁	B	6	27.1	27.1			22	3	1	5:30	23:00	17 小时30 分钟	沈阳地铁集团有限公司运营分公司
2	2 号线	地铁	B	6	31.9	31.9			26	3	1	5:30	23:00	17 小时30 分钟	沈阳地铁集团有限公司运营分公司
3	9 号线	地铁	B	6	28.2	28.2			23	4	1	5:30	23:00	17 小时30 分钟	沈阳地铁集团有限公司运营分公司
4	10 号线	地铁	B	6	26.8	26.8			21	4	2	5:30	23:00	17 小时30 分钟	沈阳地铁集团有限公司运营分公司
	合计				114.1	114.1			85	7	5				

注：线网总里程 114.1 公里。因小数进位原因将 114.0 修正为 114.1 公里。

沈阳市城市轨道交通（沈阳地铁）运营线路年度运营数据统计表　　表 9-9-2

序号	运营线路名称	客运量（万人次）	进站量（万人次）	客运周转量（万人次公里）	最大断面客流量（万人次/时）	配属列车数（列）	运营车公里（万车公里）	日均实际开行列次（列次）	最小发车间隔（秒）	旅行速度（公里/时）	牵引能耗（万千瓦时）	运营总能耗（万千瓦时）
1	1 号线	9707.2	6960.2	67950.5	2.0	33	2017.2	363.5	242	33.7	3166.1	6170.5
2	2 号线	8822.1	6118.4	71018.0	2.0	31	2210.2	341.4	250	33.9	3195.4	5894.4
3	9 号线	5564.5	3468.3	31550.8	0.8	30	1679.6	319.8	360	32.3	2355.4	5652.5
4	10 号线	4708.6	2842.4	26227.1	0.9	27	1529.0	281.8	367	32.1	2244.9	5934.4
	合计	28802.4	19389.3	196746.4		121	7436.0				10961.8	23651.7

10　沈阳浑南现代有轨电车运营有限公司

【概况】

至2022年底，沈阳市城市轨道交通6条运营线路由沈阳浑南现代有轨电车运营有限公司管理，总运营里程102.6公里，总运营车站105座，网络换乘站3座，从事既有运营线路运营维护的职工总数711人，司机总数198人。

2022年运送乘客543.1万人次，比上年降低29.6%，占全市公共交通出行量的比重1.0%。全年线网日均客运量1.6万人次/日，其中线网日均进站量1.6万人次/日，单日最高日客运量达到2.7万人次/日（2022年2月25日），线网日均客运周转量12.8万人次公里/日。

2022年线网实际开行列次14.3万列次，线网运营车公里250.7万车公里，高峰时段最小行车间隔420秒，运营总能耗900.3万千瓦时。采用按里程收费、分段计价的多级票价，票价2-4元，全年实现运营票款收入1107.6万元，比上年降低24.8%（图9-10-1）。

2022年度主要运营指标完成情况见表9-10-1、表9-10-2。

【新冠疫防与运营并重】

在保障防疫的前提下有序运营，做好车辆消毒通风，实现"车内无传播、乘客零传染"。沈阳浑南现代有轨电车运营有限公司百余名志愿者深入运营一线服务乘客。公司优秀志愿服务团队、部分志愿者受到浑南区相关部门通报表扬。

【科技创新与行业标准】

沈阳浑南承办编制《有轨电车客运员五级/初级工、四级/中级工培训标准、鉴定标准（第二批）》《城市轨道交通（有轨电车）车辆段工艺设备维修员职业技能标准、培训和鉴定标准》《城市轨道交通（有轨电车）电力环控调度员职业技能标准、培训标准、鉴定标准》三项标准。充分发挥企业优势，完成《城市轨道交通工程建设安全风险技术规范》《城市轨道交通供电系统资源共享设计规范》等多个标准和文件的核对工作。

【多元发展】

对外服务项目有序推进，沈抚西延线有轨电车技术咨询项目完成限界检查、专家评审等17项技术咨询服务，完成全年的相关运维工作；关注行业动态，参与对外投标工作；开展对外培训，探索培训模式，开展外派驻企培训讲师、线上培训等多元化培训合作模式；推进校企合作，灵活授课方式，得到受训方及学生的一致好评。

（沈阳浑南现代有轨电车运营有限公司 张鑫）

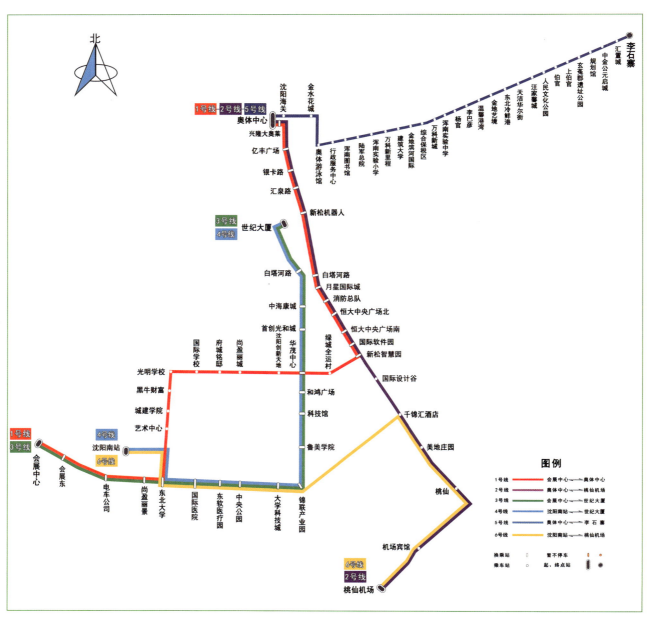

图 9-10-1 沈阳市城市轨道交通（沈阳浑南）运营网络示意图

沈阳市城市轨道交通（沈阳浑南）运营线路年度基础数据统计表　　　　　　　　表 9-10-1

序号	运营线路名称	系统制式	车辆制式	列车编组（辆）	运营里程（公里）				运营车站数（座）	换乘车站数（座）	车辆基地/场/段数（座）	首班车时间	末班车时间	线路运营时间	运营单位
					总里程	地下	地面	高架							
1	1 号线	有轨电车	70% 或 100% 低地板	3	18.7		18.7		26	3	1	6:15	21:40	15 小时 25 分钟	沈阳浑南现代有轨电车运营有限公司
2	2 号线	有轨电车	70% 或 100% 低地板	3	14.6		14.6		17	1	1	6:20	21:20	15 小时	沈阳浑南现代有轨电车运营有限公司
3	3 号线	有轨电车	70% 或 100% 低地板	3	15.1		15.1		18	2	1	6:20	21:20	15 小时	沈阳浑南现代有轨电车运营有限公司
4	4 号线	有轨电车	70% 或 100% 低地板	3	12.9		12.9		15	2	1	7:00	19:00	12 小时	沈阳浑南现代有轨电车运营有限公司
5	5 号线	有轨电车	70% 或 100% 低地板	3	26.2		26.2		29	0	1	5:30	22:00	16 小时 30 分钟	沈阳浑南现代有轨电车运营有限公司
6	6 号线	有轨电车	70% 或 100% 低地板	3	15.1		15.1		4	1	1	9:15	15:50	6 小时 35 分钟	沈阳浑南现代有轨电车运营有限公司
合计					102.6		102.6		105	3	2				

沈阳市城市轨道交通（沈阳浑南）运营线路年度运营数据统计表　　　　　　　　表 9-10-2

序号	运营线路名称	客运量（万人次）	进站量（万人次）	客运周转量（万人次公里）	最大断面客流量（万人次/时）	配属列车数（列）	运营车公里（万车公里）	日均实际开行列次（列次）	最小发车间隔（秒）	旅行速度（公里/时）	牵引能耗（万千瓦时）	运营总能耗（万千瓦时）
1	1 号线	129.6	129.6	801.2	0.6	8	54.5	94.6	480	20.4	131.6	166.0
2	2 号线	89.2	89.2	618.4	0.5	6	44.4	93.9	420	20.8	186.9	238.5
3	3 号线	70.5	70.5	429.2	0.4	5	35.8	74.8	840	21.6	70.1	97.1
4	4 号线	7.4	7.4	38.1	0.1	1	6.3	15.7	6060	20.9	4.5	6.4
5	5 号线	246.4	246.4	2495.8	1.2	13	109.7	138.8	540	22.8	336.1	392.3
6	6 号线											
合计		543.1	543.1	4382.7		33	250.7				729.2	900.3

11 大连公共交通建设投资集团有限公司

【概况】

至 2022 年底，辽宁省大连市城市轨道交通全网运营线路 5 条，总运营里程 212.7 公里，总运营车站 85 座，网络换乘站 4 座。

大连市城市轨道交通 5 条运营线路由大连公共交通建设投资集团有限公司管理，从事既有运营线路运营维护的职工总数 5249 人，司机总数 590 人。

2022 年运送乘客 13654.0 万人次，比上年下降 12.7%，占全市公共交通出行量的比重 22.4%。全年线网日均客运量 37.4 万人次/日，其中线网日均进站量 29.6 万人次/日，单日最高日客运量达到 62.2 万人次/日（2022 年 8 月 4 日），线网日均客运周转量 405.9 万人次公里/日。

2022 年线网实际开行列次 41.2 万列次，线网运营车公里 5426.7 万车公里，高峰时段最小行车间隔 210 秒，运营总能耗 20043.6 万千瓦时。采用按里程分段计价，票价最低 2 元，最高 14 元，全年实现运营票款收入 30400.1 万元，比上年下降10.6%（图9-11-1）。

2022年度主要运营指标完成情况见表9-11-1、表9-11-2。

【"两网融合"提升运输效能】

以轨道交通为骨干、以地面公交为主体的两网融合加速推进，结合轨道交通线网运营情况，科学编制《大连市公共交通线网优化方案》，按照"加强接驳、减少重复、引导换乘、扫除盲区"的原则，优化45条公交线路，全部完成后，将加强轨道站点接驳30处、填补公交空白区域6处，公交、地铁便捷接驳能力进一步提高。

【智慧车站试点建设项目】

2022年，1号线西安路智慧车站试点建设基本完成，智慧安检、智能导引、智慧边门等终端设备部分功能已应用于车站管理。系统投运后将实现面向乘客的全方位体验、面向设备的全自动运行、面向运营的辅助性决策、面向应急事件的共治式联动模式，大幅提升车站管理能力及效率。

【打造运营服务品牌】

公交、地铁配备4000份医疗急救包，地铁全线增配防爆设备；在沙滩文化节、中超球赛等重要城市活动和恶劣天气中，公交、地铁同步加开车次、延时运行，保障市民出行。服务品牌更加深入人心，地铁运营公司荣获城市轨道交通客运服务"五星品牌"认证。经交通运输部评议，大连市继续获评"国家公交都市建设示范城市"称号，得分排名前三。

（大连公共交通建设投资集团有限公司）

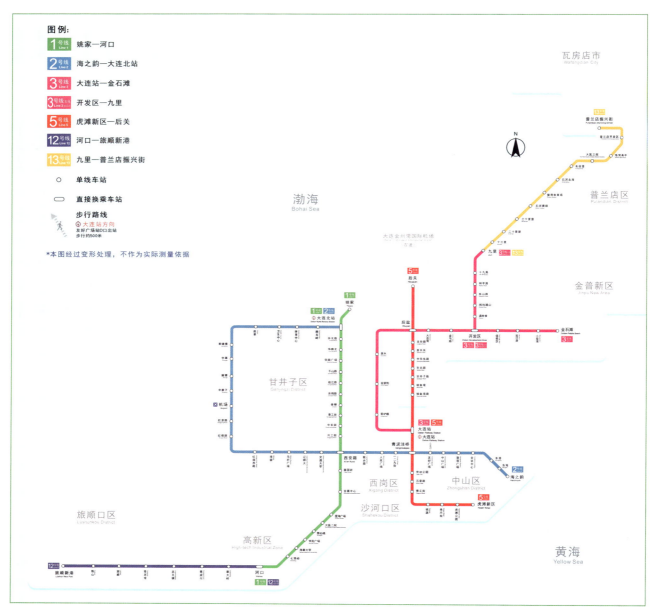

图9-11-1 大连市城市轨道交通运营网络示意图

大连市城市轨道交通运营线路年度基础数据统计表　　　　表 9-11-1

序号	运营线路名称	系统制式	车辆制式	列车编组（辆）	运营里程（公里）				运营车站数（座）	换乘车站数（座）	车辆基地/场/段数（座）	首班车时间	末班车时间	线路运营时间	运营单位
					总里程	地下	地面	高架							
1	1 号线	地铁	B	6	28.3	28.3			22	2	2	5:30	22:30	17 小时	大连地铁运营公司
2	2 号线	地铁	B	6	37.3	37.3			29	2	1	5:30	22:30	17 小时	大连地铁运营公司
3	3 号线	轻轨	B	4	49.2	1.1	31.9	16.2	12	1	1	6:00	21:30	15 小时30 分钟	大连地铁运营公司
4	3 号线续线	轻轨	B	2	14.3			14.3	7	1	1	6:00	21:30	15 小时30 分钟	大连地铁运营公司
5	12 号线	轻轨	B	4	40.4			40.4	8	1	1	6:05	20:50	14 小时45 分钟	大连地铁运营公司
6	13 号线	轻轨	B	4	43.2	1.2	18.4	23.6	11		1	6:30	19:30	13 小时	大连地铁运营公司
	合计				212.7	67.9	50.3	94.5	89	4	6				

大连市城市轨道交通运营线路年度运营数据统计表　　　　表 9-11-2

序号	运营线路名称	客运量（万人次）	进站量（万人次）	客运周转量（万人次公里）	最大断面客流量（万人次/时）	配属列车数（列）	运营车公里（万车公里）	日均实际开行列次（列次）	最小发车间隔（秒）	旅行速度（公里/时）	牵引能耗（万千瓦时）	运营总能耗（万千瓦时）
1	1 号线	5150.4	4019.9	45555.5	1.8	28	1476.9	257.0	240	34.0	2684.8	6606.0
2	2 号线	4104.9	3256.9	29526.8	1.7	34	1513.2	314.0	240	33.1	2857.5	6007.5
3	3 号线	2652.8	2469.9	46511.7	1.2	38	1277.0	312.0	210	55.6	2409.0	3057.7
4	3 号线续建线	668.3	387.9	5123.2	0.5	8	226.2	147.0	600	45.2	486.3	699.7
5	12 号线	853.9	555.9	16219.9	0.5	10	653.0	125.C	660	53.8	1369.4	1766.5
6	13 号线	223.7	120.8	5222.8	0.1	20	280.4	55.0	1800	56.3	591.1	1906.2
	合计	13654.0	10811.3	148159.9		138	5426.7				10398.1	20043.6

12　长春市轨道交通集团有限公司

【概况】

至2022年底，吉林省长春市城市轨道交通全网运营线路5条，总运营里程106.7公里，总运营车站98座，网络换乘站18座。

长春市城市轨道交通5条运营线路均由长春市轨道交通集团有限公司管理，从事既有运营线路运营维护的职工总数5188人，司机总数606人。

2022年运送乘客11392.7万人次，比上年降低41.2%，占全市公共交通出行量的比重24.1%。全年线网日均客运量36.5万人次／日，其中线网日均进站量25.9万人次／日，单日最高日客运量达到62.8万人次／日（2022年2月25日），线网日均客运周转量220.2万人次公里／日。

2022年线网实际开行列次44.0万列次，线网运营车公里3498.3万车公里，高峰时段最小行车间隔300秒，运营总能耗17530.0万千瓦时。全年实现运营票款收入19700.0万元，比上年下降37%（图9-12-1）。

2022年度主要运营指标完成情况见表9-12-1、表9-12-2。

【运营管理平台】

运营管理平台各个子系统陆续推进，智能运维中《3、4、8号线AFC运维管理系统》等五个系统全部完成试运行，管理平台中的运营协同等八个子系统进入试运行阶段，标志着智慧化的运维，智能化的管理达到新阶段。工作计划实现在线管理，任务计划实现在线实时更新，可以随时调阅任务执行情况，掌握整理执行进度。逐步完善各类台账电子记录，如检修内容、故障记录、排班、交接班、培训记录、安全记录等，可以在线调阅各项记录，提升工作效率。

【推动一卡通整合】

启动公交一卡通、更换轨道一卡通工作，完成和优化新公交票务系统的各项功能开发和验收工作，推进《市民卡在公共交通领域应用改造项目》工作，完成市民卡密钥管理系统、数据准备系统、制卡数据管理系统、发卡系统改造、清算系统、票务系统、风险控制管理系统、交易审计管理系统、系统接口等功能开发工作，该系统具备为市民卡发行标准卡、学生卡、敬老卡、爱心卡功能。

（长春市轨道交通集团有限公司　张涵舒）

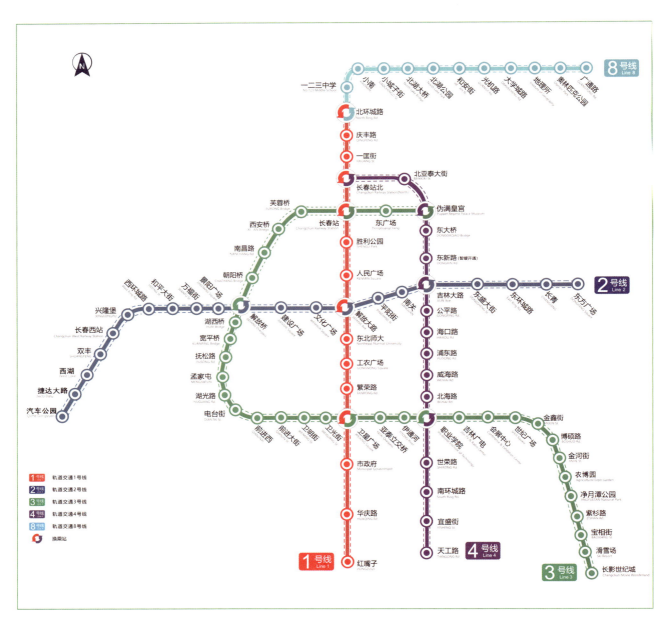

图 9-12-1　长春市城市轨道交通运营网络示意图

长春市城市轨道交通运营线路年度基础数据统计表　　　　表 9-12-1

序号	运营线路名称	系统制式	车辆制式	列车编组（辆）	运营里程（公里）				运营车站数（座）	换乘车站数（座）	车辆基地/场/段数（座）	首班车时间	末班车时间	线路运营时间	运营单位
					总里程	地下	地面	高架							
1	1 号线	地铁	B	6	18.1	18.1			15	5	1	5:15	21:30	16小时15分钟	轨道交通集团运营事业总部客运一中心
2	2 号线	地铁	B	6	24.9	24.9			21	3	1	5:15	21:30	16小时15分钟	轨道交通集团运营事业总部客运二中心
3	3 号线	轻轨	C	6	34.1	3.7	22.4	8.0	34	5	1	6:00	21:00	15小时	轨道交通集团运营事业总部客运二中心
4	4 号线	轻轨	C	6	16.3	2.7		13.6	16	4	1	6:00	21:00	15小时	轨道交通集团运营事业总部客运一中心
5	8 号线	轻轨	C	6	13.3			13.3	12	1	1	6:00	21:00	15小时	轨道交通集团运营事业总部客运一中心
	合计				106.7	49.4	22.4	34.9	98	18	5				

长春市城市轨道交通运营线路年度运营数据统计表　　　　表 9-12-2

序号	运营线路名称	客运量（万人次）	进站量（万人次）	客运周转量（万人次公里）	最大断面客流量（万人次/时）	配属列车数（列）	运营车公里（万车公里）	日均实际开行列次（列次）	最小发车间隔（秒）	旅行速度（公里/时）	牵引能耗（万千瓦时）	运营总能耗（万千瓦时）
1	1 号线	3887.2	2731.5	20599.6	0.9	22	1054.0	12.0	300	33.8	1888.1	5821.4
2	2 号线	3797.4	2826.4	22681.9	0.8	29	1445.0	14.0	300	34.1	2330.8	6333.1
3	3 号线	2043.7	1436.5	16064.1	0.5	67	578.4	22.0	300	25.4	1116.2	2189.1
4	4 号线	1262.9	805.9	7347.7	0.5	34	252.7	10.0	300	27.5	634.9	1592.8
5	8 号线	401.5	278.9	2086.5	0.2	17	168.2	6.0	480	30.5	453.4	1593.6
	合计	11392.7	8079.2	68779.8		169	3498.3				6423.4	17530.0

13 哈尔滨地铁集团有限公司

【概况】

至2022年底，黑龙江省哈尔滨市城市轨道交通全网运营线路3条，总运营里程78.1公里，总运营车站66座，网络换乘站4座。

哈尔滨市城市轨道交通3条运营线路由哈尔滨地铁集团有限公司管理，从事既有运营线路运营维护的职工总数3727人，司机总数345人。

2022年运送乘客13359.0万人次，比上年增长84.1%，占全市公共交通出行量的比重22.8%。全年线网日均客运量38.1万人次/日，其中线网日均进站量25.6万人次/日，单日最高日客运量达到73.4万人次/日（2022年8月4日）、线网日均客运周转量240.6万人次公里/日。

2022年线网实际开行列次33.0万列次，线网运营车公里4843.7万车公里，高峰时段最小行车间隔238秒，运营总能耗18228.9万千瓦时。采用按里程计、递远递减的多级票价，票价最低2元，最高7元，全年实现运营票款收入23464.6万元，比上年增长72.4%（图9-13-1）。

2022年度主要运营指标完成情况见表9-13-1、表9-13-2。

【建设智慧地铁项目】

哈尔滨地铁围绕地铁车站、变电站、车辆基地以及控制中心的运营维护，打造智能运维平台、电客车在线检测、无人变电所智能技术应用，利用大数据、云计算等手段，收集、分析、整理数据，减少人工排查，在大幅减少人力成本的同时，提高巡检效率。哈尔滨智慧地铁项目荣获2022年中国城市轨道交通专家论坛颁发的"年度特别贡献奖"、哈尔滨市委、市政府联合颁发的"哈尔滨市2022年度改革创新奖"。

【开展票务营销】

2022年，多次发行优惠计次票，吸引远距离乘客乘坐地铁出行，最高日客运量达到73.43万人次。联合沿线旅游景点单位，对持有计次纪念票游客给予景点门票优惠，

进一步带动乘客乘坐地铁前往旅游景点。实施电子单月票优惠活动，通过计时优惠的方式吸引存在日常较高频次的通勤乘客乘坐地铁出行。

【服务质量进步】

2022年，抓运营服务质量，开展车站标准化评比工作、服务质量预评价、专项整改工作，为服务质量评价打下坚实基础，全年对线网各站服务质量工作完成情况进行监督考核排名，促进各站对标对表有效提升线网服务质量，把管理水平做细做精，全面提升哈尔滨地铁服务品质，积极创建冰城地铁服务品牌。在2022年度轨道交通服务质量评价中，哈尔滨轨道交通线网服务质量评价得分为976.79分，在轨道交通领域内排名前列。

（哈尔滨地铁集团有限公司）

图 9-13-1 哈尔滨市城市轨道交通运营网络示意图

哈尔滨市城市轨道交通运营线路年度基础数据统计表　　表 9-13-1

序号	运营线路名称	系统制式	车辆制式	列车编组（辆）	运营里程（公里）				运营车站数（座）	换乘车站数（座）	车辆基地/场/段数（座）	首班车时间	末班车时间	线路运营时间	运营单位
					总里程	地下	地面	高架							
1	1 号线	地铁	B	6	25.8	25.8			23	3	2	6:00	23:18	17 小时 18 分钟	哈尔滨地铁第一运营分公司
2	2 号线	地铁	B	6	28.2	28.2			19	2	1	6:00	23:18	17 小时 18 分钟	哈尔滨地铁第二运营分公司
3	3 号线	地铁	B	6	24.1	24.1			24	3		6:00	23:20	17 小时 20 分钟	哈尔滨地铁第三运营分公司
合计					78.1	78.1			66	4	3				

哈尔滨市城市轨道交通运营线路年度运营数据统计表　　表 9-13-2

序号	运营线路名称	客运量（万人次）	进站量（万人次）	客运周转量（万人次公里）	最大断面客流量（万人次/时）	配属列车数（列）	运营车公里（万车公里）	日均实际开行列次（列次）	最小发车间隔（秒）	旅行速度（公里/时）	牵引能耗（万千瓦时）	运营总能耗（万千瓦时）
1	1 号线	5417.1	3665.7	35479.0	0.9	34	1594.2	314.1	238	33.7	3063.1	6613.1
2	2 号线	3665.4	2403.3	26730.9	0.7	30	1744.0	320.0	310	33.6	2907.6	5828.9
3	3 号线	4276.5	2906.2	22229.8	0.6	23	1505.5	305.3	418	30.2	2345.4	5786.9
合计		13359.0	8975.2	84439.7		87	4843.7				8316.1	18228.9

14　上海申通地铁集团有限公司

【概况】

至 2022 年底，上海市城市轨道交通 20 条运营线路由上海申通地铁集团有限公司管理，总运营里程 830.8 公里，总运营车站 508 座，网络换乘站 83 座，从事既有运营线路运营维护的职工总数 28949 人，司机总数 5102 人。

2022 年运送乘客 227926.4 万人次，比上年下降 36.2%，占全市公共交通出行量的比重 73.2%。全年线网日均客运量 640 万人次/日，其中线网日均进站量 352 万人次/日，单日最高日客运量达到 1256.4 万人次/日（2022 年 2 月 25 日），线网日均客运周转量 5784 万人次公里/日。

2022 年线网实际开行列次 287 万列次，线网运营车公里 63322.2 万车公里，高峰时段最小行车间隔 110 秒，运营总能耗 250540.1 万千瓦时。采用按里程计、递远递增的多级票价，票价最低 3 元，最高 15 元，全年实现运营票款收入 53.84 亿元，比上年下降 37.1%。（图 9-14-1）

2022 年度主要运营指标完成情况见表 9-14-1、表 9-14-2。

（上海申通地铁集团有限公司　胡雯洁）

【全自动运行概览】

至 2022 年底，上海开通运营的城市轨道交通全自动运行线路 5 条，分别为浦江线、10、14、15、18 号线，总运营里程 167.3 公里，总运营车站数 129 座。列车运行的自动化等级为 GoA4。浦江线 2018 年 3 月 31 日开通全自动运行，最高运行速度 80 公里/小时，定员数 160 人；运营和维护保障采用集中管理模式；信号供应商为富欣智控，车辆供应商为庞巴迪。

【上海地铁 16 号线 ATO 解挂编】

16 号线逢工作日平峰时段开展"3+3"在线"拆、并"（解挂编）的行车组织方式，将一列 6 节编组列车在龙阳路站站台解编为两列 3 节编组列车，再分别投入运营，晚高峰恢复为一列 6 节编组列车投入运营。2022 年实施 ATO 在线解挂编，并实施 2 列车 ATO 解挂编列车连发，进一步提升解挂编效率。16号线的解挂编工作，既有利于非高峰时段的客流匹配性，又增加该时段入场检修列车数量，为高峰时段进一步服务临港打下扎实基础。

【"上海品牌"认证工作】

响应上海市委、市政府全力打响上海"四大品牌"的要求，上海地铁自2018年启动"上海品牌"认证工作，以"城市轨道交通客运服务"为服务名称，申请"上海服务"类别的"上海品牌"认证。2022年，1、2、3、4、5、6、7、8、9、10、11、12、13、15、16、17、18号线以及磁浮线共计18条线路参与评审，均满足"上海品牌"认证要求，上海质量体系审核中心同意推荐给上海品牌认证联盟。上海地铁以"上海品牌"认证为抓手，持续完善运营管理及服务质量，助力上海地铁成为"上海服务"更响亮的窗口和名片。

【智慧票务与数字化转型】

实现基于Metro大都会的数字人民币支付应用，创造数字人民币支付在超大规模路网和千万级客流地铁应用的先例。积极推进交委MasS（出行即服务）系统建设，通过对全路网售检票系统升级改造，实现"三码合一"刷码过闸功能。通过将Metro大都会二维码入口端开放给支付宝、微信等第三方平台，研发Metro大都会App将健康码、核酸检测信息、乘车码等信息融合"一屏显示"功能，借力信息技术不断创新人性化服务形式。

（上海申通地铁集团有限公司）

上海城市轨道交通（上海申通）运营线路年度基础数据统计表　　　　表 9-14-1

序号	运营线路名称	系统制式	车辆制式	列车编组（辆）	运营里程（公里）				运营车站数（座）	换乘车站数（座）	车辆基地/场/段数（座）	首班车时间	末班车时间	线路运营时间	运营单位
					总里程	地下	地面	高架							
1	1号线	地铁	A	8	36.9	19.3	5.6	12.0	28	11	2	4:55	0:55	20小时	第一运营公司
2	2号线	地铁	A	8	60.4	53.0	1.5	5.9	30	12	3	5:20	1:01	19小时41分钟	第二运营公司
3	3号线	地铁	A	6	40.1	0.8	4.3	35.0	29	11	2	5:20	23:52	18小时32分钟	第三运营公司
4	4号线	地铁	A	6	33.9	22.3	1.1	10.5	17	16	1	5:25	23:39	18小时14分钟	第三运营公司
5	5号线	地铁	C	4/6	32.5	6.1	0.4	26.0	19	1	3	5:28	23:24	17小时56分钟	第一运营公司
6	6号线	地铁	C	4	32.6	22.1	0.3	10.2	28	9	2	5:30	23:35	18小时5分钟	第四运营公司
7	7号线	地铁	A	6	43.9	42.3		1.6	33	12	2	5:30	0:53	19小时23分钟	第三运营公司
8	8号线	地铁	C	6/7	37.1	34.1		3.0	30	13	2	5:30	23:36	18小时6分钟	第四运营公司
9	9号线	地铁	A	6	64.0	46.9		17.1	35	11	2	5:30	0:48	19小时18分钟	第一运营公司
10	10号线	地铁	A	6	45.0	39.1		5.9	37	14	2	5:25	0:47	19小时22分钟	第一运营公司
11	11号线	地铁	A	6	81.4	42.3	2.4	36.7	39	11	3	5:20	0:01	18小时41分钟	第二运营公司
12	12号线	地铁	A	6	39.9	39.9			32	16	2	5:30	23:47	18小时17分钟	第四运营公司
13	13号线	地铁	A	6	38.0	38.0			31	14	2	5:30	0:55	19小时25分钟	第二运营公司
14	14号线	地铁	A	8	38.2	38.2			30	13	2	5:30	23:37	18小时7分钟	第四运营公司
15	15号线	地铁	A	6	41.7	41.7			30	8	2	5:30	23:36	18小时6分钟	第三运营公司
16	16号线	地铁	A	3/6	58.9	12.4		46.5	13	3	2	5:50	23:42	17小时52分钟	磁浮公司

上海城市轨道交通（上海申通）运营线路年度基础数据统计表（续前表）   表 9-14-1

序号	运营线路名称	系统制式	车辆制式	列车编组（辆）	运营里程（公里）				运营车站数（座）	换乘车站数（座）	车辆基地/场/段数（座）	首班车时间	末班车时间	线路运营时间	运营单位
					总里程	地下	地面	高架							
17	17 号线	地铁	A	6	34.8	15.8	0.8	18.2	13	1	2	5:40	23:40	18 小时	第二运营公司
18	18 号线	地铁	A	6	36.1	36.1			26	10	1	5:30	23:27	17 小时57 分钟	磁浮公司
19	浦江线	自动导向轨道系统	APM	4	6.3			6.3	6	1		5:10	22:42	17 小时32 分钟	申凯公司
20	磁浮示范线	磁浮交通	磁浮	3/4/5	29.1			29.1	2		1	6:45	21:50	15 小时5 分钟	磁浮公司
	合计				830.8	550.4	16.4	264.0	508	83	39				

上海城市轨道交通（上海申通）运营线路年度运营数据统计表   表 9-14-2

序号	运营线路名称	客运量（万人次）	进站量（万人次）	客运周转量（万人次公里）	最大断面客流量（万人次/时）	配属列车数（列）	运营车公里（万车公里）	日均实际开行列次（列次）	最小发车间隔（秒）	旅行速度（公里/时）	牵引能耗（万千瓦时）	运营总能耗（万千瓦时）
1	1 号线	21963.2	12402.5	194669.4	5.2	83	4757.1	580.3	150	33.6	12178.0	17619.5
2	2 号线	23792.7	13790.4	222051.4	4.3	85	6547.7	612.4	150	37.8	15035.8	26272.7
3	3 号线	8339.5	4995.4	72489.7	2.3	48	2277.0	364.2	150	33.5	6828.1	9506.2
4	4 号线	13463.8	6180.1	74513.5	2.1	40	1936.0	313.4	150	31.3	3516.4	7297.3
5	5 号线	3657.2	2432.1	40721.3	2.0	50	2018.1	539.3	150	36.8	4104.4	6312.1
6	6 号线	8840.0	4832.1	53279.0	2.6	76	1974.3	546.9	120	30.7	3963.7	7356.4
7	7 号线	14392.1	8473.8	120948.5	4.5	79	3515.9	535.2	115	33.8	7678.6	14815.5
8	8 号线	19373.4	9402.1	144486.6	3.9	90	3724.8	561.8	135	31.5	6692.7	12567.2
9	9 号线	22233.8	13499.5	261388.8	5.7	104	5796.9	614.5	110	39.9	10716.1	18719.8
10	10 号线	15812.9	8458.0	124406.6	2.4	67	3757.2	655.8	150	32.8	7649.5	15183.8
11	11 号线	17417.7	8938.3	232903.6	5.1	82	5837.6	570.7	120	41.3	12050.9	18530.5
12	12 号线	14517.3	7297.3	91408.7	2.5	75	2896.6	416.2	150	31.3	6702.4	14275.4
13	13 号线	12858.4	7596.5	85536.5	2.4	62	2959.4	527.3	150	32.9	6973.1	15121.6
14	14 号线	7155.1	4101.1	47652.6	1.7	46	3250.4	408.4	180	34.1	6236.3	17344.9
15	15 号线	6573.4	3935.1	55872.8	1.9	47	2483.4	408.9	180	37.1	5264.3	14724.1
16	16 号线	4242.7	2391.0	110936.4	2.5	38	4466.3	396.0	210	64.4	7249.9	10243.8
17	17 号线	3842.6	2439.4	52834.0	2.6	28	2019.4	362.7	210	51.5	4183.4	6534.9
18	18 号线	8594.9	3809.5	67489.7	2.9	50	2561.8	430.2	180	37.4	4515.9	13559.9
19	浦江线	781.9	418.6	3459.5	0.8	11	207.0	275.5	255	32.7	546.7	987.4
20	磁浮示范线	73.8	73.8	2146.9		4	335.4	69.5	1800	246.6	3567.1	3567.1
	合计	227926.4	125467.4	2059195.5		1165	63322.2				135653.3	250540.1

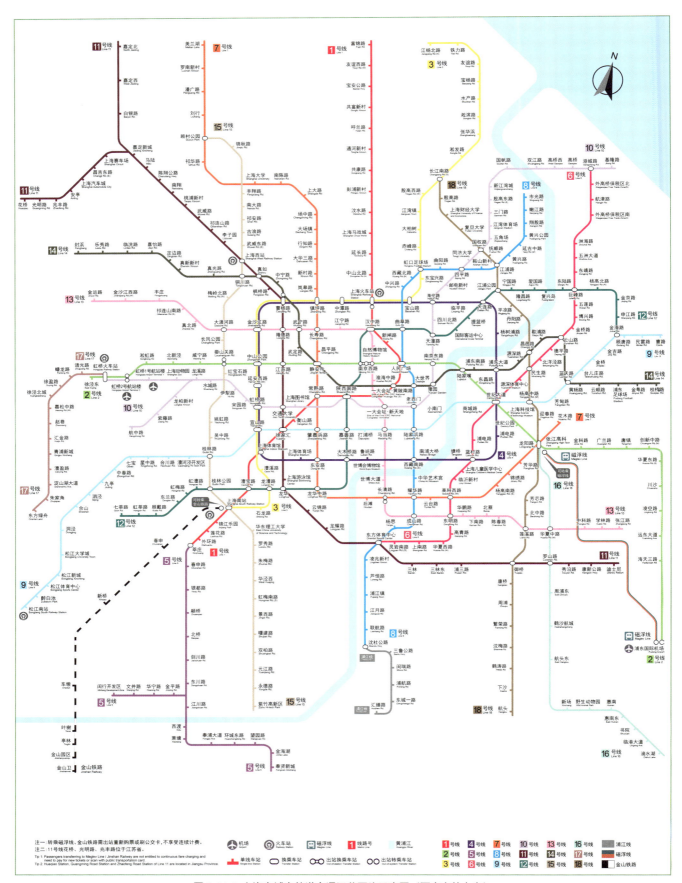

图 9-14-1　上海市城市轨道交通运营网络示意图（不含有轨电车）

15 上海申凯公共交通运营管理有限公司

【概况】

至2022年底，上海市城市轨道交通3条运营线路由上海申凯公共交通运营管理有限公司管理，分别为浦江线、松江区有轨电车示范线、上海浦东机场捷运线（以下数据不含上海浦东机场捷运线）。总运营里程46.1公里，总运营车站52座，网络换乘站3座，从事既有运营线路运营维护的职工总数440人，司机总数148人。

2022年运送乘客1659.5万人次，比上年下降39%。全年线网日均客运量1.6万人次/日，其中线网日均进站量1.8万人次/日，单日最高日客运量达到3.3万人次/日（2022年2月25日）。

2022年线网实际开行列次9.2万列次，线网运营车公里391.7万车公里，高峰时段最小行车间隔255秒，运营总能耗2367.7万千瓦时。采用按里程计，递远递增多级票价，全年实现运营票款收入1114.7万元，比上年下降39%。（图9-15-1）

2022年度主要运营指标完成情况见表9-15-1、表9-15-2。

【首班车时间提前30分钟】

自2021年10月08日起，浦江线（汇臻路站-沈杜公路站）全线首班车提前30分钟，整体运营时间有所延长、列车间隔维持不变。汇臻路站往沈杜公路站方向的首班车始发时间由5：40提前至5：10。沈杜公路站往汇臻路站方向的首班车始发时间由6：00提前至5：30。实现浦江线汇臻路站发出首班车与8号线沈杜公路站发出首班车的换乘。

（上海申凯公共交通运营管理有限公司 刘汀）

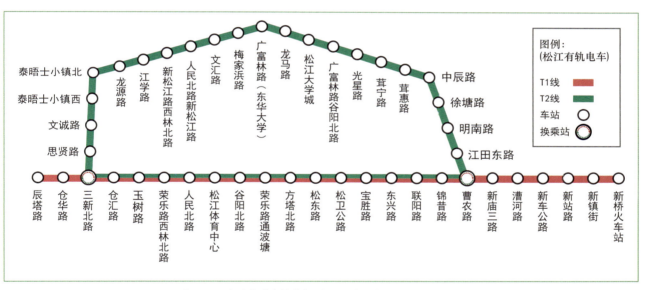

图 9-15-1 上海市城市轨道交通松江有轨电车运营网络示意图

上海城市轨道交通（上海申凯）运营线路年度基础数据统计表　　表 9-15-1

序号	运营线路名称	系统制式	车辆制式	列车编组（辆）	运营里程（公里）				运营车站数（座）	换乘车站数（座）	车辆基地/场/段数（座）	首班车时间	末班车时间	线路运营时间	运营单位
					总里程	地下	地面	高架							
1	浦江线	自动导向轨道系统	APM	4	6.3			6.3	6	1	1	5:10	22:42	17小时32分钟	上海申凯公共交通运营管理有限公司
2	松江有轨电车	有轨电车	C	5	39.8		38.8	1.0	46	2	2	5:58	22:20	16小时22分钟	上海申凯公共交通运营管理有限公司
	合计				46.1		38.8	7.3	52	3	3				

上海城市轨道交通（上海申凯）运营线路年度运营数据统计表　　　　　　表 9-15-2

序号	运营线路名称	客运量（万人次）	进站量（万人次）	客运周转量（万人次公里）	最大断面客流量（万人次/时）	配属列车数（列）	运营车公里（万车公里）	日均实际开行列次（列次）	最小发车间隔（秒）	旅行速度（公里/时）	牵引能耗（万千瓦时）	运营总能耗（万千瓦时）
1	浦江线	781.9	418.6	3459.5	0.8	11	207.0	275.5	255	32.7	546.7	987.4
2	松江有轨电车	588.6	588.6			22	184.7	302.6	770	18.0	998.0	1380.3
	合计	1340.5	977.2	3459.5		33	391.7				1544.7	2367.7

16　南京地铁集团有限公司

【概况】

至2022年底，江苏省南京市城市轨道交通全网运营线路12条，总运营里程449.0公里，总运营车站208座，网络换乘站16座。

南京市城市轨道交通12条运营线路均由南京地铁集团有限公司下属南京地铁运营有限责任公司管理，从事既有运营线路运营维护的职工总数16579人，司机总数2173人。

2022年运送乘客76680.8万人次，比上年下降12.80%，占全市公共交通出行量的比重61.4%。全年线网日均客运量213.0万人次/日，其中线网日均进站量117.9万人次/日，单日最高日客运量达到358.3万人次/日（2022年10月7日），线网日均客运周转量1760.6万人次公里/日。

2022年线网实际开行列次130.4万列次，线网运营车公里24113.9万车公里，高峰时段最小行车间隔120秒，运营总能耗74766.4万千瓦时。采用按里程计价的票制，全年实现运营票款收入148600万元，比上年下降15.15%。（图9-16-1）

2022年度主要运营指标完成情况见表9-16-1、表9-16-2。

【全自动运行概览】

至2022年底，南京市开通运营的城市轨道交通全自动运行线路1条，为7号线，总运营里程35.5公里，总运营车站10座，换乘站4座，可通过换乘与3号线、1号线、6号线、8号线连接。全线均采用地下敷设的方式，平均站间距1.5公里。7号线北段于2022年12月28日开通全自动运行，列车运行的自动化等级为GoA4，最高运行速度80公里/小时，采用有人值守方式，定员1450人/列；信号供应商为南京恩瑞特实业有限公司，车辆供应商为中车南京铺镇车辆有限公司。

【三条新线开通】

首条无人驾驶7号线北段、1号线北延和S8号线南延3线高质量开通，进一步提升主城区线网密度，网络运营里程列全国前十行列。

【城市公共交通第一主力】

2022年南京地铁线网客运量在南京市公共交通客运总量中占比61.35%，年度首次超过60%，年内8次突破60%，8月创单月新高65.45%。

【为群众办实事】

推进5个标杆车站创建，完成经贸学院站顶棚防水大修施工；出新改造14个车站公共卫生间，实现全线网免费提供厕纸服务，全网实行"便民服务卡"，方便非乘车市民进站使用卫生间；完善导向标识，进一步增强母婴室指引；实现所有车站AED（自动体外除颤器）的配备工作。

【开启多渠道移动支付】

高质量完成"与宁同行"APP上线，实现与14个城市地铁乘车码的互联互通，注册用户超20万人；引进八维通联合体全额投资1.7亿元建设人脸识别平台，实现全线网1342个闸机"刷脸"过闸；"我的南京"APP接入移动支付平台，实现通过"我的南京"APP扫码乘地铁。

【"人文地铁"品牌营销活动】

品牌营销活动开展，包括关爱孤独症儿童公益画展、"书香筑梦　全城益捐"活动、2022年环境日海报特展、糖果车站"糖果日"发布活动、寻找地铁里的南京故事、"让春联'跑'起来，让文化'动'起来"等，传播"人文地铁"品牌价值；联合残联打造国内首个助残爱心车站，各主流媒体进行报道；开展13场移动支付营销活动，合作开展营销活动售卖票卡，打造和销售首批南京地铁文创产品。

（南京地铁集团有限公司）

南京市城市轨道交通运营线路年度基础数据统计表　　　　表 9-16-1

序号	运营线路名称	系统制式	车辆制式	列车编组（辆）	运营里程（公里）				运营车站数（座）	换乘车站数（座）	车辆基地/场/段数（座）	首班车时间	末班车时间	线路运营时间	运营单位
					总里程	地下	地面	高架							
1	1 号线	地铁	A	6	45.4	29.0	1.2	15.2	32	6	3	5:30	23:27	17 小时 57 分钟	南京地铁运营有限责任公司
2	2 号线	地铁	A	6	43.0	27.2	1.0	14.8	30	6	3	6:00	23:00	17 小时	南京地铁运营有限责任公司
3	3 号线	地铁	A	6	44.9	42.4	0.4	2.1	29	5	2	5:40	23:10	17 小时 30 分钟	南京地铁运营有限责任公司
4	4 号线	地铁	B	6	33.8	32.3		1.5	18	3	1	6:00	23:00	17 小时	南京地铁运营有限责任公司
5	7 号线	地铁	B	6	13.8	13.8			10	2	2	6:00	23:00	17 小时	南京地铁运营有限责任公司
6	10 号线	地铁	A	6	21.6	19.3	1.3	1.0	14	4	1	5:40	23:40	18 小时	南京地铁运营有限责任公司
7	S1 号线	市域	B	6	35.8	18.2	0.9	16.7	8	3	1	5:57	22:40	16 小时 43 分钟	南京地铁运营有限责任公司
8	S3 号线	市域	B	6	37.2	15.1	0.7	21.4	19	2	1	6:00	23:00	17 小时	南京地铁运营有限责任公司
9	S6 线	市域	B	4	43.6	15.9	1.9	25.8	13	1	1	6:00	22:30	16 小时 30 分钟	南京地铁运营有限责任公司
10	S7 号线	市域	B	4	30.2	11.1	1.4	17.7	10	1	1	6:00	22:30	16 小时 30 分钟	南京地铁运营有限责任公司
11	S8 号线	市域	B	4	47.3	13.1	1.5	32.7	19	1	1	5:55	22:40	16 小时 45 分钟	南京地铁运营有限责任公司
12	S9 号线	市域	B	3	52.4	3.6	4.6	44.2	6	1	1	6:00	22:00	16 小时	南京地铁运营有限责任公司
合计					449.0	241.0	14.9	193.1	208	16	18				

南京市城市轨道交通运营线路年度运营数据统计表　　　　表 9-16-2

序号	运营线路名称	客运量（万人次）	进站量（万人次）	客运周转量（万人次公里）	最大断面客流量（万人次/时）	配属列车数（列）	运营车公里（万车公里）	日均实际开行列次（列次）	最小发车间隔（秒）	旅行速度（公里/时）	牵引能耗（万千瓦时）	运营总能耗（万千瓦时）
1	1 号线	21118.0	12122.4	137809.4	3.1	62	4031.7	586.0	140	36.1	7332.5	11691.2
2	2 号线	19162.4	10704.5	129752.7	3.5	59	4271.2	521.0	150	37.7	7975.4	12805.9
3	3 号线	17450.0	8689.2	156163.5	3.7	58	3875.2	420.0	120	36.5	7390.6	13086.3
4	4 号线	5522.2	2736.7	44972.2	1.1	29	2549.1	376.0	262	44.2	4161.9	7484.3
5	7 号线	8.6	6.4	29.7	0.1	18	8.7	262.0	425	35.2	19.8	38.2
6	10 号线	4831.7	2277.9	31889.8	1.3	21	1560.9	329.0	312	37.0	3231.0	5758.1
7	S1 号线	1812.6	1097.0	46313.1	0.8	15	1913.0	242.0	510	57.1	2684.5	4230.7
8	S3 号线	2337.1	1462.3	17456.9	0.6	24	1623.7	276.0	405	43.5	3342.8	5351.2
9	S6 线	1029.9	764.5	17114.6	0.4	23	1171.3	190.0	360	50.7	2604.8	4612.4
10	S7 号线	283.2	212.3	5439.8	0.2	11	595.5	157.0	600	57.3	1133.3	2572.3
11	S8 号线	2749.4	1877.0	37334.9	0.9	30	1704.0	331.0	263	50.7	3076.9	4985.7
12	S9 号线	375.7	290.6	18345.4	0.5	12	809.6	142.0	715	87.4	1331.7	2150.1
合计		76680.8	42240.8	642622.0		362	24113.9				44285.2	74766.4

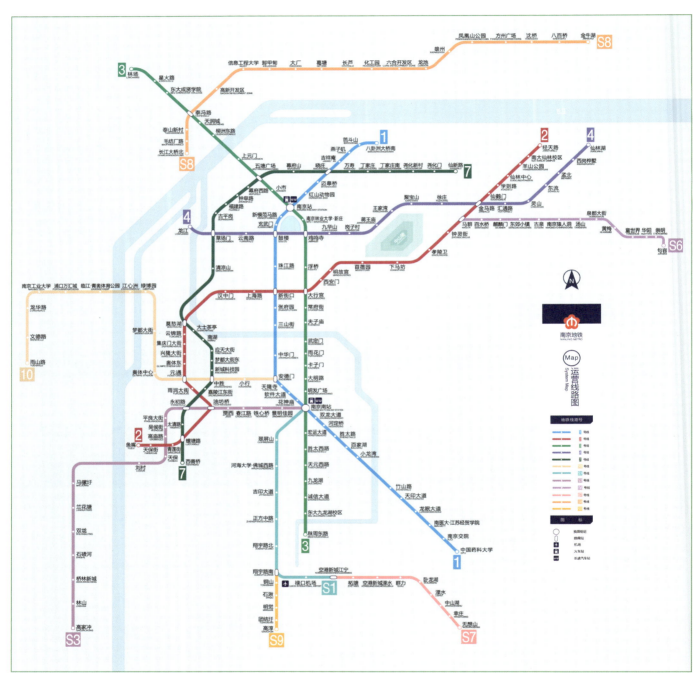

图 9-16-1 南京市城市轨道交通运营网络示意图

17 无锡地铁集团有限公司

【概况】

至2022年底，江苏省无锡市城市轨道交通全网运营线路4条，总运营里程110.9公里，总运营车站80座，网络换乘站7座。

无锡市城市轨道交通4条运营线路均由无锡地铁集团有限公司管理，从事既有运营线路运营维护的职工总数4721人，司机总数453人。

2022年运送乘客11954.8万人次，比上年下降18.2%，占全市公共交通出行量的比重42%。全年线网日均客运量33.7万人次/日，其中线网日均进站量23.2万人次/日，单日最高日客运量达到58.4万人次/日（2022年3月11日），线网日均客运周转量214.1万人次公里/日。

2022年线网实际开行列车39.8万列次，线网运营车公里5980.5万车公里，高峰时段最小行车间隔300秒，运营总能耗24317.3万千瓦时。采用里程分段计价票价方式，全年实现运营票款收入19533.8万元，比上年下降22.1%。（图9-17-1）

2022年度主要运营指标完成情况见表9-17-1、表9-17-2。

【运营安全】

全年累计客运量1.2亿人次，实现平稳运行8个安全运营年，实现安全生产3455天；疫情期间，上线137台"电子哨兵"、安装111台多功能安检测温门，确保乘客乘车安全；顺利通过无锡地铁3号线一期工程正式运营前安全评估及1、2号线运营期间安全评估。

【塑造民生服务品牌】

重点打造"五型地铁"运营品牌，实施"冷暖车厢""爱心座椅"等40个贴心服务项目；打造具备全自助票务处理、智能语音交互和远程客服等功能的"智慧客服"；紧密结合地铁品牌和城市文化，举办"读书月""音乐节"等系列活动。

【科技创新赋能企业发展】

研制地铁构架探伤机器人，全国首次实现构架自动涡流探伤；落地城轨智能列检系统，实现车辆360度自动检测；研制主变电所智能巡检机器人，实现110kV主变电所全天候、全方位、全自主智能巡检和监控。科技创新成果得到行业认可，先后获江苏省优秀质量管理小组，中国城市轨道交通科技进步奖一等奖、二等奖。

（无锡地铁集团有限公司）

无锡市城市轨道交通运营线路年度基础数据统计表　　表 9-17-1

| 序号 | 运营线路名称 | 系统制式 | 车辆制式 | 列车编组（辆） | 运营里程（公里） | | | | 运营车站数（座） | 换乘车站数（座） | 车辆基地/场/段数（座） | 首班车时间 | 末班车时间 | 线路运营时间 | 运营单位 |
					总里程	地下	地面	高架							
1	1号线及南延线	地铁	B	6	33.9	26.6	0.1	7.2	27	1	2	5:52	23:35	17小时43分钟	无锡地铁集团有限公司
2	2号线	地铁	B	6	25.0	18.1	0.2	6.7	21	1	2	5:55	23:07	17小时12分钟	无锡地铁集团有限公司
3	3号线	地铁	B	6	28.2	28.2			21	2	2	6:00	23:23	17小时23分钟	无锡地铁集团有限公司
4	4号线	地铁	B	6	23.8	23.8			18	3	2	6:00	23:08	17小时8分钟	无锡地铁集团有限公司
	合计				110.9	96.7	0.3	13.9	80	7	8				

无锡城市轨道交通运营线路年度运营数据统计表　　表 9-17-2

序号	运营线路名称	客运量（万人次）	进站量（万人次）	客运周转量（万人次公里）	最大断面客流量（万人次/时）	配属列车数（列）	运营车公里（万车公里）	日均实际开行列次（列次）	最小发车间隔（秒）	旅行速度（公里/时）	牵引能耗（万千瓦时）	运营总能耗（万千瓦时）
1	1号线	4582.6	3474.4	32037.5	0.6	28	1956.3	307.8	300	34.7	2999.2	8601.1
2	2号线	3555.6	2418.0	20821.2	0.5	23	1425.5	283.5	300	34.2	2186.4	5537.0
3	3号线一期	2400.4	1532.4	14784.1	0.5	28	1468.9	278.9	300	35.5	2110.0	5511.8
4	4号线一期	1416.2	798.6	8370.6	0.2	25	1129.5	249.7	420	34.0	1774.1	4667.4
	合计	11954.8	8223.4	76013.4		104	5980.5				9069.7	24317.3

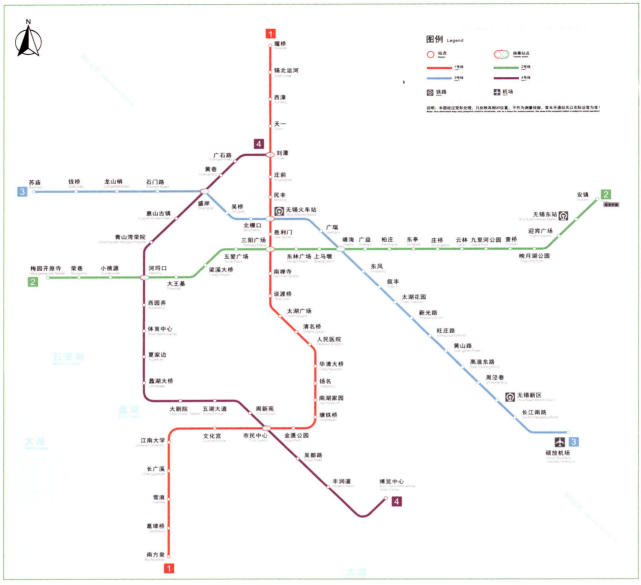

图 9-17-1 无锡市城市轨道交通运营网络示意图

18 徐州地铁集团有限公司

【概况】

至2022年底，江苏省徐州市城市轨道交通全网运营线路3条，总运营里程64.1公里，总运营车站54座，网络换乘站3座。

徐州市城市轨道交通3条运营线路均由徐州地铁运营有限公司管理，从事既有运营线路运营维护的职工总数3215人，司机总数335人。

2022年运送乘客5888.8万人次，比上年增长37.5%，占全市公共交通出行量的比重40.0%。全年线网日均客运量16.7万人次/日，其中线网日均进站量11.9万人次/日，单日最高日客运量达到29.9万人次/日（2022年1月1日），线网日均客运周转量104.6万人次公里/日。

2022年线网实际开行列次27.3万列次，线网运营车公

里3047.7万车公里，高峰时段最小行车间隔384秒，运营总能耗12186.7万千瓦时。（图9-18-1）

2022年度主要运营指标完成情况见表9-18-1、表9-18-2。

（徐州地铁集团有限公司　陆婷）

【电气试验工作室】

2022年电气试验工作室筹备完成，主要负责运营公司安全生产防护用具的预防性试验工作，检测范围包括安全带、接地线、验电器、绝缘手套、绝缘靴等。至10月中旬完成运营公司一、二、三号线各种安全工器具检定约1700件，根据安全工器具检测市场调研价格计算，全年节省费用约25万元。电气试验工作室开展隔离开关、互感器的耐压试验将继续进行。

【信号轨旁设备维修工作室】

2022年信号轨旁设备维修工作室筹备完成，依托此平台打造出一套从施工安装、组装测试、检修试验的完整体系，满足标准化施工、检修及员工技能水平提升要求，其主要工作内容含继电器及转辙机新机检测、定期维护、故障维修等。完成线网继电器备品备件上电检测维护，依据相关规范要求继电器3年轮修一个周期，相较于送外维修预计在继电器维护上每年节省约12余万元，转辙机维护上每年节省约40余万元。由于设备及人工成本费用逐年递增，同比自主维修节省成本亦逐年递增。

【1号线车站通道门门禁改造】

原设立在车站公共区与设备区之前起到隔离作用的车站通道门，因使用频繁、磁力锁失效等，易造成无关人员进入设备区的隐患。通过对通道门磁力锁加装防撞支架后，能够有效避免磁力锁脱落造成的人员受伤，另一方面磁力锁能够长久有效使用，节约使用成本。

（徐州地铁集团有限公司）

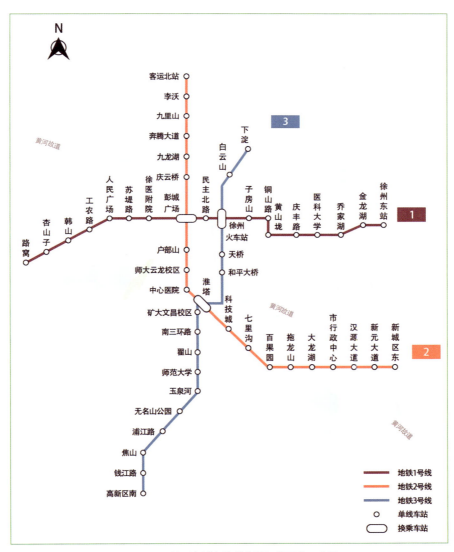

图 9-18-1 徐州市城市轨道交通运营网络示意图

徐州市城市轨道交通运营线路年度基础数据统计表　　表 9-18-1

序号	运营线路名称	系统制式	车辆制式	列车编组（辆）	运营里程（公里）				运营车站数（座）	换乘车站数（座）	车辆基地/场/段数（座）	首班车时间	末班车时间	线路运营时间	运营单位
					总里程	地下	地面	高架							
1	1 号线一期	地铁	B	6	21.8	21.2		0.6	18	2	2	6:00	23:09	17小时9分	徐州地铁运营有限公司
2	2 号线一期	地铁	B	6	24.2	24.2			20	2	2	6:00	23:12	17小时12分	徐州地铁运营有限公司
3	3 号线一期	地铁	B	4	18.1	18.1			16	2	1	6:00	23:28	17小时28分	徐州地铁运营有限公司
	合计				64.1	63.5		0.6	54	3	5				

徐州市城市轨道交通运营线路年度运营数据统计表　　表 9-18-2

序号	运营线路名称	客运量（万人次）	进站量（万人次）	客运周转量（万人次公里）	最大断面客流量（万人次/时）	配属列车数（列）	运营车公里（万车公里）	日均实际开行列次（列次）	最小发车间隔（秒）	旅行速度（公里/时）	牵引能耗（万千瓦时）	运营总能耗（万千瓦时）
1	1 号线	2670.2	1946.7	17197.3	0.5	23	1146.4	274.3	384	33.5	1888.6	4792.6
2	2 号线	1834.8	1384.3	11787.3	0.3	24	1234.4	244.3	390	34.2	1856.7	4268.8
3	3 号线	1383.8	857.5	7837.5	0.3	20	666.4	258.1	390	31.8	1172.8	3125.3
	合计	5888.8	4188.5	36822.1		67	3047.7				4918.1	12186.7

19 常州地铁集团有限公司

【概况】

至2022年底，江苏省常州市城市轨道交通全网运营线路2条，总运营里程54.0公里，总运营车站43座，网络换乘站1座。

江苏省常州市城市轨道交通2条运营线路均由常州地铁集团有限公司管理，从事既有运营线路运营维护的职工总数2372人，司机总数249人。

2022年运送乘客4489.7万人次，比上年下降6.4%。全年线网日均客运量12.3万人次/日，其中线网日均进站量10.0万人次/日，单日最高日客运量达到24.2万人次/日（2022年1月1日），线网日均客运周转量85.0万人次公里/日。

2022年线网实际开行列次18.7万列次，线网运营车公里2840.6万车公里，高峰时段最小行车间隔360秒，运营总能耗12230.3万千瓦时。采用按里程计、递远递减的多级票价，全年实现运营票款收入8808.1万元，比上年增长

17.5%。（图9-19-1）

2022年度主要运营指标完成情况见表9-19-1、表9-19-2。

【常州智慧地铁科普教育】

"常州智慧地铁科普教育基地"是常州地铁面向市民，特别是青少年群体，打造的一处知识面广、实践性强的城市轨道交通知识科普教育基地。面向不同受众开展地铁知识讲堂包括探秘地铁车辆段、地铁运营小百科、电客车模拟驾驶体验、"小小站务员"等多个精品课程。2022年被授予"常州市科普教育基地""江苏省综合交通运输学会科普教育基地"的称号。

【全面开展运营节能降耗】

为贯彻落实《中国城市轨道交通绿色城轨发展行动方案》"三步走"发展战略，围绕"推行节能运营模式和管理模式"，成立节能领导工作小组，制定专项工作方案，全面

开展运营节能降耗工作。2022年4月，1号线针对车站动力照明节能，开展深度挖潜，编制"一站一节能"方案，同年12月底完成1号线29座车站现场实施。通过各项节能措施的有效落实，1号线同比2021年实现节能1753万千瓦时，节约成本1198万元，为建设绿色城轨道路上迈出坚实的一步。

（常州地铁集团有限公司）

常州市城市轨道交通运营线路年度基础数据统计表

表 9-19-1

序号	运营线路名称	系统制式	车辆制式	列车编组（辆）	运营里程（公里）				运营车站数（座）	换乘车站数（座）	车辆基地/场/段数（座）	首班车时间	末班车时间	线路运营时间	运营单位
					总里程	地下	地面	高架							
1	1号线	地铁	B	6	34.2	31.6	0.4	2.2	29		2	6:00	22:59	16小时59分	常州地铁集团有限公司
2	2号线	地铁	B	6	19.8	18.3	0.3	1.2	15	1	1	6:00	22:32	16小时32分	常州地铁集团有限公司
	合计				54.0	49.9	0.7	3.4	43	1	2				

常州市城市轨道交通运营线路年度运营数据统计表

表 9-19-2

序号	运营线路名称	客运量（万人次）	进站量（万人次）	客运周转量（万人次公里）	最大断面客流量（万人次/时）	配属列车数（列）	运营车公里（万车公里）	日均实际开行列次（列次）	最小发车间隔（秒）	旅行速度（公里/时）	牵引能耗（万千瓦时）	运营总能耗（万千瓦时）
1	1号线	3251.8	2839.1	24771.2	0.5	34	1835.8	247.8	360	34.7	3721.8	7953.5
2	2号线	1237.9	822.7	6235.5	0.2	21	1004.8	265.5	360	37.1	2019.1	4276.8
	合计	4489.7	3661.8	31006.7		55	2840.6				5740.9	12230.3

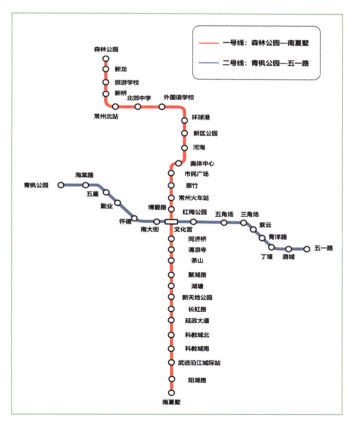

图 9-19-1 常州市城市轨道交通运营网络示意图

20 苏州市轨道交通集团有限公司

【概况】

至2022年底，江苏省苏州市城市轨道交通5条运营线路由苏州市轨道交通集团有限公司管理，总运营里程210.0公里，总运营车站169座，网络换乘站15座，从事既有运营线路运营维护的职工总数10679人，司机总数1481人。

2022年运送乘客33344.1万人次，比上年下降17.26%，占全市公共交通出行量的比重64.5%。全年线网日均客运量91.4万人次/日，其中线网日均进站量56.9万人次/日，单日最高日客运量达到180.3万人次/日（2021年12月31日），线网日均客运周转量662.4万人次公里/日。

2022年线网实际开行列次80.1万列次，线网运营车公里14303.5万车公里，高峰时段最小行车间隔120秒，运营总能耗62096.8万千瓦时。采用里程分段计价的票价政策，全年实现运营票款收入50016.4万元，比上年下降23.1%。（图9-20-1）

2022年度主要运营指标完成情况见表9-20-1、表9-20-2。

【全自动运行概览】

至2022年底，苏州市开通运营的城市轨道交通全自动运行线路1条，为5号线，总运营里程44.1公里，总运营车站34座。5号线2021年6月29日开通全自动运行，列车运行的自动化等级为GoA4，最高运行速度80公里/小时，定员数1514人；运营和维护保障采用自主+委外管理模式；信号供应商为南京恩瑞特实业有限公司，车辆供应商为中车南京浦镇车辆有限公司。

【建常态化多元化志愿服务体系】

完善轨道交通志愿服务体系，组建环境治理服务队、设备保障服务队、"三进"志愿服务队、服务保障服务队等四个志愿服务队，与14家高校及社会志愿组织达成共建协议，积极开展学雷锋、爱心义卖、助残敬老、慈善募捐、赛事助力、文明乘车宣讲、全自动驾驶科普、青春社区行动等志愿活动。疫情发生后，运营公司各级党团组织动员招募志愿者，先后在双塔、平江等5个街道及区域开展疫情防控志愿服务，累计参与1500余人次。各志愿服务团队在"苏州市新时代文明实践志愿服务平台"年均上线志愿者1万余人次，累计服务时长超4万小时。

【火灾防控能力与应急处置能力提升】

开展《苏州市轨道交通重点部位火灾防控能力提升与应急疏散策略优化研究》课题，通过基于数值模拟的地铁站移动排烟风机排烟效能研究、火灾烟气模拟分析与人员疏散模拟分析，研究典型站点的火灾烟气防治策略，对当前人员疏散策略进行优化。制定《城市轨道交通火灾防控能力评估规程》，为后续轨道交通运营火灾隐患排查、应急处置能力的提升提供必要的理论依据和技术支持。

【持续优化线网运输服务】

为提升线网运营服务水平，增加服务品牌效应和客流吸引力，开展线网运营优化方案调整2次，压缩各线路行车间隔，各线路高峰最小行车间隔分别达到2分钟、2分20秒、5分钟、3分钟、5分钟，线网运能显著提升，乘车舒适度总体良好。

【落实新冠防疫工作】

通过实时监测线网客流及拥挤度趋势，审慎研判疫情防控形势，对线网行车计划调整、疫情防控措施等进行精心筹划、周密部署，共调整线网运营组织方案13次，为全力配合防疫需求、保障市民出行需求做好运输保障。

（苏州市轨道交通集团有限公司 秦珺楠）

苏州市城市轨道交通（苏州轨道）运营线路年度基础数据统计表　　　　表 9-20-1

序号	运营线路名称	系统制式	车辆制式	列车编组（辆）	运营里程（公里）				运营车站数（座）	换乘车站数（座）	车辆基地/场/段数（座）	首班车时间	末班车时间	线路运营时间	运营单位
					总里程	地下	地面	高架							
1	1号线	地铁	B	4	25.7	25.7			24	4	1	5:40	22:35	16小时55分钟	苏州市轨道交通集团有限公司运营一分公司
2	2号线	地铁	B	5	42.2	34.3	0.8	7.1	35	4	2	5:40	23:06	17小时26分钟	苏州市轨道交通集团有限公司运营一分公司
3	3号线	地铁	B	6	45.2	45.2			37	4	2	5:40	22:20	16小时40分钟	苏州市轨道交通集团有限公司运营一分公司
4	4号线	地铁	B	6	52.8	52.8			39	4	2	5:40	22:35	16小时55分钟	苏州市轨道交通集团有限公司运营一分公司
5	5号线	地铁	B	6	44.1	43.5	0.6		34	6	2	5:40	22:35	16小时55分钟	苏州市轨道交通集团有限公司运营二分公司
	合计				210.0	201.5	1.4	7.1	169	15	10				

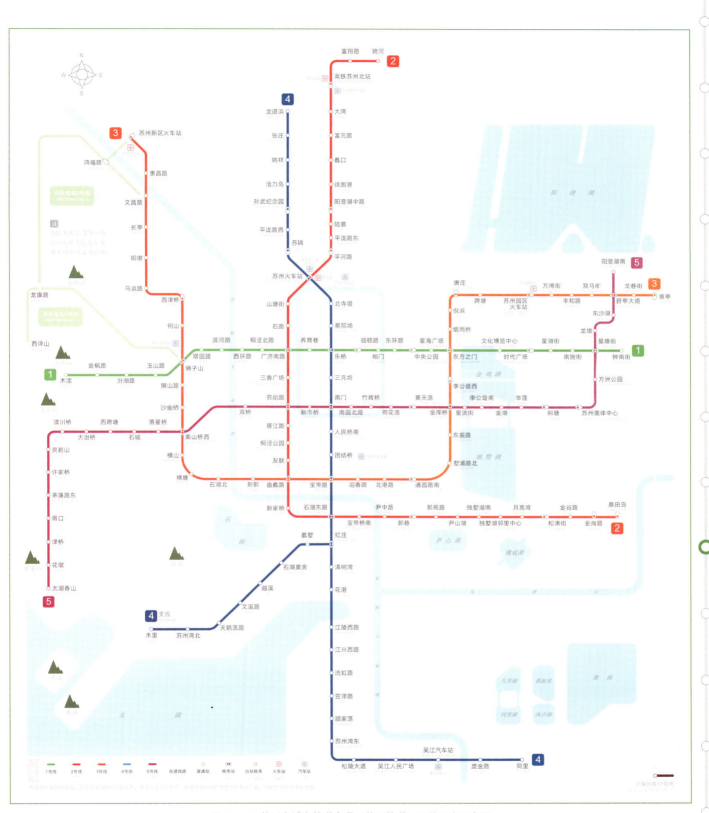

图 9-20-1 苏州市城市轨道交通（苏州轨道）运营网络示意图

专文
大事记
综述
统计资料
科技创新
标准规范
规划发展
工程建设
运营服务
资源经营
行业义选
企业概况
表引

苏州市城市轨道交通（苏州轨道）运营线路年度运营数据统计表   表 9-20-2

序号	运营线路名称	客运量（万人次）	进站量（万人次）	客运周转量（万人次公里）	最大断面客流量（万人次/时）	配属列车数（列）	运营车公里（万车公里）	日均实际开行列次（列次）	最小发车间隔（秒）	旅行速度（公里/时）	牵引能耗（万千瓦时）	运营总能耗（万千瓦时）
1	1 号线	7781.9	5010.8	48200.9	1.8	47	1620.5	434.0	120	30.9	2777.5	8676.2
2	2 号线	7870.7	5229.9	59431.9	1.8	42	2675.8	398.0	140	34.2	3958.3	12237.6
3	3 号线	5248.3	3262.0	38799.3	0.7	39	3190.3	362.0	330	34.0	4930.0	13378.0
4	4 号线	8883.9	5095.5	65447.7	1.6	50	3658.7	617.0	180	35.7	5881.5	14599.9
5	5 号线	3559.3	3559.3	29906.4	0.6	50	3158.2	384.0	300	37.7	4995.6	13205.1
	合计	33344.1	22157.5	241786.2		228	14303.5				22542.9	62096.8

21 苏州高新有轨电车集团有限公司

【概况】

至2022年底，苏州市城市轨道交通2条运营线路由苏州高新有轨电车集团有限公司运营分公司管理，总运营里程44.2公里，总运营车站27座，从事既有运营线路运营维护的职工总数342人，司机总数190人。

2022年运送乘客512.5万人次，比上年下降19.31%。全年线网日均客运量1.4万人次/日，单日最高日客运量达到2.1万人次/日（2022年9月9日）。

2022年线网实际开行列次22.5万列次，线网运营车公里2020.2万车公里，高峰时段最小行车间隔344秒，运营总能耗1930.2万千瓦时。采用2元单一票价，全年实现运营票款收入549.3万元，比上年下降16.52%。（图9-21-1）

2022年度主要运营指标完成情况见表9-21-1、表9-21-2。

【运营服务攀历史新高】

2022年苏州高新有轨电车集团有限公司运营分公司秉承"团结、拼搏、务实、争先"的高新区精神，运营水准继续保持国内有轨电车行业领先。1号线运营时间为18小时30分钟，最高峰上线18辆车，旅行速度为32.1公里/小时，单程时间为48分10秒，行车间隔为5分48秒；2号线运营时间为17小时41分钟，最高峰上线12辆车，旅行速度为33.3公里/小时，单程时间为23分40秒，共线段行车间隔为5分44秒。

（苏州高新有轨电车集团有限公司运营分公司）

苏州市城市轨道交通（苏州高新）运营线路年度基础数据统计表   表 9-21-1

序号	运营线路名称	系统制式	车辆制式	列车编组（辆）	运营里程（公里）				运营车站数（座）	换乘车站数（座）	车辆基地/场/段数（座）	首班车时间	末班车时间	线路运营时间	运营单位
					总里程	地下	地面	高架							
1	1 号线	有轨电车	100%低地板	5	25.8	2.0	22.8	1.0	14		1	5:29	23:56	18 小时30 分钟	苏州高新有轨电车集团有限公司运营分公司
2	2 号线	有轨电车	100%低地板	3/5	18.4	1.1	11.5	5.8	13		1	5:27	23:08	17 小时41 分钟	苏州高新有轨电车集团有限公司运营分公司
	合计				44.2	3.1	34.3	6.8	27		2				

序号	运营线路名称	客运量（万人次）	进站量（万人次）	客运周转量（万人次公里）	最大断面客流量（万人次／时）	配属列车数（列）	运营车公里（万车公里）	日均实际开行列次（列次）	最小发车间隔（秒）	旅行速度（公里／时）	牵引能耗（万千瓦时）	运营总能耗（万千瓦时）
1	1号线	304.8				27	1318.6	294.0	348	32.1	778.3	1216.5
2	2号线	207.7				18	701.6	322.0	344	33.3	458.1	713.7
	合计	512.5				45	2020.2				1236.4	1930.2

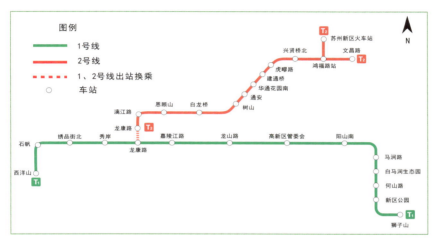

图 9-21-1　苏州市城市轨道交通（苏州高新）运营网络示意图

22　南通城市轨道交通有限公司

【概况】

至2022年底，江苏省南通市城市轨道交通全网运营线路1条，总运营里程38.5公里，总运营车站28座。

南通市城市轨道交通1条运营线路由南通城市轨道交通有限公司管理，从事既有运营线路运营维护的职工总数2364人，司机总数276人。

2022年运送乘客151.2万人次，占全市公共交通出行量的比重29.2%。全年线网日均客运量2.9万人次／日，其中线网日均进站量2.9万人次／日，单日最高日客运量达到8.5万人次／日（2022年11月13日），线网日均客运周转量28.8万人次公里／日。

2022年线网实际开行列次14491列次，线网运营车公里286.7万车公里，高峰时段最小行车间隔390秒，运营总能耗1211.5万千瓦时。采用按里程计、递远递减的多级票价，全年实现运营票款收入250.1万元。（图9-22-1）

2022年度主要运营指标完成情况见表9-22-1、表9-22-2。

【"南通地铁"APP上线动态地图】

南通轨道交通1号线首班车采用多点布车方式，8列首班车齐发，确保全线车站首班车时间控制在6：20前，同时"南通地铁"APP同步上线列车动态地图功能，乘客可实时查看列车位置、到达时间和列车时刻表，方便合理规划出行，最大程度满足通勤需求。

【打造"五心"服务品牌】

南通轨道交通围绕"用心、贴心、诚心、爱心、暖心"推出多项便民服务举措，努力为市民提供安全、舒适、便捷的出行服务，以高品质服务让地铁出行更有温度。同时，南通轨道交通联合南通城市管理局在1号线开通时推出关爱环卫工人服务活动，以正线28个车站站务室为服务阵地，免费为环卫工人提供热饭、饮水服务，用实际行动体现南通轨道交通"五心服务"精神内涵。

（南通城市轨道交通有限公司　赵秋芸）

南通市城市轨道交通运营线路年度基础数据统计表

表 9-22-1

序号	运营线路名称	系统制式	车辆制式	列车编组（辆）	运营里程（公里）				运营车站数（座）	换乘车站数（座）	车辆基地/场/段数（座）	首班车时间	末班车时间	线路运营时间	运营单位
					总里程	地下	地面	高架							
1	1号线	地铁	B	6	38.5	38.5			28		2	6:00	23:05	17小时5分钟	南通城市轨道交通有限公司运营分公司
	合计				38.5	38.5			28		2				

南通市城市轨道交通运营线路年度运营数据统计表

表 9-22-2

序号	运营线路名称	客运量（万人次）	进站量（万人次）	客运周转量（万人次公里）	最大断面客流量（万人次/时）	配属列车数（列）	运营车公里（万车公里）	日均实际开行列次（列次）	最小发车间隔（秒）	旅行速度（公里/时）	牵引能耗（万千瓦时）	运营总能耗（万千瓦时）
1	1号线	151.2	151.2	1495.6	0.3	35	286.7	278.7	390	35.0	471.9	1211.5
	合计	151.2	151.2	1495.6		35	286.7				471.9	1211.5

图 9-22-1 南通市城市轨道交通运营网络示意图

23 淮安市现代有轨电车经营有限公司

【概况】

至2022年底，江苏省淮安市城市轨道交通全网运营线路1条，总运营里程20.1公里，总运营车站23座。

淮安市城市轨道交通1条运营线路由淮安市现代有轨电车经营有限公司管理，从事既有运营线路运营维护的职工总数360余人，司机总数70人。

2022年运送乘客567.0万人次，比上年下降16%。全年线网日均客运量1.6万人次/日，其中线网日均进站量1.6万人次/日，单日最高日客运量达到3.3万人次/日（2022年2月4日）。

2022年线网实际开行列次8.2万列次，线网运营车公

里634.3万车公里，高峰时段最小行车间隔360秒，运营总能耗1091.0万千瓦时。采用2元一票制，全年实现运营票款收入近850万元，比上年下降22.7%。（图9-23-1）

2022年度主要运营指标完成情况见表9-23-1、表9-23-2。

【运行图兑现率】

公司认真践行"安全第一、服务至上"工作理念，根据疫情防控要求，客流、天气变化情况，科学编制运行图，提高调度水平，电车全年运行准点率、运行图兑现率均在99.9%以上。

（淮安市现代有轨电车经营有限公司　张鹏飞）

淮安市城市轨道交通运营线路年度基础数据统计表　　表 9-23-1

序号	运营线路名称	系统制式	车辆制式	列车编组（辆）	运营里程（公里）				运营车站数（座）	换乘车站数（座）	车辆基地/场/段数（座）	首班车时间	末班车时间	线路运营时间	运营单位
					总里程	地下	地面	高架							
1	有轨电车1号线	有轨电车	有轨电车	4	20.1		20.1		23		1	5:29	22:20	16 小时 51 分钟	淮安市现代有轨电车经营有限公司
	合计				20.1		20.1		23		1				

淮安市城市轨道交通运营线路年度运营数据统计表　　表 9-23-2

序号	运营线路名称	客运量（万人次）	进站量（万人次）	客运周转量（万人次公里）	最大断面客流量（万人次/时）	配属列车数（列）	运营车公里（万车公里）	日均实际开行列次（列次）	最小发车间隔（秒）	旅行速度（公里/时）	牵引能耗（万千瓦时）	运营总能耗（万千瓦时）
1	有轨电车1号线	567.0	567.0			26	634.3	226.0	360	25.0	580.0	1091.0
	合计	567.0	567.0			26	634.3				580.0	1091.0

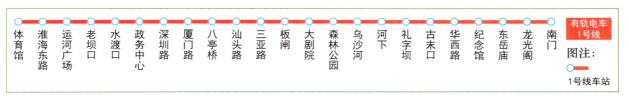

图 9-23-1　淮安市城市轨道交通运营网络示意图

24 杭州市地铁集团有限责任公司

【概况】

至2022年底，浙江省杭州市城市轨道交通全网运营线路12条，总运营里程516公里，总运营车站251座，网络换乘站45座。

杭州市城市轨道交通12条运营线路分别为：1号线由杭州杭港地铁有限公司运营管理，5号线由杭州杭港地铁五号线有限公司运营管理；2、3、4、6、7、8、9、10、16、19号线由杭州地铁运营有限公司运营管理，从事既有运营线路运营维护的职工总数22972人，司机总数3214人。

2022年运送乘客96364.9万人次，比上年增长7.3%，占全市公共交通出行量的比重63.9%。全年线网日均客运量264.0万人次/日，其中线网日均进站量162.8万人次/日，单日最高日客运量达到398.6万人次/日（2022年9月10日），线网日均客运周转量2242.4万人次公里/日。

2022年线网实际开行列次162.6万列次，线网运营车公里36015.4万车公里，高峰时段最小行车间隔135秒，运营总能耗125445.2万千瓦时。采用按里程计、递远递减的多级票价，票价最低2元，最高16元，全年实现运营票款收入218280.5万元，比上年下降10.69%。（图9-24-1）

2022年度主要运营指标完成情况见表9-24-1、表9-24-2。

【七线开通初期运营】

2022年2月21日，地铁3号线一期首通段、4号线二期、10号线一期首通段开通初期运营；4月1日，地铁5号线宝善桥站、地铁7号线后通段、9号线一期南段开通初期运营；6月10日，地铁3号线一期后通段开通初期运营；9月22日，地铁3号线北延段、10号线一期后通段、19号线开通初期运营。

【发布新版《杭州市地铁乘车规则》】

2022年1月12日，发布新版《杭州市地铁乘车规则》，对儿童乘车、安检要求、文明乘车等内容要求进行调整，进一步加强地铁运营管理，维护地铁乘车秩序。

杭州市城市轨道交通运营线路年度基础数据统计表　　　　　　表 9-24-1

序号	运营线路名称	系统制式	车辆制式	列车编组（辆）	运营里程（公里）				运营车站数（座）	换乘车站数（座）	车辆基地/场/段数（座）	首班车时间	末班车时间	线路运营时间	运营单位
					总里程	地下	地面	高架							
1	1号线	地铁	B	6	53.0	53.0			33	13	2	5:54	23:00	17小时06分钟	杭州杭港地铁有限公司
2	2号线	地铁	B	6	43.0	43.0			33	11	2	6:00	23:02	17小时02分钟	杭州地铁运营有限
3	3号线	地铁	AH	6	57.0	57.0			37	8	2	6:00	23:00	17小时	杭州地铁运营有限
4	4号线	地铁	B	6	46.0	46.0			32	10	2	6:00	23:00	17小时00分钟	杭州地铁运营有限
5	5号线	地铁	AH	6	56.0	56.0			39	14	2	6:00	23:00	17小时	杭港五号线公司
6	6号线	地铁	AH	6	58.0	58.0			34	7	2	6:01	23:00	16小时59分钟	杭州地铁运营有限
7	7号线	地铁	A	6	48.0	48.0			24	8	2	6:00	23:15	17小时15分钟	杭州地铁运营有限公司
8	8号线	地铁	A	6	17.0	17.0			9	2	1	6:05	23:02	16小时57分钟	杭州地铁运营有限公司
9	9号线	地铁	B	6	30.0	24.0		6.0	21	6	2	6:02	23:16	17小时14分钟	杭州地铁运营有限公司
10	10号线	地铁	A	6	14.0	14.0			10	4	1	6:01	23:15	17小时14分钟	杭州地铁运营有限公司
11	16号线	地铁	B	6	35.0	20.0		15.0	12	1	1	6:10	23:00	16小时50分钟	杭州地铁运营有限公司
12	19号线	地铁	A	6	59.0	46.3		12.7	13	8	2	6:00	23:15	17小时15分钟	杭州地铁运营有限公司
	合计				516.0	482.3		33.7	251	45	20				

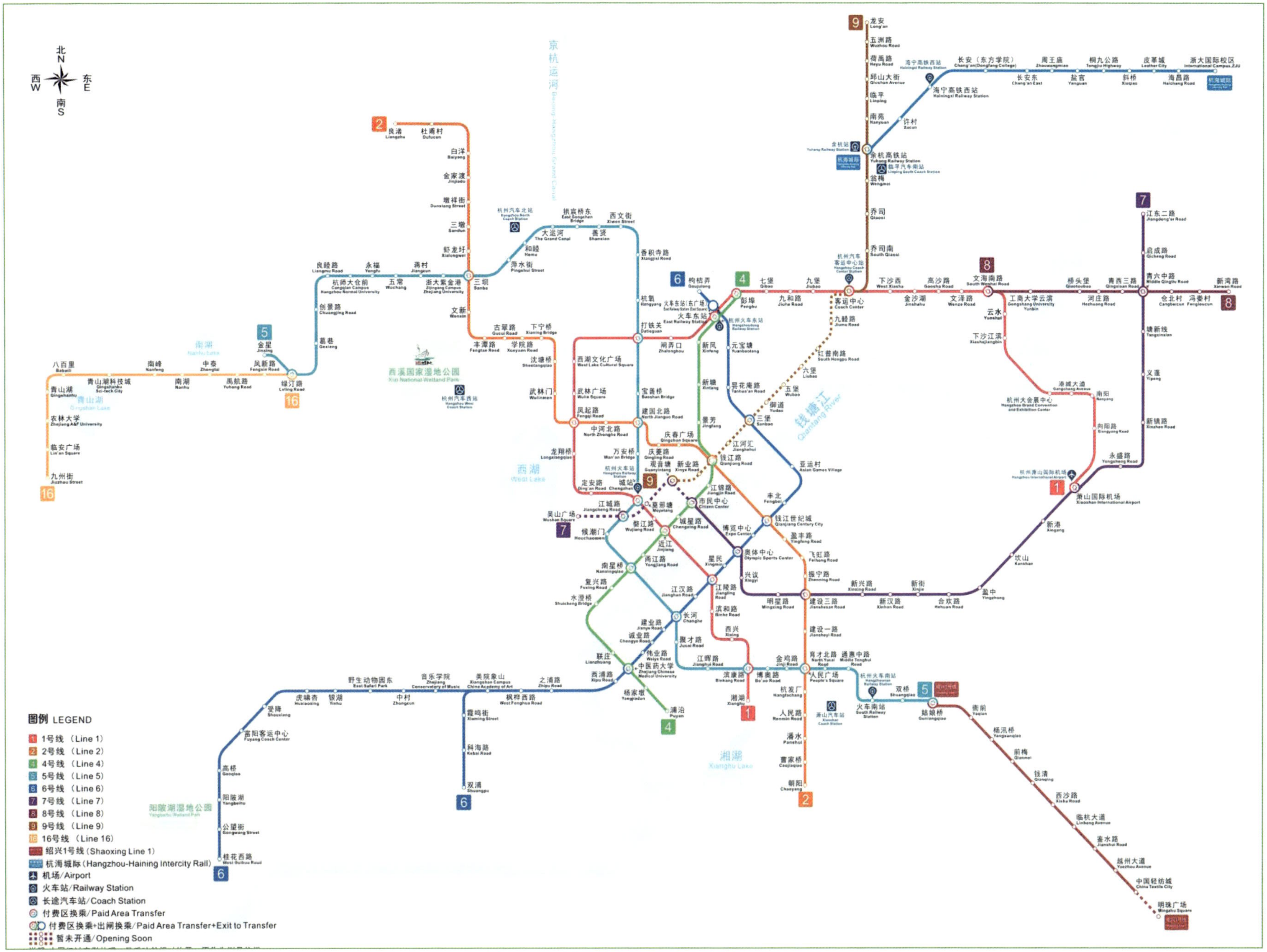

图 9-24-1 杭州市城市轨道交通运营网络示意图

【"彩虹服务"助力高考、毕业季、开学季】

2022年6-9月，杭州地铁持续开展"彩虹服务"助力高考、毕业季、开学季活动。设立绿色通道、考生加油站，提供防暑降温用品，全力做好高考期间运营服务保障工作。

【部分线路运营时间延长】

2022年12月14日起，地铁1、2、3、4、5、6、7、16号线部分区段末班车延长至23时，进一步做好杭州市民夜间出行运营服务安排，让杭州市民出行更畅心。

【电子票、乘车码实行】

2022年12月19日，杭州地铁正式发售电子单程票、电子旅游票（一日票、三日票、五日票、七日票）及杭州地铁乘车码（自建码），乘客下载杭州地铁APP购买相应票种后即可扫码进出站。

【数字人民币支付功能上线】

2022年12月31日，杭州地铁启用数字人民币支付功能，乘客可使用数字人民币钱包在杭州地铁全线网所有自动售票机、客服中心完成扫码购票、退票或补票等支付场景。

（杭州市地铁集团有限责任公司 鲁铖）

杭州市城市轨道交通运营线路年度运营数据统计表　　　　　表 9-24-2

序号	运营线路名称	客运量（万人次）	进站量（万人次）	客运周转量（万人次公里）	最大断面客流量（万人次/时）	配属列车数（列）	运营车公里（万车公里）	日均实际开行列次（列次）	最小发车间隔（秒）	旅行速度（公里/时）	牵引能耗（万千瓦时）	运营总能耗（万千瓦时）
1	1 号线	22068.7	14163.2	178812.1	3.5	80	5822.3	619	135	34.2	10511.5	20929.8
2	2 号线	18547.7	12317.7	149648.0	3.0	66	4398.4	465	135	35.1	7539.5	14013.3
3	3 号线	5642.0	3391.2	50576.1	1.3	78	3066.5	469	240	33.5	5202.7	10372.7
4	4 号线	10290.1	6118.6	69279.5	2.6	61	4028.7	516	145	35.7	7196.5	12478.8
5	5 号线	18656.7	10669.5	155426.0	2.3	61	4798.8	399	135	32.8	8975.9	17447.8
6	6 号线	7811.2	4920.3	73384.8	1.5	54	4600.1	523	210	39.3	9081.4	15992.0
7	7 号线	3961.0	2385.2	46358.3	1.0	34	3261.4	340	330	44.6	7497.5	12802.1
8	8 号线	728.3	380.0	6109.5	0.3	11	919.6	249	405	43.8	2203.3	4202.6
9	9 号线	4612.1	2666.0	43918.6	1.5	31	2131.9	366	270	35.8	3559.0	7100.2
10	10 号线	1703.5	1015.8	6652.3	0.5	16	683.1	285	300	33.3	1018.4	2561.2
11	16 号线	1547.1	933.2	23963.9	0.7	21	1263.3	246	355	54.9	2579.7	4728.3
12	19 号线	796.5	477.5	14361.7	0.5	35	1041.3	294	330	62.5	1869.6	2816.3
	合计	96364.9	59438.3	818490.8	3.5	548	36015.4	4454	135		67235.1	125445.2

25 宁波市轨道交通集团有限公司

【概况】

至2022年底，浙江省宁波市城市轨道交通全网运营线路6条，总运营里程185.2公里，总运营车站127座，网络换乘站12座。

宁波市城市轨道交通6条运营线路均由宁波市轨道交通集团有限公司管理，从事既有运营线路运营维护的职工总数8572人，司机总数1111人。

2022年运送乘客25656.3万人次，比上年下降0.7%，占全市公共交通出行量的比重53.7%。全年线网日均客运量70.3万人次/日，其中线网日均进站量40.1万人次/日，单日最高日客运量达到102.7万人次/日（2022年2月14日），线网日均客运周转量418.8万人次公里/日。

2022年线网实际开行列次75万列次，线网运营车公里14305.9万车公里，高峰时段最小行车间隔235秒，运营总能耗46011.1万千瓦时。采用里程分段计价的票制方式，全年实现运营票款收入39049.6万元，比上年下降3.7%。（图9-25-1）

2022年度主要运营指标完成情况见表9-25-1、表9-25-2。

【全自动运行概览】

至2022年底，宁波市开通运营的城市轨道交通全自动运行线路1条，为5号线，总运营里程27.9公里，总运营车站22座。该线2021年12月28日开通全自动运行，列车运行的自动化等级为GoA4，最高运行速度80公里/小时，定员数1460人；运营和维护保障采用集中管理模式；信号供应商为浙江众合科技股份有限公司，车辆供应商为中车株洲电力机车有限公司。

【打造"数字运维平台"】

探索数字运维新模式，以技术应用为重点，提升运维业务效用；以数字引擎为枢纽，驱动城轨运维体系重塑；以数据资产为核心，形成知识积淀和生产力，谋划"开源节支、降本增效"具体举措，打造"一网管全局、一屏观全域"数字运维平台。另外，利用建设和运营齐抓共管的特色，组建数字运维专班，调动各专业技术人员，开展运维工作研究，优化生产组织模式，编制数字运维平台建设方案，后续将在新线建设落地应用，以提高运维智能化，

降低运维成本。

【数字人民币应用场景】

2022年4月，宁波成为全国第三批数字人民币试点城市。以此为契机，宁波轨道交通积极对接协调工商、农业、中国、建设、交通、邮政储蓄6家银行，推进数字人民币票务场景接入，成为全国第9个、全省首个开通数字人民币应用的城市地铁，丰富乘客轨道交通出行支付方式，拓展宁波地铁APP应用场景，同时促进数字人民币支付标准在轨道交通领域的落地，为轨道交通顺应发展大势创新发展提供宁波轨道交通的经验与智慧。

【文明服务上新高】

双管齐下助服务提质。优化服务设施，改善车站照明、有源导向、盲文盲道、无障碍卫生间设施等，夏季开设纳凉区，推出"强弱冷车厢"人性化服务，新增"一按我帮您"服务按钮。试点建设2个服务样板区域站。首次在高温季试行强弱冷车厢，车厢温度差在2℃左右，给乘客提供差异化选择，获得央视媒体的报道点赞。首次在高校及交通枢纽站点投放"毕业季""开学季"列车特色广播，让乘客感受城市的温暖，提高乘客满意度；同时为更好地服务轮椅乘客，目前全线网车站均配备新型无障碍轮椅渡板。

（宁波市轨道交通集团有限公司）

宁波市城市轨道交通运营线路年度基础数据统计表

表 9-25-1

序号	运营线路名称	系统制式	车辆制式	列车编组（辆）	运营里程（公里）				运营车站数（座）	换乘车站数（座）	车辆基地/场/段数（座）	首班车时间	末班车时间	线路运营时间	运营单位
					总里程	地下	地面	高架							
1	1号线	地铁	B	6	46.2	17.3		28.9	29	3	3	05:55	22:33	16小时38分钟	宁波市轨道交通集团有限公司运营分公司
2	2号线一期	地铁	B	6	28.3	22.2		6.1	22	3	2	05:55	22:20	16小时25分钟	宁波市轨道交通集团有限公司运营分公司
3	2号线二期首通段	地铁	B	6	5.6	1.9		3.7	3		2	6:00	22:20	16小时20分钟	宁波市轨道交通集团有限公司运营分公司
4	2号线二期后通段	地铁	B	6	2.9	2.9			2		2	6:00	22:20	16小时20分钟	宁波市轨道交通集团有限公司运营分公司
5	3号线一期	地铁	B	6	16.7	16.7			15	3	1	6:00	22:38	16小时38分钟	宁波市轨道交通集团有限公司运营分公司
6	3号线鄞奉段	市域快轨	B	6	21.5	0.9		20.6	9	1	1	6:00	22:38	16小时38分钟	宁波市轨道交通集团有限公司运营分公司
7	4号线	地铁	B	6	36.0	24.5		11.5	25	3	2	05:55	22:10	16小时15分钟	宁波市轨道交通集团有限公司运营分公司
8	5号线一期	地铁	B	6	27.9	27.9			22	5		6:00	22:00	16小时	宁波市轨道交通集团有限公司运营分公司
	合计				185.2	114.3		70.8	127	12	11				

宁波市城市轨道交通运营线路年度运营数据统计表   表 9-25-2

序号	运营线路名称	客运量（万人次）	进站量（万人次）	客运周转量（万人次公里）	最大断面客流量（万人次/时）	配属列车数（列）	运营车公里（万车公里）	日均实际开行列次（列次）	最小发车间隔（秒）	旅行速度（公里/时）	牵引能耗（万千瓦时）	运营总能耗（万千瓦时）
1	1号线	8138.8	5100.0	58515.8	1.3	41	3692.0	446.0	235	40.0	5216.9	12522.6
2	2号线	5329.7	3366.7	21904.3	0.6	38	2780.3	423.0	235	35.8	3964.1	9061.4
3	3号线一期	3888.8	1927.8	12711.1	0.9	17	1580.1	445.0	235	40.0	2400.2	5762.0
4	鄞奉城际	820.2	500.7	7787.7	0.3	21	1302.3	288.0	470	40.0	1599.8	2411.1
5	4号线	4292.9	2431.7	25132.3	0.7	36	2805.5	408.0	255	36.6	4078.9	8673.6
6	5号线一期	3185.9	1312.2	26805.5	0.7	26	2145.7	351.0	294	33.9	2716.9	7580.4
	合计	25656.3	14639.1	152856.7		179	14305.9				19976.8	46011.1

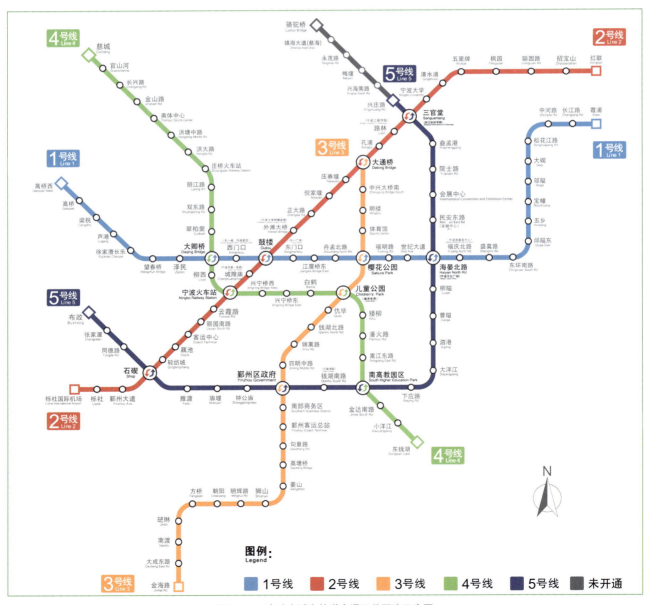

图 9-25-1 宁波市城市轨道交通运营网络示意图

26 温州市铁路与轨道交通投资集团有限公司

【概况】

至2022年底，浙江省温州市城市轨道交通全网运营线路1条，总运营里程52.5公里，总运营车站18座。

温州市城市轨道交通1条运营线路由浙江幸福轨道交通运营管理有限公司管理，从事既有运营线路运营维护的职工总数756人，司机总数150人。

2022年运送乘客803.4万人次，比上年下降15.06%。全年线网日均客运量2.2万人次/日，其中线网日均进站量2.2万人次/日，单日最高日客运量达到5.3万人次/日（2022年9月30日），线网日均客运周转量37.0万人次公里/日。

2022年线网实际开行列次7.2万列次，线网运营车公里1489.0万车公里，高峰时段最小行车间隔600秒，运营总能耗5581.9万千瓦时。（图9-26-1）

2022年度主要运营指标完成情况见表9-26-1、表9-26-2。

（浙江幸福轨道交通运营管理公司 陈龙）

温州市城市轨道交通运营线路年度基础数据统计表 表9-26-1

序号	运营线路名称	系统制式	车辆制式	列车编组（辆）	运营里程（公里）				运营车站数（座）	换乘车站数（座）	车辆基地/场/段数（座）	首班车时间	末班车时间	线路运营时间	运营单位
					总里程	地下	地面	高架							
1	S1线	市域快轨	D	4	52.5	10.1	3.0	39.4	18		1	6:24	22:29	16小时5分钟	浙江幸福轨道交通运营管理有限公司
	合计				52.5	10.1	3.0	39.4	18		1				

温州市城市轨道交通运营线路年度运营数据统计表 表9-26-2

序号	运营线路名称	客运量（万人次）	进站量（万人次）	客运周转量（万人次公里）	最大断面客流量（万人次/时）	配属列车数（列）	运营车公里（万车公里）	日均实际开行列次（列次）	最小发车间隔（秒）	旅行速度（公里/时）	牵引能耗（万千瓦时）	运营总能耗（万千瓦时）
1	S1线	803.4	803.4	13342.0	0.2	18	1489.0	198.5	600	53.0	3446.6	5581.9
	合计	803.4	803.4	13342.0		18	1489.0				3446.6	5581.9

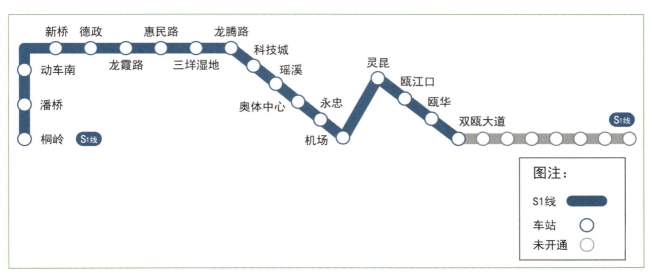

图9-26-1 温州市城市轨道交通运营网络示意图

27 嘉兴市铁路与轨道交通投资集团有限责任公司

【概况】

至2022年底，浙江省嘉兴市城市轨道交通全网运营线路1条，总运营里程13.8公里，总运营车站16座。

嘉兴市城市轨道交通1条运营线路由嘉兴市铁路与轨道交通投资集团有限责任公司所属的嘉兴市申嘉有轨电车运营管理有限公司管理，从事既有运营线路运营维护的职工总数231人，司机总数91人。

2022年运送乘客107.8万人次，比上年增长8.6%，占全市公共交通出行量的比重3.4%。全年线网日均客运量0.3万人次/日，其中线网日均进站量0.3万人次/日，单日最高日客运量达到0.8万人次/日（2022年9月11日），线网日均客运周转量2.1万人次公里/日。

2022年线网实际开行列次8.1万列次，线网运营车公里94.7万车公里，高峰时段最小行车间隔280秒，运营总能耗613.4万千瓦时。采用全程统一票价2元，全年实现运营票款收入123.8万元，比上年增长445.6%。（图9-27-1）

2022年度主要运营指标完成情况见表9-27-1、表9-27-2。

【有轨电车上下行同时通过路口比例提高】

有轨电车作为地面公共交通工具，路口无独立路权，列车信号优先通过路口影响垂直方向社会车辆通过能力。2022年8月嘉兴市有轨电车通过科学调度，提高关键路口上下行列车同时通过路口的比例，上下行列车同时通过路口的比例达40%以上，提高路口通行效率。

【数字化安全防护系统】

2022年10月，基于有轨电车运行位置感知的声光电路口数字化安全防护系统在嘉兴市有轨电车T1线全线38个路口安装、调试完成，使嘉兴市成为全国第一个建设此系统解决有轨电车路口安全问题的城市。全线系统上线以来，设备稳定，功能完善，路口事故发生率大幅下降，路口汽车违章率和电动车、行人违章率大幅度降低，系统实现对路口防护人员的完全替代。

（嘉兴市申嘉有轨电车运营管理有限公司）

嘉兴市城市轨道交通运营线路年度基础数据统计表　　　　　　表 9-27-1

序号	运营线路名称	系统制式	车辆制式	列车编组（辆）	运营里程（公里）				运营车站数（座）	换乘车站数（座）	车辆基地/场/段数（座）	首班车时间	末班车时间	线路运营时间	运营单位
					总里程	地下	地面	高架							
1	T1线	有轨电车	100%低地板	5	13.8	0.9	12.9		16		1	5:30	23:50	18小时20分钟	嘉兴市申嘉有轨电车运营管理有限公司
	合计				13.8	0.9	12.9		16		1				

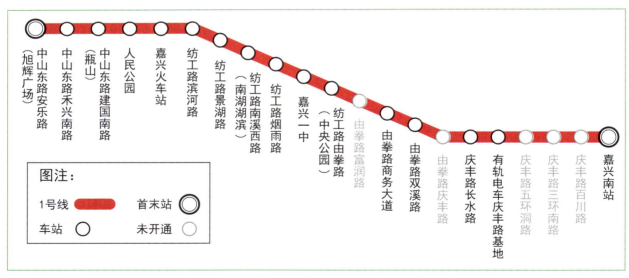

表9-27-1 嘉兴市城市轨道交通运营网络示意图

嘉兴市城市轨道交通运营线路年度运营数据统计表　　　　表 9-27-2

序号	运营线路名称	客运量（万人次）	进站量（万人次）	客运周转量（万人次公里）	最大断面客流量（万人次/时）	配属列车数（列）	运营车公里（万车公里）	日均实际开行列次（列次）	最小发车间隔（秒）	旅行速度（公里/时）	牵引能耗（万千瓦时）	运营总能耗（万千瓦时）
1	T1 线	107.8	107.8	743.6	0.04	17	94.7	229.7	280	20.9	330.7	613.4
	合计	107.8	107.8	743.6		17	94.7				330.7	613.4

28 绍兴市轨道交通集团有限公司

【概况】

至2022年底，浙江省绍兴市城市轨道交通全网运营线路3条，总运营里程128.1公里，总运营车站31座，网络换乘站2座。

绍兴市城市轨道交通2条运营线路均由绍兴京越地铁有限公司管理，从事既有运营线路运营维护的职工总数1839人，司机总数221人。

2022年运送乘客2374.6万人次，比上年增长469.63%。全年线网日均客运量6.5万人次/日，其中线网日均进站量4.4万人次/日，单日最高日客运量达到16.2万人次/日（2022年10月1日），线网日均客运周转量63.4万人次公里/日。

2022年线网实际开行列次8万列次，线网运营车公里2416.3万车公里，高峰时段最小行车间隔360秒，运营总

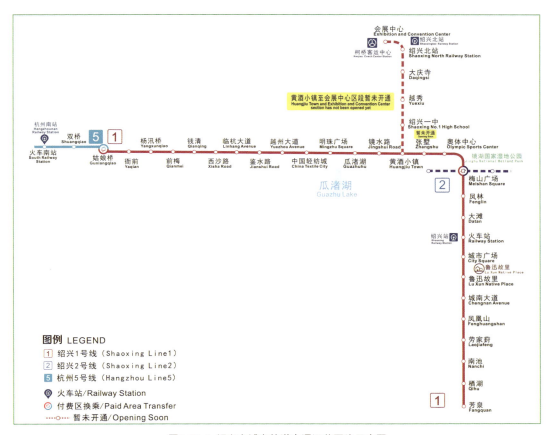

图9-28-1　绍兴市城市轨道交通运营网络示意图

能耗9744.7万千瓦时。采用里程计价制，全年实现运营票款收入3204万元，比上年增长153%。（图9-28-1）

2022年度主要运营指标完成情况见表9-28-1、表9-28-2。

【发挥"杭绍同城"效益】

发挥杭绍地铁临近接驳优势，无缝衔接1号线柯桥段，进一步扩大杭绍两地市民跨市地铁换乘"一次购票、一轮安检、一站换乘、一票通行"的覆盖面，惠及47.1公里地铁沿线范围内的市民群众。精心组织"1元坐地铁游古城"等活动，通过城市间"无缝换乘"，引导两地市民绿色出行。充分发挥以地铁为媒介密切两地市民的经济文化等多方面交流的作用，大量游客的涌入有效促进本地旅游业及周边消费的增长，进一步放大"杭绍同城"效益。

（绍兴市轨道交通集团有限公司）

绍兴市城市轨道交通运营线路年度基础数据统计表　　　　表 9-28-1

序号	运营线路名称	系统制式	车辆制式	列车编组（辆）	运营里程（公里）				运营车站数（座）	换乘车站数（座）	车辆基地/场/段数（座）	首班车时间	末班车时间	线路运营时间	运营单位
					总里程	地下	地面	高架							
1	绍兴城际线	城际铁路	动车组	4	81.0		81.0		4	2	1	6:30	19:10	12小时40分钟	委托上海铁路局运营
2	1号线柯桥段	地铁	B	6	20.3	10.5		9.8	10	1	1	6:00	22:30	16小时30分钟	绍兴京越地铁有限公司
3	1号线主线	地铁	B	6	26.8	25.7	1.1		17		1	6:00	22:30	16小时30分钟	绍兴京越地铁有限公司
	合计				128.1	36.2	82.1	9.8	31	2	2				

绍兴市城市轨道交通运营线路年度运营数据统计表　　　　表 9-28-2

序号	运营线路名称	客运量（万人次）	进站量（万人次）	客运周转量（万人次公里）	最大断面客流量（万人次/时）	配属列车数（列）	运营车公里（万车公里）	日均实际开行列次（列次）	最小发车间隔（秒）	旅行速度（公里/时）	牵引能耗（万千瓦时）	运营总能耗（万千瓦时）
1	1号线柯桥段	1038.1	491.7	11749.1	0.4	18	1260.8	303.0	360	37.6	2522.3	5127.5
2	1号线主线	1336.5	1096.6	11380.4	0.8	27	1155.5	303.0	360	37.6	1517.9	4617.2
	合计	2374.6	1588.3	23129.5		45	2416.3				4040.2	9744.7

29　合肥市轨道交通集团有限公司

【概况】

至2022年底，安徽省合肥市城市轨道交通全网运营线路5条，总运营里程168.9公里，总运营车站133座，网络换乘站10座。

合肥市城市轨道交通5条运营线路均由合肥市轨道交通集团有限公司管理，从事既有运营线路运营维护的职工总数8304人，司机总数1006人。

2022年运送乘客26557.6万人次，比上年下降1.9%，占全市公共交通出行量的比重48.0%。全年线网日均客运量72.8万人次/日，其中线网日均进站量49.6万人次/日，单日最高日客运量达到119.4万人次/日（2022年3月5日），线网日均客运周转量509.5万人次公里/日。

2022年线网实际开行列次60.5万列次，线网运营车公里11465.8万车公里，高峰时段最小行车间隔238秒，运营总能耗44174.8万千瓦时。采用按里程计、递远递减的多级票价机制，票价最低2元，最高7元，全年实现运营票款收入41643.5万元，比上年下降6.5%。（图9-29-1）

2022年度主要运营指标完成情况见表9-29-1、表9-29-2。

【绿色环保型组合车轮】

针对城轨车辆运行产生的振动、噪声等问题，合肥市轨道交通集团有限公司联合马鞍山钢铁股份有限公司、中车南京浦镇车辆有限公司共同研制出绿色环保型组合车轮，2022年2月，在1号线0141列车全车装用，相较原型整体钢轮，在典型区段车内降噪可达15分贝，车辆走行部减振达10分贝。至年底，该列车安全运营近3万公里。这项技术是全球首次应用在B型地铁车辆上，也是国内在踏面制动型地铁车辆上的首个成功应用案例，突破国外技术垄断，填补国内在踏面制动型地铁车辆用组合车轮的空白，提高中国在高精度组合车轮产品领域的

综合竞争力，为国内轨道交通行业减振、降噪提供一种全新的绿色解决方案。

【国家综合标准化试点项目】

合肥市轨道交通集团有限公司常态化开展标准化工作，先后参与编制国家标准2项，主导制定地方标准9项，团体标准5项。推行服务标准、引领品牌升级，规范员工业务流程，强化突发事件应急处置，优化车站环境卫生设施设置。通过"优化标准体系、推动标准实施、强化标准监督、提升服务能力、夯实工作基础"系列举措，提升运营管理水平和服务质量。2022年8月，申报的"合肥市轨道交通运营服务综合标准化试点"项目入选国家标准化管理委员会第八批社会管理和公共服务综合标准化试点项目名单。

（合肥市轨道交通集团有限公司）

图9-29-1　合肥市城市轨道交通运营网络示意图

合肥市城市轨道交通运营线路年度基础数据统计表　　　　　表 9-29-1

序号	运营线路名称	系统制式	车辆制式	列车编组（辆）	运营里程（公里）				运营车站数（座）	换乘车站数（座）	车辆基地/场/段数（座）	首班车时间	末班车时间	线路运营时间	运营单位
					总里程	地下	地面	高架							
1	1 号线	地铁	B	6	24.3	24.3			24	4	1	6:00	00:16	18 小时 16 分钟	运营分公司
2	2 号线	地铁	B	6	27.2	27.2			23	4	2	6:00	23:51	17 小时 51 分钟	运营分公司
3	3 号线	地铁	B	6	36.8	33.3		3.6	33	5	2	6:00	23:36	17 小时 36 分钟	运营分公司
4	4 号线	地铁	B	6	41.1	41.1			31	4	1	6:00	00:34	18 小时 34 分钟	运营分公司
5	5 号线	地铁	B	6	39.5	39.5			33	4	1	6:00	00:34	18 小时 34 分钟	运营分公司
	合计				168.9	165.4		3.6	133	10	7				

合肥市城市轨道交通运营线路年度运营数据统计表　　　　　表 9-29-2

序号	运营线路名称	客运量（万人次）	进站量（万人次）	客运周转量（万人次公里）	最大断面客流量（万人次/时）	配属列车数（列）	运营车公里（万车公里）	日均实际开行列次（列次）	最小发车间隔（秒）	旅行速度（公里/时）	牵引能耗（万千瓦时）	运营总能耗（万千瓦时）
1	1 号线	6081.3	4195.5	41426.0	0.9	39	1957.2	359.0	260	31.6	3747.1	8258.5
2	2 号线	7803.8	5604.9	56122.0	1.4	43	2312.6	373.8	238	33.7	4283.7	8389.2
3	3 号线	7178.3	4976.3	51464.2	1.4	45	2765.7	341.6	270	32.5	5218.1	10435.8
4	4 号线	4102.6	2394.4	27040.4	0.9	47	3204.3	350.2	290	32.9	5146.5	11322.9
5	5 号线	1391.6	921.9	9907.1	0.3	38	1226.0	232.0	330	33.7	1935.4	5768.4
	合计	26557.6	18093.0	185959.7		212	11465.8				20330.8	44174.8

30 芜湖市轨道交通有限公司

【概况】

至2022年底，安徽省芜湖市城市轨道交通全网运营线路2条，总运营里程46.2公里，总运营车站35座，网络换乘站1座。

安徽省芜湖市城市轨道交通2条运营线路均由芜湖市运达轨道交通建设运营有限公司管理，从事既有运营线路运营维护的职工总数1398人，司机总数170人。

2022年运送乘客2278.4万人次。全年线网日均客运量6.4万人次/日，单日最高日客运量达到16.8万人次/日（2022年2月5日），线网日均客运周转量44.7万人次公里/日。

2022年线网实际开行列次18.1万列次，线网运营车公里2151.1万车公里，高峰时段最小行车间隔408秒，运营总能耗5643.4万千瓦时。采用按里程计、递远递减的多级票价。（图9-30-1）

2022年度主要运营指标完成情况见表9-30-1、表9-30-2。

【全自动运行概览】

至2022年底，安徽省芜湖市开通运营的城市轨道交通全自动运行线路2条，分别为1号线、2号线一期，总运营里程46.2公里，总运营车站35座。

1号线2021年11月3日开通全自动运行，2号线一期2021年12月28日开通全自动运行；1、2号线列车运行的自动化等级均为GoA3，最高运行速度80公里/小时，1号线定员数856人，2号线定员数564人；1、2号线运营和维护保障均采用集中管理模式，信号供应商为新誉庞巴迪，车辆供应商为中车浦镇阿尔斯通运输系统有限公司。

【贴心服务】

芜湖轨道交通以"风景单轨"践行"一路畅行 贴心服务"的宗旨和初心，将乘客体验作为工作重心，加快推进"三网融合"、城市一卡通、公交-单轨优惠换乘、爱心通道、志愿者服务站点、软硬件完善等便民利民举措落地实施，通过市民建言献策，提升服务质量与社会效益。

【风景单轨】

芜湖轨道交通多为高架站，墩柱较多。为美化墩柱，同时打造芜湖轨道交通文化名片和品牌形象，提升轨道沿线环境品质，对部分墩柱进行美化，主题包括"芜湖十景""芜湖四季""芜湖新四景""运动系列""红色印记"以及"六大主题提纲系列"。此举不仅让墩柱"换新装"，更为城市增添艺术气息，同时宣传城市文化底蕴，获得广大市民的好评。

（芜湖市运达轨道交通建设运营有限公司 李玥雯）

图9-30-1 芜湖市城市轨道交通运营网络示意图

芜湖市城市轨道交通运营线路年度基础数据统计表　　　　表 9-30-1

序号	运营线路名称	系统制式	车辆制式	列车编组（辆）	运营里程（公里）				运营车站数（座）	换乘车站数（座）	车辆基地/场/段数（座）	首班车时间	末班车时间	线路运营时间	运营单位
					总里程	地下	地面	高架							
1	1号线	跨坐式单轨	CMR Ⅱ	6	30.4			30.4	25	1	2	6:30	23:00	16小时30分钟	芜湖市运达轨道交通建设运营有限公司
2	2号线一期	跨坐式单轨	CMR Ⅱ	4	15.8	1.4		14.4	11		1	6:30	22:30	16小时	芜湖市运达轨道交通建设运营有限公司
	合计				46.2	1.4		44.8	35	1	3				

芜湖市城市轨道交通运营线路年度运营数据统计表　　　　　　表 9-30-2

序号	运营线路名称	客运量（万人次）	进站量（万人次）	客运周转量（万人次公里）	最大断面客流量（万人次/时）	配属列车数（列）	运营车公里（万车公里）	日均实际开行列次（列次）	最小发车间隔（秒）	旅行速度（公里/时）	牵引能耗（万千瓦时）	运营总能耗（万千瓦时）
1	1号线	1402.6	1264.3	11210.0	0.3	26	1609.6	247.3	408	32.7	2375.5	3414.0
2	2号线一期	875.8	737.4	4775.0	0.2	17	541.5	259.3	409	33.7	891.5	2229.4
	合计	2278.4	2001.7	15985.0		43	2151.1				3267.0	5643.4

31 福州地铁集团有限公司

【概况】

至2022年底，福建省福州市城市轨道交通全网运营线路4条，总运营里程110.9公里，总运营车站78座，网络换乘站4座。

福州市城市轨道交通4条运营线路由福州市地铁集团有限公司运营分公司（1、5、6号线）和福州中电科轨道交通有限公司（2号线）管理，从事既有运营线路运营维护的职工总数4928人，司机总数529人。

2022年运送乘客12101.3万人次，比上年增长2.02%，占全市公共交通出行量的比重29.8%。全年线网日均客运量33.2万人次/日，其中线网日均进站量26.6万人次/日，单日最高日客运量达到67.6万人次/日（2022年10月1日），线网日均客运周转量233.5万人次公里/日。

2022年线网实际开行列次33.3万列次，线网运营车公里4863.5万车公里，高峰时段最小行车间隔290秒，运营总能耗24270.3万千瓦时。采用按里程计、递远递减的多级票价，票价最低2元，最高10元，全年实现运营票款收入22429.4万元，比上年下降15.1%。（图9-31-1）

2022年度主要运营指标完成情况见表9-31-1、表9-31-2。

【运营亮点】

2022年运营分公司始终以提升运营服务为主要工作目标，深入开展"国企改革三年行动""提高效率、提升效能、提增效益"等专项行动，推动由"单线管、按图跑"向"网络管、按需跑"转变，确保车站客流流线合理、顺畅。推动老人免费乘车，开展"爱心茶摊""爱心直通车"等特色服务提升老人、残疾人等特殊群体的乘车便捷性。开展文明乘车、文明刷卡、文明安检等活动，打造文明舒心乘车环境。推进地铁公交联票，大力推行"e福州"、云闪付、支付宝扫码过闸乘车和刷脸过闸乘车便民措施，提升市民乘车体验，线上支付比例超75%。

（福州地铁集团有限公司）

福州市城市轨道交通运营线路年度基础数据统计表　　　　　　表 9-31-1

序号	运营线路名称	系统制式	车辆制式	列车编组（辆）	运营里程（公里）总里程	地下	地面	高架	运营车站数（座）	换乘车站数（座）	车辆基地/场/段数（座）	首班车时间	末班车时间	线路运营时间	运营单位
1	1号线	地铁	B	6	29.5	29.5			25	4	2	6:30	23:00	16小时30分钟	福州地铁集团有限公司运营分公司
2	2号线	地铁	B	6	29.3	29.3			22	2	2	6:30	23:00	16小时30分钟	福州中电科轨道交通有限公司
3	5号线	地铁	B	6	21.5	21.5			17	2	1	6:30	23:00	16小时30分钟	福州地铁集团有限公司
4	6号线	地铁	B	6	30.6	23.9		6.7	14	2	2	6:30	22:00	15小时30分钟	福州地铁集团有限公司
	合计				110.9	104.2		6.7	78	3	4				

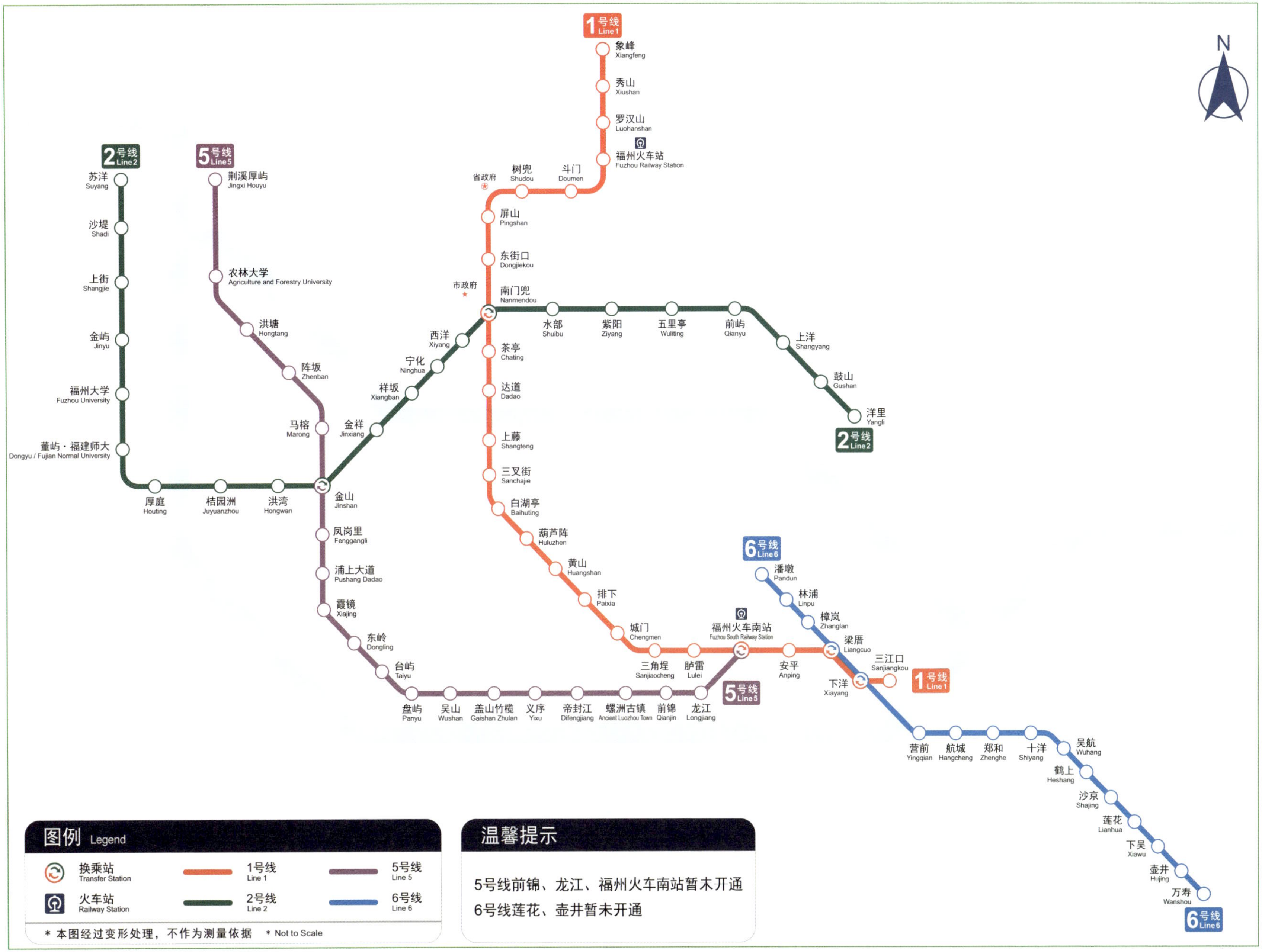

图9-31-1 福州地铁运营线路示意图

专文
大事记
综述
统计资料
科技创新
标准规范
规划发展
门户建议
工程建设
行业交流
资源经营
企业概况
企业概况
索引

运营服务

图例 Legend

换乘站
Transfer Station

火车站
Railway Station

1号线 Line 1
2号线 Line 2
5号线 Line 5
6号线 Line 6

* 本图经过变形处理，不作为测量依据 * Not to Scale

温馨提示

5号线前锦、龙江、福州火车南站暂未开通
6号线连花、壶井暂未开通

N

1号线 Line 1：象峰 Xiangfeng、秀山 Xiushan、罗汉山 Luohanshan、福州火车站 Fuzhou Railway Station、斗门 Doumen、树兜 Shudou、屏山 Pingshan、东街口 Dongjiekou、南门兜 Nanmendou、茶亭 Chating、达道 Dadao、上藤 Shangteng、三叉街 Sanchajie、白湖亭 Baihuting、葫芦阵 Huluzhen、黄山 Huangzhen、排下 Paixia、城门 Chengmen、三角埕 Sanjiaocheng、胪雷 Lulei、福州火车南站 Fuzhou South Railway Station、安平 Anping、下洋 Xiayang、三江口 Sanjiangkou、樟岚 Zhanglan、梁厝 Liangcuo、林浦 Linpu、潘墩 Pandun

2号线 Line 2：洋里 Yangli、鼓山 Gushan、上洋 Shangyang、前屿 Qianyu、五里亭 Wuliting、紫阳 Ziyang、水部 Shubu、省政府、市政府、西洋 Xiyang、宁化 Ninghua、祥坂 Xiangban、金祥 Jinxang、金山 Jinshan、凤岗里 Fenggangli、浦上大道 Pushang Dadao、霞镜 Xiajing、东岭 Dongling、台屿 Taiyu、盘屿 Panyu、吴山 Wushan、盖山竹筵 Gaishan Zhuian、帝封江 Difengjiang、义序 Yixu、螺洲古镇 Ancient Luozhou Town、前横 Qianjin、龙江 Longjiang

5号线 Line 5：荆溪厚屿 Jingxi Houyu、农林大学 Agriculture and Forestry University、阵坂 Zhenban、马榕 Marong、洪塘 Hongtang、洪湾 Hongwan、桔园洲 Juyuanzhou、厚庭 Houting

6号线 Line 6：万寿 Wanshou、壶井 Hujing、下卓 Xiazhuo、连花 Lianhua、沙京 Shajing、鹤上 Heshang、吴航 Wuhang、十洋 Shiyang、郑和 Zhenghe、航城 Hangcheng、营前 Yingqian

苏洋 Suyang、沙堤 Shadi、上街 Shangjie、金屿 Jinyu、福州大学 Fuzhou University、董屿·福建师大 Dongyu / Fujian Normal University

福州市城市轨道交通运营线路年度运营数据统计表　　　　　　　　　　　　表 9-31-2

序号	运营线路名称	客运量（万人次）	进站量（万人次）	客运周转量（万人次公里）	最大断面客流量（万人次/时）	配属列车数（列）	运营车公里（万车公里）	日均实际开行列次（列次）	最小发车间隔（秒）	旅行速度（公里/时）	牵引能耗（万千瓦时）	运营总能耗（万千瓦时）
1	1 号线	5899.3	4979.9	39007.5	1.1	28	1831.5	323.5	290	32.7	3579.4	9599.8
2	2 号线	4988.1	3860.7	37739.1	1.1	31	1978.8	361.5	290	32.9	3455.2	8311.8
3	5 号线	913.8	641.3	4343.3	0.4	22	734.6	221.3	530	32.1	1299.7	4327.3
4	6 号线	300.1	209.5	4152.6	0.4	17	318.6	227.8	470	44.9	609.9	2031.4
	合计	12101.3	9691.4	85242.5		98	4863.5				8944.2	24270.3

32 厦门轨道建设发展集团有限公司

【概况】

至2022年底，福建省厦门市城市轨道交通全网运营线路3条，总运营里程98.4公里，总运营车站66座，网络换乘站5座。

厦门市城市轨道交通3条运营线路均由厦门轨道建设发展集团有限公司管理，从事既有运营线路运营维护的职工总数4823人，司机总数698人。

2022年运送乘客19721.1万人次，比上年增长16%，占全市公共交通出行量的比重27.1%。全年线网日均客运量54.03万人次/日，其中线网日均进站量41.5万人次/日，单日最高日客运量达到74.9万人次/日（2022年7月8日），线网日均客运周转量403.4万人次公里/日。

2022年线网实际开行列次41.6万列次，线网运营车公里7095.9万车公里，高峰时段最小行车间隔170秒，运营总能耗31250.0万千瓦时。采用按里程计、递远递减的多

级票价，全年实现运营票款收入38576.0万元，比上年下降2.1%。（图9-32-1）

2022年度主要运营指标完成情况见表9-32-1、表9-32-2。

【科技创新驱动发展动能】

以"向技术要效率、向技术要效益"为目标，推动客流预测模型、空调节能改造、闸瓦统型研究等技术创新项目26项；获得第五届全国设备管理与技术创新成果推选活动二等奖（AFC系统新型三层云架构技术研究）；获得厦门科学技术进步奖三等奖（城市轨道交通高可靠供电及运维技术研发与应用）；取得3项实用新型专利（一种便于操作使用牢靠的直流1500伏接地线接头装置、无电动调节水阀的空调风水系统控制装置及系统、一种直流快速断路器综合试验仪器）、1项软件著作权（信息采集管理机器人软件）。

厦门市城市轨道交通运营线路年度基础数据统计表　　　　　　　　　　　　表 9-32-1

序号	运营线路名称	系统制式	车辆制式	列车编组（辆）	运营里程（公里）				运营车站数（座）	换乘车站数（座）	车辆基地/场/段数（座）	首班车时间	末班车时间	线路运营时间	运营单位
					总里程	地下	地面	高架							
1	1 号线	地铁	B	6	30.3	25.6	1.9	2.8	24	3	2	6:30	23:49	17 小时 19 分钟	厦门轨道建设发展集团有限公司运营分公司
2	2 号线	地铁	B	6	41.6	41.6			32	3	2	6:30	23:52	17 小时 22 分钟	厦门轨道建设发展集团有限公司运营分公司
3	3 号线	地铁	B	6	26.5	25.9	0.3	0.3	16	4	2	6:30	23:35	17 小时 5 分钟	厦门轨道建设发展集团有限公司运营分公司
	合计				98.4	93.1	2.2	3.1	66	5	6				

图例 LEGEND

- 1号线 Line 1
- 2号线 Line 2
- 3号线 Line 3
- 快速公交线路 BRT Line
- 普通站 Station
- 待开通 Under Construction
- 换乘站 Transfer
- 火车站 Railway Station
- 码头 Wharf
- 快速公交 BRT
- 机场 Airport

温馨提示：该地图经过艺术化处理，站点位置等内容仅供参考，不做精准测量使用。

1号线 Line 1

岩内 Yannei
厦门北站 Xiamen North Railway Station
天水路 Tianshui Rd
集美大道 Jimei Blvd
集美软件园 Jimei Software Park
诚毅广场 Chengyi Plaza
官任 Guanren
杏锦路 Xingjin Rd
杏林村 Xinglin Village
集美学村 Jimei School Village
高崎 Gaoqi
殿前 Dianqian
火炬园 Torch Hi-tech Park
华荣路 Huarong Rd
塘边 Tangbian
乌石浦 Wushipu
吕厝 Lücuo
后埔 Houpu
江头 Jiangtou
莲花路口 Lianhua Intersection
莲坂 Lianban
湖滨东路 Hubin East Rd
厦门火车站 Xiamen Railway Station
火车站 Railway Station
文灶 Wenzao
金榜公园 Jinbang Park
中山公园 Zhongshan Park
镇海路 Zhenhai Rd

2号线 Line 2

天竺山 Tianzhushan
东孚 Dongfu
东瑶 Dongyao
鼎美 Dingmei
马銮中心 Maluan Center
新阳大道 Xinyang Ave
新垵 Xin'an
翁角路 Wengjiao Rd
马青路 Maqing Rd
海沧行政中心 Haicang Administrative Center
海沧商务中心 Haicang Business Center
海沧湾公园 Haicang Bay Park
邮轮中心 Cruise Center
湖滨中路 Hubin Middle Rd
建业路 Jianye Rd
育秀东路 Yuxiu East Rd
体育中心 Sports Center
人才中心 HR Service Center
湖里公园 Huli Park
蔡塘 Caitang
古地石 Gudishi
湖里创新园 Huli Innovation Park
坂尚 Banshang
安兜 Andou
小东山 Xiaodongshan
市行政服务中心 Municipal Administrative Service Center
金山 Jinshan
双十中学 Shuangshi Middle School
五缘湾 Wuyuanwan
钟宅 Zhongzhai
湿地公园 Wetland Park
五通 Wutong
两岸金融中心 Cross-Strait Financial Center
东宅 Dongzhai
观音山 Guanyinshan
何厝 Hecuo
软件园二期 Software Park Phase II
岭兜 Lingdou

3号线 Line 3

开禾路口 Kaihe Intersection
斗西路 Douxi Rd
二市 Ershi
第一码头 1st Wharf
思北 Sibei
将军祠 Jiangjunci
洪文 Hongwen
东芳山庄 Dongfang Shanzhuang
卧龙晓城 Wolong Xiaocheng
龙山桥 Longshanqiao
莲坂 Lianban
前埔枢纽站 Qianpu Junction
林前 Linqian
鼓锣 Guluo
后村 Houcun
蔡厝 Caicuo
翔安机场 Xiang'an Airport

快速公交 BRT

同安枢纽站 Tong'an Junction
城南 Chengnan
第三医院 3rd Hospital
工业集中区 Industrial Zone
四口圳 Sikouzhen
轻工食品园 Light Industry and Food Park
官浔 Guanxun
滨海新城(西柯)枢纽站 Binhai Xincheng(Xike) Junction
潘涂 Pantu
蔡店 Caidian
美峰 Meifeng
东亭 Dongting
后田 Houtian
东安 Dong'an
凤林 Fenglin
县后 Xianhou
高崎机场 Gaoqi Airport
T4候机楼 Airport Terminal 4
体育会展 Sports & Convention Center

6号线 Line 6

华侨大学 Huaqiao University
诚毅学院 Chengyi University College
嘉庚体育馆 Tan Kah Kee Stadium
园博苑 Horticulture Expo Garden
软三东 Software Park Phase III East
4号线 Line 4
龙江明珠 Longjiang Mingzhu
6号线 Line 6

田厝 Tiancuo
东宅 Dongzhai
中科院 Chinese Academy of Sciences
产业研究院 Institute of Technovation
大学城 University Town

区域 Districts

同安区 Tong'an District
集美区 Jimei District
翔安区 Xiang'an District
湖里区 Huli District
海沧区 Haicang District
思明区 Siming District
鼓浪屿 Kulangsu
漳州 Zhangzhou
金门 Jinmen

图9-32-1 厦门市城市轨道交通运营网络示意图

【节能减排助力"双碳"目标】

在1号线地下车站全面应用环控系统风水联动节能改造，年节能约250万度；科学运行能馈装置和优化牵引特性及空调策略，高效利用永磁系统，每车公里节电约0.04度；2022年获"优秀节能管理企业"奖，《轨道交通能源管理系统建设导则》市地标通过立项；完成实用新型专利《无电动调节水阀的空调风水系统控制装置及系统》申报，并获得授权证书。

（厦门轨道建设发展集团有限公司）

厦门市城市轨道交通运营线路年度运营数据统计表　　　　　　表 9-32-2

序号	运营线路名称	客运量（万人次）	进站量（万人次）	客运周转量（万人次公里）	最大断面客流量（万人次/时）	配属列车数（列）	运营车公里（万车公里）	日均实际开行列次（列次）	最小发车间隔（秒）	旅行速度（公里/时）	牵引能耗（万千瓦时）	运营总能耗（万千瓦时）
1	1号线	8337.1	6704.7	63247.0	1.6	40	2514.0	388.7	250	35.8	4093.0	10704.0
2	2号线	7262.0	5692.2	55335.0	2.4	46	2880.2	399.1	170	37.4	4591.0	12107.0
3	3号线	4122.0	2765.2	28652.0	0.8	35	1701.7	352.6	295	39.5	2820.0	8439.0
	合计	19721.1	15162.1	147234.0		121	7095.9				11504.0	31250.0

33　南昌轨道交通集团有限公司

【概况】

至2022年底，江西省南昌市城市轨道交通全网运营线路4条，总运营里程128.4公里，总运营车站94座，网络换乘站9座。

南昌市城市轨道交通1、2、4号线运营线路由南昌轨道交通集团有限公司管理，从事1、2、4号线路运营维护的职工总数5242人，司机总数465人。3号线由南昌中铁穗城轨道交通建设运营有限公司管理，从事运营维护的职工总数582人，司机总数132人。

2022年运送乘客23909.0万人次，比上年下降7.9%。全年线网日均客运量65.6万人次/日，其中线网日均进站量38.8万人次/日，单日最高日客运量达到139.5万人次/日（2022年1月1日），线网日均客运周转量382.0万人次公里/日。

2022年线网实际开行列次49.5万列次，线网运营车公里9036.1万车公里，高峰时段最小行车间隔288

南昌市城市轨道交通运营线路年度基础数据统计表　　　　　　表 9-33-1

序号	运营线路名称	系统制式	车辆制式	列车编组（辆）	运营里程（公里）				运营车站数（座）	换乘车站数（座）	车辆基地/场/段数（座）	首班车时间	末班车时间	线路运营时间	运营单位
					总里程	地下	地面	高架							
1	1号线	地铁	B	6	28.8	28.8			24	4	2	6:00	23:23	17小时23分钟	南昌轨道交通集团有限公司运营分公司
2	2号线	地铁	B	6	31.5	31.5			28	5	1	6:00	23:29	17小时29分钟	南昌轨道交通集团有限公司运营分公司
3	3号线	地铁	B	6	28.5	28.5			22	4	2	6:00	23:19	17小时19分钟	南昌中铁穗城轨道交通建设运营有限公司
4	4号线	地铁	B	6	39.6	33.9	0.2	5.5	29	5	2	6:00	23:40	17小时40分钟	南昌轨道交通集团有限公司运营分公司
	合计				128.4	122.7	0.2	5.5	94	9	7				

秒，运营总能耗34732.2万千瓦时。采用按里程计、递远递减的多级票价，票价最低2元，最高7元，全年实现运营票款收入34706.2万元，比上年下降18.0%。（图9-33-1）

2022年度主要运营指标完成情况见表9-33-1、表9-33-2。

【物资全生命周期管理平台系统上线】

2022年8月，由南昌地铁研发的城市轨道交通线网物资全生命周期管理平台系统正式上线，通过在GIS地图上对仓库物资进行智能查询、溯源追踪、手机扫码出库，同时借助VR三维展示界面实现仓库远程巡库，全方位提高物资管理效率和仓库安全管理水平。

【"三分之一"工程流程优化】

在保障安全运营的基础上，以运营管理流程为主体，

南昌地铁2022年启动"三分之一"流程优化工作，通过清理、纵向整合、横向打通方式减少流程数量，科学合理地精简运营管理流程节点总量的1/3，并与数字化建设相结合，提高运营效率与服务质量。

【试点打造创新型车辆检修模式】

2022年，在生米南综合维修基地试点打造智能化、自动化车辆检修平台。运用图像检测技术、智能机器人技术、SLAM自主导航技术、AI深度学习等前沿高新技术，建立360°车辆全景检修、智能巡检机器人补充的新型车辆检修模式，该模式分别独立试运行并融入地铁车辆"四日检"的检修作业中，为后期智慧化地铁运维打造坚实的基础。同时，也为改善员工作业环境、提升作业质量、降低运维成本迈出探索的一步。

（南昌轨道交通集团有限公司）

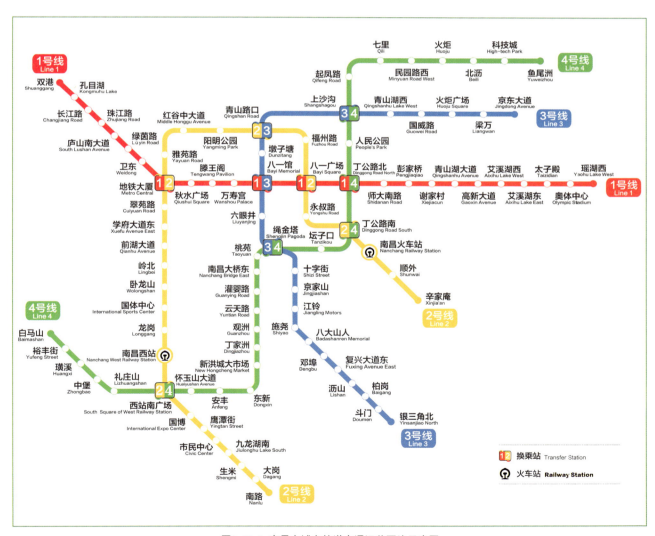

图9-33-1 南昌市城市轨道交通运营网络示意图

南昌市城市轨道交通运营线路年度运营数据统计表　　　　　　　　　　表 9-33-2

序号	运营线路名称	客运量（万人次）	进站量（万人次）	客运周转量（万人次公里）	最大断面客流量（万人次/时）	配属列车数（列）	运营车公里（万车公里）	日均实际开行列次（列次）	最小发车间隔（秒）	旅行速度（公里/时）	牵引能耗（万千瓦时）	运营总能耗（万千瓦时）
1	1号线	8866.8	5999.2	52815.6	1.4	39	2105.6	352.0	288	32.4	3855.2	8707.3
2	2号线	5991.8	3338.8	32174.9	0.9	34	2208.8	318.7	390	32.0	3457.6	8873.7
3	3号线	4777.7	2621.5	28613.6	0.8	32	2126.3	343.0	324	34.7	3477.1	7207.0
4	4号线	4272.7	2206.5	25821.7	0.6	39	2595.4	341.3	390	33.8	4444.6	9944.2
	合计	23909.0	14166.0	139425.8		144	9036.1				15234.5	34732.2

34　济南轨道交通集团有限公司

【概况】

至2022年底，山东省济南市城市轨道交通全网运营线路3条，总运营里程84.1公里，总运营车站43座，网络换乘站2座。

济南市城市轨道交通3条运营线路均由济南轨道集团第一运营有限公司管理，从事既有运营线路运营维护的职工总数4760人，司机总数578人。

2022年运送乘客5455.4万人次，比上年下降2.6%，占全市公共交通出行量的比重10.1%。全年线网日均客运量15.0万人次/日，单日最高日客运量达到29.1万人次/日（2022年9月30日），线网日均客运周转量147.0万人次公里/日。

2022年线网实际开行列次28.2万列次，线网运营车公里4047.3万车公里，高峰时段最小行车间隔405秒，运营总能耗17578.3万千瓦时。采用里程计费的多级票价，全年实现运营票款收入9994.6万元，比上年下降4.5%。（图9-34-1）

2022年度主要运营指标完成情况见表9-34-1、表9-34-2。

【全自动运行概览】

至2022年底，山东省济南市开通运营的城市轨道交通全自动运行线路1条，为2号线，总运营里程36.4公里，总运营车站19座。该线2021年3月26日开通全自动运行，列车运行的自动化等级为GoA4，最高运行速度100公里/小时，定员数1460人；运营和维护保障采用集中管理管理模式；信号供应商为北京交控，车辆供应商为中车四方。

【推进班组标准化建设】

为规范班组基础建设，提高标准化建设水平，实现安全生产，开展班组标准化建设工作。通过总结班组管理经验，编制信号、车辆、客运、供电等专业班组标准化建设工作手册，对日常生产运作、安全管理方式、员工素质能力提升、文化建设等方面进行规范，使班组成为规范、高效的作业单元，促进企业安全、质量、成本、效率的改善和提高。

【打造"书香车站"】

2022年10月，在1号线大学城站，济南地铁打造"书香车站"，推动"书香济南"建设，营造全民阅读的良好氛围。"书香车站"建设紧紧围绕"书香"主题，设有共享书吧、"二安"长廊、知识阶梯、文字灯箱、艺术橱窗、知识岛等，为市民提供一个具有浓厚书香氛围的文化空间。

【"童心易物"特色服务】

济南地铁于2022年"六一儿童节"来临之际推出"童心易物"特色服务，用儿童喜爱的小文具、小玩具等礼物，与其携带的充气气球等禁限带物品进行交换，以物品交换的形式宣传地铁安检的重要性，同时体现济南地铁守护童心的人文关怀与服务温度。

（济南轨道交通集团有限公司）

济南市城市轨道交通运营线路年度基础数据统计表

表 9-34-1

序号	运营线路名称	系统制式	车辆制式	列车编组（辆）	运营里程（公里）				运营车站数（座）	换乘车站数（座）	车辆基地/场/段数（座）	首班车时间	末班车时间	线路运营时间	运营单位
					总里程	地下	地面	高架							
1	1 号线	地铁	B	4	26.1	9.7	0.2	16.2	11		1	6:00	22:00	16 小时	济南轨道交通集团第一运营有限公司
2	2 号线	地铁	B	6	36.4	34.8		1.6	19	2	2	6:00	22:00	16 小时	济南轨道交通集团第一运营有限公司
3	3 号线	地铁	B	6	21.6	21.6			13		2	6:00	22:00	16 小时	济南轨道交通集团第一运营有限公司
	合计				84.1	66.1	0.2	17.8	43	2	5				

济南市城市轨道交通运营线路年度运营数据统计表

表 9-34-2

序号	运营线路名称	客运量（万人次）	进站量（万人次）	客运周转量（万人次公里）	最大断面客流量（万人次/时）	配属列车数（列）	运营车公里（万车公里）	日均实际开行列次（列次）	最小发车间隔（秒）	旅行速度（公里/时）	牵引能耗（万千瓦时）	运营总能耗（万千瓦时）
1	1 号线	847.3	595.8	8238.7	0.4	24	884.5	250.0	465	44.8	1677.8	3480.5
2	2 号线	3131.7	2433.7	37842.5	0.8	34	1992.6	270.0	405	41.8	4371.1	8611.8
3	3 号线	1476.4	1021.6	7571.2	0.6	18	1170.2	251.0	405	39.1	2384.5	5486.0
	合计	5455.4	4051.1	53652.4		76	4047.3				8433.4	17578.3

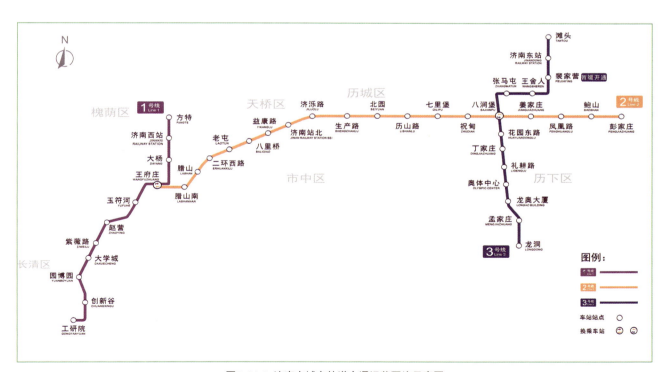

图9-34-1 济南市城市轨道交通运营网络示意图

35 青岛地铁集团有限公司

【概况】

至2022年底，山东省青岛市城市轨道交通7条运营线路由青岛地铁运营有限公司管理，总运营里程315公里，总运营车站146座，网络换乘站13座。从事既有运营线路运营维护的职工总数13116人，司机总数1378人。

2022年运送乘客28289.9万人次，比上年增长14.7%。全年线网日均客运量77.5万人次/日，其中线网日均进站量55.5万人次/日，单日最高日客运量达到123.6万人次/日（2022年8月4日），线网日均客运周转量792.5万人次公里/日。

2022年线网实际开行列次66.8万列次，线网运营车公里12893.9万车公里，高峰时段最小行车间隔145秒，运营总能耗44512.8万千瓦时。采用里程分段计价，起步价2元，起步里程5公里。5～10公里（含），票价为3元。10～17公里（含），票价为4元。17～27公里（含），票价为5元。27～38公里（含），票价为6元。38公里以上部分，票价每增加1元，可多乘坐20公里。全年实现运营票款收入49356.9万元，比上年增长11.9%。（图9-35-1）

2022年度主要运营指标完成情况见表9-35-1、表9-35-2。

（青岛地铁运营有限公司 曹洪新）

【运营保障有力】

首次将延时重点倾向于乘客需求更多的首班车，先后于7月1日、8月12日两次延时，与国铁衔接覆盖率增加至97.94%，与机场衔接覆盖率达到84.35%，旅游季期间延时时段线网每日可额外服务乘客约4000人次；疫情期间，先后对线网运力26次调整，编制列车运行图67张；利用线路自身条件，在11号线早高峰开行"苗岭路-枯桃"第三类交路，每日加开50公里，仅占全日运营车公里的千分之五，高峰期全线超过6成乘客候车时间减半，最大满载率下降33%；将2号线部分回段列车开放载客，每日额外为乘客提供1.6万人次的运力。

【提升"畅达幸福"品牌影响力】

以建设人民满意的地铁为出发点和落脚点，通过红色井冈山路站等6座主题车站打造"伴你畅达之路，倾听幸福之声"等五类品牌主题活动，全方位多角度打造青岛地铁服务品牌。2022年青岛地铁获山东省市场质量信用"用户满意标杆服务"AAA级别认证，成为国内首家获国家级双认证的地铁公司（国家级"服务质量认证"及"顾客满意度测评认证"双五星级评价）；获全国交通运输优秀文化品牌"企业类十佳文化品牌""优秀文化品牌"，山东省企业文化优秀成果一等奖等国家级荣誉4个、省级荣誉3个、市级荣誉3个。

【地铁APP赋能智慧安全出行】

地铁APP上线"三码合一"，提升出行便利性；实现与苏州、无锡、常州、南昌、哈尔滨、石家庄和沈阳7地互联互通，全国互通畅行城市达到8个，惠及旅游出行人群超30万人次；上线电子日票（一日票、三日票）、电子员工卡，乘客可在线购买享受到电子化限期多次乘车的服务和优惠，员工可免除实体卡携带不便、易丢失的苦恼，进一步丰富电子票种、扩大轨交优势；开展数字人民币1分钱乘地铁、2022青岛国际啤酒节数币红包预约、抽签等活动，助推青岛数字人民币发展，提振经济复苏。

（青岛地铁运营有限公司）

青岛市城市轨道交通（青岛地铁）运营线路年度基础数据统计表　　　　表 9-35-1

序号	运营线路名称	系统制式	车辆制式	列车编组（辆）	运营里程（公里）				运营车站数（座）	换乘车站数（座）	车辆基地/场/段数（座）	首班车时间	末班车时间	线路运营时间	运营单位
					总里程	地下	地面	高架							
1	1号线	地铁	B	6	60	60			40	4	3	5:50	23:41	17小时51分钟	青岛地铁运营有限公司
2	2号线	地铁	B	6	25.2	25.2			21	4	1	6:00	23:34	17小时34分钟	青岛地铁运营有限公司
3	3号线	地铁	B	6	24.8	24.8			22	4	1	6:00	23:26	17小时26分钟	青岛地铁运营有限公司
4	4号线	地铁	B	6	30.7	30.7			24	6	1	6:00	23:38	17小时38分钟	青岛地铁运营有限公司
5	8号线北段	市域快轨	B	6	48.3	41.4	0.5	6.4	11	1	2	5:45	23:12	17小时27分钟	青岛地铁运营有限公司
6	11号线	市域快轨	B	4	58.4	11.2	1.4	45.8	21	1	2	6:05	23:17	17小时12分钟	青岛地铁运营有限公司
7	13号线	市域快轨	B	4	67.6	15.4	0.2	52.0	21	1	3	6:00	23:09	17小时9分钟	青岛地铁运营有限公司
	合计				315.0	208.7	2.1	104.2	146	13	12				

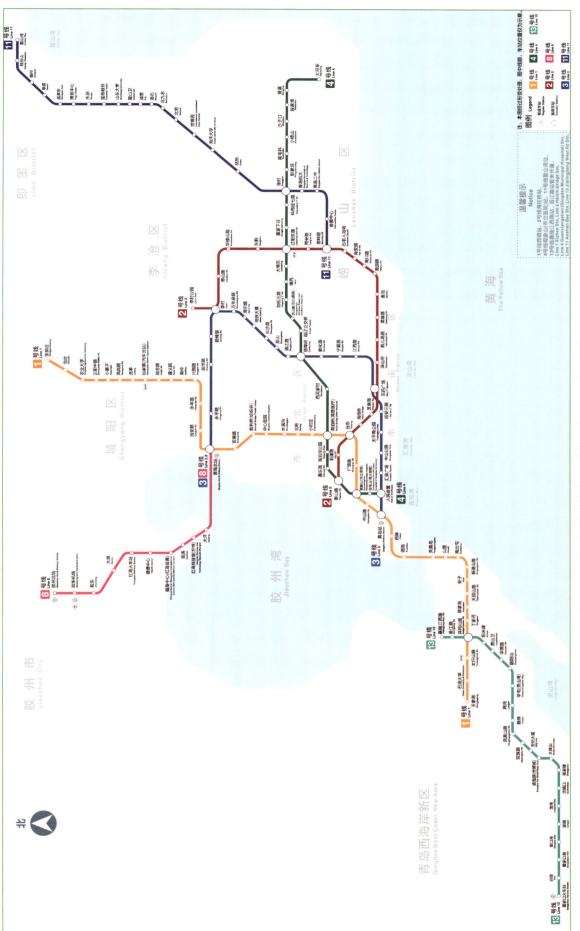

图9-35-1 青岛市城市轨道交通（青岛地铁）运营网络示意图

青岛市城市轨道交通（青岛地铁）运营线路年度运营数据统计表 　　表9-35-2

序号	运营线路名称	客运量（万人次）	进站量（万人次）	客运周转量（万人次公里）	最大断面客流量（万人次/时）	配属列车数（列）	运营车公里（万车公里）	日均实际开行列次（列次）	最小发车间隔（秒）	旅行速度（公里/时）	牵引能耗（万千瓦时）	运营总能耗（万千瓦时）
1	1号线	7074.8	5109.7	88281.7	1.2	59	3801.8	373.7	200	37.1	6673.5	13352.3
2	2号线	8246.4	5685.2	52700.2	1.8	40	1978.3	407.6	190	33.2	3319.3	7298.9
3	3号线	8428.8	6176.0	61395.3	2.3	44	1871.0	343.1	145	33.0	3195.6	7231.5
4	4号线	25.1	16.5	162.7	0.2	32	32.7	353.3	348	34.2		
5	8号线	1126.1	701.6	30274.6	0.4	20	1837.8	176.0	580	65.6	2848.4	5619.1
6	11号线	1507.5	994.6	24802.2	0.5	40	1719.6	262.2	240	55.1	2855.9	5470.9
7	13号线	1881.2	1589.7	31636.4	0.4	39	1652.7	262.9	445	58.0	2595.0	5540.1
	合计	28289.9	20273.3	289253.1		274	12893.9				21487.7	44512.8

36　青岛公交集团轨道巴士有限公司

【概况】

至2022年底，山东省青岛市城市轨道交通1条运营线路由青岛公交集团轨道巴士有限公司管理，总运营里程8.8公里，总运营车站12座，无换乘站。从事既有运营线路运营维护的职工总数117人，司机总数18人。

2022年运送乘客114.2万人次，比上年下降16%。单日最高日客运量达到0.6万人次/日（2022年12月25日）。

2022年线网实际开行列次3.5万列次，线网运营车公里27.1万车公里，高峰时段最小行车间隔600秒，运营总能耗197.0万千瓦时。采用单票制，全年实现运营票款收入113.7万元，比上年下降16%。（图9-36-1）

2022年度主要运营指标完成情况见表9-36-1、表9-36-2。

【所获荣誉】

青岛城运控股集团轨道巴士有限公司成立于2014年12月，公司自成立以来，始终坚持"诚信、创新、责任"的企业精神，按照"高质量管理、高标准运营、高品牌创建"的管理理念，做好有轨电车示范线的运营管理。公司先后获得青岛市"文明单位""工人先锋号""青年文明号""敬老文明号"、山东省"交通安全示范单位""女职工建功立业标兵岗"等荣誉称号。2017年，公司荣获"全国交通质量奖卓越项目奖"。2018年，公司被授予全国"企业文化建设基层示范点"称号、获"全国交通质量奖"和全国首张有轨电车运营服务5A级认证证书，是全国有轨电车运营企业中唯一获得这两项殊荣的单位。2021年，公司先后获得城阳区"区长质量奖"、青岛市"市长质量奖"。2022年，公司获得青岛市"高质量发展创新典型案例"奖。

（青岛公交集团轨道巴士有限公司　杨晓超）

青岛市城市轨道交通（青岛公交）运营线路年度基础数据统计表 　　表9-36-1

序号	运营线路名称	系统制式	车辆制式	列车编组（辆）	运营里程（公里）			运营车站数（座）	换乘车站数（座）	车辆基地/场/段数（座）	首班车时间	末班车时间	线路运营时间	运营单位
					总里程	地下	地面	高架							
1	有轨电车示范线	有轨电车	钢轮钢轨100%低地板	3	8.8		8.8		12		1	6:30	20:30	14小时	青岛城运控股集团轨道巴士有限公司
	合计				8.8		8.8		12		1				

青岛市城市轨道交通（青岛公交）运营线路年度运营数据统计表　　　　　　　表 9-36-2

序号	运营线路名称	客运量（万人次）	进站量（万人次）	客运周转量（万人次公里）	最大断面客流量（万人次／时）	配属列车数（列）	运营车公里（万车公里）	日均实际开行列次（列次）	最小发车间隔（秒）	旅行速度（公里／时）	牵引能耗（万千瓦时）	运营总能耗（万千瓦时）
1	有轨电车示范线	114.2	114.2	2003.0		7	27.1	84.0	600	18.0	146.0	197.0
	合计	114.2	114.2	2003.0		7	27.1				146.0	197.0

图 9-36-1　青岛市城市轨道交通（青岛公交）运营网络示意图

37　郑州地铁集团有限公司

【概况】

至2022年底，河南省郑州市城市轨道交通全网运营线路8条，总运营里程233.0公里，总运营车站166座，网络换乘站18座。

郑州市城市轨道交通8条运营线路均由郑州地铁集团有限公司管理，从事既有运营线路运营维护的职工总数11331人，司机总数1258人。

2022年运送乘客29275.4万人次，比上年下降32%，

郑州市城市轨道交通运营线路年度基础数据统计表　　　　　　　表 9-37-1

序号	运营线路名称	系统制式	车辆制式	列车编组（辆）	运营里程（公里）				运营车站数（座）	换乘车站数（座）	车辆基地／场／段数（座）	首班车时间	末班车时间	线路运营时间	运营单位
					总里程	地下	地面	高架							
1	1 号线	地铁	B	6	41.2	41.2			30	6	2	6:00	00:17	18 小时17 分钟	郑州地铁集团有限公司运营分公司
2	2 号线	地铁	B	6	30.9	30.9			22	6	1	6:00	23:51	17 小时51 分钟	郑州地铁集团有限公司运营分公司
3	3 号线一期	地铁	A	6	25.5	25.5			21	6	2	6:00	23:15	17 小时15 分钟	郑州中建深铁轨道交通有限公司
4	4 号线	地铁	B	6	29.2	29.2			27	6	2	6:00	23:55	17 小时55 分钟	郑州地铁集团有限公司运营分公司
5	5 号线	地铁	A	6	40.4	40.4			32	8	2	6:00	00:12	18 小时12 分钟	郑州地铁集团有限公司运营分公司
6	6 号线一期西段	地铁	A	6	17.6	14.0		3.6	10	1	1	6:00	22:34	16 小时34 分钟	郑州地铁集团有限公司运营分公司
7	14 号线	地铁	B	6	7.4	7.4			6	1	1	6:00	22:12	16 小时12 分钟	郑州地铁集团有限公司运营分公司
8	城郊线	地铁	B	6	40.8	23.5	1.3	16.0	18	1	2	6:00	22:56	16 小时56 分钟	郑州地铁集团有限公司运营分公司
	合计				233.0	212.1	4.9	16.0	166	18	13				

专文

大事记

综述

统计资料

科技创新

标准规范

规划发展

工程建设

运营服务

资源经营

行业概况

企业概况

索引

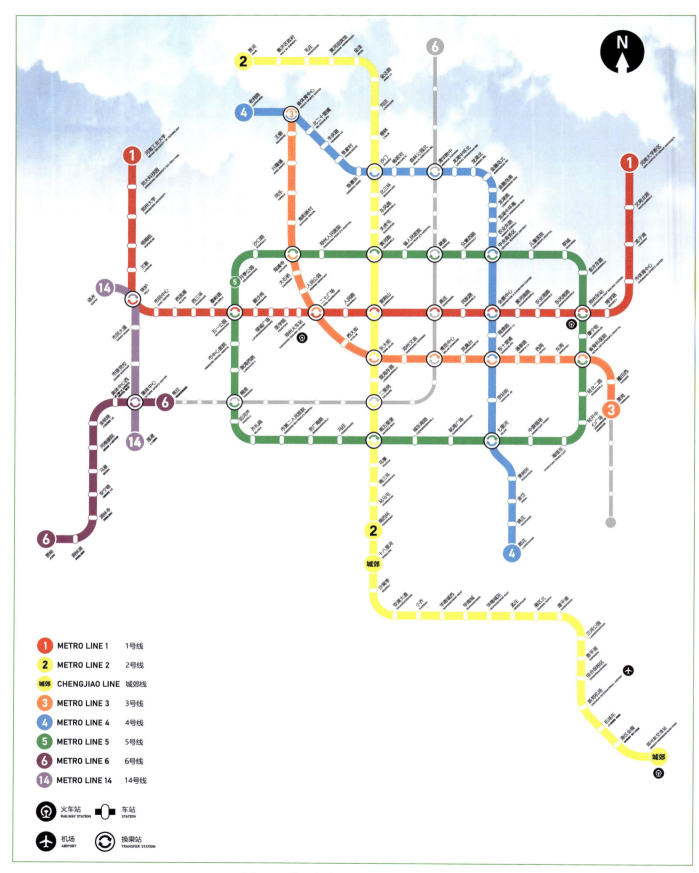

图9-37-1 郑州市城市轨道交通运营线网示意图

占全市公共交通出行量的比重46.5%。全年线网日均客运量80.2万人次/日，其中线网日均进站量51.8万人次/日，单日最高日客运量达到163.7万人次/日（2022年10月1日），线网日均客运周转量616.7万人次公里/日。

2022年线网实际开行列次45.5万列次，线网运营车公里11419.1万车公里，高峰时段最小行车间隔170秒，运营总能耗49721万千瓦时。采用按里程计、递远递减额的多级票价，票价最低2元，最高11元，全年实现运营票款收入46937.45万元，比上年增长38.93%。（图9-37-1）

2022年度主要运营指标完成情况见表9-37-1、表9-37-2。

【多种服务举措便民利民】

在郑州人民医院站打造"红领巾"解忧铺，在站厅A端设置护学等候区等专属服务举措，提升地铁服务温度。在6座重点站上架"晶晶微导航"，将车站首末班车时间等六大模块信息以电子二维码形式呈现，服务更加智能化、全面化。全线入驻"应急救护一体机"。由中国红十字基金会与滴滴公益基金会向郑州地铁捐赠"应急救护一体机"401台，安装到位投用305台。

（郑州地铁集团有限公司）

郑州市城市轨道交通运营线路年度运营数据统计表 表 9-37-2

序号	运营线路名称	客运量（万人次）	进站量（万人次）	客运周转量（万人次公里）	最大断面客流量（万人次/时）	配属列车数（列）	运营车公里（万车公里）	日均实际开行列次（列次）	最小发车间隔（秒）	旅行速度（公里/时）	牵引能耗（万千瓦时）	运营总能耗（万千瓦时）
1	1 号线	6913.7	4956.5	57173.9	1.7	55	2605.0	342.0	170	34.0	5429.0	10479.0
2	2 号线	6603.1	3481.3	71695.0	2.0	41	3588.9	335.0	220	35.0	6272.5	11498.2
3	城郊线	1583.4	940.9		0.9	27				44.0		
4	3 号线一期	3316.7	2107.9	19225.1	0.8	34	1384.1	247.0	345	34.0	2432.7	6048.4
5	4 号线	2208.4	1433.1	10348.4	0.6	31	1288.7	207.0	360	33.0	2410.7	8217.3
6	5 号线	8579.0	5950.7	66335.9	1.9	49	2420.3	309.0	240	34.0	4497.4	11543.2
7	6 号线	30.7	22.5	206.4	0.3	10	71.2	131.0	600	42.0	231.9	637.9
8	14 号线	40.4	15.3	111.0	0.3	6	60.9	174.0	600	38.0	153.7	1297.0
	合计	29275.4	18908.2			253	11419.1				21427.9	49721

38 洛阳市轨道交通集团有限责任公司

【概况】

至2022年底，河南省洛阳市城市轨道交通全网运营线路2条，总运营里程42.5公里，总运营车站34座，网络换乘站2座。

洛阳市城市轨道交通2条运营线路均由洛阳市轨道交通集团有限责任公司管理，从事既有运营线路运营维护的职工总数2391人，司机总数206人。

2022年运送乘客2914.5万人次，比上年增长117.7%，占全市公共交通出行量的比重23.6%。全年线网日均客运量8万人次/日，其中线网日均进站量6.1万人次/日，单日最高日客运量达到22.4万人次/日（2022年2月4日），线网日均客运周转量51.3万人次公里/日。

2022年线网实际开行列次15.6万列次，线网运营车公里1984.0万车公里，高峰时段最小行车间隔360秒，运营总能耗10551.8万千瓦时。采用按里程计、递远递减的多级票价，全年实现运营票款收入4359.1万元，比上年增长79.3%。（图9-38-1）

2022年度主要运营指标完成情况见表9-38-1、表9-38-2。

【打造"娜娜服务"品牌】

洛阳轨道成立娜娜服务先锋队，自成立以来，始终践行"以礼相待·乘人之美"的服务理念，组织专项服务活动、推出便民服务举措，打造"娜娜服务"品牌。2022年

6月推出"便民如厕卡"，地铁站工作人员可以向有需求市民提供便民如厕卡，市民无需额外支付乘车费用，享受"登记进出，免费如厕"服务，进一步打造"娜娜服务"品牌故事，提高车站服务质量。

【1号线电客车大旁路改造】

电客车大旁路改造主要针对正线列车出现故障无法动车时，通过启用大旁路功能，使列车能够启动牵引退出服务，以最快的方式恢复动车条件。经过多番技术调研和商讨，编制完成大旁路优化方案，通过专家评审会、公司技术委员会、总经理办公会审批，顺利完成1号线大旁路改

造，提升电客车运行状态，确保正线运营的通畅。

【发展电子票业务】

为给市民提供更加便捷和多元化出行服务，洛阳地铁积极开发老人人脸、爱心人脸识别功能及票卡电子化。于2022年3月7日起正式上线老人人脸电子钱包功能并全面暂停实体敬老卡，后期持续推出爱心群体人脸识别功能，电子一日票、三日票、月次票，满足多种人群使用需求，节省实体票卡成本，惠利于民，乘客无需携带实体票，出行更加便捷环保。

（洛阳市轨道交通集团有限责任公司 吉祥）

洛阳市城市轨道交通运营线路年度基础数据统计表　　　　　表9-38-1

| 序号 | 运营线路名称 | 系统制式 | 车辆制式 | 列车编组（辆） | 运营里程（公里） | | | | 运营车站数（座） | 换乘车站数（座） | 车辆基地/场/段数（座） | 首班车时间 | 末班车时间 | 线路运营时间 | 运营单位 |
					总里程	地下	地面	高架							
1	1号线	地铁	B	6	24.9	23.2	0.3	1.4	19	1	2	6:30	23:14	16小时44分	洛阳市轨道交通集团有限责任公司运营分公司
2	2号线一期	地铁	B	6	17.6	17.6			15	1	1	6:30	23:01	16小时31分	洛阳市轨道交通集团有限责任公司运营分公司
	合计				42.5	40.8	0.3	1.4	34	1	3				

洛阳市城市轨道交通运营线路年度运营数据统计表　　　　　表9-38-2

序号	运营线路名称	客运量（万人次）	进站量（万人次）	客运周转量（万人次公里）	最大断面客流量（万人次/时）	配属列车数（列）	运营车公里（万车公里）	日均实际开行列次（列次）	最小发车间隔（秒）	旅行速度（公里/时）	牵引能耗（万千瓦时）	运营总能耗（万千瓦时）
1	1号线	1770.8	1411.2	11159.5	0.6	22	1161.5	213.0	360	33.9	2075.0	5458.0
2	2号线一期	1143.7	815.9	7556.1	0.4	19	822.5	214.0	360	33.4	1498.2	5093.8
	合计	2914.5	2227.1	18715.6		41	1984.0				3573.2	10551.8

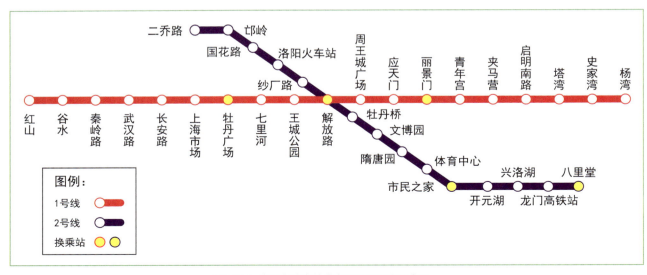

图9-38-1 洛阳市城市轨道交通运营网络示意图

39 武汉地铁集团有限公司

【概况】

至2022年底，湖北省武汉市城市轨道交通11条运营线路由武汉地铁集团有限公司管理，总运营里程460.8公里，总运营车站291座，网络换乘站34座。从事既有运营线路运营维护的职工总数16471人，司机总数2314人。

2022年运送乘客88761.7万人次，比上年下降11.48%，占全市公共交通出行量的比重约60%。全年线网日均客运量243.2万人次/日，其中线网日均进站量155.8万人次/日，单日最高日客运量达到363.6万人次/日（2022年7月8日），线网日均客运周转量1945万人次公里/日。

2022年线网实际开行列次159.0万列次，线网运营车公里31910.6万车公里，高峰时段最小行车间隔162秒，运营总能耗108339.9万千瓦时。采用按里程计、递远递减的多级票价，票价最低2元，最高11元，全年实现运营票款收入183291.5万元，比上年下降16.4%。（图9-38-1）

2022年度主要运营指标完成情况见表9-39-1、表9-39-2。

【乘坐地铁使用银联支付】

武汉地铁接入支付宝、微信、云闪付等11个APP乘车码、上线银联闪付过闸功能（含手机Pay）并实现与上海Metro大都会互联互通。2022年2月8日起，武汉地铁正式接入银联闪付过闸业务。市民乘客可使用绑定了银联卡的手机、手表、手环，或任一银行发行的带有"闪付"标识的银联IC卡（包括借记卡、信用卡），靠近闸机感应区，即可"一挥即付"进出站，乘车费用直接从相应的银联卡账户中扣除。此外，武汉地铁协同中国银联提升惠民便民能力，同步上线闪付过闸乘车优惠活动，给市民带来出行福利，为百姓美好生活注入新活力。

【"无障碍渡板"使用】

进一步提升无障碍出行品质，方便使用轮椅、推行婴儿车的乘客上下列车，根据交通运输部和湖北省交通运输厅相关要求，武汉地铁在全网各站配置"无障碍渡板"，提供专用"渡板"服务，"铺平"列车与站台的间隙高低差，搭建"无间隙爱心桥梁"。站台"无障碍渡板"主要用于辅助使用轮椅及推婴儿车的乘客上下列车。使用时，

武汉市城市轨道交通（武汉地铁）运营线路年度基础数据统计表　　　表 9-39-1

序号	运营线路名称	系统制式	车辆制式	列车编组（辆）	运营里程（公里）				运营车站数（座）	换乘车站数（座）	车辆基地/场/段数（座）	首班车时间	末班车时间	线路运营时间	运营单位
					总里程	地下	地面	高架							
1	1号线	地铁	B	4	37.8			37.8	32	7	3	6:00	0:12	18小时12分钟	武汉地铁运营有限公司
2	2号线	地铁	B	6	60.7	55.3		5.4	38	13	4	6:00	0:44	18小时44分钟	武汉地铁运营有限公司
3	3号线	地铁	B	6	30.1	30.1			24	9	2	6:00	23:55	17小时55分钟	武汉地铁运营有限公司
4	4号线	地铁	B	6	50.4	43.3		7.1	37	7	3	6:00	0:26	18小时26分钟	武汉地铁运营有限公司
5	5号线	地铁	A	6	35.1	27.5		7.6	25	10	2	6:00	23:59	17小时59分钟	武汉地铁运营有限公司
6	6号线	地铁	A	6	43.0	43.0			32	10	2	6:00	0:14	18小时14分钟	武汉地铁运营有限公司
7	7号线	地铁	A	6	68.9	62.5		6.4	33	7	3	6:00	0:10	18小时10分钟	武汉地铁运营有限公司
8	8号线	地铁	A	6	39.1	39.1			26	1	2	6:00	0:08	18小时8分钟	武汉地铁运营有限公司
9	11号线	地铁	A	6	23.4	23.4			14	2	1	6:00	23:32	17小时32分钟	武汉地铁运营有限公司
10	16号线	地铁	A	4	37.3	14.6		22.7	14	3	2	6:00	23:09	17小时9分钟	武汉地铁运营有限公司
11	阳逻线	地铁	A	4	35.0	9.7		25.3	16	2	2	6:00	23:16	17小时16分钟	武汉地铁运营有限公司
	合计				460.8	348.5		112.3	291	34	26				

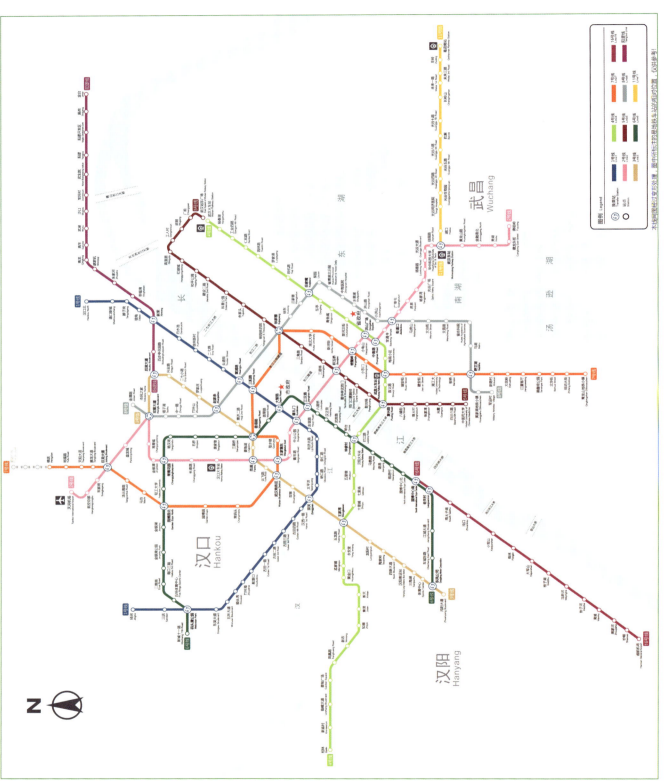

图9-39-1 武汉市城市轨道交通（武汉地铁）运营网络示意图

工作人员展开"渡板"，架设在站台和车厢之间，便可"铺平"站台与车厢之间的高低差和空隙，轮椅及婴儿车便能平稳推上推下，进出车厢更加安全放心。

【爱心徽章推广】

深入开展"我为群众办实事"实践活动，进一步优化地铁服务品质，提升特需乘客的出行体验，武汉地铁自2022年1月推出"关爱孕妈"服务活动，在各车站累计发放"孕妈徽章"近3000枚，孕妈们佩戴专属徽章乘车，更容易让工作人员及其他乘客快速辨别身份，从而获得更多的关爱和帮助。暖心"小"举措，解决乘客出行"大"问题。

（武汉地铁集团有限公司 谢丽平）

武汉市城市轨道交通（武汉地铁）运营线路年度运营数据统计表

表 9-39-2

序号	运营线路名称	客运量（万人次）	进站量（万人次）	客运周转量（万人次公里）	最大断面客流量（万人次/时）	配属列车数（列）	运营车公里（万车公里）	日均实际开行列次（列次）	最小发车间隔（秒）	旅行速度（公里/时）	牵引能耗（万千瓦时）	运营总能耗（万千瓦时）
1	1号线	8035.4	5804.8	56930.2	1.2	72	2508.5	470.5	198	31.4	4425.5	6304.0
2	2号线	21351.7	14378.5	207482.9	2.5	85	6364.4	613.2	162	34.6	9468.7	17263.7
3	3号线	9920.4	5801.2	62868.7	1.8	40	2601.0	418.1	246	32.2	4642.5	10077.8
4	4号线	13685.4	9038.3	106880.4	2.1	70	4289.3	482.8	192	34.3	7238.0	14381.5
5	5号线	6141.1	4049.9	42876.0	1.3	35	2466.4	362.1	342	35.2	4434.9	8797.2
6	6号线	9467.3	6105.2	60311.2	1.2	51	3228.9	391.6	318	34.0	6115.9	11982.0
7	7号线	8850.1	4927.2	78167.7	1.7	55	3709.3	439.1	234	42.6	7037.2	13025.4
8	8号线	7543.5	4173.1	48486.1	1.3	47	3098.2	388.0	288	33.5	5569.5	11428.3
9	11号线	1958.5	1312.5	19052.0	0.7	15	1374.1	282.2	414	42.9	2702.3	5927.6
10	16号线	512.8	317.9	8219.2	0.2	23	1012.4	244.2	510	53.1	2146.6	4399.5
11	阳逻线	1295.5	943.2	18651.0	0.4	25	1258.1	264.5	402	44.1	2216.5	4752.9
	合计	88761.7	56851.8	709925.4		518	31910.6				55997.6	108339.9

40 武汉光谷交通建设有限公司

【概况】

至2022年底，武汉市城市轨道交通2条运营线路由武汉光谷现代有轨电车运营公司管理，总运营里程32.2公里，总运营车站39座，网络换乘站2座。从事既有运营线路运营维护的职工总数311人，司机总数143人。

2022年运送乘客639.8万人次，比上年下降22.9%。全年线网日均客运量1.8万人次/日，其中线网日均进站量1.8万人次/日，单日最高日客运量达到2.8万人次/日（2022年1月7日）。

2022年线网实际开行列次12.8万列次，线网运营车公里179.0万车公里，高峰时段最小行车间隔465秒，运营总能耗1173.3万千瓦时。采用2元单一票制，全年实现运营票款收入1043.44万元，比上年下降23.8%。（图9-40-1）

2022年度主要运营指标完成情况见表9-40-1、表9-40-2。

【超级电容技术】

光谷有轨电车采用能量型超级电容供电技术，具有以下特点：

（1）全线无触网，无须站站充；全线44个车站仅30个车站设置充电轨，无需站站充电；

（2）充电时间短、续航能力强：车辆既具有较短的充电时间，又具有较强的续航能力，车辆利用停站时间充电，充满仅需30秒；单次充电可不间断行驶12公里；

（3）节能、环保：行驶过程中能量可循环利用，具有较好的节能效果；

（4）生态、绿色：能量型超级电容供电技术减少沿线充电桩的布置，较好地保护沿线生态景观，实现生态、绿色、节能、环保；

（5）性价比高：减少沿线充电轨数量可减少建设投资，同时提高系统的可靠性。

（武汉光谷现代有轨电车运营公司 王惊雷）

武汉市城市轨道交通（武汉光谷）运营线路年度基础数据统计表　　　　表 9-40-1

序号	运营线路名称	系统制式	车辆制式	列车编组（辆）	运营里程（公里）				运营车站数（座）	换乘车站数（座）	车辆基地/场/段数（座）	首班车时间	末班车时间	线路运营时间	运营单位
					总里程	地下	地面	高架							
1	T1线	有轨电车	C	5	13.5		10.6	2.9	17	2	1	6:00	22:12	16小时12分钟	有轨电车运营公司
2	T2线	有轨电车	C	5	18.7	0.6	16.1	2.0	22	2	1	6:30	22:00	15小时30分钟	有轨电车运营公司
	合计				32.2	0.6	26.7	4.9	39	2	2				

武汉市城市轨道交通（武汉光谷）运营线路年度运营数据统计表　　　　表 9-40-2

序号	运营线路名称	客运量（万人次）	进站量（万人次）	客运周转量（万人次公里）	最大断面客流量（万人次/时）	配属列车数（列）	运营车公里（万车公里）	日均实际开行列次（列次）	最小发车间隔（秒）	旅行速度（公里/时）	牵引能耗（万千瓦时）	运营总能耗（万千瓦时）
1	T1线	515.7	515.7			26	88.8	221.2	465	20.0	608.2	705.1
2	T2线	124.1	124.1			17	90.2	130.1	708	21.0	437.4	468.2
	合计	639.8	639.8			43	179.0				1045.6	1173.3

图9-40-1　武汉市城市轨道交通（武汉光谷）运营网络示意图

41 长沙市轨道交通集团有限公司

【概况】

至2022年底，湖南省长沙市城市轨道交通6条运营线路由长沙市轨道交通集团有限公司管理，总运营里程190.6公里，总运营车站145座，网络换乘站18座。

长沙市城市轨道交通1—5号线由长沙市轨道交通运营有限公司管理（以下简称"运营公司"），6号线由长沙穗城轨道交通有限公司管理（以下简称"穗城公司"），1—5号线从事运营维护的职工总数8303人，司机总数900人；6号线从事运营维护的职工总数1059人，司机总数174人。

2022年运送乘客57664.6万人次，比上年下降1.4%。全年线网日均客运量172.5万人次/日，其中线网日均进站量93.9万人次/日，单日最高日客运量达到288.5万人次/日（2022年9月30日），线网日均客运周转量1160.7万人次公里/日。

2022年线网实际开行列次72.4万列次，线网运营车公里12716.2万车公里，高峰时段最小行车间隔204秒，运营总能耗54479.2万千瓦时。采用按里程分段计、递远递减的多级票价，票价最低2元，最高8元，全年实现运营票款收入8.8亿元（不含税），与上年基本持平。（图9-41-1）

2022年度主要运营指标完成情况见表9-41-1、表9-41-2。

【单日客运量再破纪录】

"星地铁·心服务"系列活动自2014年发起，已连续开展9年，2022年通过更新服务承诺、推行爱心接力便

长沙市城市轨道交通（长沙轨道）运营线路年度基础数据统计表
表 9-41-1

序号	运营线路名称	系统制式	车辆制式	列车编组（辆）	运营里程（公里）				运营车站数（座）	换乘车站数（座）	车辆基地/场/段数（座）	首班车时间	末班车时间	线路运营时间	运营单位
					总里程	地下	地面	高架							
1	1号线	地铁	B	6	23.6	22.6		1.0	20	4	1	6:30	23:42	17小时12分钟	运营公司
2	2号线	地铁	B	6	26.5	26.5			23	9	1	6:30	23:47	17小时17分钟	运营公司
3	3号线	地铁	B	6	36.4	36.4			25	5	2	6:30	00:03	17小时33分钟	运营公司
4	4号线	地铁	B	6	33.5	33.5			25	8	2	6:30	00:00	17小时30分钟	运营公司
5	5号线	地铁	B	6	22.5	22.5			18	4	1	6:30	23:40	17小时10分钟	运营公司
6	6号线	地铁	A	6	48.1	48.1			34	6	2	6:30	00:21	17小时51分钟	穗城公司
	合计				190.6	189.6		1.0	145	18	9				

长沙市城市轨道交通（长沙轨道）运营线路年度运营数据统计表
表 9-41-2

序号	运营线路名称	客运量（万人次）	进站量（万人次）	客运周转量（万人次公里）	最大断面客流量（万人次/时）	配属列车数（列）	运营车公里（万车公里）	日均实际开行列次（列次）	最小发车间隔（秒）	旅行速度（公里/时）	牵引能耗（万千瓦时）	运营总能耗（万千瓦时）
1	1号线	11737.2	7675.2	70018.7	1.9	23	1872.3	361.0	266	32.6	3593.1	7652.1
2	2号线	16109.4	8527.5	91015.4	2.6	32	2764.7	482.0	204	32.7	5578.2	11477.4
3	3号线	8016.2	4830.4	49448.1	0.8	34	2330.8	290.0	389	33.6	4184.8	9982.3
4	4号线	9812.1	5065.3	57907.6	1.5	32	2459.4	330.0	328	33.5	4380.0	10390.1
5	5号线	6423.0	3105.0	36066.7	1.4	24	1447.5	298.0	352	32.4	1971.5	6575.3
6	6号线	5566.7	2600.8	36873.6	1.7	41	1841.5	432.0	292	35.0	3637.7	8402.0
	合计	57664.6	31804.2	341330.1		186	12716.2				23345.3	54479.2

专文
大事记
综述
统计资料
科技创新
标准规范
规划发展
工程建设
运营服务
资本经营
行业文选
企业概况
索引

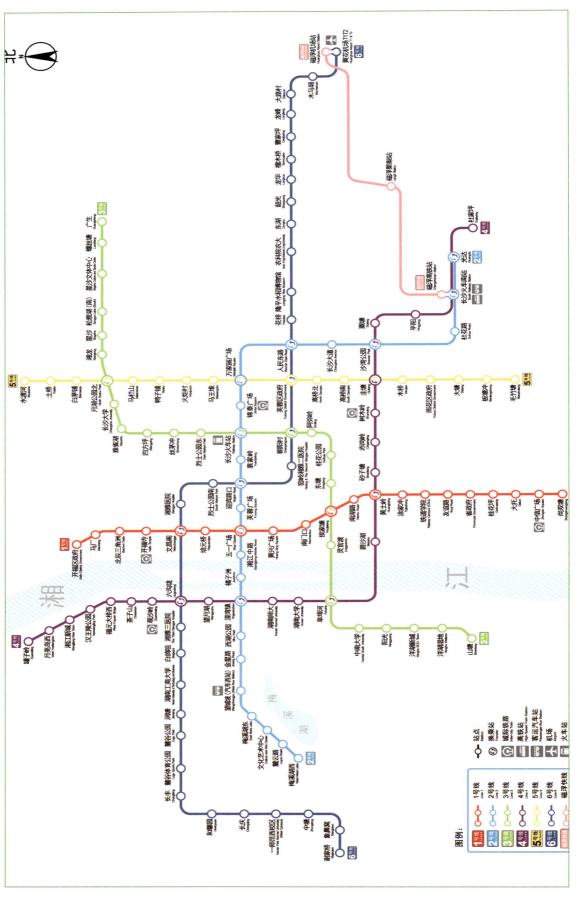

图9-41-1 长沙市轨道交通运营网络示意图

民服务措施、开展车站提质改造等创新举措，实现客服质量的大跨步提升。行业主管部门2022年服务质量评价月平均得分95.53分，较上年94.82分增长0.75分。乘客有效投诉率为0.08次/百万人次，远低于国家标准3次/百万人次。2022年9月30日客运量达到288.5万人次，再创历史新高。

【运营服务质量及管理获行业肯定】

2022年度运营公司获长沙市安全生产委员会办公室颁发的2022年度长沙市安全生产"一会三卡"示范企业、安全生产标准化班组示范企业；长沙市总工会颁发的芙蓉标兵岗、长沙市优秀女职工组织。

（长沙市轨道交通集团有限公司 龙梓冈）

42 湖南磁浮交通发展股份有限公司

【概况】

至2022年底，长沙市城市轨道交通1条运营线路长沙磁浮快线由湖南磁浮交通发展股份有限公司管理，总运营里程18.6公里，总运营车站3座，从事既有运营线路运营维护的职工总数392人，司机总数48人。

2022年运送乘客118.0万人次，比上年下降62%。全年线网日均客运量0.4万人次/日，其中线网日均进站量0.4万人次/日，单日最高日客运量达到1.4万人次/日（2022年2月19日），线网日均客运周转量7.1万人次公里/日。

2022年线网实际开行列次4.8万列次，线网运营车公里265.0万车公里，高峰时段最小行车间隔600秒，运营总能耗1435.0万千瓦时。采用区段计价票制，票价最低10元，最高20元，全年实现运营票款收入1938.3（不含税）万元，比上年下降62.2%。（图9-42-1）

2022年度主要运营指标完成情况见表9-42-1、表9-42-2。

【磁浮建设】

磁浮快线提速升级后，磁浮公司联合相关单位，提速项目接触轨防护罩完成安装。为配合磁浮东延线建设，磁浮快线临时停运。其间，完成区间开岔工程。完成东延线新购3列车的出厂验收、到段组装、调试试验工作，至2022年底，4列新购车全部上线运营。

【实施列车架修】

2020年完成首列车架修工作。也是国内中低速磁浮车辆首次架修。至年底，01车、02车交付运营。

【达标与获奖】

2020年，磁浮公司通过安全生产标准化建设一级达标认证。2022年1月27日，磁浮公司获得2021年度吴文俊人工智能科学技术奖科技进步奖二等奖。

（湖南磁浮交通发展股份有限公司 龙梓冈）

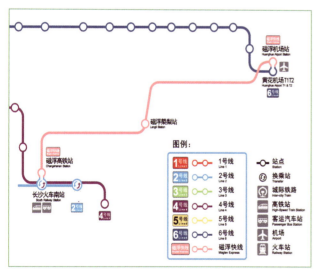

图9-42-1 长沙市城市轨道交通（湖南磁浮）运营网络示意图

长沙市城市轨道交通（湖南磁浮）运营线路年度基础数据统计表　　表 9-42-1

序号	运营线路名称	系统制式	车辆制式	列车编组（辆）	运营里程（公里）				运营车站数（座）	换乘车站数（座）	车辆基地场/段数（座）	首班车时间	末班车时间	线路运营时间	运营单位
					总里程	地下	地面	高架							
1	长沙磁浮快线	中低速磁浮	B	3	18.6		1.1	17.5	3		1	7:00	22:30	15 小时30 分钟	湖南磁浮交通发展股份有限公司
	合计				18.6		1.1	17.5	3		1				

长沙市城市轨道交通（湖南磁浮）运营线路年度运营数据统计表　　　　　　表 9-42-2

序号	运营线路名称	客运量（万人次）	进站量（万人次）	客运周转量（万人次公里）	最大断面客流量（万人次/时）	配属列车数（列）	运营车公里（万车公里）	日均实际开行列次（列次）	最小发车间隔（秒）	旅行速度（公里/时）	牵引能耗（万千瓦时）	运营总能耗（万千瓦时）
1	长沙磁浮快线	118.0	118.0	2167.5	0.1	11	265.0	132.0	600	67.5	673.1	1435.0
	合计	118.0	118.0	2167.5		11	265.0				673.1	1435.0

43 广州地铁集团有限公司

【概况】

至2022年底，广东省广州市城市轨道交通全网运营线路16条，总运营里程621.0公里，总运营车站304座，网络换乘站43座。

广州市城市轨道交通16条运营线路均由广州地铁集团有限公司管理，从事既有运营线路运营维护的职工总数23020人，司机总数2480人。

2022年运送乘客235794.0万人次，比上年下降16.8%，占全市公共交通出行量的比重63.0%。全年线网日均客运量646.0万人次/日，其中线网日均进站量359.6万人次/日，单日最高日客运量达到1028.0万人次/日（2022年9月30日），线网日均客运周转量5174万人次公里/日。

2022年线网实际开行列次254.7万列次，线网运营车公里47139.3万车公里，高峰时段最小行车间隔126秒，运营总能耗188459.6万千瓦时。采用按里程计、递远递减的多级票价，票价最低2元，最高20元；APM线采用单一票制，全程收费2元，全年实现运营票款收入52.8亿元，比上年下降10.1%。（2021年票款实际收入58.7亿元）（图9-43-1）

2022年度主要运营指标完成情况见表9-43-1、9-43-2。

【全自动运行概览】

至2022年底，广州市开通运营的城市轨道交通全自动运行线路1条，为广州市轨道交通珠江新城旅客自动输送系统（简称APM线），总运营里程3.9公里，总运营车站9座。APM线2010年11月8日开通全自动运行，列车运行的自动化等级为GoA3，最高运行速度60公里/小时，定员数1人；运营和维护保障采用集中管理模式；信号供应商为庞巴迪，车辆供应商为庞巴迪。

APM线南起海珠区广州塔站，途经海珠区和天河区，贯穿珠江新城核心区域，经天河体育中心止于林和西站，其大致呈南北走向。APM有3种驾驶模式，分别是自动驾驶（ATO）模式、ATP保护下的人工驾驶（SM）模式和全人工驾驶（RM）模式。在正常情况下，列车根据行调分配的运行进路，采用自动驾驶（ATO）模式运行；在列车不能自动驾驶时，列车服务员可采用ATP保护下的人工驾驶（SM）模式和全人工驾驶（RM）模式驾驶列车。

【7号线西延顺德段开通初期运营】

广州地铁7号线一期西延顺德段是佛山顺德首条"零换乘"进入广州的地铁，也是广州和佛山之间第三条轨道交通大动脉。2022年5月1日该线路正式开通初期运营，标志着广佛同城迈向广佛全域同城，是广佛同城十三载的重大战略成果。

【1号线信号系统更新改造投用】

1号线信号系统更新改造工程是广州地铁集团首次对既有线信号系统实施的整体性改造，自2018年5月工程实施以来，克服实施步骤多、行车干扰大、作业环境复杂、疫情影响等诸多困难，安全、有序地实施900余站次的系统倒接、18900余次关键步骤作业，于2022年12月31日顺利实现新系统投用。工程实施全过程未对1号线正常运营造成影响，实现乘客"无感化"改造，为广州地铁后续项目改造积累宝贵经验。

【既有线首批车站智能客服中心改造】

2022年广州地铁完成既有线首批50个车站智能客服中心改造，覆盖主要枢纽站、门户站。投用首月，月均语音问询近7000次；月均票务处理业务量逾7万笔，站均1452笔，人工替代率达80%，有效减轻车站人工业务处理压力。相较于老式的客服中心，新款智能客服中心不仅在外观上更科技化，功能也更智能，是集票卡处理、电子发票、语音问询、资讯查询为一体的综合智能化设备，有效实现更快速、便捷的票务服务响应，为乘客带来更自助的搭乘地铁出行体验。

（广州地铁集团有限公司）

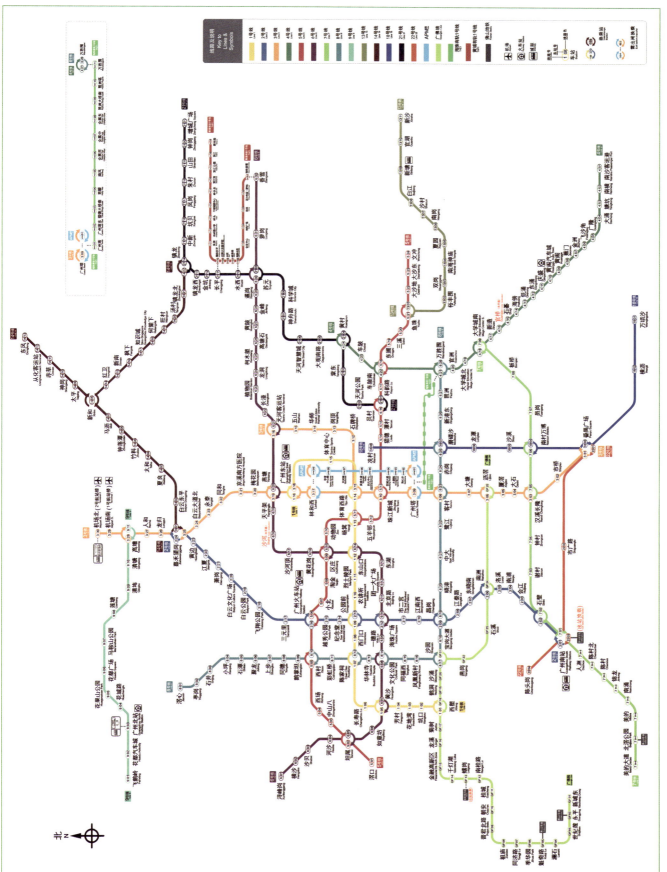

图9-43-1 广州市城市轨道交通运营网络示意图

广州市城市轨道交通运营线路年度基础数据统计表 表 9-43-1

序号	运营线路名称	系统制式	车辆制式	列车编组（辆）	运营里程（公里）				运营车站数（座）	换乘车站数（座）	车辆基地/场/段数（座）	首班车时间	末班车时间	线路运营时间	运营单位
					总里程	地下	地面	高架							
1	1号线	地铁	A	6	18.5	16.4	2.1		16	8	1	6:10	00:13	18小时3分钟	广州地铁集团有限公司
2	2号线	地铁	A	6	31.8	31.8			24	8	2	6:00	0:00	18小时	广州地铁集团有限公司
3	3号线及支线	地铁	B	6	67.3	67.3			30	13	1	6:00	0:10	18小时10分钟	广州地铁集团有限公司
4	4号线	地铁	L	4	59.3	29.6	1.4	28.3	23	4	2	6:00	0:25	18小时25分钟	广州地铁集团有限公司
5	5号线	地铁	L	6	31.9	29.7	0.2	2.0	24	9	2	6:00	0:28	18小时28分钟	广州地铁集团有限公司
6	6号线	地铁	L	4	42.1	39.1		3.0	31	9	2	6:00	23:59	17小时59分钟	广州地铁集团有限公司
7	7号线	地铁	B	6	32.0	32.0			17	6	2	6:00	0:02	18小时2分钟	广州地铁集团有限公司
8	8号线	地铁	A	6	33.9	33.9			28	8	1	6:00	23:57	17小时57分钟	广州地铁集团有限公司
9	9号线	地铁	B	6	20.1	20.1			11	1	1	6:06	23:48	17小时42分钟	广州地铁集团有限公司
10	13号线	地铁	A	8	27.0	27.0			11	1	1	6:15	0:02	17小时47分钟	广州地铁集团有限公司
11	14号线及支线	地铁	B	6	76.3	42.1		34.2	22	2	2	6:10	23:50	17小时40分钟	广州地铁集团有限公司
12	18号线	市域快轨	D	8	58.3	58.3			8	3	2	6:00	0:12	18小时12分钟	广州地铁集团有限公司
13	21号线	地铁	B	6	61.5	39.9		21.6	21	4	3	6:00	23:58	17小时58分钟	广州地铁集团有限公司
14	22号线	市域快轨	D	8	18.2	18.2			4	2	2	6:00	23:30	17小时30分钟	广州地铁集团有限公司
15	APM	自动导向轨道系统	CX-100	2	3.9	3.9			9	2	1	7:00	23:41	16小时41分钟	广州地铁集团有限公司
16	广佛线	地铁	B	4	38.9	38.9			25	6	1	6:00	0:02	18小时2分钟	广州地铁集团有限公司
	合计				621.0	528.2	3.7	89.1	304	43	24				

广州市城市轨道交通运营线路年度运营数据统计表 表 9-43-2

序号	运营线路名称	客运量（万人次）	进站量（万人次）	客运周转量（万人次公里）	最大断面客流量（万人次/时）	配属列车数（列）	运营车公里（万车公里）	日均实际开行列次（列次）	最小发车间隔（秒）	旅行速度（公里/时）	牵引能耗（万千瓦时）	运营总能耗（万千瓦时）
1	1号线	23044.0	13205.2	116088.2	3.8	40	1835.5	458.0	130	33.6	4760.8	10670.6
2	2号线	29033.0	16712.0	214489.0	3.4	53	3293.1	487.0	134	38.1	7786.2	14832.0
3	3号线及支线	50769.7	26482.7	433417.4	4.5	71	8146.6	1029.0	127	48.3	15793.6	25270.5
4	4号线	11962.1	6270.0	121456.5	2.1	57	3153.1	545.0	140	46.5	7001.1	12084.5

广州市城市轨道交通运营线路年度运营数据统计表（续前表）　　　　表 9-43-2

序号	运营线路名称	客运量（万人次）	进站量（万人次）	客运周转量（万人次公里）	最大断面客流量（万人次/时）	配属列车数（列）	运营车公里（万车公里）	日均实际开行列次（列次）	最小发车间隔（秒）	旅行速度（公里/时）	牵引能耗（万千瓦时）	运营总能耗（万千瓦时）
5	5 号线	28748.3	15452.4	193092.9	4.1	69	4252.9	681.0	126	35.1	13404.3	20669.9
6	6 号线	22236.5	12776.4	150060.7	1.7	82	2977.8	510.0	139	33.6	9494.6	16553.5
7	7 号线	6802.5	3884.7	50272.8	0.9	32	1636.0	285.0	346	40.5	3131.3	7049.5
8	8 号线	23126.5	11747.4	136471.8	3.1	45	2804.2	469.0	175	35.7	6405.9	13780.5
9	9 号线	2881.9	1822.7	26280.8	0.7	16	768.9	183.0	473	41.9	1946.9	4823.5
10	13 号线	3387.5	2097.0	48330.2	1.0	17	1531.1	211.0	515	52.1	3257.0	6700.3
11	14 号线及支线	6013.9	3835.7	107064.4	1.4	30	4079.0	493.0	307	62.6	6777.8	11782.8
12	18 号线	2470.4	1680.8	44793.2	0.6	25	5225.8	313.0	255	83.0	11805.4	17283.3
13	21 号线	8310.0	5198.2	121302.0	2.1	33	3700.9	316.0	251	53.1	6627.3	11920.7
14	22 号线	814.9	522.3	7331.5	0.2	10	1065.3	270.0	445	66.0	2620.7	4235.2
15	APM	941.5	941.5	1609.9		7	81.6	284.0	285	23.3	227.1	927.0
16	广佛线	15251.3	8622.9	116437.4	2.0	51	2587.5	509.0	141	38.2	4227.8	9875.8
	合计	235794.0	131251.9	1888498.7		638	47139.3				105267.8	188459.6

44 深圳市地铁集团有限公司

【概况】

至2022年底，广东省深圳市城市轨道交通15条运营线路由深圳市地铁集团有限公司管理，总运营里程516.7公里，总运营车站346座，网络换乘站114座。从事既有运营线路运营维护的职工总数20061人，司机总数2841人。

2022年运送乘客160050.2万人次，比上年下降19.6%，占全市公共交通出行量的比重58.4%。全年线网日均客运量438.5万人次/日，其中线网日均进站量264.3万人次/日，单日最高日客运量达到653万人次/日（2022年12月9日），线网日均客运周转量3685.3万人次公里/日。

2022年线网实际开行列次177.5万列次，线网运营

车公里40755.1万车公里，高峰时段最小行车间隔120秒。采用按里程计算、递远递减的多级票价，全年实现运营票款收入369964.2万元，比上年下降20.4%。（图9-44-1）

2022年度主要运营指标完成情况见表9-44-1、9-44-2。

【全自动运行概览】

至2022年底，深圳市开通运营的城市轨道交通全自动运行线路5条，分别为6号线支线、12号线、14号线、16号线和20号线，总运营里程134.6公里，总运营车站84座。其中：

6号线支线2022年11月28日开通全自动运行，列车运行的自动化等级为GoA4，最高运行速度120公里/小时，

289

定员数1468人；运营和维护保障采用"按运维业务模块划分专业中心"管理模式；信号供应商为交控科技股份有限公司，车辆供应商为中车南京浦镇车辆有限公司。

12号线2022年11月28日开通全自动运行，列车运行的自动化等级为GoA4，最高运行速度80公里/小时，定员数1860人；运营和维护保障采用"按运维业务模块划分专业中心"管理模式；信号供应商为交控科技股份有限公司，车辆供应商为中车南京浦镇车辆有限公司。

14号线2022年10月28日开通全自动运行，列车运行的自动化等级为GoA4，最高运行速度120公里/小时，定员数2480人；运营和维护保障采用"按运维业务模块划分专业中心"管理模式；信号供应商为交控科技股份有限公司，车辆供应商为中车长春轨道客车股份有限公司。

16号线2022年12月28日开通全自动运行，列车运行的自动化等级为GoA4，最高运行速度80公里/小时，定员数1860人；运营和维护保障采用"按运维业务模块划分专业中心"管理模式；信号供应商为卡斯柯信号公司，车辆供应商为中车株洲电力机车有限公司。

20号线2021年12月28日开通全自动运行，列车运行的自动化等级为GoA4，最高运行速度120公里/小时，定员数2480人；运营和维护保障采用"线路制、运维一体化的检修分离"管理模式；信号供应商为卡斯柯信号公司，车辆供应商为中车长春轨道客车股份有限公司。

【精准气象预报和风险预警】

深圳地铁利用插值算法、风险评估和气象预报预警技术等进行地铁精准气象预报和风险预警。可图示化显示地铁线路、实况监测、天气预报、灾害预警和灾害防御等多源信息图层，同时结合各地铁线路及其站点的告警阈值，实现系统自动预警针对台风、风暴潮等的专项预警，提升气象灾害应急管控能力。

【多维度提升运营服务品质】

对标深圳市公共卫生间管理标准，优化完善地铁卫生间硬件设施；在22个换乘站增设移动母婴室，上梅林站获评深圳市级母婴室示范点；全年提升运能14次，节假日期间延长运营服务35天；首次完成车站客运服务认证，首次开展满意度后评估，完成车站VI辅助标志升级；全面完成AED设备站站有、层层有"安心场所"建设。

【推进节能减排】

深圳地铁积极响应国家"双碳"政策，强化碳排放管控，历年累计结余碳排放量21.46万吨。完成全线网车站普通照明和应急照明照度优化，每年可节约能耗成本近500万元。全年用电总量和用水总量较2021年分别下降4%和9%。

（深圳市地铁集团有限公司）

深圳市城市轨道交通（深圳地铁）运营线路年度基础数据统计表　　表9-44-1

序号	运营线路名称	系统制式	车辆制式	列车编组（辆）	运营里程（公里）				运营车站数（座）	换乘车站数（座）	车辆基地/场/段数（座）	首班车时间	末班车时间	线路运营时间	运营单位
					总里程	地下	地面	高架							
1	1号线	地铁	A	6	40.9	37.5		3.4	30	12	2	6:00	0:26	18小时26分	深圳地铁运营集团有限公司
2	2、8号线	地铁	A	6	51.7	51.7			38	12	3	6:00	0:37	18小时37分	深圳地铁运营集团有限公司
3	3号线	地铁	B	6	43.1	18.9	2.4	21.7	31	13	2	5:58	0:27	18小时29分	深圳地铁运营集团有限公司
4	5号线	地铁	A	6	47.7	43.5		4.2	34	11	1	6:01	0:16	18小时15分	深圳地铁运营集团有限公司
5	6号线	地铁	A	6	49.4	24.1		25.3	27	7	2	6:00	0:27	18小时27分	深圳地铁运营集团有限公司
6	6号线支线	地铁	B	6	6.1	5.3		0.8	4	1	1	6:27	23:37	17小时10分	深圳地铁运营集团有限公司
7	7号线	地铁	A	6	30.2	30.2			27	12	2	6:01	0:11	18小时10分	深圳地铁运营集团有限公司
8	9号线	地铁	A	6	36.3	36.3			32	10	2	6:03	0:18	18小时15分	深圳地铁运营集团有限公司
9	10号线	地铁	A	8	29.3	29.3			24	6	2	5:59	0:08	18小时09分	深圳地铁运营集团有限公司

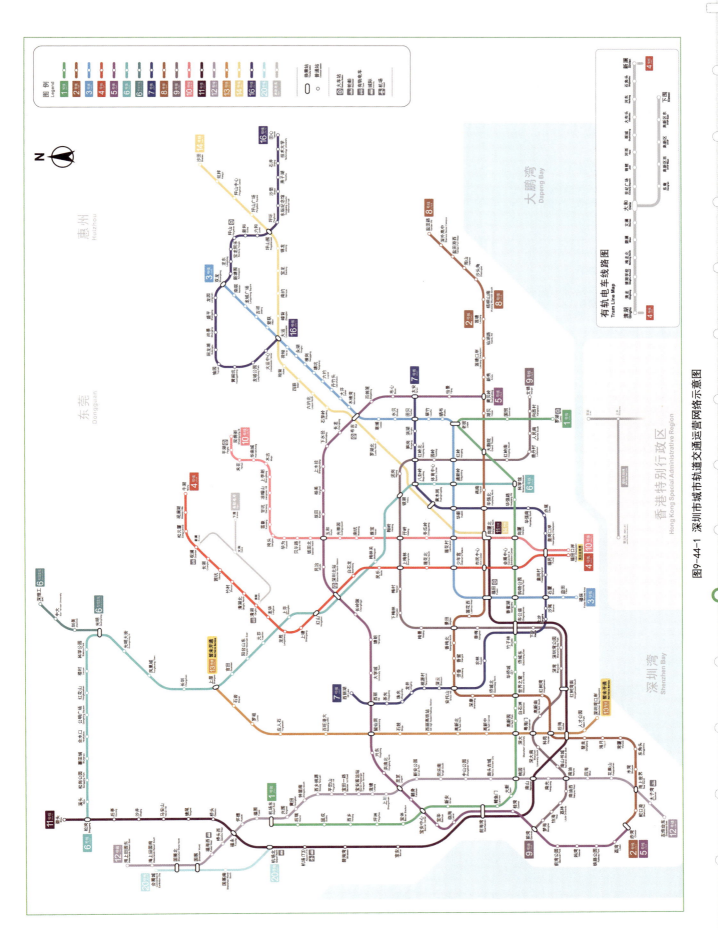

图9-44-1 深圳市城市轨道交通运营网络示意图

深圳市城市轨道交通（深圳地铁）运营线路年度基础数据统计表（续前表）　　　　表 9-44-1

序号	运营线路名称	系统制式	车辆制式	列车编组（辆）	运营里程（公里）				运营车站数（座）	换乘车站数（座）	车辆基地场/段数（座）	首班车时间	末班车时间	线路运营时间	运营单位
					总里程	地下	地面	高架							
10	11 号线	地铁	A	8	53.5	42.1		11.4	19	10	2	6:00	1:08	19 小时 08 分	深圳地铁运营集团有限公司
11	12 号线	地铁	A	6	40.5	40.5			33	9	2	6:03	0:17	18 小时 14 分	深圳市十二号线轨道交通有限公司
12	14 号线	地铁	A	8	50.3	50.3			18	5	2	6:00	0:21	18 小时 21 分	深圳地铁运营集团有限公司
13	16 号线	地铁	A	6	29.2	29.2			24	3	2	5:56	23:47	17 小时 51 分	深圳地铁运营集团有限公司
14	20 号线	地铁	A	8	8.4	8.4			5	3	1	6:56	22:08	15 小时 12 分	深圳地铁运营集团有限公司
	合计				516.7	447.4	2.4	66.9	346	114	26				

深圳市城市轨道交通（深圳地铁）运营线路年度运营数据统计表　　　　表 9-44-2

序号	运营线路名称	客运量（万人次）	进站量（万人次）	客运周转量（万人次公里）	最大断面客流量（万人次/时）	配属列车数（列）	运营车公里（万车公里）	日均实际开行列次（列次）	最小发车间隔（秒）	旅行速度（公里/时）	牵引能耗（万千瓦时）	运营总能耗（万千瓦时）
1	1 号线	26915.8	17494.8	201451.9	5.6	85	5435.6	695.2	120	35.4	12416.1	20548.8
2	2、8 号线	16699.6	8241.1	109654.7	3.3	75	4937.5	490.0	180	35.3	10098.0	19594.1
3	3 号线	21756.1	12203.4	189296.9	4.5	76	4871.7	588.4	135	34.8	9564.4	14394.8
4	5 号线	30461.6	16601.4	256015.6	4.9	64	5086.4	578.6	150	35.2	10624.4	19658.9
5	6 号线	10305.0	5637.2	131532.3	3.0	47	3871.5	431.7	204	41.2	7200.1	13020.9
6	6 号线支线	16.8	12.6	46.0	0.1	5	28.6	264.9	412	43.9	54.1	104.0
7	7 号线	13405.5	9107.0	58109.9	1.6	41	2708.1	462.6	215	31.0	6475.2	15121.3
8	9 号线	13738.7	9386.9	74542.6	2.3	51	3231.0	457.4	230	30.5	7253.7	15883.0
9	10 号线	10909.5	7635.3	76334.6	3.8	33	3073.9	404.8	198	31.3	6353.4	13857.1
10	11 号线	13719.9	8971.5	221123.6	4.0	33	5802.7	412.1	165	50.4	11053.0	16636.6
11	12 号线	668.7	370.2	3960.0	1.5	40	260.3	354.7	240	33.2	425.6	1030.3
12	14 号线	1248.2	643.4	21974.4	2.8	30	926.4	353.7	325	54.1	1815.9	2214.2
13	16 号线	21.6	16.0	118.1	0.2	28	17.1	259.3	332	34.8		
14	20 号线	183.3	139.1	989.1	0.6	9	504.1	218.1	540	42.1	1239.6	3645.2
	合计	160050.2	96459.9	1345149.9		617.0	40755.1	4862.3			84573.6	155709.1

注：因 16 号线于 2022 年 12 月 28 日开通运营，于 2022 年度仅运营 4 天，因此牵引能耗、运营总能耗的统计移至 2023 年 1 月。

45 港铁轨道交通（深圳）有限公司

【概况】

至2022年底，深圳市城市轨道交通4号线由港铁轨道交通（深圳）有限公司管理，总运营里程31.3公里，总运营车站23座，网络换乘站8座。从事既有运营线路运营维护的职工总数1925人，司机总数253人。

2022年运送乘客14909.3万人次，比上年下降21.2%，占全市公共交通出行量的比重5.4%。全年线网日均客运量41.9万人次／日，其中线网日均进站量26.3万人次／日，单日最高日客运量达到60.1万人次／日（2022年12月31日），线网日均客运周转量349.6万人次公里／日。

2022年线网实际开行列次20.3万列次，线网运营车公里3100.9万车公里，高峰时段最小行车间隔144秒，运营总能耗12299.2万千瓦时。采用按里程分段计价票制，全年实现运营票款收入39000万元，比上年下降21%。（图9-45-1）

2022年度主要运营指标完成情况见表9-45-1、9-45-2。

【增运提能】

早高峰运能提升：2022年11月15日起，工作日早高峰期间（7：30-9：00），在4号线大、小交路常规列车不变的情况下，小交路（茜坑往福田口岸方向）将增开4列加班车，届时最小行车间隔压缩至2.4分钟，整体运能提升9%，预计每月可多载乘客27万人次。

【触摸式卫生检查】

值班站长触摸式卫生检查提升车站的整体卫生环境，车站早班值班站长佩戴白色手套，对乘客易接触的楼梯不锈钢扶手、电扶梯扶手带、垂梯按钮等部位进行触摸检查，确保清洁到位，无卫生死角。

【新增醒目标志】

新增站内标志标识。在大客流换乘车站新增地贴和墙贴，立柱增加换乘指引标识，站厅显眼处增加站名提示，出入口处增加周边景点提示。

车站导向系统智能化。4号线清湖站出入口新增早高峰电子显示屏，清晰显示站外等候时间，为乘客提供便利醒目的引导。

扶手带试点醒目蓝。4号线上塘站出入口扶手电梯试点将传统的黑色扶手带更换为鲜艳蓝色扶手带，同时在扶手带上清晰印刷"请握紧扶手"的安全提示，进一步加强电扶梯搭乘安全提示。

（港铁轨道交通〔深圳〕有限公司 辛颖）

深圳市城市轨道交通（港铁深圳）运营线路年度基础数据统计表　　表 9-45-1

序号	运营线路名称	系统制式	车辆制式	列车编组（辆）	运营里程（公里）				运营车站数（座）	换乘车站数（座）	车辆基地／场／段数（座）	首班车时间	末班车时间	线路运营时间	运营单位
					总里程	地下	地面	高架							
1	4 号线	地铁	A	6	31.3	18.5	0.7	12.1	23	8	2	6:17	00:15	17小时58分钟	港铁轨道交通（深圳）有限公司
	合计				31.3	18.5	0.7	12.1	23	8	2				

深圳市城市轨道交通（港铁深圳）运营线路年度运营数据统计表　　表 9-45-2

序号	运营线路名称	客运量（万人次）	进站量（万人次）	客运周转量（万人次公里）	最大断面客流量（万人次／时）	配属列车数（列）	运营车公里（万车公里）	日均实际开行列次（列次）	最小发车间隔（秒）	旅行速度（公里／时）	牵引能耗（万千瓦时）	运营总能耗（万千瓦时）
1	4 号线	14909.3	9370.2	124455.9	5.4	52	3100.9	569.0	144	35.7	6738.4	12299.2
	合计	14909.3	9370.2	124455.9		52	3100.9				6738.4	12299.2

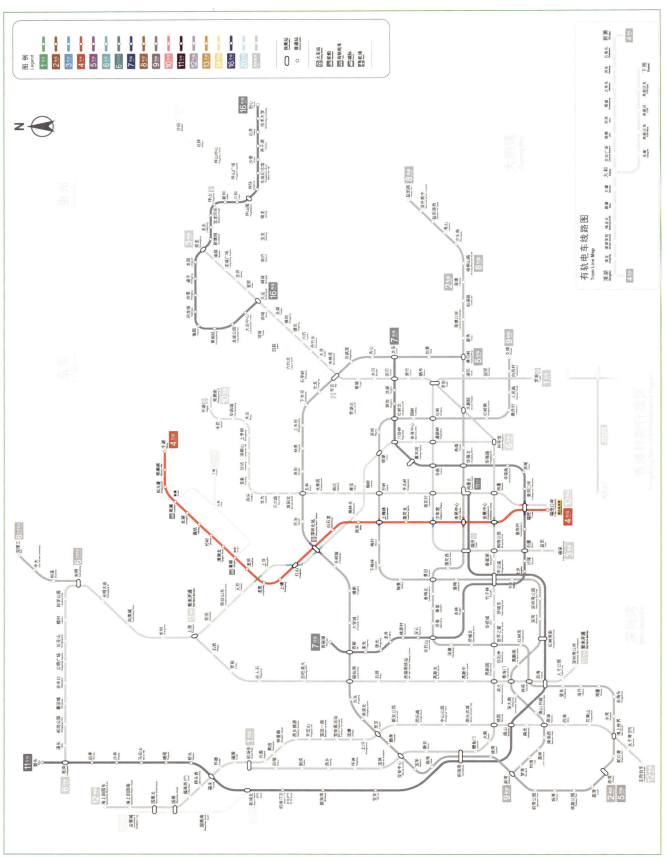

图9-45-1 深圳城市轨道交通（港铁深圳）运营网络示意图

46 深圳市现代有轨电车有限公司

【概况】

至2022年底，深圳市有轨电车1条运营线路由深圳市现代有轨电车有限公司管理，总运营里程11.7公里，总运营车站20座，网络换乘站2座。从事既有运营线路运营维护的职工总数132人，司机总数52人。

2022年运送乘客472.0万人次，比上年下降31.6%，占全市公共交通出行量的比重0.2%。全年线网日均客运量1.3万人次/日，其中线网日均进站量1.3万人次/日，单日最高日客运量达到2.2万人次/日（2022年1月1日），线网日均客运周转量1.3万人次公里/日。

2022年线网实际开行列次11.5万列次，线网运营车公里336.6万车公里，高峰时段最小行车间隔300秒，运营总能耗626.7万千瓦时。采用一票制，全年实现运营票款收入798万元，比上年下降33.6%。（图9-46-1）

2022年度主要运营指标完成情况见表9-46-1、9-46-2。

【落实安全主体责任】

深入现场，开展安全检查。通过开展安全风险分级管控与隐患排查治理，进一步完善安全风险清单，解决重大安全隐患问题。对标国家、省、市预案最新标准，修订完善电车公司应急预案。开展安全保护区日常巡视管理，保障有轨电车运营安全。2022年，在司机的安全驾驶下，共防止789起影响电车驾驶的事件发生。

【综合维保模式】

建立具有电车特色的维修队伍，打造综合式维修人才。不断夯实设备基础维修，切实推进落实检修计划。多措并举开展设备整改，全面提升设备质量。改变传统电缆更换方式，采用新工艺达到节约成本目的。优化车辆检修工艺，完成车辆委外招标。

【提升乘客服务质量】

开展客流情况调查，编制运行图优化客运组织。不断完善软硬件客运服务，提升客运服务质量。优化司机配比，提升运营效率。

（深圳市现代有轨电车有限公司 张哲）

深圳市城市轨道交通（深圳有轨）运营线路年度基础数据统计表　　　　　　表 9-46-1

序号	运营线路名称	系统制式	车辆制式	列车编组（辆）	运营里程（公里）				运营车站数（座）	换乘车站数（座）	车辆基地/场/段数（座）	首班车时间	末班车时间	线路运营时间	运营单位
					总里程	地下	地面	高架							
1	深圳现代有轨电车	有轨电车	100%低地板	4	11.7		11.7		20	2	1	6:30	23:00	16小时30分钟	深圳市现代有轨电车有限公司
	合计				11.7		11.7		20	2	1				

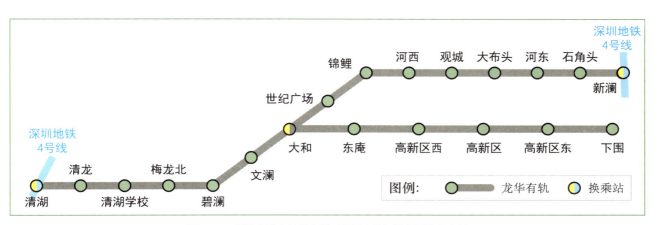

图9-46-1 深圳市城市轨道交通（深圳有轨）运营网络示意图

深圳市城市轨道交通（深圳有轨）运营线路年度运营数据统计表 表 9-46-2

序号	运营线路名称	客运量（万人次）	进站量（万人次）	客运周转量（万人次公里）	最大断面客流量（万人次/时）	配属列车数（列）	运营车公里（万车公里）	日均实际开行列次（列次）	最小发车间隔（秒）	旅行速度（公里/时）	牵引能耗（万千瓦时）	运营总能耗（万千瓦时）
1	深圳现代有轨电车	472.0	472.0			15	336.6	314.7	300	20.4	328.2	626.7
	合计	472.0	472.0			15	336.6				328.2	626.7

47 佛山市地铁集团有限公司

【概况】

至2022年底，广东省佛山市城市轨道交通全网运营线路6条，总运营里程127.3公里，总运营车站81座，网络换乘站5座（数据均不含广佛线及广州地铁7号线广州段）。其中3条（佛山地铁2号线、佛山地铁3号线、高明有轨电车）由佛山地铁集团有限公司管理，1条（南海有轨电车1号线）由佛山轨道交通发展有限公司管理，2条（广佛线、广州地铁7号线）由广州地铁集团有限公司管理。

2022年运送乘客17895.8万人次，比上年增长0.8%。全年线网日均客运量49万人次/日，其中线网日均进站量29.4万人次/日，单日最高日客运量达到74.7万人次/日（2022年9月30日），线网日均客运周转量55.6万人次公里/日。

2022年线网实际开行列次42.9万列次，线网运营车公里5182.5万车公里，高峰时段最小行车间隔141秒。采用2元单一票制以及按里程计、递远递减的多级票价，全年实现运营票款收入30383.5万元。（图9-47-1）

2022年度主要运营指标完成情况见表9-47-1、9-47-2。

【聚焦现场抓应急管理】

从预案、资源、能力三方面狠抓应急管理体系建设，制定应急管理"两图一表"和防汛工作"三图一册"，清晰体现突发事件应急处置职责及流程，提高应急处置响应效率。选取佛山地铁2号线花卉世界站作为示范点，自主完成防汛应急值班室的建设工作。该防汛应急值班室集合应急指挥、抢险救援、宣传教育3大功能于一体，筑起运营线路防汛安全的一道"铜墙铁壁"，得到广东省交通运输厅、佛山市轨道交通局等上级部门的一致好评，并在同行业范围内进行推广。重点建立广佛线路换乘车站联防联控机制，积累城市联动应急演练经验。扩充建立专业抢险、防汛应急、消防应急队伍，队伍覆盖十二大专业、全线网各线路及消防应急场景，配置应急救援物资4.7万余件，保障基础资源满足应急需求。

（佛山市地铁集团有限公司 肖经伟）

佛山市城市轨道交通（佛山地铁）运营线路年度基础数据统计表 表 9-47-1

序号	运营线路名称	系统制式	车辆制式	列车编组（辆）	运营里程（公里）				运营车站数（座）	换乘车站数（座）	车辆基地/场/段数（座）	首班车时间	末班车时间	线路运营时间	运营单位
					总里程	地下	地面	高架							
1	广佛线	地铁	B	4	21.5	21.5			15	2	1	6:00	23:00	17小时	广州地铁集团有限公司
2	高明有轨电车示范线	有轨	氢能源有轨电车	3	6.5			6.5	10		1	7:00	20:00	13小时	佛山市地铁集团有限公司
3	南海有轨电车1号线	有轨	100%低地板	3	14.3	3.8	1.9	8.6	15	3	1	6:15	22:45	16小时30分钟	佛山轨道交通发展有限公司
4	佛山地铁2号线	地铁	B	6	32.4	25.3	0.7	6.4	17	3	2	6:00	23:30	17小时30分钟	佛山市地铁集团有限公司
5	佛山地铁3号线	地铁	B	6	40.7	35.1	0.8	4.8	22	3	2	6:00	23:30	17小时30分钟	佛山市地铁集团有限公司
6	广州地铁7号线西延段	地铁	B	6	11.8	11.8			7	1	1				广州地铁集团有限公司
	合计				127.3	97.5	9.9	19.8	81	5	2				

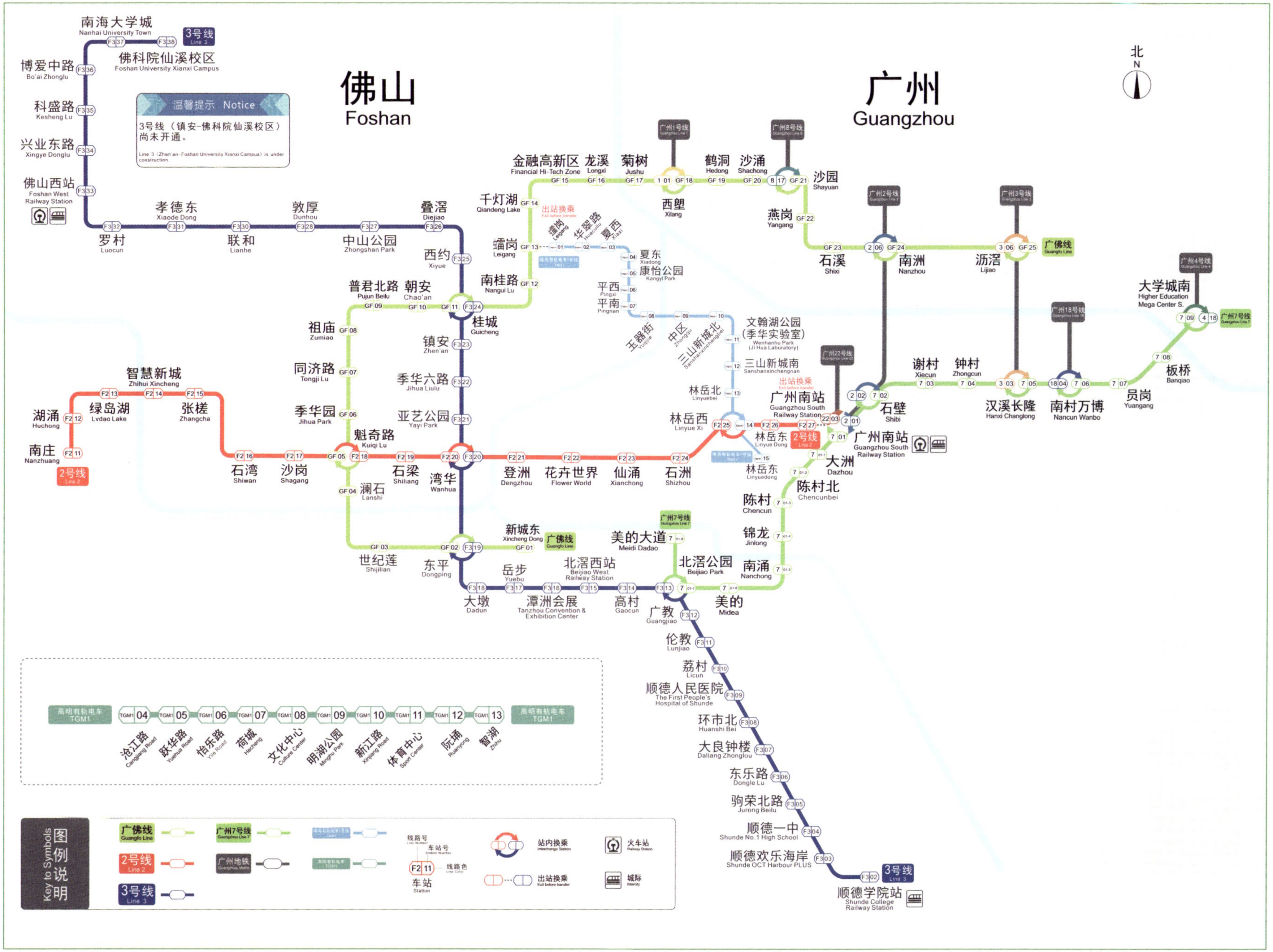

图9-47-1 佛山市城市轨道交通运营网络示意图

佛山市城市轨道交通（佛山地铁）运营线路年度运营数据统计表　　　表 9-47-2

序号	运营线路名称	客运量（万人次）	进站量（万人次）	客运周转量（万人次公里）	最大断面客流量（万人次/时）	配属列车数（列）	运营车公里（万车公里）	日均实际开行列车（列次）	最小发车间隔（秒）	旅行速度（公里/时）	牵引能耗（万千瓦时）	运营总能耗（万千瓦时）
1	广佛线	15251.3	8622.5			51	2587.5	509.0	141			
2	佛山地铁2号线	2283.4	1775.3	18793.7	0.3	25	2256.9	358.7	345	44.0	3940.6	11372.1
3	佛山地铁3号线	26.7	21.2	330.9	0.4	28	28.2	315.5	343	44.0	41.9	96.4
4	南海有轨电车1号线	323.5	312.3	1166.1	0.1	16	270.3	253.1	480	23.3	282.6	2539.9
5	高明有轨电车示范线	11.0	11.0			5	37.1	51.3	1380	20.3		
合计		17895.9	10742.3			125	5180.0					

注：高明有轨电车示范线2022年总牵引能耗为24897.2千克氢气。

48 佛山市南海区铁路投资有限公司

【概况】

至2022年底，广东省佛山市南海区有轨电车1条运营线路由佛山市南海区铁路投资有限公司委托佛山轨道交通发展有限公司运营管理，总运营里程14.3公里，总运营车站15座，网络换乘站1座。从事既有运营线路运营维护的职工总数484人。

2022年运送乘客323.5万人次，全年线网日均客运量0.9万人次/日，其中线网日均进站量0.9万人次/日，单日最高日客运量达到1.4万人次/日，线网日均客运周转量3.2万人次公里/日。

2022年线网运营车公里270.3万车公里，高峰时段最小行车间隔480秒，运营总能耗2539.9万千瓦时。全年实现运营票款收入508.5万元。（图9-48-1）

2022年度主要运营指标完成情况见表9-48-1、9-48-2。

（南海区铁路投资有限公司 李咏荷 陈美好）

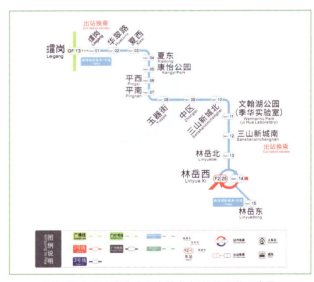

图9-48-1 佛山市南海区有轨电车1号线运营示意图

佛山市城市轨道交通（佛山南海）运营线路年度基础数据统计表　　　表 9-48-1

序号	运营线路名称	系统制式	车辆制式	列车编组（辆）	运营里程（公里）				运营车站数（座）	换乘车站数（座）	车辆基地/场/段数（座）	首班车时间	末班车时间	线路运营时间	运营单位
					总里程	地下	地面	高架							
1	南海有轨电车1号线	有轨电车	100%低地板	3	14.3	3.8	1.9	8.6	15	3		6:15	22:45	16小时30分钟	佛山轨道交通发展有限公司
合计					14.3	3.8	1.9	8.6	15	3	1				

佛山市城市轨道交通（佛山南海）运营线路年度运营数据统计表

表 9-48-2

序号	运营线路名称	客运量（万人次）	进站量（万人次）	客运周转量（万人次公里）	最大断面客流量（万人次/时）	配属列车数（列）	运营车公里（万车公里）	日均实际开行列次（列次）	最小发车间隔（秒）	旅行速度（公里/时）	牵引能耗（万千瓦时）	运营总能耗（万千瓦时）
1	南海有轨电车1号线	323.5	312.3	1166.1	0.1	16	270.3	253.1	480	23.3	282.6	2539.9
	合计	323.5	312.3	1166.1		16	270.3				282.6	2539.9

49 东莞市轨道交通有限公司

【概况】

至2022年底，广东省东莞市城市轨道交通全网运营线路1条，总运营里程37.8公里，总运营车站15座，无换乘站。

东莞市城市轨道交通1条运营线路均由东莞市轨道交通有限公司管理，从事既有运营线路运营维护的职工总数1946人，司机总数169人。

2022年运送乘客3239.7万人次，比上年下降20.5%，占全市公共交通出行量的比重19.1%。全年线网日均客运量9.0万人次/日，其中线网日均进站量9万人次/日，单日最高日客运量达到16.4万人次/日（2022年10月1日），线网日均客运周转量108.7万人次公里/日。

2022年线网实际开行列次10.4万列次，线网运营车公里2166.4万车公里，高峰时段最小行车间隔400秒，运营总能耗9365.1万千瓦时。采用按里程计、递远递减的多级票价，票价最低2元，最高8元，全年实现运营票款收入11632.9万元，比上年下降20.2%。（图9-49-1）

2022年度主要运营指标完成情况见表9-49-1、9-49-2。

【"关爱孕妈妈"服务】

为方便孕妇群体出行，2022年12月1日，东莞地铁2号线推出"关爱孕妈妈"服务，为需要帮助的孕妇乘客提供优先办理乘客事务、优先使用"优先购票设备"、优先使用无行李安检通道、优先使用"爱心候车区"、优先使用站台"爱心专座"、优先使用列车"爱心专座"的"六优先"及现场乘车协助等爱心服务，践行主动、用心服务理念，倡导广大乘客在搭乘地铁时主动关爱孕妇群体，建设关爱特殊人群的良好社会风尚。

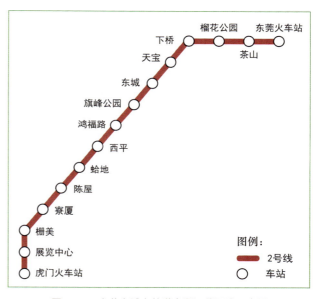

图9-49-1 东莞市城市轨道交通运营网络示意图

【东莞地铁家电义修获最佳志愿服务项目称号】

2022年东莞市轨道交通有限公司家电义修志愿服务队通过优化维修项目登记流程、新增便民项目等举措，把更高质量的家电义修志愿服务送入村镇、社区，先后三次走进写字楼、镇街等提供上门检测维修、家电维修、自行车保养、钥匙配制、理发、手机贴膜等服务，展示轨道青年蓬勃向上的青春力量，践行"我为群众办实事"理念，弘扬"奉献、友爱、互助、进步"的志愿者精神。家电义修志愿服务项目获东莞市"2022年度南城街道最佳志愿服务项目"。

（东莞市轨道交通有限公司 金婷）

东莞市城市轨道交通运营线路年度基础数据统计表　　　　表 9-49-1

序号	运营线路名称	系统制式	车辆制式	列车编组（辆）	运营里程（公里）				运营车站数（座）	换乘车站数（座）	车辆基地/场/段数（座）	首班车时间	末班车时间	线路运营时间	运营单位
					总里程	地下	地面	高架							
1	2号线	地铁	B	6	37.8	33.7	0.4	3.6	15		1	6:30	23:05	16小时35分钟	东莞市轨道交通有限公司
	合计				37.8	33.7	0.4	3.6	15		1				

东莞市城市轨道交通运营线路年度运营数据统计表　　　　表 9-49-2

序号	运营线路名称	客运量（万人次）	进站量（万人次）	客运周转量（万人次公里）	最大断面客流量（万人次/时）	配属列车数（列）	运营车公里（万车公里）	日均实际开行列次（列次）	最小发车间隔（秒）	旅行速度（公里/时）	牵引能耗（万千瓦时）	运营总能耗（万千瓦时）
1	2号线	3239.7	3239.7	39244.9	0.8	20	2166.4	288.0	400	53.0	4426.2	9365.1
	合计	3239.7	3239.7	39244.9		20	2166.4				4426.2	9365.1

50　南宁轨道交通集团有限责任公司

【概况】

至2022年底，广西壮族自治区南宁市城市轨道交通全网运营线路5条，总运营里程128.2公里，总运营车站93座，网络换乘站7座。

南宁城市轨道交通5条运营线路均由南宁轨道交通运营有限公司管理，从事既有运营线路运营维护的职工总数7070人，司机总数681人。

2022年运送乘客27335.2万人次，比上年下降5.3%，占全市公共交通出行量的比重60.0%。全年线网日均客运量74.9万人次/日，其中线网日均进站量44.9万人次/日，

单日最高日客运量达到125.7万人次/日（2022年4月30日），线网日均客运周转量445.5万人次公里/日。

2022年线网实际开行列次59.5万列次，线网运营车公里9038.7万车公里，高峰时段最小行车间隔210秒，运营总能耗43983.6万千瓦时。采用起步价2元可乘6公里；超过起步里程6公里后采取递远递减，里程分段累进计价的多级票价，票价最低2元，最高7元，全年实现运营票款收入43400万元，比上年下降13.2%。（图9-50-1）

2022年度主要运营指标完成情况见表9-50-1、9-50-2。

南宁市城市轨道交通运营线路年度基础数据统计表　　　　表 9-50-1

序号	运营线路名称	系统制式	车辆制式	列车编组（辆）	运营里程（公里）				运营车站数（座）	换乘车站数（座）	车辆基地/场/段数（座）	首班车时间	末班车时间	线路运营时间	运营单位
					总里程	地下	地面	高架							
1	1号线	地铁	B	6	32.1	32.1			25	3	2	6:30	23:54	17小时24分钟	南宁轨道交通运营有限公司
2	2号线	地铁	B	6	27.3	27.3			23	5	2	6:30	23:47	17小时17分钟	南宁轨道交通运营有限公司
3	3号线	地铁	B	6	27.9	27.9			23	4	1	6:30	23:49	17小时19分钟	南宁轨道交通运营有限公司
4	4号线	地铁	B	6	20.7	20.7			16	2	1	6:30	23:34	17小时4分钟	南宁轨道交通运营有限公司
5	5号线	地铁	B	6	20.2	20.2			17	1	1	6:30	23:35	17小时5分钟	南宁轨道交通运营有限公司
	合计				128.2	128.2			93	11	7				

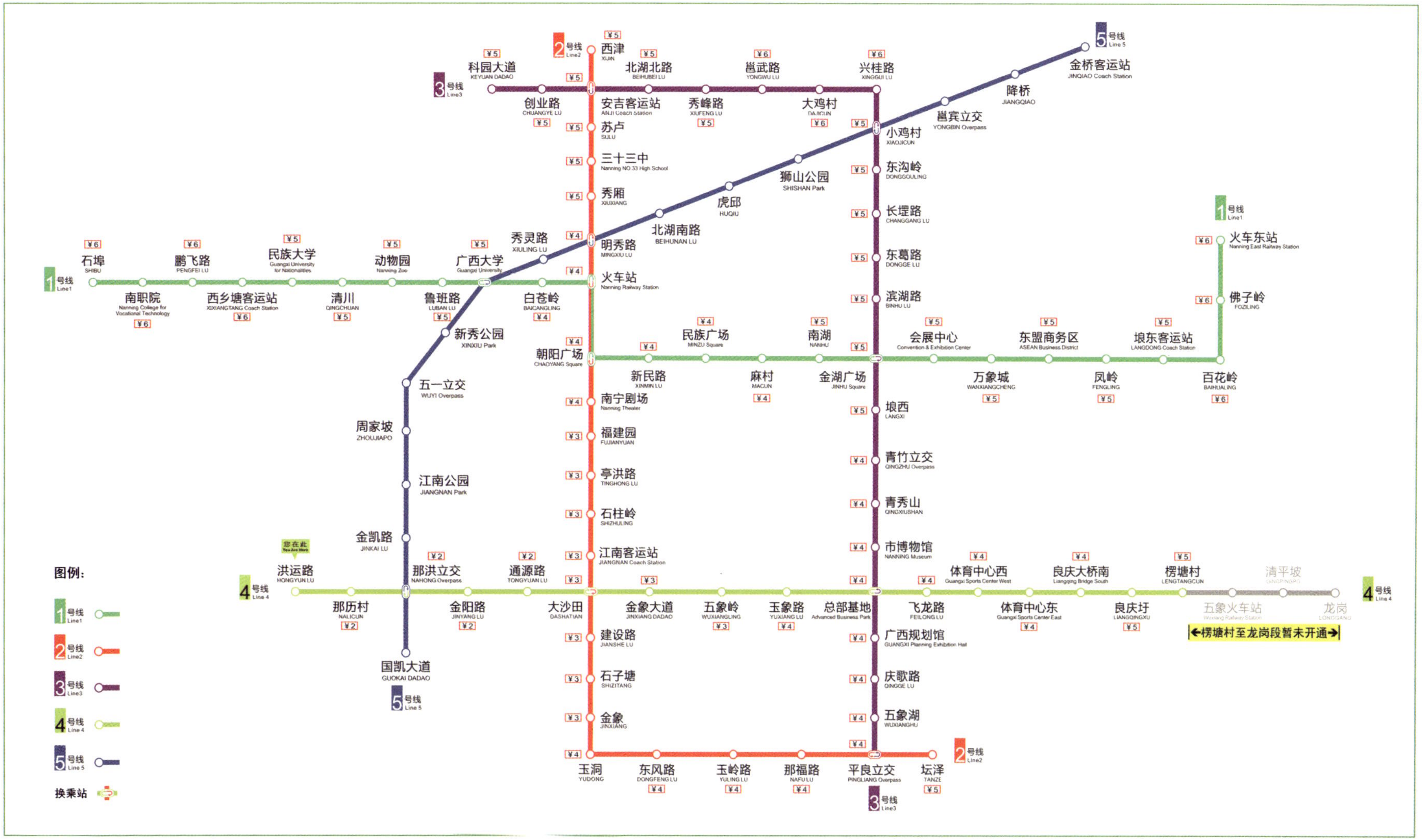

图9-50-1 南宁市城市轨道交通运营线网示意图

【全自动运行概览】

至2022年底，南宁开通运营的城市轨道交通全自动运行线路1条，为5号线，总运营里程20.2公里，总运营车站17座。5号线于2021年12月16日开通全自动运行，列车运行的自动化等级为GoA4，最高运行速度90公里/小时，定员数1476人；运营和维护保障采用集中管理模式；信号供应商为交控科技股份有限公司，车辆供应商为中车株洲电力机车有限公司。

【一码通九城】

2022年1月20日，南宁地铁实现首批与苏州、无锡、常州、沈阳、南昌、洛阳六座城市二维码乘车互联互通，4月再添武汉、南京。6月28日，南宁轨道交通二维码在广州"一码通城"平台上线试运行，至此，南宁地铁共与9个城市地铁乘车码互联互通，实现二维码过闸业务跨城市、跨地区的互联，提升乘客出行体验，对促进区域轨道交通融合共通起到积极的作用。

【地铁公交三码合一】

南宁轨道交通APP完成改造并上线运行，新增加实时公交数据查询、线路规划等功能，实现公交、BRT、地铁二维码三码合一，推动轨道交通与城市公交融合发展及一体化运营，进一步打造智慧高效便捷的现代化城市交通网络。

（南宁轨道交通集团有限责任公司 朱鸿德）

南宁市城市轨道交通运营线路年度基础数据统计表 表 9-50-2

序号	运营线路名称	客运量（万人次）	进站量（万人次）	客运周转量（万人次公里）	最大断面客流量（万人次/时）	配属列车数（列）	运营车公里（万车公里）	日均实际开行列次（列次）	最小发车间隔（秒）	旅行速度（公里/时）	牵引能耗（万千瓦时）	运营总能耗（万千瓦时）
1	1 号线	10850.1	7618.0	70968.0	1.6	41	2653.2	422.0	210	34.4	4115.3	12829.7
2	2 号线	6501.3	3359.6	37610.2	1.0	28	1965.1	349.0	270	33.7	3438.8	8354.7
3	3 号线	4764.0	2720.2	28362.6	1.0	28	2040.5	328.0	270	34.1	3178.0	9022.3
4	4 号线	2191.3	1126.7	12388.9	0.6	25	1223.0	269.0	360	35.1	2352.7	6441.6
5	5 号线	3028.5	1565.1	13290.0	0.5	24	1156.9	261.0	480	33.3	2182.7	7335.3
	合计	27335.2	16389.6	162619.7		146	9038.7				15267.5	43983.6

51 三亚市轨道交通有限公司

【概况】

至2022年底，海南省三亚市城市轨道交通全网运营线路1条，总运营里程8.4公里，总运营车站15座。

三亚市城市轨道交通1条运营线路由三亚市轨道交通有限公司管理，从事既有运营线路运营维护的职工总数86人，司机总数36人。

2022年运送乘客75.8万人次。全年线网日均客运量0.3万人次/日，其中线网日均进站量0.3万人次/日，单日最高日客运量达到0.9万人次/日（2022年2月4日），线网日均客运周转量0.9万人次公里/日。

2022年线网实际开行列次3.9万列次，线网运营车公里32.0万车公里，高峰时段最小行车间隔740秒，运营总能耗237.7万千瓦时。采用一票制3元，全年实现运营票款收入295.7万元，比上年增长13.7%。（图9-51-1）

2022年度主要运营指标完成情况见表9-51-1、9-51-2。

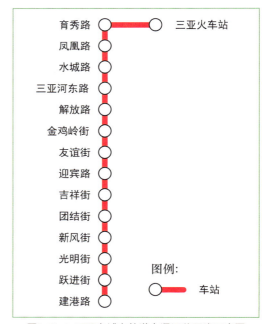

图9-51-1 三亚市城市轨道交通运营网络示意图

【有轨电车示范线获批正式运营】

2022年2月，三亚有轨电车获得三亚市政府关于有轨电车示范线正式运营的批复文件，标志着三亚有轨电车示范线进入正式运营阶段。

【引进光伏发电】

三亚轨道交通与国电投（三亚）分公司达成合作意向，建设分布式光伏发电，每年预计节省电费22.6万元，预计20年累计节省电费约452.7万元。

（三亚市轨道交通有限公司　任启伟）

三亚市城市轨道交通运营线路年度基础数据统计表　　　　　　　　表9-51-1

序号	运营线路名称	系统制式	车辆制式	列车编组（辆）	运营里程（公里）				运营车站数（座）	换乘车站数（座）	车辆基地/场/段数（座）	首班车时间	末班车时间	线路运营时间	运营单位
					总里程	地下	地面	高架							
1	三亚有轨电车示范线	有轨电车	储能式有轨电车	5	8.4		8.4		15		1	6:30	22:52	16小时22分钟	三亚市轨道交通有限公司
	合计				8.4		8.4		15		1				

三亚市城市轨道交通运营线路年度运营数据统计表　　　　　　　　表9-51-2

序号	运营线路名称	客运量（万人次）	进站量（万人次）	客运周转量（万人次公里）	最大断面客流量（万人次/时）	配属列车数（列）	运营车公里（万车公里）	日均实际开行列次（列次）	最小发车间隔（秒）	旅行速度（公里/时）	牵引能耗（万千瓦时）	运营总能耗（万千瓦时）
1	三亚有轨电车示范线	75.8	75.8	265.3	0.1	14	32.0	132.0	740	15.7	74.1	237.7
	合计	75.8	75.8	265.3		14	32.0				74.1	237.7

52　重庆市轨道交通（集团）有限公司

【概况】

至2022年底，重庆城市轨道交通全网运营线路10条，总运营里程434.7公里，总运营车站222座，网络换乘站30座（数据不含江跳线，以下同）。其中有9条由重庆轨道交通（集团）有限公司运营管理，1条（4号线）租赁给重庆轨道四号线建设运营有限公司运营管理(以下数据不含4号线)。从事既有运营线路运营维护的职工总数9124人，司机总数2297人。

2022年运送乘客89916.9万人次，比上年减少18.0%。全年线网日均客运量246.3万人次/日，其中线网日均进站量162.4万人次/日，单日最高日客运量达到387.9万人次/日（2022年7月1日），线网日均客运周转量2166.0万人次公里/日。

2022年线网实际开行列次140.1万列次，线网运营车公里27184.1万车公里，高峰时段最小行车间隔150秒，运营总能耗90865.5万千瓦时。采用里程计价，全年实现运营票款收入165155.0万元，比上年减少20.8%。（图9-52-1）

2022年度主要运营指标完成情况见表9-52-1、9-52-2。

【延长运营，提高运能】

日运营时长延长至18.54小时/日，进一步方便市民出行，助推城市夜间经济繁荣发展。2号线、3号线增加8编组列车上线载客，高峰时段核心区段运能紧张情况显著缓解。

【实现车站夜间过街功能】

在重庆图书馆、重庆大学、中央公园、大石坝等27座车站实现夜间过街功能，方便市民夜间出行。

（重庆市轨道交通〔集团〕有限公司）

重庆市城市轨道交通（重庆轨道）运营线路年度基础数据统计表　　　　表 9-52-1

序号	运营线路名称	系统制式	车辆制式	列车编组（辆）	运营里程（公里）				运营车站数（座）	换乘车站数（座）	车辆基地/场/段数（座）	首班车时间	末班车时间	线路运营时间	运营单位
					总里程	地下	地面	高架							
1	1 号线	地铁	B	6	45.3	27.9	0.3	17.1	25	7	3	6:23	00:05	17 小时 42 分钟	运营一公司
2	2 号线	跨座式单轨	跨座式单轨	4/6/8	31.4	2.9		28.5	25	4	2	6:24	00:03	17 小时 39 分钟	运营二公司
3	3 号线	跨座式单轨	跨座式单轨	6/8	67.1	14.6		52.4	45	7	3	5:56	00:14	18 小时 18 分钟	运营三公司
4	4 号线	地铁	As	6	48.5	29.1		19.4	23	4	2	6:30	23:39	17 小时 9 分钟	重庆轨道四号线建设运营有限公司
5	5 号线	地铁	As	6	35.0	28.8	6.2		22	5	2	6:26	23:32	17 小时 6 分钟	运营四公司
6	6 号线	地铁	B	6	63.3	49.7	0.6	13.0	28	9	3	5:57	00:21	18 小时 24 分钟	运营四公司
7	9 号线	地铁	As	6	32.3	29.9		2.4	24	8	1	6:26	23:59	17 小时 33 分钟	运营二公司
8	10 号线	地铁	As	6	34.3	27.7	0.2	6.4	19	8	1	6:14	23:55	17 小时 41 分钟	运营二公司
9	国博线	地铁	B	6	26.6	20.8	0.1	5.7	13	3	1	6:24	23:14	16 小时 50 分钟	运营四公司
10	环线	地铁	As	6	50.8	41.0	1.3	8.5	32	8	2	6:25	00:03	17 小时 28 分钟	运营一公司
	合计				434.6	272.4	8.7	153.5	222	30	20				

注：线网总里程为 434.7 公里。因小数进位原因，表格中合计为 434.6 公里。

重庆市城市轨道交通（重庆轨道）运营线路年度运营数据统计表　　　　表 9-52-2

序号	运营线路名称	客运量（万人次）	进站量（万人次）	客运周转量（万人次公里）	最大断面客流量（万人次/时）	配属列车数（列）	运营车公里（万车公里）	日均实际开行列次（列次）	最小发车间隔（秒）	旅行速度（公里/时）	牵引能耗（万千瓦时）	运营总能耗（万千瓦时）
1	1 号线	14501.1	9288.4	151422.4	2.3	53	3900.6	477.2	170	44.3	5772.6	10524.3
2	2 号线	7889.1	5917.9	55031.6	1.8	61	2044.5	422.4	180	30.6	3862.6	6007.1
3	3 号线	21034.9	15246.0	177881.1	3.2	84	6154.3	832.9	150	34.8	11022.2	16387.7
4	4 号线	1166.6	740.0	12493.6	0.4	32	1627.1	256.6	600	43.6	3665.6	6524.1
5	5 号线	5568.8	3377.3	37144.3	1.0	39	1924.3	540.1	360	38.6	4771.2	8373.5
6	6 号线	18050.2	11480.2	178464.0	3.1	57	4839.7	454.7	190	48.3	8078.9	14208.7
7	9 号线	3841.7	2331.7	26414.3	0.7	27	1313.7	215.9	360	32.2	3416.9	6636.9
8	10 号线	4724.8	2899.3	36851.1	1.0	30	2124.7	306.9	390	38.0	4313.6	8625.3
9	国博线	1222.9	549.7	12843.6	0.5	12	1038.9	185.9	600	46.7	1741.9	3684.1
10	环线	13083.4	8182.9	99358.4	2.0	45	3843.5	415.1	270	36.2	8581.6	16417.8
	合计	91083.5	60070	787904.4			28811.3	4107.7			55225.8	97389.5

注：4 号线租赁给重庆轨道四号线建设运营有限公司经营，1-6 月和 7-12 月运营情况不同，表中所列 4 号线数据为两组数据简单累加。

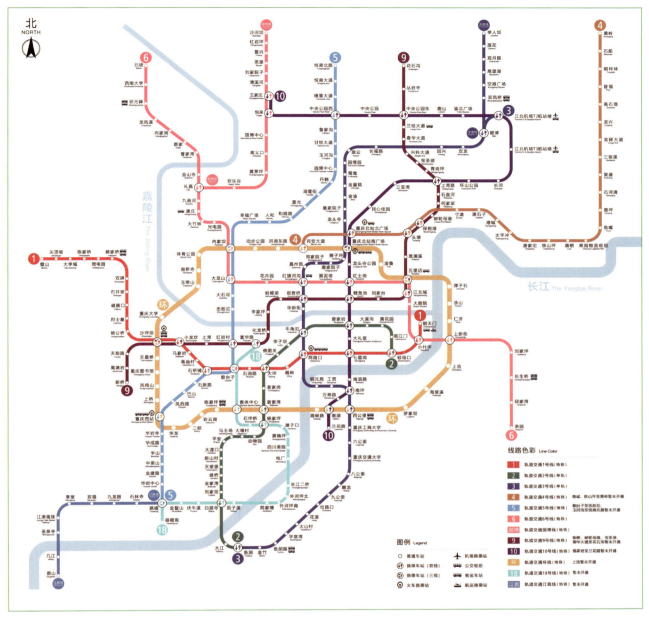

图9-52-1 重庆市城市轨道交通（重庆轨道）运营网络示意图

53 重庆市铁路（集团）有限公司

【概况】

至2022年底，重庆市郊铁路江跳线由重庆江跳线轨道交通运营管理有限公司管理，总运营里程26.3公里，总运营车站7座，网络换乘站1座。该公司由重庆市铁路（集团）有限公司参股，从事既有运营线路运营维护的职工总数1206人。

2022年运送乘客158.8万人次。全年线网日均客运量1.25万人次/日，其中线网日均进站量0.6万人次/日，单日最高日客运量达到3.9万人次/日（2022年9月30日），线网日均客运周转量21.1万人次公里/日。

2022年线网实际开行列次2万列次，线网运营车公里53.1万车公里，高峰时段最小行车间隔578秒，运营总能耗1105.5万千瓦时。采用计程票制，运价率为0.35元/人，票价最低2元，最高9元（运营第一年政府补贴2元），全年实现运营票款收入635.2万元。（图9-53-1）

2022年度主要运营指标完成情况见表9-53-1、9-53-2。

【江跳线开通运营】

2022年8月，江跳线实现开通运营，线路开通后实现江津到重庆中心城区30分钟可达。有效缓解江津乃至重庆主城都市区的交通拥堵，推动江津滨江新城、双福片区与西部（重庆）科学城全域和重庆中心城区的交通一体化发展，带动江津区域公共交通的进一步优化和调整，提升江津公共交通的服务质量和服务能效，进一步拉近江津与中心城区的时空距离，助推江津产业发展和转型升级，在促进江津旅游经济发展、优化城市功能和布局、改善城市环境、提升城市形象等方面持续发挥推动作用，助推江津经济社会高质量发展。

【多举措提升江跳线服务质量】

协同江跳线线路沿线公交单位优化公交线路，补强公交换乘信息，增强吸客能力和客流强度。搭建完善的服务质量评价体系、乘客满意度调查体系，强化客运人员服务用语及服务规范，深挖细节服务，提升服务技巧，围绕"站长接待日""服务监督员""文明乘车、绿色出行""书香江跳""重点乘客帮扶"等服务质量营销策略，通过人性服务、细节服务、规范服务、重点乘客帮扶、导向标识优化、设备功能优化等服务质量提升举措，多举措并施树立江跳线良好的运营服务口碑。

【多主体跨线运营先行先试】

重庆是国内开启多主体跨线运营、协同运输的先行试验区，江跳线与5号线的贯通运营是重庆多主体协同运输的重要示范线路之一，江跳线积极沟通协调，加快推进贯通调试进度，深入研究贯通行车交路开行、跳磴共管车站客运组织优化及联络处置机制，切实做好贯通列车开行方案制定，实现江跳线与5号线贯通运营，为江津市民直达中心城区提供便捷出行。

（重庆市铁路〔集团〕有限公司）

重庆市城市轨道交通（重庆铁路）运营线路年度基础数据统计表　　　　表9-53-1

| 序号 | 运营线路名称 | 系统制式 | 车辆制式 | 列车编组（辆） | 运营里程（公里） | | | | 运营车站数（座） | 换乘车站数（座） | 车辆基地/场/段数（座） | 首班车时间 | 末班车时间 | 线路运营时间 | 运营单位 |
					总里程	地下	地面	高架							
1	江跳线	市郊铁路	双流制AS	6	26.3	5.8	2.7	17.8	7	1	1	6:30	20:30	14小时	重庆江跳线轨道交通运营管理有限公司
	合计				26.3	5.8	2.7	17.8	7	1	1				

重庆市城市轨道交通（重庆铁路）运营线路年度基础数据统计表　　　　表9-53-2

序号	运营线路名称	客运量（万人次）	进站量（万人次）	客运周转量（万人次公里）	最大断面客流量（万人次/时）	配属列车数（列）	运营车公里（万车公里）	日均实际开行列次（列次）	最小发车间隔（秒）	旅行速度（公里/时）	牵引能耗（万千瓦时）	运营总能耗（万千瓦时）
1	江跳线	158.8	90.7	2675.4	0.3	15	53.1	161.0	578	58.0	642.5	1105.5
	合计	158.8	90.7	2675.4		15	53.1				642.5	1105.5

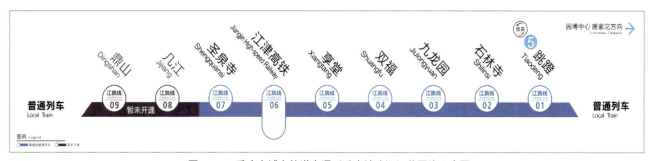

图9-53-1　重庆市城市轨道交通（重庆铁路）运营网络示意图

54 成都轨道交通集团有限公司

【概况】

至2022年底，四川省成都市城市轨道交通全网运营线路13条，总运营里程557.8公里，总运营车站322座，网络换乘站46座。其中全自动运行线路1条（9号线），有轨电车线路1条（蓉2号线）。

成都市城市轨道交通13条运营线路均由成都轨道交通集团有限公司运营管理，从事既有运营线路运营维护的职工总数27271人，司机总数2905人。

2022年运送乘客157175.7万人次，占全市公共交通出行量的比重约60%。全年线网日均客运量430.6万人次/日，其中线网日均进站量243.9万人次/日，单日最高日客运量达到638.1万人次/日（2022年7月1日），线网日均客运周转量3473.8万人次公里/日。

2022年线网实际开行列次193.5万列次，线网运营车公里46826.1万车公里，高峰时段最小行车间隔120秒，运营总能耗186895.9万千瓦时。地铁采用计程票制，有轨电车2元一票制，全年实现运营票款收入287066.45万元（不含PPP线）。（图9-54-1）

2022年度主要运营指标完成情况见表9-54-1、9-54-2。

【全自动运行概览】

至2022年底，成都市开通运营的城市轨道交通全自动运行线路1条，为9号线，总运营里程22.2公里，总运营车站13座。

2020年12月18日，9号线开通全自动运行，列车运行的自动化等级为GoA4，最高运行速度100公里/小时，定员数2456人；运营和维护保障采用集中管理模式；信号供

成都市城市轨道交通运营线路年度基础数据统计表　　　　表9-54-1

| 序号 | 运营线路名称 | 系统制式 | 车辆制式 | 列车编组（辆） | 运营里程（公里） | | | | 运营车站数（座） | 换乘车站数（座） | 车辆基地/场/段数（座） | 首班车时间 | 末班车时间 | 线路运营时间 | 运营单位 |
					总里程	地下	地面	高架							
1	1号线	地铁	B	6	41.0	41.0			35	11	2	6:10	00:00	17小时50分钟	成都地铁运营一公司
2	2号线	地铁	B	6	42.2	32.2	1.2	8.8	32	8	2	6:10	00:12	18小时2分钟	成都地铁运营二公司
3	3号线	地铁	B	6	49.9	44.4	0.6	4.9	37	9	2	6:00	00:12	18小时12分钟	成都地铁运营四公司
4	4号线	地铁	B	6	43.5	41.3	1.6	0.6	30	9	2	6:10	00:10	18小时	成都地铁运营二公司
5	5号线	地铁	A	8	49.0	42.3	0.4	6.3	41	8	3	6:10	00:19	18小时9分钟	成都地铁运营一公司
6	6号线	地铁	A	8	68.9	68.9			56	12	3	6:10	0:29	18小时19分钟	成都地铁运营四公司
7	7号线	地铁	A	6	38.6	38.6			31	14	2	6:15	00:13	17小时58分钟	成都地铁运营二公司
8	8号线	地铁	A	6	29.1	29.1			25	8	1	6:10	23:50	17小时40分钟	成都地铁运营一公司
9	9号线	地铁	A	8	22.2	22.2			13	8	2	6:10	23:27	17小时17分钟	成都地铁运营三公司
10	10号线	地铁	A	6	38.0	21.2	0.8	16.0	16	3	2	6:00	23:55	17小时55分钟	成都地铁运营二公司
11	17号线	地铁	A	8	26.1	20.8	0.5	4.8	13	2	2	6:10	23:25	17小时15分钟	成都地铁运营三公司
12	18号线	地铁	A	8	70.0	53.4	1.8	14.8	13	5	2	6:00	0:18	18小时18分钟	成都地铁运营三公司
13	蓉2号线	有轨电车		5	39.3		37.5	1.8	35		3	6:10	22:55	16小时45分钟	成都现代有轨电车有限公司
	合计				557.8	455.4	44.4	58.0	322	46	24				

307

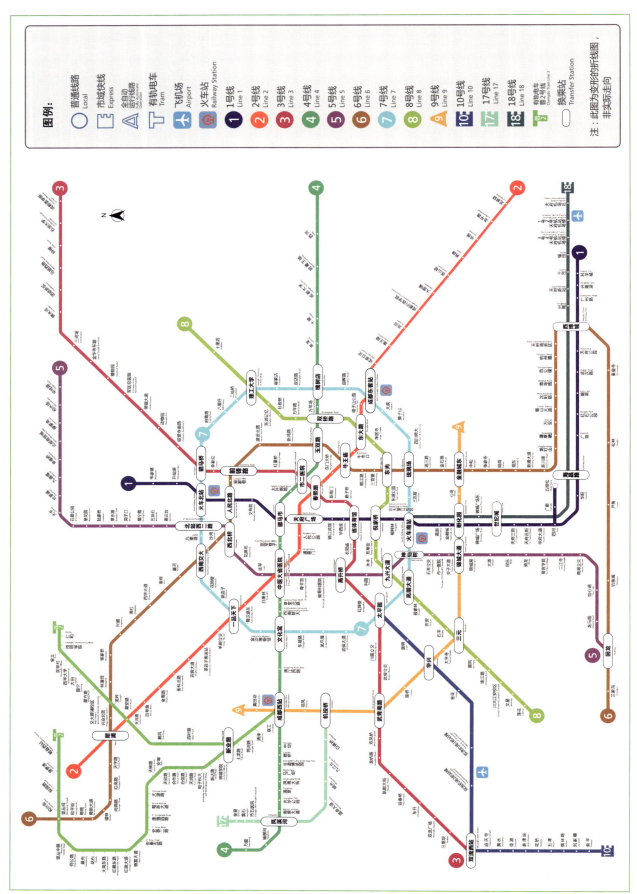

图9-54-1 成都市城市轨道交通网络运营示意图

应商为卡斯柯信号有限公司，车辆供应商为中车长春轨道客车股份有限公司。

9号线是中国西部首条全自动运行线路。开通以来，各专业设备运行稳定，各项指标情况良好，2022年列车计划兑现率、列车准点率达100%，唤醒成功率达99.82%，未发生退出FAM模式的情况。

【接轨"智慧蓉城"】

成都地铁坚持"智慧城轨"服务"智慧蓉城"理念，紧扣"智慧蓉城"建设需求，在服务城市战略中强担当、作贡献。通过集约智慧城轨感知体系及场景建设成果，快速打通安全管控、乘客服务、设备监测等末梢网络，高效打造轨道交通智慧场景，全面接轨"智慧蓉城"运行管理平台，向"智慧蓉城"提供车站视频类、重要设备类、安全服务类、客运组织类共计25.97万点位数据，切实为智慧蓉城综合场景打造提供轨道交通数据支撑，有效实现城市与企业的同脉共振，助力超大城市的精细化治理。

【推行"文明365"机制】

成都地铁推行"文明365"服务长效机制，按照目标清晰、指标量化、措施可执行、分阶段达标的原则，对全线网服务质量进行全面量化测评。在持续改善乘客服务体验的同时，实现文明城市创建标准与客运服务标准、岗位作业标准深度融合，推动文明创建工作真正成为员工的岗位标准和行动自觉，确保环境卫生、服务品质等创建成果常态长效保持。

【能源精细管理】

成都地铁逐级强化节电措施，精细研判"节与供"的关系，在确保安全生产、客运服务的前提下，13条运营线路全部采取减少上线列数、延长行车间隔、优化车站照明、提高空调温度设置等措施，合力攻坚应对电力紧缺。高温限电期间，线网用电能耗同比降低约20%，累计节电1500万余度，完成异常气候下的节电专项工作，达到预期节电目标。通过此次电力保供行动，成都地铁从强化线网能源利用效率、精细线网能源匹配等方面，完成"日常、节电、强节电"三种节电模式标准，并在运营线路及新线全面推广，着力推进运营节能精细化管理，为"双碳"目标贡献轨道力量。

（成都轨道交通集团有限公司）

成都市城市轨道交通运营线路年度运营数据统计表   表 9-54-2

序号	运营线路名称	客运量（万人次）	进站量（万人次）	客运周转量（万人次公里）	最大断面客流量（万人次/时）	配属列车数（列）	运营车公里（万车公里）	日均实际开行列次（列次）	最小发车间隔（秒）	旅行速度（公里/时）	牵引能耗（万千瓦时）	运营总能耗（万千瓦时）
1	1 号线	22682.3	13585.7	134555.5	5.4	73	3874.6	573.8	120	33.6	6907.3	18433.1
2	2 号线	19929.9	12262.3	154198.0	3.1	70	4131.0	476.7	135	35.0	6511.9	14916.7
3	3 号线	19767.2	12271.7	168361.5	2.9	72	4740.8	471.5	150	36.0	8775.6	16838.5
4	4 号线	17655.7	9883.7	155668.7	3.4	62	4076.1	472.2	135	36.7	6604.2	13835.3
5	5 号线	15657.0	9415.4	123920.4	2.6	62	4609.7	348.6	230	34.1	9799.5	22424.0
6	6 号线	14742.3	8919.5	132837.5	2.0	108	5679.0	345.1	250	35.1	11631.2	28473.7
7	7 号线	19892.8	9146.7	132039.0	2.7	54	3512.5	428.6	190	34.4	6058.9	14673.6
8	8 号线	8850.2	4915.8	51655.7	1.6	43	2205.9	374.7	230	34.6	4337.4	11339.4
9	9 号线	7946.2	2633.8	56490.8	2.9	25	2509.0	411.4	190	47.1	4545.9	9659.0
10	10 号线	2761.2	1501.3	38796.5	0.6	45	2606.9	348.0	285	51.0	3995.1	9193.8
11	17 号线	1752.8	1023.8	18604.3	0.9	20	2214.1	287.9	330	61.7	3709.9	8946.6
12	18 号线	4555.8	2469.6	100804.2	1.9	26	5267.3	364.3	250	96.4	8262.5	16546.0
13	蓉 2 号线	982.3	982.3			36	1399.3	397.9	405	23.5	1072.3	1616.2
	合计	157175.7	89011.6	1267932.1		696	46826.1	5300.7			82211.7	186895.9

55 贵阳市城市轨道交通集团有限公司

【概况】

至2022年底，贵州省贵阳市城市轨道交通全网运营线路2条，总运营里程74.3公里，总运营车站55座，网络换乘站2座。

贵阳市城市轨道交通2条运营线路均由贵阳市城市轨道交通运营有限公司管理，从事既有运营线路运营维护的职工总数4481人，司机总数375人。

2022年运送乘客9303.4万人次，比上年增长3.7%，占全市公共交通出行量的比重14.6%。全年线网日均客运量25.5万人次/日，其中线网日均进站量20.2万人次/日，单日最高日客运量达到41.3万人次/日（2022年8月4日），线网日均客运周转量216.3万人次公里/日。

2022年线网实际开行列次19.3万列次，线网运营车公里4125.9万车公里，高峰时段最小行车间隔330秒，运营总能耗18889.1万千瓦时。采用按里程分段计价，最低票价为2元，最高票价为8元，全年实现运营票款收入25420.0万元，比上年下降5.2%。（图9-55-1）

2022年度主要运营指标完成情况见表9-55-1、9-55-2。

【实施"分区控温"技术】

在1、2号线列车实施"分区控温"技术，在夏季实现"同车不同温"。在所有车站加装283台热水宝，切实提升市民乘客出行的舒适度和幸福感。

（贵阳市城市轨道交通集团有限公司）

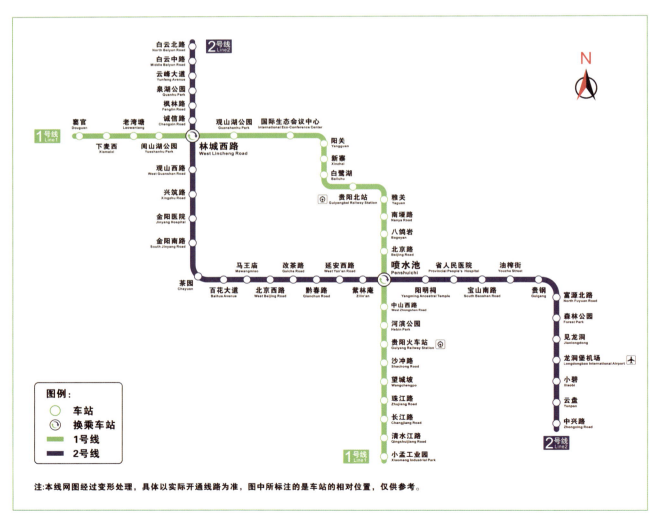

图9-55-1 贵阳市城市轨道交通运营网络示意图

贵阳市城市轨道交通运营线路年度基础数据统计表　　　　　表 9-55-1

序号	运营线路名称	系统制式	车辆制式	列车编组（辆）	运营里程（公里）				运营车站数（座）	换乘车站数（座）	车辆基地/场/段数（座）	首班车时间	末班车时间	线路运营时间	运营单位
					总里程	地下	地面	高架							
1	1号线	地铁	B	6	34.8	29.7	1.8	3.3	25	2	2	6:20	23:59	17小时39分钟	贵阳市城市轨道交通运营有限公司
2	2号线	地铁	B	6	39.5	37.0		2.5	32	2	2	6:20	0:11	17小时51分钟	贵阳市城市轨道交通运营有限公司
	合计				74.3	66.7	1.8	5.8	55	2	4				

贵阳市城市轨道交通运营线路年度运营数据统计表　　　　　表 9-55-2

序号	运营线路名称	客运量（万人次）	进站量（万人次）	客运周转量（万人次公里）	最大断面客流量（万人次/时）	配属列车数（列）	运营车公里（万车公里）	日均实际开行列次（列次）	最小发车间隔（秒）	旅行速度（公里/时）	牵引能耗（万千瓦时）	运营总能耗（万千瓦时）
1	1号线	4540.6	3554.5	38918.4	0.7	34	1913.0	276.0	330	35.4	3406.4	8411.8
2	2号线	4762.8	3883.6	40024.6	0.8	49	2212.9	253.7	330	34.1	3698.7	10477.3
	合计	9303.4	7438.1	78943.0		83	4125.9				7105.1	18889.1

56 昆明轨道交通集团有限公司

【概况】

至2022年底，云南省昆明市城市轨道交通全网运营线路6条，总运营里程165.9公里，总运营车站118座，网络换乘站9座。

1、2号线首期工程及1号线支线、3号线、6号线由昆明地铁运营有限公司管理运营，从事运营线路运营维护的职工总数4731人，司机总数498人；4号线和5号线为PPP项目，4号线由云南京建轨道交通投资建设有限公司负责运营，从事运营线路运营维护的职工总数2282人，司机总数215人，5号线由昆明轨道交通五号线建设运营有限公司负责运营，从事运营线路运营维护的职工总数1455人。

2022年运送乘客18571.2万人次，比上年下降16.3%。全年线网日均客运量50.9万人次/日，其中线网日均进站量37.7万人次/日，单日最高日客运量达到90.4万人次/日（2022年8月4日），线网日均客运周转量470.4万人次公里/日。

2022年线网实际开行列次51.2万列次，线网运营车公里9145.8万车公里，高峰时段最小行车间隔240秒，运营总能耗34810.1万千瓦时。采用按里程计价、"递远递减"跳档计价的多级票价，票价最低2元，最高8元，全年实现运营票款收入43269.8万元，比上年下降20.6%。（图9-56-1）

2022年度主要运营指标完成情况见表9-56-1、9-56-2。

【便民商业开发】

在地铁站内开发了便民自助设备、便民胶囊、便民亭棚、便民商铺、便民展览展示区等业态，线网投放了3台政务服务终端机、401台自助售货机、90台自助口罩机、15台自助体验机、614台美团充电宝、58处便民晴雨伞；在11个车站内引入绝味鸭脖、周记等品牌商家。

图9-56-1 昆明市城市轨道交通运营网络示意图

【多举措提升服务质量】

昆明地铁通过推出综合查询平台、优化列车语音广播及各类引导标识、线网实现5G信号全覆盖、全部车站配置无障碍乘车渡板、推行"进站凭证（免费进站票）"、开展云南省"兴滇惠才卡"免费乘坐地铁等多项服务，达到便民惠民目的，让乘坐地铁出行更舒适。与15家单位进行团体票签售合作，售卖计次票及定制卡等团体票实体卡约6.1万张；联合各互联网支付端开展优惠乘车活动。

【公共交通互通互联】

完成1、2号线首期工程及3号线327块500m指引标志增补安装工作；联合公交集团持续打造"公交微循环"，在线网25个地铁站出入口设置"公交接驳招呼站"；在地铁站出入口周边设置非机动车停车位，实现地铁与非电动车的无缝衔接，方便市民出行。

（昆明轨道交通集团有限公司 黎宣）

昆明市城市轨道交通运营线路年度基础数据统计表　　　　　表 9-56-1

序号	运营线路名称	系统制式	车辆制式	列车编组（辆）	运营里程（公里）				运营车站数（座）	换乘车站数（座）	车辆基地/场/段数（座）	首班车时间	末班车时间	线路运营时间	运营单位
					总里程	地下	地面	高架							
1	1、2号线首期及1号线支线	地铁	B	6	47.3	34.8	0.8	11.7	35	6	3	6:20	23:58	17小时38分钟	昆明地铁运营有限公司
2	3号线	地铁	B	6	23.4	22.2		1.2	20	4	2	6:20	23:28	17小时8分钟	昆明地铁运营有限公司
3	4号线	地铁	B	6	43.4	43.4			29	6	3	6:20	23:58	17小时38分钟	云南京建轨道交通投资建设有限公司
4	5号线	地铁	B	6	26.5	26.5			22	2	2	6:20	23:49	17小时29分钟	昆明轨道交通五号线建设运营有限公司
5	6号线	地铁	B	6	25.3	14.8	1.4	9.1	8	2	1	6:20	23:29	17小时9分钟	昆明地铁运营有限公司
	合计				165.9	141.7	2.2	22.0	118	9	9				

昆明市城市轨道交通运营线路年度运营数据统计表　　　　　表 9-56-2

序号	运营线路名称	客运量（万人次）	进站量（万人次）	客运周转量（万人次公里）	最大断面客流量（万人次/时）	配属列车数（列）	运营车公里（万车公里）	日均实际开行列车（列次）	最小发车间隔（秒）	旅行速度（公里/时）	牵引能耗（万千瓦时）	运营总能耗（万千瓦时）
1	1、2号线首期工程及1号线支线	8778.4	7027.1	88923.9	1.5	46	2917.3	386.4	240	33.0	4972.9	11380.6
2	3号线	4006.5	2743.2	21529.7	0.8	30	1438.6	325.8	360	31.8	2663.5	5863.3
3	4号线	3637.8	2552.9	36747.5	0.6	36	2762.2	316.3	360	34.0	3548.6	8613.0
4	5号线	1012.8	721.8	7342.7	0.6	26	875.2	149.5	360	31.8	2274.5	5686.4
5	6号线	1135.7	730.9	17134.4	0.3	13	1152.5	293.4	600	51.6	1730.9	3266.8
	合计	18571.2	13775.9	171678.2		151	9145.8				15190.4	34810.1

57 西安市轨道交通集团有限公司

【概况】

至2022年底，陕西省西安市城市轨道交通全网运营线路8条，总运营里程272.4公里，总运营车站173座，网络换乘站17座。

西安市城市轨道交通7条运营线路由西安市轨道交通集团有限公司运营分公司管理（其中1号线二期、5号线二期由西咸新区轨道交通投资建设有限公司委托西安市轨道交通集团有限公司运营分公司运营管理）；地铁9号线由西安中铁轨道交通有限公司管理；地铁14号线为一条线路两个运营主体，机场西至西安北站由陕西城际铁路有限公司管理，西安北站至贺韶由西安市轨道交通集团有限公司运营分公司管理。从事既有运营线路运营维护的职工总数13197人，司机总数1811人。

2022年运送乘客76881.2万人次，比上年下降24.6%，占全市公共交通出行量的比重57.6%。全年线网日均客运量210.6万人次/日，其中线网日均进站量134.1万人次/日，单日最高日客运量达到344.7万人次/日（2022年3月4日），线网日均客运周转量1596.1万人次公里/日。

2022年线网实际开行列次125.5万列次，线网运营车公里22059.0万车公里，高峰时段最小行车间隔135秒，运营总能耗76705.0万千瓦时。采用"里程计价制"，起步价2元6（含）公里，之后每增加4、4、6、6、8、3公里加1元，票价最低2元，最高13元，全年实现运营票款收入15.2亿元（不含税），比上年下降27.3%。（图9-57-1）

2022年度主要运营指标完成情况见表9-57-1、9-57-2。

西安市城市轨道交通运营线路年度基础数据统计表　　　　　　　　　　　　　　　表 9-57-1

序号	运营线路名称	系统制式	车辆制式	列车编组（辆）	运营里程（公里）				运营车站数（座）	换乘车站数（座）	车辆基地/场/段数（座）	首班车时间	末班车时间	线路运营时间	运营单位
					总里程	地下	地面	高架							
1	1号线	地铁	B	6	30.9	30.9			23	4	2	5:59	00:23	18小时24分钟	西安市轨道交通集团有限公司运营分公司
2	2号线	地铁	B	6	26.1	26.1			21	6	2	5:59	00:37	18小时38分钟	西安市轨道交通集团有限公司运营分公司
3	3号线	地铁	B	6	38.0	26.6		11.4	26	7	2	5:59	00:16	18小时17分钟	西安市轨道交通集团有限公司运营分公司
4	4号线	地铁	B	6	34.4	34.4			29	6	2	5:59	00:02	18小时3分钟	西安市轨道交通集团有限公司运营分公司
5	5号线	地铁	B	6	41.3	28.5		12.8	31	4	3	5:59	00:27	18小时28分钟	西安市轨道交通集团有限公司运营分公司
6	6号线	地铁	B	6	35.0	35.0			30	4	2	5:59	00:19	18小时20分钟	西安市轨道交通集团有限公司运营分公司
7	9号线	地铁	B	6	24.4	24.4			15	1	1	5:56	23:08	17小时12分钟	西安中铁轨道交通有限公司
8	14号线	地铁	B	6	13.7	13.7			8	1	1	5:59	23:26	17小时27分钟	西安市轨道交通集团有限公司运营分公司
9	14号线（机场城际）	地铁	B	6	28.6	8.4	2.2	18.0	9	1	1	6:00	22:52	16小时52分钟	陕西城际铁路有限公司
	合计				272.4	228.0	2.2	42.2	173	17	16				

【"轨道交通气象台"成立】

为提升地铁运营对暴雨、暴雪、强风、雷暴等极端天气的防御应对能力，西安地铁与市气象局深度合作，2021年9月28日"轨道交通气象台"揭牌成立，并在2022年4月实现轨道交通气象台正式落地运作。轨道交通气象台重点围绕地铁"定制化"天气预报预警服务、恶劣天气数据监测、地铁极端天气应对会商等方面开展相关工作，形成地铁智慧运营与气象因素互生共赢的深层次合作模式，打造"监测精密、预报精准、服务精细"的高质量气象服务体系。

【多元化乘车支付】

西安市轨道交通在原有人脸识别乘车功能的基础上进行免摘口罩人脸识别研究，并于2022年1月完成全线网升级上线，实现免摘口罩人脸识别乘车，提高乘客使用便捷度，对人脸识别乘车功能进一步优化完善。在数字人民币支付功能部署上，2022年9月初完成14号线数字人民币支付上线应用，可通过数字人民币APP在14号线范围内进行购票、充值、补票等功能，也可在西安地铁APP中开通数字人民币支付功能，实现二维码扫码过闸的数币支付功能。2022年6月西安地铁实现与郑州、成都、广州地铁二维码乘车互联互通，为乘客跨城出行提供便利。

【打造西安地铁"AI畅行"】

西安市轨道交通在安全平稳运营基础上，不断优化服务标准，创新服务举措，打造建立"AI畅行"服务品牌。服务品牌传承和坚持"爱心"服务措施和特色，融合"AI服务、AI形象、AI科技、AI保障、AI团队、AI城市、AI生活"7个方面，创新系列特色服务活动。2022年6月11日，在地铁"排队日"十周年，联合西安市委文明办在行政中心站开展"西安因你而美——文明传递 让AI畅行"服务品牌推介活动，向公众正式推介"AI畅行"品牌，并聘请8名社会知名人士作为西安地铁首批"文明出行公益大使"，宣传开展形式多样的文明出行志愿服务，引导乘客共同感受文明温度、传递文明之美。

【智慧城轨项目】

14号线是全线智慧城轨项目，集智慧服务、智慧运维、智慧管理等功能为一体。14号线车站采用全电子导向系统，电客车装有电子屏蔽门显示屏，展示每列车厢拥挤度，电扶梯、卫生间与换乘楼梯所在位置，使导乘、导览直观明了。采用人脸识别过闸和危险源判别智慧安检系统，实现地铁出行场景的智能化升级，给乘客提供更加丰富周到的人性化服务。

（西安市轨道交通集团有限公司）

西安市城市轨道交通运营线路年度运营数据统计表

表 9-57-2

序号	运营线路名称	客运量（万人次）	进站量（万人次）	客运周转量（万人次公里）	最大断面客流量（万人次/时）	配属列车数（列）	运营车公里（万车公里）	日均实际开行列次（列次）	最小发车间隔（秒）	旅行速度（公里/时）	牵引能耗（万千瓦时）	运营总能耗（万千瓦时）
1	1 号线	13860.5	8466.8	113083.5	2.3	54	3745.0	557.4	168	34.6	5937.8	10430.0
2	2 号线	19841.2	14183.9	132069.0	2.8	47	3792.0	653.3	148	33.2	6481.6	11573.0
3	3 号线	15100.7	9477.7	118612.2	3.8	70	3849.0	506.3	135	37.4	6243.2	11566.0
4	4 号线	11506.1	7137.2	95975.4	2.1	45	3079.0	428.4	214	33.2	4714.7	11807.0
5	5 号线	8563.0	4856.8	53512.7	1.9	49	2776.0	402.5	245	34.3	5110.5	11732.0
6	6 号线	5049.9	2926.1	33810.2	2.8	49	1282.0	373.8	181	32.8	2326.4	5646.0
7	9 号线	1651.6	1115.3	20247.1	0.5	29	1429.0	289.8	360	38.6	2183.5	5855.0
8	14 号线	1308.2	799.3	15277.9	0.2	28	2107.0	226.4	355	44.7	3564.0	8096.0
	合计	76881.2	48963.1	582588.0		371	22059.0				36561.7	76705.0

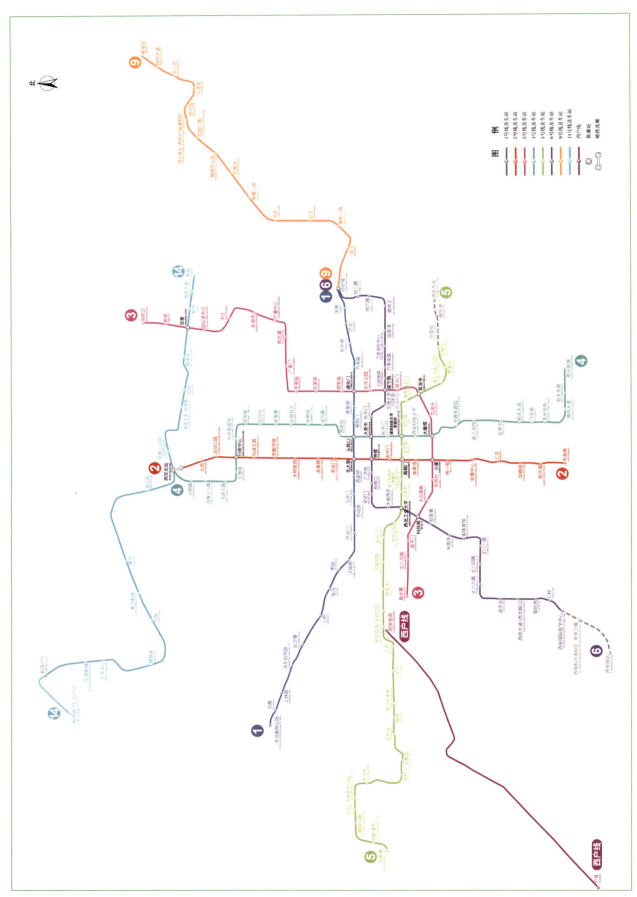

图27 1 西安市城市轨道交通运营网络示意图

58 兰州市轨道交通有限公司

【概况】

至2022年底，甘肃省兰州市城市轨道交通全网运营线路1条，总运营里程25.5公里，总运营车站20座。

兰州市城市轨道交通1条运营线路由兰州市轨道交通有限公司运营分公司管理，从事既有运营线路运营维护的职工总数2088人，司机总数188人。

2022年运送乘客3557.6万人次，比上年下降44.5%，占全市公共交通出行量的比重9.5%。全年线网日均客运量9.8万人次/日，其中线网日均进站量9.8万人次/日，单日最高日客运量达到26.8万人次/日（2022年2月15日），线网日均客运周转量90.9万人次公里/日。

2022年线网实际开行列次8.5万列次，线网运营车公里1123.0万车公里，高峰时段最小行车间隔290秒，运营总能耗5535.6万千瓦时。采用计程票制，全年实现运营票款收入（含税）12241.5万元，比上年下降44.5%。（图9-58-1）

2022年度主要运营指标完成情况见表9-58-1、9-58-2。

【运营中疫情防控措施】

防疫期间，兰州市轨道交通有限公司调整列车运行图12次，组织职工核酸检测12.3万人次，封闭式管理职工700余人次，开展车站消毒2.92万次，电动客车消毒6.66万列次，单程票消毒47.6万张。

【加大技术创新研究应用】

结合实际解决生产问题，完成扶梯、直梯加装延时继电器改造，电压波动和电源切换造成的故障率下降40%；完成直梯接触器线圈加装阻容吸收装置改造、主要接触器平均寿命提高了25%；完成兰州轨道交通"异步预授权+ODA"过闸技术项目研发，解决ODA模式下单边交易及黑名单问题，实现借记卡过闸功能。

【提升运营服务质量】

推进车站"八化建设"纵深发展，创建"365志愿者"学雷锋品牌，构建乘客"五型车队"管理模式。按照"业务技能精、服务水平高、精神面貌好、驾驶能力强、执行标准严"的"五型车队"要求，推进实施"行车指挥严谨、施工管理严密、执行标准严格、应急处置高效"的工作标准，并结合日常检查、演练、培训、故障分析等，全力促进司机的业务能力提升。

（兰州市轨道交通有限公司）

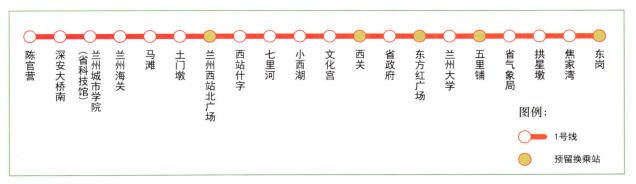

图9-58-1 兰州市城市轨道交通运营网络示意图

兰州市城市轨道交通运营线路年度基础数据统计表
表 9-58-1

序号	运营线路名称	系统制式	车辆制式	列车编组（辆）	运营里程（公里）				运营车站数（座）	换乘车站数（座）	车辆基地/场/段数（座）	首班车时间	末班车时间	线路运营时间	运营单位
					总里程	地下	地面	高架							
1	1号线	地铁	A	6	25.5	25.5			20		2	6:30	22:30	16 小时	运营分公司
	合计				25.5	25.5			20		2				

兰州市城市轨道交通运营线路年度运营数据统计表　表9-58-2

序号	运营线路名称	客运量（万人次）	进站量（万人次）	客运周转量（万人次公里）	最大断面客流量（万人次/时）	配属列车数（列）	运营车公里（万车公里）	日均实际开行列次（列次）	最小发车间隔（秒）	旅行速度（公里/时）	牵引能耗（万千瓦时）	运营总能耗（万千瓦时）
1	1号线	3557.6	3557.6	33188.9	1.6	26	1123.0	233.0	290	33.8	2135.6	5535.6
	合计	3557.6	3557.6	33188.9		26	1123.0				2135.6	5535.6

59　天水通号有轨电车有限责任公司

【概况】

至2022年底，甘肃省天水市城市轨道交通全网运营线路1条，总运营里程12.9公里，总运营车站12座。

天水市城市轨道交通1条运营线路均由天水通号有轨电车有限责任公司管理，从事既有运营线路运营维护的职工总数147人，司机总数45人。

2022年运送乘客56.1万人次。全年线网日均客运量0.2万人次/日，其中线网日均进站量0.2万人次/日，单日最高日客运量达到0.4万人次/日（2022年2月24日），线网日均客运周转量1.4万人次公里/日。

2022年线网实际开行列次4.1万列次，线网运营车公里49.3万车公里，高峰时段最小行车间隔566秒，运营总能耗466.8万千瓦时。采用单一票制（2元），全年实现运营票款收入103.0万元。（图9-59-1）

2022年度主要运营指标完成情况见表9-59-1、9-59-2。

【开门作业"新机制"】

为有效控制和降低疫情传播风险，科学精准做好疫情防控，天水市有轨电车紧密围绕"外防输入，内防反弹"的疫情防控策略，坚持"人物同防、绿码通行"原则，为严防疫情传播，天水市有轨电车运营过程中仅开启两扇车门（一上、一下）乘车方式，乘务员在站台确认乘客"戴口罩、测体温、绿码"后，方可乘车，严格按照要求做好各项防控措施。

（天水通号有轨电车有限责任公司　尹超）

天水市城市轨道交通运营线路年度基础数据统计表　表9-59-1

序号	运营线路名称	系统制式	车辆制式	列车编组（辆）	运营里程（公里）				运营车站数（座）	换乘车站数（座）	车辆基地/场/段数（座）	首班车时间	末班车时间	线路运营时间	运营单位
					总里程	地下	地面	高架							
1	有轨电车示范线	有轨电车	100%低地板	五模块	12.9		11.5	1.4	12		2	6:30	22:07	15小时37分钟	天水通号有轨电车有限责任公司
	合计				12.9		11.5	1.4	12		2				

天水市城市轨道交通运营线路年度运营数据统计表　表9-59-2

序号	运营线路名称	客运量（万人次）	进站量（万人次）	客运周转量（万人次公里）	最大断面客流量（万人次/时）	配属列车数（列）	运营车公里（万车公里）	日均实际开行列次（列次）	最小发车间隔（秒）	旅行速度（公里/时）	牵引能耗（万千瓦时）	运营总能耗（万千瓦时）
1	有轨电车示范线	56.1	56.1	443.2		17	49.3	158.0	566	27.7	143.3	466.8
	合计	56.1	56.1	443.2		17	49.3				143.3	466.8

图9-59-1 天水市城市轨道交通网络运营示意图

60 乌鲁木齐城市轨道集团有限公司

【概况】

至2022年底，新疆维吾尔自治区乌鲁木齐市城市轨道交通全网运营线路1条，总运营里程26.8公里，总运营车站21座。

乌鲁木齐城市轨道交通1条运营线路由乌鲁木齐城市轨道集团有限公司运营分公司管理，从事既有运营线路运营维护的职工总数2293人，司机总数228人。

2022年运送乘客1750.6万人次，比上年下降42.8%，占全市公共交通出行量的比重5%。全年线网日均客运量7.1万人次/日，其中线网日均进站量7.1万人次/日，单日最高日客运量达到11.7万人次/日（2022年3月11日），线网日均客运周转量62.2万人次公里/日。

2022年线网实际开行列次6.1万列次，线网运营车公里842.3万车公里，高峰时段最小行车间隔375秒，运营总能耗5874.9万千瓦时。采用按里程计、递远递减的多级票价，票价最低2元，最高7元，全年实现运营票款收入5074.6万元，比上年下降40.9%。（图9-60-1）

2022年度主要运营指标完成情况见表9-60-1、9-60-2。

【运营亮点】

（1）2022年4月2日，乌鲁木齐轨道交通一号线主控中心正式接入运行指挥行车，主备控制中心设备倒切实验顺利完成，标志着乌鲁木齐轨道交通一号线指挥中心正式进入双控制中心时代。

（2）2022年9月，运营分公司第一次自主完成接触网的锚段换线大修工作。

（3）2022年5月，乌鲁木齐城市轨道集团有限公司运营分公司供电车间接触网一工区被中华全国总工会授予"全国工人先锋号"荣誉称号。接触网一工区主要负责乌鲁木齐地铁1号线北段接触网设备的运行管理、检测与诊断分析、设备检修、质量评价与鉴定、保养及维护工作。团队成员由30多名爱岗敬业、朝气蓬勃、勇于创新、敢打胜仗的90后青年组成，凭借着对工作的热情和爱岗敬业的精神，接触网一工区被公司广大干部职工称为"一支敢打硬仗的队伍"。

（乌鲁木齐城市轨道集团有限公司 孙婷）

乌鲁木齐市城市轨道交通运营线路年度基础数据统计表　　　　　　　表 9-60-1

序号	运营线路名称	系统制式	车辆制式	列车编组（辆）	运营里程（公里）				运营车站数（座）	换乘车站数（座）	车辆基地/场/段数（座）	首班车时间	末班车时间	线路运营时间	运营单位
					总里程	地下	地面	高架							
1	1号线	地铁	A	6	26.8	26.8			21		2	7:40	23:30	15小时50分钟	运营分公司
合计					26.8	26.8			21		2				

乌鲁木齐市城市轨道交通运营线路年度运营数据统计表　　　　　　　　　　　表 9-60-2

序号	运营线路名称	客运量（万人次）	进站量（万人次）	客运周转量（万人次公里）	最大断面客流量（万人次/时）	配属列车数（列）	运营车公里（万车公里）	日均实际开行列次（列次）	最小发车间隔（秒）	旅行速度（公里/时）	牵引能耗（万千瓦时）	运营总能耗（万千瓦时）
1	1号线	1750.6	1750.6	15416.2	0.6	27	842.3	248.0	375	33.0	1939.7	5874.9
	合计	1750.6	1750.6	15416.2		27	842.3				1939.7	5874.9

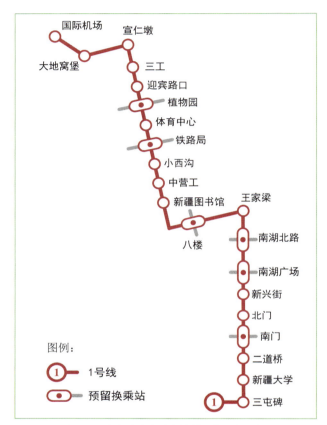

图9-60-1 乌鲁木齐市城市轨道运营网络示意图

十

资源经营

2022年，全国资源经营总收入641.3亿元，资源经营总收益132.8亿元（不完全统计）。其中：物业开发收入482.4亿元；物业租赁、管理业务收入29.3亿元；车站商业收入11.2亿元，传媒广告收入36.1亿元；信息业务收入15.5亿元，其他收入为66.9亿元。

本篇章主要记录部分城市及城市轨道运营企业在资源经营领域方面发展的情况。在资源经营领域中，城市轨道交通场站及周边土地综合开发利用（TOD综合开发）呈现持续强劲的势头，其对资源经营的综合带动作用显著。

上海申通 周纯 上海科技馆出站口

1 北京市基础设施投资有限公司

【概况】

北京轨道交通资源由北京市基础设施投资有限公司经营（以下简称京投公司），2022年资源经营总收入为72403.6万元，剔除土地出让及物业开发销售的经营收入为46964.6万元。

2022年，京投公司积极践行国企担当，深入贯彻落实"轨道引领城市"发展战略，实现场站一体化综合利用项目高质量发展。北京轨道交通19号线新宫、3号线东坝、新机场线磁各庄、16号线榆树庄、17号线歇甲及次渠南车辆基地综合利用项目正有序推进一体化规划建设前期工作，副中心站综合交通枢纽、丽泽城市航站楼、霍营综合交通枢纽工程正有序推进工程建设。

京投公司承担轨道交通自持物业的开发建设、经营管理与物业管理，着力构建高标准TOD智慧生态圈。依据《北京市保障性租赁住房建设导则（试行）》设计实施的全市首个改建保障性租赁住房项目——京投港·西华府长租公寓项目顺利开业，成功探索出自持物业经营的全新模式，为打造北京市轨道交通沿线片区综合开发"TOD职住平衡生态圈"作出积极尝试。《以京投港·琨御府项目为载体的轨道交通自持物业经营模式管理创新》《轨道交通一体化与棚户区改造的综合开发创新》等轨道交通物业经营管理案例获第三十六届北京市企业管理现代化创新成果一等奖与二等奖。（表10-1-1）

【物业开发】

2022年，公司旗下房地产上市公司——京投发展股份有限公司全年实现签约销售额45.02亿元，回款额64.22亿元。新开工面积28.44万平方米，比上年增长22.74%；竣工面积54.30万平方米，比上年增长9.61%。其中，东坝车辆段二级开发项目（北熙区项目）一期开工，克服疫情影响，呈现北熙区城市生活实验室，项目开盘月新销认购300套，约位列朝阳当阶段开盘去化率TOP3。北安河车辆段二级开发项目（岚山）上盖住宅楼栋内外装施工完成，获北京市年度结构长城杯金奖。

【物业租赁及管理】

2022年，根据北京市政府关于租金减免的相关政策，京投公司迅速落实及时响应，全系统所辖办公、商业项目共计减免租金约5530万元，为400余家中小微企业商户纾困解难。搭建"双系统、双控制"物业信息化管理体系，以合同履约管理、设备设施维护、能源消耗管理等日常管理事务的执行过程为操作核心，有效处理业主单位、租户、物业管理人员之间的关系，实现流程化、规范化管理，提高物业服务水平的同时有效提升工作效率。

【传媒广告】

2022年，整合地铁连接通道媒体广告、自持商务楼宇电梯媒体等经营性资源，采取委托合作单位与自主经营管理相结合的运营模式，服务媒体资源经营与自持物业宣传需要，所管辖的媒体点位共计116个，媒体形式包括LED显示屏、灯箱、梯牌、墙贴等。

【信息通讯】

至2022年底，北京地铁昌平线南延全网的站厅、站台民用通信4G传输系统已完成安装调试，具备通信能力，并于2023年一季度开通。

【东坝北熙区TOD智慧社区项目】

根据《北京城市总体规划（2016年-2035年）》和《朝阳分区规划（2017年-2035年）》，东坝地区要打造成为国际人才集聚、国际交往活动活跃、国际化综合服务完善的新亮点区域。东坝北熙区项目是上述各项功能定位的重要承载地，围绕第四使馆区，实现多样化、国际化的城市服务功能，打造活力时尚的"第二个三里屯"。东坝北熙区项目基于TOD发展理念，创新实现"轨道+土地"的经营方针战略。项目范围内有轨道交通3号线、12号线、平谷线、R4线共4条线路，2座车站（均为换乘站），2个车辆段基地。

京投公司立足轨道交通规划先期优势，深化前期规划布局，构建车辆段综合利用、站点一体化、周边用地开发三者良好的关系，发挥轨道交通引导城市发展的作用，解决区域交通、环境、景观、公共配套、产业发展的难题，实现轨道交通与人居环境一体化的协调，进一步提升公司轨道物业的发展能力，致力于将东坝北熙区TOD项目打造成北京市TOD智慧社区标杆之作。

（北京市基础设施投资有限公司）

北京市城市轨道交通（京投公司）资源经营统计表　　　　　　　　　　　　　　表10-1-1

经营类别	收入（万元）	收入构成占比（%）	经营项目	期末累计
物业开发	25439.0	35.1	在建物业开发面积（万平方米）	135.1
物业租赁及管理	30868.5	42.6	持有商业物业可租赁的面积规模（万平方米）	11.6

经营类别	收入（万元）	收入构成占比（%）	经营项目	期末累计
车站商业			站厅（台）商铺面积（万平方米）	
			地铁配线空间、通道商业面积（万平方米）	
			站厅（台）自助设备（台）	
传媒广告	96.1	0.1	传统广告灯箱（个）	77
			电子显示屏（个）	
信息通讯	16000.0	22.2	民用通信覆盖车站（座）	242
			民用通信光电缆长度（公里）	550
			无线局域网覆盖线路（条）	
其他经营				
总收入	72403.6	100	占比票务收入比例（%）	
			运营补亏贡献度（%）	

2　北京市地铁运营有限公司

【概况】

由北京市地铁运营有限公司管理的北京轨道交通各线路资源由其公司经营，2022年资源经营总收入为104565.9万元，剔除土地出让及物业开发销售的经营收入为90932.8万元。

2022年初制定出台《2022年增值服务工作安排》，明确工作要求和目标任务，围绕九项重点工作积极推进经营工作。2022年，生产经营工作受到疫情严重冲击，面对经济下行压力与疫情影响，增值服务加强经营监管、经营分析和形势研判，加强政策和行业市场研究。各企业落实《关于进一步提升竞争性子企业经营能力的实施意见》，加大资源开发经营力度，拓展业务，强化市场营销，推进各项经营工作，千方百计完成经营任务。（表10-2-1）

【物业开发】

售楼业务118套商品房全部售罄，实现销售收入4.7亿元，超额完成销售目标5.2%。通成广告公司资源纳入合作费收入5000万元。经营工作稳中向好，经营业绩稳定恢复。

【车站商业】

激发商业活力，探索新式销售。一是组织便利店经营单位开展为期15日网红打卡店活动，围绕特色活动、客群匹配、网红商品形成活动方案。活动期间，7处网红打卡店累计打卡人数24872人次，累计实现销售额395648.7元。为日后地铁便利店精准引流高效获客、提升品牌形象、增加商品曝光率提供借鉴依据。二是为让乘客在地铁内享受"有温度"的早餐，开展便民餐车试点工作，提供更便捷、更丰富、更健康的早餐服务，持续提升乘客的满意度和获得感。分析试点销售数据可见，销售情况良好，客群逐步固化，为下一步拓展释放空间资源提供思路方法。

【传媒广告】

充分发挥北京地铁广告媒体资源优势，共计使用刊例价值1000余万元的广告媒体，为内蒙古、新疆、青海等地区旅游文化资源进行公益广告宣传。

【信息通讯】

积极办理职代会关于增强10号线地下车站、15号线大屯路东站网络信号等建议提案2项。妥善处理地铁信号覆盖、问题壁画信访事项2项。

【其他经营】

针对65寸双屏LCD屏电子媒体超期服役，且硬件设备老化、故障率高、运行不稳定、存在一定安全隐患的问题，对65寸双屏LCD屏电子媒体进行升级改造，并在部分车站增设LED电子媒体，以弥补北京地铁核心、换乘站点未设置电子媒体的缺陷。改造涵盖6条线，甄选客流较多的16个站共设置25块电子媒体，大幅提升改造后媒体价值。

【经营亮点】

充分为广大市民提供更高质量的公共文化服务和精神文明享受，助力首都文化中心建设。组织开展3个季度公共艺术品巡查及1次专项巡查，系统排查可能引发的车站壁画意识形态问题。配合12号线新线建设，拆除既有线路10号线三元桥站车站壁画，并上报市规划自然委。

（北京市地铁运营有限公司　郭甜甜）

北京市城市轨道交通（北京地铁）资源经营统计表　　　　　　　　　　　　　　　表10-2-1

经营类别	收入（万元）	收入构成占比（%）	经营项目	期末累计
物业开发	13498.0	12.9	在建物业开发面积（万平方米）	
物业租赁及管理	5441.9	5.2	持有商业物业可租赁的面积规模（万平方米）	4.7
车站商业	7652.0	7.3	站厅（台）商铺面积（万平方米）	0.5
			地铁配线空间、通道商业面积（万平方米）	
			站厅（台）自助设备（台）	978
传媒广告	32608.9	31.2	传统广告灯箱（个）	20850
			电子显示屏（个）	10648
信息通讯	23034.5	22.1	民用通信覆盖车站（座）	251
			民用通信光电缆长度（公里）	226
			无线局域网覆盖线路（条）	
其他经营	22195.5	21.3		
总收入	104565.9	100	占比票务收入比例（%）	24.7
			运营补亏贡献度（%）	

3　北京市轨道交通运营管理有限公司

【概况】

北京轨道交通资源由北京市轨道交通运营管理有限公司经营，2022年资源经营总收入为1200.9万元。

截至2022年末，北京轨道运营公司承担运营线路为燕房线、大兴机场线、19号线一期，开通车站总数22座。各线路综合资源开发与经营业务包括：广告媒体、自助商业、文创产品等。（表10-3-1）

【车站商业】

2022年，北京轨道运营公司结合政策导向和线路特征，筹划所辖线路多元、便民商业服务。完成19号线车站自助商业设施招商，共引进饮料、轻食、潮玩、鲜花、照相、3C等多种业态自助设备，满足乘客各类商业需求。同时，依据北京市相关政策和法规，尝试车站便民商铺的开设，在大兴机场站获得"零"的突破。

【传媒广告】

2022年，完成19号线广告媒体设施投资及建设项目，线路开通时，共计经营传统广告媒体630台，电子媒体59台。

【其他经营】

2022年，北京轨道运营公司继续以"文化赋能、创造精品、提案生活"的理念，着力塑造文创品牌，纪念产品精品化、C端产品生活化。全年开发文创产品7品类，产品采用"线上+线下"组合销售，全年共计收入近千万元。

【经营亮点】

广告媒体向自主经营模式转变。北京轨道运营公司研究制定符合市场环境、行业趋势和19号线特征的广告媒体自主经营策略，包括：利用媒体数字化经营平台开展媒体的程序化交易模式，制定既符合单线特征又能融入全网的媒体综合定价体系，布局渠道和直客营销"组合拳"的经营格局等，为该公司广告媒体全面自营提供依据。

（北京市轨道交通运营管理有限公司）

经营类别	收入（万元）	收入构成占比（%）	经营项目	期末累计
物业开发			在建物业开发面积（万平方米）	
物业租赁及管理			持有商业物业可租赁的面积规模（万平方米）	
车站商业	101.3	8.4	站厅（台）商铺面积（万平方米）	
			地铁配线空间、通道商业面积（万平方米）	
			站厅（台）自助设备（台）	86
传媒广告	1032.1	85.9	传统广告灯箱（个）	630
			电子显示屏（个）	59
信息通讯			民用通信覆盖车站（座）	13
			民用通信光电缆长度（公里）	64
			无线局域网覆盖线路（条）	
其他经营	67.5	5.7		
总收入	1200.9	100	占比票务收入比例（%）	2.4
			运营补亏贡献度（%）	

4　北京京港地铁有限公司

【概况】

北京轨道交通5条地铁线路的资源由北京京港地铁有限公司经营。

北京京港地铁有限公司非票务收入业务是该公司依据特许经营协议赋予的经营权利，通过开发及利用地铁线路（本身或其关联的、衍生的）资源，满足乘客多元化的出行需求，同时，增加公司收入、构建乘客关系，提升公司或线路形象的所有经营性业务。

明确非票务业务发展战略，结合数字化转型市场趋势，构建资源经营的新格局。着手打造"类互联网化"平台，引领行业发展，"库存平台""程序化购买"系统在年底测试应用。积极拓展5G业务及新业务开发，在电信市场增速放缓、运营商处于低利润时代的市场前提下，电信业务增签既有线5G建设资源费和移动机柜租赁费。推进商铺建设，打造商业出行空间，10间商铺于2022年底亮相。以大数据为基础，推动探索全新商业模式，推动"14号线商业带"项目落地，探索以"轨道+消费券平台"推动商圈经济。

【车站商业】

京港地铁陆续在所属的5条地铁线引入公仔机、口罩机、售货机、拍照机、鲜花机和ATM共6种业态。在疫情期间提高设备消毒和日常维护的频次，为乘客提供安心服务。未来秉承以乘客日益变化的需求出发，努力打造一站式服务的地铁商业空间。

2022年与北京一轻食品集团合作，在4号线、14号线、16号线及17号线的9座车站开设10间京轻便利店，在4号线公益西桥站拓展合作商铺+自助机具的新模式。京港地铁会逐步在全线开设更多便利店，同步探索其他如药店、花店、书店等多业态经营，满足乘客多元化的需求。

【传媒广告】

轨道交通17号线成为国内首条实现站台轨旁全电子屏动态媒体的线路。1月，京港地铁与北京雅铁共同打造的国内首个站台轨旁全电子屏动态媒体在17号线亮相。相比其他传统地铁媒体形式，电子屏动态媒体结合环保、智能、美化环境等优势的同时，更承载了让观看媒体和与之互动的数字科技，为乘客带来更生动的视觉体验。

【信息通讯】

2022年随着地铁16号线南段的开通，与北段、中段实现贯通运营。地铁16号线实现全线的5G信号覆盖，成为北京轨道交通路网中第一条全线路5G覆盖线路。另外京港地铁所辖17号线南段、14号线剩余段亦开通5G信号全覆盖。4号线也正同步配合运营商进行5G网络建设，5G网络开通后可以改善地铁内较为严重的网络拥塞问题，提高乘客满意度。同时，为拓展创新经营思路，充分利用民用通信站间光缆、机房电力配套及空间闲置资源创造收入价值，启动增值业务开发的研究和拓展。

【其他经营】

启动"14号线商业带"项目乘坐地铁畅享"惠"生活。2022年初，京港地铁与朝阳区政府、区商务局紧密沟通，联合"消费地图"平台，串联合生汇、SKP、颐堤港、蓝色港湾、望京等九大商圈，积极打造14号线商业带线上优惠平台，并从地铁延时运营、地铁商圈互动、"线

上+线下"宣传推广等多方面推动项目落地。以轨道交通加强商圈间的联通，助力朝阳区打造消费版图。

【经营亮点】

与南京、大连、武汉、厦门等城市移动电视广告经营方建立合作联盟，试点全国地铁电视广告一体化销售业务，突出各个城市的定位、地铁线路特色、商业价值等方面优势，借助智能销售平台进行全国地铁电视一站式投放推广。

（北京京港地铁有限公司）

北京市城市轨道交通（京港地铁）资源经营统计表　　　　　　　表10-4-1

经营类别	收入（万元）	收入构成占比（%）	经营项目	期末累计
物业开发			在建物业开发面积（万平方米）	
物业租赁及管理			持有商业物业可租赁的面积规模（万平方米）	
车站商业			站厅（台）商铺面积（万平方米）	
			地铁配线空间、通道商业面积（万平方米）	
			站厅（台）自助设备（台）	451
传媒广告			传统广告灯箱（个）	4810
			电子显示屏（个）	13381
信息通讯			民用通信覆盖车站（座）	98
			民用通信光电缆长度（公里）	166.0
			无线局域网覆盖线路（条）	
其他经营				
总收入			占比票务收入比例（%）	
			运营补亏贡献度（%）	

5 天津轨道交通集团有限公司

【概况】

天津轨道交通资源由天津轨道交通集团有限公司下属天津地铁资源投资有限公司、天津津轨商业管理有限公司、天津轨道城市发展有限公司经营，2022年资源经营总收入为67169.5万元，剔除土地出让及物业开发销售的经营收入为29974.5万元。

天津轨道交通集团有限公司依托轨道交通建设优势，不断探索新兴发展模式，优化重组资源开发经营格局，稳步提升资源开发经营效益，形成天津地铁资源投资有限公司、天津津轨商业管理有限公司、天津轨道城市发展有限公司等3家专业化经营企业。截至2022年底，共计实现资

源经营总收入为67169.5万元。

2022年，天津轨道交通集团有限公司进一步提升轨道资源经营力度，充分延伸天津地铁的文化内涵，先后推出主题包车272列/次，发售各类纪念票6种，发售各类文化纪念品8种，进一步助推天津轨道交通企业形象及品牌建设。同时，通过"政府平台推广、中介推荐、自主招商"等多种渠道，加大现有经营性闲置物业盘活力度，全面落实市市民广场、文化中心招商签约工作，夯实物业资源经营效益。（表10-5-1）

【物业开发】

2022年，天津轨道交通集团有限公司实现土地整理投资

收入约37195万元。持续完善土地、房产、资源三本台账，细化"一资一策"盘活方案，编制《综合开发近期建设规划（2021-2025）》，制定"4+28+N"开发项目实施方案，修订《轨道交通场站及周边土地综合开发利用实施意见》，为TOD开发建设提供政策保障。完成双林、梨园头、南马集、佟楼、津龙湾、大胡同等20多个项目策划方案，规划建筑面积超过300万平方米，为未来几年大规模开发打下基础。

【物业租赁及管理】

2022年，天津轨道交通集团有限公司的经营性物业包括商业、写字楼、酒店、停车场等四大类型，地铁沿线物业经营规模逐步扩大，资源开发经营效益稳步提升。截至2022年底，可经营性物业面积74.6平方米，其中，经营性商业面积44.9万平方米；写字楼20.5万平方米；酒店面积9.2万平方米。同时，实现停车场经营性车位5899个，商业物业管理服务面积4.7万平方米。

【车站商业】

截至2022年底，持续开发地铁车站内部商业招商经营，通过公开招商方式，实现3、4、5、6、10号线地铁及西站枢组商业物业经营172间，合计经营面积3924.5平米。同时，着力开发地铁车站商业大数据资源，拓展天津地铁APP线上经营项目，实现地铁e站经营商铺53个，经营面积795平方米。

【传媒广告】

截至2022年底，地铁5、6、9号线及天津站、天津西站交通枢组中心可经营的广告灯箱5770块，视频媒体终端6884台，广告传媒经营规模及效益稳步提升；强化与雅仕维、德高知名企业合作，聚焦优势广告资源，提升集团经营性衍生资源效益；持续开展5、6、9号线语音播报媒介业务，增加站点周边商业客户的互动黏性，松建新型经营模式，实现新的经营效益增长。

【信息通讯】

为紧密顺应信息通讯技术的蓬勃发展趋势，满足乘客的实际生活、工作需求，天津轨道交通集团有限公司着力发展轨道信息通讯业务，截至2022年底，协同建设、租赁民用通信机房115间，实现通讯光缆建设152.3公里。

【经营亮点】

2022年，天津轨道交通集团有限公司按照资源经营板块业务整合重组要求，着力构建有力度的、有效果的经营体制，将零散分布在各企业的经营性资源，全部整合到资源板块范围内，实现集团资源经营板块范围内业务统筹管理，着力推进资源经营性质、资源经营类别、衍生资源的结合性统筹规划，实现物业开发、物业经营、广告资源经营和车站地下空间经营（如站厅租赁等）等物业经营性资源的全业态聚集重塑，进而发挥市场化配置资源的规模优势和互补优势，最大可能挖掘其经营潜力和盈利能力，进一步壮大专业化公司规模，充分发挥市场化专业经营优势，逐步建立起稳定而有竞争力的利润增长点，打造面向市场、主业突出、竞争力强的资源经营主体，形成资源经营利润反哺建设和运营的格局。

同时，为保障"三减三免"政策不折不扣地执行到位，确保广大中小微企业实在获益，天津轨道交通集团有限公司坚决做到"能减尽减，惠及企业"，实际落实减免惠企资金额约8900万元。

（天津轨道交通集团有限公司）

天津市城市轨道交通资源经营统计表

表10-5-1

经营类别	收入（万元）	收入构成占比（%）	经营项目	期末累计
物业开发	37195.0	55.4	在建物业开发面积（万平方米）	1.2
物业租赁及管理	22455.9	33.4	持有商业物业可租赁的面积规模（万平方米）	74.6
车站商业	512.1	0.8	站厅（台）商铺面积（万平方米）	3924.5
			地铁配线空间、通道商业面积（万平方米）	795.0
			站厅（台）自助设备（台）	545
传媒广告	2365.1	3.5	传统广告灯箱（个）	5770
			电子显示屏（个）	6884
信息通讯			民用通信覆盖车站（座）	115
			民用通信光电缆长度（公里）	152.3
			无线局域网覆盖线路（条）	
其他经营	4641.4	6.9		
总收入	67169.5	100	占比票务收入比例（%）	116.2
			运营补亏贡献度（%）	

6 太原市轨道交通发展有限公司

【概况】

太原市轨道交通资源由太原轨道交通集团有限公司和太原中铁轨道交通建设运营有限公司根据分工共同经营，2022年资源经营总收入为3502.1万元，剔除土地出让及物业开发销售的经营收入为3502.1万元。

太原轨道交通2号线自2020年12月26日开通运营以来，全线资源开发工作按计划逐步开展，站内广告、商业活动策划、自助机具设备等业务逐步上线。（表10-6-1）

【物业开发】

太原地铁万科星空TOD项目建设按计划正常实施，完成年度任务目标。该项目的开发，是太原轨道集团学习国内地铁城市TOD开发先进经验的有效实践，实现集团资源开发业务拓展目标。主动探索新建线路周边零星地块使用的可能性，打造以站点为中心的公益、便民商业服务设施，着力构建15分钟便民生活服务圈。

【物业租赁及管理】

开展物业租赁工作，逐步提供物业餐饮、会议、停车等相关服务项目。

【车站商业】

确定以自助设备投放为主，固定商业空间为辅的经营策略。在车站内投放共享充电宝、自助口罩机设备，饮料机完成招商工作，为乘客提供多种便民服务。

【传媒广告】

与第三方公司签订非客运业务委托经营合同，转让广告媒体业务经营权。正线投放LCD、LED、冰瀑屏等电子媒体设备。

【信息通讯】

太原轨道交通2号线一期民用通信系统由铁塔集团建设运营，完成全线站厅、站台通信信号覆盖。

【其他经营】

对部分车站接口资源实施了经营。注册"晋物"文创品牌，开展文化衍生品销售业务。

【经营亮点】

太原轨道交通2号线一期非客运业务以"人文地铁"为核心理念，将地铁商业与山西丰富的历史人文资源相结合，逐步呈现线路规划设计中文化主题车站的设计理念，突破传统广通商业务的概念与限制，淡化或取消地铁空间内的硬性商业广告，通过"讲故事"植入软文化的方式，以文化消费驱动为核心，两者有机结合从而达到更好的推广效果。联合太原市图书馆在地铁部分车站投用自助图书馆，方便乘客借阅学习。

（太原市轨道交通发展有限公司 刘洋 闫晓宇）

太原市城市轨道交通资源经营统计表 表10-6-1

经营类别	收入（万元）	收入构成占比（%）	经营项目	期末累计
物业开发			在建物业开发面积（万平方米）	
物业租赁及管理			持有商业物业可租赁的面积规模（万平方米）	
车站商业			站厅（台）商铺面积（万平方米）	0.1
			地铁配线空间、通道商业面积（万平方米）	
			站厅（台）自助设备（台）	27
传媒广告	3195.0	91.2	传统广告灯箱（个）	258
			电子显示屏（个）	301
信息通讯			民用通信覆盖车站（座）	23
			民用通信光电缆长度（公里）	41
			无线局域网覆盖线路（条）	
其他经营	307.1	8.8		
总收入	3502.1	100	占比票务收入比例（%）	44.3
			运营补亏贡献度（%）	

7 呼和浩特市城市轨道交通建设管理有限责任公司

【概况】

呼和浩特轨道交通资源由呼和浩特市地铁实业有限公司经营，2022年资源经营总收入为2176.8万元，剔除土地出让及物业开发销售的经营收入为2176.8万元。

呼和浩特市地铁实业有限公司成立于2019年1月10日，是呼和浩特城市交通投资建设集团有限公司的全资子公司，注册资本26800万元。内设8个部门，1个全资子公司和1个参股公司，本级现有员工40人。

作为呼和浩特市地铁建设、运营、资源开发"三位一体"战略格局中的重要组成部分，地铁实业公司承担呼和浩特地铁核心资源收益的协调服务和管理、资源的产业化经营及投资管理、地铁建设的配套工程服务等任务。其中资源管理涉及广告、商铺、通信、视讯等项目；资源的经营业务覆盖房地产开发与经营、房屋销售与租赁、广告业及物业管理。

地铁实业公司自成立以来，围绕"高质量建设、可持续发展，拓展地铁＋多元产业链"的战略核心，以TOD项目开发建设，打造首府"城市运营商"为战略目标，以服务轨道交通发展、加强地铁资源市场化经营为核心，不断提质增效，助力集团公司做强做优做大。实业公司统筹规划的新华广场改造及地下空间互联互通建设等一批市级重点城建项目有序推进中；新华广场"网红街"、马鬃山滑雪场如期投运，备受市民青睐。（表10-7-1）

【物业开发】

完成地铁1号线将军衙署站A出入口TOD项目（启航大厦）和该站B2出入口（绥远轩）的所有开发前期手续。

对马鬃山滑雪场进一步升级改造，开放部分民宿，联合布置训练中心和酒店，滑雪场（二期）已于2022年12月中旬全面运营。

2号线塔利东路站物业空间主体结构完工，年内开展内部公共区域装修及电梯安装。新华广场改造及地下空间互联互通建设项目地面广场于2022年"国庆节"建成面向市民开放；地下部分主体结构完成。

【物业租赁及管理】

1、2号线全线车站站厅放置141台自助设备（其中自助售水机43台、共享充电宝45台、口罩自助售卖机53台）。

启航大厦和绥远轩项目确定承租人，待项目具备装修条件后向承租人交付。新城区东统建小区和道北小区住宅楼共有住宅房165套整体对外租赁，278套用于集团公司部分无住房职工临时租住，72套以现状对外租赁。

1号线展览馆二层商业楼、道北2小区二层商业楼、1号线坝堰（机场）站首层物业空间等主要商业楼及铺面全部出租。2号线塔利东路站加盖三、四层物业空间对外出租事宜正在积极对接。

【车站商业】

1、2号线在新华广场站、内蒙古博物院站两个商业核心区设立两处地下商业开发空间，共计19160.3平米（不含出入口）。2020年初完成前期招商工作，2021年底，新华广场站地下物业空间以唐人街区、海洋世界、欧式小镇等众多主题元素于一体的综合商业"网红街"开业运营。内蒙古博物院站物业空间建筑面积共有4090.5平方米（不含出入口），已对外租赁，租赁期共10年，项目进入装修。

【传媒广告】

呼和浩特轨道交通广告媒体由地铁实业公司与北京地下铁道通成广告有限公司合资成立的呼和浩特市地铁通成广告有限公司负责运营。2022年，1、2号线经营2368个灯箱、包柱145个、5块LED屏，电子显示屏3159块（其中，站厅显示屏135块、站台显示屏528块、列车显示屏2496块）的上刊工作。

【信息通讯】

为做好1、2号线一期工程民用通信网络设施建设，为乘客提供高品质的民用通信服务，让乘客在乘坐轨道交通时享受到和地面一样的通信服务，2018年9月签订"轨道交通1、2号线一期工程民用通信建设合作协议"，协议期为10年。2022年内呼和浩特轨道交通全线网的站厅、站台民用通信覆盖44座车站，均实现5G信号覆盖，民用通信光电缆长度254公里，暂未覆盖无线局域网。

【经营亮点】

充分发挥和利用1、2号线沿线房屋、广告资源，在满足公司无房职工住房需要的同时，积极盘活已征收的住宅、商业房屋等资源，争取实现国有资产的保值、增值。通过公开招商、现场竞价的招商形式成功招商1、2号线站台层的自助售卖机等，并有序经营。

在防控新冠疫情期间，在站台内增设自助口罩售卖机，方便市民的乘车需求。克服疫情影响，统筹实施的各项目工程稳步推进，新华广场地面改造工程如期完成并于国庆节面向市民开放，马鬃山滑雪场（二期）如期开业并入选2022内蒙古网红打卡地冬季榜单。

（呼和浩特市城市轨道交通建设管理有限责任公司 袁梦宇）

呼和浩特市城市轨道交通资源经营统计表　　　　　　　　　　　　　　　　表10-7-1

经营类别	收入（万元）	收入构成占比（％）	经营项目	期末累计
物业开发			在建物业开发面积（万平方米）	9.0
物业租赁及管理	1315.0	60.4	持有商业物业可租赁的面积规模（万平方米）	14.8
车站商业	111.1	5.1	站厅（台）商铺面积（万平方米）	551.2
			地铁配线空间、通道商业面积（万平方米）	
			站厅（台）自助设备（台）	89
传媒广告	750.7	34.5	传统广告灯箱（个）	2368
			电子显示屏（个）	3159
信息通讯			民用通信覆盖车站（座）	44
			民用通信光电缆长度（公里）	254
			无线局域网覆盖线路（条）	
其他经营				
总收入	2176.8	100	占比票务收入比例（％）	0.3
			运营补亏贡献度（％）	

8 大连公共交通建设投资集团有限公司

【概况】

大连市轨道交通资源由大连公共交通建设投资集团有限公司下属大连地铁资源开发有限公司经营，2022年资源经营总收入为1809.9万元，剔除土地出让及物业开发销售的经营收入为1809.9万元。

2022年，大连交通集团TOD项目——东北路大柴公交枢纽上盖项目，完成全部主体结构施工，进入外立面、精装、景观及外配套施工阶段。同时，全力跟踪推进地铁3号线梭鱼湾站公交枢纽TOD项目、地铁5号线前盐-火车站TOD项目前期工作，推动地铁4号线牧城驿车辆段实施上盖物业综合开发。克服疫情影响，确保"广通商"收入稳定增长，深挖现有资源，制定《车站临时场地租赁收费标准》，实现新效益增长点。

大连交通集团2022年充分发挥国企担当，大力弘扬先进文化，选定地铁西安路站、中山广场站、人民广场站、青泥洼站等车站打造一系列正能量"城市印象"车站16座，丰富地铁服务市民的内涵，进一步传递文明服务的正能量。（表10-8-1）

【物业开发】

2022年，东北路大柴公交枢纽上盖项目完成全部主体结构施工，项目整盘住宅产品销售率达99%；车位销售率达27%。项目累计实现销售回款97147万元，各项生产经营指标及关键节点指标均按时限完成。

【车站商业】

截至2022年，营业便民服务区7家，自助设备160台；新开通地铁1号线华南广场站与万象汇购物中心通道接口，无缝对接地铁与新开城市大型商业区域，为乘客提供更便捷的服务。

【传媒广告】

2022年，新冠病毒疫情对广告业的冲击影响巨大，在部分广告经营权合同解约的情况下，大连公共交通建设投资集团有限公司积极应对，通过有效开拓市场，力推全景内包车业务，并利用车站广告、电视广告的空档期开展短期广告经营，增加自主经营收入；发行虎年生肖纪念票卡、地铁开通7周年纪念票卡、冬至纪念票卡、"地铁吉祥物连仔"异形明珠卡及大连地铁限量书签，受到广大市民的喜爱。

【信息通讯】

2022年，大连公共交通建设投资集团有限公司与中国铁塔公司大连分公司签订新开通地铁2号线二期北段7座车站基站房屋设备间租赁合同，大连地铁1、2号线（含新开通地铁2号线二期北段）5G信号全覆盖。

【经营亮点】

报大连市委的《关于支持将公共交通TOD综合开发上升为城市战略进一步细化相关措施的报告》获大连市委主要领导批示，积极推动市委市政府支持将公共交通TOD综合开发上升为城市战略；按照"人站产城"融合发展的理念推进TOD综合开发工作，对地铁1号线三期新机场临空经济区区域、既有公交停车场、规划地铁7号线大石化区域等开展了TOD规划方案编制工作，与属地政府、多家央企及知名房企研究合作开发。

（大连公共交通建设投资集团有限公司）

大连市城市轨道交通资源经营统计表　　　　　　　　表10-8-1

经营类别	收入（万元）	收入构成占比（%）	经营项目	期末累计
物业开发			在建物业开发面积（万平方米）	9.7
物业租赁及管理			持有商业物业可租赁的面积规模（万平方米）	
车站商业	240.5	13.3	站厅（台）商铺面积（万平方米）	0.1
			地铁配线空间、通道商业面积（万平方米）	
			站厅（台）自助设备（台）	160
传媒广告	979.5	54.1	传统广告灯箱（个）	3458
			电子显示屏（个）	4498
信息通讯	589.9	32.6	民用通信覆盖车站（座）	80
			民用通信光电缆长度（公里）	201
			无线局域网覆盖线路（条）	
其他经营				
总收入	1809.9	100	占比票务收入比例（%）	
			运营补亏贡献度（%）	0.7

9 长春市轨道交通集团有限公司

【概况】

长春市轨道交通资源由长春市轨道交通集团有限公司经营，2022年资源经营总收入为2153.0万元，剔除土地出让及物业开发销售的经营收入为2153.0万元。（表10-9-1）

【经营亮点】

部门中所辖资产通过公共资源交易平台的公开招租，做到应租尽租，也做到资产的保值增值。

（长春市轨道交通集团有限公司　苏晨）

长春市城市轨道交通资源经营统计表　　　　　　　　表10-9-1

经营类别	收入（万元）	收入构成占比（%）	经营项目	期末累计
物业开发			在建物业开发面积（万平方米）	
物业租赁及管理	187.0	8.7	持有商业物业可租赁的面积规模（万平方米）	6.9
车站商业	64.0	3.0	站厅（台）商铺面积（万平方米）	
			地铁配线空间、通道商业面积（万平方米）	
			站厅（台）自助设备（台）	99
传媒广告	1380.0	64.1	传统广告灯箱（个）	3367
			电子显示屏（个）	1098

长春市城市轨道交通资源经营统计表（续前表）　　　　　　　　　　表10-9-1

经营类别	收入（万元）	收入构成占比（%）	经营项目	期末累计
信息通讯	522.0	24.2	民用通信覆盖车站（座）	44
			民用通信光电缆长度（公里）	240
			无线局域网覆盖线路（条）	
其他经营				
总收入	2153.0	100	占比票务收入比例（%）	10.9
			运营补亏贡献度（%）	2.6

10　上海申通地铁集团有限公司

【概况】

上海轨道交通资源由上海申通地铁集团有限公司下属上海申通地铁资产经营管理有限公司与上海地铁资产投资管理有限公司分别经营，2022年资源经营总收入为578683.1万元，剔除土地出让及物业开发销售的经营收入为120090.0万元。（表10-10-1）

【物业开发】

2022年，完成15号线元江路停车场上盖开发项目股权转让，该项目是2020年上海市政府颁布新政以后，上海地铁首个上盖物业综合开发项目，也是上海地铁资产投资管理有限公司体制调整后首个股权转让项目，成功引进世界500强企业——保利发展控股集团，进一步提升上海轨道交通上盖物业综合开发品质和能级。

【物业租赁及管理】

根据国家发展改革委、上海市国资委及集团公司的相关精神和相关政策文件及公告，商用物业板块2022年全年减免租金488556元，办公物业板块与莲花路商业广场项目2022年全年减免租金3661万元。

【车站商业】

2022年，商业资源竞价系统和统一收银系统完成开发并开始实施。网上竞价系统的实施，有助于商业资源的价格发现，切实提高招商效率，降低空置率。统一收银系统进一步收集客商经营信息和市场信息，有助于保底+分成业务模式拓展。

【传媒广告】

2022年7月22日上海德高申通地铁广告有限公司正式揭牌仪式，标志着申通地铁通过深入推进"三个转型"发展战略，不断加快数字化转型的新布局。德高申通合资公司将进一步赋能上海地铁广告的高质量发展，用高品质的媒体运营和国际化的广告服务推动上海地铁媒体的发展。同时，在地铁品牌文化创新产品方面，也开拓思路积极探索，不断提升文创产品的内容创新、文化价值创新与经济价值的提升，加强上海地铁IP联名合作，深化地铁纪念产品经营模式转变，在文创合作经验方面逐步总结经验，持续推动上海地铁文化产品的影响力。

【信息通讯】

2022年，在完成全网地下车站5G信号引入的同时，至少完成一家运营商5G信号引入全网高架车站。区间隧道5G建设正在进行不同方案的试验实施施工。协调建设集团落实"六线五段"（崇明线、18号线二期、19号线、20号线、21号线、23号线、2号线西西延伸段、12号线西延伸、13号线东和西延伸段、17号线西延伸段）新线民用通信建设基础资源，配合三家电信运营商和上海铁塔完成相应的前期工作。

【其他经营】

2022年，盾构合作施工项目参与上海硬X射线、上海机场联络线、杭州机场线、苏州S1线、苏州6号线等项目，实现上海和外地项目的多点开花。作为上海崇明线隧道工程项目的盾构设备技术支持与咨询服务方，做好项目全过程保驾护航。以公司智慧盾构监控中心为依托，将"互联网+"技术与盾构施工管理深度融合，全力打造"智慧盾构"。

【经营亮点】

2022年9月20日，大都会APP地铁二维码面向支付宝、微信两个APP端开放，实现地铁二维码场景的延伸，更加方便上海地铁乘客用户的扫码支付过闸。同年12月20日，地铁二维码也在云闪付APP端开放。功能开放后在使用得到广大乘客的好评。

（上海申通地铁集团有限公司）

经营类别	收入（万元）	收入构成占比（%）	经营项目	期末累计
物业开发	458593.1	79.2	在建物业开发面积（万平方米）	92.7
物业租赁及管理	10791.7	1.9	持有商业物业可租赁的面积规模（万平方米）	149.0
车站商业	16185.5	2.8	站厅（台）商铺面积（万平方米）	3.4
			地铁配线空间、通道商业面积（万平方米）	4.2
			站厅（台）自助设备（台）	1992
传媒广告	42731.3	7.4	传统广告灯箱（个）	12340
			电子显示屏（个）	66215
信息通讯	19085.6	3.3	民用通信覆盖车站（座）	384
			民用通信光电缆长度（公里）	1289
			无线局域网覆盖线路（条）	18
其他经营	31295.9	5.4		
总收入	578683.1	100	占比票务收入比例（%）	117.3
			运营补亏贡献度（%）	10.1

11　南京地铁集团有限公司

【概况】

江苏省南京市轨道交通资源由南京地铁集团有限公司下属南京地铁资源开发有限责任公司经营，2022年资源经营总收入为134732.5万元，剔除土地出让及物业开发销售的经营收入为34419.7万元。

2022年，南京地铁光华门、雨花门、小行、城西路、和燕路、小天堂、金马路等7个上盖物业项目同时在建，另有三山街、云南路、朝天宫、上元大街、王武庄等5个站点或停车场上盖物业项目启动前期工作。商业品牌连锁化经营，自动售货机、福彩机、共享充电宝等各类自助设施数量不断增多。（表10-11-1）

【物业开发】

2022年，完成城河村地块、城西路停车场、仙林湖加油站等3幅地块挂牌出让。实现土地销售收入及物业开发销售收入100311.8万元。光华雅筑项目正式交付业主；小行荟项目实现主体结构封顶并于12月26日开盘；宁工新寓项目9月25日盛大开盘；城西路项目顺利摘牌，实现"百日开工"；金马路加油站顺利移交地铁集团；雨花门项目实现主体结构验收；三山街项目、朝天宫项目、王武庄车辆段有序推进前期开发工作。

【物业租赁及管理】

根据市国资委以及集团的租金减免工作要求，完成小微企业的减免协议签订工作。2022年累计完成5个批次、145家承租户、199份合同租金减免，涉及金额约7935万元。借助"一铺一策"资源经营新模式，改变经营思路，盘活空置资源。充分利用资源经营业务系统进行信息化数字化管理，落实精细化管理要求。

【车站商业】

坚持守正开新，地铁商业打开新局面。完成天保站商业招商工作；天印、龙眠上盖物业项目全面出新，提档升级引入宽窄巷子等地铁商业首店。药科大学上盖物业项目引入星巴克、711等优质品牌，在给周边学生、居民带去生活便利的同时，提升地铁商业形象。

【传媒广告】

2022年，公开转让1、2、7号线播音广告、媒体广告经营权；完成新街口1号口9块灯箱32块梯牌招商；实现新街口站LED屏提档升级；发布1492块灯箱、1472块梯牌等公益广告；完成7号线北延、1号线北延灯箱广告制作上刊，实现"地铁通、灯箱亮"。

【信息通讯】

完成S8号线南延、7号线北延、1号线北延等新线公网建设；同步完成以上新线公网资源合同的淡判及1号线1期公网合同的续签工作。

【其他经营】

立足地铁建设，拓展轨道交通产业链，重点开展盾构管片、预制梁板等预制构件生产；铁高公司累计签订管片生产合同金额约2.71亿元；地铁预制板整体道床及疏散平台研制工作得到院士领衔专家组高度评价；通过代理合作、供应商库询价、供应商库投标等模式持续拓展贸易业务，提升发展实力。

【经营亮点】

11月30日，南京地铁首个自主开发的商业地铁上盖住宅项目——南京地铁·光华雅筑提前5个月实现交付，充分发扬国企匠心精神，为打造更多精品住宅工程奠定基础。

（南京地铁集团有限公司）

南京市城市轨道交通资源经营统计表　　　　　　　　　　　表10-11-

经营类别	收入（万元）	收入构成占比（%）	经营项目	期末累计
物业开发	100311.8	74.5	在建物业开发面积（万平方米）	31.7
物业租赁及管理	7318.1	5.4	持有商业物业可租赁的面积规模（万平方米）	28.8
车站商业	7315.0	5.4	站厅（台）商铺面积（万平方米）	1.4
			地铁配线空间、通道商业面积（万平方米）	3.9
			站厅（台）自助设备（台）	43
传媒广告	9475.7	7.0	传统广告灯箱（个）	9362
			电子显示屏（个）	14
信息通讯	3983.8	3.0	民用通信覆盖车站（座）	172
			民用通信光电缆长度（公里）	271
			无线局域网覆盖线路（条）	
其他经营	6327.0	4.7		
总收入	134731.5	100	占比票务收入比例（%）	23.7
			运营补亏贡献度（%）	

12　无锡地铁集团有限公司

【概况】

无锡市轨道交通资源由无锡地铁集团有限公司经营，2022年资源经营总收入为205719.0万元，剔除土地出让及物业开发销售的经营收入为186088.6万元。（表10-12-1）

【物业开发】

为更好落实以公共交通为导向城市发展理念，促进土地资源集约利用、城市功能结构优化，无锡市于2022年4月印发《关于推进轨道交通场站及周边土地综合开发的实施意见》，促进全市轨道交通沿线土地资源集约利用，形成市、区发展合力，打造"站城一体化"现代社区，带动城市更新。持续推进既有项目开发和销售，2022年在建物业开发面积138.9万平方米。土地储备规模14.9万平方米，获取广益地块，为地产板块可持续开发提供基础。

【物业租赁及管理】

通过租金退还、免除以及延长租赁期限等方式，免除承租单位及商家疫情期间租金。无锡地铁大厦采用现代化的智能楼宇管理系统，建有空调计费系统、消防火灾报警系统、车牌识别系统、智能照明管理系统等，可以实时对能耗、车辆、人员、消防、水电等进行有效管控。除已有的三个物业项目（三凤变、大桥中学、公安公交分局），2022年新增持有公元汇商业可租赁面积0.83万平方米，2022年8月正式对外营业。

【车站商业】

通过不断提升品牌内涵、拓宽资源阵地，盘活胜利门下沉广场、梅园西、靖海、太湖广场北等存量商业项目的招商，约3万平方米。完成稳企惠民租金减免工作，共减免租金约1386万元，通过第五届无锡地铁818购物节完成9场带货直播，通过工会福利渠道向地铁商家定向导流，改善商家经营困境。同时引入"饿了么"外卖取餐柜、食行生鲜便民自提柜、"惠小笼"便民早餐等丰富商业经营场景，拓展15分钟便民生活圈，让地铁商业更加"走心"和"暖心"。

【传媒广告】

2022年，虽然遭遇疫情以及整体经济运行的巨大挑战，但是无锡地铁广告业务专注在传媒领域内寻找商机和突破。牵头组织长三角交通媒体一体化项目，推动区域媒体资源有效整合，年内有包括南京、杭州、合肥、厦门、苏州等城市在内的14个城市的媒体运营商签约加入长三角一体化项目。同时与无锡日报报业集团、无锡广电集团等大中型广告经营公司签订战略合作框架协议，建立媒体资源互通互融的发展模式。

【信息通讯】

2022年，无锡地铁在5G信号全线路覆盖的基础上，开展地铁沿线范围内的基站建设，重点推进了三凤变5G基站、石子街48号通信基站、无锡地铁大厦5G基站等沿线4座通信基站建设，实现了便民信号覆盖的有效开拓，促进地铁商业与5G通信建设的互联互通。

【其他经营】

2021年组建的无锡地铁久安砼业有限公司，在2022年聚焦结构优化、市场化开拓，大基建业务份额逆势上扬。持续扩大与本部经济、头部企业合作，加大对太湖新城集团、惠山国控、梁溪城投等平台对接，实现与中建集团、大拈花湾、华润集团重点项目合作。

【经营亮点】

为推动高质量发展，2022年制定行业资源板块企业管理化标准，顺利完成ISO9001质量体系认证，成为同行业内率先取得商业、广告、文创业务以及工程代建管理的资源经营全范围质量体系认证的公司。此外还携手消防支队轨道交通大队、无锡学院物联网工程学院、无锡物联网研究院，开展地下商业智慧消防的研究，推动地下商业智慧消防省级标准性文件的制定。在拓展长三角一体化发展方面，牵头组织长三角交通媒体一体化项目，促进交通媒体经营标准化体系建设，引领交通媒体广告产业高质量发展，实现区域资源共享、创意共享、技术共享。

利用文创软实力赋能资源经营，打造集品牌咨询、设计策划、制作落地、媒体投放为一体的全案创意服务。打造惠山古镇站"文化客"地铁艺术空间，举办"永远的二泉映月"系列活动，同步主题产品上线售卖，发行《阿炳印象》纪念票册，通过策划+设计+落地+销售联动发行实现文化空间经济效益转化。2022年无锡地铁"文化客"成为无锡市社科普及示范基地。此外文创产品不断获奖：视频作品《年轻的使命——永远跟党走，青年在奋斗》获得公益传播设计大赛第九届省级"紫金奖"金奖；平面设计作品《廉》获得第一届"步弓石杯"廉政文化作品大赛银奖；"艺术空间·阿炳印象"、潮宏基"爱神出动，爱的信号发送中！"分别获第19届中国户外传播大会"第7届金场景营销案例评选"银奖、铜奖。

为充实业务体系、引入优势资源，通过增资扩股的方式，投资参股江苏省科佳工程设计有限公司，实现对无锡地铁轨道交通设计、咨询业务的有益补充与产业资源反哺，扩大集团盈利空间，提升公司竞争力与发展水平。

（无锡地铁集团有限公司）

无锡市城市轨道交通资源经营统计表　　　　　　表10-12-1

经营类别	收入（万元）	收入构成占比（%）	经营项目	期末累计
物业开发	19630.4	9.5	在建物业开发面积（万平方米）	138.9
物业租赁及管理	2452.9	1.2	持有商业物业可租赁的面积规模（万平方米）	5.9
车站商业	4891.3	2.4	站厅（台）商铺面积（万平方米）	0.5
			地铁配线空间、通道商业面积（万平方米）	15.5
			站厅（台）自助设备（台）	536
传媒广告	4614.2	2.2	传统广告灯箱（个）	4578
			电子显示屏（个）	6129
信息通讯	1556.0	0.8	民用通信覆盖车站（座）	80
			民用通信光电缆长度（公里）	214
			无线局域网覆盖线路（条）	4
其他经营	172574.2	83.9		
总收入	205719.0	100	占比票务收入比例（%）	972.2
			运营补亏贡献度（%）	

13 徐州地铁集团有限公司

【概况】

徐州市轨道交通资源由徐州地铁集团有限公司资源开发分公司经营，2022年资源经营总收入为18500.0万元，剔除土地出让及物业开发销售的经营收入为11907.0万元。

2022年，按照站城一体化总计划，完工项目6个，面积约5万平米；继续推进项目5个，面积约30万平方米。（表10-13-1）

【物业开发】

2022年，以加快市场化转型发展为驱动力，积极推进徐州轨道交通第一轮建设规划项目建设工作，顺利完成彭城广场地铁商务区项目、文化宫地铁商务区项目、杏山子地下P+R停车场项目、户部山地铁商务区项目、城下城遗址博物馆项目、九龙湖地铁商务区项目开发建设；持续推进线网控制中心综合开发地块二期、站东广场综合开发项目、人民广场地下空间利用综合项目、工农北路地下空间综合利用项目、庆云桥综合开发项目。

【物业租赁及管理】

截至2022年，出租物业约48000平方米，其中商业面积约为40000平方米。

【车站商业】

2022年，徐州轨道交通1、2、3号线共计设置约166台自助售卖机及200台充电宝租赁设备，为乘客提供更便捷的服务。

【传媒广告】

2022年，1号线平面广告资源经营权由徐州地铁广电传媒有限公司成功竞拍。除此之外，徐州地铁广电传媒有限公司经营地铁车辆拉手、站内LED屏、全线PIS屏等，致力于深度打造徐州地铁文明风尚、文化品格及地铁新型都市人群生态圈。

【信息通讯】

2022年，1、2、3号线完成5G覆盖。

【其他经营】

2022年，徐州地铁集团有限公司投资建设的徐州城下城遗址博物馆于7月15日开馆试运行。该项目于2022年6月获省2022年度历史文化保护传承重点项目，自开馆以来接待部、省、市级领导参观指导20余次，进馆参观市民15万人次，实现票务收入52.6万元，取得了显著的社会效益和经济效益，成为了徐州市文化产业和现代服务业高质量发展的靓丽名片。

【经营亮点】

智慧地铁互联网平台与1号线正式开通同步面向乘客提供服务。自3号线2021年6月28日开通以来，以日均增加4000左右新注册用户的速度，不断刷新注册用户数；每日活跃用户在95000人左右，每日交易订单数平均在115000笔左右。使用徐州地铁APP扫二维码过闸成为乘坐徐州地铁的主要方式之一，并得到广泛好评。2022年通过线上APP，联合银联及各家银行开展一折、三折乘车优惠活动，取得良好反响。

（徐州地铁集团有限公司 马玉婕）

徐州市城市轨道交通资源经营统计表　　表10-13-1

经营类别	收入（万元）	收入构成占比（%）	经营项目	期末累计
物业开发	6593.0	35.6	在建物业开发面积（万平方米）	62.9
物业租赁及管理	52.0	0.3	持有商业物业可租赁的面积规模（万平方米）	7.3
车站商业	3325.0	18.0	站厅（台）商铺面积（万平方米）	
			地铁配线空间、通道商业面积（万平方米）	12931.0
			站厅（台）自助设备（台）	345
传媒广告	1247.0	6.7	传统广告灯箱（个）	2609
			电子显示屏（个）	4136
信息通讯	297.0	1.6	民用通信覆盖车站（座）	51
			民用通信光电缆长度（公里）	64
			无线局域网覆盖线路（条）	3
其他经营	6986.0	37.8		
总收入	18500.0	100	占比票务收入比例（%）	
			运营补亏贡献度（%）	

14 常州地铁集团有限公司

【概况】

常州市轨道交通资源由常州地铁集团有限公司经营，2022年资源经营总收入为4266.4万元。（表10-14-1）

【传媒广告】

为合理利用PIS并进一步增加广告点位和提升广告价值，综合考虑车站PIS目前的分屏情况，对1、2号线站台PIS屏进行分屏，将屏幕左侧位置进行重新划分，新增一块PIS广告位。

（常州地铁集团有限公司）

常州市城市轨道交通资源经营统计表

表10-14-1

经营类别	收入（万元）	收入构成占比（%）	经营项目	期末累计
物业开发			在建物业开发面积（万平方米）	
物业租赁及管理	634.7	14.9	持有商业物业可租赁的面积规模（万平方米）	9621.0
车站商业	308.5	7.2	站厅（台）商铺面积（万平方米）	0.1
			地铁配线空间、通道商业面积（万平方米）	
			站厅（台）自助设备（台）	161
传媒广告	1808.8	42.4	传统广告灯箱（个）	1717
			电子显示屏（个）	3658
信息通讯	659.4	15.5	民用通信覆盖车站（座）	44
			民用通信光电缆长度（公里）	190
			无线局域网覆盖线路（条）	2
其他经营	855.0	20.0		
总收入	4266.4	100	占比票务收入比例（%）	48.4
			运营补亏贡献度（%）	7.0

15 苏州市轨道交通集团有限公司

【概况】

苏州市轨道交通资源由苏州市轨道交通集团有限公司资源开发分公司经营，2022年资源经营总收入为278545.0万元，剔除土地出让及物业开发销售的经营收入为15871.7万元。

2022年，资源经营围绕"沪苏同城化先锋，古城新活力引擎"目标，牢牢把握高质量发展面临的新形势、新使命、新要求，聚焦打造等重点任务，保持资源稳定经营。

在苏州市轨道交通集团有限公司整体战略发展规划下，2021年底，苏州隧道交通资产经营有限公司进入实体化运作，承担集团公司TOD建设开发业务，主要负责轨道交通沿线站点、车辆段、停车场、联络线等用地的综合开发。（表10-15-1）

【物业开发】

TOD建设加速推进。2022年TOD建设项目全面铺开，加大工程建设投入，打通"难点""堵点"，实现工程建设"加速度"。品汇左岸商务广场项目完成内装工程预验收；桑田岛项目综合楼结构封顶，上盖平台一层结构板块基本完成；镀底潭项目桩基工程开工建设；天鹅荡项目开展场地平整、试桩等前期工作；莫阳项目处于方案设计阶段。

TOD开发分项实施。以城市更新推进悬桥巷项目，以基金投资参与金储街项目，以同步开发节奏推进桑田岛项目，以合作开发取得苏州第四批次四宗优质地块。摘得胥口上盖开发用地，是苏州轨道交通集团首次获得基地上盖土地使用权。

【物业租赁及管理】

全线网上盖附属用房出租率100%，商户经营稳定。

【车站商业】

稳定全家、十足、一鸣等连锁品牌经营。积极探索文旅产业与轨道交通建设融合发展之路，站厅商铺引入4家文化旅游主题店铺。将上海知名品牌"百联逸刻"引入地铁，丰富乘客市民的早餐生活。同年，1号线狮子山站引入"无人便利店"，为苏州地铁首店，试点新型分成经营模式。星海广场站地下大空间"站前町"顺利开业，为目前苏州轨道交通开发的体量最大的地下商业街。

【传媒广告】

完成东方之门站媒体升级改造，形成两块巨屏、两个包柱LED组成的电子媒体阵地。联合工艺美院和城市学院精心打造的"莫创意空间"在石湖边正式亮相。首期围绕"古老与年轻握手"主题，以"石湖串月"串起古今文化之旅，让市民乘客行走间速览石湖景观，在沉浸式文旅体验中感知文化创意，在方便市民通行的同时，展示江南文化的全新阵地。围绕集团公司"探索'地铁+文旅'融合的新型路径"的要求，打造集商业消费、文化展示为一体的李公堤南站车站项目，推出10款以上蕴含企业文化的优质文创产品。

【信息通讯】

民用通信维护工作正常开展，根据集团"惠民十事"工作部署，全力配合通信运营商开展1-4号线轨行区5G设备的安装、调测，完成全线网5G手机信号的覆盖，为用户提供更加高速、优质的上网服务。

【其他经营】

签订竹辉饭店改造项目、滨河路人防停车场和戈巷站换乘枢纽对接协议。年内竹辉饭店改造项目、滨河路人防停车场及星海广场站大空间多个接口顺利开通使用。根据苏州市国资委租金减免要求，2022年减免租金共计约957万元。

【经营亮点】

2022年，在疫情防控常态化、经营形势严峻的背景下，苏州轨道交通集团有限公司积极调整经营策略、稳定实体商户、改善营业环境、提升经营形象。

积极参与公益广告传播工作，通过媒体资源围绕创建文明城市、安全生产、抗疫宣传、安全出行等主题进行宣传，营造地铁站内公益广告环境和公益文化氛围。全面助力文明典范城市创建，对全线网两万余个广告灯箱、PIS屏、导乘机等设施设备开展两轮全面排查，挪移、修整、更换、填补广告画片400余个，修复点亮广告灯箱近300处，点亮苏州轨道交通公益宣传窗口。"社会主义核心价值观""疫情防护"等100多款主题宣传遍布各个地铁车站，作为宣传主力的灯箱画片月均保持3000余个，视频媒体月均播放时长超170小时，公益广告占比40%以上。

探索城市更新新路径。将悬桥巷站TOD项目作为城市更新的试点项目，打造集商业、文化、艺术、酒店、旅游等业态为一体的古城旅居新地标，争取政策支持及资源导入。

加速推进项目审批流程。镀底潭项目方案报审强化内外协调，同步推进控规调整、用地预审与选址意见书、土地划拨、方案深化及公示，缩短取得建设工程规划许可证时间；并预先规划项目分区抗震评审、实现桩基审查先行报批。

优化方案提升竞争力。以天鹅荡项目为试点，提出一级开发仅建设一层盖板方案，该方案既可节约一级开发成本和工期，亦可为二级开发预留更为灵活的输入条件，增强二级市场产品竞争力。

加强TOD品牌宣传。2022年9月，察乐区间作为苏州首个TOD展示中心正式启用，通过重要节点宣传，提升品牌知名度。

（苏州市轨道交通集团有限公司 吴金凡）

苏州市城市轨道交通（苏州轨道）资源经营统计表　　　　　表10-15-1

经营类别	收入（万元）	收入构成占比（%）	经营项目	期末累计
物业开发	262673.3	94.3	在建物业开发面积（万平方米）	11.9
物业租赁及管理	574.2	0.2	持有商业物业可租赁的面积规模（万平方米）	5.1
车站商业	2251.1	0.8	站厅（台）商铺面积（万平方米）	0.2
			地铁配线空间、通道商业面积（万平方米）	1.8
			站厅（台）自助设备（台）	427

经营类别	收入（万元）	收入构成占比（%）	经营项目	期末累计
传媒广告	5748.1	2.1	传统广告灯箱（个）	10439
			电子显示屏（个）	12112
信息通讯	3272.6	1.2	民用通信覆盖车站（座）	169
			民用通信光电缆长度（公里）	420
			无线局域网覆盖线路（条）	
其他经营	4025.7	1.4		
总收入	278545.0	100	占比票务收入比例（%）	510.0%
			运营补亏贡献度（%）	25.4%

16　苏州高新有轨电车集团有限公司

【概况】

苏州市轨道交通资源由苏州高新有轨电车资源开发有限公司经营，2022年资源经营总收入为969.1万元。（表10-16-1）

【物业租赁及管理】

电车大厦位于苏州市高新区马涧路2000号电车基地，地上地下共21层，总建筑面积（不含地下停车场）3.54万平方米，其中自用面积1.68万平方米，对外出租1.86万平方米，已对外出租1.59万平方米，出租率85%。该大厦为纯商务楼宇，于2014年10月正式启用，是高新区首批三星级绿色建筑。2022年入驻企业共15家，疫情减免后年租金收入424.81余万元。此外，公司积极利用空间资源、美化办公环境，在电车基地一楼大厅安装了新版水牌及自动咖啡机，引进丰巢快递柜、刷脸式售货机，在室外安装了落地框架指示牌。

【车站商业】

在有轨电车沿线站台及地下通道引进自动售货机、共享充电宝等设备。

【传媒广告】

2022年共发布包括五四青年节、保利时光、全域旅游、机关事务管理处、城乡发展局及二十大等6列次主题列车，13片广告灯箱及1副梯顶广告。

【其他经营】

有轨电车旅游资源开发，客运西站充电桩建设，智慧交通系统建设及纵二路管廊工程管理。

【经营亮点】

苏州"电车科技体验基地"于2014年12月被省旅游局认定为省级工业旅游点。2015年下半年，苏州高新联合线路周边景区点，打造"科技+生态"的游线产品，针对学校推广，超过50所学校将"游电车基地"列为学生课外实践活动。2021年共接待游客约9000人次。2022年12月，电车基地获评"2022年度高新区最美研学游基地"。

（苏州高新有轨电车集团有限公司）

苏州市城市轨道交通（苏州高新）资源经营统计表　　　表10-16-1

经营类别	收入（万元）	收入构成占比（%）	经营项目	期末累计
物业开发			在建物业开发面积（万平方米）	
物业租赁及管理	424.8	43.8	持有商业物业可租赁的面积规模（万平方米）	1.8
车站商业	2.8	0.3	站厅（台）商铺面积（万平方米）	
			地铁配线空间、通道商业面积（万平方米）	
			站厅（台）自助设备（台）	13

苏州市城市轨道交通（苏州高新）资源经营统计表（续前表）　　　　　　表10-16-1

经营类别	收入（万元）	收入构成占比（%）	经营项目	期末累计
传媒广告	53.0	5.5	传统广告灯箱（个）	430
			电子显示屏（个）	
信息通讯			民用通信覆盖车站（座）	
			民用通信光电缆长度（公里）	
			无线局域网覆盖线路（条）	
其他经营	488.5	50.4		
总收入	969.1	100	占比票务收入比例（%）	
			运营补亏贡献度（%）	

17　南通城市轨道交通有限公司

【概况】

南通市轨道交通资源由南通城市轨道交通有限公司下属单位经营，2022年资源经营总收入为5192.5万元，剔除土地出让及物业开发销售的经营收入为2954.4万元。

南通轨道交通资源由南通城市轨道交通有限公司下属单位经营，2022年，剔除土地出让及物业开发销售的经营收入为2954.4万元。（表10-17-1）

【物业开发】

CR21032地块于2022年12月20日取得《建筑工程施工许可证》。南通国城投资发展有限公司联合南通市中央创新区科创产业发展有限公司于2022年11月4日竞得R22022地块。

【物业租赁及管理】

2022年，国城广场项目根据南通市国资委租金减免工作要求，完成疫情期间减租客户的减免协议审批工作，合计减免租金额约45万元；引入资产管理系统，加强资产化数字化管理，落实精细化管理要求。

【车站商业】

2022年，完成地铁1号线点式商业一期招商工作，站厅商铺、饮料贩卖机、移动充电宝等项目均完成招商落地。同时，完成1号线4条商业街招商工作，引进专业商业运营商负责整体商业街招商运营。

【传媒广告】

2022年，公开招商转让1号线广告媒体经营权。年内1号线设置常规12封灯箱、超大灯箱、LED媒体、轨行区看板等广告媒体。

【信息通讯】

2022年，南通轨道交通1号线站厅、站台、隧道空间实现5G信号全覆盖。

【其他经营】

2022年，共计7条连接通道完成施工建设，5条通道投入使用，连通周边商业、住宅、医疗机构等；2022年10月，启动商贸业务。

2022年，物业管理有限公司实现物业管理面积1227399平方米。在保障地铁有序运营、稳定内部服务质量的基础上，坚持走市场化、实体化、资源化之路，开拓外部市场，承接质保维保业务。

【经营亮点】

开发南通轨道交通首批文创产品，形成文创开发"设计-制作-营销-销售-仓储-物流-售后"全流程产业链条。

在1号线开通之际，开发3款纪念票卡礼盒，6款纪念票卡票面，6款文创纪念品。首批文创产品通过线上线下双渠道营销，线上销售渠道包括"南通地铁文创商店""南通地铁"APP"生活"板块，线下销售主要以各企事业单位大额订单及定制化服务为主。

（南通城市轨道交通有限公司　曹进）

南通市城市轨道交通资源经营统计表　　　　　表10-17-1

经营类别	收入（万元）	收入构成占比（%）	经营项目	期末累计
物业开发	2238.1	43.1	在建物业开发面积（万平方米）	11.9
物业租赁及管理	204.5	3.9	持有商业物业可租赁的面积规模（万平方米）	1.1
车站商业	163.0	3.1	站厅（台）商铺面积（万平方米）	0.1
			地铁配线空间、通道商业面积（万平方米）	2.1
			站厅（台）自助设备（台）	114
传媒广告	450.0	8.7	传统广告灯箱（个）	1438
			电子显示屏（个）	1946
信息通讯			民用通信覆盖车站（座）	28
			民用通信光电缆长度（公里）	163
			无线局域网覆盖线路（条）	1
其他经营	2136.9	41.2		
总收入	5192.5	100	占比票务收入比例（%）	
			运营补亏贡献度（%）	

18　淮安市现代有轨电车经营有限公司

【概况】

淮安市轨道交通资源由淮安市现代有轨电车经营有限公司经营，2022年资源经营总收入为735.0万元，剔除土地出让及物业开发销售的经营收入为735.0万元。

淮安市轨道交通资源由淮安市现代有轨电车经营有限公司经营，2022年资源经营总收入为700余万元。2022年，受疫情影响，市民乘坐公共交通出行意愿普遍降低，电车日均客流量保持在相对低位。公司始终坚持"安全第一、服务至上"的工作理念，努力打造"精致服务、温馨电车"的服务品牌，一手抓疫情防控、一手抓安全生产，完成年度工作目标任务。公司全年广告、研学游、培训学校等非客运收入与上年基本持平。（表10-18-1）

【传媒广告】

公司在原有招商的基础上，审时度势、创新思路，对电车沿线有合作意愿的企业逐一登门拜访、洽谈，走访淮安市大中型知名企业200余家，成功与中国电信、新区地产、淮安农商行等多家知名企业单位达成30余项合作。与市委统战部、市委人才办等单位联合制作"人才号""华商大会""食博号""科创淮安号"等公益主题车，扩大电车车身广告市场影响力和品牌价值，受到市民点赞。

2022年，电车站台广告、车厢广告、外包车、语音冠名权等经营性业务累计营收500余万元。

【其他经营】

培训学校积极与国内有轨电车建设运营单位对接，为黄石、嘉兴等地提供培训，并与山东济南、甘肃天水等城市达成初步合作意向。在开拓市场的同时，加强学习教学能力建设，优化培训大纲、完善培训体系、丰富培训课程，提高培训学校软实力和行业竞争力。2022年，培训学校成功与湖北黄石有轨电车公司达成战略合作，全年为黄石、苏州、嘉兴等地培训了119名驾驶员、调度员，2022年培训学校累计营收200余万元。

【经营亮点】

疫情期间，公司利用研学游暂停开展的"窗口期"加强与各旅行社、社会培训机构合作，为开拓研学游市场打基础，先后与11家旅行社、培训机构签订合作合同；与市文旅局对接，在"文旅淮安"等公众号宣传有轨电车研学游活动，提升"小火车"研学游影响力和知名度。创新研学游思路，市场推广由单一"请进来"向"请进来""走出去"并举的营销模式转变，主动走进我市6所小学、幼儿园，为2200余名师生宣讲有轨电车科技知识，开拓研学游市场，受到一致好评。

（淮安市现代有轨电车经营有限公司　张鹏飞）

淮安市城市轨道交通资源经营统计表 表10-18-1

经营类别	收入（万元）	收入构成占比（%）	经营项目	期末累计
物业开发			在建物业开发面积（万平方米）	
物业租赁及管理			持有商业物业可租赁的面积规模（万平方米）	
车站商业	5.0	0.7	站厅（台）商铺面积（万平方米）	
			地铁配线空间、通道商业面积（万平方米）	
			站厅（台）自助设备（台）	10
传媒广告	510.0	69.4	传统广告灯箱（个）	587
			电子显示屏（个）	46
信息通讯			民用通信覆盖车站（座）	23
			民用通信光电缆长度（公里）	
			无线局域网覆盖线路（条）	1
其他经营	220.0	29.9		
总收入	735.0	100	占比票务收入比例（%）	
			运营补亏贡献度（%）	

19 杭州市地铁集团有限责任公司

【概况】

杭州市轨道交通资源由杭州市地铁集团及其下属子公司经营，2022年资源经营总收入为265895.2万元，剔除土地出让及物业开发销售的经营收入为32441.3万元。（表10-19-1）

【物业开发】

2022年，杭州市地铁集团公司自主开发项目10个，总建筑面积93万多平方米；合作开发项目13个，总建筑面积544万平方米。2022年物业开发实现销售收入23.34亿元。

【物业租赁及管理】

铁汇发展中心是杭州地铁首个TOD商务写字楼项目，总建筑面积7.6万平方米，商务办公楼面积3.6万平方米，配套商业0.7万余平方米。项目周边配套设施逐步完善，商业出租率达95%，服务入驻企业，场内出租率达85%，逐步形成具有规模品质的地铁写字楼商务圈。

地铁东城购物中心总建筑面积约9.1万平方米，定位"全家庭乐享生活场"，为杭州市稀缺地铁上盖商业综合体之一。2022年，成功引入乐兮悦兮、SASLAX等5家新品牌，探索多经点位租赁业务及发展模式，推动购物中心

多元化、多样化发展；与市场专业化商业公司交流，探索合作模式、促进转型升级。

【车站商业】

截至2022年，随地铁线路开通共计开发120余间商铺、340余台自助设备，地铁配线空间、通道商业面积5万余方，涵盖餐饮美食、休闲娱乐、品牌零售等多种商业业态，引入康师傅、盒首屋、美珍香等新品牌，给市民和乘客提供多元化、多样化、多维化的消费选择，满足其购物、娱乐和休闲需求。在疫情的大环境下，完成地铁5号线站厅自助饮料机项目、站厅食品店项目和地铁1号线多间商铺、自助设备的到期再招商工作，在稳定农夫山泉、一鸣真鲜奶吧等便民利民品牌基础上，还引入体育彩票、杭儿酥等多元化的服务、餐饮品牌，持续为市民、游客提供便利服务，满足其购物、娱乐和休闲需求。

【传媒广告】

至2022年，杭州地铁累计灯箱约1.8万余个，PIS电子显示屏达2.3万余块，另有创意广告、包站广告、语音文字导向、展览场地、包车、闸机贴、屏蔽门贴等多种非传统广告媒体形式，为车站地下空间增添了活力。2022年，依托科技、创新形式，研究全息风扇、矩形立体墙等，有

效展示品牌魅力，为乘客带去更真实的、全方位、立体化的感官体验。

【信息通讯】

杭州地铁2022年完成3号线、4号线二期、10号线、6号线二期、19号线通讯项目招商工作，在营线路均实现5G覆盖。截至2022年底，累计开发民用通信系统覆盖里程400余公里，覆盖车站数量230余个，满足广大地铁乘客通讯需求。

【其他经营】

杭州地铁2022年度实现零星租赁房屋、土地收入约1174.84万元；杭港公司完成1号线客运中心站E出入口改造项目建设，发挥TOD综合开发对城市经济的辐射带动作用。

【经营亮点】

以商业发展与顾客体验相结合，创新经营发展模式，打造杭州地铁品牌形象。景芳地铁商业街被选作杭州市地下商业空间设计优秀案例，成为媒体重点宣传展示窗口。市民中心商业街成为钱江新城综合TOD地铁商业典范街区。

研究数字化业务模型，旨在通过打造"新基建""新媒体"和"新零售"三大引擎，实现产业破圈、管理降本、经营增效目标，构筑地铁客流价值变现的生态闭环，为后期"数字化＋商业路径"创新发展奠定基础。

抓好项目前瞻定位研策，完成多份上盖物业项目定位报告及投资测算，编制大翠柏、松木场、南星桥、苏荷汇上盖等12个项目市场报告，开展西湖大学站、双浦车辆段、河景路站、杭钢站TOD片区开发的前置现场调研及初步研究，全面提升市场综合研判及战略前瞻能力，为后续挖潜业务新增长点提供价值支撑。

凤起路商业街率先启用微信会员"消费即积分"系统，从用户角度出发，开启数字化体验和服务的新走向，更高效地实现商圈内用户端数字化，以及门店交易端数字化升级，提升用户与商圈的黏性。

（杭州市地铁集团有限责任公司 鲁铖）

杭州市城市轨道交通资源经营统计表

经营类别	收入（万元）	收入构成占比（％）	经营项目	期末累计
物业开发	233453.9	87.8	在建物业开发面积（万平方米）	175.3
物业租赁及管理	6203.0	2.3	持有商业物业可租赁的面积规模（万平方米）	8.5
车站商业	3872.8	1.5	站厅（台）商铺面积（万平方米）	0.3
			地铁配线空间、通道商业面积（万平方米）	5.8
			站厅（台）自助设备（台）	344
传媒广告	17143.6	6.4	传统广告灯箱（个）	18067
			电子显示屏（个）	23719
信息通讯	4047.1	1.5	民用通信覆盖车站（座）	230
			民用通信光电缆长度（公里）	404
			无线局域网覆盖线路（条）	12
其他经营	1174.8	0.5		
总收入	265895.2	100	占比票务收入比例（％）	
			运营补亏贡献度（％）	

20 宁波市轨道交通集团有限公司

【概况】

宁波市轨道交通资源由宁波市轨道交通物产置业有限公司、宁波市轨道永盈供应链有限公司经营，2022年资源经营总收入为397366.0万元，剔除土地出让及物业开发销售的经营收入为158172.0万元。

推进"轨道＋物业"开发模式。一级开发方面，全年挂牌土地7宗，出让7宗，总收储面积约324公顷。围绕第三期建设规划，对6、7、8号线的场段选址进行优化，形成六大场段五大区块，推进打造TOD开发样板典范。二级开发方面，在建二级开发项目22个，完成2个项目开盘销售，2个项目交付。同时，挖掘轨道交通广告、商铺等资源经营优势和潜力，推进地铁商铺出租工作。丰富商业业态布局，探索酒店、长租公寓等新型业态。

多元经营取得新成效。提升多元化经营绩效，增强"造血"功能，实现开发、贸易两翼齐飞，有力反哺主责主业的发展。永盈供应链有限公司一方面依托轨道交通平台和体量优势，扩大供应面，快速做大总盘子。拓展轨道以外的市场，增强与上游厂商的议价谈判能力，提升市场竞争力。（表10-20-1）

【物业开发】

2022年，积极推进房地产二级开发，新增开发面积约60.2万平方米，在建项目22个，全年完成开发项目投资约64.5亿元。

【物业租赁及管理】

2022年7月，宁波市中医药特色街区首个商业运营项目"甬安里"正式开业，整体经营稳中向好。完成公寓装修、定价、管理人员配备、智能化管理系统建立等公寓运营准备工作，解放南路公寓正式对外出租营业。

【车站商业】

2022年，通过创新经营模式，扩大招商宣传，设立灵活服务机制，推进地铁商铺出租工作，加强对东鼓道商业街安全经营，规范经营，环保经营的管理，在疫情影响下，2022年，累计客流量超1000万人次。加强营销空间策划，拓宽营收渠道，推广布局VEM自助设备，提升营销空间利用率。

【传媒广告】

2022年，面对疫情反复和自媒体广告冲击的影响，传统平面及站内视频广告持续走低的不利因素，主动参与经营管理，在存量市场稳定基本盘基础上，及早开辟新战场，寻找新的增长点，全年平面广告有效合同累计达436份，签约客户品牌296个，有将近40%的签约品牌为首次投放宁波地铁。

【其他经营】

2022年，宁波轨道交通集团有限公司下属全资子公司宁波市轨道永盈供应链公司全面独立运作，以钢材、水泥、混凝土等原材料的供应作主力业务，在承接宁波地区建设项目相应物资供应的同时，顺利参与舟山、衢州、金华、江西等多个周边城市建设项目物资供应，打造品类丰富、经营市场化、运作平台化的物资供应链管理企业。

【深化TOD开发】

将TOD开发融入城市国土空间开发大局，推动轨道交通规划与城市总体规划、土地利用总体规划和综合交通等规划融合。深入推进轨道沿线土地储备专项规划，通过对轨道交通全线网站点进行"分时、分类、分级"的土地开发利用价值潜力全面排摸，从中优选轨道结合密切项目形成TOD开发引领下的轨道交通土地储备"五年专项规划"。围绕全市城乡风貌整治和全域国土空间综合整治等中心大局，发挥轨道交通作为国资国企在推进城市更新和保障性租赁住房建设中的示范引领作用。

【TOD保障性租赁住房】

2022年，发挥轨道站点周边资源优势，规划和开发保障性租赁住宅，三个项目共约1250余套保租房正推进建设。协同市场运营方开展保租房政策模式研究，形成国资国企参与保障性租赁住房开发运营的政策建议，助力保租房业务可持续发展。

【为工程建设降本增效】

永盈公司市场化运作一年，通过充分参与市场竞争，在钢材、水泥、混凝土等优势业务方面取得一定的价格优势，通过合作让终端施工企业获得实惠，建设成本明显降低，实现下游企业的降本增效，在宁波地区产生一定知名度，与施工企业和本地大型建设单位合作增多。

（宁波市轨道交通集团有限公司）

经营类别	收入（万元）	收入构成占比（%）	经营项目	期末累计
物业开发	239194.0	60.2	在建物业开发面积（万平方米）	174.6
物业租赁及管理	314.0	0.1	持有商业物业可租赁的面积规模（万平方米）	4.2
车站商业	2125.0	0.5	站厅（台）商铺面积（万平方米）	0.2
			地铁配线空间、通道商业面积（万平方米）	4.5
			站厅（台）自助设备（台）	80
传媒广告	2433.0	0.6	传统广告灯箱（个）	6037
			电子显示屏（个）	30
信息通讯			民用通信覆盖车站（座）	
			民用通信光电缆长度（公里）	
			无线局域网覆盖线路（条）	
其他经营	153300.0	38.6		
总收入	397366.0	100	占比票务收入比例（%）	
			运营补亏贡献度（%）	

21 温州市铁路与轨道交通投资集团有限公司

【概况】

温州市轨道交通资源由温州市轨道交通资产管理有限公司经营，2022年资源经营总收入为2121.8万元，剔除土地出让及物业开发销售的经营收入为2121.8万元。

温州市轨道交通资源由温州市轨道交通资产管理有限公司经营，2022年广告经营收入约409万元；商铺、人才公寓、深蓝办公楼、火车站租赁收入约1576.6万元；自助设备租赁收入约27万元；通讯收入约107万元；文创产品收入约2.2万元。（表10-21-1）

【物业开发】

2022年，温州市域铁路S1线、S2线停车场上盖平台项目同时在建，另有1个停车场上盖项目启动前期工作。

【物业租赁及管理】

全面完成自持物业的招租工作；成功引进书法教学、书画培训、汽车展厅、售楼处、面馆、银行自助网点、生鲜超市等商业入驻S1线，打造"轨道+多元化"的业态体系；完成S1线桐岭仓储平台、站南体育主题公园和临时菜场等闲置地块的项目建设，有效盘活闲置的土地资源，取得良好效益。

【车站商业】

S1线商铺在疫情和周边物业不成熟，消费人群不足的压力下，对接经营户加大商家对外广告宣传。全年引进7种新业态并经营。

【传媒广告】

S1线广告形式推陈出新，在原有媒体的基础上，运用"空间管理"理念，发布创意镜面灯箱、磁石贴等创意内容，打造优质媒体新空间；推进S2线媒体建设，紧跟车站建设情况，除连廊广告灯箱外，完成18个车站444台广告灯箱的安装，开展分段验收工作。

【信息通讯】

完成S2线通信机房及管线的布局及租赁前置商洽工作。

【其他经营】

文创开发方面。温州轨道文创产品与本土咖啡品牌联动推出文创咖啡杯，以轨道交通元素为基础，以文化创意为着力点，结合优秀品牌元素，发掘轨道交通文化价值，不仅丰富轨道交通文创种类，更进一步推广轨道交通品牌的形象。自助设备方面：引进19台市民卡充值机、21台共享充电宝、34台自助设备等，完善站点便民服务设施。

【经营亮点】

桥下空间利用新思路：完成S1线黄屿段1.5公里桥下空间招商工作，引进有实力的运营商，打造邻里街区新地标。S1线龙霞路站东侧桥下约5050平方米体育运动项目即将落地完成，西侧则联合属地街道及金温铁路公司，正有序打造约18121.67平方米体育公园项目。该类项目的完

成既改善轨道交通沿线环境品质，又完善城市"处处可健身"高品质运动空间。

（温州市铁路与轨道交通投资集团有限公司 陈圆）

温州市城市轨道交通资源经营统计表　　　　表10-21-1

经营类别	收入（万元）	收入构成占比（%）	经营项目	期末累计
物业开发			在建物业开发面积（万平方米）	
物业租赁及管理	1155.6	54.5	持有商业物业可租赁的面积规模（万平方米）	3.7
车站商业	448.0	21.1	站厅（台）商铺面积（万平方米）	1.1
			地铁配线空间、通道商业面积（万平方米）	
			站厅（台）自助设备（台）	74
传媒广告	409.0	19.3	传统广告灯箱（个）	583
			电子显示屏（个）	766
信息通讯	107.0	5.0	民用通信覆盖车站（座）	18
			民用通信光电缆长度（公里）	33
			无线局域网覆盖线路（条）	
其他经营	2.2	0.1		
总收入	2121.8	100	占比票务收入比例（%）	
			运营补亏贡献度（%）	

22 嘉兴市铁路与轨道交通投资集团有限责任公司

【概况】

嘉兴市轨道交通资源由嘉兴市铁路与轨道交通投资集团有限责任公司所属的嘉兴市铁路与轨道交通资产经营有限公司和嘉兴市申嘉有轨电车运营管理有限公司经营，2022年资源经营总收入为123.6万元，剔除土地出让及物业开发销售的经营收入为123.6万元。（表10-22-1）

【传媒广告】

2022年，开启传媒广告自主招商工作，实现拓展收入123.6万元；成立"铁投传媒"品牌；将拓展与宣传有机融合，有效利用微信公众号平台、文创产品、创意活动等形式储备客户，形成招商组合拳。

（嘉兴市铁路与轨道交通投资集团有限责任公司）

嘉兴市城市轨道交通资源经营统计表　　　　表10-22-1

经营类别	收入（万元）	收入构成占比（%）	经营项目	期末累计
物业开发			在建物业开发面积（万平方米）	
物业租赁及管理			持有商业物业可租赁的面积规模（万平方米）	
车站商业			站厅（台）商铺面积（万平方米）	
			地铁配线空间、通道商业面积（万平方米）	
			站厅（台）自助设备（台）	
传媒广告	123.6	100	传统广告灯箱（个）	
			电子显示屏（个）	98

经营类别	收入（万元）	收入构成占比（%）	经营项目	期末累计
信息通讯			民用通信覆盖车站（座）	168
			民用通信光电缆长度（公里）	
			无线局域网覆盖线路（条）	
其他经营				
总收入	123.6	100	占比票务收入比例（%）	99.8
			运营补亏贡献度（%）	2.0

23 绍兴市轨道交通集团有限公司

【概况】

绍兴市轨道交通资源由绍兴市地铁物产置业有限公司经营，2022年资源经营总收入为10839.3万元，剔除土地出让及物业开发销售的经营收入为10839.3万元。

绍兴市轨道交通集团始终坚持建地铁就是建城市的工作理念，把握地铁建设运营与附属资源开发的"双轮"概念，促进"联动"发展。2022年，树立"轨道+物业"发展思路，坚持高品质发展理念，全力推进1号线沿线梅山春晓、城北春晓、城南春晓地块开发，谋划推进震元春晓、芳泉-栖湖TOD项目开发。（表10-23-1）

【物业开发】

2022年，绍兴市轨道交通物产开发工作迈出新步伐。

梅山春晓项目先后完成北公寓幕墙、主体结构、装修和验收，并开展弱电施工；南区土建基本完成，并开始精装修施工。城北春晓项目完成地下室结构封顶，塔楼完成钢结构16层/23层；筹备项目开工，城南春晓项目于6月9日摘地，并于12月进场施工。开发项目推进，先行开展震元春晓地质勘探、业态建议书、建筑设计方案等工作，为后续开发奠定基础；围绕鉴湖停车场上盖及周边区块物业开发，深入调研，完成开发模式建议方案。

【其他经营】

积极探索对外投资渠道，保证国有资产保值增值。2023年完成钢材购销业务销售额约10839.3万元。

（绍兴市地铁物产置业有限公司）

绍兴市城市轨道交通资源经营统计表 表10-23-1

经营类别	收入（万元）	收入构成占比（%）	经营项目	期末累计
物业开发			在建物业开发面积（万平方米）	
物业租赁及管理			持有商业物业可租赁的面积规模（万平方米）	
车站商业			站厅（台）商铺面积（万平方米）	
			地铁配线空间、通道商业面积（万平方米）	
			站厅（台）自助设备（台）	
传媒广告			传统广告灯箱（个）	
			电子显示屏（个）	
信息通讯			民用通信覆盖车站（座）	
			民用通信光电缆长度（公里）	
			无线局域网覆盖线路（条）	
其他经营	10839.3	100		
总收入	10839.3	100	占比票务收入比例（%）	
			运营补亏贡献度（%）	

24 合肥市轨道交通集团有限公司

【概况】

合肥市轨道交通资源由合肥城市轨道交通资源开发有限公司经营，2022年资源经营总收入为88666.8万元，剔除土地出让及物业开发销售的经营收入为8050.0万元。（表10-24-1）

【物业开发】

1号线上盖物业九联湖畔小区2021年完成验收并实现交付，2022年持续推进剩余住宅及车位销售和已售住宅及车位交付，完成物业开发收入8.1亿元，完成交付住宅57581.8平方米、车位3428.6平方米。

【物业租赁及管理】

2022年，新交通大厦办公楼出租率达到85%，基本完成租赁工作。

【车站商业】

2022年，完成5号线包河苑站附属用房招标工作，引入商务休闲品牌-栖巢咖啡，进一步丰富合肥地铁商业业态。完成3号线、5号线部分便民服务空间招商工作。

【传媒广告】

2022年，广告经营收入为5339.3万元，其中站内传统媒体收入为3736.7万元，PIS租赁收入为1602.6万元。推出"聚力优质'农'头企业、打造合肥产业地标"主题宣传活动，助力安徽乡村振兴，通过地铁空间广告资源和合肥轨道融媒体平台，积极为本地名优特农产品进行公益宣传。

【信息通讯】

2022年12月，5号线北段开通，站厅、站台5G建设覆盖完成。1、2号线的站厅、站台完成5G的改造工作。

【经营亮点】

合肥轨道集团基本完成新交通大厦办公楼的租赁工作，作为轨道集团首个"轨道+物业"TOD项目，将资源优势转化为产业优势，带动轨道交通相关产业集聚发展，在构建"轨道+产业"的发展格局上迈出重要一步，全面激发区域经济活力。

（合肥市轨道交通集团有限公司）

合肥市城市轨道交通资源经营统计表　　　　　表10-24-1

经营类别	收入（万元）	收入构成占比（%）	经营项目	期末累计
物业开发	80616.8	90.9	在建物业开发面积（万平方米）	1.4
物业租赁及管理	159.1	0.2	持有商业物业可租赁的面积规模（万平方米）	6.3
车站商业	98.4	0.1	站厅（台）商铺面积（万平方米）	0.2
			地铁配线空间、通道商业面积（万平方米）	0.6
			站厅（台）自助设备（台）	243
传媒广告	5339.3	6.0	传统广告灯箱（个）	9012
			电子显示屏（个）	57
信息通讯	1500.7	1.7	民用通信覆盖车站（座）	144
			民用通信光电缆长度（公里）	173
			无线局域网覆盖线路（条）	
其他经营	952.5	1.1		
总收入	88666.8	100	占比票务收入比例（%）	212.9
			运营补亏贡献度（%）	42.6

25 芜湖市轨道交通有限公司

【概况】

芜湖市轨道交通资源由芜湖市运达轨道交通建设运营有限公司经营，2022年资源经营总收入为2141.7万元，剔除土地出让及物业开发销售的经营收入为2141.7万元。

资源经营工作由招商落地转向运营管理，尤其是在疫情的冲击下，全国各轨道交通城市商业、广告等项目营收业绩下滑的情况下，广告业务完成预期目标，概算外光伏、停车场及副站名冠名业务均实现收益。在日常运营管理中，坚持以制度为标尺、以公司利益、国有资产价值挖掘为前提，加强对具体项目的复盘和经验积累，将非票务各项目合法合规地做到最好。（表10-25-1）

【车站商业】

2022年，车站商业中自助售货机业态经营状况稳定，车站零星商铺、附属商业进入正式经营期后受疫情反复持续、车站客流动线等因素影响经营遇到较大困难，年中产生部分运营商退租状况，通过积极申报落实政府租金减免政策缓解困难，同时根据市场环境适时启动后续招商工作。

【传媒广告】

1号线、2号线一期项目车站广告、视讯、语音播报、票卡背面广告等资源，2022年610个广告灯箱全部上刊无空窗，其中商业广告上刊率占42%，其他宣传占18%（含广告运营商自身宣传），公益广告上刊率占40%。作为销售热点的列车车身广告，1号线、2号线一期车身广告共计43列，上刊率达到60%，其中商业广告占36%，公益广告占24%。其他非常规媒体上刊率23%。视讯广告、语音播报广告均经营平稳。开发首通纪念票卡、定制保温杯、吉祥物书包用于售卖，截至2022年12月底，实现销售收入30万元，实现宣传功能与经济效益的统一。

【其他经营】

芜湖轨道交通控制中心综合体地下停车场业务于2022年4月29日获芜湖市发展改革委批复开始对外经营，经过完成信号加强、设备调试等工作，停车场实现平稳运营，2022年停车收入14.31万元，后续通过提高停车场使用率，提升经济效益。

（芜湖市运达轨道交通建设运营有限公司　刘一）

芜湖市城市轨道交通资源经营统计表　表10-25-1

经营类别	收入（万元）	收入构成占比（%）	经营项目	期末累计
物业开发			在建物业开发面积（万平方米）	
物业租赁及管理			持有商业物业可租赁的面积规模（万平方米）	
车站商业	169.6	7.9	站厅（台）商铺面积（万平方米）	0.1
			地铁配线空间、通道商业面积（万平方米）	0.2
			站厅（台）自助设备（台）	185
传媒广告	1598.2	74.6	传统广告灯箱（个）	610
			电子显示屏（个）	506
信息通讯			民用通信覆盖车站（座）	1
			民用通信光电缆长度（公里）	1
			无线局域网覆盖线路（条）	
其他经营	373.9	17.5		
总收入	2141.7	100	占比票务收入比例（%）	46.6
			运营补亏贡献度（%）	

26 福州地铁集团有限公司

【概况】

福州市轨道交通资源由全资子公司福州地铁实业有限公司、控股公司福建大地传媒有限公司、参股公司福州中电科轨道交通有限公司（广告、通信、商业资源）及福州地铁集团有限公司全资子公司福州地铁置业有限公司（物业开发）经营，2022年资源经营总收入为4399.7万元，剔除土地出让及物业开发销售的经营收入为4399.7万元。（表10-26-1）

【物业开发】

对已运营及在建线路沿线资源和地下空间进行"回头看"，梳理出地铁沿线站点地下夹层空间31个，可开发面积超12.5万平方米；2号线祥坂站地下空间完成招租，南门兜换乘站地下空间补短板等项目按期推进；推动滨海快线东升综合楼、阵坂停车场等项目深化研究。

【物业租赁及管理】

获取罗汉山、帝封江等两幅租赁住房用地，深入探索保障性租赁住房业务。

【车站商业】

完成新店城市之光及洪塘回购商业招商工作；完成睿达项目招商，引进优质连锁餐饮酒店品牌，增加地铁资源收益。

【传媒广告】

地铁1、5、6号线平面广告（含语音导向）由乐达传媒集团有限公司经营。地铁2号线平面广告过渡期由乐达传媒集团有限公司经营。地铁1、5、6号线PIS广告由福州地铁传媒有限公司负责经营，地铁2号线PIS广告由福州中电科轨道交通有限公司经营。

【打造省内最大的地铁商业综合体】

完成地铁2号线祥坂站地下空间整体招商，后期由苏宁统一招商运营。该项目利用2号线祥坂站毗邻苏宁商圈的地理优势，与苏宁广场A、B、C三个商业区互融互通，形成总面积近30万平方米、从地上到地下三维互通的省内单个运营体量最大的商圈，打造城市商业与地铁连通的TOD标杆项目。

【推进地铁长租公寓试点】

为积极盘活公司闲置资产和实现多元化发展，福州地铁置业公司通过公开招标引入实力运营单位龙湖冠寓共同经营地铁1号线新店附属用房项目，该项目于2022年6月开业，为后续运营罗汉山、帝封江等租赁住房业务打下基础。

（福州地铁集团有限公司）

福州市城市轨道交通资源经营统计表　　　　表10-26-1

经营类别	收入（万元）	收入构成占比（%）	经营项目	期末累计
物业开发			在建物业开发面积（万平方米）	31.9
物业租赁及管理	429.0	9.8	持有商业物业可租赁的面积规模（万平方米）	0.3
车站商业	487.7	11.1	站厅（台）商铺面积（万平方米）	0.3
			地铁配线空间、通道商业面积（万平方米）	5.1
			站厅（台）自助设备（台）	225
传媒广告	2190.3	49.8	传统广告灯箱（个）	6328
			电子显示屏（个）	6136
信息通讯	1292.7	29.3	民用通信覆盖车站（座）	57
			民用通信光电缆长度（公里）	277
			无线局域网覆盖线路（条）	
其他经营				
总收入	4399.7	100	占比票务收入比例（%）	19.6
			运营补亏贡献度（%）	3.7

27 厦门轨道交通集团有限公司

【概况】

厦门市轨道交通资源由厦门轨道建设发展集团有限公司开发分公司、厦门地铁上盖投资发展有限公司、厦门地铁恒顺物泰有限公司和厦门地铁物资有限公司共同经营，2022年资源经营总收入为91214.1万元，剔除土地出让及物业开发销售的经营收入为91214.1万元。截至2022年末，厦门轨道交通累计开工16个综合开发项目，完工10个，在建6个，其余各项目前期工作有序开展。（表10-27-1）

【物业开发】

2022年综合开发效益显著。新摘得海沧中心、翔安后村、洪塘头等3个TOD项目，土地出让金共计125.3亿元。湿地公园城市会客厅震撼启幕，"元之宇·厦门TOD展厅"作为福建首个TOD展厅惊艳亮相；集团首个自主开发产业社区类TOD综合体集美软件园站配套工程一期主体结构全面封顶。湿地公园、翔安后村、海沧中心等3个自主开发TOD项目先后实现开盘入市，年内实现销售签约金额超30亿元，获市场广泛认可；参与4个合作地产项目，销售良好。

【物业租赁及管理】

地铁1号线杏锦路站配套项目裙楼商业完成招商落地，地铁1号线塘边站上盖物业项目开业；签订2个通道接口协议；新冠疫情期间，全面落实减租政策，惠及租户20余家。承接文灶安置房小区、塘边安置房小区和岩内公租房小区及6个BRT枢纽站，厦门轨道交通1、2、3号线车站及场段，BRT沿线车站，3个TOD项目案场的物业管理工作；经营文灶社区停车场、塘边社区停车场等13个停车场项目。

【车站商业】

地铁1、2、3号线共计14个地下附属空间物业全部招商。地铁1号线殿前站地下附属空间12月29日顺利开业。截止2022年12月31日，地铁1、2、3线及BRT线车站便民服务用房109间，已出租60间；自助设备用房90间，已出租39间。

【传媒广告】

2022年，全年传媒广告收入2098.21万元，2022年7月起，地铁广告媒体资源由恒泰公司自主经营。

【信息通讯】

紧跟信息时代，通过微信接入地铁、银联接入BRT实现便捷扫码进站，进一步提升客运服务，分别实现全年收款250万元。1号线民用通信实现收入643万元，2号线民用通信实现收入873万元，3号线民用通信实现收入272万。BRT高架桥管廊租赁实现收入32.3万元。

【其他经营】

2022年，厦门地铁进一步将"地铁"元素和闽南文化融入文创产品，完成开发虎年主题产品、拼装类主题产品、轨道运营五周年主题产品、商务类礼品、兔年主题产品等35款具有纪念性、创意性的文创产品。在地铁建设物资业务方面，混凝土业务全面布局"1+N"合作供应模式，累计供应达90万方，实现厦门地铁混凝土业务全覆盖供应；甲供钢材服务地铁线路建设外，保障厦门地铁TOD项目的优质供应，助力企业打造"标杆目标"。经营甲供钢材、机电服务、钢支撑租赁、混凝土、家具家电采购、箱变租赁、乙供仓储服务等业务共计实现收入达8.12亿元。

地铁1号线杏锦路站配套项目裙楼商业综合体完成整体招租，引进国内专业运营商新城控股集团。新城控股集团将在该商业体内打造厦门首家吾悦广场，将进一步提升该片区人民生活品质，带来大量的就业岗位和长久税收，助力城市高质量可持续发展。吾悦广场的进驻是厦门轨道集团在引入中粮大悦城、新世界K11首进厦门后的又一大商业品牌，会同目前已引入的宝龙商业，系统优化地铁沿线商业布局，助力城市消费能级和消费品质提升。

依托地铁资源，联动线上线下商业圈，推出多媒体矩阵项目"厦门地铁生活圈"，通过短视频运营、微信小程序等主流平台经营，全面打造地铁影响力，带动地铁经济新思路，2022年底试运营后，12天上线微信小程序，一个月内营收突破100万元，当季曝光量超1000万人次，短视频多次被本地热榜采用，小程序社群不断新增关注度。提出Maas出行概念，拉通最后一公里解决方案，在厦门地铁APP和生活圈小程序上进行便捷换乘的可行性方案技术改造规划。

（厦门轨道建设发展集团有限公司）

厦门市城市轨道交通资源经营统计表　　　　　　　表10-27-1

经营类别	收入（万元）	收入构成占比（%）	经营项目	期末累计
物业开发			在建物业开发面积（万平方米）	177.7
物业租赁及管理	2701.5	3.0	持有商业物业可租赁的面积规模（万平方米）	18.93
车站商业	2271.7	2.5	站厅（台）商铺面积（万平方米）	0.22
			地铁配线空间、通道商业面积（万平方米）	1.80
			站厅（台）自助设备（台）	260

厦门市城市轨道交通资源经营统计表（续前表）　　　　　表10-27-1

经营类别	收入（万元）	收入构成占比（%）	经营项目	期末累计
传媒广告	2098.2	2.3	传统广告灯箱（个）	15004
			电子显示屏（个）	7532
信息通讯	2948.7	3.2	民用通信覆盖车站（座）	75
			民用通信光电缆长度（公里）	98.4
			无线局域网覆盖线路（条）	3
其他经营	81194.0	89.0		
总收入	91214.1	100	占比票务收入比例（%）	236.0
			运营补亏贡献度（%）	

28 南昌轨道交通集团有限公司

【概况】

南昌市轨道交通资源由南昌轨道交通资产经营有限公司、南昌地产开发有限公司经营，2022年资源经营总收入为125536.0万元，剔除土地出让及物业开发销售的经营收入为61642.0万元。

2022年，南昌轨道交通集团推进地铁附属资源及衍生资源的开发和综合利用，保证地铁资产的保值增值，为地铁建设和运营提供可持续发展的支撑。（表10-28-1）

【物业开发】

抓住政策资源优势，从土地资源集约节约利用入手，发展地铁沿线物业，提高地铁沿线用地土地价值，实现企业利益最大化。在轨道交通建设启动之初，集团就引进香港地铁的"轨道+物业"模式，取得一定成效。地铁沿线物业已经累计竣工、在建、待开发建设项目41个，总投资约108.0亿元，面积约174.1万平方米，完工、在建面积约147.5万平方米，待开发面积约26.6万平方米。

【物业租赁及管理】

上盖物业以TOD开发为主导，融合商圈经济、社区生活，充分利用地铁上盖资源，外拓资源渠道，内优营商环境，形成地上+地下的双向商业发展模式，充分挖掘南昌商圈产业发展的生机与活力。同时，响应政府要求，肩负国企担当，完成国有租赁物业的租金减免工作，并及时排查出各类安全隐患，立行立改，全力保障物业的平稳运营。

【车站商业】

地下车站商业以便民服务为主，为乘客提供日常便利所需，给予其周到服务的乘车体验。经营业态包含商业、办公、酒店、医院、教育、公寓等多种类型，使地铁经济更好地服务于社会、服务于企业、服务于百姓。

【传媒广告】

南昌地铁传媒作为江西广告协会常务副会长单位，充分整合行业资源，挖掘行业潜力，斩获广告行业先进单位等诸多荣誉。依托LED屏、灯箱、导视牌、文化产品等传媒资源，服务于政府、企业、公益组织等诸多领域，得到社会各界的一致好评。同时，紧跟数字化营销潮流，加大对灯箱、LED屏等传统媒体的转型力度，提升广告展示效果及品质，助力行业信息高效化、便捷化、智能化，彰显城市发展活力，提升城市发展热度。

【信息通讯】

2022年，5G民用通信系统覆盖里程123.3公里，覆盖车站数量103座，实现5G信号全覆盖。

【其他经营】

房桥公司主营地铁管片、混凝土预制构件、商品砼等业务。实现一键式智能生产管控模式，集ERP生产调度管理、车辆GPS卫星定位、环保智能控制于一体，建有1条智能化管片生产线，年产量18000环；建有240型混凝土生产线2条，180型混凝土生产线1条，年产能160万平方米。

2022年，南昌轨道交通集团坚持"迎难而上、逆势上扬，稳中求进、进中求好"的工作总基调，坚持市场化转型为方向，以地产开发、贸易经营、商业招商、传媒文创为核心主业，集约资源，高效决策，在优势领域、可控范围内充分挖掘潜力，聚焦做大营收、提升利润，加大经营业务与市场化的有效融合，保持企业长远稳健发展的良好态势。

（南昌轨道交通集团有限公司　冯申）

南昌市城市轨道交通资源经营统计表　　　　　　　　　　　　表10-28-1

经营类别	收入（万元）	收入构成占比（%）	经营项目	期末累计
物业开发	63894.0	50.9	在建物业开发面积（万平方米）	47.5
物业租赁及管理	8597.9	6.8	持有商业物业可租赁的面积规模（万平方米）	94.3
车站商业	404.9	0.3	站厅（台）商铺面积（万平方米）	0.2
			地铁配线空间、通道商业面积（万平方米）	3.6
			站厅（台）自助设备（台）	394
传媒广告	6194.0	4.9	传统广告灯箱（个）	4552
			电子显示屏（个）	13299
信息通讯	1372.5	1.1	民用通信覆盖车站（座）	103
			民用通信光电缆长度（公里）	123
			无线局域网覆盖线路（条）	
其他经营	45072.7	36.0		
总收入	125536.0	100	占比票务收入比例（%）	360.1
			运营补亏贡献度（%）	

29 济南轨道交通集团有限公司

【概况】

　　山东省济南市轨道交通资源由济南轨道交通集团资产管理有限公司、济南轨道交通集团资源开发有限公司、济南轨道交通集团置业有限公司等公司经营，2022年资源经营总收入为7531.4万元，剔除土地出让及物业开发销售的经营收入为7531.4万元。

　　2022年，济南轨道交通集团有限公司在牢牢把握主责主业，高效完成重点攻坚任务的同时，持续推进轨道交通片区开发和站点周边一体化开发，加大招商引资力度，创新融资模式，大力发展地铁产业，资源经营收益稳步提升。（表10-29-1）

【物业开发】

　　2022年，继续大力推进物业开发工作。济南东总部基地一期、范村车辆基地租赁住房项目结构封顶，姜家庄停车场上盖项目、王府车辆段D地块项目开工建设。

【物业租赁及管理】

　　继续推进物业租赁速度，实现租赁及管理收入约为3294万元。

【车站商业】

　　2022年，完成1、2、3号线自助售货机点位共计铺设114处，民生服务点位84处，为乘客提供更为便捷的服务。引进当地知名便利店品牌——宜快宜慢，针对站内便民服务用房开设便利店进行合作，满足乘客多样化的需求。

【传媒广告】

　　济南地铁1、2、3号线的广告媒体资源由济南轨道交通集团权属三级子公司济南地铁文化传媒有限公司专业化经营。除采用传统灯箱、车站包柱等常规媒体形式外，引进超大梯媒灯箱、LED大屏幕、站内超大尺寸墙贴等新型广告媒体形式。

【信息通讯】

　　2022年，济南轨道交通集团已开通运营3条地铁线路均5G信号全覆盖，切实提升地铁运营的服务水平，给市民乘客带来更佳的乘坐感受。全线PIS系统由济南地铁电视文化传媒有限公司运营，兼顾公益性与商业性，实现经济效益与社会效益双提升。

【其他经营】

　　2022年，结合地铁建设和片区开发，在接口、管槽等资源上进一步开拓业务，资源接口费收入约为440万元，管槽资源使用费约为199万元。至年底，济南轨道交通集团存量安置房2号线沿线租赁住房，共计292套，通过线上线下招租方式盘活运营2号线沿线约2.5万平方米租赁住房，提供管家式租赁服务，共计实现2022年度租金收入约655余万元。

（济南轨道交通集团有限公司）

济南市轨道交通集团有限公司资源经营统计表 表10-29-

经营类别	收入（万元）	收入构成占比（%）	经营项目	期末累计
物业开发			在建物业开发面积（万平方米）	82.3
物业租赁及管理	3294.0	43.7	持有商业物业可租赁的面积规模（万平方米）	9.5
车站商业	109.1	1.4	站厅（台）商铺面积（万平方米）	0.2
			地铁配线空间、通道商业面积（万平方米）	1.5
			站厅（台）自助设备（台）	386
传媒广告	2834.3	37.6	传统广告灯箱（个）	2465
			电子显示屏（个）	4020
信息通讯			民用通信覆盖车站（座）	43
			民用通信光电缆长度（公里）	269
			无线局域网覆盖线路（条）	3
其他经营	1294.0	17.3		
总收入	7531.4	100	占比票务收入比例（%）	
			运营补亏贡献度（%）	

30 青岛地铁集团有限公司

【概况】

青岛市轨道交通资源由青岛青铁置业发展有限公司、青岛青铁商业发展有限公司、青岛青铁物业管理发展有限公司、青岛地铁金融控股有限公司、青岛公共住房建设投资有限公司、青岛地铁科技有限公司、青岛地铁轨道交通智能维保有限公司、青岛青铁轨道交通产业研究院有限公司、青岛市地铁规划设计院、青岛青铁产业投资有限公司、青铁环保科技有限公司经营，2022年资源经营总收入为439588.0万元，剔除土地出让及物业开发销售的经营收入为181467.9万元。（表10-30-1）

【物业开发】

2022年，实现26个项目同时在建，在建面积达419.7万平方米。安澜地、封华地、火车北站东西广场地下空间项目完成土地摘牌；安澜地、封华地、云上观海等6个项目开工，开工面积50万平米；泉悦城、畅意城、香溪地一期等9个项目竣工交付；观海地、公园里、展示中心、城阳产业园等项目进入装饰装修阶段。

【物业租赁及管理】

物业管理新增4号线、环保科技公司、东西巷等物业

服务业务，至2022年底，经营的车辆段物业共14个。

【车站商业】

2022年，通过自主经营拉动车站商业氛围，克服疫情反复的不利因素新增出租车站商铺30余间。同时，借助青岛地铁4号线开通，举办"万市大吉"等市场热点活动，助力提升站内商业经营氛围；全年为各类商户减免疫情租金500余万元，助力商户共克时艰。

【传媒广告】

2022年，全面实施媒体数字化布局，将地标性头部媒体进行焕新升级，打造"光廊系列"媒体矩阵。其中，五四广场站"万象光廊"，创新采用"无边框超大灯箱+无边框小间距超高清LED电子屏"媒体组合；李村站"动感光廊"，从声、光、电等多感官维度打造"超长度卡布灯箱＋酷炫LED屏"沉浸式广告体验；青岛北站"琉璃光廊"首次引入地铁裸眼3D技术，打造光影包柱阵列。传媒领域，深耕大型活动、文创等领域，做好北京国际轨交展承办筹备工作等。

【信息通讯】

收入来源为铁塔公司所使用的全部能耗费用，至2022

年底，铁塔公司尚未缴纳其所使用的能耗费用（电费），协议在对接签订中。

【其他经营】

在产业投资、金融服务、设计咨询、产业研究、运维服务、科技研发及成果转化等业务方面持续发展。"盘活"地铁资源，加快商超、餐饮、体育、酒店、办公等多元业态布局，入股丽达超市，新开自有餐厅、便利店19家。"拓展"地铁业务，组建铁投公司，拓展城际和市域铁路规划建设、公交化运营服务业务；发挥场景和订单优势，成立青铁咨询公司、消防科技公司，引进"土方银行""土壤异地修复工厂"新模式，进一步拓展业务领域，增强发展新动能。

【物业服务品牌价值提升】

2022年，青铁物业成为中国物业协会会员单位、山东省物业协会会员单位、中国物业管理协会教育培训基地校企合作单位；通过ISO质量、环境、职业健康安全三体系认证以及能源管理体系认证；获"2022中国物业服务企业价值100强""2022中国物业服务企业综合实力500强""2022中国国有物业服务企业综合实力50强""2022中国交通枢纽物业服务领先企业"等奖项。

【激发乡村的"造血"能力】

与宽衍公司联合成立青岛国科智维科技有限公司，该项目盘活了地铁集团的科研成果，顺利打通科技成果走向实体经济的"最后一公里"。项目落地在青岛地铁集团对口帮扶的莱西市马连庄镇，实现以产业投资激发乡村的"造血"能力，为乡村振兴贡献地铁力量。

【上线工程渣土产业化经营平台】

该平台涵盖竞价、零售、商贸三大交易模式，配套开发线上交易小程序，实现渣土资源供需链路整合，助力青岛市工程渣土综合利用，防止国有资产流失，保障砂石土市场良性供给。

【集采业务实现从"0"到"1"】

研究甲控乙供等集采业务模式，梳理集采工作操作流程，印发六大类25项集采清单。推进专属品牌建设，提交商标注册申请。开展OEM品类选择及生产厂商选取工作，首个品类"双相钢产品系列"产品供应工区，将集团科研成果转化落地，全力保障地铁三期规划供应。

（青岛地铁集团有限公司）

青岛市城市轨道交通资源经营统计表　　　　　　　　　表10-30-1

经营类别	收入（万元）	收入构成占比（%）	经营项目	期末累计
物业开发	258120.1	58.7	在建物业开发面积（万平方米）	419.7
物业租赁及管理	11953.9	2.7	持有商业物业可租赁的面积规模（万平方米）	16.4
车站商业	233.9	0.1	站厅（台）商铺面积（万平方米）	0.6
			地铁配线空间、通道商业面积（万平方米）	4.6
			站厅（台）自助设备（台）	720
传媒广告	6585.0	1.5	传统广告灯箱（个）	12098
			电子显示屏（个）	16095
信息通讯	1369.2	0.3	民用通信覆盖车站（座）	131
			民用通信光电缆长度（公里）	523
			无线局域网覆盖线路（条）	
其他经营	161325.9	36.7		
总收入	439588.0	100	占比票务收入比例（%）	367.7
			运营补亏贡献度（%）	

31 郑州地铁集团有限公司

【概况】

郑州市轨道交通资源由郑州地铁集团有限公司经营，2022年资源经营总收入为14521.4万元，剔除土地出让及物业开发销售的经营收入为11362.4万元。

2022年郑州地铁开通6辆主题列车，通过地铁电视等站内宣传和抖音等线上宣传，全方位展示哈密特色资源；上线共享充电宝、共享雨伞、蓝牙充值机等自助类项目，满足乘客个性化需求；巩固提升品牌IP，保证文创产业良性循环；策划推出"郑好回忆"主题展、唐宫夜宴动漫艺术展等精品活动；打造见义勇为、反诈骗等主题公益广告；优化升级民用通信信号覆盖，提升服务品质，把"建好地铁为人民""地铁让城市生活更美好"的初心落在实处。（表10-31-1）

【物业开发】

2022年置业公司全年完成投资15.1亿元；实现销售收入9377万元。工程建设稳步推进，全年实现工程总产值17800万元。黄河路安置房项目1-2#楼施工全部完成；招商完成。郑轨风尚西苑项目规划核实、专项验收已完成；具备联合验收条件；招商已全部完成。颐嘉经纬丽园项目1、3#楼主体结构及二次砌体结构施工完成；2#楼主体结构及二次砌体施工至地上2层；完成招商。经纬华悦项目取得建筑工程施工许可证；启动负二层招商工作。美好未来苑项目全部楼体主体结构封顶；完成销售（认购）86户。郑轨云庭项目实现土地摘牌，取得建设用地规划许可证、不动产权证；项目方案设计稳定。

【物业租赁及管理】

荣邦城公租房及车位年度租金收入442万元，房屋出租率均达到100%。

【车站商业】

联合多家企业尝试创新商业形式带动消费经济，在车站推出创意市集，针对上班族早餐难题，试点推出早餐市集；在车站开展文创产品展销，并举办香氛产品发布等活动；大力推进站前广场便利店项目。

【传媒广告】

在灯箱广告的基础上，开通6列主题列车，通过包车图片、地铁电视、语音广播等站内宣传，以及抖音、微博、朋友圈等线上宣传，全方位展示哈密特色资源。做好事件营销，引爆传播热度。在中秋、七夕等传统节日开展各类活动，同时通过设置地推广告、组织快闪活动，吸引大量乘客及媒体关注，"郑州地铁比我对象都浪漫"等热门评论话题上城市热搜，在提升广告植入企业品牌美誉度的同时，也扩大郑州地铁的影响力。

【信息通讯】

2022年，郑州地铁全线网的站厅、站台、区间隧道基本覆盖5G信号。当年完成新开通城郊铁路二期、6号线一期西段5G信号覆盖，启动2号线二期、4号线、5号线等隧道漏缆更换，进一步优化信号覆盖强度。10号线一期等2023年计划开通新线施工顺利。

【其他经营】

在降低投入成本及投资风险基础上，优化提升品牌授权合作模式，打造兼顾文化创意和符合市场需求的文化产品，提升文创产品盈利"内功"，实现项目的向好态势。

【经营亮点】

2022年，郑州地铁·商易行APP不断提高服务便利化、智慧化、品质化水平。戴口罩刷脸乘车功能启用；上线本地"生活"板块，与沿线商家携手打造地铁消费圈；与成都地铁、广州地铁实现互联互通，跨区域出行扩大至8城，"智慧城轨互联网票务凭证系统跨域互联互通关键技术及应用"获2022年中城协科技进步一等奖；推出大学生免费乘车、绿色出行积分等优惠活动，打好票卡营销组合拳。全年扫码过闸使用比例日均超过68%，保持行业前列。

（郑州地铁集团有限公司）

郑州市城市轨道交通资源经营统计表　　　　　　　　　　　表10-31-1

经营类别	收入（万元）	收入构成占比（%）	经营项目	期末累计
物业开发	3159.0	21.8	在建物业开发面积（万平方米）	25.1
物业租赁及管理	442.0	3.0	持有商业物业可租赁的面积规模（万平方米）	11.3
车站商业	669.9	4.6	站厅（台）商铺面积（万平方米）	
			地铁配线空间、通道商业面积（万平方米）	
			站厅（台）自助设备（台）	760
传媒广告	4586.3	31.6	传统广告灯箱（个）	8000
			电子显示屏（个）	11992

经营类别	收入（万元）	收入构成占比（%）	经营项目	期末累计
信息通讯	5380.2	37.1	民用通信覆盖车站（座）	164
			民用通信光电缆长度（公里）	465
			无线局域网覆盖线路（条）	
其他经营	284.0	1.9		
总收入	14521.4	100	占比票务收入比例（%）	0.3
			运营补亏贡献度（%）	0.1

32　洛阳市轨道交通集团有限责任公司

【概况】

河南省洛阳市轨道交通资源由洛阳市轨道交通集团有限责任公司下属洛阳市轨道交通集团开发有限责任公司经营，2022年资源经营总收入为2372.0万元，剔除土地出让及物业开发销售的经营收入为2372.0万元。

洛阳轨道交通集团秉承可持续发展理念，保证地铁安全营运的同时，合理利用车站及车站周边零星空间，借助地铁稳定而强大的人流，形成形式多样的附属商业资源，实现"地铁建设为基础，运营为目的，附属资源开发为地铁附加收益"的目标，体现轨道交通的造血功能。

洛阳市轨道交通结合两线两枢纽工程，形成可出租商业资源面积约30.14万平方米（其中：附属商业21.67万平方米，外挂物业5.8万平方米，站内物业0.27万平方米，办公用房2.4万平方米）；广告资源涉及平面广告、PIS屏广告、语音广告多种类型；营运停车场车位约5000个。截至年底，商铺资源出租约20.3万平方米，出租率约67.3%，广告资源出租率达70%，停车场实现80%的正常营运。（表10-32-1）

【物业开发】

2022年洛阳轨道集团摘牌地块共计754.8亩，完成投资34.8亿元，至年底地块正在进行开发前期的筹备工作。

【物业租赁及管理】

结合洛阳地铁2条线路的建设，在商业氛围较好的地段，建设附属商业面积共计21.5万平方米，主要有龙门枢纽附属商业、牡丹广场附属商业、隋唐西市、火车站枢纽、青年宫站地下商业、体育中心地下商业、王解区间地下商业。

建筑体量大、商业需统筹经营，成功招商的附属商业

有隋唐西市（7.9万平方米）、牡丹广场（3.5万平方米）、龙门枢纽（5.7万平方米），共计面积达18万平方米。

【车站商业】

结合地铁出入口及周边建设外挂物业，面积共计5.8万平方米，主要有夹马营站、青年站、丽景门站、七里河站、牡丹桥站、武汉路站、八里唐站等。

商业体量较小、单栋商业自成体系，至2022年底，已成交的外挂物业有邙岭站、王城公园站、武汉路站、纱厂路站等站点外挂物业。其中站内物业商业面积0.27万平方米，自助设备共计126处，主要布局于地铁连通的非付费区公共空间内，招商安德莉亚、丹尼斯、万景祥等知名商家进驻。

【传媒广告】

包括1、2号线平面广告（门楣灯箱、门楣墙贴、站台包柱、站厅包柱、屏蔽门贴）、PIS广告、语音广告，龙门枢纽和火车站枢纽广告资源，其中1、2号线广告全部出租。

【信息通讯】

洛阳轨道交通全网的站厅、站台5G建设覆盖。1号线18个地下车站和2号线15个地下车站站台、站厅、区间的所有民用通信设备的安装、调试和运营保障工作，信息通讯满足地铁设计规范要求和行业技术标准。

【其他经营】

结合洛阳轨道交通两线两枢纽工程已建成有应天门站停车场、牡丹广场地车场、谷水枢纽停车场、文博园站停车场、隋唐西市停车场、龙门枢纽停车场等共计14个停车场，共计约5000个停车位，从而实现轨道站点与其它交通方式的一体化衔接，创造社会效益和经济效益。

357

【经营亮点】

引入国内知名地铁资源经营顾问公司，结合洛阳实际情况提出最佳的投资、开发建设、经营模式等方案，逐步构建特色化、持续化、品牌化的洛阳地铁资源开发项目。发挥地下空间的资源功能，提高轨道系统为城市服务的质量和运行效率，积极设置与周边物业的连通接口，并合理收取连通接口资源使用费，所得资金用于支持轨道建设、运营。学习各地地铁广通商经营的成功经验，对接知名商业运营商及大型广告公司，寻找优质的合作伙伴，运用多种合作方式寻找最适合的洛阳地铁资源开发经营模式，挖掘地铁附属商业、广告资源价值。

（洛阳市轨道交通集团有限责任公司 孔振兴）

洛阳市城市轨道交通资源经营统计表　　　　　　　　　　　　　表10-32-1

经营类别	收入（万元）	收入构成占比（%）	经营项目	期末累计
物业开发			在建物业开发面积（万平方米）	
物业租赁及管理	773.7	32.6	持有商业物业可租赁的面积规模（万平方米）	
车站商业	66.6	2.8	站厅（台）商铺面积（万平方米）	
			地铁配线空间、通道商业面积（万平方米）	
			站厅（台）自助设备（台）	
传媒广告	379.1	16.0	传统广告灯箱（个）	
			电子显示屏（个）	
信息通讯	923.2	38.9	民用通信覆盖车站（座）	
			民用通信光电缆长度（公里）	
			无线局域网覆盖线路（条）	
其他经营	229.4	9.7		
总收入	2372.0	100	占比票务收入比例（%）	
			运营补亏贡献度（%）	

33　武汉地铁集团有限公司

【概况】

湖北省武汉市轨道交通资源由武汉地铁集团公司综合开发事业总部统筹资源开发、资源经营和配套服务经营，2022年资源经营总收入为138511.2万元，剔除土地出让及物业开发销售的经营收入为58567.2万元。

2022年，通过积极谋划轨道交通沿线经营性土地资源，系统梳理在建线路和已开通线路的经营开发项目及复合开发土地资源。

柏林地铁小镇项目采用工业化、模块化的快速建造体系，打造实景先行示范区"悦工厂"，打造可参观的花园式工地，成功创建TOD开发建设项目标杆工地；围绕重点企业和重点项目开展招商工作，引入多家优质企业入驻，资源经营工作取得突破。（表10-33-1）

【物业开发】

利用轨道交通沿线的土地储备资源，贯彻"地铁＋物业"发展战略。与多家头部房企开展合作，整合各自优势资源进行物业开发，2022年多个项目按计划节点竣工交付，竞得三阳路地块，并配合12号线建设全面启动沿线站点段场复合开发的策划、规划和设计工作。

【物业租赁及管理】

2022年，创新开展"站城一体化"合作经营，完成站点地下商业街开业，开通商办频道品牌旗舰店定制功能，提升企业知名度，取得经济效益和社会效益，实现经营管理品质及效益双提升。

物业管理秉承"用心服务·精细管理"服务理念，

拓展外部市场，服务范围覆盖轨道交通车站及场段、配套商业、写字楼、工业园区、高新科技园区、市政工程、住宅、学校、文旅、体育场馆等全业态。

【车站商业】

实践"地铁+物业""地铁+产业"发展战略，加大品牌宣传力度，重视多渠道合作，在梨园·漫商业街打造"武汉地铁清风长廊"主题宣传；创作24节气宣传商业海报；打造全新的商业IP新形象，提升资源经营的社会影响力，扩大品牌社会知名度。

【传媒广告】

2022年，完成部分线路广告资源经营权的公开挂牌交易，引入综合实力较强的广告经营单位，在疫情环境下，保障广告资源的持续稳定经营。

【信息通讯】

在通信市场变化及国家政策导向的影响下，保证商业通信资源效益，同步统筹推进商务合同谈判及新开线路通讯工程施工，确保新开线路手机信号全覆盖。

【经营亮点】

地铁小镇项目持续保持区域量价第一良好态势，累计合同销售额稳步增长；在房地产市场整体下行情况下，各经营项目按期交付。为可持续发展，按照集团公司整体部署，获取优质土地，为下阶段发展注入活力。徐州新村篮球公园项目建成投入使用。进一步拓展招商渠道，已开业商业资源整体出租率同比显著提高，全年经营收入同比实现增长。连续引入多家优质企业，包括央企、上市公司等。

（武汉地铁集团有限公司 赵岱阳）

武汉市城市轨道交通（武汉地铁）资源经营统计表　　　　表10-33-1

经营类别	收入（万元）	收入构成占比（%）	经营项目	期末累计
物业开发	79944.0	57.7	在建物业开发面积（万平方米）	298.1
物业租赁及管理	24204.0	17.5	持有商业物业可租赁的面积规模（万平方米）	47.6
车站商业	10171.0	7.3	站厅（台）商铺面积（万平方米）	0.8
			地铁配线空间、通道商业面积（万平方米）	18.4
			站厅（台）自助设备（台）	1556
传媒广告	9917.3	7.2	传统广告灯箱（个）	19137
			电子显示屏（个）	439
信息通讯	3423.9	2.5	民用通信覆盖车站（座）	229
			民用通信光电缆长度（公里）	414
			无线局域网覆盖线路（条）	10
其他经营	10851.0	7.8		
总收入	138511.2	100	占比票务收入比例（%）	
			运营补亏贡献度（%）	

34 武汉光谷交通建设有限公司

【概况】

湖北省武汉市轨道交通资源由光谷现代有轨电车运营有限公司经营，2022年资源经营总收入为10.4万元，剔除土地出让及物业开发销售的经营收入为10.4万元。

2022年，武汉光谷有轨电车资源经营主要围绕车体广告、青少年研学、场地租用等方面开展，受疫情影响，年度经营收入还有待提升。（表10-34-1）

【其他经营】

车体广告、研学、场地租用等。

【经营亮点】

围绕车体广告、青少年研学、场地租用等方面开展相关工作。

（武汉光谷现代有轨电车运营有限公司 严小凤）

武汉市城市轨道交通（武汉光谷）资源经营统计表 表10-34-1

经营类别	收入（万元）	收入构成占比（%）	经营项目	期末累计
物业开发			在建物业开发面积（万平方米）	
物业租赁及管理			持有商业物业可租赁的面积规模（万平方米）	
车站商业			站厅（台）商铺面积（万平方米）	
			地铁配线空间、通道商业面积（万平方米）	
			站厅（台）自助设备（台）	
传媒广告			传统广告灯箱（个）	
			电子显示屏（个）	
信息通讯			民用通信覆盖车站（座）	
			民用通信光电缆长度（公里）	
			无线局域网覆盖线路（条）	
其他经营	10.4	100		
总收入	10.4	100	占比票务收入比例（%）	1.0
			运营补亏贡献度（%）	0.1

35 长沙市轨道交通集团有限公司

【概况】

长沙市轨道交通资源由物业公司、武广公司、置业公司和资源管理分公司4家子（分）公司经营，2022年资源经营总收入为160581.3万元，剔除土地出让及物业开发销售的经营收入为15662.4万元。

置业公司主要负责房地产开发（含TOD）；武广公司主要负责一级土地整理和出让；物业公司主要负责集团名下所有物业服务管理；资源管理分公司主要负责集团名下的资源开发和经营管理。（表10-35-1）

【物业开发】

2022年，物业开发总收入144918.9万元。新增长托公园配套用房0.6万平方米。期末累计黎托生态公园地上配套用房3.5万平方米、地下停车场3.8万平方米（887个），合丰垸防洪堤停车位443个，东辅道绿化带停车位66个，长托公园配套用房0.6万平方米。

【物业租赁及管理】

2022年，物业租赁及管理收入为4608.6万元，完成场地租赁和管理费收取工作。

【车站商业】

2022年，车站商业项目按合同履约及疫情减免政策、租赁费收入464.1万元；梳理踏勘待租项目，适时启动招商。

【传媒广告】

2022年，长沙地铁传媒广告总收入8069.6万元。其中，站内、车内、语音收入7856.7万元；地铁电视收入189.3万元；高铁南站停车场广告项目收入23.6万元。

【信息通讯】

2022年，长沙地铁1-5号线111个车站站厅、站台5G建设覆盖基本施工完成，实现全线网5G通讯的畅通，经营收入1948.3万元。

【其他经营】

2022年，长沙地铁2号线设置查询机123台，收取租赁费67.2万元；对接连通项目轨道资源使用费收入357万元；经营权转让费147.6万元。共计571.8万元。

【建成十大超级媒体】

在长沙地铁核心换乘站点建成十大超级媒体，成为大品牌大客户的投放首选。如"中国移动5G地铁彩云隧道""岳麓山元宇宙未来体验馆""工商银行·太空驿站""湖南银行·悦读空间"等全新数字媒体场景，让主流声音汇集于地铁，放大地铁窗口价值。

【摘牌中华湘绣园西地块】

2022年11月15日，长沙轨道万科置业有限公司成功摘牌中华湘绣园西地块，该宗用地在全市三轮集中摘牌中成交总价最高。

【天空之境项目如期交付】

2022年6月30日，长沙轨道集团公司转型以来通过市场化运作第一个完成房产开发项目—天空之境项目顺利如期交付。

（长沙市轨道交通集团有限公司 龙梓冈）

长沙市城市轨道交通资源经营统计表　　　　　　　　　　表10-35-1

经营类别	收入（万元）	收入构成占比（%）	经营项目	期末累计
物业开发	144918.9	90.2	在建物业开发面积（万平方米）	76.4
物业租赁及管理	4608.6	2.9	持有商业物业可租赁的面积规模（万平方米）	9.2
车站商业	464.1	0.3	站厅（台）商铺面积（万平方米）	0.1
			地铁配线空间、通道商业面积（万平方米）	0.7
			站厅（台）自助设备（台）	227
传媒广告	8069.6	5.0	传统广告灯箱（个）	7907
			电子显示屏（个）	10183
信息通讯	1948.3	1.2	民用通信覆盖车站（座）	111
			民用通信光电缆长度（公里）	142
			无线局域网覆盖线路（条）	
其他经营	571.8	0.4		
总收入	160581.3	100	占比票务收入比例（%）	19.3
			运营补亏贡献度（%）	3.1

36　广州地铁集团有限公司

【概况】

广东省广州市轨道交通资源由广州地铁集团有限公司经营，2022年资源经营总收入为257019.2万元，剔除土地出让及物业开发销售的经营收入为109667.9万元。

广州市轨道交通资源经营主要包括物业开发、土地及物业租赁、广告、文创产品等经营业态，其中物业开发由广州地铁房地产总部负责，其他经营业态由广州地铁资源经营发展有限公司负责。2022年是十四五规划的关键之年，面对严峻反复的新冠疫情和史无前例的发展任务，广州地铁始终积极应对，以目标导向为核心，通过科学预测严控开支，分解目标收入，坚定不移攻克经营难关。（表10-36-1）

【物业开发】

房地产开发业务通过自主与合作开发齐头并进，确保达成项目收益，在市场持续下行的情况下，充分发挥合作双方优势，推动项目按期开发，2022年广州地铁房地产项目销售金额在广州房企排名第三。同时，充分发挥国企担

当，2022年以180亿的新增投资额获取石榴岗、赤沙南、白云棠溪东、石井水泥厂、东平共5个项目，新增开发量超90万平方米。自主开发云城上品项目，面对政府各项调控政策，积极创新思路，制定针对性、差异化的销售策略，实现年底开盘销售，认购金额超1.6亿元。新获取东平、石榴岗项目实现开工。

【物业租赁及管理】

物业整体出租率超85%，克服疫情不利因素，万胜商场、荔胜广场写字楼出租率均达到90%，保持项目收入总体稳定；同时完成万胜广场C塔、荔胜广场北塔评选目标，两处均获得甲级写字楼称号。通过项目合作、委托管理等方式盘活多年空置地块、存量地块用于打造停车场、临时商业或停车配套服务等业态，给周边居民带来生活便利和环境改善。

【车站商业】

在受疫情反复影响下，通过稳企扶企等政策，稳定大

型连锁客户、引入生活类等新业态等措施，稳定商铺出租率，实现日均客流3万人次／日以上车站商铺出租率84%。应对便利店、面包蛋糕店行业的经营困难问题，制定一企一策方案，完成118间商铺1800平方米招商。引入邻汇吧O2O快闪店、谭木匠、潮剪（互联网+快剪）等生活业态。持续挖掘有价值自助设备点位，自助设备数量较2020年增长接近70%。

【传媒广告】

积极挖掘医药／保健食品行业，开拓新客户。结合新能源汽车发展需求，开拓汽车类行业广告投放，收入增幅同比超过40%，表现优于市场水平。打造飞利浦、别克、微信等创意广告发布，拉动合同收入超1800万元。创意发布优质案例荣获虎啸奖、IAI传鉴国际广告奖等5个奖项。完成广告智能化应用33项功能开发，构建媒体智能推荐数据库，实现精准广告投放推荐，结合已开发的电子媒体播控系统，实现远程联网播控。

【信息通讯】

大力支持运营商开展5G建设，在全线网的车站站点（站厅站台）实现广州移动5G网络全覆盖，广州联通、广州电信覆盖率达68%。

【其他经营】

构建商城的完整体系，实现商品在"生产-仓储-销售-客服"全流程顺畅流转，形成成熟的一体化运作体系。地铁优选商城形成前端销售、中间链接、后端统一存储发货和客服的稳定支撑，为后续商城扩大经营奠定基础。

贴合节庆主题，开发系列化产品，以地铁桌游飞行棋作为创意开发的中秋文创月饼礼盒。

试点探索乘车码小程序流量广告、积分兑换、线下引流、交通联乘、平台拉新等业务，与哈啰、美团、麦当劳、肯德基、奈雪、喜茶等平台及品牌店铺开展合作。

【经营亮点】

积极研究保底提成取高的经营模式，在2021年首次引入租金保底提成取高试点的基础上，2022年上半年新增3个保底提成取高同类项目，促成3万人次及以上车站的商铺出租率达84%，持续推进以与客户实现收益共享、风险共担。年内实现地面商业物业整体出租率超85%，万胜商场等重点项目出租率均达到90%，收入总体稳定，盘活地块资源超2万平方米。

打造飞利浦、雀巢、微信、别克、怡宝、佳能Glad、康师傅等20项创意广告发布，优质案例获虎啸奖、IAI传鉴国际广告奖等5个奖项，获得业内认可与客户肯定。持续推进广告智能化，实现精准广告投放、远程联网播控。

深化互联网流量变现业务。试点探索乘车码小程序流量广告、积分兑换、线下引流、交通联乘、平台拉新等业务；与银联、招商银行签订乘车码平台对接业务，为后续乘车码外接业务提供成功案例，实现流量变现创收奠定基础。

（广州地铁集团有限公司）

广州市城市轨道交通资源经营统计表　　　　表10-36-1

经营类别	收入（万元）	收入构成占比（%）	经营项目	期末累计
物业开发	147351.3	57.3	在建物业开发面积（万平方米）	381.1
物业租赁及管理	33676.4	13.1	持有商业物业可租赁的面积规模（万平方米）	81.4
车站商业	10401.7	4.0	站厅（台）商铺面积（万平方米）	1.3
			地铁配线空间、通道商业面积（万平方米）	1.3
			站厅（台）自助设备（台）	1149
传媒广告	47232.0	18.4	传统广告灯箱（个）	18759
			电子显示屏（个）	26630
信息通讯	18357.8	7.2	民用通信覆盖车站（座）	242
			民用通信光电缆长度（公里）	82
			无线局域网覆盖线路（条）	
其他经营				
总收入	257019.2	100	占比票务收入比例（%）	51.3
			运营补亏贡献度（%）	21.8

37 深圳市地铁集团有限公司

【概况】

深圳市轨道交通资源由深圳市地铁商业管理有限公司等多个直管企业负责经营，2022年资源经营总收入为2038692.9万元，剔除土地出让及物业开发销售的经营收入为429561.9万元。

2022年，深铁集团充分利用"轨道+TOD综合开发"模式和地上地下空间一体化成套技术，提高土地资源节约集约利用效率、社会经济效益和城市公共配套水平。以多元经营收益有力反哺轨道交通。利用"大智移云物"等高新信息化技术，拓展与城市出行相关的增值服务，结合市民衣食住行，不断丰富轨道上的生活。坚持资源配置与市场拓展两条腿走路，创新经营模式，促进商业项目资源价值、流量价值的变现。

深圳蝉联2022年中国城轨TOD指数第一，TOD开发水平及成绩在国内处于领先地位。深铁"一链两环"可持续经营模式案例入选《G20/OECD政策工具》报告，并写入《G20领导人巴厘岛宣言》，为人口稠密且依赖公共交通的城市支撑地铁建设和运营提供解决方案，获得行业高度认可。（表10-37-1）

【物业开发】

至2022年，深圳市地铁集团共获取29个轨道沿线上盖项目的综合开发权，开发建设规模约1643万平方米，在建面积约1173万平方米。15个地铁上盖物业项目先后入市销售，销售额累计约1293亿元，销售总面积约234万平方米。在建公共性住房19个，超2万套，建筑面积约225万平方米。

深圳地铁置业集团有限公司连续八年销售额过百亿元，连续六年居"深圳市房地产开发企业综合实力排名"前三甲。2022年"深圳市房地产开发企业社会责任企业""深圳市房地产开发企业诚信（优质）企业"均排名第一，获"2022年度最值得网民信赖品牌"称号。

2022年物业开发销售总额为270亿元。深铁上屋北A地块综合开发项目、深铁登良东站综合开发项目、北站超核万象中心等8个项目开工建设；深铁璟城、深铁珑境、深铁懿府4号地块开盘销售；深铁懿府4号地块、深铁璟城盖上、深铁珑境盖上、前海时代4号地块C塔封顶；深铁懿府2号地块顺利交付。

【物业租赁及管理】

深圳市地铁集团商业管理有限公司通过一系列举措"稳定基本盘、开拓创新盘、谋好规划盘"，全年实现商业经营收入8.25亿元，利润总额4.45亿元，人均效能从388万元提升至403万元。

2022年12月28日岗厦北枢纽商业——"深圳之眼"项目开业。深铁与万科合作的首个中高端商业综合体——深湾超级总部基地综合体商业项目，引进一批国际品牌及深圳特色首店，该项目写字楼于6月发布首个商务样板段，获市场高关注度。

【车站商业】

2022年，打磨自主经营能力，全年启动全线网113间商铺招商，完成60间商铺招商；地铁沿线车站相关商业，多项目逆市开业，取得良好开局。深铁汇坊（南油店）9月28日开业，开业率达86%；深圳湾公园项目提前2个月开业；深铁汇坊（车公庙）项目7月开业，开业率达80%；加强与市场品牌合作，与百胜餐饮结成战略合作伙伴，在深铁汇坊（华强北）引入全国首家肯德基地铁主题店；在华强北街区，引进跆拳道、拳击馆、篮球场、艺术画廊、钢琴房等多种业态。

【传媒广告】

2022年，深铁集团启动广告媒体资源价值评估工作，推动各方达成共识稳定经营；升级传统媒体、开展创新经营，不断补充"造血"能力。2022年，在多站开展智慧媒体试点经营、探索电子导向经营开发、引入电扶梯试点广告项目、推广站台门投影广告项目，均取得较好经营效益。

【信息通讯】

持续完善5G基础建设工作，不断提升乘客的出行体验。2022年完成12号线、14号线、16号线、6号线支线、11号线东延共计127.8公里5G通信覆盖，各条新线均实现提前开通5G信号。在既有线路5G通信改造方面，实现全部车站移动5G信号覆盖，以及139个车站电信和联通5G信号覆盖。

【其他经营】

2022年，深圳深铁酒店管理有限公司正式注册成立，10月18日深圳深铁铂尔曼酒店正式营业。至年底，深铁集团旗下共有4家在营酒店，房间数量1124间。深铁置业大厦聚焦打造"国际风投创投中心"，深铁金融科技大厦聚焦打造"湾区轨道交通产业服务中心"。深圳建材全年交易规模达到206.7亿元。深铁国际先后中标多个项目，埃及市郊铁路项目开通运营。深铁物业的服务面积增至1599.4万平方米，并取得"A级企业"消毒资质和餐饮服务食品安全实操培训基地认证；深圳市政院融入BIM和CIM技术，全年新增合同额15.22亿元；深铁咨询实现重点业务转型升级，新签合同20余个；深圳中车加快建设轨道交通装备科技园，实践"水土共治"的地下水修复模式。创新文创及品牌经营，纪念票开发数量同比增长200%；新上线深铁商城小程序，自主打造首个线上3D数字虚拟展馆。

【经营亮点】

商办物业在2022年深圳甲级写字楼市场销售名列第一，住宅项目逆市热销。"城市会客厅"实现"一站式"生活场景体验，打造传递品牌定位及品牌理念的全新品牌展示窗口，TOD品牌故事获全国品牌故事大赛（深圳站）二等奖。年内成功收入9宗土地再创纪录，数量和面积均位列深圳市房企第一。与华润置地签订战略合作框架协议，打造"央地合作"典范；与龙岗大运、白坭坑等项目主体联合打造站城一体的综合开发城市标杆。编制全国首个轨道交通上盖建筑标准并成功实现技术落地，成倍提升项目开发空间和经济效益。前海枢纽项目完成用地规划

调整，公寓指标增幅超4倍。站城开发模式持续输出至惠州、汕头，推动湾区共同进入TOD时代。

为解决深铁持有资源高速增长的经营需求与自主经营能力不匹配的矛盾，深铁引进一批央企、名企，以"关联项目为主、打造标杆项目"为原则，设立多家合资经营企业，实现快速盘活地上地下商业项目共9个，盘活经营面积约52万平方米。

开展媒体创新经营，实施智慧媒体、电子导向、电扶梯广告等稳定广告基本盘；推出"地铁早餐车"、开展预制菜试点、引进彩妆机、鲜花机等自助售卖机等新业态项目试点，提高地下场地资源利用率；与顺丰合作，开展基于地铁场景的点对点、小集散等物流试点，联合丰巢共同探索自存仓业务。联合雅昌文化艺术中心，在地下空间长廊处打造艺术画廊，吸引地铁客流转化为消费客流；联合深圳书城打造"书香地铁"空间。开发线上商城，实现"商区漫游、深圳地铁汇、深铁商城"等六个数字化应用开发上线运行。

（深圳市地铁集团有限公司）

深圳市城市轨道交通（深圳地铁）资源经营统计表　　　　表10-37-1

经营类别	收入（万元）	收入构成占比（%）	经营项目	期末累计
物业开发	1609131.0	78.9	在建物业开发面积（万平方米）	1173.0
物业租赁及管理	82563.1	4.0	持有商业物业可租赁的面积规模（万平方米）	55.6
车站商业	9888.2	0.5	站厅（台）商铺面积（万平方米）	0.8
			地铁配线空间、通道商业面积（万平方米）	19.0
			站厅（台）自助设备（台）	758
传媒广告	35561.0	1.7	传统广告灯箱（个）	20961
			电子显示屏（个）	38214
信息通讯	5476.2	0.3	民用通信覆盖车站（座）	313
			民用通信光电缆长度（公里）	408
			无线局域网覆盖线路（条）	
其他经营	296073.4	14.6		
总收入	2038692.9	100	占比票务收入比例（%）	
			运营补亏贡献度（%）	

38　港铁轨道交通（深圳）有限公司

【概况】

深圳轨道交通4号线资源由港铁轨道交通（深圳）有限公司经营，2022年资源经营总收入为5230.0万元，剔除土地出让及物业开发销售的经营收入为5230.0万元。（表10-38-1）

【车站商业】

港铁（深圳）公司经营的4号线车站零售商业不仅引进诸多全国知名的连锁品牌，如瑞幸咖啡、周黑鸭、绝味鸭脖等，还培育一批深圳本土的连锁品牌：如金益朗便利店、品顺坊面包店等。这些零售商业满足乘客日常出行的消费需求。

【传媒广告】

港铁（深圳）4号线平面广告资源由深圳雅铁广告有限公司独家代理，合同内容为发布常规广告灯箱、梯牌、列车包车广告以及屏蔽门贴等，2022年对车站部分广告资源进行媒体优化升级，推出全新"卡布灯箱""领航大牌"等新一代超级广告大牌，推出的"可口可乐手环瓶世界杯地铁场景""Tempo得宝玩转镜面"等创意项目获得国内外众多行业大奖共40余项。

【信息通讯】

深圳轨道交通4号线全线共有23个车站（8个高架站，17个地下站）。民用通信系统覆盖车站数量为23个车站，其中覆盖5G信号的车站数量为8个车站，2022年底启动4号线一、二期地下段车站及隧道内5G网络覆盖改造工程。

（港铁轨道交通（深圳）有限公司　辛颖）

深圳市城市轨道交通（港铁深圳）资源经营统计表　　　　　　　　　　　表10-38-1

经营类别	收入（万元）	收入构成占比（%）	经营项目	期末累计
物业开发			在建物业开发面积（万平方米）	
物业租赁及管理			持有商业物业可租赁的面积规模（万平方米）	
车站商业	908.0	17.4	站厅（台）商铺面积（万平方米）	0.2
			地铁配线空间、通道商业面积（万平方米）	
			站厅（台）自助设备（台）	53
传媒广告	3559.0	68.0	传统广告灯箱（个）	1600
			电子显示屏（个）	3184
信息通讯	368.0	7.0	民用通信覆盖车站（座）	23
			民用通信光电缆长度（公里）	19
			无线局域网覆盖线路（条）	
其他经营	395.0	7.6		
总收入	5230.0	100	占比票务收入比例（%）	13.4
			运营补亏贡献度（%）	7.8

39　佛山市地铁集团有限公司

【概况】

佛山市轨道交通资源由佛山市地铁集团有限公司经营，2022年资源经营总收入为1639.0万元，剔除土地出让及物业开发销售的经营收入为1639.0万元。

佛山市轨道交通运营线路中的广佛线二期、佛山地铁2号线、佛山地铁3号线附属资源，以及广州地铁7号线

西延段的部分附属资源由佛山市地铁集团有限公司经营。2022年附属资源经营总收入为1639万元。（表10-39-1）

【车站商业】

2022年完成佛山地铁2号线一期站内35间商铺的招商，商铺出租率达到100%，业态涵盖便利店、西饼店、食品零售、品牌展示店等。投放商业自助设备共70台，包括售卡充值机、便民服务自助终端、口罩机、自助售货机等。

佛山地铁3号线首通段完成22间商铺招商，出租率达63%，业态包括西饼店以及食品零售店。投放商业自助设备共61台，包括便民服务自助终端、口罩机、自助售货机等。

广佛线二期商铺共2间（美心食品1间、7-11便利店1间），全年没有出现不规范经营的情况。至年底商铺出租率已达100%，投放自助设备共4台。

【传媒广告】

在新冠疫情常态化影响下，广告经营市场持续低迷，在确保安全的基础上，与广告经营单位共同开发新的广告发布形式，如展览展示、灯箱改造橱窗实物展示等，进一步拓宽广告资源综合利用深度与广度，促进合作伙伴业务增长，完成资源经营收入指标。

【信息通讯】

2022年，广佛线二期、佛山地铁2号线、佛山地铁3号线和广州地铁7号线西延段的站厅、站台和区间隧道已完成4G/5G信号覆盖，并开通运营。

【经营亮点】

打造佛山地铁特色文创品牌，提升品牌效应。围绕"与幸福同行"的企业文化，策划并推出"幸福生活，百事合意""浓情端午 地铁纵享"、3号线"接二连三，幸福生活"等主题系列活动，并配套推出文创产品，进一步提升佛山地铁特色文创品牌效应。

（佛山市地铁集团有限公司 肖经伟）

佛山市城市轨道交通资源经营统计表 表10-39-1

经营类别	收入（万元）	收入构成占比（%）	经营项目	期末累计
物业开发			在建物业开发面积（万平方米）	
物业租赁及管理			持有商业物业可租赁的面积规模（万平方米）	
车站商业	84.9	5.2	站厅（台）商铺面积（万平方米）	0.1
			地铁配线空间、通道商业面积（万平方米）	
			站厅（台）自助设备（台）	77
传媒广告	1083.4	66.1	传统广告灯箱（个）	3013
			电子显示屏（个）	4413
信息通讯	383.7	23.4	民用通信覆盖车站（座）	53
			民用通信光电缆长度（公里）	
			无线局域网覆盖线路（条）	
其他经营	87.0	5.3		
总收入	1639.0	100	占比票务收入比例（%）	
			运营补亏贡献度（%）	

40　东莞市轨道交通有限公司

【概况】

东莞市轨道交通资源由东莞市轨道交通有限公司经营，2022年资源经营总收入为34077.1万元，剔除土地出让及物业开发销售的经营收入为5804.0万元。

2022年，东莞轨道交通2号线车站商业经营业态有餐饮店、便利店、特色零售以及自动售货机、自动照相机、共享雨伞、自助口罩机等各类便民商业设施，为乘客提供便捷的服务；鸿福路站地下物业空间中的三角物业区、南端物业区商业经营不断完善；车站传媒广告及通信业务经营管理工作常态化开展；东莞轨道交通大厦招商工作稳步推进。（表10-40-1）

【物业开发】

2022年，轨道交通大厦项目实现物业开发销售收入为2.8亿元。2号线虎门火车站1号站房项目开展项目开发建设模式研究前期工作。

【物业租赁及管理】

根据东莞市国资委以及集团的租金减免工作要求，完成减租客户的租金减免工作，合计减免租金额1024.8万元。东莞市轨道交通大厦项目招商工作持续开展，进一步提升物业管理服务水平，2022年进驻大厦客户物业管理满意率97.83%。

【车站商业】

2022年，加强2号线车站已有的连锁餐饮店、便利店、特色零售以及自动售货机、自动照相机、共享雨伞、自助口罩机等便民商业设施以及鸿福路站物业区的经营管理工作，出租率维持在95%以上。

【传媒广告】

2022年，东莞轨道交通传媒广告经营涵盖平面广告、创意内包车、拉手广告、视讯媒体（含户外大屏及站内拼接墙屏）、播音和导向媒体等业务。完成2号线站内视讯媒体及平面广告媒体经营项目、播音导向项目公开招商工作。

【信息通讯】

2022年，组织完成2号线全线5G网络建设（改造）工作，保障通信设备稳定运行，提升通信服务质量。

【其他经营】

开展东莞市属安居房的接收工作，合计完成502套市属安居房的《商品房买卖合同》签订工作，为后续经营管理工作奠定基础。

【经营亮点】

面对营商环境严峻、疫情影响等多方面挑战，东莞市轨道交通有限公司通过练内功、外拓展、多走访等途径，挖掘市场、拓展客户，突出重点抓轨道交通大厦招商，取得成效。自启动轨道交通大厦招商工作以来，先后成功招引香港毕马威公司、平安惠普、平安健康、平安人寿、中建四局、中铁建工、华润置地、顺丰山庄等一批优质客户，项目累计出租面积约6万平方米，约占项目可出租面积的74%。

（东莞市轨道交通有限公司　黄翔）

东莞市城市轨道交通资源经营统计表　　　　表10-40-1

经营类别	收入（万元）	收入构成占比（%）	经营项目	期末累计
物业开发	28273.1	83.0	在建物业开发面积（万平方米）	
物业租赁及管理	1546.6	4.5	持有商业物业可租赁的面积规模（万平方米）	15.0
车站商业	1220.3	3.6	站厅（台）商铺面积（万平方米）	0.1
			地铁配线空间、通道商业面积（万平方米）	1.6
			站厅（台）自助设备（台）	36
传媒广告	1131.5	3.3	传统广告灯箱（个）	1863
			电子显示屏（个）	1182
信息通讯	1059.1	3.1	民用通信覆盖车站（座）	15
			民用通信光电缆长度（公里）	38
			无线局域网覆盖线路（条）	1
其他经营	846.5	2.5		
总收入	34077.1	100	占比票务收入比例（%）	49.9
			运营补亏贡献度（%）	16.9

41 南宁轨道交通集团有限责任公司

【概况】

南宁市轨道交通资源由南宁轨道交通集团有限责任公司下属资源分公司、南宁轨道地产集团共同负责经营，2022年资源经营总收入为265204.9万元，剔除土地出让及物业开发销售的经营收入为13145.3万元。（表10-41-1）

【物业开发】

本年度在建物业开发面积131.61万平方米。

【物业租赁及管理】

持有商业物业可租赁面积2.02万平方米。

【车站商业】

2022年，南宁轨道交通集团对各商业资源承租方减免租金约1030.4万元，在一定程度上减轻承租企业的经营压力，保障商业资源平稳经营。同时，年内继续对站内零星商业资源及地上附属商业用房招商，引进口罩机、自助设备、零售、连锁便利等业态，为市民乘客提供更便捷的服务。

【传媒广告】

2022年，南宁轨道交通集团对各广告资源承租方减免租金约1928万元，在一定程度上减轻承租企业的经营压力，保障广告资源平稳经营。其中，南宁火龙果主题地铁站获第七届金场景营销案例评选金奖，TOD城市数字概念馆获第七届金场景营销案例评选铜奖，促进地铁空间资源的有效利用。

【信息通讯】

2022年，南宁轨道交通开通运营的1-5号线全面覆盖4G以上公众移动通信信号，1、4、5号线实现5G信号覆盖，为市民乘客提供便捷的通信网络服务。

【经营亮点】

2022年，南宁轨道交通地下商业空间确权登记历经土地变性、面积核查、用地蓝线及规划设计条件、用地红线及建设用地规划许可证等众多审批环节，在没有办理流程指导文件及先例的前提下，南宁轨道交通集团协调对接相关部门，解决面积核查及用地蓝线审批环节的土地变性、范围界定等问题，1号线朝阳广场站完成首宗地下商业空间土地不动产权证办理，也是全国首例轨道交通地下商业空间以作价出资形式完成供地并取得不动产权证，它的"诞生"表明地下商业空间作价出资新时代的到来，也为今后轨道交通地下商业空间确权工作起到指导示范作用。

（南宁轨道交通集团有限责任公司　朱鸿德）

南宁市城市轨道交通资源经营统计表　　　　　　表10-41-1

经营类别	收入（万元）	收入构成占比（%）	经营项目	期末累计
物业开发	252059.6	95.0	在建物业开发面积（万平方米）	131.6
物业租赁及管理	4550.7	1.7	持有商业物业可租赁的面积规模（万平方米）	2.0
车站商业	2593.1	1.0	站厅（台）商铺面积（万平方米）	0.2
			地铁配线空间、通道商业面积（万平方米）	11.0
			站厅（台）自助设备（台）	217
传媒广告	4810.0	1.8	传统广告灯箱（个）	6453
			电子显示屏（个）	8846
信息通讯	1180.9	0.4	民用通信覆盖车站（座）	104
			民用通信光电缆长度（公里）	153
			无线局域网覆盖线路（条）	5
其他经营	10.6	0.1		
总收入	265204.9	100	占比票务收入比例（%）	30.3
			运营补亏贡献度（%）	0.3

42 三亚市轨道交通有限公司

【概况】

三亚市轨道交通资源由三亚市轨道交通有限公司经营，2022年资源经营总收入为473.1万元，剔除土地出让及物业开发销售的经营收入为473.1万元。

在开源节流，拓展收入渠道的同时，积极盘活存量闲置、低效资产。其中物业租赁及管理方面收入160.58万元，主要包括办公楼出租、闲置场地出租等。（表10-42-1）

【传媒广告】

2022年，广告资源租赁收入280.6万元。

【经营亮点】

2022年底引入国电投光伏场地发电，合作模式为：电价折扣+租金方式，轨道公司提供光伏可利用资源，利用房屋或建筑物等光伏可利用资源建设光伏电站。

（三亚市轨道交通有限公司 任启伟）

三亚市城市轨道交通资源经营统计表　　　　　　　　　　表10-42-1

经营类别	收入（万元）	收入构成占比（%）	经营项目	期末累计
物业开发			在建物业开发面积（万平方米）	
物业租赁及管理	160.6	33.9	持有商业物业可租赁的面积规模（万平方米）	
车站商业	3.1	0.7	站厅（台）商铺面积（万平方米）	
			地铁配线空间、通道商业面积（万平方米）	
			站厅（台）自助设备（台）	
传媒广告	280.6	59.3	传统广告灯箱（个）	
			电子显示屏（个）	
信息通讯			民用通信覆盖车站（座）	
			民用通信光电缆长度（公里）	
			无线局域网覆盖线路（条）	
其他经营	28.8	6.1		
总收入	473.1	100	占比票务收入比例（%）	1.6
			运营补亏贡献度（%）	

43 重庆市轨道交通（集团）有限公司

【概况】

重庆轨道交通资源由下属经营管理中心经营，2022年资源经营总收入为31681.7万元，剔除土地出让及物业开发销售的经营收入为31681.7万元。

2022年，重庆市轨道交通（集团）有限公司在推动轨道TOD综合开发、文化产业发展、"捷顺购"线上运营及便利店重启建设等方面继续努力，为市民乘客提供更多便捷出行服务，推动轨道经营发展迈上新台阶、实现新突破

做出贡献。（表10-43-1）

【物业开发】

2022年，成立重庆首家轨道租赁住房投资经营管理企业，为专业化、规模化打造"TOD+租赁住房"项目，树立重庆轨道租赁住房品牌创造条件。推动市级层面完成《重庆中心城区轨道交通TOD综合开发用地管理规定》发布，拟定《轨道交通车辆基地上盖建筑消防设计技术规定》，规范综合开发用地管理，明确轨道交通车辆基地上

盖综合开发利用工程消防安全技术标准。牵头完成大学城用地一体化设计、控规指标入库、高压线迁改及土地出让部分组件，同步完成9宗用地地形与管网勘测，6宗用地土地污染调查与地灾评估报告编制及审查。抢抓政策机遇，完成城市客厅项目11宗用地的现场踏勘及用地情况梳理。主动对接央企国企开展项目前期论证，展现独具特色的山城风貌，以"轨道之便"助力"城市之变"。

【物业租赁及管理】

2022年，推动重庆市规资局出台《推动已建成轨道交通不动产登记工作方案》，成立市规资局和轨道集团主要领导为双组长的专项工作组，明确"先划后调"实施路径，完成62处轨道车站附属设施（用房）商业价值分析、商业化改造技术可行性论证，牵头拟订《已建及在建轨道交通设施未利用空间不动产登记规划指引工作方案》，为盘活轨道资产，推动轨道可持续发展奠定基础。

【车站商业】

完成一期线路94个站内商铺尾工消缺、二期线路站内商铺商业策划与投资概算、三期线路站内商铺规划建设、四期线路经营资源商业策划前期调研，结合"捷顺购"线上运营，开展"蚁站"便利店重启建设筹备，便捷市民乘客出行服务，促进轨道站内商业品质和效益提档升级。

【传媒广告】

2022年，完成重庆市中心城区公共交通户外广告控制

性详细规划编制，大坪、沙坪坝等5个轨道站点出入口广告升级改造，二轮线路广告资源价值评估、招商方案编制及报批，促进轨道广告媒体价值提升。落实公益性广告发布及疫情租金减免1.11亿元。

【信息通讯】

2022年，推进1、3、6号线和环线5G网络升级改造，主动践行社会责任，服务国家战略大局，助力经济提振，发展积蓄动能。

【其他经营】

2022年，由重庆轨道集团自主设计的李子坝文创商标通过国家知识产权局审核，并完成版权登记，促进提升轨道文创品牌的社会知名度和影响力。完成Q版列车盲盒、穿越李子坝纪念币等文创产品及中国航天纪念票卡开发，设计创作的《轨道上的成渝都市区》作品荣获青春票卡设计大赛二等奖，亮相人民网、重庆发布等媒体。实现"山城巷""湖广会馆"、银行积分商城等文创产品销售渠道开拓。完成川渝住博会策展、"成渝双城记交通向未来"青春票卡设计大赛活动策划，得到市级部门充分肯定。

【租赁住房发展有限公司成立】

2022年，重庆轨道集团开展海峡路项目前期工作，争取市政府支持，实现重庆市首家轨道租赁住房投资经营管理企业成立，为专业化、规模化打造"TOD+租赁住房"项目，树立重庆轨道租赁住房品牌创造条件。

（重庆市轨道交通（集团）有限公司 冯艳菲）

重庆市城市轨道交通资源经营统计表　　　　　　　　　　　　　　　　　表10-43-1

经营类别	收入（万元）	收入构成占比（%）	经营项目	期末累计
物业开发			在建物业开发面积（万平方米）	8.3
物业租赁及管理	2594.7	8.2	持有商业物业可租赁的面积规模（万平方米）	10.5
车站商业	1212.2	3.8	站厅（台）商铺面积（万平方米）	
			地铁配线空间、通道商业面积（万平方米）	
			站厅（台）自助设备（台）	
传媒广告	15687.2	49.5	传统广告灯箱（个）	610
			电子显示屏（个）	10998
信息通讯	3695.4	11.7	民用通信覆盖车站（座）	18124
			民用通信光电缆长度（公里）	136
			无线局域网覆盖线路（条）	
其他经营	8492.3	26.8		
总收入	31681.7	100	占比票务收入比例（%）	12.7
			运营补亏贡献度（%）	1.0

44 成都轨道交通集团有限公司

【概况】

成都市轨道交通资源由成都轨道交通集团有限公司下属成都轨道资源经营管理有限公司、成都轨道城市投资集团有限公司等子公司经营，2022年资源经营总收入为702031.2万元，剔除土地出让及物业开发销售的经营收入为64862.6万元。

聚焦TOD综合开发全生命周期，推动出台资金筹措、用地管理、规划管理、合作开发、商业运营、技术规范、工作机制等7个方面近20项政策文件，构建形成"1+3+N"国内领先、开放创新的TOD政策体系。聘请日本建筑师协会理事渡边庄太郎担任首席专家，引入德勤咨询、日建设计等世界顶尖策划规划设计团队，高质量开展105个TOD站点和90个车辆基地一体化城市设计。通过两次整理一次出让、住宅开发、商业运营等各种渠道，TOD综合开发收益反哺轨道建设运营效应初显。精准导入全球高端商业业态，获成都市2021—2022年度首店经济贡献奖。（表10-44-1）

【物业开发】

全面实施23个TOD项目，在建体量增至405万平方米，规模体量跻身西南第一方阵。实现双凤桥、梓潼宫等19个项目入市销售，公园城市TOD项目标杆集群正加快形成。陆肖站、幸福桥等首批5个TOD示范住宅项目完成交付，匠心筑造未来公园社区新典范。租住生活品牌"轨道城市·寓见"注册启用，为新市民、青年人提供品质居所。

【物业租赁及管理】

自主开发、自主运营成都轨道交通首个TOD模式商业街区——世纪城·上闲里，打造成都轨道交通首个生活美学空间——"四季嘟成"项目，在商业经营模式、招商定位、主题策划等方面深入创新探索实践。依托自有产权的蜀汉路158号大楼成功引入酒店经营商家，提升大楼整体商业价值，促进国有资产保值增值。

【车站商业】

多次开展线网商铺整合招商，商铺出租率不断提升，线网出租率达到90.53%。拓展车站商业经营规模，丰富地下空间消费场景，研发可移动商业设施（商业方舱），打造与车站整体环境相融合、"高颜值"外观、可移动的箱式商业空间。投放生活零售，共享体验，媒体推广，防疫保供四大类型自助设备，线网在经营设备点位共计1462台，站均自助设备4台。

【传媒广告】

推动广告经营权确权，明确成都轨道交通线网（除PPP线路外）广告经营权直接归属于成都轨道集团。引进行业头部企业，高质量开发新型媒体资源，完成车站出入口梯楣广告资源招商。编播集控平台系统落地应用，实现从媒体内容制作、下发到投放的一体化管理，推动广告资源数字化转型。推进主题列车广告宣传，全年共计上线22列主题列车，"强军号""强国号""蓉漂人才号"等主题列车的发布引起极高的关注度和话题度。

【信息通讯】

成都轨道交通全线网在4G信号全覆盖的基础上推进5G信号升级工作，全网覆盖率达95%。民用通信的日常维护工作由运营商自行组织实施，提供相应的属地配合工作，同时，组织专业队伍对民用通信的日常维保工作进行监督管理，确保地铁运营安全。

【其他经营】

为进一步盘活成都地铁线网建设形成的架大修基地资源，满足城市轨道交通大线网运行的车辆架修需求，不断加强车辆转向架、齿轮传动系统等核心部件造修能力建设，构建"1+N"轨道交通智能维保体系，建设形成元华基地轨道装备智慧工厂，建成8条检修线，基本实现元华基地轨道装备智慧工厂"整车+转向架+大部件"车辆检修核心能力。

【经营亮点】

开辟住房租赁新赛道。新增认定保障性租赁住房9000套，累计认定19000套，开工建设6699套，预计2023年首批次开业投运。注册成立住房租赁专业运营公司，积极推进公司架构搭建、人才招引、制度建设、系统上线等运营筹备工作，致力打造本地住房租赁第一品牌"轨道城市·寓见"。

（成都轨道交通集团有限公司 叶珂琦）

成都市城市轨道交通资源经营统计表　　　　　　　　　　　　　表10-44-1

经营类别	收入（万元）	收入构成占比（%）	经营项目	期末累计
物业开发	637168.6	90.8	在建物业开发面积（万平方米）	416.3
物业租赁及管理	3356.7	0.5	持有商业物业可租赁的面积规模（万平方米）	11.4
车站商业	3688.5	0.5	站厅（台）商铺面积（万平方米）	1.3
			地铁配线空间、通道商业面积（万平方米）	0.3
			站厅（台）自助设备（台）	1462
传媒广告	30299.0	4.3	传统广告灯箱（个）	28092
			电子显示屏（个）	40366
信息通讯	8192.4	1.2	民用通信覆盖车站（座）	328
			民用通信光电缆长度（公里）	
			无线局域网覆盖线路（条）	
其他经营	19326.0	2.7		
总收入	702031.2	100	占比票务收入比例（%）	22.6
			运营补亏贡献度（%）	

45　贵阳市城市轨道交通集团有限公司

【概况】

贵阳市轨道交通资源由贵阳市公共交通投资运营集团和2号线一期、二期PPP项目公司经营，2022年资源经营总收入为15859.8万元，剔除土地出让及物业开发销售的经营收入为7073.4万元。

贵阳市城市轨道交通资源包括1号线、2号线沿线及周边资源，其中1号线由贵阳市公共交通投资运营集团自主经营，2号线一期、二期由PPP项目公司特许经营，鉴于项目公司委托贵阳市交运集团开展相关的地铁资源经营及管理，将2号线一期、二期项目经营数据合并上报。

2022年，贵阳城市轨道交通非票务收入比2021年下降了50%。资源经营总收益为6021.0万元，非票务收益为3901.5万元，非票收益比上年下降52.5%。非票收入及收益比上年下降的主要原因是1号线平面广告解约，2022年11月起由贵阳市公共交通投资运营集团子公司信捷科技公司自主经营。

2022年，开展"清廉筑城号"廉洁文化主题专列，发行"壬寅年春节主题、端午主题、中秋主题"交通联合储值卡纪念票，充值票卡可通乘贵阳地铁、公交和BRT。（表10-45-1）

【物业开发】

2022年，1号线湖山郡二期、2号线改茶路站及诚信路站综合体（迈德国际三期）3个物业开发项目同时在建，并开展贵州轻工职业技术学院科技新城新校区（一期）、贵阳市中医药服务体系建设等项目代建工作。

2022年，贵阳市公共交通投资运营集团下属贵阳地铁置业公司物业销售收入为16255.8万元，在建湖山郡二期、迈德国际三期、改茶路站项目，在建未完工的住宅10.7万平方米、商业2.4万平方米、写字楼（含公寓）7.2万平方米、酒店1.1万平方米。此外3号线中曹司站、S1线望城坡站等项目启动前期相关工作。

【物业租赁及管理】

2022年，开展的物业租赁项目有：迈德国际写字楼、商业，清水江酒店等约5.0万平方米，租赁收入为

786万元。

贵阳地铁物业公司开展的物业管理服务范围涵盖地铁1号线及2号线站场段、迈德国际写字楼、湖山郡一、二期、清水湾住宅小区、公寓和底层商业等，基本覆盖物业管理全类型业态，并对外承接涉密项目，迈出市场化竞争第一步，其中所辖迈德国际项目被评为全省唯一四星半商务写字楼。同时，贵阳地铁物业公司积极拓展餐饮经营业务，承接集团5个职工食堂，提供地铁1号线25个车站及2号线32个车站的职工用餐，每天保障就餐人数约为5100人，每月供餐餐次达18万人次。

【车站商业】

2022年，紫林庵站和紫林庵站–喷水池区间物业空间由贵阳市公共交通投资运营集团下属贵阳地铁实业公司开展经营，2022年4月实现紫–喷区间物业空间"星悦茂"商业街开业，商业街被评为"爽爽贵阳""爽游"特色示范区。

贵阳市公共交通投资运营集团研究物业空间招商招租多种组合方式，探索经营管理新思路，全年组织2号线5个物业空间挂牌招商3次，均未产生意向承租人。此外，1号线3个车站物业空间及2号线便民用房承租人申请解除租赁合同，车站商业招商运营难。

【传媒广告】

2022年，正常开展2号线平面广告、PIS系统LCD显示屏广告、语音广播广告经营权全部招商完成并签订广告经营权使用合同。2021年，1号线平面广告资源解约后，主要用于公益广告，2022年11月起由信捷科技公司自主经营平面广告。

【信息通讯】

常态化推进1、2号线民用通信及广电网络传输系统管理工作。

【其他经营】

2022年，贵阳市公共交通"一卡通"业务累计用户超257万户，新增用户超108万户；"一应黔行"手机云卡注册用户超105万户，购票业务超8800万人次；全面实现贵阳市公交、地铁场景"一卡通"通乘通惠。同时，发行符合交通运输部标准的实体卡超17万张，支持交通联合卡的全国327个地级以上城市实现异地刷卡。

贵阳地铁实业公司大力拓展档案整理、数字化加工、档案寄存、档案培训及咨询、档案设施建设与销售等档案综合服务业务，开展广告设计制作、物资贸易、运营筹备咨询服务、劳务派遣服务等业务。

（贵阳市城市轨道交通集团有限公司）

贵阳市城市轨道交通资源经营统计表　　表10-45-1

经营类别	收入（万元）	收入构成占比（%）	经营项目	期末累计
物业开发	8786.4	55.4	在建物业开发面积（万平方米）	17.0
物业租赁及管理	2597.3	16.4	持有商业物业可租赁的面积规模（万平方米）	5.0
车站商业	1575.0	9.9	站厅（台）商铺面积（万平方米）	547.8
			地铁配线空间、通道商业面积（万平方米）	92748.6
			站厅（台）自助设备（台）	119
传媒广告	2148.5	13.5	传统广告灯箱（个）	3781
			电子显示屏（个）	4058
信息通讯	573.1	3.6	民用通信覆盖车站（座）	57
			民用通信光电缆长度（公里）	76
			无线局域网覆盖线路（条）	
其他经营	179.5	1.2		
总收入	15859.8	100	占比票务收入比例（%）	68.0
			运营补亏贡献度（%）	5.2

46 昆明轨道交通集团有限公司

【概况】

昆明市轨道交通资源由昆明轨道交通集团有限公司经营，2022年资源经营总收入为206362.3万元，剔除土地出让及物业开发销售的经营收入为5429.0万元。

按照"成长型一体化战略"工作要求，昆明轨道资源经营逐步建立起"178"战略发展方向，即：1个核心发展模式；5个经营业务；8个保障措施。主要为以1个采用"经营资源+"为核心的发展模式，七大资源拓展作为业务支撑，制定8个保障措施，加速企业文化融合，促进生产经营管理工作的顺利开展。2022年，昆明轨道交通集团有限公司按照"启动一批、谋划一批、拓展一批"的思路指导并开展年度资源经营工作，全年实现资源经营收入5428.9万元。（表10-46-1）

【物业开发】

坚持交通换空间的理念，通过系统谋划、精心组织，制定近、中、远期推进计划。一是搭建央地合作平台，共同竞得福德村城改首批土地，项目将以"城市更新+TOD"为契机，开展一体规划、整体打造。二是以项目为抓手，启动世博车辆段上盖综合物业项目预留工程建设，是昆明市首例场段上盖项目。三是依托第三轮轨道线网规划，开展轨道沿线用地、场站综合开发专项及既有线TOD项目研究前期，助推轨道交通与城市发展的高效融合。

【物业租赁及管理】

安置房、公租房建设业务。按照昆明市政府要求承担海源庄、严家山公租房，草海片区37、45、46安置房的建设任务，累计建设安置房、公租房227.0万平方米，其中住宅149.9万平方米，配套商业9.5万平方米，地下停车场67.7万平方米（车位14827个）。

【车站商业】

通过品牌胶囊店+特色亭棚+主题商铺的便民商业形式，丰富地铁商业业态，多元化盘活地铁资源，满足乘客多样化、个性化需求的同时带动地铁商业资源繁荣，推动昆明地铁商业运营的可持续发展。2022年度，便民自助设备安装上线营业103个车站，便民自助设备投放共计1208台，占地815.86平方米，分别为：自助售货机404台、充电宝614台、自助口罩机102台、自助政务机3台、派样机15台、漂流伞70台。便民亭棚（含便民商铺）安装上线营业8个站，分别引入河潭铺、周记传统面点等7大品牌入驻商家，新增4个点位的便民雨伞业态。亭棚场外制作，新投放9个车站共14个亭棚。

【传媒广告】

昆明地铁开通以来，从单线经营阶段到多线经营阶段，再到网络经营过渡阶段，昆明地铁广告经营媒体形式也从广告灯箱逐渐拓展到贴附式广告，随着主题墙贴、品牌包车的上线，相继开展屏蔽门广告及PIS广告业务，逐步发挥出地铁广告的多样性与联动性，线下广告经营范围实现全覆盖。至2022年底，开通线路中，站厅、站台、出入口各类尺寸灯箱共计11864个，站台层至站厅层楼梯顶端媒体249块，列车及车站PIS屏6938块，非PIDS电子显示屏9块。

【信息通讯】

升级保障商业通信畅通，推行租赁+维护的合作模式，有序推进民用通信资源租赁工作。

【经营亮点】

依托政府赋予的轨道交通运营、场站、地下空间资源开发、进出站口特许经营权，以创新驱动和转型发展为依归，坚持需求和问题导向，倡导和践行模式创新、收益创新。促进轨道交通与城市发展融合，创新资源开发模式，加快推进TOD项目开发。立足全网及第三期建设规划拟上报地铁项目，以公共交通为导向，集约利用土地资源，加快轨道交通与城市深度融合，构筑城市轨道共同体。通过反算"保障账、兜底账"，以规划为引领，系统谋划，按照实施一批、储备一批、谋划一批地铁场站综合开发项目，制定昆明地铁TOD近、中、远期推进计划。以项目为抓手，立足项目实际情况，"一项目一方案"持续创新开发模式，搭建央地、社会投资等企业合作平台，打造轨道交通立体空间合作典范。

（昆明轨道交通集团有限公司 杨雯捷）

昆明市城市轨道交通资源经营统计表

表10-46-1

经营类别	收入（万元）	收入构成占比（%）	经营项目	期末累计
物业开发	200933.3	97.4	在建物业开发面积（万平方米）	78.9
物业租赁及管理	513.0	0.2	持有商业物业可租赁的面积规模（万平方米）	8.2

经营类别	收入（万元）	收入构成占比（%）	经营项目	期末累计
车站商业	238.2	0.1	站厅（台）商铺面积（万平方米）	
			地铁配线空间、通道商业面积（万平方米）	1.9
			站厅（台）自助设备（台）	1208
传媒广告	2465.3	1.2	传统广告灯箱（个）	11864
			电子显示屏（个）	6929
信息通讯	324.4	0.2	民用通信覆盖车站（座）	110
			民用通信光电缆长度（公里）	226
			无线局域网覆盖线路（条）	
其他经营	1888.1	0.9		
总收入	206362.3	100	占比票务收入比例（%）	12.5
			运营补亏贡献度（%）	

47　西安市轨道交通集团有限公司

【概况】

西安市轨道交通资源1、2、3号线资源及4、5、14号线部分资源由西安市轨道交通集团有限公司下属西安市地铁资源开发有限公司经营，4、6号线部分资源由西安市轨道交通集团有限公司下属西安轨道交通投资发展有限责任公司经营，2022年资源经营总收入为476096.8万元，剔除土地出让及物业开发销售的经营收入为18176.8万元。

2022年面对市场整体下行趋势，不断完善资源经营机制，探索尝试新媒体资源开发；加快民用通信5G网络升级改造，提升地铁站内通信品质；挖掘地铁可利用零星资源，丰富地铁资源经营服务品类，为市民乘客提供更好的地铁出行体验。全年实现资源经营性收入13030万元（含疫情减免金额）。（表10-47-1）

【物业开发】

2022年，3号线鱼化寨停车场综合开发项目、4号线草滩停车场综合开发项目、杜永村南侧储备用地共实现土地出让收入45.792亿元。

2022年，成立草滩停车场物业综合开发项目公司，成功竞得草滩停车场地块，实现土地一级收益7.79亿元；成立鱼化寨停车场物业综合开发项目公司，成功竞得鱼化寨停车场地块，实现土地一级收益29.84亿元。

【物业租赁及管理】

根据西安市国资委以及集团公司疫情租金减免工作要求，完成减租客户的减免协议平台审批流转工作，合计减免租金额2787万元。鉴于疫情影响，为减少办公楼空置率，长短租结合，缩短交费周期，灵活转变出租条件，提高办公楼出租率。

【车站商业】

2022年，完成北大街站B区，浐灞中心站综合出入口，1、2、3、5、14号线自助设备场地及1、2、3号线站内商铺招商工作，开展5、14号线站内商铺，凤栖原综合出入口招商工作。不断挖掘自助设备场地资源，扩大自助蛋糕机和自助口罩机的覆盖点位，成功引入自助鲜花机，新增佰纳新、致享科技两家合作伙伴，在4、6号线引进农夫山泉、今麦郎饮料自动售卖机，vcake蛋糕机自动售卖机，进一步丰富站内商业销售种类。

【传媒广告】

2022年，应对疫情下广告经营困境，参照商户房租减免政策对广告媒体经营也予以适当减免（语音类广告2个月、非语音类广告3个月），为广告资源经营企业纾困解难。

西安地铁2号线列车车厢平面广告1年期经营权公开拍卖，经过激烈竞价，从起拍价580万元溢价至690万元成交。与广告运营商合作推出"长安艺术号–移动的美术馆"公益专列，展出西安市美协艺术家的优秀作品。

在现有平面媒体的基础上，推出窗楣贴、包柱导向标等媒体展现方式，在4、6号线站厅，利用有限空间开发美陈展示。将传媒包柱媒体进行电子化升级，改造成LED裸眼3D灯箱。

【信息通讯】

2022年，完成了地铁1号线二期、6号线二期民用通信资源租赁合同签订工作。对57个站点民用通信机房老旧电源进行更新改造，实现已运营7条线路车站站台、站厅及隧道的2G/4G手机信号全覆盖。协调移动运营商加快推进5G信号建设工作，协助西安移动公司对1、2、3号线进行4G和5G系统全面升级工程，其他未覆盖5G信号线路确定5G升级改造方案，在进行改造。

【其他经营】

2022年，丰富西安地铁文创产品，大力宣传本土文化，结合西安地铁大事记时间节点，制作完成地铁6号线二期开通纪念及"秦岭四宝"文化邮折；做好西安地铁广告资源软件系统设计开发前期准备工作，完成可行性及国资申报答辩，为后续广告资源销售和运营保障交互工作奠定基础。

【经营亮点】

2022年，西北首创的地铁站直播间项目落地实施，陆续上线大明宫遗址公园、大唐不夜城、马来西亚旅游、每一天连锁等直播节目。

西安地铁引进自助鲜花机，成为通勤路上的'新网红'，希望乘客能够把品质感、仪式感和幸福感一起带回家，忙于工作的同时也不忘记好好生活。

西安地铁公益作品《我的"全运时刻"》，在2021年获中国城市轨道交通协会成立10周年暨"2021中国地铁十大公益广告"大奖之后，于2022年再获年度ADMEN国际大奖暨公益营销类实战案例。

（西安市轨道交通集团有限公司）

西安市城市轨道交通（西安轨道）资源经营统计表　　　　　　　　　表10-47-1

经营类别	收入（万元）	收入构成占比（%）	经营项目	期末累计
物业开发	457920.0	96.2	在建物业开发面积（万平方米）	44.9
物业租赁及管理	628.4	0.1	持有商业物业可租赁的面积规模（万平方米）	3.7
车站商业	1107.9	0.2	站厅（台）商铺面积（万平方米）	0.6
			地铁配线空间、通道商业面积（万平方米）	0.3
			站厅（台）自助设备（台）	385
传媒广告	9618.8	2.0	传统广告灯箱（个）	17778
			电子显示屏（个）	17480
信息通讯	2178.3	0.5	民用通信覆盖车站（座）	146
			民用通信光电缆长度（公里）	272
			无线局域网覆盖线路（条）	8
其他经营	4643.4	1.0		
总收入	476096.8	100	占比票务收入比例（%）	
			运营补亏贡献度（%）	2.9

48 西咸新区轨道交通投资建设有限公司

【概况】

西安市西咸新区轨道交通资源由西咸新区轨道交通投资建设有限公司下属西咸新区轨道交通发展有限公司经营，2022年资源经营总收入为1567.6万元，剔除土地出让及物业开发销售的经营收入为1567.6万元。

2022年，地铁1号线上林路站出入口结建项目建成投用，5号线欢乐谷站4B口和复兴大道南站A口，16号线一期沣东大道站A口和能源中心站C、D口结建项目正在建设；创新采用"独家经营权委托代理"和"保底+分成"等模式，深挖既有线路广通商资源，实现地铁1号线二期、5号线二期广告业务蓬勃发展；借助大西安轨道交通"三线齐发"契机，开发销售主题纪念邮票；开拓智轨资源开发市场，完成智轨示范线1号线广告媒体、商业租赁等招商工作。（表10-48-1）

【车站商业】

2022年，完成轨道交通1号线二期、5号线二期站内口罩机场地租赁项目自营工作。

【传媒广告】

2022年，完成西咸地铁5号线二期车站平面广告媒体的招商工作。

【信息通讯】

2022年，完成西咸地铁1号线二期民用通信系统5G网络升级改造工作。

【经营亮点】

2022年，采取"独家经营权委托代理""保底+分成""委托代理和自主经营相结合"等模式，确保广告业务不断开展，最大限度争取收入来源，实现收入641.7万元。

（西咸新区轨道交通投资建设有限公司）

西安市城市轨道交通（西咸新区）资源经营统计表　　　　　　　　表10-48-1

经营类别	收入（万元）	收入构成占比（%）	经营项目	期末累计
物业开发			在建物业开发面积（万平方米）	
物业租赁及管理			持有商业物业可租赁的面积规模（万平方米）	
车站商业	1.8	0.1	站厅（台）商铺面积（万平方米）	0.3
			地铁配线空间、通道商业面积（万平方米）	0.17
			站厅（台）自助设备（台）	16
传媒广告	641.7	40.9	传统广告灯箱（个）	580
			电子显示屏（个）	2260
信息通讯	224.1	14.3	民用通信覆盖车站（座）	16
			民用通信光电缆长度（公里）	26
			无线局域网覆盖线路（条）	2
其他经营	700.0	44.7		
总收入	1567.6	100	占比票务收入比例（%）	
			运营补亏贡献度（%）	

49 兰州市轨道交通有限公司

【概况】

甘肃省兰州市轨道交通资源由兰州市轨道交通有限公司资源经营中心经营，2022年资源经营总收入为7067.1万元，剔除土地出让及物业开发销售的经营收入为7067.1万元。（表10-49-1）

【物业开发】

2022年，持续推进轨道·城市曙光项目，准备科技创新园二期住宅销售前期筹划工作，年内，完成保障性租赁住房与可售住宅楼的房屋面积预测绘、一房一价定价、《商品房买卖合同》起草、按揭银行准入对接等准备工作。

【传媒广告】

依托轨道交通1号线站内空间资源，实现收入1050.58万元。积极配合兰州市文明办、兰州红十字会等单位，做好创建文明城市、疫情防控等宣传任务，公益广告上刊率达45%以上。推出"青春号""你好兰州"等公益广告主题列车，助力城市文化建设。

【信息通讯】

持续推进与通信运营商合作，在轨道交通沿线物业空间开展通信网络等方面的合作，为住户、客商提供高质量移动通信服务。

（兰州市轨道交通有限公司　王藩）

兰州市城市轨道交通资源经营统计表　　　　　　　　　　表10-49-1

经营类别	收入（万元）	收入构成占比（%）	经营项目	期末累计
物业开发			在建物业开发面积（万平方米）	39.5
物业租赁及管理	62.0	0.9	持有商业物业可租赁的面积规模（万平方米）	3.3
车站商业	392.5	5.6	站厅（台）商铺面积（万平方米）	0.1
			地铁配线空间、通道商业面积（万平方米）	
			站厅（台）自助设备（台）	
传媒广告	1050.6	14.9	传统广告灯箱（个）	1369
			电子显示屏（个）	2064
信息通讯	308.2	4.4	民用通信覆盖车站（座）	20
			民用通信光电缆长度（公里）	
			无线局域网覆盖线路（条）	1
其他经营	5253.8	74.2		
总收入	7067.1	100	占比票务收入比例（%）	
			运营补亏贡献度（%）	

十一

行业文选

本篇章的内容主要包括中国城轨口述历史和《中国城轨交通智慧城轨发展纲要》发布的回顾与总结；发布的《低运量轨道交通系统工程建设程序指南》《2021中国城市轨道交通工程建设发展报告》《中国城市轨道交通运营发展报告（2021-2022）》、"数字化转型背景下城轨企业人才发展现状城市轨道交通企业信息化发展现状（2019-2020）"等报告对提升城市轨道交通发展、技术创新等具有指导作用；《十三五 中国城市轨道交通数读》收录了"十三五"期间中国城市轨道交通发展等各方面的主要统计数据，为五年来城轨发展与5卷年鉴编辑出版方面做一个归纳总结；《中国城市轨道交通》是一本以简易的图文便览全国各城市轨道交通开通运营情况的科普读本，为读者呈现各城市轨道交通起源、发展、壮大的历程。

上海申通 秦义强 安全责任重于泰山

1 包叙定·中国城轨口述历史
——单轨情：忆往昔峥嵘岁月稠

中国城市轨道交通协会 创始会长
（2022年12月20日 北京）

我在国家计委工作时，就开始关注重庆的第一条城轨交通——2号单轨线，因为这是不同于当时国内已有地铁、轻轨、有轨电车的一种新型制式。我去重庆工作前夕，1999年5月，我还直接指导了国家计委派往重庆对单轨"项目建议书"审批环节中的最后一次现场调研工作。

我到重庆工作时，2号单轨线工程较场口—新山村项目，经重庆几代人历时几十年的打拼，已是万事俱备只欠东风（筹集资金）。因此，1999年6月我到重庆后不久，就提出要抓一批重点工程项目，首先就点了单轨工程和机场扩建，并很快排上日程予以推动。我在重庆工作三年多，三次在市人代会上的《政府工作报告》，都要特别提到单轨工程，2000年1月第一次政府工作报告，满怀期待地提出"要尽快启动城市轻轨"（当时叫轻轨）；2001年1月第二次政府工作报告，急切地要求"加紧建设城市轻轨"；2002年1月第三次政府工作报告，以一种兴奋的心情告诉全市人民"城市轻轨顺利推进中"。

下面回忆几件深深印入我脑海心扉的决策单轨建设的往事，与大家共享。

一、头号市长工程

1999年10月21日，我主持召开市政府专题会议，第一次全面研究部署2号单轨线较场口—新山村工程的建设事宜，决策了如下重大事项：一是列为头号市长工程，遇有困难我负责解决；二是力争年内启动，2000年全线开工，2004年6月竣工通车；三是市政府成立轻轨建设领导小组，分管市政建设的甘宇平副市长任组长；四是深入开展对日工作，推动协力基金落实和单轨技术引进工作；五是抓紧筹措建设资金，特别是协力基金以外的资本金缺口问题要尽快解决；六是邀请国内资深专家来渝指导；七是要将轻轨线路建设成为展示山城特色和巴渝文化的美景画廊，使重庆城轨交通成为一道靓丽的风景线和旅游热线；八是建设轻轨线同时，还要开展后续城轨交通线路的前期工作。

经过一年零两个月的上下合力，共同奋战，一一完成了各项任务，2000年12月28日全线正式开工。

二、直飞北京挽危局

2000年2月，中咨公司评审通过可研报告上报国家计委后，我指定市计委童小平主任负责追踪国家计委的审批进程，我给她8个字："务必盯紧，有事即报。"童主任很认真，不但派人坐镇京城督催，自己也不时亲临国家计委做工作，一个多月内捷报频传，投资司的办文已出，外资

司会签已通过，工业司会签也完成了，可研报告批文已送委领导等待办公会议审定等。但是，突然某天晚上11点左右，童小平急匆匆电话报告：今天上午国家计委主任办公会没有通过可研报告，原因是国产化率没有达到70%的要求。我一时心急，训了她一顿，事后听说她还掉了眼泪。

第二天我就飞回了北京，直接去了国家计委主任办公室。我给他说：您知道，城轨交通国产化这个文件，是我在委里主持搞的，重庆单轨国产化也带有试点性质，已经中咨公司评估并提交了认可报告，我作为市长立下军令状保证达到70%的国产化率。经工作，计委主任同意以委领导签批方式放行，总算转危为安，拿到了开工建设的通行证。

三、软磨硬泡向总理要钱

前面说了，万事俱备只欠东风，筹集资本金这个东风非常难。重庆是老工业基地，中央书记处书记和我到重庆时，大批国企停产歇业，工人下岗，财政枯竭，连吃饭都困难，政府拿不出钱来搞工程。

2号单轨线较场口—新山村工程，全长19.2公里，投资50.8亿元，按40%计资本金需要20亿元。除在国家支持下安排了相当于11亿元人民币的日本协力基金贷款外，还差9亿元没有着落。

我同分管城市建设的甘宇平副市长商量，我说我们两人各解决一半，我那一半到国家计委要国债，你那一半把参建单位组织起来动员他们入股建设。经过一番努力我要到了3亿元国债，甘市长那里难度太大没有一家愿意出钱，还有6亿元只能另想办法。

很巧，没过多久，总理来渝视察工作，在中央书记处书记支持下，我向总理汇报请求发行15亿元的企业债券。其中，6亿元为单轨资本金、4亿元给北部新区搞七通一平、5亿元解决城市建设的缺口。总理一听，马上就说不行，你重庆这么困难根本还不起，要是三峡总公司（三峡工程业主）他要多少我给他们多少，他们企业负债率只有21%，再多也还得起，你包叙定拿什么钱来还？我说中央把我们两人派来重庆，不为重庆人民办点实事，书记市长的位子稳不住呀。经过一番软磨硬泡，总理改口说，你不就要15亿元嘛，你找国家计委主任给你国债吧。计委主任是和总理一起来重庆的，当时他没有说话，下来后我们商量，因为当年国债已发完了，等到第二年又远水解不了近渴，只能又回到企业债券上想办法。

过了一段时间，我又专程回京找计委主任，两人统一

口径后又一起去了总理办公室，总算把15亿元企业债办下来了。

至此，债券到，东风起，万事吉，重庆第一条城轨交通扬鞭启航。

四、多措并举纾困解难

单轨车辆国产化的主角是长春客车厂，在同技术输出方日本日立公司谈判过程中遇到极大阻力，谈判搁浅。日方提出应由他们进行单轨系统总承包，采用交钥匙方式，由日方统一提供车辆、道岔、供电、信号等一揽子方案。总报价高达474亿日元，远超270亿日元的协力基金贷款总规模，且国产化率仅为13%。

为此，2000年6月15日、16日、25日，我连续三天召开专题会议研究对策。在听取汇报基础上，权衡利弊，我提出"多措并举，化解矛盾"的工作思路。这里重点回忆其中关键两策：

一是，我亲自出面做日方高层的工作。日立公司是中国改革开放后首批进入中国的跨国公司之一，已在中国建有一批独资、合资企业。日立高层凡有拜访中国国家领导人意愿时，都由机械部负责联系安排，金井务董事长保持每年一二次出差中国的程度，都是部里出面安排他拜访国务院领导的。因此我们早已成为朋友。考虑到这层关系后，我决定出面直接做这位老朋友的工作，立即委派市政府刘成义秘书长和轨道公司沈晓阳董事长，携我亲笔信赴日拜见金井务董事长。这封信的主要内容，是诚恳指出这项工程仅是起步项目，不要只看一时一事，还要放眼未来共同展望更多的发展机遇；还如实告知国家批准的投资额度不能突破，70%国产化率必须达到；同时诚邀日立公司参与2号线的建设，敬请金井务董事长出任重庆市政府外籍顾问，为重庆对外开放、经济发展和推广单轨技术建言献策。他愉快地接受邀请，很快前来重庆受理了聘书，我们进行了深入的探讨。

二是，引进市场竞争机制推动双方合作。我们决定，以竞争性采用日立技术为目标，选择性比较庞巴迪单轨集成技术，重点考察马来西亚单轨国产化技术，以形成国际招标竞争态势，推动问题的解决。

经此一番艰苦工作，与日立的合作逐步进入务实阶段，有力推动了建设进程。

五、加环线把各条线路串起来

城轨交通规划工作，一直是我比较关心的。1999年10月21日我召开第一次专题会议部署2号单轨线工程建设事宜时，就提出"要特别重视线路建设的规划工作"。2号单轨工程开工不久，黄奇帆同志调来重庆工作，我请他分工负责城市建设主抓城轨交通，并交代除在建工程外侧重抓好后续项目的前期工作。

2002年1月，我在市规委会议上对城轨线网规划提出了原则要求，随后在北部新区工作会议上提出了具体要求，主要是三点：

一是线网规划要增加一条环线，把各条线路串联起来，以提高系统运营效率和方便乘客换乘。

二是优化调整规划中的3号单轨线，配合北部新区内长安福特汽车公司的产城融合规划布局，更好发挥城轨交通带动产业发展、带动城市发展。

三是规划思路上还要从长计议，留有远期发展余地，并纳入城市综合交通规划和城市总体规划修编的内容。

据此精神，在王鸿举常务副市长、甘宇平副市长、黄奇帆副市长、市建委王根芳主任和沈晓阳董事长共同努力下，形成了六线一环354公里的"重庆市城市轨道交通线网规划"，经书记处书记和我审定后，正式成为市委市府的决策方案。

2002年5月中旬，我在接受中央电视台采访中，还特意对着图板将"六线一环"城轨交通线网规划进行了宣传，这是重庆市首次对外披露城轨交通发展远景设想。

六、改写一字的《山城轻轨赋》

前面提到我要求"将轻轨线路建设成为展示山城特色和巴渝文化的亮丽风景线"，故由市政府出面请全国戏剧家协会副主席、"巴蜀鬼才"魏明伦先生作赋。在沈晓阳董事长陪同下，魏先生实地深入考察了在建工程沿线的人文风光、历史风貌，又召开座谈会听取各方意见，很快精心拟就了《山城轻轨赋》，这是一篇杰作，是可以传世的。开篇词中有"山城随地球旋转、雾都挟风云腾飞"一句，因我出任市长后就对"雾都"一词心有不爽，已在筹划"蓝天白云"环境整治工作，于是同魏先生商榷，可否将"雾"字改为"渝"字？魏先生深察其意，表示改一字更令人向往，欣然改为"山城随地球旋转，渝都挟风云腾飞"，这也算是一件趣事。

单轨情，渝轨情，情未了。

追忆过去，珍重时下，遥望未来。

国产自主化、智能智慧化、绿色低碳化，做好三篇大文章，祝重庆城轨交通更上层楼！

后记

二十天来，我翻阅了市长任内讲话汇编并作了相关笔记，请王崎提供了重庆轨道交通2号线建设大事记和较场口—新山村工程的投资构成及资金来源，沈晓阳提供了大量宝贵的第一手资料，经消化酝酿，写成了由六件事构成的回忆文章。单轨技术国产化，也是我当时特别关心的一件事，但因手头缺少材料，无奈舍弃了，乐梅说现在已经100%中国造、95%重庆造，这是特别欣慰的。

至此，机械部的"国机集团创设忆事"、国家计委的"地铁国产化往事"、中国城市轨道交通协会的"城轨交通协会创办故事"、中咨公司的"工程咨询理念创新回顾"和这次重庆市的"单轨情"，在我进京后工作过的五个单位都留下了点点滴滴的回忆。往事历历，难以忘怀。办点实事，聊以安慰。

2 宋敏华·智慧城轨之树初长大

——有感于《中国城轨交通智慧城轨发展纲要》发布两周年之际

中国城市轨道交通协会副会长兼秘书长

（2022年4月 北京）

弹指间，两年过去，"智慧城轨树"植根于城轨行业沃土，在中国城轨人的精心培育下苗壮成长，根深叶茂，展现出勃勃生机。

2020年植树节（3月12日）《中国城市轨道交通智慧城轨发展纲要》（简称《纲要》）发布实施，由"1-8-1-1"构成的"智慧城轨树"破土而出，秀立于中国综合交通体系之林。弹指间，两年过去，"智慧城轨树"植根于城轨行业沃土，在中国城轨人的精心培育下苗壮成长，根深叶茂，展现出勃勃生机。

一树引来万树栽，城轨企业智慧城轨规划全面出台。协会积极推进《纲要》宣贯落实，在多种场合，采取多种形式宣讲解读《纲要》。各地城轨企业全力组织学习贯彻《纲要》的内涵，各级领导超前谋划、统筹布局，技术人员研究深化、推进落地，北京、上海、广州、深圳、重庆、南京、武汉、西安、哈尔滨、郑州、宁波、贵阳、厦门等20多个城市相继编制了智慧城轨发展规划、信息化建设规划或推进智慧城轨建设白皮书等。全国城轨行业呈现出以《纲要》为引领，全面推进智慧城轨建设的热潮。

树干苗壮初见形，智慧城轨示范工程建设初显成效。城轨交通行业探索以示范工程引领创新发展的新模式。几年来，城轨行业以示范工程为载体，坚持既有和新建示范工程两手抓，两手硬。一手持之以恒抓既有示范工程建设，燕房线全自动运行（FAO）系统顺利投入运营，具有完全自主知识产权，整体达到国际领先水平；重庆轨道交通CBTC互联互通达到国际领先水平；青岛列车自主运行系统、上海智能运维、深圳地铁标准A型车、铁科院城轨交通4A车和3B车、广州市18/22号线市域快轨、重庆自主化新型（胶轮）有轨电车等示范工程进展顺利；呼和浩特基于城轨云的运营系统顺利投产，"城市轨道交通云平台创新研究与应用"，达到国际领先水平，开创性、示范性和引领性十分显著；武汉网络信息化建设示范工程历经周折，已步入正常建设流程。一手与时俱进抓新建示范工程，积极扶持城轨企业示范工程建设。新一代网络化智能调度和智能列车运控系统示范工程经协会推荐，升列为国家级示范工程。南京都市圈智慧市域快轨示范工程，创造"5个第一"，即：发展改革委基础司、都市圈、市域快轨（市域郊铁路）、四网融合、跨省域多城市的第一个示范工程。重庆双流制市域（郊）铁路与城市地铁贯通运营成套技术示范工程已全面启动，郑州轨道交通

BIM全生命周期管理示范工程获批，宁波基于云平台的智能能源系统节能示范工程顺利通过技术审查。示范工程遍及《纲要》的多个体系，引领作用、覆盖范围、建设成效初步显现。调研分析5类先行示范工程8个项目的结果表明：智慧城轨示范工程技术先进，安全可靠，经济合理，成效明显。智慧城轨比传统城轨更加安全、便捷、高效、绿色、经济，将主导城轨交通高质量发展。

枝繁叶茂渐丰硕，智慧城轨重点体系深化研究有序开展。智慧城轨建设的重点体系面临前瞻性、创新性的挑战，为夯实智慧城轨建设的理论和技术基础，协会组织智慧城轨建设重点体系深化研究，鼓励支持会员单位积极承担研究任务，为智慧城轨建设献计、献策、献智慧。各会员单位积极踊跃参加重点体系研究，20多座城市，160多个单位提报135项研究申请。遴选出第一批50项，符合立项申报条件、研究目标清晰明确、内容完整全面、技术储备和研究基础良好、用产学研结合，拟研究的关键核心技术具有创新性的研究项目。历经任务书签订和启动会部署，为研究工作奠定了良好的基础，开启了加速推动智慧城轨建设的新征程。

根深蒂固助成材，城轨云数平台建设夯实"智慧底座"。城轨云和大数据平台以其新一代新兴信息技术的典范落地实施，构建智慧城轨发展的数据底座。呼和浩特城轨云试点工程2019年12月29日顺利投入运营，开启了中国城轨云元年。随后承载全自动运行系统的城轨云2020年12月26日在太原投产，宣告《纲要》重要组成部分的中国城轨云系列规范取得圆满成功。目前，北京、武汉、深圳、西安等20多个城市先后启动城轨云招标和建设，并有多家城轨企业跃跃欲试。随着"1-3-5-2"城轨云相关技术标准体系的发布实施，城轨云建设范围的日愈扩大和应用技术的日愈成熟，其先进、可靠、高效、经济、绿色的显著优势必将得以充分发挥，为智慧城轨建设提供强有力的基础设施支撑。

秀林成荫待惠民，智慧城轨建设任重而道远。《纲要》铺画了以人民为中心的智慧城轨建设蓝图，在"统筹规划、顶层设计、自主创新、重点突破、分步实施"原则指导下，创建智慧乘客服务体系、完善智能运输组织、开发智能能源系统、优化智能列车运行、研制智能技术装备、建设智能基础设施、提升智能运维安全和实施智慧网络管理，构建城轨云与大数据平台，制定智慧城轨技术标准等十大体系建设全

面铺开，成绩斐然。进入"十四五"以来，高速发展的城轨建设，日愈高涨的出行需求，安全可靠的运输组织，降本增效的企业运营，绿色低碳的发展形势，为智慧城轨建设这一庞大系统工程又赋予了新的内涵和要求。因此，智慧城轨建设要与时俱进，不断善于创新、主动创新、积极创新。深化智慧城轨体系研究，奠定科学的理论和技术基础；强力推进示范工程建设，积蓄扎实的经验和工程实践；全面推广智慧城轨建设项目，实现预期的目标和建设成果。智慧城轨建设

任重道远且行稳致远。

"交通强国，城轨担当"。在习近平新时代中国特色社会主义思想的指引下，科学把握新发展阶段，全面贯彻新发展理念，加快构建新发展格局，坚持以人民为中心的思想，凝聚全行业磅礴之力，目标不变，镜头不换，辛勤耕耘，育树成林，共同推动《纲要》实施，为建设"安全、便捷、高效、绿色、经济"的交通强国，实现城轨交通绿色低碳、高质量发展再做新贡献。

3 丁树奎 · 智慧城轨，行稳致远
——《中国城轨交通智慧城轨发展纲要》发布两周年记

中国城市轨道交通协会副会长
（2022年4月 北京）

2020年3月，中国城市轨道交通协会正式发布《中国城市轨道交通智慧城轨发展纲要》（以下简称《纲要》）。在这两年多的时间里，《纲要》在全行业促进中国城轨智能化、智慧化的发展共识，不断落地见效，生根发芽，结出硕果。结合自身和北京城轨交通在智慧化方面的探索和实践，在此跟各位同仁分享一路走来的一些感想和体会。

一、忆当初，《纲要》应运而生，指明行业战略发展方向

智慧化、智能化同步受到国际同行、国内高铁关注。2014年6月，欧盟理事会颁布第642号Shift2Rail条例，提出通过一系列行动推动欧洲轨道交通的高质量发展，其中就包括创新型智能铁路、智慧铁路等灯塔项目；2016年国际铁路联盟（UIC）联合欧洲铁路相关协会（CER、CIT、EIM）提出数字铁路路线图；欧洲、日本、美国等发达国家相继制定数字铁路的计划；中国铁总在数字铁路、铁路信息化的建设过程中提出铁路智能运输系统的模型，集中打造智能京张、智能京雄示范线。

对于城轨系统，对智能化、智慧化的方向、定位，是按照欧盟路线？国际铁路联盟路线？还是按照中国铁总路线？还是走城轨自己的路子？当时都是摆在行业面前的课题。

中国城市轨道交通经过30年的发展，已经积累雄厚的技术成果。北京城轨交通，通过前期北京亦庄线国产化CBTC系统示范工程、北京燕房线自主化全自动运行系统国家示范工程等示范工程的建设，城市轨道交通已经逐步

从实现"自主化"的"跟跑"阶段，到"以计算机等为基础的自动化"的"并跑"阶段，面临云计算、大数据、物联网、人工智能和5G等新一代信息技术的发展，亟需明确下一步战略发展方向。与此同时，对自动化、数字化、信息化、智能化、智慧化、网络化等众多概念，也需要深入界定这些概念的内涵。先行城市智慧车站建设已经起步，后发城市跃跃欲试，亟须加强智能智慧建设的行业指导。

在此背景下，协会历时两年的时间里，通过数以百计的调研，组织近百位专家参与，经过百余次修改并六易其稿，逐步形成智慧化、智能化重要概念的精准定位和智慧城轨发展体系的构建，将行业下一步的战略发展方向确立为智慧化、智能化，将行业共识凝练为最终发布的《纲要》中的"发展智能系统、建设智慧城轨"体系。

譬如"智能"与"智慧"的关系，很长一段时间，这两个概念被混用。《纲要》明确了智能、智慧之间既有内在联系又有原则区别。"智能"是利用先进技术给物质（设备）赋能，以期实现"自主化、无人化"。"智慧"是利用先进技术同时赋能人和物质（设备），以期实现自主采信、学习、决策达到更高效能。

二、明路径，聚焦"新一代"技术装备，以示范工程推动《纲要》落地

《纲要》发布后，如何在《纲要》指导下，落实建设好智慧城轨，是业主普遍面临的挑战。如何避免为了"智慧"而"智慧"，避免一味地新技术叠加应用带来的系统复杂度和运维成本的持续上升，北京城轨交通在探索和实践中，提出智慧城轨创新在系统推进的同时，应聚焦"新

一代"关键技术的研发和应用。

"新一代"应实现技术"领跑"，技术最重要的特征是在某一前沿技术领域内实现突破，在世界范围内得到广泛认同，领跑世界轨道交通的技术发展。"新一代"应解决当前行业主要痛点，从痛点分析出发，以需求和问题导向为基础，从痛点、梗阻点入手，寻找有效的解决途径，确定正确的发展方向。"新一代"应承载新模式、新业态，不能仅局限于技术本身的迭代和发展，应当承载甚至驱动管理业务模式的演进，形成技术与业务相互促进、相得益彰，体现在技术创新和管理创新的同步发展。总的来讲，"智慧化"是城轨交通技术的发展方向，"网络化的公交化运行"则是城轨交通模式和业态上的演化趋势。

通过示范工程来推动行业内领先技术的应用和推广，是《纲要》中明确的重要抓手和路径。为践行纲要、发挥北京轨道交通全产业链优势，由京投公司牵头，正在组织建设《纲要》发布后的第一个示范工程《智慧城轨新一代智能列车运行系统与平台示范工程》。通过新一代列控系统的攻关，打造具有北京特色建设模式，助力智慧城轨的建设。具体来说，主要是在项目研究推进过程中，集中行业内创新力量攻克两项核心技术难题，构建两个核心技术平台：一是攻克基于群体智能的自主虚拟编组技术及基于客流车流耦合的智能调度技术2个关键技术，二是研制智能列车一体化平台以及基于云技术的基础平台2个核心平台，进而形成一套新一代运行控制系统业务应用及技术标准体系，搭建一个综合测试验证管理平台，完成工程示范应用。项目将依托北京地铁冬奥支线、19号线进行示范应用，逐步向全网推广应用。

三、重协同，统筹谋划智慧城轨创新场景，智慧赋能城轨绿色发展

智慧城轨的发展不仅要吸纳过去的经验和成果，更要由对未来城轨交通的愿景来引领。在"政产学研用"创新模式中，业主的重要角色是需求引导，将需求场景化，用场景表现乘客需求和运营需求。在需求提炼时，将重要需求总结提炼为关键场景。

中国铁路的发展建设由国铁集团统一筹划，而城轨的建设发展则是由各个所在城市主导的。国内已有50座城市开通城轨交通，各地城轨业主推动创新发展的热情高涨，都从自身角度提出不同的应用场景，但由于所处的发展阶段和面临的迫切需求各有不同，难免会出现场景和需求的碎片化，使研发力量分散，同一系统的产品种类众多。针对这种情况，在城市发展需求、应用场景的提出过程中，既要发挥各城市特色及创新、避免遍地开花式的资源浪费，又要契合协会的整体规划与顶层设计，形成行业标准，由协会牵头组织，各地业主配合，在《纲要》的引领下，形成系统深化提炼、系列应用场景分层级、统一化、菜单式的良性发展模式。

在国家"碳达峰""碳中和"的"3060"战略目标指引下，绿色城轨成为智慧城轨的重要应用场景、智慧城轨是建设绿色城轨基础和载体。推进新一代智慧城轨技术与城轨绿色低碳业务深度融合，以智慧赋能城轨节能降碳战略。碳达峰、碳中和对城轨行业而言，既是挑战也是机遇，更是城轨行业面临的历史性任务和重大战略。以智慧城轨的关键核心技术攻关赋能节能降碳，绿色融合，推动城轨低碳发展，推进轨道行业"双碳"目标的实现和绿色低碳发展，助力实现城轨交通尽早、率先达峰，建设净零排放的城轨。

《纲要》发布两年，智慧化、智能化已成为中国特色城轨的鲜明特征，同时也成为行业共同努力的目标。在协会的指导、各地业主的并肩协作下，智慧城轨的建设步伐必将更加稳健，行稳而致远。

4 中国城市轨道交通协会·《低运量轨道交通系统工程建设程序指南》

（2022年7月）

一、适用范围

本指南适用于城市公共交通中，与城市道路交通共享路权的低运量轨道交通系统的新建工程。改扩建的低运量轨道交通系统可结合实际需求参照执行。

二、项目审批体系

（一）项目建设程序

项目建设程序包含线网规划、建设规划、工程可行性研究、初步设计、施工图设计、工程实施、工程验收、试运行、初期运营前安全评估、初期运营、后评估等流程。审批流程示意及各阶段主要内容见图11-4-1。

（二）各阶段配套专题

结合政策要求及关键程序，配套专题及审批部门建议见表11-4-1。

阶段	支撑专题	审批/审查部门
线网阶段		地方人民政府
建设规划	建设规划客流预测	专家评审
	社会稳定风险评估报告	地方政法部门
	环境影响评估报告	地方生态环境主管部门
	用地符合性意见	地方自然资源与规划部门
	历史文化名城影响及文物影响分析*	等级相对应政府主管部门
工程可行性研究	工程客流预测	专家评审
	交通一体化组织方案（包含换乘衔接）	专家评审&地方交通管理部门
	工程社会稳定风险评估*	地方政法部门
	工程节能评估	地方发展改革部门
	地震安全评估	地方地震局
	工程用地选址与土地预审	地方自然资源与规划部门
	资金承受能力分析	地方财政部门
	工程环境影响评价*	地方生态环境主管部门
	通航条件论证*	地方航道管理部门
	防洪影响评价*	地方水务部门
	水土保持方案*	地方水务部门
初步设计	初步设计概算审查	地方财政部门
	初步设计测量和勘察报告	
	TOD概念方案研究*	专家审查
	车辆选型报告*	专家评审
	施工图审查合格证	地方住建部门
	施工图设计测量和详勘、管线探测报告	
建设运营	施工许可证	地方住建部门
	规划验收	地方自然资源与规划部门
	工程验收	地方住建部门
	初期运营前安全评估	交通行业主管部门
	项目后评估	交通行业主管部门

注：加 * 的配套专题需结合工程实际情况实施。其中，工程环境影响评价专题需在工程实施前由地方生态环境主管部门完成审批。如涉及文保单位，开工前需完成文物保护专题，审批部门因文保级别而定。

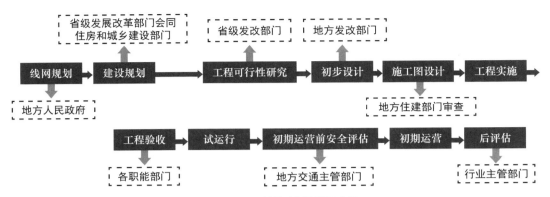

图11-4-1 项目总体建设流程示意图

三、建设项目审批要点

（一）线网规划

线网规划作为城市轨道交通线网规划的组成部分，其目的是支撑综合交通规划和公交规划。线网规划应明确发展目标、功能定位、线网布局、车辆基地等设施用地控制要求，依据城市国土空间总体规划编制，并适时纳入国土空间总体规划。

线网规划文件的编制和审批流程如下：

步骤一：由当地主管部门组织线网规划文件编制；

步骤二：由地方人民政府对规划进行审批，过程中要做好与省级有关部门的协调。

图11-4-2 线网规划审批流程示意图

（二）建设规划

1. 编制及审批流程

建设规划以线网规划为基础进行编制，上报省级完成立项，为开展工程前期研究提供依据指导。建设规划应提出建设规模和建设时序、主要技术标准、交通衔接、资金筹措等方案，近期建设规模应充分考虑地方政府财政承受能力。

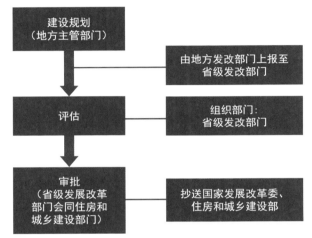

图11-4-3 建设规划审批流程示意图

建设规划文件的编制、审查和审批流程如下：

步骤一：由地方主管部门组织编制建设规划；

步骤二：由地方发展改革部门上报至省级发展改革部门，省级发展改革部门委托第三方组织评估；

步骤三：由省级发展改革部门会同住房和城乡建设部门等相关部门审批，并同步抄送国家发展改革委、住房和城乡建设部。

2. 配套专题

编制建设规划的同时，编制部门应委托单位编制建设规划的配套专题。建设规划上报技术审查和审批前，配套专题须通过专家审查并获得政府相关部门的审批。

建设规划阶段配套专题审批及评审要求　　　　　　　　　　　　　　　　　　表11-4-2

序号	配套专题名称	审批/审批部门
1	建设规划客流预测	专家评审
2	社会稳定风险评价报告	地方政法部门
3	环境影响评估报告	地方生态环境主管部门
4	用地符合性意见	地方自然资源与规划部门

注：以上为项目建设规划阶段的推荐配套专题，具体项目宜遵循地方的要求进行编制。如涉及历史文化名城或文物的，需进行专项评审。

（三）工程可行性研究

1. 编制及审批流程

建设规划获得批复后，建设单位可组织编制工程可行性研究文件。其目的为落实规划方案，明确工程建设规模、投资规模。主要内容包含线路功能定位与建设必要性、客流预测与技术标准、运营组织与线站方案、场站方案、财务和经济评价等。

工程可行性研究文件的编制、审查和审批流程如下：

步骤一：由地方建设单位组织工程可行性研究文件的编制，并征求社会公众及各部门意见；

步骤二：由地方发展改革部门上报至省级发展改革部门，省级发展改革部门组织专家委托第三方组织评估；

步骤三：由省级发展改革部门负责审批；对于超限专题经专题论证评估后，形成审查意见抄送国家发展改革委。

2. 配套专题

工可开展前，建设单位需向工可研究单位提供用地规划、道路红线等基础资料。编制工可的同时，建设单位应委托编制配套专题。工可报告上报技术审查和审批前，配套专题须通过专家审查或获得相关政府部门的审批。

其中，应重点关注的是：低运量轨道交通系统中与城

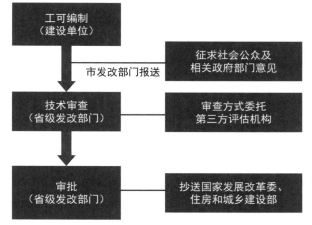

图11-4-4 工可审批流程示意图

市道路交通共享路权的系统制式在道路上敷设，处理好与道路空间关系，做好与两侧街道的衔接，是提升整体效益的关键。目前由于缺乏系统设计，导致部分项目与道路交通工程融合性低。除必要专题外，建议在工可阶段同步开展线路详细规划，研究明确低运量轨道交通系统与城市、城市道路交通和慢行系统的发展关系、落实TOD及交通一体化理念。主要内容包含线路和车站详细方案、站场选址及综合开发方案、交通接驳换乘规划方案等。

工可阶段配套专题审批及评审要求　　　　　　　　　　　　表11-4-3

序号	配套专题名称	审批/审批部门
1	工程客流预测	专家评审
2	交通一体化组织方案（包含换乘衔接）	专家评审 & 地方交通运输管理部门
3	工程社会稳定风险评估	地方政法部门
4	工程节能评估	地方发展改革部门
5	地震安全评估	地方地震局
6	工程用地选址与土地预审	地方自然资源与规划部门
7	线路详细规划*	地方自然资源与规划部门
8	资金承受能力分析	地方财政部门
9	工程环境影响评价*	地方生态环境主管部门
10	通航条件论证*	地方航道管理部门
11	防洪影响评价*	地方水务部门
12	水土保持方案*	地方水务部门
13	车辆选型报告*	专家评审

注：以上为项目建设规划阶段的推荐配套专题，具体项目宜遵循地方的要求进行编制。通航条件论证、防洪影响评价、水土保持方案等专题根据实际情况可在初步设计前批复。地质灾害、压覆矿专题根据地方自然资源与规划部门意见按需开展；车辆基地等涉及用地的需在规划选址与用地预审前进行控规调整。

（四）初步设计

1. 编制及审批流程

初步设计开展前，建设单位需向设计单位提供初步设计基础资料。初步设计文件应明确与周边用地、道路设施的关系，落实交通接驳设施布局方案。

初步设计文件编制完成后，由建设单位上报地方发改部门，组织专家审查并负责审批。初步设计文件的编制、审查和审批流程如下：

步骤一：由地方建设单位组织初步设计文件编制，并征求社会公众及各部门意见后上报地方发改部门；

步骤二：由地方发改部门组织专家评估并负责审批。

2. 配套专题

编制初步设计的同时，建设单位应委托编制配套专题。初步设计上报技术审查和审批前，配套专题须通过专家审查或获得相关政府部门的审批。对于结合沿线用地进

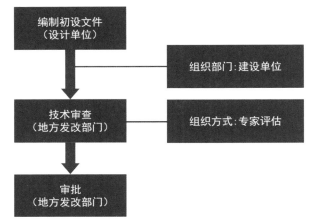

图11-4-5 初步设计审批流程示意图

行综合开发的线路，需同步开展TOD概念方案研究，以做好工程衔接预留。

初步设计阶段配套专题审批及评审要求　　　　　　　　　　　表11-4-4

序号	配套专题名称	审批/审批部门
1	初步设计概算审查	地方财政部门
2	初步设计测量和勘察报告	
3	TOD概念方案研究*	专家审查

注：结合线路沿线地物地貌、敷设方式、系统选择等，可能对项目投资和规模引起较大影响的专项进行专题研究。

（五）初期运营前安全评估

评审准备：初期运营前安全评估应具备政府部门认可文件、所有通过验收项的验收报告、初期运营线所需的技术图纸资料、初期运营规章制度以及初期运营的应急预案（设备故障处理的应急预案、行车组织应急预案和客运服务应急预案）。

初期运营前安全评估：依照交运规〔2022〕4号《城市轨道交通初期运营前安全评估管理暂行办法》执行，由地方城市交通运输主管部门或者地方人民政府指定的运营主管部门负责组织第三方安全评估机构实施初期运营前安全评估工作。

（六）项目后评估

项目后评估是指在项目已经投入运营一段时间后，对项目的目的、执行过程、效益、作用和影响进行系统客观地分析和总结。

结合国家相关政策要求，建议在开通初期运营3年或适时结合需要开展，由地方轨道交通主管部门委托第三方机构组织评估工作。

四、建设中的需要把握的重点

（一）科学规划

科学编制低运量轨道交通系统线网规划，在深入研究综合交通体系规划、客流需求、功能定位的基础上，提出

系统的发展目标、线网布局、建设时序等，并做好与大中运量轨道交通系统和BRT等的统筹衔接，纳入城市轨道交通线网规划统筹管理。项目应充分考虑网络化运营组织要求，加强运营组织规划研究。

（二）明确功能定位

线路敷设方式以地面为主，进出枢组及个别困难地段可研究采用高架等其他敷设方式。对于高架比例较高（30%以上）的低运量轨道交通项目，原则上适用于地铁基本成网、经济基础好、债务风险低、用地相对紧张的超大、特大城市市区，省级发展改革部门应会同相关部门组织专题论证并开展投资超限性评估和客流强度评估，形成书面意见后抄送国家发展改革委。

（三）落实交通一体化

贯彻以人为本的理念，以出行高效、便捷为目标，开展交通一体化规划，统筹好交通发展策略与道路功能定位，处理好与其他交通方式的道路资源分配。重点开展断面布置、敷设方式、交叉口形式等研究，做好与公交、慢行等方式衔接，并预留好换乘枢组用地，协调规划统筹做好用地控制。

（四）严格项目监管

从严把控工程造价和客流水平，原则上低运量轨道交通项目直接工程投资（工程费用和车辆购置费）不得

超过1亿元/公里。初期客流强度不得低于0.1万人次/公里·日，对不满足的项目应反复比选论证后方能开展审核（核准）程序，相关情况要提前报国家发展改革委。

未列入建设规划的项目不得启动审批（核准）程序，严禁以有轨电车名义违规变相建设地铁、轻轨项目；项目实施阶段不得随意调整可研报告审批（核准）的主要技术方案和造价。

严控地方政府债务风险，建设期项目总投资中的财政资金比例不得低于80%，对项目所在地列入债务风险预警和隐性债务风险等级较高的市、县（区），应暂停项目审批。

（五）建立完善的评估机制

省级发展改革部门要会同住房和城乡建设部门等有关单位完善建设规划实施的中期评估机制，建立建设规划执行情况和建成投运线路客流强度、经济社会效益分析的后评价机制，对开通运营3年后实际客流强度仍未达到相关要求的线路，省级发展改革部门会同有关单位应组织有关城市委托第三方机构开展专题评估，相关情况及时抄送国家发展改革委。

5 中国城市轨道交通协会·《2022中国城市轨道交通工程建设发展报告》

一、内容简介

当前，中国正处在加快转变经济发展方式的新时期，城市轨道交通是体现城市发展现状及趋势的重要窗口，是展示城市发展成就和潜力的重要平台。为了适应城市发展需要，针对中国城市轨道交通工程建设领域的实际情况，开展深度调研，通过了解各地轨道交通工程项目推进情况，从轨道交通工程项目的主要建设阶段进行全面的研究。以工程建设不同阶段存在的主要问题作为突破口，深度分析原因并给出意见和建议。

《2022年中国城市轨道交通工程建设发展报告》由综述篇，5个工程阶段专题篇包括勘测、规划、设计、施工和竣工验收篇，4个特别专题篇包括标准、新技术、质量安全和上盖物业开发组成。本报告将持续关注和纪录中国城市轨道交通工程建设领域的发展情况，为中国城市轨道交通工程建设的发展贡献力量。

二、目录

9. 质量安全篇

9.1 《城市轨道交通工程基坑、隧道施工坍塌防范导则》解读

9.2 《2021—2022城市轨道交通工程生产安全事故典型案例分析》解读

10. 上盖物业开发

10.1 概述

10.2 政策与标准

10.3 主要城市数据统计

10.4 "轨道+物业"开发模式的典型项目

6 中国城市轨道交通协会·《中国城市轨道交通运营发展报告（2021—2022）》

一、内容概要

2022年11月18日，交通运输部科学研究院及社会科学文献出版社等单位共同在京发布了《城市轨道交通蓝皮书：中国城市轨道交通运营发展报告（2021—2022）》。

《中国城市轨道交通运营发展报告》由中国城市轨道交通协会运营管理专业委员会组织，联合交通运输部科学研究院、交通运输部城市轨道交通运营安全管理技术及装备行业研发中心以及城市轨道交通运营企业共同编撰，系统性强，内容翔实，是全面、客观论述中国城市轨道交通运营发展状况及趋势的年度系列发展报告。

《中国城市轨道交通运营发展报告（2021—2022）》是该系列报告的第五本，由总报告、应急管理篇、监测预警与应急处置篇、借鉴篇和专家观点篇组成。总报告包括城市轨道交通发展情况回顾、基本运行情况、运营服务情况分析、运营标准化建设、运营管理创新以及发展热点预测等内容；应急管理篇分析了各城市落实行业管理制度的实施情况，讨论了应急准备、应急救援队伍建设、应急资源配置、协同应急机制建设等方面的内容；监测预警与应急处置篇分析了2021年全国气象灾害情况，暴雨、降雪灾害、台风、风暴潮灾害监测手段，并针对水淹、台风灾害的应急机制，城市轨道交通车站、线路的关闭与停运规范等进行了讨论，尤其是2021年郑州地铁720暴雨灾害事件后相关城市轨道交通企业规章的调整情况，围绕规划设计、制度建设和数字化防灾提出了应对极端气象灾害的思考；借鉴篇重点讨论了水淹、飓风和暴雪灾害在日本、英国和美国造成的城市轨道交通事故案例，系统梳理了基本情况、处置措施以及预防措施方面的主要做法；专家观点篇围绕提升应急救援六种能力、京港地铁运营安全风险管理实践、城市轨道交通运营成本分析及精益管理研究、国家"双碳"目标下重庆轨道交通"碳惠通"等进行具体论述。

该报告基于调查研究，提供了丰富案例，描绘了当前运营实际情况和未来发展趋势，可供城市轨道交通行业科研、管理、规划设计、运营经营等同行参考和借鉴，亦可作为科普读物，拓宽读者对城市轨道交通运营的理解和认知。

二、目录

Ⅰ 总报告

B.1 2021年中国城市轨道交通运营发展回顾与展望

一 城市轨道交通运营发展情况回顾

二 城市轨道交通基本运行情况

三 城市轨道交通运营服务情况分析

四 城市轨道交通运营标准化体系建设

五 城市轨道交通运营创新

六 城市轨道交通发展热点预测

Ⅱ 应急管理篇

B.2 城市轨道交通运营应急管理相关政策规范实施情况调查分析报告

B.3 中国城市轨道交通运营应急管理相关问题分析

Ⅲ 检测预警与应急处置篇

B.4 极端天气情形下城市轨道交通运营监测及预警

B.5 极端天气情形下城市轨道交通运营应急决策与处置

Ⅳ 借鉴篇

B.6 国外城市轨道交通自然灾害事件分析

Ⅴ 专家观点篇

B.7 南京地铁着力提升综合应急水平能力

B.8 京港地铁运营安全风险管理实践

B.9 城市轨道交通运营成本分析及精益管理研究

B.10 国家"双碳"战略下重庆轨道交通"碳惠通"分析报告

7 中国城市轨道交通协会·数字化转型背景下城轨企业人才发展现状

一、战略投入分析

关于城轨企业对数字化转型下人才建设的目标的认知，根据调研结果显示，排在前三位的分别是"解决业务的实际需求或痛点""加速企业数字化转型的进程""从数据出发帮助高层作决策"。

在数字化转型下人才发展过程中，有71.4%的城轨企业已经和计划运用培训平台综合一体化，69%的城轨企业开发管理应用APP。这两项也是城轨企业在人才发展过程中比较容易短时间内见成效、且投入成本相对较低的手段。

关于城轨企业在数字化转型下人才发展过程中遇到的困难，根据调研结果显示，排在前四的分别是"没有数字人才的相关标准和岗位能力模型"（73.8%），"缺乏行业维度的体系化指导"（59.5%），"缺乏具备数字化技能背景的专业人才"（57.1%）以及"欠缺对于数字化人才培养的体系化认识和思路"（50%）。

根据调研数据显示，各城轨企业培训预算覆盖的人群广泛，且其中管理者和非管理者之间的差别并不大，将费用覆盖到内训师和培训管理者的城轨企业占比相对较低，这一点与内部培训管理团队和内训师队伍数量有一定关系。

在2022年人才培养费用投入方面，相比2021年，城轨企业2022年人才培养费用均没有下降的趋势，有71%的城轨企业表示费用基本没有变动，有5%的企业表示费用增长了30%～50%。

二、人才规划与盘点分析

城轨企业对于以上数字化人才的需求强烈程度由强到弱排列如下：数字化专业人才、数字化应用人才、数字化管理人才、数字化领军人才。城轨企业对数字化人才当前的能力水平评分由高到低排列如下：数字化领军人才、数字化管理人才、数字化应用人才、数字化专业人才。

由此可见，城轨企业对数字化相关人才的需求强烈程度与人才的当前能力水平成反比，能力水平越低，需求强烈程度越高。除了外部引进人才，通过内部培养提升数字化人才的能力也是弥补需求缺口的重要措施。

在数字化人才画像方面，60%的城轨企业反馈尚无清晰的数字化人才画像，仅有2%的城轨企业目前已建立完善的人才画像。

在数字化人才培养方面，31%的城轨企业表示高层会在宣贯的活动与内容上有所投入或站台；43%的城轨企业反馈高层会在项目的执行中更为身体力行，带头学习。

83.3%的城轨企业表示数字化转型下人才需要具备的能力是将新型技术和业务逻辑相结合的能力，76.2%的城轨企业则认为需要具有数字化的思维意识，66.7%的企业认为需要具备新型数字技术的应用能力。这三种能力代表

了数字化人才在思维、内化、应用方面的能力素质，意味着城轨企业期待中的数字化人才应具备较为全面的能力。

85.7%的城轨企业认为想要有效提升数字化转型下人才的能力，应该搭建数字人才与行业或技术领域专家交流的平台；其次是建立内部培养体系，进行企业内训（57.1%）。

三、人才选拔与评价分析

（一）人才选拔

数字化转型下人才选拔过程中，城轨企业最倾向的途径是培养内部有潜质人才（90.5%），其次是高薪聘请外部人才（33.3%）和与高校合作定向人才输送（28.6%）。

（二）人才评价

超6成的城轨企业会开展人才的评价与考核，考核的频率最多的是每月考核一次，占比14.3%，其次是季度考核，占比11.9%。对于评价与考核结果的应用，最普遍的做法是用于绩效打分（93.8%），其次是给予奖金、福利和惩罚（75%）。

四、人才培养与发展分析

（一）人才培养

在城轨企业中，数字化转型下人才培养的发起方占比较高的是业务部门（48%）和HR或培训与学习发展部门（40%），仅有一成左右的城轨企业表示是由公司高层发起。

在设计数字化转型下人才的培养方式时，38.1%的城轨企业选择"有业务相关性，能解决业务需求和痛点"；33.3%的城轨企业选择"结合企业具体场景，发现具体需求后设计对应的方案"；16.7%的城轨企业通过赋予挑战性任务，让人才在实践中学习的方式；仅有9.5%的城轨企业注重培养方式结构化，有完善的体系和清晰的培养进程。从调研数据可以看出，城轨企业对人才培养方式与业务的结合度尤为关注。

在设计数字化转型下人才培养体系时，城轨企业主要考虑维度前五分别是：企业数字化转型阶段（76.2%）、高层的支持度（66.7%）、数字化转型下人才的培养目标（61.9%）、业务的支持度（59.5%）和人才的业务相关性（54.8%）。可以看出，在设计培养体系这一环节，企业更加关注企业发展阶段、高层的重视程度以及培养目标，更注重培养体系与企业实际情况的结合、目标达成及实践的易操作性等情况。

在培养人才的方式选择方面，城轨企业更愿意采用的方式前三位为：线下培训（61.9%）、线上视频课（47.6%）和实操带教（31%）。这三种方式是城轨企业开展培训的主流方式。

（二）人才留存

人才留存是企业人才发展中一直存在的难题，在数字化转型成为各企业的"必答题"的当下，如何培养相关人才，同时让人才留存下来，是企业需要着重看待的问题。

近几年来，城轨企业中数字化人才留存情况总体较好，64%的企业表示有80%以上留存，10%的企业表示有50%~80%留存，仅12%的企业表示有50%以下留存。值得一提的是，仍有14%的企业表示没有数字化人才，或许对他们来说，谈论数字化人才的留存为时尚早，数字化人才的引进与培养才是重中之重。

调研显示，在人才留存的有效方法中，78.6%的企业选择了"针对数字化人才特点的管理制度和激励机制"，52.4%的企业选择了"企业的晋升机制"，50%的企业选择了"市场上有竞争力的薪酬"，45.2%的企业选择了"为员工提供内外部培训机会"。

在人才培养与发展方面，城轨企业最关注的前三项分别是"数字化人才标准和能力模型"（76.2%），"数字化整体人才发展规划"（73.8%），"数字化人才培养项目计划"（50%）。

在获取人才培养资源方式方面，排在前三的方式是直接采购外部课程或者租用通用课程、内部自主开发、从互联网分类整合学习资源。

在选择人才培养相关的产品与内容时，超过一半的城轨企业主要考虑的因素有：在线课程质量（81%）、相关课程内容的专业性（73.8%）、学习项目设计的专业性（69%）、课程设计的专业性（64.3%）、线上及线下讲师的授课技巧（54.8%）。

五、培训与运营分析

（一）培训管理建设

当前城轨企业课程体系建设的现状是：20%尚未进

城轨企业培训管理团队服务情况 表11-7-1

培训管理团队的服务情况	平均值	合计	最大值
培训管理团队的编制人数	29.58	1124	221
专职的培训管理者人数*	19.28	694	100
培训团队的男女比例	4.4/4.59		
公司员工总人数	9367.97	346615	35655
2022年线下培训的总人次（截至2022年9月30日）	68170.5	2045115	1199416
2022年线上培训的总场次（截至2022年9月30日）	3064.43	85804	30000

注：若有兼职培训管理人员，其人数可按培训工作占其所有工作的比例折算为相当于专职的人数。

行课程体系规划，其余80%有课程体系规划或建设的企业中：36%完成部分条线的课程体系建设，且层级设定健全；18%已进行课程体系规划，但尚未开始搭建；18%针对关键人员完成课程体系建设。总体看来，城轨企业课程体系建设的进度相对较慢。

在课程设计与开发方面，44%的城轨企业由专职课程开发人员与内部兼职讲师共同设计；22%的城轨企业是由专职课程开发人员与业务专家共同设计；5%的城轨企业由专职课程开发人员独立完成，仅有17%的城轨企业通过部分外包或者全部外包的方式与外部供应商合作开发。

城轨企业课程资源总体情况 表11-7-2

课程资源的总体情况	平均值	合计	最大值
现有的线下课程总数（单位：门）	478.36	15786	6924
现有的线上课程总数（单位：门）	3077.91	22580	7000
其中，线下课程转化为线上课程的占比	37%		
2022年新开设的线下课程总数（单位：门）	524.5	16784	13979
2022年新开设的线上课程总数（单位：门）	673.72	21559	17773
2023年预计将开设的线下课程总数（单位：门）	105.06	3362	2200
2023年预计将开设的线上课程总数（单位：门）	97.81	3130	1000
现有的纯粹自主研发的课程占比	49%		

讲师储备的总体情况	平均值	合计	最大值
内部专职讲师人数	9.97	309	55
外部签约讲师人数	17.42	540	215
内部兼职讲师人数	404.32	13534	3000

在内部讲师体系建设方面，21.2%的城轨企业没有建立内部兼职讲师体系，36.4%城轨企业无内部专职讲师体系，内部兼职讲师体系的建设情况略好于内部专职讲师体系。

（二）学习平台运营

调研显示，城轨企业在选择线上学习与管理平台时，主要考量的功能前两位是："功能灵活度及自定义程度，如自建课、自建考试、自定义学习路径等"（70.7%）和"数据可视化程度，如学习结果的实时反馈"（68.3%）。

调研显示，59%的城轨企业已构建线上学习与管理平台；12%的企业正在构建中，尚未运行；仅有29%的企业暂无线上学习与管理平台。

城轨企业最常用的线上学习管理平台为APP，占比 69.2%，其次为PC端网站，占比53.8%，第三是自建系统，占15.4%。

最常用的平台开发方式为第三方供应商提供，占比54%；采用自主研发方式的占比23%，企业与第三方供应商共同开发的占比23%。

调研显示，对于城轨企业来说，现阶段常用的学习平台承载的功能前五为：在线培训（96.2%）、在线考试（73.1%）、讲师管理（53.8%）、学员档案管理（53.8%）和证书管理（50%）。其中，直播培训功能占比仅有30.8%，在所有功能中排第10位，一方面是因为目前培训市场上有较多外部供应商提供专门开展直播培训的平台与系统，对企业而言接入更方便，未纳入企业内部学习管理集成式平台；另一方面也侧面印证，大部分城轨企业的平台建设时间较早，"直播培训"还不是在线学习平台中的必要功能。

城轨企业常用平台运行总体情况 表11-7-4

常用平台运行总体情况	平均值	合计	最大值
平台覆盖的员工占比	78%		
平台的日活跃度	33%		
员工人均在线学习时长（小时）（截至2022年9月30日）	46.42	1299.78	300
2022年员工人均线下培训时长（小时）（截至2022年9月30日）	41.57	1288.55	150

调研显示，城轨企业对员工学习数据的应用方向首先是分析学习数据，掌握每位学员的学习情况，占比71.4%，其次是追寻学员学习轨迹与薄弱项，精准推送课程，占比40.5%。

调查结果显示，有50%的城轨企业认为在线学习平台内容不够丰富，35.7%的企业认为在线学习平台功能不完善，33.3%的企业认为企业各线上平台间的数据互通性差。这是城轨企业在线学习平台使用中遇到的三大难题。

为了增强在线学习管理平台的活跃度与使用率，实现平台价值最大化，城轨企业采取的有效措施主要为"将线下培训的内容转化到线上平台"，占比59.5%。此外"开展优秀课程、优秀讲师的评选"和"优化平台界面，提升员工体验感"并列第二，占比均为38.1%。

六、数字化转型背景下城轨企业人才发展问题分析

综合以上对数字化转型背景下城轨企业人才发展方面现状调研及访谈，人才发展问题归纳总结如下。

（一）缺少数字化人才标准

城轨企业现有的设计、建设、运营、维护及多种经营的分工已较为成熟，各专业人员各司其职责任明确，随着数字化转型逐步发展，新技术、新装备的应用以及企业降本增效、高质量发展对城轨企业提出新要求，专业的传统分工、岗位体系、岗位职责、能力素质要求将发生重大变化。数字化转型背景下，城轨企业所有从业人员均应具备一定的数字化素养。

对于城轨企业运营核心岗位来说，数字化对岗位体系冲击尤为明显。运营岗位要求将呈现"单一技能向复合技能协同、劳动密集向技术密集转化"，朝知识丰富化、技能综合化、素质多元化的方向发展，跨专业协作、多岗位融合成为新的发展趋势。本次调研也发现，城轨企业在数字化人才培养发展方面，最为关注的是"数字化人才标准和能力模型"。然而调研显示，60%

的城轨企业尚未建立清晰的数字化人才标准，"缺少数字人才的相关标准和岗位能力模型"成为城轨企业数字化人才发展的首要困难。

（二）人才培养重视程度不足

根据2021年度《城市轨道交通企业数字化转型发展调研报告》显示，在数字化综合评价模型-人才与组织建设方面，参与调研的47家城轨企业平均分仅为0.12（企业最高分值仅0.35，理想分值1分；与此相比数字化转型战略方面平均分0.35，企业最高分值达到0.8，理想分值1分）。

本次报告针对城轨企业的数字化转型费用投入进一步开展专项调研，结果显示，仅有19%的城轨企业在数字人才的招聘和培训上有投入费用。同时，调研中发现仅有12%的企业表示数字化转型下人才培养是由公司高层发起的。

对于城轨企业来说，数字化转型意味着产品及服务的深刻变革和整个生态系统的重构，以及商业模式的创新，而大多城轨企业目前更多关注数字化战略顶层设计，尚未认识到数字化转型过程中的深刻组织变革及新兴数字化角色的重要性，对人才发展缺乏系统性的规划，对数字化人才培养尚未有清晰思路，对数字化人才招聘与培养等相关资金投入远远不足。

（三）复合型人才供给不足

数字化转型关键归根到底是人才转型。数字化人才是城轨企业，乃至城市轨道交通产业数字化转型的关键要素。复合型人才主要分两种，一是具备多岗位复合技能的人才，二是具备业务与技术融合能力的数字化人才。

从需求侧来看，调研结果显示，城轨企业对于数字化专业人才的需求强烈，其次是数字化应用人才，这两类人才数量在企业内部占比较高。根据调研数据，有83.3%的企业表示数字化转型下人才需要具备将新型技术和业务逻辑相结合的能力。而城轨企业数字化技术IT人才供给不足，尤其是懂技术的业务人才和懂业务的技术人才储备不足，使得各企业在企业战略、业务管理和信息化之间难以架设有效的沟通和实现桥梁。随着数字化转型步伐加快，大批智能化的新技术、新设备的投入使用，大量一线岗位如站务、列车司机、检修工等，相应的能力素质要求也将产生巨大变化，岗位将面临复合转型的挑战。

从供给侧来看，满足人才相关岗位需求的途径主要是内部培养选聘和外部招聘。目前知识在职业院校的更新速度相对落后于在城轨企业应用及迭代速度，传统的专业技能更多将被数字化和智能化的真实场景应用能力所驱动迭代，职业院校供给的人才尚无法满足企业人才能力要求。

根据调研结果显示，企业在数字化转型下人才选拔的途径，最倾向的途径是培养内部有潜质人才（90.5%），

企业更倾向于采用培养现有员工的方式进行数字化人才供给。然而与此形成对比的是，企业在数字化人才招聘和培训上的费用投入却远远不足。城轨企业充分认识到业务的数字化转型不是简单地引入先进IT技术就能实现的，但目前需求与实际投入的不对称进一步加剧了城轨企业内部人才培养供给的不足。

同时，城轨企业主要还是按传统专业线条培养业务人才，以传统企业信息化建设的方式来看待企业内的IT部门职能，业务和IT的割裂在一定程度上成为影响复合型数字化人才培养的障碍，进一步加剧企业复合型数字化人才供给不足的情况。

（四）人才培养体系发展滞后

在人才培养方式方面，与业务融合紧密的行动学习方式、解决新时代员工工学矛盾需求的OMO线上线下融合方式以及AR/VR/MR等场景化培训方式等各类创新培养模式并不是城轨企业的主流选择，传统的线下培训方式仍是企业人才培养首要采用的方式，仅有31%的企业选择实操带教的方式。

在人才培养资源建设方面，20%的城轨企业尚未进行课程体系规划。课程研发更多仍完全依靠自行研发，仅有17%的城轨企业选择与外部课程开发机构合作的方式。完全自行研发的效率与外部机构合作开发效率相比较慢，在一定程度上也制约了课程体系及内容建设进度。

在学习平台建设方面，根据调研显示，虽然59%的企业已构建线上学习与管理平台，但仍然聚焦于线下培训的传统模块的线上转化，比如线上课程培训、在线考试、讲师管理、学员档案管理等传统培训模块功能。在线测评、直播技术、在线问答、积分商城管理、智能推荐等功能在平台所有功能中排序靠后，尤其是智能推荐功能，在所有功能中排在最后一位。根据调研显示，城轨企业认为企业目前所使用的在线学习平台存在的首要问题仍然是平台内容不够丰富，其次是功能不完善。在加强学习平台活跃度举措方面，超过一半的城轨企业仍采用将线下培训内容转化线上学习的方式，而不是通过活动运营加强员工学习体验。以上数据均反映了城轨企业目前尚未充分发挥科技优势，推动学习转型。

在与人才培养体系配套的机制方面，根据调研数据，78.6%的企业在人才留存的有效方法中选择了"针对数字化人才特点的管理制度和激励机制"，这表明各城轨企业对数字化转型下人才发展相关机制重要性有一定共识。同时，超6成的企业会定期（月度/季度）开展人才的评价与考核。但值得注意的是，对于评价与考核结果的应用，企业往往会回归管理传统做法——93.8%的企业是用于绩效打分。如何培养相关人才，让人才留存下来，相关机制的建设是企业需要着重看待的问题。

8 中国城市轨道交通协会·《十三五 中国城市轨道交通数读》

一、内容简介

中国城市轨道交通自1969年北京开通第一条地铁线路以来，历经50年发展，至2020年底，总运营里程已达7969.7公里，开通运营城市轨道交通的城市达45座；其中，在"十三五"的五年中，新开通运营的里程数为4351.7公里，是前45年建成总量的120.3%，中国的城轨发展进入快车道。

2017年，中国城市轨道交通协会成立"中国城市轨道交通年鉴编辑部"，设在上海申通地铁集团有限公司的年鉴编辑部负责编纂的首部《中国城市轨道交通年鉴（2017）》获得成功。至2020年底，已编纂完成5卷《中国城市轨道交通年鉴》，编辑出版该书，为五年来在城轨发展与5卷年鉴编辑出版方面做一个归纳总结。

该书是一部全面系统反映中国城市轨道交通发展情况的权威性资料工具书，收录了"十三五"期间中国城市轨道交通发展等各方面的主要统计数据。按照"便于携带、易于传播"的思路，设计为"口袋书"的形式，更好地满足行业、社会、公众的查询阅读需求。该书由中国城市轨道交通协会年鉴编纂委员会编，上海书店出版社2022年7月出版、发行。

二、目录

（一）综合

1. 各城市首次轨道交通开通时间（1969—2020）
2. 基本情况（2016—2020）
3. 各制式运营线路情况（2016—2020）
4. 各制式运营线路长度构成占比（2016—2020）
5. 运营主要指标基本情况（2016—2020）
6. 行业基本情况
7. 运营线路基本情况

（二）规划

8. 历年城市轨道交通建设规划项目
9. 批复建设规划规模情况（2016）
10. 批复建设规划规模情况（2017）
11. 批复建设规划规模情况（2018）
12. 批复建设规划规模情况（2019）
13. 批复建设规划规模情况（2020）

（三）建设

14. 建设情况（2016）
15. 建设情况（2017）
16. 建设情况（2018）
17. 建设情况（2019）
18. 建设情况（2020）
19. 建设项目情况（2016—2020）

（四）运营

20. 运营基础情况（2016—2020）
21. 线路运营数据（2016—2020） 1-客流
22. 线路运营数据（2016—2020） 2-运行/服务

（五）经营

23. 城市轨道交通企业资源经营收入（2016—2020）

（六）获奖

24. 国家及部委科学技术奖
25. 省市科学技术奖
26. 中国城市轨道交通协会科技进步奖
27. 中国土木工程詹天佑奖
28. 中国建设工程鲁班奖
29. 国家优质工程奖
30. 中国专利奖（轨道交通类）

附：全国城市轨道交通运营网络示意图

9 中国城市轨道交通协会/上海申通地铁集团有限公司·《中国城市轨道交通》

一、内容简介

中国城市轨道交通从无到有，走向世界，不断开创历史，书写中国的奇迹。艰难起步由"战备"转向"交通"。1965年，北京地铁一期工程开工建设。相比世界第一条伦敦地铁晚100多年。1969年北京地铁一期工程建成通车，开启北京乃至中国城市轨道交通52年砥砺奋进和跨越式发展历程。第一批建设地铁城市主要考虑战备功能和人防属性，交通功能为辅。

20世纪90年代起，地铁建设由战备需求转变为经济发展需求。从1969年至2000年，全国仅有4座城市开通7条线路、运营里程146公里的地铁。2000年起，得益于国家相关政策规范的支持、社会经济高速发展、城镇化快速推进及装备国产化、建设成本下降和建设周期的缩短，城市轨道交通得到全面快速发展。至2021年底，中国城市轨道交通线路共有9种制式同时在运营，全国共有50个城市开通运营城市轨道交通线路283条，总运营里程达9206.8公里，运营规模稳居世界第一。城市轨道交通正悄然改变着生活方式，逐渐成为城市民众日常出行的首选，成为改善城市居民生活品质、提升人民群众获得幸福感的重要载体。

　　该书是一本以简易的图文便览全国各城市轨道交通开通运营情况的科普读本。通过本书，为读者呈现各城市轨道交通起源、发展、壮大的历程。该书是以城市为单位，对各城市轨道交通进行记录；各城市的排列以该市轨道交通首次开通时间为序。各城市栏目下，设置"数看""历史脉络""规划布局""运营动态""主要特色"五个板块，介绍各城市的轨道交通基本情况与发展历史。该书由毕湘利、宋敏华主编，上海书店出版社出版、发行，248千字。

二、目录

十二 企业概况

本篇章内容由中国城市轨道交通协会76家会员单位提供，2022年新增3家参编单位。主要包括参编单位企业基本信息、2022年度工作要点以及完成主要目标任务情况和企业对行业推动引领重点工作情况。

上海申通 刷卡进站

1 中国城市轨道交通协会部分会员单位概况

【北京市基础设施投资有限公司】

北京市基础设施投资有限公司（以下简称"京投公司"）成立于2003年，是由北京市国有资产监督管理委员会出资成立的国有独资公司，承担以轨道交通为主的基础设施投融资与管理职能，主业为轨道交通投融资、建设管理与运营服务，轨道交通沿线土地开发经营，轨道交通装备制造。

【北京市地铁运营有限公司】

北京市地铁运营有限公司成立于1970年4月15日，是北京市市属大型国有独资公司，是国内最早成立的城市轨道交通运营企业，开通运营新中国第一条地铁。定位于"保障城市运行安全，提升城市承载能力，打造成为人民满意、保障有力、国际先进水平的轨道交通运营商"。主营业务涵盖轨道交通运营服务和轨道交通增值服务。围绕两大主业，构建乘客与运营业务、增值服务、资源经营业务和运营支撑业务三大板块，形成高质量协同发展的业务格局。

【北京城建设计发展集团股份公司】

北京城建设计发展集团股份有限公司（以下简称"设计发展集团"）创立于1958年，业务涵盖城市轨道交通、综合交通枢纽、地下空间开发、工业与民用建筑、市政、桥梁、道路等领域，拥有集设计咨询、工程建设、投融资、科技产业化、置业文旅、运营管理为一体的完整产业链，以"设计城市、构筑未来"为企业使命，致力于成为以设计为引领的城市建设综合服务商。

2022年，面对市场竞争、疫情影响等诸多挑战，设计发展集团在挑战中抓机遇，在变局中开新局，实现稳中育新、稳中提质。

2022年，设计发展集团轨道交通设计业务，在北京、石家庄、重庆等8座城市，取得北京M101线、重庆南川线等9条总体设计项目，中标数量位居行业第一。

勘测业务持续发力。在轨道交通市场份额占全国的30%，继续保持行业领跑地位。生态环境、智慧产品等新兴业务突飞猛进，比上年增长160%。承接冬奥会、二十大等应急保障勘测任务，首次进入通信微管廊勘测领域。

民建、规划业务多点开花；造价咨询进入建筑领域，实现零的突破；市政设计取得新收获，首次承接半地下污水处理厂。

工程总承包业务中标北京3号线、6号线南延、13号线等施工任务；获得北京新机场线、广州10号线等工程增补合同；拓展了北京既有线车辆段、地铁防汛排涝施工总承包业务；中标张家口康保县小学EPC项目。

科技产业化加速成长。数字化平台、智慧物联网、桥梁减震支座产品陆续取得市场订单，"城市仿真"数据底座平台逐步打开市场。"无感安检"正式亮相，在昆明、西安等获得试点应用。

置业文旅多元化发展。代建模式中标海口中医院、三亚公安局特勤支队、顺义市政工程等项目。新文创业务持续拓展，取得绍兴1号线、无锡4号线等文化艺术订单。

设计发展集团安捷公司新拓展绍兴、苏州市场；环安公司房屋检测、环评等业务合同额翻番，取得国外业务首开纪录；城建交通院数字化业务斩获多项订单，展现巨大的潜力空间。

2022年，设计发展集团获批中国科协科技创新基地；联合清华大学成立"城市防灾与安全联合研究中心"；获得国家"十四五"重点研发计划等科研任务43项；获评北京市首批科技服务品牌机构。

2022年，设计发展集团获鲁班奖1项、北京市科学技术奖等科研奖50项、省部级勘察设计奖44项、省部级优质工程6项、詹天佑奖2项，获得专利、软件著作权180件。装配式建造技术入选世界工程组织联合会及国际隧协优秀案例，是中国唯一入选项目。

【北京市轨道交通建设管理有限公司】

北京市轨道交通建设管理有限公司（以下简称"北京轨道公司"），是北京市负责组织城市轨道交通建设的专业管理公司，经市政府批准于2020年8月与北京市基础设施投资有限公司合并重组，为京投公司直管公司。负责各在建地铁线路公司、北京城市快轨建设管理有限公司、新疆乌京基础设施建设管理有限公司业务归口管理。

北京轨道公司负责北京市轨道交通新建线路的勘察设计、施工监理、车辆设备的招标、评标和决标；组织轨道交通新建线路的初步设计、土建结构、建筑装修、设备安装工程及相应市政配套工程的实施；组织轨道交通新建线路的系统调试、开通、验收直至交付初期运营全过程的建设管理。秉承"发展轨道交通，建设精品工程"的理念，始终坚持以人为本，注重科技创新，精心筹划，科学组织。工程多次获"中国建设工程鲁班奖""国家优质工程奖""中国土木工程詹天佑奖"等荣誉。

2022年，北京轨道公司稳步实施"十四五"发展规划，进一步明确"一二三四"发展思路，即聚焦轨道交通建设管理主业，扩展延伸发展"以轨道交通为依托的站城一体化、土地综合利用及随轨基础设施""依托京投公司投资平台，参与'四网融合'及上下游产业链项目"的建设管理业务，形成"网络化总体控制和行业标准化制定的总体主导能力，服务业主需求进行项目总体筹划的总承包能力,以车辆系统为核心的系统总集成能力"。作为国家级高新技术企业,公司高度重视技术和管理创新,拥有专业齐全的轨道交通建设管理人才队伍。公司的安全管理模式、动车调试模式、集中式网络指挥中心模式、体系化的项目管理模式等管理模式,均在行业中产生重大影响,引领行业管理转型,得到国家有关部门认同并在全行业推广。北京轨道公司积极开展关键技术自主创新与示范应用,打破国外技术垄断,形成自主的轨道交通装备产业,为中国城市轨道交通大规模快速发展奠定技术装备基础。尤其是轨道交通全自动运行系统被国家发展改革委认定为战略性新兴产业示范成果。

北京轨道公司将充分发挥建设管理主业优势,围绕规划、建设、运营不断提升精细化管理水平,高质量完成以轨道交通为主的城市基础设施建设任务,努力建设好人民的、首都的、智慧的、融合的轨道交通,全力服务保障首都的发展。

【北京京港地铁有限公司】

北京京港地铁有限公司(以下简称"京港地铁")成立于2006年1月16日,以PPP模式参与投资、建设并运营北京的地铁4号线、14号线、16号线,并负责运营管理大兴线,还以租赁经营模式运营17号线。负责线路总长度超200公里,开通运营里程162.8公里,所辖车站100座。

2022年,京港地铁统筹疫情防控常态化及冬奥会等各项运输保障工作,确保公司既有线路安全稳定运营和16号线南段顺利开通前提下,做好票务系统升级服务工作,应用智能清洁机器人、AR眼镜等创新技术,持续提升服务水平。京港地铁各线路累计完成客运量4.23亿人次,日均115.98万人次。累计走行公里约1.36亿车公里,平均每日373186车公里。各线路(合计)平均列车兑现率为99.99%,平均列车正点率为99.99%。

在运营服务提升方面,一是落实服务规范。京港地铁根据行业标准,优化完善公司服务标准体系。二是优化服务指标体系。对标港铁ESG、CAMET行业指标,多维度推动公司运营内控指标的完善,提升公司业内服务水平。三是开展乘客体验项目。推出车站标识、列车时刻表、乘梯安全提示等出行服务改善项目,持续优化提升出行服务质量。四是公布顾客服务承诺。通过设定服务指标、推动各项设施改造和便民贴心服务举措,让乘客切身感受地铁服务的温度。五是通过持续深入开展乘客满意度调查和服务质量评价工作,深入分析挖掘乘客需求,努力改进服务质量。

在倡导节能低碳方面,京港地铁结合轨道交通行业特点,借鉴港铁多年在可持续发展工作方面的经验,在为乘客提供优质出行服务的基础上,持续开展多项节能低碳项目,仅2022年,京港地铁既有线路实施节能减碳项目共减少碳排放约1.3万吨。

在持续智慧创新方面,京港地铁引入直梯免接触按钮和车站清洁机器人,提升乘客出行体验。探索AR技术辅助应急处置,将3D打印技术应用于维修工作,安装水动力防汛挡板,提升运营安全水平。完成交通运输部重点科研项目《城市轨道行车故障分类与智能监测技术研发》及《城市轨道交通保护区智能巡查技术》,为行业提供参考和借鉴。

在提升乘客出行体验方面,京港地铁始终秉承"以客为先"的服务理念,结合本地的地铁运营环境,借鉴港铁的成熟经验,在确保运营安全及有序的同时,积极打造宜人的城市出行空间。2022年,多次举办地铁公益文化和乘客安全宣传活动,持续提升乘客出行体验,并不断优化自媒体矩阵,通过线上线下多种形式,为乘客提供更优质的出行服务。

【北京市轨道交通运营管理有限公司】

北京市轨道交通运营管理有限公司成立于2016年4月,是京投公司的直管二级公司,是市政府批准的北京第三家轨道交通运营商,负责运营北京市轨道交通燕房线、北京大兴国际机场线,北京地铁19号线三条全自动运行线路。

2022年,北京市轨道交通运营管理有限公司紧扣"特色鲜明、行业领先成熟的城市轨道交通综合运营服务商"战略目标,以实现"系统最优,体系最优"为原则,持续提升乘客出行体验。燕房线、大兴机场线兑现率、正点率等运营指标表现良好,12个月百分制考核结果均为优秀。为保证大兴机场线衔接航班顺畅,积极调整行车组织方案,全功能实现DTO运营,向交通委提出转正式运营的申请。

持续推进运维系统信息化工作,研究开发移动运维信息化应急人员管理功能模块,推出运维移动端故障报修功能,实现故障报修智能化、创建故障报修新模式。以19号线作为智慧地铁应用载体,推进智能运维、智能调度、智能车站需求,与19号线一期运营需求达到深度融合;在金融街站及草桥站建立城市智慧地铁示范项目,将北京城轨运营推向安全高效的自动化与智能化阶段。

完成与京投公司合并重组后的管理转隶工作,积极融入集团战略,持续完善IT基础设施建设,将"公司云"平台扩容升级为"集团云"平台,为后续统筹资料、更高水平的信息化的发展奠定坚实基础。以信息化建设的效率能力提升、成本效益的提升、标准化提升、智慧化提升为着力点,完成信息化二期项目的全面验收,有序推进信息化三期建设工作,全面促进公司数字化转型。

加强安全管理,不断完善安全管理体系,严格落实京投公司安全风险管理流程及隐患分级管控机制,定期跟进运营安全风险及隐患管理,全年无重大及以上隐患,现场隐患风险可控。安全公共安全管理核心要素14

项均实现信息化管理，形成隐患管理、风险管控等十大核心信息化模块。

持续优化公司规章制度，接轨国际认证，取得国际DAKKS认证证书。

【北京城市快轨建设管理有限公司】

北京城市快轨建设管理有限公司2001年7月成立（以下简称"快轨公司"），注册资本金3500万元，是北京市轨道交通建设管理行业的核心力量。自2020年11月12日起，业务归属北京轨道公司管理。"暗挖机械化、新型洞桩法"为企业创新亮点。2022年总收入8707.54万元，营业利润483.42万元，净利润369.2万元。

2022年，快轨公司认真贯彻落实"疫情要防住、经济要稳住、发展要安全"的总要求。按照政府开通计划安排，如期完成16号线南段（木樨地站至榆树庄站）年底开通试运营的工作目标。22号线北京段完成所有标段的招标工作，全线的前期手续全部取得。

面对地铁建设中突出的人员"老龄化"等问题，在快轨公司实现"机械化施工、智能化建造"总体战略下，依托22号线开展盾构法隧道智能化施工成套技术、自动化监测技术研究，提升数字转型智慧赋能；针对市域铁路跨越道路、河流的大跨异型布置难的问题，联合清华大学研发新型钢-混组合槽型梁，在22号线开展科技攻关，开拓性解决了齐心庄站至马坊站区间曲线段设计难题。

北京地铁16号线工程"城市轨道交通隧道机械化暗挖技术研究与应用"获2022年度北京市科学技术进步奖二等奖。"新建地铁下穿既有地铁安全控制关键技术"获2022年度中国城市轨道交通协会科技进步奖一等奖。

【北京公交有轨电车有限公司】

北京公交有轨电车有限公司于2017年4月成立，是北京公共交通控股（集团）有限公司的全资子公司。主要从事城市轨道交通运营、投资与建设管理业务。现有员工471人。所辖西郊线分公司、亦庄有轨公司运营管理能力平稳提升，控股河北城轨公司、公交城轨公司，参股北京百瑞客公司。

北京公交有轨电车有限公司在北京公交集团的领导下，坚持"疫情要防住、经济要稳住、发展要安全"的总要求和"深化改革、创新服务、依法治企、提质增效、安全稳定、从严治党"的总方针，围绕"城市轨道客运出行综合服务"的发展主业，聚焦"降成本、升服务、提效益、保安全"，在经济下行、疫情反复冲击等严峻形势下，实现安全稳定和事业发展。

落实疫情防控措施，及时部署落实防控要求，压实企业主体责任，强化运营车辆防疫保障服务工作。

运营安全平稳。灵活调配运力，单日最高客流量7.5万人次，持续提升运营保障能力，多专业协同实现线路安全平稳。创新服务保障方式，结合疫情期间的新要求，打造"5+1+3"进站模式，最大限度减少人员聚集。

重点工作持续推进。推进河北崇礼太子城冰雪小镇、新疆吐鲁番等有轨电车项目；与唐山百川智能机器股份有限公司组建成立北京百瑞客交通科技发展有限公司，公交城轨公司引入合作方北京城铁科技集团有限公司。从优化调整内部机构，减员增效入手，有效降低成本，提升服务。

公司官方媒体平台发布信息155条；主流媒体登载76篇外宣报道。公司获由中华全国总工会、应急管理部、国家卫生健康委联合颁发的"全国'安康杯'竞赛优胜单位"称号；西郊线获"北京市青年文明号"称号。

【北京全路通信信号研究设计院集团有限公司】

北京全路通信信号研究设计院集团有限公司（以下简称"中国通号"）成立于1953年，前身为铁道部电务设计事务所，现为中国铁路通信信号股份有限公司下属全资子公司。以轨道交通领域为核心，形成覆盖信号、通信信息、电力电气化、土建、建筑等专业的系统研究、标准制定、应用开发、设计咨询、检验检测、集成交付、运营维护的完整业务链。

中国通号是国家高新技术企业、中关村国家自主创新示范区"十百千工程"培育企业。2006年至2020年，连续获企业信用评级3A证书，2014年被认定为北京市高速铁路运行控制系统工程技术研究中心，2015年被认定为国家级工业设计中心，2018年被认定为国家技术创新示范企业，2019年被认定为国家企业技术中心和国家知识产权优势企业。作为铁道行业"通信信号设备制式标准化技术归口单位"，承担国家、铁道行业、铁道/轨道交通协会团体标准等多项标准的制定工作。着力加快科技创新步伐，加快转型升级进程，发挥设计、研发、集成"三位一体"优势。

中国高铁CTCS-3级列控系统被誉为高铁的"大脑"和"神经中枢"，是高速铁路三大关键技术之一，是保障列车安全运行和提高运输效率的关键技术装备。由中国通号自主研制的国内首套自主化CTCS-3级列控系统是继标准动车组420公里时速交汇试验之后中国高速铁路技术自主化的又一阶段性成果。自主化CTCS-3级列车运行控制系统为高铁"走出去"奠定必备基础。

中国通号作为铁道行业"通信信号设备制式标准化技术归口单位"，是铁道通信信号行业标准的主要制定者。2010年以来，中国通号主持制修订国家标准3项，参与制修订国家标准11项，主持或参与制修订行业标准109项，发布企标612项，承担国家标准、行业标准和学会标准共计3个秘书处工作。2018年TB/T3324-2013铁路数字移动通信系统（GSMR-M）总体技术要求等4项标准获得中国标准创新贡献奖。

中国通号获第十九届中国专利奖的优秀奖，第二十、二十一届中国专利奖的银奖。至2022年底，累计计算机软件著作权登记119项。

至2022年底，共承担国内20座（省会直辖市14座、其他6座）城市96条（段），海外4条线（平壤及德黑兰）的工程设计任务。国内轨道交通设计项目主要包括北京、哈尔滨、长春、沈阳、呼和浩特、大连、济南、南京、上海、武汉、苏州、杭州、宁波、厦门、广州、深圳、乌鲁木齐、南宁、贵阳、雄安等。

【通号城市轨道交通技术有限公司】

通号城市轨道交通技术有限公司是国务院国资委管理的中国铁路通信信号集团有限公司依据战略规划，于2010年设立的全资子公司，注册地北京。在华北、西南、华中、华东、东北、西北设有分公司，专注于城市轨道交通列车运行控制和信息系统研究，拥有城轨信号系统集成全过程实施能力，是国家高新技术企业、北京市企业技术中心、北京市知识产权示范单位，2020年入选国务院国改办"科改示范行动"企业名单。

2022年，公司以迎接和学习贯彻党的二十大工作为主线，坚决落实党中央关于"疫情要防住、经济要稳住、发展要安全"的要求，发挥高质量党建引领保障作用和科技创新引领作用，凝心聚力推动城轨列控系统高水平自立自强。

在改革发展方面，紧盯"国企改革三年行动""科改示范行动"和"对标世界一流"实施方案和工作台账，全面完成第一轮三年科改任务。企业盈利能力大幅提升，经济实力再上新台阶。截至2022年底，企业资产总额较十年前增长122.56%、净资产增长166.39%、收入增长91.99%、净利润较十年前增长10倍，有效实现企业高质量发展目标。下一步，聚焦发展规划和定位，突出问题导向，扎实推进第二轮三年科改工作任务，持续激发企业内生动力。

在科技创新方面，聚焦国家重大战略需求，完成基于100%国产芯片及操作系统的深度自主化城轨CBTC系统研发，全套产品取得第三方安全评估机构颁发的产品安全证书进入现场试验阶段，标志着城轨列控系统从平台与应用层的系统自主化，步入芯片与操作系统层的深度自主化阶段。新一代列控系统关键技术研发取得突破，高性能折返技术打破CBTC系统道岔区域控制瓶颈，使折返能力突破至90秒内，大幅提升系统运能；灵活编组技术突破传统列控系统运营组织模式，助力节能降碳；"自主化全电子联锁系统关键技术研发及产业化应用"通过中国城市轨道交通协会科技成果评价，总体技术达到国际先进水平，已在长沙、长春、天津等国内6条轨道交通线路推广应用；完成信号智能运维系统研制，在重庆5号线北延线首次应用。新申请发明专利161项，新获得授权发明专利56项，申报2项国际专利。通过知识产权管理规范标准的新体系贯标认证，进一步强化企业在知识产权创造、运用、管理和保护等方面的能力。

在工程建设方面，年内开通重庆江跳线、长沙6号线、南海新交通3个项目。其中，江跳线攻克双流制供电列车ATO全自动控车转换技术，实现列车在分相区和交直流转换区域的全自动切换，是国内首条双流制式轨道交通线路。长沙6号线、南海新交通等多个项目获业主书面表扬。

【交控科技股份有限公司】

交控科技股份有限公司（688015.SH）成立于2009年12月，并于2019年7月成为首批科创板上市企业。公司持续深耕轨道交通行业，解决信号领域多项技术"短板"问题，将自主技术提升至国际化水平。

2022年，是国家"十四五"规划的关键之年，交控科技股份有限公司立足国家战略和行业趋势，制定"2022年高质量发展行动方案"，致力提升公司整体核心竞争力。

经过十三年的深耕发展，交控科技股份有限公司已经成为城市轨道交通信号系统建设及运营维护、互联互通等多个领域技术的领跑者和推动者。

作为国内首个实现全自主全自动运行系统FAO的信号商，交控科技股份有限公司自主创新成果成为新线建设主流解决方案，截至2022年底，全功能开通运营的FAO线路达250公里，位居行业第一。针对ATS系统兼容适配国产化数据库进行深入研究并实现在信号系统的应用，为轨道交通行业技术自主化增加更多选择方案。

交控科技股份有限公司中标并承担"智慧城轨新一代智能列车运行系统及平台"子项目，该平台项目是首个智慧城轨示范工程，被国家发展改革委列为国家发展专项项目，上升为国家增强核心竞争力攻关计划。

2022年，交控科技股份有限公司继续秉承"应用一代、开发一代、研究一代"的创新发展策略和路径，持续开展核心技术研发与产业化工作。第三代基于通信的列控系统CBTC、第四代FAO系统持续完善升级，第五代基于感知的车车通信系统（PB-TACS）成功中标成都地铁30号线并将实现工程应用，第六代自主虚拟编组运行系统（AVCOS）、车地协同技术完成方案编写并在北京11号线示范工程进行验证。特别是自主创新全电子联锁、新一代地面安全计算机平台等技术首次工程应用，实现技术新突破。

2022年，交控科技股份有限公司携手各地建设单位和合作伙伴，共助力北京、天津、深圳、合肥、杭州等城市6条线路的高标准高水平开通，实现对客户的高质量交付承诺。特别是列车智能障碍物检测系统（TIDS）在香港荃湾线正式投入运营，性能指标达到世界领先水平，为智能感知产品的推广起到良好示范作用。

【北京城建智控科技股份有限公司】

北京城建智控科技股份有限公司（简称：城建智控）是国家级高新技术企业、国务院"科改示范企业"、北京市"专精特新"企业、北京市市级企业技术中心、中国城市轨道交通协会常务理事单位、现代有轨电车分会副会长单位。城建智控致力于为行业用户提供弱电系统一体化全解决方案，打造集"设计、研发、制造、采购、安装、运维"为一体的一站式服务。

2022年1月，城建智控中标福州市轨道交通4号线一期工程弱电系统集成供货及服务项目（福州地铁4号线），将负责福州地铁4号线通信系统、综合监控系统、火灾报警及气灭系统、自动售检票系统和安检系统的实施工作。

2022年3月，城建智控中标西安地铁线网云平台工程，这是城建智控中标的第7个城轨云项目，该项目包含云平台、综合测试平台、企业综合管理平台、网络安全及工程配套等内容，涉及8号线、10号线、15号线三条线路。城建智控自主研发的"云交自动化系统"和"智能控制一体机"将为其提供智慧城轨的解决方案。

2022年4月，城建智控成功中标太原市轨道交通信息化建设项目（二期），这是自2019年9月中标"太原市轨道交通2号线一期工程城轨云计算平台系统工程"，2021年3月中标"太原市轨道交通2号线一期工程城轨云计算平台系统运维项目"后，城建智控与太原轨道交通第三次"携手"，充分说明太原轨道交通集团对城建智控的技术实力与创新能力的认可与肯定。

2022年4月29日，绍兴轨道交通1号线主线（绍兴地铁1号线）开通运营，城建智控中标该线路的机电安装及弱电集成项目，这一线路工程是城建智控承接的第一条整条地铁线路机电安装项目，负责全线23座车站的机电设备安装及设备区装修工作。此外，还为绍兴地铁1号线全线23个车站（本次开通18个站）、1个停车场、1个车辆段和主备中心，构建以自主研发的二代"智能控制一体机"为核心硬件载体，云平台为系统底座的中心云和边缘云一体化平台。

2022年8月，工业和信息化部发布2022年大数据产业发展试点示范项目名单，城建智控的"轨道交通大数据分析决策平台"入选。此项目以满足智慧型城市轨道交通发展需要为目标，重点解决轨道交通数据的采集、加工、安全、分析等难题，突破数据共享的壁垒，为大数据应用奠定坚实基础，助推大数据在城轨交通的智慧服务、智能指挥和智能运维等领域的深化应用。

2022年，城建智控在成都设立研发中心，架起校地企交流合作的桥梁，为推动四川省乃至西南地区的轨道交通全产业链发展、构建产业高地贡献自身的力量。

2022年，城建智控与福州地铁成立合资公司，标志着公司资本化运作迈出成功一步。城建智控将通过福州地铁4号线、福州机场快线ATS及场段连锁等多个项目，立足福州，并辐射整个东南地区，发挥核心引擎作用，助力福建地区成为交通强国先行区。

【天津轨道交通集团有限公司】

天津轨道交通集团有限公司系大型国有企业，成立于2014年5月，是集轨道交通投融资、建设管理、运营管理、资源开发于一体的综合平台，主要负责城市轨道交通和市域（郊）铁路投资建设与经营管理及沿线资源开发工作，代表天津市政府与国铁集团合资建设铁路的股权出资与合作开发。

2022年完成投资272亿元，高质量开通10号线，全网日均客流87.6万人次，经营收入19.69亿元、利润6.5亿元，全年无较大及以上安全生产事故。

重点项目高效推进。10号线按期开通获得市主要领导和行业专家高度认可。静海线一期桥梁下部结构、车站主体结构全部完成，上部结构完成51%。静海线二期、宁河线方案基本稳定，正在深化武清线方案。T3航站楼配套交通枢纽一体化设计已完成。4号线南段、6号线二期工程费竣工结算基本完成，节约概算投资近30亿元。京滨城际北段、京唐城际2022年12月30日通车，津潍高铁、京滨城际南段开工建设，津兴城际主体结构完工，京沪高铁实现分红9450万元。

网络化管理水平持续提升。组建线网管理公司，深化"五长联动"机制，推广"一站一码"服务平台。车辆、通号、供电、工务线网级智慧运维平台上线运行。计量中心实现自主计量检测。对标管理实现2个指标进入全国前三、4个指标前五、12个指标前八。车公里成本20.54元，4号线、6号线二期、10号线仅增加189人，每公里30人，位于行业前列。完成9号线68台售票机利旧改造并应用到10号线。智慧能源系统上线试运行，同工况用电同比下降1.13%。

资源盘活成果显著。完善土地、房产、资源三本台账，编制《天津市"津城"轨道交通站场综合开发近期建设规划》，制定"4+28+N"开发项目实施方案，修订《轨道交通场站及周边土地综合开发利用实施意见》，完成双林等20多个项目策划方案，规划建筑面积超300万平方米。集团房产平均租金3.31元/天/平方米，高于市区平均租金。盘活房产4.1万平方米，出租出售腾迁房400余套。大毕庄车辆段光伏项目完工并发电。东南角等4处智慧停车场提供停车位336个，地铁站内外增加便民设施127处。

企业改革持续深化。主动与银行、保险公司等单位对接，先后完成银行贷款、融资租赁、信托融资、债券发行等工作，其中成本规制银团贷款总额592.3亿元，发放贷款427.56亿元。设立轨道保理公司和轨道交通产业基金。天津轨道交通集团高质量发展方案印发实施，国企改革三年行动综合考评满分，风险管控质量工程总分第1名通过验收。完成7家企业股权处置，资产信息化系统实现可视化盘点，核实资产近39万项。全年投资公司15家。知识管理平台上线运行，静海线光-储-直-柔示范工程通过轨交协会专家评审，1项科研成果达到国内领先水平，3项科研成果获省部级以上科技进步奖。

【天津滨海新区轨道交通投资发展有限公司】

天津滨海新区轨道交通投资发展有限公司成立于2010年11月18日，为滨海新区专业承接轨道交通投资建设的法人主体，主要承担新区滨铁1号线（B1线）、滨铁3号线（Z2线）的投资建设及规划中的轨道交通线网实施任务。目前已完成滨海站综合交通枢纽市政配套工程的投资建设任务，并负责滨海站的运营管理工作。

2022年，公司以习近平新时代中国特色社会主义思想为指导，以滨海建投集团"1258"战略为纲领，以"促生产、保稳定、谋发展"为目标，攻坚克难、真抓实干，较好地完成各项工作任务目标。

至2022年底，B1线实现欣嘉园站等9个车站主体封顶；实施云山道站等3个车站附属结构施工，友金区间主体结构施工，国祥西道站围护结构施工；欣嘉园区域和九云区间盾构隧道全部贯通，滨九区间盾构下井。车辆段全部楼座主体结构封顶，控制中心开展设备安装和装饰装修施工。特别是塘沽站于2022年6月正式开工，完成围护结构施工，为推进全线建设进度、确保通车奠定基础。Z2线开展中心大道站等8个车站、东六道站-经三路站等9个区间主体工程施工作业，全线3座地下车站全部进入主体施工阶段，3座高架车站实现局部封顶，首台盾构按期始发，预制梁、盾构管片按计划生产，实现全线总长度60%的作业界面开工，确保点位能开尽开、快速推进总体目标。

配合相关单位开展多个新项目的前期策划研究，包括TOD综合开发、中低运量轨道交通规划、新区轨道交通线网规划、地铁保护管理，积极参与滨海新区、天津市轨道交通布局谋划和规范管理等工作，积极储备新业务，挖掘新潜力。

持续强化安全生产，压实主体责任，完善制度体系，落实双重预防机制。严格质量把控，抓实疫情防控，实现全年安全平稳运行。

【石家庄市轨道交通有限责任公司】

石家庄市轨道交通集团有限责任公司成立于2010年，主要承担石家庄市轨道交通项目工程建设、运营管理、资源综合开发与经营等工作。

石家庄市轨道交通线网方案为6条线组成的"大放射、小方格"布局，线网总长241.7公里。一期建设规划1、2、3号线基本建成投运，初步形成市区东西南北贯通的轨道交通骨干线网，进入网络化运营新时代。2022年，瞄准世界级的京津冀都市圈建设，进一步挖掘自身潜力，积极布局"十四五"，加快谋划市域（郊）项目，实施TOD发展模式，推动轨道交通"建设、运营、开发"相互促进、融合发展。

石家庄市轨道交通集团有限责任公司立足"建设安全、优质、科技、环保、人文、经济型地铁"，积极探索现代企业发展之路，取得显著的工作成效，集团规模迅速扩大，拥有一大批技术和管理人才，具备了较强的轨道交通管理能力。在未来的发展中，将按照"做强主业、发展辅业、适度多元"的工作思路，牢记责任，诚信立事，攻坚克难，追求卓越，把石家庄市轨道交通建设好、运营好、发展好，为建设现代化、国际化美丽省会城市作出更大贡献。

【太原市轨道交通集团有限公司】

太原市轨道交通发展有限公司于2012年5月注册成立，性质为"有限责任公司（国有控股）"，注册资金70.83亿元，全面履行融资、建设、运营和资源开发"四位一体"职能，隶属于市国资委，2022年1月更名为太原轨道交通集团有限公司。

2022年，太原轨道交通集团紧紧围绕承担的1号线建设、2号线运营保障等中心工作，深入践行集团"1231"发展战略，充分发挥"太原地铁创新模式"优势，踔厉奋发、笃行不怠，圆满完成各项任务。集团"基于云平台的全自动运行系统"项目获中国城市轨道交通协会2021年度科技进步一等奖，2号线一期工程获山西省优质工程奖；集团由中国城轨协会理事单位升级为常务理事单位。

1号线一期工程新建21座车站全部开工，车站封顶累计15座，盾构推进21.5公里，全面完成年度建设任务，计划于2024年12月初期运营。2号线运营满两周年，严格履行安全生产和疫情防控责任，经受住春运、汛期等各类考验，未发生责任事故和事件。正式上线公交、地铁'一卡通'，对残疾人、伤残军人实施免费乘车。

以"轨道+物业"为抓手，加强TOD开发建设和资产租赁。太原轨道万科星空TOD项目1号楼精装施工按期推进；完成控制中心办公楼部分楼层招租，租赁面积3776.85平米。

巩固"太原地铁创新模式"。在绿色地铁方面，学习贯彻《中国城市轨道交通绿色城轨发展行动方案》，完成节能示范站新型环控系统应用项目结题验收，申请专利4项，其中"地铁车站公共区域用的节能型通风系统和节能型环控系统"两项实现国家专利"零突破"。在人文地铁方面，继续实施"山西文化传承与创新工程"，完善听景APP功能，购置阿里云部署环境，代码进行重构开发，扩大听景APP的影响力、覆盖面。在智慧地铁方面，继续践行《中国智慧城市轨道交通发展纲要》，瞄定建设1号线"中国488"目标，确定以"车辆减重、化繁为简、灵活编组、车车通信、智能化运维、数字化转型"于一体的"RSFABD"创新行动。开展车辆、供电、机电设备PHM研究；运用BIM技术完成全线24座车站围护结构模型、土建模型创建；"城轨云平台运维规划"通过中国城市轨道交通协会专家学术委提案立项。

【呼和浩特市城市轨道交通建设管理有限责任公司】

呼和浩特城市交通投资建设集团有限公司成立于2014年12月，为呼和浩特市人民政府直属国有独资企业，注册资本金50亿元，办公场所在赛罕区机场路104号。集团公司内设15个部门，下设1个分公司、5个全资子公司和8个参股公司，现有员工3660余人。产业范围涵盖交通基础设施建设与运营管理、轨道交通沿线TOD物业开发、光伏新能源产业及工程项目全过程咨询等领域。

（一）坚持做强做大，国企改革稳步推进。2021年制定的37项改革任务全部完成，企业抗风险能力和市场竞争力不断增强，在2022年中期考核评估中取得A级。一是企业布局进一步优化。将原市公路工程局持有的呼和浩特市四方工程质量检测试验有限公司股权及人员整体划入，进一步补齐主营产业上下游短板断点，向"投资、设计、建设、管理、运营"全链条、一体化推进。二是公司治理结构进一步完善。全面落实"党建进章程"各项要求，确立党组织在公司治理结构中的法定地位，完善各治理主体议事规则，保障公司有序运作、规范运行。三是企业活力进一步激发。落实经理层任期制和契约化管理要求探索开展分类考核，盈利板块实行市场化核算体系，开展管理人员竞争上岗和不胜任退出改革。

（二）坚持项目为王，重点项目扎实推进。始终把项目建设作为企业高质量发展的生命线、总抓手，全力以赴推进，年度实施项目完成投资53.3亿元，交通建设主力军作用进一步凸显。一是城市交通基础建设项目实现再提速。新机场完成建设投资40亿元，基本实现"时间过半、任务过半"目标；承接市交通运输局实施的G5901伊利健康谷和G6东二环路"2个互通"工程，工程进度良好。二是地铁沿线资源开发项目再现新成效。新华广场站TOD综合开发地面广场在国庆节对市民开放；将军衙署站启航大厦、绥远轩项目实现工程建设与对外出租经营的同步，新华三中央实验室项目稳步推进。三是其它项目建设迈出大步伐。代清水河县政府出资建设的老牛湾通用机场土方和岩石工程完成投资超1亿元；

93609部队武川靶场营房建设具备移交部队使用条件；集"休闲、憩居、畅滑"为一体的马鬃山滑雪场（二期）项目，于12月12日正式开园迎客。

（三）坚持以人为本，服务水平不断提升。2022年度，"接诉即办"为民服务工作累计10个月响应率、解决率、满意率均为100%，综合成绩100分，在全市20家公共服务企业中位列第一位。对线网44座车站、151个出入口进行精细化管理，打造开通"青春快线""双拥"2个主题车站和2列主题列车，新增与上海、天津地铁互联互通业务，有近6万人次开通人脸识别功能。开展一线服务培训10余次，培训人数1200余人次。行车关键指标、设备可靠度指标、服务关键指标均高于轨道交通行业标准。惠民举措持续开展，累计引入社会资金920万元，开展10余次优惠活动补贴市民乘车。8月8日，线网客运量开累突破1亿人次大关。

【沈阳地铁集团有限公司】

沈阳地铁集团有限公司于2004年4月成立，注册资本86483万元，负责各类工程建设活动、城市公共交通、特种设备安装改造修理、物业管理、机械设备租赁、广告发布、广告制作等为一体的大型企业集团。2017年5月15日，沈阳地铁集团有限公司按照沈阳市委、市政府部署完成沈阳地铁现代企业集团组建并挂牌，同时与沈阳市地铁建设指挥部分离。

沈阳地铁集团有限公司定位于可持续发展的公益性国有企业，以建设品质地铁、助力东北振兴为公司使命，以成为东北龙头、国内领先、国际水平的城市轨道交通综合运营服务商为公司愿景，以地铁建设、运营为核心任务，通过地铁沿线及周边土地开发、物业经营、资源经营开发、轨道交通产业链延伸，形成建设、运营、多种经营"三位一体"的总体发展格局。

2022年，沈阳地铁集团始终坚持以习近平新时代中国特色社会主义思想为指导，深入学习贯彻党的十九大、二十大精神以及习近平同志关于国有企业改革发展的重要论述精神，带领全体职工，聚焦"振兴新突破，我要当先锋"专项行动，围绕"一中心，五个示范"战略布局，拉高标杆、主动加压，以"打造轨道上的城市"为目标，统筹疫情防控和集团发展，大力推进工程建设，全面提升运营水平，深度挖掘经营潜力，较好地完成各项工作任务。地铁工程建设方面，以工程筹划为建设进度的"撞线"目标，优化施工组织，科学推进项目建设，完成全年投资计划过百亿的历史性突破，其中4号线、2号线实现轨通；1号线东延线、3号线、6号线分别累计完成3座、8座、2座车站主体结构施工，主体结构封顶捷报频传，1号线东延线盾构试验段成功。地铁运营方面，年内运营线路4条，总运营车站85座，网络换乘站7座，总运营里程114.0公里，全年线网客运总量28802万人次，日均84.2万人次/日，单日最高129.9万人次/日，运营车公里7436.0万车公里，列车正点率99.97%，列车运行图兑现率99.9986%。多种经营方面，有序推进TOD项目及城市更新项目前期工作；塔湾街项目、兴华地下商业街项目开展合作模式研究；夯实培训体系基础建设，推进"线上+线下"双融合培养模式。合资合作项目稳步发展，与中石油合资开展加油加气业务；与北方重工合资开展盾构机销售、租赁、钢轨打磨等业务；与中车集团合资开展地铁列车架、大修业务；与辽宁如易行合资实施"扫码过闸""人脸识别过闸"、BOM非现金支付功能，拓展盛京通APP业务；与省广集团合资开展广告经营业务。

【沈阳浑南现代有轨电车运营有限公司】

沈阳浑南现代有轨电车运营有限公司为国有控股企业，成立于2013年7月31日，提供城市有轨电车客运服务，运营管理沈阳浑南及相关有轨电车系统特许经营项目，提供日常运营管理、维护等相关工作。

2022年，公司深入贯彻落实沈阳市浑南区委区政府决策部署和沈阳现代城市公共服务集团工作要求，坚持"一业为主、两翼齐飞、全要素发力"总体布局，凝心聚力谋发展，紧盯目标抓落实，用更开阔的视野、更开放的思维、更创新的方法，融入行业发展新格局、实现城市发展新作为。

携手抗疫，共克时艰。公司及时贯彻落实市疫情防控指挥部安排，科学预测客流情况，及时调整行车计划，做好早晚高峰期间的运力保障，适当减少平峰期上线电车数，保障乘客出行安全。全体司乘人员执行"两点一线"上下班模式，用责任坚守不后退，用担当守护乘客安全，全力打造"无疫车厢"。

全系统升级，促乘客便捷。2022年对乘车支付系统进行升级，完善微信乘车支付功能，新增电车实时位置查询、线路查询、站点查询等功能，进一步满足乘客的出行需要；智慧电车APP新版本正式上线，软件的安全性能得到大幅度提升；在与苏州等5个城市轨交APP之间互联互通的基础上，新增南宁、南京、武汉3个城市，市民跨城市乘车的便利性进一步得到提升。

推动数字化转型，拓展数字化内部管理新视角。2022年度利用钉钉平台，对人事、行政、设备设施检修等功能模块进行更新，初步实现高效、便捷的数字化的企业管理体系；利用网络存储服务器（NAS）集中管理企业重要数据，保障重要文件安全存储；建立公司自有域名的企业邮箱，确保来往邮件的安全及稳定性。

【大连公共交通建设投资集团有限公司】

大连公共交通建设投资集团有限公司（简称"交通集团"）成立于2022年6月22日，是由大连地铁集团有限公司和大连公交客运集团有限公司重组整合成立。以公共交通投资建设、公共交通运营、公共交通沿线土地综合开发及附属资源经营为主业，以公共交通产业链投资及供应链融资为培育业务。

2022年，交通集团建立"为民、安全、奋斗、价值、共享"的企业文化，确立"人民至上、系统观念、一流目标、规划引领、创新驱动、融合发展"的发展理念，以"建设人民满意的公共交通，助力城市高质量发展"为愿景目标，推行"标准化、专业化、精细化、信息化、半军事化""五化管理"，对标先进建设"公共交通运营商""出行即服务提供商""城市交通建设投资商""公共交通TOD综合开发商""交通相关产业融合集成商""重要人力资源服务商"的"六商交通"集团。

推进国资国企改革，提升企业核心竞争力。高点站位做好战略规划，加强人才支撑、科技赋能、资本运作；高起点推进轨道交通TOD综合开发，积极拓展现代物流、出行服务、人力资源、科技创新等紧密型产业。落实改革重组要求，精简总部部室，将资金资产、招标采购、交通运营、人才培训集中统管，规范核心资源管理。合并重组建设、运营、广通商、培训、资本等同类业务板块，发挥"创新、科技、人才、资金、资产、文化、客流"等核心竞争力，公共交通助推大连高质量快速发展。

厚植为民情怀，打造人民满意公共交通。将近4000份医疗急救包配备在地铁车站、列车与公交车上，为市民乘客与一线职工提供生命健康保障。加开列车、延时运营，助力沙滩文化节、中超球赛等城市活动，为促进社会经济发展与保障市民乘客出行作出应有贡献。举办"城市印象"地铁公益文化主题展，打造党的二十大主题地铁车站与主题公交巴士，擦亮"文明之窗"，绽放"文化之光"。统筹疫情防控和交通安全运营，努力保证好便捷安全出行。

紧抓重大工程建设，助力城市高质量发展。地铁2号线二期北段9月30日开通运营；地铁5号线12月1日试运行；地铁4号线一期工程超额完成年初投资目标；精心谋划重大项目25项，总投资超1000亿元。积极推进201路有轨电车改造项目，承接北站综合交通枢纽收尾和运营管理工作，以重大项目为抓手，搭建"科技-产业-人才"融合发展新平台，推动"科技-产业-金融"良性循环。

【长春市轨道交通集团有限公司】

1998年7月成立长春市轨道交通有限责任公司，2009年5月经市国资委批准，长春市轨道交通有限责任公司更名为长春市轨道交通集团有限公司。2009年5月注册成立长春市地铁有限责任公司，2013年12月，将该公司纳入长春市轨道交通集团有限公司，变更为具有独立法人性质的子公司。

2022年，在长春市委、市政府的领导下，长春市轨道交通集团有限公司全体干部职工坚持以习近平新时代中国特色社会主义思想为指导，认真学习贯彻党的二十大精神，坚持稳中求进工作总调，坚决落实"疫情要防住、经济要稳住、发展要安全"的重要要求，高效统筹疫情防控和主责主业，积极贯彻落实长春市"十四五"战略规划部署，以更好更快推进轨道交通第三期建设为总目标，围绕年初制定的重点任务，奋发有为、团结协作，完成投资122.1亿元，融资189.9亿元，获得AAA级信用评级，完成隐性债务化解，全年未发生重大安全生产责任事故，以实际行动圆满地完成了各项任务。

落实"强根固魂、凝心聚力"党建提升计划、"青年人才培养计划"，发挥党建联盟+载体集群优势，推动基层党建取得新突破。严格落实疫情防控工作；创办《疫情防控工作简报》，各类抗疫素材、典型事迹多次为主流媒体报道；成立志愿者服务队、青年突击队，全力支援长春市打赢疫情防控阻击战。784名党员干部下沉4个街道、14个社区、128个小区，面对4万余户居民开展便民服务。统筹安排后勤保障工作，及时发放各类抗疫物资，应检尽检，全方位消杀，保证公寓宿舍、办公场所防疫安全。

持续提升运营标准化建设，一手抓疫情防控，一手抓运营生产，一次次演绎疫情防控、复产复工"双胜利"的感人故事，最大限度地减低乘客与员工感染的风险，努力将疫情对运营生产的影响降到最低。2022年还是长春市轨道交通集团有限公司运营的第20个年头，20年来，长春市轨道交通集团有限公司为春城人民带来便捷舒适的出行体验，让市民感受到"智慧城轨"的转型升级。城市轨道交通已经慢慢融入市民生活，市民出行更加便捷，城市品位大幅提升，市民的获得感、幸福感显著增强。

深入实施国企改革三年行动，改革任务全面收官。持续加强制度建设，完成《集团公司"十四五"发展规划》修编，深入开展"对标世界一流提升管理活动"，完善经营业绩考核激励机制，纵深推进契约化管理。探索市场竞争机制，优化产业布局，坚持提质增效，强化经营管理，确保各项经营指标顺利达标。

【哈尔滨地铁集团有限公司】

哈尔滨地铁集团有限公司成立于2008年9月，是哈尔滨市国资委管辖的市属国有企业集团，主要经营范围是：受哈尔滨市政府委托，在授权范围内行使资产所有权能，开展投资和资本运营，从事地铁投资、建设、运营、开发、管理活动，负责地铁关联用地整理、开发及经营，负责地铁项目地上地下资源开发使用。

哈尔滨地铁集团有限公司坚持以习近平新时代中国特色社会主义思想为指导，深入贯彻党的十九大及历次全

会、二十大会议精神，发挥企业的社会效益和国企模范带头作用，先后获黑龙江省"五一劳动奖状单位"和哈尔滨市"文明单位""劳动模范单位""创先争优先进基层党组织""感动哈尔滨先进集体"等近百项荣誉。围绕为全市人民"规划好地铁、建设好地铁、管理好地铁、经营好地铁"的奋斗目标，统筹抓好疫情防控和生产经营，扎实推进工程建设、运营管理、资源开发"三大板块"工作取得新实效。

2022年，哈尔滨市在建地铁项目为3号线二期西北环工程，建设规模12.99公里。施工过程中，努力克服车站紧邻松花江漫滩区、涌水、涌砂以及地处老城区等不利影响，狠抓安全生产和疫情防控，严格计划管理，强化施工组织，督促参建单位在保环境、保安全、保质量的前提下，文明高效施工，为早日开通运营打下坚实基础。

坚持以人为本，本着"安全、准点、舒适、快捷"的服务理念，充分发挥智慧地铁功能作用，围绕"线网指挥""智慧车站""智能变电站""标准化车辆段""智能运维""管理信息化"等轨道交通全口径业务管理范畴，推进"经济+效益+创新"的智慧型新一代轨道交通一体化运营管理体系建设，提高运营管理水平和社会效益。站内提供人脸识别无感过闸、智慧客服自助服务等智慧功能，提高乘车效率和舒适度。抓好车站星级服务，建立服务标准化、作业标准化、管理标准化的优质样板车站，开展"运营领域标准化优秀车站"创建活动，增强人员服务意识，树立良好窗口形象。抓成本管控、强化疫情防控和安全管理，加大宣传力度，提升运营服务质量和管理水平。

采取"地铁+物业"上盖综合开发的TOD模式，将安通街地铁车辆段全部嵌入地下，在其上方建设集精品住宅小区、幼儿教育、特色商业街、社区医疗、图书馆、服务中心、青老年活动中心等多功能于一体的大型生活圈，实现土地资源的集约利用，带动周边一定范围内土地利用率和商业地价的提升，上盖物业开发产生收益也可反哺地铁工程建设，减轻政府财政及回购资金压力，具有广泛的社会效益和经济效益。

【上海申通地铁集团有限公司】

2022年，上海申通地铁集团有限公司（以下简称"申通集团"）面对严峻复杂的疫情冲击，坚持抓生产、保运营、保安全的基本工作任务，完成党的二十大、第五届进博会等重大运营保障任务。在网络运营管理水平的提升、新线建设的推进、运营管理的人性化服务、企业管理等各方面得到高质量发展。

打赢疫情防控"大上海保卫战"。申通集团坚决贯彻落实党中央和上海市委市政府的决策部署，统筹疫情防控和地铁运营建设管理。广大职工在疫情中全力以赴、经受

住考验；疫情封控期间每天有7000余名员工在岗驻守，数万名员工争当社区志愿者，成为"大上海保卫战"中的最美逆行者。新华社、中央电视台长三角总站用《疫情下的上海地铁人》《上海轨交"动"起来，熟悉的声音即将回来》等数十篇中英文报道对上海地铁人的努力付出给予肯定。地铁自媒体发布的《停运了可以歇歇？其实我们更忙了》等文章，累计阅读量均超过10万人次。

实施"加强基础 提升能力"建设。"国企改革三年行动"收官，98项改革任务完成，得到上海市国资委A级评价。上海地铁跻身十大"上品"卓越贡献品牌。地铁上盖开发再结硕果，申通集团与万科集团联合开发的徐泾"上海天空万科广场"成为大虹桥商业标杆。成立申电云，探索轨道交通+物业+产业+资本运营的多维度产研结合。申通集团"跨越800"发展成就分别入选中央主题成就展以及上海市《"新时代 新奇迹 2017-2022"上海发展成就展》。

以"筑梦高质量 通向新生活"为主题的上海地铁质量管理"1+4"系列丛书出版，是国内轨道交通行业内首次在质量管理方面进行系统性的总结和凝练，向行业展示上海地铁先进的质量管理理念、管理模式、管理方法，是上海地铁多年来在质量管理领域成果的集大成之作，填补国内轨道交通领域质量管理的空白，所形成的质量管理经验为国内外同行提供可借鉴、可复制、可推广的地铁质量管理模式蓝本，为行业发展贡献申通方案和上海智慧。

讲好上海地铁故事。申通集团制定"'跨越800，一起向未来'主题教育宣传活动方案"，策划一系列面向全体员工的主题教育宣传活动，建成"初心林广场"等。首次举办"金钥匙"职工岗位创新大赛。"红色文化进地铁"等8个品牌获评"上海国企党建品牌"，"'搭地铁讲党史、说安全'网络直播活动"获第八届"国企好新闻"（融媒体类）三等奖，"盲童领路天使"等获"交通强国 品牌力量"第四届交通运输优秀文化品牌称号。

持续打造地铁公共文化品牌。编制《上海地铁公共文化体系建设方案》，推出"达利—魔幻与现实展"和"晚安夜归人"共享钢琴等品牌项目，以地铁公共空间为"舞台"创新开展"城市第二空间艺术设计季"系列活动，开行"百年青春·青年报号"红色地铁文化列车，在人民广场站举办意大利世界文化遗产摄影作品展等，均获良好的社会反响。"中外文化相遇城市第二空间"项目获2022年度上海市"银鸽奖"最佳活动/案例奖。

【上海市隧道工程轨道交通设计研究院】

上海市隧道工程轨道交通设计研究院（以下简称"隧道院"）是专业从事隧道工程、轨道交通等铁路和城市轨道交通、市政公用工程、建筑、公路、工程测量和岩土工程、机械、电子和信息工程、生态建设和环境工程、城乡

规划及风景园林等专业的甲级咨询、勘察和设计单位，隶属于申通集团。

2022年，上海市隧道工程轨道交通设计研究院积极克服疫情影响，上下齐心协力抢占市场，全力保障全国各项重大工程有序推进，保质保量完成各项重要节点，全面完成年度各项任务目标。

根据部署，落实推进国资国企改革，隧道院与上海申通轨道交通研究咨询有限公司整合，不断优化轨道交通设计、建设、运营、管理全链条对外咨询、技术服务体系，打响全过程咨询服务品牌。

聚焦主营业务，积极拓展市场。隧道院聚焦轨道交通（含中低运量）、市域线、TOD综合开发、大修更新改造、隧道工程、市政工程、数字信息化、勘察监测、监理监护、EPC总承包共十大业务板块，全年新承接各类项目518项。轨道交通项目承接上海20号线一期西段工程总体总包、上海12号线西延伸工程总体总包、济南轨道交通7号线一期工程总体总包、常州轨道交通6号线一期工可研究等项目；市域线项目承接上海市域铁路示范区线工程设计勘察、合庐市域（郊）铁路工程工可研究等项目；TOD综合开发中标上海、重庆等地项目；数字信息化项目中标上海、大连、重庆等一批咨询或平台开发项目；EPC工程总承包项目承接上海13号线东延伸工程、上海平庄、殷行、港城路基地分布式光伏发电工程、上海1号线莲花路站（南站台改造）等工程。

当好上海地铁"跨越800"新阶段建设的排头兵。隧道院加速推进上海新一轮轨道交通建设的重点任务，全力确保完成上海轨道交通7个在建线项目、2个工可项目、7个三期建设规划调整项目重点任务节点，涉及线路总长度248公里，车站131座。

持续保持科研专利标准高水平产出。全年新立项科研27项；完成科研验收14项，其中达到国际先进水平5项，国内领先水平2项。新立项规范标准的编制项目24本。新申请专利33项。获授权专利30项；申请计算机软件著作权3项，通过审批登记计算机软件著作权8项。

参与的轨道交通项目9条线路通车，其中福州地铁6号线、南通轨道交通1号线一期、合肥地铁5号线（北段）为总体项目。上海东西通道、苏州金鸡湖隧道相继建成。2022年，获优秀工程奖4项，其中"中国重庆轨道交通环线工程"首次获得菲迪克最高级别奖项——工程杰出项目奖。优秀勘察设计3项，科学技术奖8项，其他优秀QC成果2项，优秀咨询成果19项，上海市第四届BIM技术应用创新大赛等奖项4项。

【南京地铁集团有限公司】

南京地下铁道有限责任公司于2000年1月18日登记成立，2012年7月17日变更为南京地铁集团有限公司（以下

简称"南京地铁"）。经营范围包括城市轨道交通工程项目及沿线资源的投资和建设等。

2022年，面对国际、国内环境的多重考验，南京地铁紧扣全年发展目标，统筹落实各项工作任务，谱写南京轨道交通高质量发展新篇章。

锚定目标，合力攻坚，线路建设保质量。续建13条轨道交通线路，总里程244.5公里，完成建设投资219.5亿元。在建155座车站中，开工137座，完成主体结构82座。7号线仙新路站至幕府西路站、S8南延线、1号线北延三线通车，进一步提升主城区线网密度。市域/郊线中，宁马线（南京段）项目进展顺利，6座车站实现开工，助力长三角"一体化"发展。

瞄准机遇，争创一流，运营服务提质效。把好公共交通"入口关"，完成党的二十大、国家公祭日等重大节点、春节、五一、国庆等重要节日运输保障。全年运送乘客7.67亿人次，地铁公交分担率突破60%。3号线最短行车间隔（2分钟）覆盖时长由16分钟扩大至47分钟，过江段高峰断面客流的运能覆盖效果显著提升。S6号线早高峰期行车间隔由8分钟压缩至6分钟，全面提升沿线运输服务质量。

开拓创新，锐意进取，资源开发创价值。完成城河村地块、城西路停车场、仙林湖加油站等6幅地块挂牌出让。城西路项目摘牌，实现"百日开工"。推行"一铺一策"方案，天保站上盖物业、东流佳苑附属商业等多类资源成功招商，通道接口实现收入近亿元。南京地铁首个自主开发的商业地铁上盖住宅项目——南京地铁·光华雅筑圆满交付，为打造更多精品住宅工程奠定基础。

精准发力，靶向攻关，改革创新提效能。全面完成101项国企改革任务，科学调整职能架构体系，南京地铁管控效能迎来质的提升。依托示范工程建设，5G公专网应用和线网协同电力调度取得重大突破，云信号系统成为地铁领域应用项目。发挥地铁技术密集型场景优势，基于GoA4等级的全自动驾驶城轨交通、宁句线5G+智慧赋能、保护区鹰眼智能监控3个场景成功入选南京市优质场景名单，机场线完成首列车ATO+自动化运营场景功能升级。

【南京地铁运营咨询科技发展有限公司】

南京地铁运营咨询科技发展有限公司以"咨询+研发"为战略指引，秉承"伙伴共生，卓越致远"的企业价值观，坚持科学、创新、跨越的发展理念，在轨道交通咨询服务行业逐步显现市场影响力，致力成为国内具有鲜明发展特色的轨道交通运营与技术咨询服务商。

公司一直谨记创办初期"走出去"的使命，在轨道交通领域累计为全国二十多个城市提供轨道交通技术咨询服务。截至2022年，累计签订合同额超2.2亿元，营业收入超8000万元，服务项目达52个，服务客户遍布全国25个中大型城市。

先后成功申报江苏省自然资源厅颁发的测绘乙级资质、中国设备监理协会颁发的车辆、通号、供电系统乙级资质，江苏省市场监督管理局颁发的弓网、轮轨关系CMA检验检测资质，消防设施维护保养检测、消防安全评估资质，具备开展保护区监测、车辆监造、专项检测和消防维保及评估的资格条件。

强化技术创新和科研能力，申请《地铁专用速度传感器非标试验台》等数20项专利和软著，通过2项发明、1项实用新型、15项软著。2项发明专利处于实质性审查当中。入围2022年江苏省第六批科技型中小企业库。

落实"人才强企"计划，与中南大学研究生院共建研究生人才培养基地，面向高校招引选配轨道专业、管理战略规划等方面的人才，和西南交通大学牵引与动力实验室签订地铁弓网关系和轮轨关系技术合作协议，助推专业人才的培养。

南京地铁运营咨询科技发展有限公司秉持初心，深化转型，探索"战略同盟、利润共享"的运营模式，致力服务于全国范围的轨道交通技术咨询，开创高质量发展新局面。

【无锡地铁集团有限公司】

无锡地铁集团有限公司（以下简称"无锡地铁"）成立于2008年11月，前身为无锡市轨道交通发展有限公司，是无锡市政府直属大型国有企业，注册资本174.38亿元，主要从事城市地铁及其周边资源综合开发利用与附属工程的投资、融资、建设、运营和管理等工作；承担政府下达的其他城市基础设施建设和运营管理等职能。

2022年无锡地铁完成投资132.6亿元，年度目标完成率113%；实现营收22.64亿元，年度目标完成率122%，同比增长62%；创利2.76亿元，年度目标完成率101%，同比增长5%。无锡地铁总资产844.09亿元，净资产303.32亿元。

规划建设。实现轨道交通"四线共建"，地铁4号线二期于6月开工，地铁5号线一期和锡宜S2线一期启动实施，锡澄S1线实现全线"贯通"和主体结构封顶，进入运营筹备阶段。加快推进城市轨道交通第三期建设规划修编。围绕交通强国战略、长三角区域一体化和苏锡常都市圈轨道交通融合发展，加快轨道交通"东连西接"。与苏州市共梳理6条轨道交通连接通道，对接地铁3号线向西衔接常州市的路径，初步勾画苏锡常轨道交通一体化的框架。

运营服务。全年运送旅客1.19亿人次，通车以来累计运送旅客8.28亿人次。持续深化"贴心服务"，取消儿童免票人数限制，设置爱心座椅2686张，在20个重点车站配置AED自动体外除颤器。运营服务质量评价965.06分，线网服务质量评价953.06分，排名江苏省内第二。推动地铁和常规公交"两网合一"，增强公共交通吸引力。"码上行""智慧公交""灵锡"等APP实现扫码支付互联互通，在全省率先实现公交地铁换乘优惠政策全覆盖。加快常规公交与地铁线路去重工作，引导市民更多选择绿色出行，2022年无锡市绿色出行比例达70.1%，绿色出行服务满意率95.1%。

经营拓展。营业收入从2021年的13.97亿元增长到2022年的22.64亿元规模，增幅超过62%，位居无锡国资委系统前列。创利2.76亿元，达成年度目标，实现正增长。践行国企担当，携手各区政府、知名房企，坚持走具有无锡特色的"站城一体化"TOD综合开发道路，商品房销售年度去化6.1万平方米，梳理新线可开发土地450万平方米，启动锡宜S2线和地铁6号线车辆段TOD城市设计。紧随数字经济和"双碳"经济，推动智能运维、城轨云、减振降噪等业务"走出去"，依托新基建产业园大力发展绿色混凝土、装配式产品，打造轨道交通长三角广告资源联盟平台，稳步做大类金融业务规模，展拓"蓝海"市场。

【徐州地铁集团有限公司】

徐州地铁集团有限公司（前身为徐州市城市轨道交通有限责任公司，2020年8月26日更名为徐州地铁集团有限公司，以下称"地铁集团"）成立于2012年7月30日，是徐州市国资委直管的国有大型企业，注册资本106.625亿元，为徐州市城市轨道交通项目投资融资、项目建设、运营服务及资源开发主体，致力于打造"最可信赖的公共交通服务者、最具活力的城市发展建设者"。

徐州地铁集团2022年末合并资产总额662.8亿元，同比增长12.73%。年度合并营业收入8.02亿元，同比增长31.64%，其中市场化经营收入7.11亿元，线路运营收入0.91亿元，缴纳税款1.63亿元，实现利润0.64亿元。

2022年，线路建设共完成投资49.56亿元，完成年度目标的108%。3号线二期全线主体围护结构全部完成，基坑开挖完成约55%，主体结构完成约35%；6号线一期全线围护结构完成75%，车站主体结构完成10%；4号线一期实质性开工。2、3号线一期获得"古彭杯"，3号线一期获得国家优质工程"鲁班奖"。

塑造"为您服务我快乐"的客运服务品牌，拓展客运服务内涵，提升客运服务品质。2022年经受住疫情、汛期双重考验，执行运行图37版，线网总开行27.34万列次，图外加开420列次，全年安全运送乘客5888.85万人次，十项核心运营指标均达到或超过部颁标准。严格执行能耗"双控"，完成机电专业定额制定，1、2号线节能降耗超额完成下浮5%的同口径目标。

以"功能补充、地铁赋能、片区更新、效益反哺"为工作定位，完成站城一体化项目工程投资约8.7亿元，完工项目11个，推进项目5个。户部山站、民主北路站上盖物业实现销售收入7100余万元，淮塔东路站上盖、控制中心开发地块达成以物业抵费用意向4400万元。城下城遗址博物馆获评江苏省2022年度历史文化保护传承重点项目，获得奖补资金940万元。万达广场、金鹰国际、苏宁广场、悠沃街区接口全部开通。线控中心二期住宅项目去化率79%，销售货值6.59亿元。同时，利用自有资金22.5亿元竞拍中天仕名地块，形成存量资产和新增投资的良性循环，保障国有资产保值增值。

"国企改革三年行动"收官，139项改革任务全部完成。推动地铁集团及下属企业落实董事会六项职权及党建入章工作，确保党的领导作用有效发挥。制定或修订《股东会议事规则》《董事会专门委员会工作细则》《落实子公司董事会职权工作方案》《"三重一大"决策制度实施办法》等制度文件，确保企业决策有据可依。持续推进分子公司任期制和契约化管理工作，进一步完善企业绩效考核机制。

【常州地铁集团有限公司】

2012年12月，常州市轨道交通发展有限公司成立，为市管国有企业，主要承担城市轨道交通项目的工程投资、建设、营运，城市轨道项目周边土地及相关资源开发利用。2021年11月，正式更名为常州地铁集团有限公司。

2022年，1、2号线全年安全运行473万列公里，总客运量4489.7万人次，日均客运量12.3万人次，服务质量评价得分931.58分，运营票务收入8808.11万元。总资产388.37亿元，净资产151.17亿元，营业收入7.14亿元，净利润0.33亿元，利税额0.33亿元。

2022年，南夏墅综合服务用房竣工移交，轨道交通城西乘客服务中心顺利封顶。南夏墅停车场、丁堰车辆段光伏发电项目并网发电，预计年均发电量达370万千瓦时。

2022年，常州地铁严格落实常态化疫情防控措施，车站多频次通风消杀、因时因势调整行车计划、编制临时时刻表等措施，全力保障乘客出行和城市运转。上线人脸过闸乘车功能，常州地铁APP注册量超221万，累计与11个地铁城市实现刷码互通。常态化开展站长面对面、爱心护学岗等活动，推出"人才专属地铁卡"、地铁"纳凉驿站"，与地铁沿线街道和学校结对开展文明乘车宣讲等特色服务。智慧地铁科普教育基地获评江苏省综合交通运输学会交通科普教育基地。

2022年，董家塘、常青站项目一期地块上市，制定东青停车场TOD开发初步方案。全年广告、通讯、商业、文创收入4872万元。严格落实助企纾困政策，减免国有房屋租金489.86万元。全年发行纪念票卡（品）6300余套；常州地铁App商城累计上线产品508个。

2022年，常州地铁切实做好二十大安全维稳，一体推进安全生产大检查、专项整治和百日攻坚，获评江苏省"安全生产月"活动先进单位。企业微信开发上线"安全隐患随手拍"小程序，将网络安全纳入"大安全"管理体系，确保线上线下"双安全"。扎实推进安全生产标准化建设，运营分公司通过一级安全生产标准化考评。运营控制中心获评全市反恐怖防范工作先进集体。全年地铁阵地和谐稳定，未发生一般及以上生产安全事故。

2022年，常州地铁不断完善常州市轨道交通二期建设规划支撑专题，第二期建设规划报批扎实推进。5号线线站位方案基本稳定，完成工可报告、总体工筹、工可车站建筑和配线空间利用初稿；5号线先行段市政工程开工方案基本确定。

【苏州市轨道交通集团有限公司】

苏州市轨道交通集团有限公司成立于2002年，至2022年底注册资本450.9亿元，主要承担苏州市轨道交通规划、建设、运营、资源开发及物业保障等工作，是市直属大型国有企业。集团现下设12个处室，6家二级分（子）公司，对外投资5家公司，至2022年底，共有职工10000多人。

2022年，苏州市轨道交通集团有限公司坚持以习近平新时代中国特色社会主义思想为指导，深入贯彻党的十九大、二十大精神，始终坚持"疫情要防住、经济要稳住、发展要安全"总要求，完成年初确定的各项目标任务。获"全国工人先锋号""江苏省文明单位""江苏省五一劳动奖状""江苏省'双争'先进集体""2022年苏州市质量管理优秀奖"等多项荣誉，轨道交通2号线及延伸线获中国土木工程詹天佑奖。

2022年，全年完成工程投资205亿元，为年度计划的105%。全年运送旅客超3.3亿人次，单日最大客流量159.3万人次，全年资源开发收入1.68亿元。

根据城市发展和市民需要，苏州轨道交通优化运营组织，线网行车间隔逐渐压缩，首班车实行"多点同时投运"模式，运营服务时间延长；完善公共服务功能，国内首推"无理由退票"，省内首推"强弱冷车厢"，设置各类便民设备设施，实施"多乘多惠"票价、票卡积分优惠等政策；搭建"互联网+"乘车服务平台，实现扫码进站，让市民乘客出行生活两方便。

苏州市轨道交通集团有限公司始终以高标准高规格开展各项工作，争先创优，致力于成为中国经典轨道交通集团，先后获全国"安康杯"竞赛活动优胜单位、全国"无偿献血促进奖（特别奖）"、江苏省"青年文明号"等称号。2号线获评"詹天佑奖"，3号线获"国家优质工程奖"，工程各建设标段多次获得"全国AAA级安全文明标准化工地"、江苏省"扬子杯"优质工程奖、"江苏省

建筑施工文明工地"等称号。

苏州市轨道交通集团有限公司牢记"为苏州加速，让城市精彩"时代使命，围绕"区域一体化先锋，古城新活力引擎"发展定位，推动集团从建设城区地铁网向发展全域轨道网转变，从建设运营轨道向经营城市和产业转变，从传统生产方式向数字化生产方式转变，塑造新型发展模式，转型为经营能力强、兼具社会效益与经济效益的现代化轨道交通企业。

【苏州高新有轨电车集团有限公司】

2022年，苏州高新有轨电车集团有限公司（以下简称"电车集团"）持续深化国企改革，完成组织架构调整。目前，电车集团下设管理中心及4家子分公司，主要负责苏州高新区有轨电车的运营管理、综合培训、检验认证、资源开发和咨询服务。

2022年，电车集团精耕细作，提升运营水平。有轨电车全年总运营里程438万列公里，累计运输客流512.5万人次，运行图兑现率/正点率均99%以上，1号线平均旅速32.1公里/小时，2号线平均旅速33.3公里/小时，各项运营指标始终保持行业领先水准，全年未发生有责安全事故。1号线延长晚高峰运营时段，完成三个试点路口优化升级、沿线标识提升改造等，持续提升1号线综合服务水平。贯彻"区域交通发展新格局"战略，推动线网沿线共享电动车投放落地，提升区域交通通达能力。上线"苏e行"APP"有轨电车"专区，完成列车"实时到站信息"和数字货币支付功能，累计完成12列车架修交付工作。

完成苏州、北京等地学员驾驶培训，合格率100%。开发"苏安码"培训项目，持续开展服务礼仪、质量月活动等内部管理培训。顺利通过2022年度CMA复评审及高新技术企业资质复审；首次进入城际铁路市场及地铁车辆型式试验市场，开展以苏州为中心，覆盖华东，辐射全国的试验检测工作。有效利用电车周边资源，发布主题车、广告灯箱及梯顶广告；完成近100批、超4000人次的参观活动；持续开展公交充电桩运营、狮山会议中心东南楼体LED屏等重点项目，扩大配套产业资源经营范围，聚焦有轨电车广告旅游、综合服务、形象提升等创新经营工作。达成"国内有轨电车运营管理"咨询意向及南平武夷有轨电车委外维保合同咨询服务，联合铁四院开展"浒关文昌路（上塘南街-真武路）"安评业务，在市场开拓上实现更大突破。

电车集团积极做好科研创新工作，2022年完成科研专利申报14项，包括2项发明专利。对接轨道交通协会，牵头开展有轨电车职业标准、培训标准、鉴定标准编制，主、参编团体标准共18项。开展《有轨电车车地感知综合系统》研究，促进"标准+应用+场景"的示范项目落地，孵化有轨智慧道路的"苏州标准"；与苏州大学城轨

学院开展《城市有轨电车碰撞行为仿真及乘客保护的关键技术研究》课题研究，推动有轨电车防护系统的发展；优化"基于车路协同的有轨电车信号优先及速度引导系统（试点）项目"研究方案，助力智慧交通新基建。

电车集团坚持"创新、融合、敬业、高效"的企业精神，主动承担维护社会民生与保障公共服务责任，分享成果，提升公共交通服务品质及民生服务能力，打造引领有轨电车行业发展的新标杆，打造国内一流的"现代有轨电车综合服务商"。

【南通城市轨道交通有限公司】

2022年7月28日，注册资本变更为1736000万元整。至年底设有三家子公司（南通城市轨道资源开发有限公司、南通国城投资发展有限公司、南通城市轨道交通物业管理有限公司）、三家分公司（资源开发分公司、运营分公司、物业分公司）。

2022年，南通城市轨道交通有限公司以"精心经营地铁、精益服务通城、精诚奉献市民"为使命，不忘初心，开拓进取，大力推动轨道交通主营业务实现建设运营与资源开发"双轮驱动"，完成工程建设、开通运营、资源开发等重点工作任务。

建设开通任务完成。围绕1号线开通核心任务，2022年9月，通过9项专项验收。开展2次市民试乘活动，近26万人次试乘列车。加快接驳设施建设，参与研究优化25条公交线路。2022年11月10日，南通市首条地铁正式通车，开启南通"地铁新时代"。至2022年底，1号线安全运行总里程286.7万车公里，列车正点率99.97%，运行图兑现率100%。2号线实现"洞通""轨通""电通"等重大节点目标，为"十字形"的轨道交通骨架网络奠定基础。

安全形势稳中向好。全年专题研究安全生产工作24次。全年制定《隐患排查治理管理办法》《关键节点风险管控条件验收管理办法》等安全管理制度24项，质量安全制度体系进一步完善。1、2号线一期工程共有23个项目被评为南通市标准化星级工地，28个项目被评为江苏省标准化星级工地。

资源开发实现新突破。轨道交通沿线综合开发规划通过中期评审，形成"5+2"共7个重点站策划方案。首个TOD项目——幸福车辆段站城一体化开发项目全面封顶，三区三线用地成功获批。首个站点上盖开发项目——静海大道站地块2022年12月正式开工。完成1号线商业街、平面广告招商，10年经营权收入共1.3亿元；开通微信视频号、官网，正式上线"南通地铁"APP，策划、设计1号线首通、地铁宝宝等文创项目，在地铁APP文创商城首发。

党建及内部管理不断加强。深入学习贯彻党的二十大精神，形成轨道交通"融合党建带"品牌。开展"红色引擎"提质行动，创新实施基层党组织建设"1221"工程。创建"一支部一品牌一特色"，形成"四手联弹""啄木鸟"等10个支部特色党建品牌。

【淮安市现代有轨电车经营有限公司】

淮安市现代有轨电车经营有限公司（简称"淮安有轨电车"）于2015年9月成立，下设维保部、运营部、综合部等8个部门，主要负责淮安有轨电车的日常运营管理、客运服务及设备设施维修保养等工作。

2022年，淮安有轨电车经营管理成效显著，先后获江苏省、淮安市各类荣誉30余项，运营管理新理念、服务为民新举措、创新发展新成效获各大媒体广泛报道。淮安有轨电车自动驾驶技术科研项目通过中国城市轨道交通协会验收；顺利实现有轨电车再一次提速，最高速度达到70km/h；对标行业一流工作获评江苏省"巾帼文明岗"等荣誉；全年运送乘客567万人次，安全行车近160万公里。

淮安有轨电车始终坚持"服务典范、行业标杆"发展目标及"安全第一、服务至上"工作理念，强化落实全员安全生产责任，建立健全双重预防机制，切实为广大市民提供更快、更准、更便捷、更安全、更舒适的乘车体验。全年运行准点率、运行图兑现率在99.9%以上，乘客满意率超98%。

【昆山市轨道交通投资发展有限公司】

昆山市轨道交通投资发展有限公司成立于2009年9月25日。主要经营范围为轨道交通工程建设、轨道交通运输服务、轨道交通项目投资与开发，承担轨道交通工程的投资、建设、管理、运营、开发等职能。公司投资建设的上海轨道交通11号线北段工程项目总投资约18.49亿元。全长6公里，设兆丰路站、光明路站、花桥站3座高架车站。于2013年10月16日正式通车试运营。

2022年昆山市轨道交通投资发展有限公司成功争创全国首个"跨区域轨道交通公共服务标准化试点"单位，获2022年度省级生产力促进（发展成就）奖，第十届全国品牌故事大赛（南京赛区）二等奖，被授予2022年度昆山市"无黑城市"示范点等称号，全面完成各项指标任务。

【杭州市地铁集团有限责任公司】

杭州市地铁集团有限责任公司以习近平新时代中国特色社会主义思想为指导，全面贯彻党的二十大及浙江省十五次党代会、杭州市十三次党代会精神，紧紧围绕推进轨道交通可持续高质量发展目标，凝心聚力、攻坚克难，积极应对新冠疫情等不利影响，在亚运保障、工程建设、地铁运营、国企改革等方面，取得一系列新成绩，确保整体保持良好的发展态势。

2022年全年先后建成地铁3号线一期及北延、4号线二期、7号线江北段、9号线南段、10号线一期、19号线（机场快线）等174公里线路，线网运营里程达516公里。杭州成为全国第5座线网里程突破500公里的城市，并实现杭州十城区"区区有地铁"以及国际机场、火车东站、火车西站、火车南站、客运中心等主城区枢纽门户"户户通地铁"两个"全覆盖"，基本形成与杭州城市国际化发展水平相匹配的轨道交通线网。地铁四期建设规划于11月正式获批，包含9个项目，总里程152.9公里。

杭州市地铁集团有限责任公司聚焦保障杭州"举办一届成功的亚运会"这一核心工作，编制《2022年亚运会和亚残运会杭州地铁保障指挥部工作方案》，全面提升保障城市服务能力和水平。严格落实省、市关于疫情防控相关要求，开展"无疫单元"创建。"迎亚运"道路工程按期建成，包括天目山路快速路在内的58条"迎亚运"道路、16条代建道路，总计82公里，并于12月底完成移交。

完善"硬设施"建设。全年累计开展8条线路、23个站点无障碍试乘体验活动，全方位便利特殊人群出行。增设54个母婴室，改造提升100个母婴室，增购2.5万把爱心便民伞。完成1785项地面四小件问题整改、135处独立立杆路引整改及28个出入口美化工作。提升导向标识国际化水平。

杭州市地铁集团有限责任公司坚定推进提质增效，生产经营效益量质齐升，全年累计完成投资额达355.2亿元，为年度计划投资260亿的136.6%；实现营收35.7亿元；实现利润总额5.5亿元。至2022年底，合并总资产2885亿元、净资产1252亿元，均比往年增长7%。

此外，2022年以国企改革三年行动收官为契机，以专项巡察、各类审计整改为指引，进一步完善公司治理体系，激发公司发展活力。

【宁波市轨道交通集团有限公司】

宁波市轨道交通集团有限公司成立于2006年，为宁波市国资委和国开基金共同出资的国有企业，履行轨道交通工程的投资建设、运营和物业投资开发等职能。

2022年，宁波市轨道交通集团着力打好扩投抢建、改革攻坚、除险保安三场硬仗，运营服务提质提效，产业开发突围突破，经营管理合规精细，呈现出能级跃迁、结构优化、动能转强、效益提升的高质量发展态势。具体成效如下：

一是投资大幅度增长，有效投资完成353.5亿。有效投资和重点工程投资均创历史新高。二是新线大范围开工，报批征迁创新突破、全速推进，工程要素保障有力，开工情况超预期，7、8号线全面开工，6号线、象山线、慈溪线多节点开工。新线在建长度约250公里。三是聚力大线网运营，致力绿智城轨发展，立足网络化运营，深化运营改革，构建"1+3"运营管理新体系。坚持运营导向，推进全生命周期管理，多维度探索"建、管、运"一

体化，从源头上保安全、优服务、降成本。四是推动大区块开发，强化TOD开发一二级联动，深度谋划、高标推进下应南等六大场段五大区块设计、开发。五是谋划大产业格局，绿智城轨产业布局加快落子，"智能能源系统"入选城轨协会示范工程。央地合作进一步深化，重点领域产业化项目有力推进；永盈供应链实现高起点开局、跨越式发展，扩收增利成效显著。六是深化大平安建设，"除险保安"行动取得扎实成效，安全护航二十大，打赢防台防汛攻坚战，打好疫情防控阻击战；4号线工程首获国优金奖，建设数字孪生应急保障平台，具备多维度应急功能。七是打造大文明样板；《坚持绿色发展，落实"双碳"行动》社会责任案例入选全国国资国企社会责任年度优秀案例。八是提升大企业能级，国企改革三年行动计划圆满收官；"四个统筹"改革顺利实施，"三项制度"改革进一步深化，入围省委人才发展体制改革综合试点单位；集团化管控模式更加优化，现代企业治理体系进一步完善，为宁波轨道交通高质量发展注入新动能。

【温州市铁路与轨道交通投资集团有限公司】

温州市铁路与轨道交通投资集团有限公司成立于2011年4月，注册资本金20亿元，是承担温州铁路与城市轨道交通项目前期、工程建设、投融资、运营管理及沿线资源开发"五位一体"建设的市级国资功能类企业，也是温州仅有两家双ＡＡＡ最高资信等级之一的市属国有企业。截至2023年3月末，集团资产规模528.92亿元，员工人数达1260人。

2022年，公司紧紧围绕"千年商港、幸福温州"的城市定位，聚焦"保值增值、做强做优、激励激活"的国企改革总要求，以"综合交通大会战"为主抓手，坚决扛起打造"全国性综合交通枢纽"的国企担当，全力推动温州铁路与轨道交通发展。截至12月底，资产规模突破500亿元，营业收入超过6亿元。

【嘉兴市铁路与轨道交通投资集团有限责任公司】

嘉兴市铁路与轨道交通投资集团有限责任公司（简称"嘉兴市铁投集团"）正式成立于2020年9月9日，主要负责嘉兴市域范围内铁路、城际铁路项目投资，以及市域铁路、城市轨道交通、市区有轨电车项目的建设、运营，至2022年底下属6个子公司。其中，2022年1月注册成立嘉兴市市域铁路投资有限公司，2022年12月成立嘉兴嘉铁置业有限公司。

2022年，嘉兴市铁投集团围绕"枢纽嘉兴"和市"551"重大项目任务，落实国企改革三年行动目标，深入开展"项目加速年、治理强基年、能力提升年"活动，全年完成固定投资36.36亿元，完成营收332.9万元，资产总额70.50亿元，非票务收入取得零的突破。

聚焦扩大有效投资，重大项目加速推进。市域铁路枫

南线、西塘线开工建设；通苏嘉甬铁路开工；机场高铁海宁段初设获批；沪乍杭铁路启动可行性研究。

聚焦持续经营能力，产业开发取得突破。配合嘉兴市政府出台《轨道交通站点和车辆基地综合开发管理办法》，市域铁路TOD综合开发机制列入《嘉兴打造长三角城市群重要中心城市实施意见》。摘得嘉兴首宗轨道车辆基地上盖项目土地；配合完成市域铁路西塘线、枫南线TOD站点周边详细城市设计。

聚焦民生服务保障，运营水平不断提升。城市电车一期工程全线开通运营，全年平安开行71136列次，累计客流量超200万人。正点率99.18%，高峰期行车间隔缩短至5分钟，平均旅行速度明显提升。

聚焦数字化改革，创新发展步伐加快。完成数字化改革顶层设计实施方案，国资监管平台和工程建管平台两大业务平台上线运行，拟订城轨云实施方案。联合中国建筑科学研究院组建"国家建筑工程技术研究中心轨道交通绿色低碳与智慧化研究中心"。配合嘉兴市环保局获批省碳普惠体系建设试点。

聚焦强化政治担当，党的建设坚强有力。成功面向全国公开选聘市域铁路公司领导。创立清廉品牌"尺规"，承办嘉兴市国资委系统微型党课大赛。获评浙江省交通运输厅"清廉交通"先进典型培育单位、嘉兴市"清廉单元"建设示范单位、"嘉兴市国资系统平安示范国企"。

【绍兴市轨道交通集团有限公司】

绍兴市轨道交通集团有限公司于2015年8月成立，注册资本20亿元，经营范围为轨道交通工程投资、建设、运营（凭特许批准）、管理、技术开发、技术咨询、技术服务、技术转让、房地产开发等。2020年8月，完成股权变更工作，由国有控股企业成功转型为国有独资企业。

2022年，绍兴市轨道交通集团有限公司抓住"1条线路运营、2条线路建设、4条线路报批、5个地块开发"的"1245"工作重点，推进一期与二期建设规划高效并进、项目建设与资源开发双向驱动，全年完成投资70.39亿元，完成年初制订的60亿元目标的113.97%。

2022年，绍兴市城市轨道交通第二期建设规划环境影响报告和文物影响评估报告先后获得国家相关部委批复。9月底，二期建设规划项目成功列入"三区三线"调整省级重点项目保障清单，1996亩稳定耕地获省级"戴帽"指标保障。运营线路客流效果评估及一期、二期建设规划复评先后通过评审，二期建设规划9月底正式上报国家发展改革委获正式受理，10月底完成终审，并结合终审意见完善规划方案，全力以赴争取尽快获批。完成2号线二期工可编制，并推进实现上虞段前期配套工程首个标段开工建设。

强化各类保障协同。累计到位财政资金37.37亿元，

配合二期建设规划报批，取得报批配套400亿元贷款承诺函；拓宽融资渠道，2022年度新增银行贷款资金13.79亿元，综合贷款利率4.12%，制定降本降息方案，2022年度除存量债券外，完成其余存量和新增融资利率下调；同步筹备中期票据发行，完成董事会审批，取得股东批复。以"共享共建"模式全面完成1号线和2号线一期24家单位27份无偿用地协议的签订工作，涉及69宗地共计面积2.47万平方米；完成2号线一期沿线站点和安保技术用房划拨用地手续办理，涉及面积3.4万平方米。组织开展150余个岗位招聘考试，招录各类管理类、专业技术类、技能类人才近400余人，并以"过硬"为标准，开展"翱翔计划"基层管理人员训练营，打造高素质干部队伍。

深化企业管理。围绕二期建设规划报批、2号线一期运营筹备等重点任务，结合1号线主线开通运营等，组织开展"四新三聚"主题教育实践活动和"越动城轨 强基铸魂"系列活动。抓好"廉政第一课""轨道清风行"进工地等工作，加强各层级的廉洁教育提醒，确保清风倡廉全覆盖。全面完成巡察反馈问题销号与回访反馈问题整改落实、国有企业改革三年行动计划各项任务，建立完善董事会授权管理等各类内部管理制度44项。增设综合监督部、运营管理中心和信息管理中心，运营分公司、物产公司逐步独立运作。冠名2022年"水马"赛事、组团参加第五届"越马"，动态落实新冠肺炎疫情防控举措，筑牢运营线路、在建项目和办公场所防控安全底线，并以"三包"工作法深化全国文明城市复评迎检工作。2022年，绍兴市轨道交通集团有限公司创建市级文明单位成功。

【合肥市轨道交通集团有限公司】

合肥市轨道交通集团有限公司于2009年6月正式成立，国有独资，注册资金53.59亿元，主要承担合肥市轨道交通项目规划、设计、建设、运营及沿线和地下空间相关资源开发的职能。

2022年，合肥市轨道交通集团有限公司坚决贯彻党中央、安徽省合肥市重大决策部署，坚持常态化疫情防控，狠抓高质量发展，全年完成投资170.68亿元，开创历史新高，较2021年增长4.3%。2022年末，5号线北段实现开通初期运营，在建线路进度进一步加快，1、2、3、4、5号线平稳运营；线网客运量超2.66亿人次，各项工作取得突出成效。

在建线路工程建设加快推进，1号线三期车站主体和附属结构全部封顶，天水路停车场基本完成；2/3号线延长线车站主体全部封顶；4号线南延线完成2座地下车站和4座高架车站封顶；6号线一期完成4座车站封顶和4条单线盾构区间贯通；7号线一期完成13座车站封顶和16条单线盾构区间贯通；8号线一期完成11座车站封顶和12条单线盾构区间贯通；机场S1线3座车站开始主体结构施工，4座

车站正在进行围护结构施工。

2022年合肥轨道线网全年客运量2.66亿人次，占全市公共交通客运量的比重48.0%；线网日均客流量72.8万人次；日均进站量49.6万人次/日，日均客运周转量509.5万人次公里/日，单日最高客运量达到119.4万人次/日；列车运行图兑现率100%，列车正点率99.99%；乘客有效投诉率0.09次/百万人次，未发生15分钟以上晚点事件；列车服务可靠度、供电系统故障率等指标，均处于全国先进水平。2022年线网运营车公里11465.8万车公里，高峰时段最小发车间隔238秒，运营总能耗44174.8万千瓦时。

2022年，合肥市轨道交通线网规划修编方案及第四期建设规划方案编制通过市政府专题会审议，同时编制完成L1线建设规划初步方案。三里庵站出入口及地下空间改造利用工程可研、初步设计，S1线项目环境影响评价报告、上跨高速设计方案，华南城车辆段盖板立项，北城车辆段建筑规划方案等获批。2022年成功竞得东至路、深圳路、华南城、甘棠路等四个TOD项目用地。编制《合肥市轨道交通2、3、4号线延长线及6、7、8、9号线和S1线工程沿线土地综合利用专项规划》，梳理出20余宗沿线具备统一规划和开发条件的地块，其中近期具备与场站同步建设开发地块9宗，同时部分规划成果纳入国土空间规划。

【芜湖市轨道交通有限公司】

芜湖市轨道交通有限公司于2016年6月注册成立。2017年3月正式组建，注册资金30亿元，其中市国资委出资15亿元，占股比50%；市建投公司出资15亿元，占股比50%。现有人员31人，其中经营管理层5人（含职业经理人1人），普通员工20人，技术员工6人。经营范围是：城市轨道交通项目的投资及项目策划；轨道交通沿线及相关区域的综合配套开发；物业服务；轨道交通技术服务、技术咨询。

2022年，芜湖市轨道交通有限公司坚持以习近平新时代中国特色社会主义思想为指导，全面贯彻落实党的二十大精神，组织开展轨道交通建设一期中期评估和二轮建设规划编制，扎实推进轨道交通沿线风雨连廊三网融合、轨道交通沿线墩柱美化项目，督促推进轨道交通车站墩柱美化及景观提升、黄山路天桥等轨道交通甩项工程建设，积极履行受托义务，不断加强对城南过江隧道建设期和轨道交通1号线、2号线一期运营期履约管理，持续做好疫情防控和安全生产等工作，各项工作按计划有序推进并取得成果。推进轨道交通二轮规划建设，完成《芜湖市城市轨道交通中期评估分析报告》修编，《芜湖市城市轨道交通中期评估分析报告》（修编稿）报芜湖市发展改革委转报省发展改革委；2022年12月底，组织中铁设计完成轨道交通二轮建设规划初稿编制。完成风雨连廊项目、墩柱美化项目前期及建设工

作，督促推进轨道交通甩项工程建设，协助推进轨道沿线道路修复、提标扩面等项目验收移交。

创新成果突出。2022年4月，芜湖市轨道交通有限公司参编的中国城市轨道交通协会标准《单轴转向架跨座式单轨车辆通用技术条件》正式发布；2022年6月，参与的《跨座式单轨智能运行与协同决策关键技术应用》通过江苏省综合交通运输学会组织的科技成果评价；2022年9月，参与的《融合北斗定位通信技术的新型轨道交通车辆运行防护系统研制与应用》获得2022年度卫星导航定位科技进步奖二等奖；2022年9月，参编的安徽省地方标准《低运量导轨式胶轮系统设计规程 第2部分：导向轨式》《低运量导轨式胶轮系统施工及验收规范第2部分：导向轨式》正式获批；2022年12月，参编的中国城市轨道交通协会《储能式自动导向胶轮车辆技术条件》《储能式自动导向胶轮电车系统工程技术指南》获中国交通运输协会批准发布。

做好履约管理工作，完成PPP项目实施机构调整及合同权利义务委托，开展轨道交通1号线、2号线一期PPP项目运营期履约管理工作，落实1号线及2号线一期PPP项目2021年度第二次建设期绩效考核，开展1号线、2号线一期PPP项目造价管理工作。

【福州地铁集团有限公司】

福州地铁集团有限公司（原为福州市城市地铁有限责任公司）成立于2009年6月20日，注册资本为13.914亿元，是福州市从事城市轨道交通建设、运营和资源开发的国有全资公司。

2022年，福州地铁以习近平新时代中国特色社会主义思想为指导，全面学习宣传贯彻党的二十大精神，坚持"3820"战略工程思想精髓，积极投身现代化城市建设浪潮，地铁建设、运营、资源开发、产业招商等各项工作保持高质量发展态势，全面完成年度任务目标。

2022年，工程建设完成投资189亿元。5号线首通段于4月29日开通初期运营，6号线于8月28日开通初期运营，分别提前2个月和1个月开通。在建线路5条，总长约119公里。其中，4号线全线车站主体封顶，盾构区间22个贯通；5号线后通段2个车站主体封顶，区间、铺轨工程全部完成；滨海F1快线累计9个站主体封顶，盾构区间5个双线贯通、1个单线贯通；2号线东延线一期、6号线东调段按期动建。

2022年，福州地铁第三期建设规划报批工作有序推进，完成12个专题和主报告，环评和社稳评估已公示。

2022年，福州地铁进入"四线时代"，运营总里程达到110.9公里。客运总量12101.3万人次，全年线网日均客运量33.2万人次，单日最高客运量创新高，列车正点率99.99%，运行图兑现率100%。

安全管理制度体系不断完善，隐患排查持续深入，防汛备汛能力进一步提升，建立与属地、外单位等联勤联动机制，修编专项应急预案，安全生产形势稳定向好。标准化建设持续深化，应急救援能力不断提升。疫情防控有力有效，严格执行防控方案，精准落实省市各级防疫措施，落实疫苗接种要求，全年未发生影响地铁正常运营或结构损坏的重大事件，地铁保护形势总体良好。

资源开发方面，"地铁·睿达"主体封顶，南门兜便民补短板项目动建；1号线新店附属用房打造首个地铁长租公寓品牌；第三期建设线路沿线资源开发规划和方案策划工作开展。长乐横港产业园动工，首栋厂房主体结构封顶，引进中国中铁、中国铁建、中国交建等大型建筑央企以及北城智控、株洲时代等地铁关联企业。2022年，福州地铁集团有限公司组织召开首届福州轨道交通产业联盟大会，与14家合作企业达成战略合作。此外，福州地铁集团下属全资子公司福州地铁实业公司、福州地铁维保公司拓展供应链业务，地铁产业链条进一步拓宽。

【厦门轨道建设发展集团有限公司】

2022年3月，厦门轨道交通集团有限公司和厦门经济特区房地产开发集团有限公司合并，成立厦门轨道建设发展集团有限公司（以下简称"厦门轨道集团"）。厦门轨道集团定位为轨道交通投资建设运营和出行服务商，主要布局在交通投资建设、轨道交通运营管理、轨道沿线城市开发运营管理等三个板块，致力打造城市开发招商运营平台以及产业投资平台。

2022年，轨道主线及配套项目完成固定资产投资188.7亿元。轨道工程有序推进，3号线南延段和6号线集美至同安段实现快速开工；在建主线工程及配套项目按计划推进，6号线林华段洞通，2号线工程及配套项目获评2019-2021年福建省重点建设优胜项目奖，在国家、省、市等各层级的调研、检查中均获得良好评价，在市重点办市属国企重点项目晾晒考评取得满分，全市12家国企排名第一，项目水土保持工作获得市水利局通报表扬，全市检查195个项目中仅3家取得该项殊荣。2022年，地铁迎来安全运营5周年，地铁和BRT全年共计运送乘客近2.66亿人次，实现公共交通占比36.5%，公共交通骨干作用日益凸显。综合开发成效显著，摘得海沧中心、翔安后村、洪塘头等3个TOD项目，土地出让金共计125.3亿元；湿地公园、海沧中心及后村等3个TOD项目先后实现开盘入市，获得市场广泛认可，销售金额超30亿元，标志着厦门市TOD开发步入快车道；推进杏锦项目商业、BRT第一码头枢纽站等5个项目招商落地，物业资产全面盘活，引入多家商业龙头企业，大幅提升经营收益和资产价值。配套产业在聚焦主责主业的基础上，稳步扩展市场业务，经营能力持续提升。

【南昌轨道交通集团有限公司】

南昌轨道交通集团有限公司成立于2008年10月，主要承担南昌市轨道交通建设的融资、建设、运营、开发、管理"五位一体"的职能，是一家下辖3个分公司、9个全资子公司、10个参股公司，员工6000余人、总资产超千亿元的特大型国有企业集团。

2009年起，国家发展改革委先后三次批复南昌市城市轨道交通建设规划项目，包含四条地铁干线和四条延长线，总里程160公里，设站122座。建成通车4条地铁线，运营里程128.4公里。

南昌轨道交通集团有限公司在南昌市委市政府的坚强领导下，认真落实全市战略部署，积极参与大南昌都市圈建设，以"铸造五维地铁 助推城市发展"为企业愿景，全面推动各项工作健康稳定发展。

把加快地铁建设作为集团的首要任务，构建畅行通达的轨道交通线网。以项目为牵引，带动建设、规划一体化推进，推动城市更新、品质升级。设立各项目建设指挥部，分级调度、倒排工期、日夜奋战，确保按期实现建设目标。

把满足市民的出行需求作为出发点和落脚点，不断提升服务品质，列车正点率、运行图兑现率、设备设施可靠度远高于国家标准，线网客运强度、移动支付水平、乘客满意度评价得分位居全国前列。

恪守安全"生命线"，在全国轨道交通行业率先实行全员安全生产责任制，设置安全专管员。推行基坑盾构两个"三张图表"，可视化、动态化管控地下施工风险隐患，保持了较大及以上生产安全事故"零发生"。

依托地铁建设带动产业发展，孕育地铁经济新动能，推动地铁建设运营可持续发展。业务范围拓展至设计咨询、项目建设、地铁运营、地产开发、建筑施工、产业投资、物业管理等多个领域。其中，以智慧轨道交通为引领，轨道交通产业园一期项目已开工建设。以TOD模式整合要素资源，促进地铁沿线发展，反哺地铁建设和运营。

通过文化建设增强企业凝聚力和向心力，内强素质、外塑形象，形成具有南昌地铁鲜明特色的企业文化核心价值体系，打造《铁友》杂志、小鲜鹭公益、地铁福利哥、地铁大讲堂等文化品牌，创办南昌地铁工人业余大学、职工之家，得到了业内外人士的一致好评。

【济南轨道交通集团有限公司】

济南轨道交通集团有限公司成立于2013年12月25日，是市属一级竞争类企业，负责济南市城市轨道交通的规划设计、融资、建设、管理、运营和物业开发等工作。2021年，集团重组黄河路桥、莱芜交发，拓展土建施工业务领域。

2022年，济南轨道交通集团完成轨道交通二期建设规划项目全面实施、商河机场建成开航、济莱高铁通车运营、服务保障2023年济南市"两会"等重大任务。获"全国文明典范城市创建工作突出贡献集体""2021年度山东省企业党建文化典范单位""全市高质量发展综合绩效考核一等奖"等称号。

加快轨道交通等重点项目建设。承担地铁、高铁、有轨电车、安置房等投资项目51项，完成投资265.9亿元。3号线二期、4号线一期、6号线进入全面施工阶段，8号线一期、9号线一期、7号线一期先后开工；济莱高铁通车，商河机场开航运营。完成济南东总部基地项目建设，彭家庄租赁住房项目封顶，腊山站、姜家庄上盖开工建设。

提升运营服务品质。三条运营线路全年累计运送乘客5445.43万人次，开行列车28.15万列次，行驶里程748.26万列公里，列车运行图兑现率达100%，正点率达99.99%。累计编制完成安全技术类规章文本221项，应急预案89项。组织开展"助力春运""文明乘车""站长接待日"等服务活动；打造首座"书香车站"，推出"童心易物"特色服务，开展"爱心预约""关爱孕妈"暖心服务。

优化创新融资模式。筹措到位资金470.67亿元，保障项目建设等资金需求。获得济莱高铁等专项债券，发行超短期融资券、中期票据、公募公司债及公募企业债券。落实8号线银团贷款、3号线二期项目贷款、有轨电车项目贷款、保障性租赁住房项目贷款。拓展海外融资渠道，在香港成功发行绿色境外债。

实施创新驱动发展战略，获批省新旧动能转换重大产业攻关项目等科技计划22项，获山东省技术发明一等奖、科技进步二等奖等科技奖励40余项；"盾构机远程控制系统"入选省级首台（套）技术装备、智能制造应用场景；济南轨道交通高端智能盾构2.0下线并始发。完成3号线二期项目43辆车辆新造业务，自主生产的盾构机累计下线120余台。落地招商引资项目18个，涉及总投资超300亿元。

【青岛地铁集团有限公司】

2022年，青岛地铁集团有限公司深入贯彻习近平同志关于"加快建设世界一流企业"的重要指示精神，全面落实交通强国战略要求，在青岛市委、市政府的坚强领导下，锚定"走在前、开新局"，全面加快推进"三六五"发展战略和"双一流"地铁建设，完成城市更新和城市建设年度攻坚任务，向着高质量发展迈出坚实步伐。

线路建设方面，4号线克服种种不利因素的影响，较原计划提前4个月实现高水平开通，运营线路达7条、315公里，主城区初步成网，网络化运营特点初步显现。6号线一期、2号线西延段、8号线南段土建施工按计划稳步推进。三期规划7条线仅用9个月实现全部开工，为各期线路同期开工率最高，再次刷新青岛速度。

运营保障方面，在全年安全运送乘客2.83亿人次，日均客运量增加15%的情况下，16项关键指标12项全国排名第一，3项第二，1项第三，乘客满意度达98.54%；"心馨相伴"获全国交通运输系统"十佳品牌"，并成为首家获国家级"服务质量认证"及"顾客满意度测评认证"双五星级评价的地铁公司。

开发建设方面，获市北区开封路等4个地块、430亩土地。按照"五位一体""三级联动"联合开发体系和模式，加快项目运作和建设，新开工项目5个，同时在建商业地产和政策性住房项目达到25个，在建面积超300万平方米，完成投资73亿元，预售收入40亿元。

资本运作方面，全年筹措资金390亿元。三期线路银团贷款利率最低至3.4%，年节约融资成本4亿元。首次尝试永续信托，储备额度50亿元。初步搭建百亿产业基金集群，先后落地图维等9个项目，投资总额7.5亿元。

确立建设世界一流地铁，打造一流城市投资建设运营商的"双一流"奋斗目标，发布《建设世界一流地铁目标体系（建设篇）》；将班组建设作为建设世界一流地铁夯基工程，与建设一流地铁相互支撑、系统推进。通过"小立法+二次分配"的职工参与模式，推动在235个班组全部开展示范班组创建，其中14个班组通过集团级示范班组验收，10个班组获批国家级安全管理标准化班组，工作效率平均提高30%，实体质量明显提升。

【青岛城运控股集团轨道巴士有限公司】

青岛城运控股集团轨道巴士有限公司组建于2015年3月，经营范围包括：公共客运；有轨电车运营管理；汽车租赁；有轨电车各岗位、工种技能培训；汽车、电车修理；电车线网施工及维修；有轨电车站台、护栏职工及维修；机械设备加工；经济信息咨询服务；人力资源服务（不含劳务派遣）；房屋租赁；设计、制作、代理发布国内广告；餐饮服务；销售：汽车配件及材料、五金交电及日用百货。

青岛城运控股集团轨道巴士有限公司自成立以来，始终坚持"诚信、创新、责任"的企业精神，按照"高质量管理、高标准运营、高品牌创建"的管理理念，做好有轨电车示范线的运营管理。先后获得青岛市"文明单位""工人先锋号""青年文明号""敬老文明号""环境友好单位""先进职工之家"、山东省"交通安全示范单位""女职工建功立业标兵岗"等称号。2017年以来，获"全国交通质量奖卓越项目奖"、"企业文化建设基层示范点"称号、"全国交通质量奖"，获全国首张有轨电车运营服务ＡＡＡＡＡ级认证证书，是全国有轨电车运营企业中唯一获得这两项殊荣的单位，获城阳区"区长质量奖"、青岛市"市长质量奖"。2022年，公司再获青岛市"高质量发展创新典型案例"奖。

青岛有轨电车示范线是山东省第一条有轨电车线路。示范线全长8.77公里，配备7列电车，线路设置青特小镇、农业大学等12个车站，日均行驶里程960公里，载客4200人次。有轨电车示范线沿线与32条公交线路、地铁1号线实现衔接，不仅覆盖了公交盲区，而且进一步完善城阳区域的公交线网。

【中车青岛四方车辆研究所有限公司】

中车青岛四方车辆研究所有限公司始建于1959年，隶属于中国中车股份有限公司，是中国轨道交通关键系统技术和产品的重要提供者。2022年，四方所牵头在青岛组建中国中车全新的核心一级子公司—中车制动系统有限公司，中车制动是中车唯一一家专门从事制动、钩缓业务的高科技企业。

中车四方所（中车制动）总部位于青岛市，在青岛、重庆、天津、济南、南京、株洲、常州等地拥有19家全资、控股、参股企业，建有20余万平方米生产厂房，具备完备的生产制造体系，拥有包括国家级智能制造示范项目、省级示范智能车间在内的多条智能化生产线。在城市轨道车辆领域，中车四方所（中车制动）攻克国内城市轨道交通装备的制动系统、牵引传动系统和网络控制系统三项核心技术，首次实现了中国企业城市轨道交通领域三大核心系统的一体化应用。中车四方所（中车制动）核心业务产品全面覆盖国内已开通地铁运营的所有城市，是中国城轨车辆钩缓装置和空气弹簧行业标准的制定者。

2022年，中车四方所（中车制动）牵引、网络、制动、车钩等核心系统和关键零部件市场份额持续巩固提升，城轨制动市场占有率28.8%；车联网运维、乘客计数、OLED智慧车窗等产品实现城轨项目突破；机电设备集成包和智能运维系统在多个城市落地实施。国际业务实现加速增长，PIS、电气柜、车辆段集成包实现直接出口。智能供电系统、智能管控平台、日列检、架大修等智慧段场解决方案开始落地。中车四方所（中车制动）持续推进重点产品开发，完成基于国产化芯片TCU控制器的牵引系统地面型式试验、组合试验验证。完成基于以太网通信的网络产品交换机通用CPU板卡研制和型式试验。CR200J动力集中动车组新型微机电控制动系统、高压大功率变流技术、智能供电大容量双向变流装置和智能能量管理产品研发有序推进。

2022年，中车四方所（中车制动）登上山东省制造业年度科技创新示范企业榜单；完成多项重点研发项目，其中科技部8项、工信部2项、山东省1项以及中车42项；持续为业主、主机厂等提供试验检测支持，通过CNAS实验室认可和CMA资质认定，形成货车"一本制"检测能力；全年参与制定国际标准3项，归口承担国家、行业标准23项。2022年，中车四方所共申请专利198件，其中，海外专利27件，国内发明150件，实用新型20件，外观1件；获得中车科技成果奖11项，其中包括参与申报的"3000马力节能环保型调车机车研发"及"应用和高性能列车网络控制系统技术研发与应用项目"分别获特等奖和一等奖，车-地-网一体化方波供电电气车辆技术研究与应用项目获二等奖。"新一代列车控制与信息服务网络（TCSN）关键技术及系统研制"获山东省科技进步奖二等奖。中车四方所（中车制动）技术中心获得"火车头奖杯"称号。

【郑州地铁集团有限公司】

郑州地铁集团有限公司于2008年2月22日经郑州市人民政府批准成立，负责轨道交通项目的工程投资、建设、运营，轨道交通的广告、通讯、周边土地开发利用及其它特许经营权的经营、投融资业务等。董事会作为决策机构，经理层负责日常经营管理、监事会作为监督机构，依法行使权力、履行职责。

2022年，认真落实"疫情要防住、经济要稳住、发展要安全"重大要求，站位郑州"当好国家队、提升国际化、引领现代化河南建设"总目标，以加快建设"轨道上的都市"为己任，扎实开展"三标"活动，高效统筹疫情防控和生产经营，稳中求进、难中求成，推动公司各项工作高质量开展，取得较好成效。

3号线二期、城郊线二期、6号线一期西段、郑州机场至许昌市域铁路郑州段建成通车，全兵完成建设投资211.8亿元。

高效推进工程建设。紧紧围绕郑州市"以项目建设增势"行动，突破工程招标备案、征地拆迁、土地手续办理、工程验收等重难点问题，全力加快工程建设进度。牢固树立本质安全理念，狠抓关键部位质量提升，不断优化完善设计管理制度，有效降低违规施工风险。高效推动"围挡瘦身"行动。

着力提升运营能级。积极推动公交体系综合发展，与国铁车站、机场、长途汽车站、公交实现客流数据共享；新增广州、成都两座城市地铁乘车码互联互通。提升地铁智慧化水平，全国首家实现接触网可视化接地系统全线网投用；建立数字运维运作平台，实现数字化转型初步运作。优化完善多场景下应急处置预案，开展应急演练，运营应急体系进一步完善。

强化经营意识，启动TOD综合开发总体策划研究，参与战略规划、专项规划编制工作，推动各项支撑性、保障性政策体系建设。推动搭建郑州市首个上盖物业综合开发项目土地供应程序，实现五龙口停车场上盖物业综合开发项目摘地。创新传统广告形态，推出创意市集、早餐市集、文创产品销售等活动，提升地铁车站"烟火气"。

【洛阳市轨道交通集团有限责任公司】

2022年，洛阳市轨道交通集团有限责任公司以"逐步向国有资本投资运营公司转型"为战略定位，以服务人民群众出行为出发点和落脚点，以优化国有资本配置为抓手，以深化城市公共交通企业改革为目的，聚焦投融资、建设、运营、资源开发、物业管理五大发展战略，以"实现城市公共交通行业规范有序、高质量健康发展"为目标，坚持补短板、保安全、提效率，着力推动打造公共交通协同发展大型市属国有交通投资集团。

2022年，洛阳市委市政府赋予洛阳轨道交通集团呼南高铁焦洛平段、机场三期建设、G208二浙线洛阳黄河公铁两用大桥及引线、龙门站综合交通枢纽中心南广场、轨道交通二期建设规划等重大项目前期谋划工作、"两线两枢纽"后续工程收尾建设等重点工作，洛阳市轨道交通集团有限责任公司整合资源，多路开进，同向发力，成效明显。

洛阳轨道交通集团以乘客为中心，聚焦乘客服务体验，开展节能降耗，运营管理更加精准，2022年度客运总量为2914.5万人次，日均客运量8.0万人次，客运收入为4792.01万元，日均客运收入13.13万元，列车正点率99.99%，运行图兑现率100%，各项设备故障指标均优于年度目标。

深化改革，理顺机制，国企改革三年行动成效明显。2022年，洛阳轨道交通集团先后完善、优化了组织架构、部门职责、定岗定编、薪酬体系、绩效考核等现代企业治理制度体系和工作流程，健全用人机制，探索市场化转型，锚定目标任务，推进企业评级，全面提升企业管理能力和质量水平。

【武汉地铁集团有限公司】

武汉地铁集团有限公司成立于2007年5月，经授权负责武汉轨道交通的建设、运营、融资和资源开发工作，内设13个职能部门、3个事业总部及12家全资子公司，与优秀企业合作成立7家合资公司。

2022年，在武汉市委市政府的坚强领导下，在集团董事会的正确指导下，武汉地铁集团有限公司上下同心，聚焦主责主业，统筹发展和安全工作，项目建设坚定有力、运营服务安全有序、经营业务稳健强化，国企改革和现代化企业建设走深走实，高质量发展呈现出稳中求进、进中提质的总体态势。

一是稳投资、稳生产，重大项目建设再立新功。高质量开通前川线一期、16号线二期和新荣换乘平台，按期开工3号线二期、6号线三期、11号线四期、线网中心扩建工程，开通开工承诺全面兑现。

二是保安全、保运行，优质运营服务再上台阶。全过程、体系化筑牢超大线网运营安全基础，实现运营总体安全平稳，在特殊时期保城市运转中展现地铁担当。

三是增信心、激活力，经营效益效率稳中有升。土地储备出让逆势前行。TOD迈出坚实步伐。资源经营成效显著。物业管理快速增长。广告文体稳中有进。商业保理取得突破。产业基地新增注册企业30家。控参股公司经营基本平稳。

四是筑基础、固防线，发展保障体系不断夯实。规划报批成效卓著。资金保障不断加强。质量安全形势平稳可控。审计监督作用充分发挥。信息化水平日趋提高。

五是推改革、提效能，企业治理能力稳步提高。董事会建设水平稳步提升。国企改革三年行动圆满收官。人才人资持续优化。计划合约管理效能提升。技术赋能取得实效。专项工作快速推进。

六是举旗帜、强根基，党建引领汇聚发展合力。政治建企取得新提升。党建引领取得新成效。干部人才增添新活力。全面从严治党走向新深度。意识形态工作呈现新气象。群团工作凝聚新力量。

【武汉光谷交通建设有限公司】

武汉光谷交通建设有限公司成立于2014年3月6日，是武汉东湖新技术开发区直属国有政府投资建设平台。注册资本金100亿元，现有四家全资子公司，形成以政府投资城市基础设施建设为核心业务，以开展公共交通运营服务、城市智慧物业运营管理、文化旅游产业开发运营、城市更新地产综合开发运营为延伸的"1+4"全产业化战略发展体系。

推进项目建设，完成城建投资目标。承担续建、新建项目共77个（含1条地铁），总投资398（246）亿元，全年完成投资78.36（44.05）亿元，完成年度城建投资目标。公司资产总额达267.7亿元，同比增长16%。全年实现19个项目建成完工，37个项目招标挂网，依法依规支持区内建筑业企业新签合同40.66亿元，连续4个季度国有企业城建绩效考核获评红旗单位。

强化内部管理，助力企业发展。2022年，多渠道完成融资共计30.65亿元。12月6日，面向专业投资者非公开发行的碳中和绿色公司债券（第一期）在上海证券交易所成功发行，发行规模7亿元，为首次对外发行公司债券，也是湖北省首单碳中和"绿色公司债券"。高标准、高质量打造一批精品工程，光谷一路至高新四路排水通道工程获中国市政行业最高质量水平评价（原国家市政工程金奖），武汉东站东西广场、空轨、高新三路、光谷四路、青王路、九峰一路等一批重点项目获评市级、区级称号。在空轨、高新三路等重点项目中推行BIM全过程应用，推广项目数字化管理，实现设计、生产、施工协同。

健全经营体系，提升市场盈利能力。以市场化、多元化方向推动企业提质增效，"1+4"业务板块全面发力，自身造血能力不断提高。提升运营效率、运营品质，受疫情影响，2022年客流量639.8万人次，日均客流量1.75万人次，全年营收1144.53万元，兑现率、准点率等主要指标均稳步上升，保持行业领先地位；物业管理面积、物业形态、服务品质持续提升，全年承接5个新项目，物业服务总面积达80万平方米；探索服务项目多元化、物业管理规范化、资产运营专业化的发展路径，全年营收达2016.67万元，同比增长42%。以空轨旅游线开通为契机，开发空轨IP文创产品，推进车站配套商业开发；深入挖掘科学岛、豹澥湖、龙泉山等区域自然、生态、文化旅游资源，推动光谷旅游产业融合发展。以公共交通产业为切入点，聚焦城市更新和城市公共资源开发，拓展增值服务，充分整合武汉东站、公共停车场、线网中心、有轨电车车辆基地商业资源，挖掘市场潜力。

【长沙市轨道交通集团有限公司】

长沙市轨道交通集团有限公司（以下简称"轨道集团"）于2006年6月筹建成立。2009年4月，长沙市委、市政府对轨道集团进行重组，重组后的轨道集团为国有独资企业，注册资金50亿元，主要承担轨道交通项目的融资、投资、建设、运营、管理。

2022年，轨道集团坚决贯彻落实"强省会"战略，深化国企改革与市场化转型，在长沙轨道集团公司"十四五"发展战略的基础上，立足长沙轨道使命任务，制定《长沙轨道落实"强省会"战略工作方案》，实施"5+7+9+4+3"工程，锚定未来五年发展规划，聚焦"七强"奋斗目标，实施"九大"专项计划，强化"四项"保障措施，明确"三个"清单方案。同时，配套制定九大专项计划子方案，分板块细化明确具体目标、重点任务、工作措施，从实从细推动"强省会"战略在长沙轨道落地见效。持续推进国企改革三年行动。国企改革三年行动计划68项任务完成率100%，改革重点要求纳入公司修订章程，长沙轨道集团公司董事会健全履职以及重要子公司董事会应建尽建工作圆满完成。中国特色现代企业制度更加完善，法人治理结构更加健全，党建引领保障作用更加凸显，管理体系更加健全，运行质效和人员效能明显提升。

【株洲中车时代电气股份有限公司】

株洲中车时代电气股份有限公司成立于2005年，实现"A+H"双通道资本布局，其前身及母公司——中车株洲电力机车研究所有限公司，是中国电气化铁路装备事业的开拓者和领先者。公司立足交通和能源两大赛道，积极投身国家重大战略，致力于为社会提供安全、智能、绿色、舒适的高端装备，立志成为交通与能源领域电气系统全面解决方案的全球首选供应商。业务遍及全球20多个国家和地区。2015年获第二届"中国质量奖"。

公司以技术研发为核心，秉持"高质量经营，高效率运营"理念，坚持"同心多元化"战略，在夯实提升轨道交通业务的基础上，逐步拓展轨道交通外市场，打造新的增长点。

2022年，公司沉着应对复杂外部环境，坚定服务国家战略，抢抓"智能化、数字化、绿色化"发展机遇，迎难而上、笃行实干。聚焦"四个面向"，持续加大科技创新力度，坚定打造原创技术策源地。2022年授权专利443件，获2021年中国专利银奖1项以及2021年湖南省专利奖唯一一个特等奖，报批国际、国家、行业标准11项。

轨道交通牵引系统等优势业务保持引领，城轨牵引系统连续十一年领跑。2022年实现在长春、东莞的牵引首单突破，海外中标波哥大地铁；跨平台检修获深圳、石家庄大订单；智慧大系统在无锡稳步推进。响应中国城市轨道交通协会号召，在"国产自主化、智能智慧化、绿色低碳化"方面提出综合解决方案，永磁牵引系统、双向变流装置、高频辅变、智能运维等技术和产品得到用户认可并实现应用。

2022年9月，公司"面向FAO的列车控制系统关键技术研究及自主化攻关"项目通过中国城市轨道交通协会成果评价，项目总体技术达到国际先进水平，车载安全控制平台性能及可靠性达到国际领先水平；2022年10月，由中国城市轨道交通协会技术装备专业委员会组织对中车时代电气全自动运行信号系统在宁波外场的试验进行验证评审，株洲中车时代电气股份有限公司全自动运行信号系统符合行业标准及设计要求，并满足实际运营要求，为后续工程应用奠定良好基础。

【广州地铁集团有限公司】

广州地铁集团有限公司于1992年11月成立，注册资本5842539.7万元，是广州市政府全资大型国有企业。公司始终以"建设好、运营好、经营好地铁，服务好城市，带动好产业"为宗旨，以"地铁，为广州提速"为使命，业务实现从地铁新线规划建设到铁路建设投融资，从地铁线网到城际铁路、有轨电车全制式覆盖，从广州一地走向粤港澳大湾区、国内主要城市乃至"一带一路"沿线重要节点。

2022年，广州地铁认真贯彻党的二十大精神，深入践行"疫情要防住、经济要稳住、发展要安全"的重要要求，集中精力推进全制式轨道交通发展。

聚焦投资建设，集中兵力稳经济。全年完成市内重点项目投资855亿元，实现营业收入122亿元。地铁、城际和枢纽项目完成征借地及拆迁约247万平方米、隧道累计完成掘进约134公里。开通运营22号线首通段、7号线西延段，线网总里程达16条621公里。开通8号线彩虹桥和西村站。获批第三期建设线路调整规划。建成广佛南环、佛莞城际，开工建设广佛西环城际，基本完成南珠中、佛穗莞城际初步设计编制，迈出大湾区轨道交通建设的坚实步伐。

动态调整运力，精益求精优服务。快速响应疫情政策变化，克服人员封控等困难，动态完善运输组织。全年安全运行4.7亿车公里，列车正点率99.99%，地铁线网客运总量达23.6亿人次。着力解决改善市民出行体验，新增64台智能客服中心上线，建成开通既有线15个规划遗留出入口，与西安等5个城市互通乘车码，推广应用数字人民币支付，乘客满意度持续保持优秀水平。

巧打经营算盘，市场拓展优效益。2022年，广州地铁实现多元经营业务收入63.5亿元，占年度经营总收入的51.7%；获取赤沙南、白云东平、台涌、石井水泥厂、白云（棠溪）站东等5个地块。高质量开通运营长沙6号线、重庆4号线二期等2条外地线路。设计业务培育新增长点，新成立减振公司和新能源公司。监理业务获取澳门轻轨东线设计连建造工程项目管理及技术援助服务合同。有轨电车公司取得重庆地铁4号线维保、丽江城市综合轨道交通1号线运维等合同。2022年投资企业中标总额达66亿元。

激活创造潜力，聚焦战略提质效。统筹推进54个在研科技项目，成功申报国家十四五重点研发计划项目，国家工程研究中心获取CNAS科研实验室与检测实验室双项资质；获得授权专利153项，取得政府部委、行业协会科技奖励22项。完成珠三角城际公司及其建设项目交接工作，组建资源经营公司，成立检验检测公司，实施有轨电车公司分立，持续提升集团盈利能力。

【深圳市地铁集团有限公司】

深圳市地铁集团有限公司（以下简称集团）成立于1998年7月31日，是深圳市国资委直管的国有独资大型企业。集团秉承"厚德载运，深铁为民"的企业精神和"经营地铁，服务城市"的企业使命，构建国家铁路、城际铁路、城市轨道交通"三铁合一"的产业布局和轨道建设、轨道运营、站城开发、资源经营"四位一体"的核心价值链，着力构筑开放、活力、共融的"轨道+"生态圈。

2022年集团共承担深圳市15条地铁线路合计516.7公里的运营任务。在建地铁线路共12条，线路总长98.0公里；国铁和城际铁路共5条线路6个项目，在建里程332.0公里。集团持续拓宽品牌辐射面，积极对外输出运营、综合联调、维保、咨询等多样化服务，业务共涉及国内外（不含深圳）线路约247.3公里。

截至2022年12月底，集团总资产达6616.1亿元。

集团积极践行"以公共交通为导向"的TOD发展模式，以地铁上盖及沿线物业的升值效益反哺轨道交通建设运营，"轨道+物业"模式日益与城市深度融合，以枢纽为代表的"站城一体化"项目逐步成为核心产品。集团构建写字楼、商业、酒店、广告传媒等多种产品体系。

集团积极承担社会责任，累计为老年人、残疾人等乘客提供约2.11亿人次的免费客运服务，地铁义工联提供义工服务达580万小时，建成并移交2.24万套保障性住房，总建面157.33万平方米。

未来，集团将全面践行"先行示范"理念，坚定扛起"交通先行官"的发展使命，加快构建"轨道上的大湾区"，打造一流设施、一流技术、一流管理、一流服务、一流效益、可持续发展的世界一流轨道交通企业，有力支撑粤港澳大湾区和深圳都市圈建设。

【港铁轨道交通（深圳）有限公司】

港铁轨道交通（深圳）有限公司是港铁公司全资子公司，成立于2004年3月，负责特许经营深圳市轨道交通4号线（经营期30年）。作为CEPA正式实施以来深港两地以及内地首个由香港独资以建设-运营-移交（BOT）模式投资建设的轨道交通项目，轨道交通4号线是深港两地合作发展的一个重要里程碑。

2022年，港铁（深圳）全新布局线上线下媒体反馈平台，持续拉近与乘客沟通距离，重视市民朋友的出行意见和建议，从细微处提升4号线服务品质。

提升车站卫生环境。值班站长触摸式卫生检查为提升车站的整体卫生环境，车站早班值班站长佩戴白色手套，对乘客易接触的楼梯不锈钢扶手、电扶梯扶手带、垂梯按钮等部位进行触摸检查，确保清洁到位，无卫生死角；2022年3月起，安检置物篮每周定时清洗，确保为乘客提供干净卫生的服务。

优化车站导向标识。在大客流换乘车站新增地贴和墙贴，立柱增加换乘指引标识，站厅显眼处增加站名提示，出入口处增加周边景点提示，暖心小举措为乘客提供更清晰、美观的导引服务；在继白石龙站、龙华站加装电子动态显示屏后，4号线清湖站出入口新增早高峰电子显示屏，清晰显示站外等候时间，为乘客提供便利醒目的引导；4号线上塘站出入口扶手电梯试点将传统的黑色扶手带更换为鲜艳蓝色扶手带，同时在扶手带上清晰印刷"请握紧扶手"的安全提示，进一步加强电扶梯搭乘安全提示。

多方式升级员工客户服务。站务、乘客、安检员、列车安全员以及义工志愿者一线服务人员进行专项业务培训，重温顾客服务课程，提升服务意识和服务形象。同时，编制《乘客意见沟通四要素》《乘客常见问题知多少》《义工服务指南》以及整理升级《岗位魔术语》等指引文件，帮助员工、承包商以及义工提升服务技巧，为乘客提供周全、人性化服务。4号线现有7个车站设立"文明示范安检点"，为以点带面，优中选优，提升示范车站的优秀引领作用，4号线在7个"文明示范安检点"车站中挑选清湖站和深圳北站为"优秀安检服务示范站"，执行更严格的服务标准及执行标准，提高安检整体服务水平。

为进一步改善4号线高架段沿线的声环境，降低列车运行噪音，4号线持续采取钢轨打磨的办法以改善轮轨接触关系，同时增加轨顶涂油装置以降低轮轨之间的摩擦系数。另外，在不同时间段对轨道曲线处的部分路段进行限速。

多重机制保障设备稳定可靠。在节假日大客流期间，安检承包商驻点重点车站，充分落实安检机故障30分钟响应机制；港铁（深圳）维修职员通过计划预防性维修和保障故障维修，"双重机制"确保车站设备稳定可靠。

【深圳市现代有轨电车有限公司】

深圳市现代有轨电车有限公司成立于2016年1月28日，是由中国中铁股份有限公司与深圳市地铁集团有限公司共同投资成立的合资公司。经营范围包括：地铁、轻轨交通项目的建设、运营、开发和综合利用；经营广告业务；自有物业管理；轨道交通相关业务咨询及教育培训；劳务派遣；进出口经营，有轨电车维修。

2022年，深圳有轨电车累计实现安全运营1891天，累计运送乘客472万人次，累计日均客运量1.3万人次，累计客运强度1100人次/公里·日；累计完成发车正点率为96.20%、列车服务兑现率为98.75%；开行114867列次，运营里程337万车公里。乘客投诉回复率100%。

落实安全主体责任，有序开展安全生产。通过开展安全风险分级管控与隐患排查治理，进一步完善安全风险清单，解决重大安全隐患问题。对标国家、省、市预案最新标准，修订完善电车公司应急预案。开展安全保护区日常巡视管理，保障有轨电车运营安全。2022年，狠抓司机安全驾驶工作，总共防止789起影响电车驾驶的事件发生。

严抓严管疫情防控，共筑防疫安全防线。严格落实上级疫情防控要求，落实乘客进站上车前"三个100%"工作，执行白名单管理制度，管理干部勇于担当，敢于冲锋。

建立综合维保模式，强化维保基础管理。建立具有电车特色的维修队伍，打造综合式维修人才；不断夯实设备基础维修，切实推进落实检修计划；多措并举开展设备整改，全面提升设备质量；突破传统电缆更换思维，创新采用新工艺节约成本，优化车辆检修工艺，顺利完成车辆委外招标。

以乘客服务为导向，不断提升客服水平。开展客流情况调查，编制运行图优化客运组织；不断完善软硬件客运服务，提升客运服务质量；优化司机配比，提升运营效率。

【佛山市地铁集团有限公司】

2022年8月8日，根据新一轮国资国企改革工作部署，公司名称由"佛山市铁路投资建设集团有限公司"正式更名为"佛山市地铁集团有限公司"

佛山市地铁集团有限公司（简称"佛山地铁集团"）前身"佛山市铁路投资建设集团有限公司"成立于2009年，注册资本14亿元，为佛山市属一级国有企业。主要从事佛山市城市轨道交通项目的投融资、建设和运营，轨道交通TOD项目资源开发经营，轨道交通产业及服务，轨道交通上下游环保科技创新产业，代表佛山市参与途经佛山的国家铁路、省属铁路、珠江三角洲城际轨道交通项目建设。

截至2022年12月，运营地铁线路2条，运营里程73.1公里；运营有轨电车线路2条，运营里程20.8公里。在建线路2条，线路长度84.0公里。拟建设地铁规划线路2条，总里程59.8公里。高铁、城际铁路佛山段在建108.6公里，拟建201.0公里。集团总资产779.35亿元，净资产307.91亿元。现有员工5092人，本科及以上学历1697人（其中硕士319人，博士5人）；中、高级专业技术资格人才446人，下辖8个职能部门，2个事业部，下属企业31家（含全资公司5家，参股企业26家）。

近年来，佛山地铁集团业务进一步得到拓展，延伸至轨道交通设计和培训、轨道车辆生产和研发、出租车运营管理、氢能源、固废处理等领域，综合实力不断增强，为迈向高质量发展奠定了坚实基础。

未来，佛山地铁集团将紧紧抓住国资国企改革契机，进一步践行"务实进取和谐"的企业文化，以加强党建、人才建设为保障，围绕轨道项目建设运营上下游产业链延伸产业布局，提高地铁资产和沿线资源运营能力，强化轨道交通建设运营功能，积极开展多元化经营，拓展物业开发、广通商、地铁产业链相关配套服务等业务，推进高质量发展。

【东莞市轨道交通有限公司】

东莞市轨道交通有限公司于2009年7月21日注册成立，注册资本为417470万元；主要负责东莞市城市轨道交通工程建设、运营管理和资源开发等工作。东莞市轨道公司始终坚持"责任、诚信、创新、共赢"的经营理念，稳步推进线网建设，加快提升运营管理，力争成为东莞市公共交通系统新力量。

2022年，是党的二十大胜利召开之年，是东莞立足"双万"新起点、加快高质量发展的关键之年，也是国有企业改革三年行动收官之年。东莞市轨道公司积极统筹推进疫情防控和公司发展，紧抓主责主业，有效推动公司各项业务再上新台阶，实现2号线三期项目开工建设，全年营业收入剔除运营补贴调整影响后达5.31亿元，同比增长16.81%，2号线一二期运营安全有序，乘客满意度进一步提高。

2022年，完成东莞市城市轨道交通第二期建设规划调整方案上报并取得国家发展改革委批复。克服2号线三期工程前期任务重、开工时间紧的各种压力，实现先开工段于8月20日进场施工目标，推进虎门北站及虎门大道站管线迁改等前期工程，项目累计完成投资10.87亿元，占年度投资计划的329%。配合推进3号线一期工程及佛穗莞、深惠城际轨道项目前期工作。

2022年，全面提高运营管理质量和资源开发水平，努力打造东莞轨道交通品牌。2号线全年运营开行列车103788列次，正点率99.98%，运行图兑现率99.99%。10月正式启动2号线车辆增购首列车试制及车辆大修。公司集思广益、开拓创新，不断拓展资源开发业务，强化管理服务，资源开发工作稳中有进，公司全年资源经营收入3.3亿元，完成502套安居房合同签订。

【南宁轨道交通集团有限责任公司】

南宁轨道交通集团有限责任公司成立于2008年12月，经营范围为轨道交通建设、运营、站城开发、资源经营等，是南宁市政府授权南宁市国资委履行出资人职责，具有独立法人资格、自主经营、独立核算的大型国有企业。

2022年南宁轨道交通集团有限责任公司坚持以习近平新时代中国特色社会主义思想为指导，深入学习领悟习近平同志在参加广西代表团讨论时提出的"五个更大"要求，全面落实"疫情要防住、经济要稳住、发展要安全"重要要求，统筹抓好建设、运营、融资、经营开发、企业改革、党的建设等各项工作，推动南宁市轨道交通事业高质量发展。6号线一期工程先行站开工，3号线获"鲁班奖"。牵头成立南宁市平稳房地产私募基金，投入7.4亿元支持10个项目复工复产。承接国家开发银行19.12亿元"保交楼"专项债贷款，纾困28个房地产项目。完成南宁公共交通集团有限公司、南宁市市民卡信息服务有限责任公司划转工作，实现对云宝宝大数据产业发展有限责任公司增资扩股。开展公交融合专题研究，形成建设方案，取得初步成果。

【三亚市轨道交通有限公司】

三亚市轨道交通有限公司（以下简称"三亚有轨电车"）成立于2015年10月，注册资本金4.6053亿元。公司以轨道交通建设及运营管理为核心，以带动城市发展、完善城市功能、提高市民生活质量为目标，着力打造三亚轨道交通新生活。目前主要负责投资、建设、运营和维护三亚有轨电车示范线PPP项目。

三亚市轨道交通有限公司始终以轨道交通建设及运营为核心，以带动城市发展、完善城市功能、提高市民出行质量为目标，着力打造三亚轨道交通新生活。坚持以"安全第一、环境舒适、服务至上"的经营理念，致力于为每一位乘客提供舒适、快捷旅游观光的乘车体验，服务于国家自由贸易港和国际热带滨海旅游城市的建设。

2022年，始终以深入学习贯彻习近平新时代中国特色社会主义思想为主旨，围绕运营工作为中心，探索新时期党建、团建与生产经营相结合的新途径，服务于公司的科学发展，服务于青年的科学成长。通过政治引领知识宣讲、工作业绩创新评比、社区志愿服务活动、营销宣传推广活动等特色工作形式，带领广大员工积极投身于公司各项工作之中，先后获中交集团"青年安全生产示范岗"、海南省"青年安全生产示范岗"、中交集团"青年文明号"、三亚市"青年文明号"、中交海投"五四红旗团支部"等称号，彰显团队的创新力、凝聚力、战斗力。

三亚轨道交通结合公司实际情况及发展需求，从质量、环境、职业健康安全三大体系开展ISO管理体系认证，分别于7月23日至7月24日、10月10日至10月12日，顺利通过ISO管理体系认证第一、二阶段审核工作。实施ISO管理体系将有助于企业进一步深化落实相关责任，促进管理水平的全面提升，提高企业竞争力。

面对三亚"0331""0801"两次疫情，在组织好运营生产前提下，组织"中交蓝"志愿者前往妙林村、海棠湾等抗疫最前线，协助核酸检测、协调外地游客转运、致电阳性感染患者确认位置安排转运、协助核酸检测信息采集、协助搬运发放生活物资等，累计参与志愿服务超300人次，为共同抗疫贡献中交力量。

【重庆市轨道交通（集团）有限公司】

重庆市轨道交通（集团）有限公司创建于1992年，是重庆市承担城市轨道交通建设、运营和沿线资源开发的大型国有控股企业，总资产约2250亿元，职工2.1万余人。

2022年，重庆轨道集团积极克服市场、高温、限电、疫情等诸多不利因素，轨道交通引领城市发展格局初见成效，交通建设主力军作用进一步凸显。

项目建设与工程品质一体推进。全力配合市级有关部门开展第四期建设规划调整和第五期建设规划方案研究。加快推进在建线路建设，完成3条即将开通线路安全预评估，为投入初期运营打下基础。推进智慧工地建设，强化安全文明施工，减少施工对周边环境及居民的影响。7项目13标段获得"市建筑施工扬尘控制示范工地"称号，环线获国际咨询工程师联合会"菲迪克工程项目奖"。

运营效率与服务体验并重提升。集团承担的运营线路约386公里，最高日客运量387.86万人次，日运营时长延长至18.54小时/日，开行列次、综合正点率等指标同比去年稳中有升；互联互通网络化运营项目入选"重庆市国有企业创建管理提升标杆"。单轨2、3号线增加8编组列车上线载客，8条线路"强弱冷"列车分区控温功能上线，集团官方APP"渝畅行"实现与北上广蓉津五大城市互通，27座车站实现夜间过街功能，市民出行更加暖心舒心。

多元开发与品牌塑造综合发力。成立重庆市首家轨道租赁住房投资经营管理企业；推进16宗轨道设施用地综合开发利用，完成城市客厅项目11宗用地现场踏勘及用地情况梳理；完成115个站内商铺改造施工，持续推进1、3、6号线和环线5G通讯技术改造，为助力经济提振发展积蓄动能。注册李子坝文创商标，完成Q版列车盲盒、穿越李子坝纪念币等文创产品及中国航天纪念票卡开发，推进"轨道+文旅"融合发展，提升轨道文创品牌社会知名度。

科技创新与数智赋能再上台阶。提升数字治理能力，完成《重庆轨道交通集团线网云平台总体设计方案》；结题《新一代跨座式单轨技术创新研究》等5个科研项目，正式实施《跨座式单轨交通设计标准》等3个地方及以上标准；完成《控制保护区信息化管理平台》《智慧工地》等4个市属国有企业创新发展重点项目建设；积极参与《中国城市轨道交通绿色城轨发展行动方案》编制，为构建绿智融合发展的城市轨道交通贡献力量。

体制机制与管理治理日臻完善。实施法治建设方案及合规管理体系建设方案，新设总工办，企业组织架构及职能职责进一步完善。大力实施引智工程，依托国家级博士后科研工作站与重庆交通大学，新增联合培养3名博士后，以改革创新为主轴，全面完成国企改革三年行动34项、对标管理专项行动38条任务，"十四五"规划修编等重点改革任务完成率达到100%。

【重庆市铁路（集团）有限公司】

重庆市铁路（集团）有限公司于2013年底成立，是一家重庆市域（郊）铁路及城轨快线项目的投资、建设和运营管理的专业化公司，承担城轨快线、市域（郊）铁路项目7个，建设里程约210公里，投资规模超1000亿元。

2022年，重庆市铁路（集团）有限公司以加快建设交通强市、打造"轨道上的都市区"为引领，攻坚克难、加压奋进，加快都市快线网络建设，推进"四网融合"，"创新攻坚年"各项目标任务顺利完成。

一是聚力党建提能。推进全面从严治党，兴起学习宣传贯彻党的二十大精神和市委六届二次全会精神热潮，推动党的建设与生产经营深度融合，做精做靓"铁"字号党建品牌，集团获重庆市五一劳动奖状、重庆市网上"安康杯"竞赛年度优胜单位。

二是聚力建设提速。推进15、27号线项目，璧铜线节点工程、关坝铁路如期完工，永川线、南川线取得工可批复，工程建设保持大干快上良好氛围，全年完成建设投资146.77亿元，超年度目标任务6.5个百分点，创历史新高。

三是聚力运营提质。江跳线如期开通运营，累计客运量约158.8万人次，日均客运量约1.25万人次，单日最大客运量为39412乘次，运营生产平稳安全有序，未发生责任安全事故及有责投诉事件。与重庆轨道交通5号线贯通运营调试工作有序展开，都市快线运营品牌正式启幕。璧铜线站后工程高标准启动建设，南涪铁路自主运营接管稳步实施，货运量实现逆势增长，全年完成货运量526万吨，实现经营收入1.66亿元，同比减亏3800万元，较重组前月均减亏320万元。

四是聚力创新提效。改革三年行动和对标一流提升任务全面完成，全年实现经营收入5.2亿元，占年度目标任务的125%，资产总额突破120亿元，确保国有资本保值增值。BIM+数字建管平台深化应用，"双流制"、全自动系统、网络化调度指挥体系等重要创新成果落地转化运用，成功入库重庆市科技型企业。围绕城轨快线建设、运营关键技术和重点内容，成功申报科技部、住房城乡建设部、中城协、市住房城乡建委科研课题6项，中国城市轨道交通协会示范工程1项，5项科研课题取得阶段性成果。

五是聚力能力提升。守牢守稳风险底线，抓牢抓实疫情防控、安全生产、质量环保、信访稳定工作，集团稳定发展环境持续向好。从严从实抓好作风建设，持续深化协同监督工作机制，健全完善人才培养体系，集团系统干事创业精气神显著提升。

【重庆市轨道交通设计研究院有限责任公司】

重庆市轨道交通设计研究院有限责任公司成立于2003年10月。主要从事轨道交通设计、咨询、监理等业务。

公司掌握跨座式单轨交通及山地城市轨道交通建造关键核心技术，先后获菲迪克全球优秀及杰出工程项目奖、国家优质工程奖、全国优秀工程勘察设计奖等90余项荣誉；拥有自主知识产权专利50余项，主编、参编国家、行业及地方标准等40余部。

【成都轨道交通集团有限公司】

成都轨道交通集团有限公司（简称"成都轨道集团"，由原成都地铁有限责任公司于2017年2月更名）成立于2004年10月，是负责成都城市轨道交通规划、建设、运营、TOD综合开发和轨道沿线资源经营的大型国有全资企业。注册资本67亿元，总资产超4000亿元。2022年完成投资562.7亿元。

2022年，成都轨道集团深入学习宣传贯彻党的二十大精神和习近平同志来川视察重要指示精神，认真落实四川省成都市党代会及全会精神，全力以赴拼经济、搞建设、抓发展。

倾力打造"智慧城轨"，全域线网更显韧性。一是强化"一张图"顶层设计。发布全国首个"绿色城轨"实施方案，出台"智慧城轨"纲要及行动计划2.0版。升级轨道交通"智慧大脑"线网指挥中心，应急指挥、线网设备等信息系统实现互联互通，准点率、最小发车间隔水平位居全国前三，保障全年安全运送乘客15.7亿乘次。二是深化"大数据"动态衔接。至2022年底，共享物联网感知数据点位25万个，提供客流、安检、测温、消防、防汛等重要设备数据1.5万个。深化BIM技术应用，强化248个建设工点在线监测。三是细化"全线网"场景应用。创新构建运营、TOD、资源开发"三前置"工作机制，大客流应用场景天府广场试点实现"一屏全观"，孵化园"一站式"智慧系统累计服务4100万人次，实施首批"双碳"科研项目，车站通风空调系统节能率达42%。

强力打造"规范城轨"，企业运行更有质量。一是党建引领促规范。完善"四责"协同发力的管党治党体系，紧盯招投标、工程变更等重点领域，开展"立项式"监督检查、"应急式"专项督查。二是深化改革促规范。研究制定集团公司"十四五"发展规划纲要，配套实施人力资源发展、"廉洁地铁"建设专项规划；配齐配强董事会战略投资委员会等4个专门委员会，优化调整资本布局和结构，国企改革三年行动实现收官。三是完善制度促规范。扎实开展巡察整改、以案促改、经营管理领域突出问题专项整治；制度化推进招标采购全过程风险防控。

奋力打造"高效城轨"，发展基础更加牢固。一是投资效率稳中快进。全面兑现9线209个年度节点，超额完成全年建设投资任务35.9%；资阳线车站全部封顶，成眉线开工建设。二是经营效益稳中向好。加快建设23个TOD项目，完成首批5个示范项目交付，建成"商广融合"示范车站、特色主题商业街区，推动科创中心、空调系统、电梯维保等产业项目有序落地，轨道学院学历教育被纳入省"十四五"高校设置规划。三是社会效果稳中提质。在国内首提"文明365天"服务标准，成都地铁连续五年蝉联"全国十大交通运输微博"榜首。注册启用租住生活品牌"轨道城市·寓见"，"创新利用TOD建设保租房"经验得到住建部肯定推广。

【贵阳市公共交通投资运营集团有限公司】

贵阳市公共交通投资运营集团有限公司是按照市委、市政府统一部署，在贵阳市城市轨道交通集团有限公司和贵阳市公共交通（集团）有限公司的基础上重组成立的市属国有企业，注册资金106.52亿元，信用评级AA+。主要承担城市公共交通基础设施的投资、融资、建设以及城市公共交通运营管理；开展城市公共交通沿线土地一、二级开发和综合资源经营开发；进行改貌铁路口岸建设和运营管理。

截至2022年底，交运集团共有员工13444人（原轨道集团5379人，原公交集团8065人），资产总额813.04亿元；已建成投入运营的地铁线路两条（1号线34.8公里和2号线一期、二期共39.5公里），在建地铁线路两条（轨道交通3号线一期、S1线一期北段共73.3公里）；在建的有轨电车线路一条（T2线一期，10.9公里）；建成投入运营的铁路口岸一个（改貌铁路口岸）。

【昆明轨道交通集团有限公司】

昆明轨道交通集团有限公司原为昆明轨道交通有限公司，于2008年12月由昆明市人民政府批准成立，2009年3月正式组建，2013年10月成立集团公司并正式挂牌运营。注册资本金50亿元，为市属国有控股企业。

2022年，昆明轨道集团坚持稳中求进工作总基调，落实"疫情要防住、经济要稳住、发展要安全"的要求，开展"当好排头兵"大讨论大竞赛活动，完整、准确、全面贯彻新发展理念，以推动高质量发展为主题，提升战略管理意识、提高主业管理能力，砥砺前行、攻坚克难，年度工作总体较好完成。

聚焦主责主业，攻坚克难，完成昆明市委市政府下达重点工作；统筹调度，全力推进项目建设，地铁5号线如期开通、滇池绿道建设圆满完工；促投资化债务，盘活资源见成效；持续推进科技创新，品牌体系日益健全。抓改革、强效能，促industry向高质量发展转型。

强运营、优服务，全面提升运营服务质量。截至2022年底，昆明地铁线网运营长度165.85公里，运营车站103座（含换乘站10座），线网累计运送乘客13.32亿人次，历史最高日客运量为2021年10月1日94.53万人次，2022年最高日客运量为8月4日90.4万人次。2022年线网列车运行图兑现率99.99%，列车正点率99.97%；全年实现载客1.86亿人次，票款收入4.33亿元，整体运营平稳有序。地铁运营日益便民。一是主动开拓市场，完成3号线站内便民商业试点，打造地铁便民商业生活圈，初步呈现商业效果。便民亭棚：在春融街、珥季路等10个车站落地，引入7大品牌入驻商家；便民自助设备：投放3台政务服务终端机、401台自助售货机、90台自助口罩机、15台自助体验机、614台美团充电宝。便民展览展示区：开展18场宣传展示活动。二是与新迎三小、昆药集团等10余家企事业单位开展联创共建活动，不断扩大"地铁共建联盟"影响力。三是将"爱心服务"进行到底，开展地铁爱心助考活动，设置爱心休息区、母婴室、学雷锋服务站等爱心服务，与公交公司合作，打造30余条地铁公交接驳线路，完善"地铁+公交"换乘双指引。

【西安市轨道交通集团有限公司】

西安市轨道交通集团有限公司成立于2005年11月，为西安市政府直属国有独资企业，负责西安城市轨道交通系统工程建设、运营管理、资源开发和投融资等工作。2022年底集团有12个部门、1个中心和7个分／子公司，有员工1.5万人。

2022年，西安市轨道交通集团坚持学习贯彻习近平新时代中国特色社会主义思想和党的二十大精神，紧扣"疫情要防住、经济要稳住、发展要安全"的总要求，围绕全市第十四次党代会提出的"六个打造"和"九项重点工作"任务，统筹推进建设、运营、投资、开发等工作。地铁6号线二期和4号线西安站建成通车，西户铁路改造提升项目提前投运，地铁5号线雁鸣湖站保障性租赁住房项目开工建设，资源开发实现收益1.67亿元，全年累计完成投资262亿元，占年度计划投资的113%。

【西咸新区轨道交通投资建设有限公司】

西咸新区轨道交通投资建设有限公司（简称"西咸轨道公司"）于2013年11月成立，注册资本金8.5亿元，由陕西省西咸新区开发建设管理委员会和陕西西咸新区发展集团有限公司共同投资，各持股50%，主要负责西咸新区范围内轨道交通项目的投资、建设、运营、管理及相关资源开发经营工作。

2022年，西咸轨道公司围绕年度目标任务，精心谋划，真抓实干，各项工作进展顺利。投融资任务超额完成，全年完成投资37.91亿元，超额13%完成年度任务，完成融资23.45亿元，超额47%完成年度任务。工程建设全力提速，地铁16号线一期工程提前3个月实现全线"洞通""轨通""电通"目标，至年底实现项目工程验收并开启试运行工作；智轨示范线1号线完成车站及车辆基地的全部建设工作，首通段通过初期运营前安全评估具备通车运营条件。运营管理高效推进，在抓好疫情防控的同时不断优化客运组织，两条地铁线路的运营安全平稳，服务质量不断提升；推进在建项目运营筹备各项工作，至12月底，地铁16号线一期和智轨示范线1号线首通段均具备高质量开通运营条件。资源开发稳中求进，面对市场需求收缩、供给冲击、预期转弱三重压力，创新采用"独家经营权委托代理"和"保底+分成"等模式，破解市场经营难题，年内实现经营收入1567万元。

【兰州市轨道交通有限公司】

兰州市轨道交通有限公司注册成立于2011年10月10日，注册资本25.91亿元，为市属重点国有企业，负责组织实施轨道交通的建设、运营和管理及与轨道交通相关的资源开发任务。设15个内部机构，下设4个全资子公司和1个运营分公司，员工总数2556人。

一是加快推进2号线一期工程建设。完成全部车站主体结构施工，车站附属工程累计完成82%，排洪南路停车场累计完成92%，机电设备安装累计完成90%，实现"轨通""电通"，按计划推进综合联调。通过驻厂监造保质保量完成2号线10列电动客车的生产制造，首列车于2022年9月1日完成上线"热滑"。

二是稳步推进市政及资源开发项目建设。东方红广场综合整治项目室外工程全部完成，广场面全面开放、停车场投入使用。人防工程西关什字站主体结构及附属

工程全部完成，临夏南、北路恢复通车；奥体中心、迎门滩站完成预验收。科创园二期东区保障性租赁住房主体工程全部封顶。城市曙光项目进入收尾施工阶段，同步推进项目验收。

三是坚决筑牢安全生产防线。牢固树立安全发展理念，弘扬"生命至上、安全第一"的思想，严格落实安全生产主体责任，全面落实全员安全生产责任制，将安全目标细化到班组、将安全责任压实到岗位。坚持问题导向和源头治理，紧盯薄弱环节和突出问题，强化安全隐患排查整治及问题整改。风险防控和事故防范能力得到提升，全年轨道交通建设项目及置业开发项目未发生安全事故。

四是根据兰州市国土空间总体规划战略目标及要求，通过对线网层次、结构布局、线路路径、场段选址的比选论证和优化调整，提出8条线路组成的新线网规划方案，新方案更加符合城市发展需求、更加契合当前财政现状、更加适应审批政策条件，能够解决目前地铁申报难的困境，为下一步建设规划申报提供多层次方案。通过对第二期建设规划拟报项目必要性、可行性、合理性、合规性的研究分析，经与省、市主管部门多次沟通衔接，完成以1号线二期+2号线二期+4号线为申报项目的第二期建设规划报告编制。

【天水通号有轨电车有限责任公司】

天水通号有轨电车有限责任公司于2018年5月2日经天水市工商局批准注册。组织形式为有限责任公司。公司经营范围主要有：轨道交通建设工程及安装；有轨电车运营；资产管理、项目投资；设备购置、技术咨询服务、室内外广告等。

2022年开行40527列次，运输乘客56.1万人次，实现安全运营298天（除去受疫情影响停运）。各项运营指标：列车正点率99.99%，运行图兑现率100%，运营列车完好率为99.06%，列车服务可靠度24.54万列公里/次，站台设施完好率为96.67%，车辆系统故障率为0.07次/万列公里，信号系统故障率为0.64次/万列公里，供电系统故障率为0.02次/万列公里，各项指标均高于规范及行业平均水平。2022年度运营期绩效考评得分92.14分。

【乌鲁木齐城市轨道集团有限公司】

乌鲁木齐城市轨道集团有限公司成立于2011年8月，是由乌鲁木齐市国有资产监督管理委员会、国开发展基金有限公司、新疆维吾尔自治区国有资产投资经营有限责任公司共同出资成立。性质为国有控股公司，注册资金9.146亿元。经营范围为乌鲁木齐市轨道交通项目的投资、融资、建设、运营管理和综合资源开发及其相关服务。

2022年，乌鲁木齐城市轨道集团有限公司坚决贯彻落实"疫情要防住，经济要稳住，发展要安全"部署要求，

在地铁运营、工程建设、疫情防控、经营管理等领域攻坚克难，努力推进企业高质量发展。

努力克服疫情不利影响，统筹抓好地铁运营和工程建设各项工作。完善"乌鲁木齐地铁"APP功能，新增建行钱包支付、银联支付，提升出行支付体验，刷码乘车继续成为出行首选；完成地铁主控中心倒切工作，保障调度中心各专业顺利进驻；完成小铁区间换枕施工和宣仁墩-国际机场区间接触网换线自主施工，提升设施设备安全性；实施机场北区改扩建工程市政配套（T4航站楼-机场东站）、机场（北区）改扩建市政配套工程（二期）、机场（北区）改扩建市政配套工程（三期）、轨道交通3号线一期隐患消除共4个重点建设项目，年底完成投资2.608亿元。

主动参与全市疫情防控，展现国企担当。8月至12月初，新冠疫情侵袭全疆。根据乌鲁木齐市委、市政府防疫工作部署，集团领导带队下沉社区任第一书记，与社区工作人员、各级志愿者一同奋战在抗疫一线，直至地铁恢复运营，历时115天；其他班子成员陆续前往疫情复杂社区或居住地社区，参与疫情防控。在集团公司党委组织领导下，集团公司各部门、各子/分公司近600名党员干部职工下沉社区，战斗在全市抗疫一线。志愿者们经受住感染、隔离、疾病、天气等困难和挑战，每天组织开展核酸检测、物资保供、人员转运、环境消杀、垃圾清运、心理疏导等抗疫和服务工作，得到居民群众的充分理解和肯定，谱写首府地铁人的逆行赞歌。

坚持提质增效、开源节流，提高精细化经营管理水平，努力实现防风险、降成本、活资产、增利润目标。推动地铁资源开发，完成三屯碑项目地下车库、便利店招商及场地租赁，完成铁路局、小西沟站零星土地招商，完成百园路大宗用地招商，完成安保基地改造及租赁，加大推进控制中心租赁及装修、修缮工作，加快车站内商铺及自助设备招商；承担国企社会责任，落实疫情减租政策，对12家中小微企业和个体工商户减免7个月租金约338万元，助力其他市场主体复工复产，稳定营商环境；狠抓地铁建设和运营领域安全生产工作，出台轨道交通领域贯彻落实安全生产"十五条硬措施"实施方案，持续排查整治安全风险和安全隐患；开展网络等级保护改造工作，运用内外网隔离等技术手段，提高集团信息网络系统安全水平，有效防范网络安全事故。

2 中国城市轨道交通协会常务理事及以上会员单位名录

中国城市轨道交通协会

表12-2-1

序号	编号	单位名称	单位地址	邮编	网址
1		中国城市轨道交通协会	北京市西城区莲花池东路甲5号院1号楼白云时代大厦A座19层/20层	100038	http://www.camet.org.cn/

轮值会长单位名录

表12-2-2

序号	编号	单位名称	单位地址	邮编	网址
1	FH	北京市基础设施投资有限公司	北京市朝阳区小营北路6号京投大厦2号楼9层	100101	http://www.bii.com.cn/
2	FH	南京地铁集团有限公司	江苏省南京市玄武区中山路228号地铁大厦	210008	http://www.njmetro.com.cn
3	FH	上海申通地铁集团有限公司	上海市徐汇区桂林路909号	201103	http://www.shmetro.com
4	FH	广州地铁集团有限公司	广东省广州市海珠区新港东路1238号万胜广场A塔	510335	http://www.gzmtr.com
5	FH	重庆市轨道交通（集团）有限公司	重庆市渝北区金开大道西段210号（大竹林轻轨综合基地）	401120	http://www.cqmetro.cn
6	FH	深圳市地铁集团有限公司	广东省深圳市福田区福中一路1016号地铁大厦2905号	518026	http://www.szmc.net/

副会长单位

表12-2-3

序号	编号	单位名称	单位地址	邮编	网址
1	FH	北京市地铁运营有限公司	北京市西城区西直门外大街2号地铁大厦	100044	http://www.bjsubway.com
2	FH	天津轨道交通集团有限公司	天津市西青区才智道36号（华苑车辆段内）	300000	http://www.tjgdjt.com/
3	FH	成都轨道交通集团有限公司	四川省成都市高新区天府大道中段396号地铁大厦	610071	https://www.chengdurail.com
4	FH	武汉地铁集团有限公司	湖北省武汉市武昌区欢乐大道77号B座11楼企业管理部	430070	https://www.wuhanrt.com
5	FH	西安市轨道交通集团有限公司	陕西省西安市未央区凤城八路126号	710021	https://www.xianrail.com/
6	FH	杭州市地铁集团有限责任公司	浙江省杭州市江干区九和路516号1001室	310017	http://www.hzmetro.com
7	FH	沈阳地铁集团有限公司	辽宁省沈阳市沈河区东滨河路28-3号	110011	http://www.symtc.com/
8	FH	郑州地铁集团有限公司	河南省郑州市郑东新区站南路与康宁街交叉口轨道交通调度中心	450000	http://www.zzmetro.cn/
9	FH	北京交通大学	北京市西城区西直门外上园村3号	100044	https://www.bjtu.edu.cn/
10	FH	西南交通大学	四川省成都市郫都区二环路北一段111号	610031	http://www.swjtu.edu.cn/
11	FH	中国国际工程咨询有限公司	北京市海淀区车公庄西路32号	100048	https://www.ciecc.com.cn/
12	FH	北京城建设计发展集团股份有限公司	北京市西城区阜成门北大街5号	100037	http://www.bjucd.com/
13	FH	中国铁道科学研究院集团有限公司	北京市海淀区大柳树路2号院开发部（机关楼）	100081	https://www.rails.cn/
14	FH	交通运输部科学研究院	北京市朝阳区惠新里240号	100029	http://www.motcats.com.cn/

副会长单位（续前表） 表12-2-3

序号	编号	单位名称	单位地址	邮编	网址
15	FH	中国城市规划设计研究院	北京市海淀区三里河九号住建部北配楼	100044	http://www.caupd.com/
16	FH	中国铁建股份有限公司	北京市海淀区复兴路40号	100855	http://www.crcc.cn/
17	FH	中国中铁股份有限公司	北京市海淀区复兴路69号中国中铁大厦	100039	http://www.crecg.com/
18	FH	中国中车股份有限公司	北京市海淀区西四环中路16号院5号楼中车大厦	100036	http://www.crrcgc.cc/
19	FH	湘电集团有限公司	湖南省湘潭市岳塘区电工北路66号	411101	http://www.xemc.com.cn/
20	FH	中国铁路通信信号股份有限公司	北京市丰台区科技园区汽车博物馆南路1号院	100070	http://www.crsc.com.cn/
21	FH	交控科技股份有限公司	北京市丰台区智成北街3号院交控大厦	100070	http://www.bj-tct.com/
22	FH	新誉集团有限公司	江苏省常州市武进高新区凤林南路199号	213166	www.newunited.com.cn

常务理事单位 表12-2-4

序号	编号	单位名称	单位地址	邮编	网址
1	CHW	北京市轨道交通建设管理有限公司	北京市丰台区南四环公益西桥路口向西500米路北侧轨道交通大厦	100068	
2	CHW	香港铁路有限公司	北京市朝阳区光华路1号嘉里中心办公楼南楼31层	100020	http://www.mtr.com.hk
3	CHW	长春市轨道交通集团有限公司	吉林省长春市南关区华庆路999号华庆路与南湖中街交汇处	130012	
4	CHW	哈尔滨地铁集团有限公司	黑龙江省哈尔滨市南岗区西大直街357号	150080	http://www.harbin-metro.com
5	CHW	宁波市轨道交通集团有限公司	浙江省宁波市鄞州区宁穿路3399号	315101	http://www.nbmetro.com/
6	CHW	无锡地铁集团有限公司	江苏省无锡市梁溪区清扬路228号地铁大厦主楼	214023	http://www.wxmetro.net
7	CHW	苏州市轨道交通集团有限公司	江苏省苏州市姑苏区干将西路668号苏州轨道交通大厦	215004	http://www.sz-mtr.com/
8	CHW	大连公共交通建设投资集团有限公司	辽宁省大连市甘井子区自由路168号	116021	https://www.dlmetro.com
9	CHW	合肥市轨道交通集团有限公司	安徽省合肥市庐阳区阜阳路17号	230000	www.hfgdjt.com
10	CHW	南昌轨道交通集团有限公司	江西省南昌市红谷滩新区丰和中大道912号地铁大厦2710室	330038	http://www.ncmtr.com/
11	CHW	长沙市轨道交通集团有限公司	湖南省长沙市雨花区武广火车南站西广场杜花路166号	410014	http://www.hncsmtr.com/
12	CHW	青岛地铁集团有限公司	山东省青岛市崂山区深圳路99号	266071	http://www.qd-metro.com
13	CHW	重庆市铁路（集团）有限公司	重庆市渝北区泰山大道东段梧桐路6号交通开投大厦20楼	400020	http://www.cqrailway.com/
14	CHW	佛山市地铁集团有限公司	广东省佛山市禅城区魁奇二路佛山地铁大厦	528000	http://www.fmetro.net/
15	CHW	福州地铁集团有限公司	福建省福州市台江区达道路156号福州市轨道交通指挥中心	350001	http://www.fzmtr.com
16	CHW	昆明轨道交通集团有限公司	云南省昆明市盘龙区北京路915号	650000	http://www.kmgdgs.com/
17	CHW	济南轨道交通集团有限公司	山东省济南市历下区解放东路5号舜通大厦济南轨道交通集团有限公司	250014	http://www.jngdjt.cn/
18	CHW	南宁轨道交通集团有限责任公司	广西壮族自治区南宁市青秀区云景路69号	530029	http://www.nngdjt.com/

序号	编号	单位名称	单位地址	邮编	网址
19	CHW	苏州高新有轨电车集团有限公司	江苏省苏州市高新区马涧路2000号	215000	http://www.sndtram.com
20	CHW	贵阳市公共交通投资运营集团有限公司	贵州省贵阳市观山湖区龙滩坝路腾祥迈德国际A1座	550081	http://www.gyurt.com/
21	CHW	北京京港地铁有限公司	北京市丰台区嘉园路地铁4号线车辆段	100068	http://www.mtr.bj.cn
22	CHW	东莞市轨道交通有限公司	广东省东莞市南城区东莞大道116号轨道交通控制中心总工程师室	523073	http://www.dggdjt.com/
23	CHW	石家庄市轨道交通集团有限责任公司	河北省石家庄市高新区秦岭大街116号	050000	http://www.sjzmetro.cn/
24	CHW	兰州市轨道交通有限公司	甘肃省兰州市城关区东岗东路55号	730030	https://www.lzgdjt.com/lzgd/
25	CHW	厦门轨道建设发展集团有限公司	福建省厦门市思明区厦禾路1236号-1238号	361010	https://www.xmgdjt.com.cn
26	CHW	乌鲁木齐城市轨道集团有限公司	新疆维吾尔自治区乌鲁木齐市经济技术开发区鄱阳路336号	830057	https://www.urumqimtr.com/
27	CHW	武汉光谷交通建设有限公司	湖北省武汉市江夏区佛祖岭街道光谷一路222号	430205	http://www.whggjt-js.com
28	CHW	呼和浩特城市交通投资建设集团有限公司	内蒙古自治区呼和浩特市赛罕区机场南辅路104号地铁控制中心	010000	
29	CHW	太原轨道交通集团有限公司	山西省太原市小店区龙城大街95号	030032	https://www.tymetro.ltd/
30	CHW	洛阳市轨道交通集团有限责任公司	河南省洛阳市洛龙区通衢路与厚载门街交叉口东南角轨道交通控制中心	471023	http://www.lysubway.com.cn/
31	CHW	常州地铁集团有限公司	江苏省常州市天宁区中吴大道1259号	213022	http://www.czmetro.net.cn/
32	CHW	徐州地铁集团有限公司	江苏省徐州市云龙区和平大道126-9号	221004	https://www.xzdtjt.com/
33	CHW	芜湖市轨道交通有限公司	安徽省芜湖市镜湖区北京西路16号	241001	
34	CHW	绍兴市轨道交通集团有限公司	浙江省绍兴市越城区解放大道386号地铁大厦	312099	http://www.sxsmtr.cn/
35	CHW	广西柳州市轨道交通投资发展集团有限公司	广西壮族自治区柳州市城中区东环大道232号轨道集团	545006	http://www.gxlzgd-jt.com/
36	CHW	河北雄安轨道快线有限责任公司	河北省保定市容城县容信路6号	071700	
37	CHW	同济大学	上海市杨浦区四平路1239号土木工程学院	200092	https://www.tongji.edu.cn/
38	CHW	广州轨道教育科技股份有限公司	广东省广州市海珠区新港东路1238号万胜广场A座701	510335	
39	CHW	中国电子科技集团公司第十四研究所	江苏省南京市雨花台区国睿路8号十四所所办	210039	http://14.cetc.com.cn/
40	CHW	中铁二院工程集团有限责任公司	四川省成都市金牛区通锦路3号	610031	http://www.creegc.com/
41	CHW	中铁第四勘察设计院集团有限公司	湖北省武汉市武昌区杨园和平大道745号	430063	http://www.crfsdi.com.cn/
42	CHW	上海市隧道工程轨道交通设计研究院	上海市徐汇区中山西路1999号	200235	http://www.stedi.cn/
43	CHW	中铁通信信号勘测设计院有限公司	北京市海淀区万寿路南口金家村1号院13号楼301室	100036	http://www.crcsdi.cn
44	CHW	中铁工程设计咨询集团有限公司	北京市丰台区广安路15号	100055	http://www.cec-cn.com.cr/
45	CHW	中铁第一勘察设计院集团有限公司	陕西省西安市雁塔区西影路2号	710043	http://www.fsdi.com.cn/
46	CHW	中铁上海设计院集团有限公司	上海市静安区共和新路1265号	200070	http://www.sty.sh.cn/

常务理事单位（续前表） 表12-2-4

序号	编号	单位名称	单位地址	邮编	网址
47	CHW	中国城市建设研究院有限公司	北京市西城区德胜门外大街36号德胜凯旋大厦A座802	100120	http://www.cucd.cn/
48	CHW	中国铁路设计集团有限公司	天津市空港经济区东七道109号	300308	http://www.crdc.com/
49	CHW	广州地铁设计研究院股份有限公司	广东省广州市越秀区环市西路202号桐舍酒店6楼地铁设计院研发中心	510010	https://www.dtsjy.com/
50	CHW	中国电建集团华东勘测设计研究院有限公司	浙江省杭州市余杭区高教路201号	311122	https://www.hdec.com/cn/
51	CHW	北京城建集团有限责任公司	北京市海淀区北太平庄路18号城建大厦B座2107室	100088	http://www.bucg.com/
52	CHW	中铁电气化局集团有限公司	北京市丰台区金家村1号电气化大厦	100036	http://www.eeb.cn/
53	CHW	中国交通建设股份有限公司	北京市顺义区李桥镇国门商务区鑫桥中路3号院1号楼	101317	http://www.ccccltd.cn/
54	CHW	上海隧道工程股份有限公司	上海市徐汇区宛平南路1099号9楼	200032	https://www.stec.sh.cn
55	CHW	中铁开发投资集团有限公司	云南省昆明市呈贡区联大街与彩云南路交叉口中铁总部大厦	650200	https://www.zgztkt-jt.com/
56	CHW	中铁十五局集团有限公司	上海市静安区共和新路666号6楼	200070	http://www.cr15g.com/
57	CHW	中铁隧道局集团有限公司	广东省广州市南沙区工业四路中铁隧道局	511458	http://www.crtg.com/
58	CHW	中车长春轨道客车股份有限公司	吉林省长春市绿园区青荫路435号	130062	http://www.crrcgc.cc/ckgf
59	CHW	中车南京浦镇车辆有限公司	江苏省南京市江北新区浦珠中路208号中车南京浦镇车辆有限公司新大楼	210031	http://www.crrcgc.cc/pz
60	CHW	北京轨道交通技术装备集团有限公司	北京市丰台区育仁南路诺德三期13号楼	100070	http://www.rtte.cn/Home/nav/39.html
61	CHW	中车株洲电力机车研究所有限公司	湖南省株洲市石峰区时代路169号	412001	http://www.crrcgc.cc/zzs
62	CHW	中车青岛四方机车车辆股份有限公司	山东省青岛市城阳区棘洪滩镇锦宏东路88号	266111	http://www.crrcgc.cc/sfgf
63	CHW	华为技术有限公司	广东省深圳市龙岗区坂田华为总部办公楼	518129	https://www.huawei.com
64	CHW	重庆轨道交通产业投资有限公司	重庆市渝北区梧桐路6号交通开投大厦	401121	
65	CHW	中车大连机车车辆有限公司	辽宁省大连市沙区兴工北一街23号	116021	http://www.crrcgc.cc/dl
66	CHW	中车唐山机车车辆有限公司	河北省唐山市丰润区幸福道93号	064000	http://www.crrcgc.cc/ts
67	CHW	北京地铁车辆装备有限公司	北京市丰台区苇子坑23号	100079	bsrse.com
68	CHW	中车青岛四方车辆研究所有限公司	山东省青岛市市北区瑞昌路226号环湾大厦21楼	266000	http://www.crrcgc.cc/sfs
69	CHW	北京和利时系统工程有限公司	北京市大兴亦庄经济技术开发区地盛中路2号院	100176	http://www.hollysys.com
70	CHW	中车株洲电力机车有限公司	湖南省株洲市石峰区田心路1号	412001	http://www.crrcgc.cc/zj
71	CHW	株洲中车时代电气股份有限公司	湖南省株洲市石峰区时代路株洲中车时代电气股份有限公司1300室	412001	http://www.tec.crrczic.cc/
72	CHW	卡斯柯信号有限公司	上海市静安区江场路1401弄21号（2号楼）11楼	200040	http://www.casco.com.cn/
73	CHW	上海电气泰雷兹交通自动化系统有限公司	上海市浦东新区金海路1000号金领之都28幢	201206	https://www.thalessec.com.cn/
74	CHW	比亚迪汽车工业有限公司	广东省深圳市坪山新区比亚迪路3009号	518118	http://www.bydauto.com.cn/

序号	编号	单位名称	单位地址	邮编	网址
75	CHW	上海富欣智能交通控制有限公司	上海市张江高科技园区亮秀路112号2号楼4层	201203	http://www.fitsco.com.cn/
76	CHW	西门子交通设备（中国）有限公司	北京市朝阳区望京中环南路7号西门子大厦27层	100102	https://www.mobility.siemens.com/cn/zh.html
77	CHW	上海电气集团股份有限公司	上海市黄浦区蒙自路360号	200001	http://www.shanghai-electric.com
78	CHW	上海嘉成轨道交通安全保障系统股份公司	上海市普陀区祁连山南路2891弄未来岛科技园105号408室	200331	http://www.shjiacheng.com/
79	CHW	京投轨道交通科技控股有限公司	北京市朝阳区惠新东街4号富盛大厦2座15层	100101	https://caymanislands2022411183542022411www.biitt.cn/
80	CHW	通号城市轨道交通技术有限公司	北京市丰台区汽车博物馆南路1号院A座13层	100070	http://thcj.crsc.cn/
81	CHW	今创集团股份有限公司	江苏省常州市武进区遥观镇今创路88号	213102	http://www.ktk.com.cn/
82	CHW	北京城建智控科技股份有限公司	北京市朝阳区西坝河南里22号楼华桐大厦	100028	https://www.bjuci.com.cn/
83	CHW	阿里云计算有限公司	北京市朝阳区望京东园四区9号楼阿里中心望京A座	100102	
84	CHW	佳都科技集团股份有限公司	广东省广州市天河区新岑4路佳都智慧大厦A座	510665	https://www.pcitech.com/
85	CHW	广州白云电器设备股份有限公司	广东省广州市白云区神山镇大岭南路18号	510460	http://www.bydq.com/
86	CHW	城轨创新网络中心有限公司	北京市丰台区汽车博物馆西路丰台创新中心9号楼东塔9层	100079	
87	CHW	国信招标集团股份有限公司	北京市海淀区首体南路22号国兴大厦11层	100044	http://www.gxzb.com.cn/
88	CHW	上海国展展览中心有限公司	上海市长宁区娄山关路55号新虹桥大厦11楼	200336	http://shanghai-intex.com/
89	CHW	中国船级社质量认证有限公司	北京市东城区东皇城根南街40号	100007	http://www.ccs-c.com.cn/
90	CHW	德高中国	上海市长宁区仙霞路333号东方维京大厦21楼	200336	www.jcdecaux.com.cn
91	CHW	中化商务有限公司	北京市丰台区丽泽路24号院平安幸福中心B座25层	100071	http://www.sinochemitc.com/
92	CHW	富莱斯勒贸易（深圳）有限公司	广东省深圳市福田区福田街道福华三路与益田路交汇处国际商会中心2203室	518034	http://www.linkcity.com.cn/

索引

说明：
(1) 本索引主体采用主题索引、内容分析法，按主题词首字的汉语拼音字母顺序排列。
(2) 栏目标题用黑体标明，表格内容在后加注（表）。
(3) 索引词后的数字代表内容所在页码，数字后面的a、b表示栏别。
(4) ★为篇章标题，●为通栏标题。

专文
大事记
综述
统计资料
科技创新
标准规范
规划发展
工程建设
运营服务
资源经营
行业文选
企业概览
索引

序言

大事记

综述

统计资料

科技创新

标准规范

规划发展

工程建设

运营服务

资源经营

行业交流

企业概览

图书在版编目（CIP）数据

中国城市轨道交通年鉴. 2023 / 中国城市轨道交通协会年鉴编纂委员会编. -- 上海：上海书店出版社，2023.12

ISBN 978-7-5458-2334-9

Ⅰ. ①中… Ⅱ. ① 中… Ⅲ. ①城市铁路—中国—2023— 年鉴 Ⅳ. ① U239.5-54

中国版本图书馆 CIP 数据核字（2023）第 196241 号

出 品 人	包叙定
	俞光耀
主　　编	周晓勤
责任编辑	顾　佳
装帧设计	郭建荣

中国城市轨道交通年鉴（2023）

中国城市轨道交通协会年鉴编纂委员会 编

出 版	上海书店出版社
	（201101 上海市号景路 159 弄 C 座）
发 行	上海人民出版社发行中心
印 刷	上海丽 佳®制版印刷有限公司
开 本	889mm×1194mm，1/16
印 张	29
版 次	2023 年 12 月第 1 版
印 次	2023 年 12 月第 1 次印刷
ISBN	978-7-5458-2334-9/U.14
定 价	480.00 元